LES ORIENTALISTES
Volume 15

Directeur artistique et technique
Ahmed-Chaouki Rafif
Coordination éditoriale et iconographique
Marie-Pierre Kerbrat


ISBN 2-86770-155-4
N° d'éditeur 1156
Dépôt légal : quatrième trimestre 2002


Imprimé en France par Mame à Tours

Frédéric Hitzel

# Couleurs de la CORNE D'OR

## Peintres voyageurs à la Sublime Porte

ACR Édition

# SOMMAIRE

# INTRODUCTION

De tout temps, les artistes ont voyagé, mettant à profit, consciemment ou non, le conseil de Montaigne : « Le voyage me semble un exercice profitable ; l'âme y a une continuelle excitation à remarquer les choses inconnues et nouvelles ; et je ne sache point meilleure école, comme j'ai dit souvent, à façonner la vie que de lui proposer incessamment la diversité de tant d'autres vies, fantaisies et usures » (*Essais*, III, 9).

De fait, malgré des péripéties inévitables, le voyage correspond à un moment privilégié de la vie, fertile en émotions des plus variées et donc infiniment favorable à l'activité créatrice. Le présent volume, *Couleurs de la Corne d'Or*, invite le lecteur à suivre le voyage des artistes-peintres dans la Turquie ottomane, du XVIe au XXe siècle.

Au cours des XVIe-XVII[e] siècles, peu d'artistes se rendent dans les terres du Grand Turc. L'engouement pour le faste et l'étrangeté de l'Orient n'en est pas moins important. Cet intérêt s'exprime chez les Vénitiens dont l'histoire, des croisades à la bataille de Lépante (1571), explique ces nombreux portraits d'hommes enturbannés, revêtus de superbes costumes orientaux sur la place Saint Marc. Albrecht Dürer peint en 1511 une *Famille turque*. Le peintre a séjourné à Venise et a donc pu observer tout à loisir des voyageurs venus des rives les plus lointaines de la Méditerranée. De son côté, le voisinage de Rembrandt avec la colonie juive d'Amsterdam permet à l'artiste d'emprunter un répertoire de formes exotiques. Au milieu de son invraisemblable et pléthorique collection, qui comprend des armes, des casques et des cuirasses, des instruments de musique, des accessoires de théâtre, on trouve un portfolio de vues d'édifices turcs exécutées par des voyageurs comme Melchior Lorichs, ainsi que des miniatures persanes. Il n'est pas encore question de voyages des artistes en Turquie, seulement d'inspiration, d'impressions et de couleurs.

Au XVIIIe siècle s'impose la vogue des « Turqueries ». C'est l'époque où s'animent les sultanes de Boucher, les pachas de Fragonard et les mascarades de Joseph-Marie Vien, mode à laquelle participent aussi bien la traduction des *Mille et une Nuits* par Antoine Galland (1704), les *Lettres persanes* de Montesquieu (1721) ou *L'Enlèvement au sérail* de Mozart (1782). S'il s'agit là encore d'un Orient fort improbable, le séjour d'artistes occidentaux à Constantinople vient l'enrichir de visions plausibles qui sont le fondement d'un engouement durable. Parmi ces « peintres du Bosphore » étudiés au début du XXe siècle par le diplomate français Auguste Boppe, figurent Jean-Baptiste Van Mour, Antoine de Favray, Jean-Étienne Liotard, qui laissent des œuvres plus convaincantes avec de beaux portraits en costume ottoman. Plus tard, les grandes planches illustrées de Louis-François Cassas, Jean-Baptiste Hilair ou Antoine-Ignace Melling familiarisent le public aux scènes de l'Orient et rendent plus accessible la Turquie.

Avec la campagne d'Égypte (1798-1801), l'Orient s'impose dans la peinture d'histoire. La commémoration des épisodes décisifs par de grands artistes comme David ou le baron Gros aiguise la curiosité qui va s'épanouir avec le développement des voyages autour de 1830. En 1821, la révolte des Grecs éclate contre la domination ottomane. L'Europe entière s'émeut ; les peintres participent activement à cet embrasement philhellène. Le Turc symbolise le « barbare ». Mais après la victoire de Navarin (20 octobre 1827), l'intérêt pour la Grèce s'effrite peu à peu, bientôt remplacé par l'attrait des côtes barbaresques rendu possible par la prise d'Alger (5 juillet 1830). Constantinople, Jérusalem et Le Caire deviennent les destinations levantines préférées des artistes.

Les peintres occidentaux découvrent dès lors la Turquie via la Grèce. Paradoxalement ils sont, sans le savoir, les derniers témoins du grand Empire ottoman. La guerre désastreuse menée contre les Grecs, qui a conduit l'Empire ottoman à être amputé d'une partie de son territoire, encourage le sultan Mahmud II et ses successeurs à moderniser leur pays et à l'ouvrir aux influences occidentales. En 1826, le puissant corps des janissaires est exterminé et remplacé par une armée moderne revêtue d'uniformes à la mode franque. Les Turcs abandonnent leurs costumes traditionnels trop exotiques ; le fez remplace le turban. Dans le même temps, les échanges entre l'Empire et l'Europe occidentale s'intensifient, comme le rappellent certains événements : guerre de Crimée (1854-56), voyage du sultan Abdül-Aziz en Europe (1867), voyage de l'impératrice Eugénie à Constantinople (1868), inauguration du Canal de Suez (1869), guerre russo-turque (1877-1878), participation de la Turquie aux grandes Expositions Universelles (Paris, Londres, Vienne, Chicago). A cette époque, les « peintres des Turqueries » ont totalement disparu, laissant la place aux « peintres de la Turquie ».

Les peintres français et britanniques ont joué un rôle particulièrement actif dans la découverte de la Turquie au XIX$^{e}$ siècle, défini par les ambitions de la politique extérieure de leur pays. Leurs œuvres sont abondantes et leurs façons de peindre ont parfois renouvelé des genres. On constate ainsi, au fil des ans, que les grands courants de la peinture se sont peu à peu éloignés de l'exotisme. L'Orientalisme des « néo-coloristes », devenu démodé, a cédé la place à une nouvelle génération de peintres. Les uns vont traduire avec exactitude l'atmosphère véridique de l'Orient, d'autres vont rechercher la lumière, tandis qu'à l'extrême fin du XIX$^{e}$ siècle et au début du XX$^{e}$, des artistes partiront à Constantinople en quête de nouvelles inspirations. C'est ce voyage dans le temps et dans les lieux que propose le présent ouvrage.

# DÉCOUVERTE PICTURALE DU GRAND TURC

*« C'est par la raison qu'on discerne le bien du mal,*
*C'est la lumière du soleil qui fait connaître les couleurs. »*
Chinassi, *Poèmes*.

Constantinople ou Istanbul est sans doute, avec Rome et Venise, la ville qui, au XVI^e siècle, suscita l'iconographie la plus riche. La capitale du Grand Turc fascine et attire les voyageurs. Mais, au-delà de cette fascination, c'est l'appréhension de la puissance menaçante du Turc qui encourage missions et récits, textes et images. Connaître l'adversaire est la motivation principale dans laquelle se mêlent crainte et admiration pour les humbles, plaisir et renseignements pour les puissants de l'Europe.

Si le XVII^e siècle est surtout marqué par des scènes de bataille, les « peintres du Bosphore » s'imposent au siècle suivant. L'Empire ottoman n'est alors plus aussi menaçant. L'essor prodigieux des relations entre l'Occident et l'Orient conduit des savants – botanistes en particulier – et des géographes à entreprendre des périples dont ils rapportent des récits. Dans ce contexte, les artistes-voyageurs circulent plus facilement.

*Gentile BELLINI.*
Portrait du sultan Mehmed II, 1480.
*Huile sur toile, 69,9 x 52,1 cm.*
*Londres, The National Gallery.*
*Peu après la prise de Constantinople, le 29 mai 1453, le sultan Mehmed II invite de nombreux artistes italiens. Gentile Bellini séjourne plus d'un an à sa cour, de septembre 1479 à la fin de l'année 1480. C'est l'un des premiers témoignages du Grand Turc.*

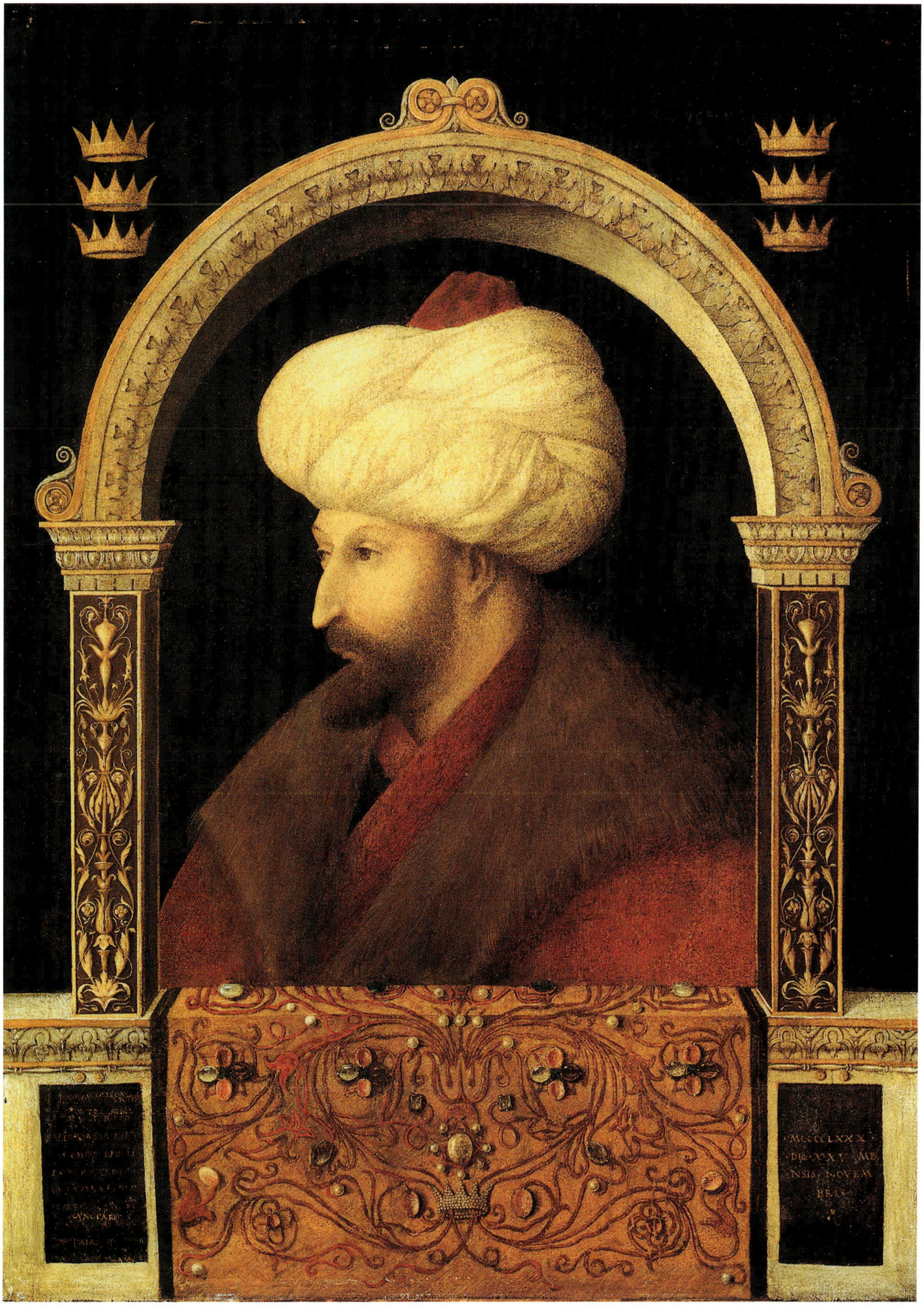
MCCCCLXXX
DIE·XXV·ME
NSIS NOVEM
BRIS

# Les XVI$^{e}$-XVII$^{e}$ siècles

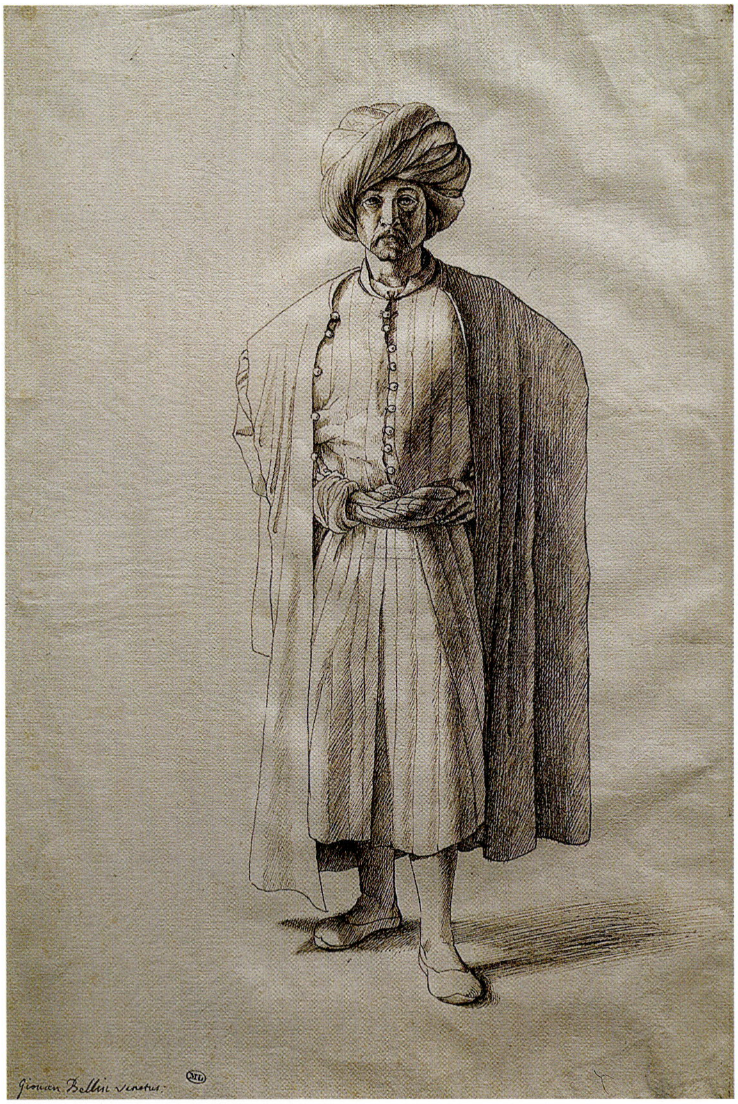


*Gentile BELLINI, copie d'après.*
Étude de Turc, debout.
*Encre brune, plume, 30,1 x 20,4 cm.*
*Paris, musée du Louvre, département des Arts graphiques.*

Les premières images du Turc sont les instruments de propagande d'une guerre sainte contre l'infidèle. De petites gravures sur bois illustrent pamphlets, exhortations, prophéties et imprécations contre les Turcs ; elles inondent le marché de l'érudition dès les années 1480 et fleurissent à chaque crise : l'infructueux siège de Rhodes en 1480, la guerre turco-vénitienne de 1499-1502, ou le siège de Vienne de 1529. On y voit des janissaires brandissant le cimeterre, des soldats menaçants traînant des cohortes de prisonniers, des sultans partant, le sceptre à la main, à la conquête de l'Occident. Il faudra attendre que les relations s'humanisent, avec l'envoi des premières ambassades à Constantinople, pour que l'image le soit aussi.

A l'exception d'un portrait de Mehmed II réalisé par Gentile Bellini, actuellement conservé à la National Gallery de Londres, et de quelques dessins de personnages composés par le même artiste, nous ne possédons pas d'images directes des Turcs avant le voyage de Pierre Coeck (1502-1550) en Turquie en 1533. Celui-ci, né dans la ville d'Alost (Aalst) en Flandre en 1502, aurait effectué le voyage en Turquie à la demande de la maison Van der Moeyen, tapissiers de Bruxelles, dans l'espoir de vendre des tapisseries au Grand Turc. Le peintre voyage sans doute dans la suite de Cornelius de Schepper, ambassadeur de l'archiduc Ferdinand d'Autriche auprès de Soliman le Magnifique. Les sept dessins faits par Pierre Coeck furent gravés après sa mort. Ils nous offrent les premières images d'un empire en paix, où des caravanes traversent des paysages sûrs, accueillies par des paysannes élégantes, les gens suivent des enterrements avec gravité et des processions de fête avec allégresse ainsi que le spectacle le plus grandiose : la parade du sultan Soliman le Magnifique sur la place de l'Hippodrome. Comme nous le verrons tout au long de cet ouvrage, cette place restera pendant les quatre siècles qu'il embrasse l'un des thèmes majeurs de la peinture.

Pierre Coeck inaugure en même temps une tradition, car ce sont les œuvres des peintres attachés à des ambassades ou, tout au moins, les dessins suscités par celles-ci, qui forment la majeure partie de l'iconographie connue sur la ville et ses habitants. C'est à cette catégorie qu'appartient, par exemple, Melchior Lorichs (ou Lorck selon l'orthographe danoise), artiste originaire du Holstein, sans doute rattaché en sa qualité de peintre à l'ambassade d'Augier Ghislain de Busbec qui résida à Constantinople de 1555 à 1562. A son retour en Allemagne, Melchior Lorichs fera composer par plusieurs artistes cent vingt-huit gravures, destinées à une publication qui ne verra jamais le jour de son vivant, concernant l'architecture, les objets, les costumes et les personnages en général.

De son côté, le voyageur Nicolas de Nicolay, géographe du roi de France Henri II, voyagea avec la seconde ambassade de Gabriel d'Aramon en 1551 et nous laissa,

*Melchior LORICHS.*
Dromadaire portant un timbalier. 1558.
*Encre brune, lavis brun, plume, 33,2 x 47,1 cm.*
*Paris, musée du Louvre, département des Arts graphiques.*

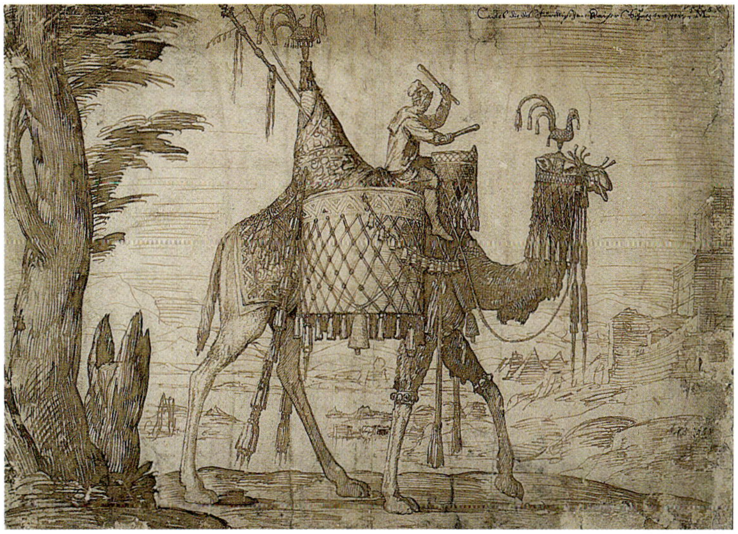

*Jacques CARREY, attribué à.*
Turcs désignant une femme sur un âne : la femme adultère.
*Pierre noire, sanguine, plume et encre noire, lavis de bistre avec rehauts de blanc, sur papier lavé de beige, 30,3 x 45,7 cm.*
*Paris, musée du Louvre, département des Arts graphiques.*

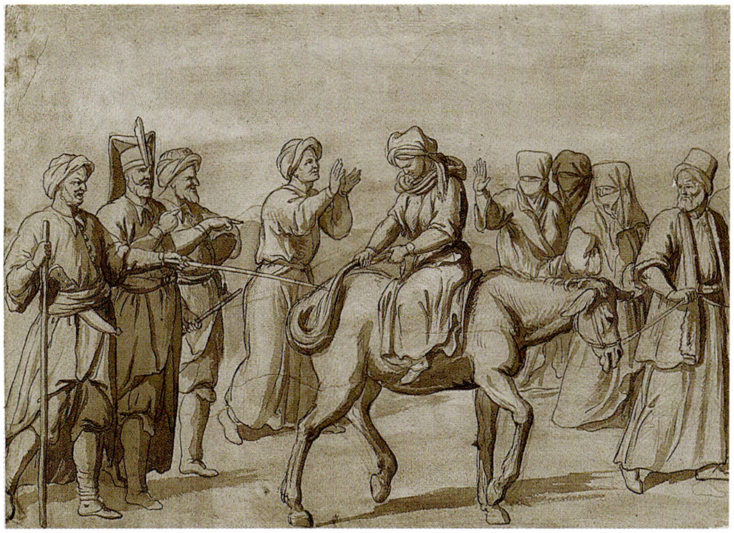

en même temps qu'un récit de voyage, un recueil de dessins de costumes de la cour et du peuple, maintes fois publiés à partir de 1568 en cinq langues. Avec les gravures de Melchior Lorichs et de Nicolas de Nicolay, l'Oriental cesse d'être un être inqualifiable, puisqu'il acquiert par le trait qualité et consistance.

Au XVIe siècle, d'autres ambassades – notamment les ambassades impériales – suscitent des images d'une grande abondance et d'excellente qualité qui traitent des aspects de la cour ottomane et de la vie quotidienne. Elles concernent presque exclusivement la capitale, à l'exception de quelques spectacles aperçus sur la route y conduisant à travers Budapest, Belgrade et Sofia. Plus modestement, des voyageurs fortunés se constituent des albums de personnages, œuvres peut-être d'écoles de peintres fixés à Constantinople, qui reprennent souvent les mêmes modèles, dont certains archétypes se retrouvent chez Nicolas de Nicolay.

Enfin, des voyageurs préfèrent dessiner eux-mêmes en marge de leur récit de petits croquis qui ne manquent pas de perspicacité et de sens de l'observation. C'est le cas de Salomon Schweigger, aumônier de l'ambassade impériale de Joachim von Sintzendorf en 1577, de Hans Dernschwan, agent de la maison Fugger de Francfort, qui accompagne l'ambassade impériale d'Anton Wrancic et Franciscus Zay en 1553, ou de Martin Gruneweg, représentant des marchands arméniens de Lemberg (Lvov) qui fit plusieurs voyages à Constantinople en 1582-1583.

De ces première images mises bout à bout se dégage une vision colorée et vivante d'un empire dont la puissance ne dédaigne pas les effets de mise en scène et dont la gravité s'accommode du goût de la parure, de la parade et de la fête. Par sa magnificence, à laquelle s'ajoute sa prédilection pour l'architecture monumentale, l'Empire ottoman nous semble participer, sur l'autre rive de la Méditerranée, au vaste courant de la Renaissance.

Si les dessins rapportés au XVIe siècle par l'Allemand Melchior Lorichs ou par le Dauphinois Nicolas de Nicolay sont gravés et connaissent une large diffusion, le siècle suivant est moins prolifique. Aucun des dessins des costumes orientaux rapportés par les voyageurs occidentaux ne sont imprimés. Georges de la Chapelle,

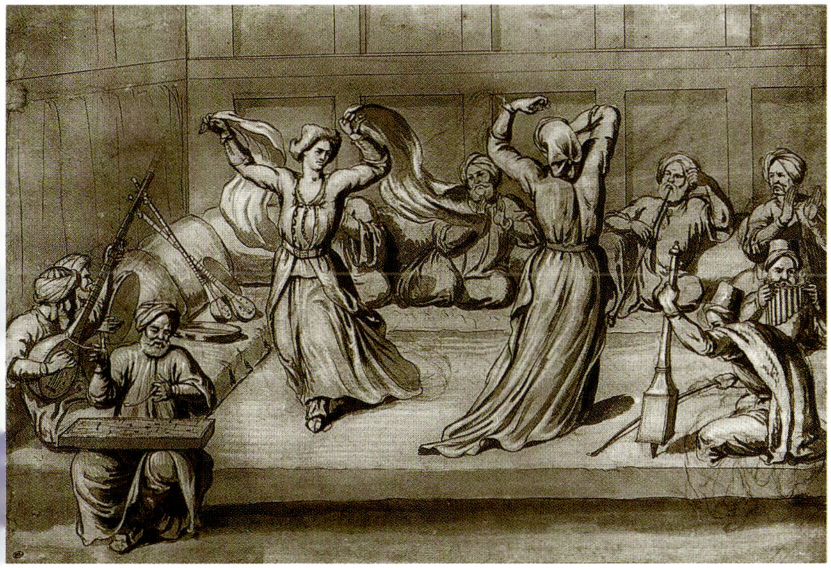

*Jacques CARREY, attribué à.*
Danseuses et musiciens turcs dans un harem.
*Pierre noire, sanguine, plume et encre noire, lavis de bistre avec rehauts de blanc, sur papier lavé de beige, 30,2 x 45,6 cm.*
*Paris, musée du Louvre, département des Arts graphiques.*

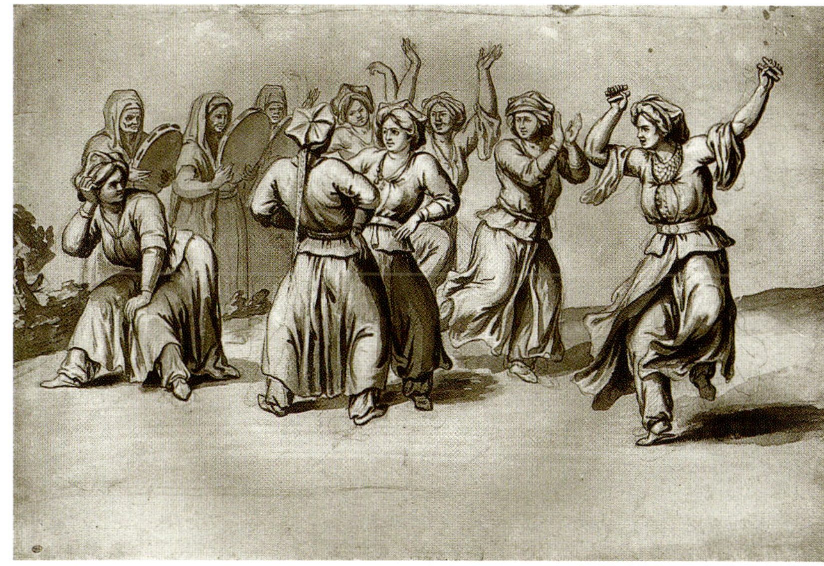

*Jacques CARREY, attribué à.*
Danse de femmes turques.
*Pierre noire, sanguine, plume et encre noire, lavis de bistre avec rehauts de blanc, sur papier lavé de beige, 30 x 45 cm.*
*Paris, musée du Louvre, département des Arts graphiques.*

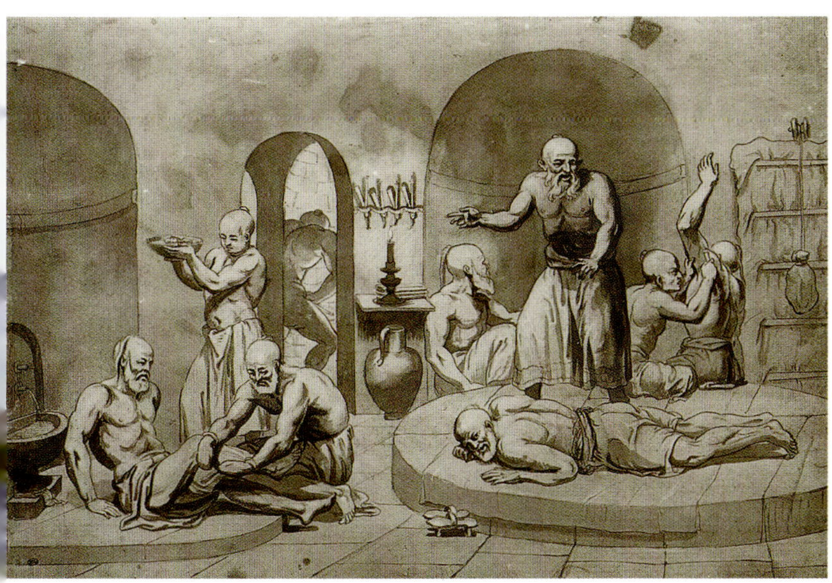

*Jacques CARREY, attribué à.*
Les Bains turcs.
*Pierre noire, sanguine, plume et encre noire, lavis de bistre avec rehauts de blanc, sur papier lavé de beige, 30,5 x 45 cm.*
*Paris, musée du Louvre, département des Arts graphiques.*

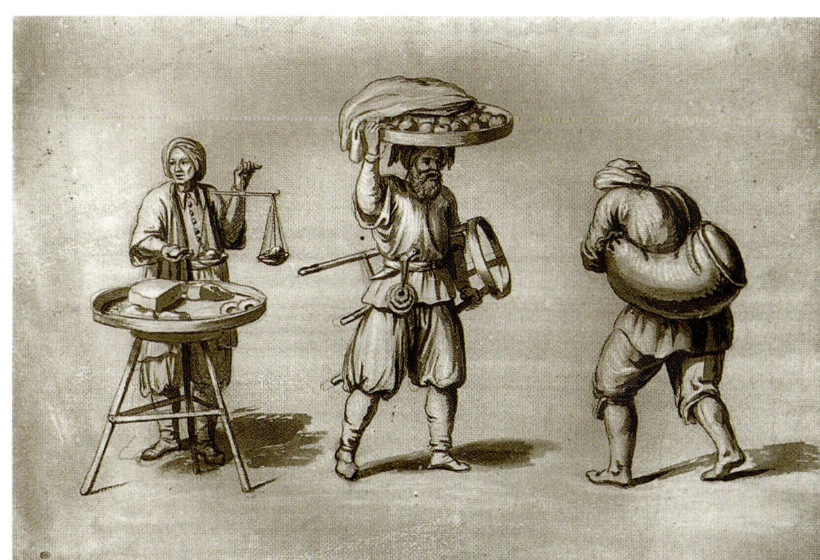

*Jacques CARREY, attribué à.*
Marchands ambulants à Constantinople.
*Pierre noire, sanguine, plume et encre noire, lavis de bistre avec rehauts de blanc, sur papier lavé de beige, 29,8 x 44,8 cm.*
*Paris, musée du Louvre, département des Arts graphiques.*

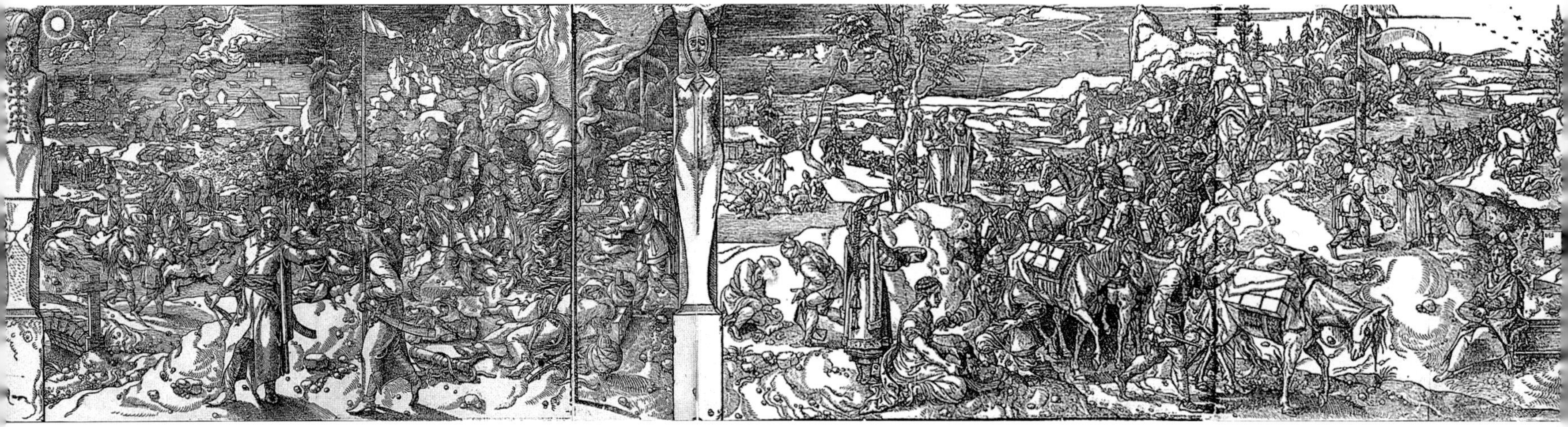

le peintre qui avait accompagné M. de La Haye, ambassadeur de France, n'avait, dans son *Recueil de divers portraits des principales dames de la Porte du Grand Turc* (Paris, chez Antoine Estienne, imprimeur ordinaire du Roy, 1648), montré que des costumes de fantaisie. Quant aux dessins rapportés par le peintre Jacques Carrey (1649-1694), qui accompagne le marquis Ch. Fr. Olier de Nointel à Constantinople en 1670, ils s'étaient perdus ou étaient restés enfouis dans les cartons de Ch. Le Brun. Le voyageur français Grelot et les voyageurs hollandais n'avaient guère publié dans leurs relations que des vues de paysages ou de monuments. En revanche, la peinture fait son apparition à travers les grandes scènes de bataille, comme celles que réalisent Jacques Courtois (1621-1676) dit le Bourguignon et son élève Joseph Parrocel (1646-1704), ou le peintre flamand Sébastien Vrancx (1573-1647) et Peter Tillemans.

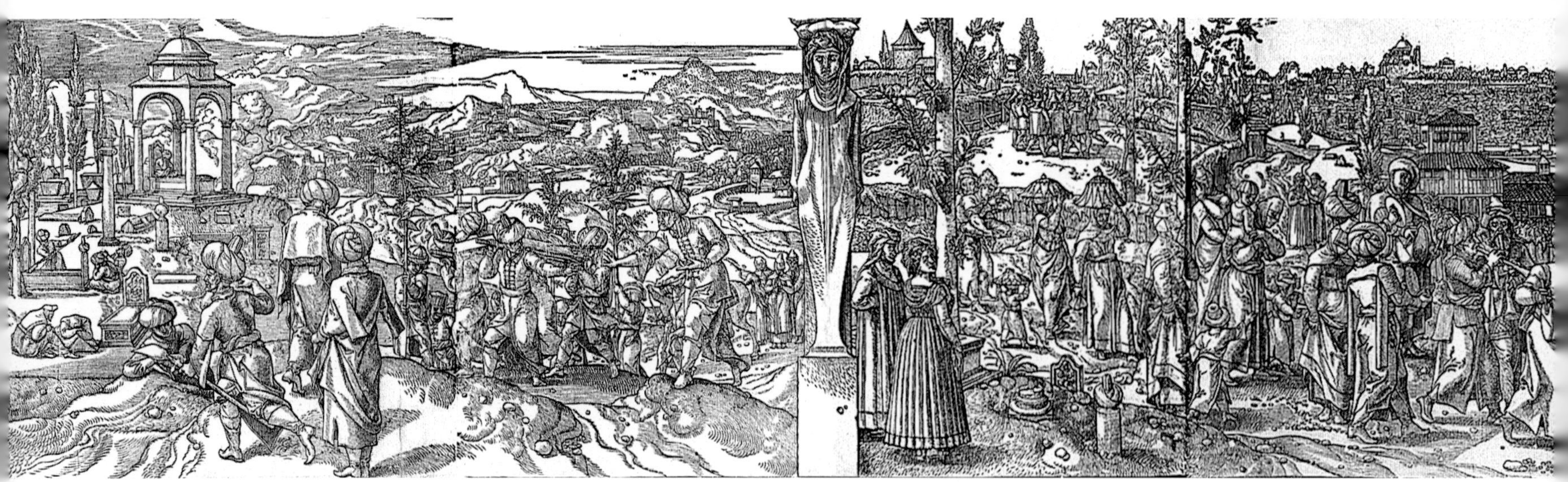

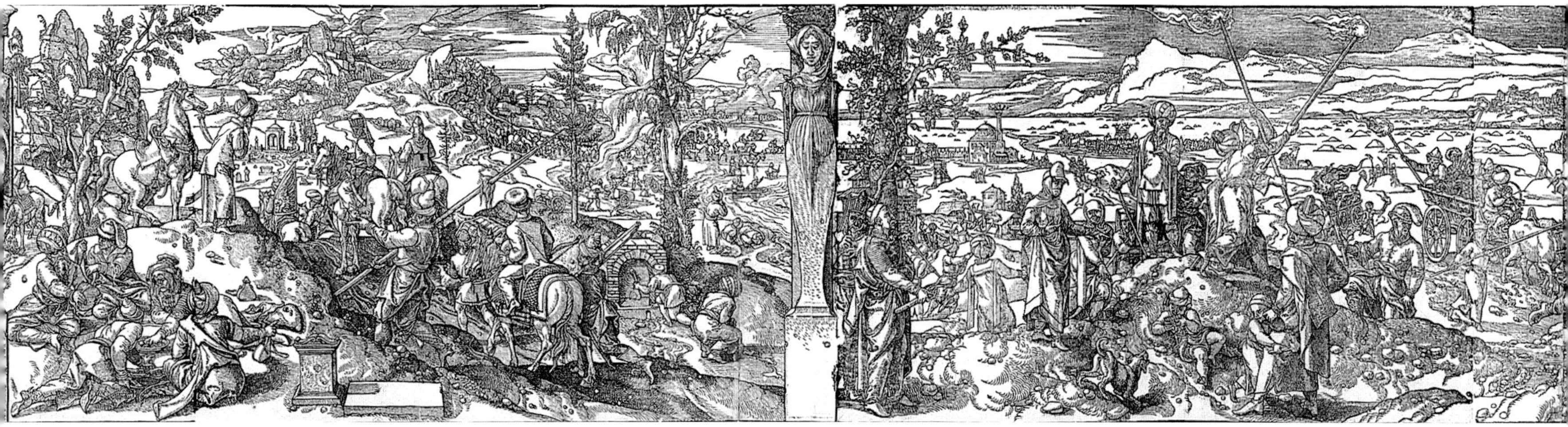

*Pierre COECK.*
Différentes scènes de Turquie.
*Gravures, 34,5 x 86,5 cm.*
*Paris, Bibliothèque nationale de France, Cabinet des estampes.*
*Ces sept gravures qui se suivent sur une même planche, séparées par des cariatides, représentent sept scènes de voyage de Pierre Coeck vers Constantinople en 1533-1534 : un campement en Slavonie ; le passage de la caravane dans la plaine de la Maritza ; des Turcs prenant leur déjeuner et faisant leur prière ; la fête de la nouvelle lune près de Philippopoli (Plovdiv) ; un enterrement près d'Edirne ; un défilé de circoncision sur les bords de la Corne d'Or et le sultan Soliman le Magnifique et sa suite défilant sur la place de l'Hippodrome.*

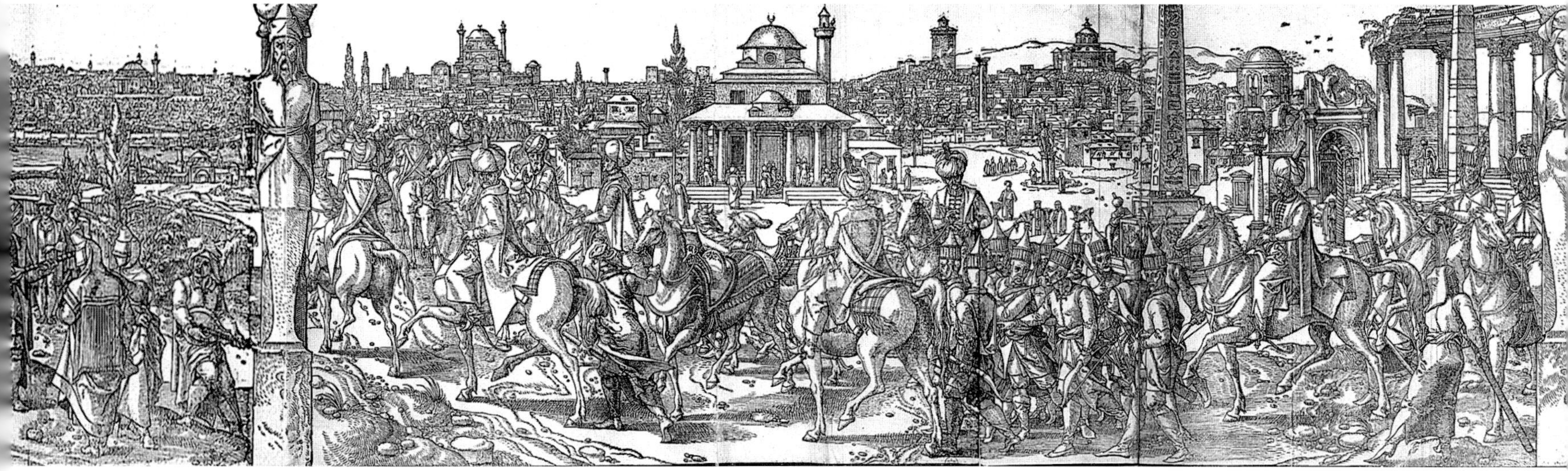

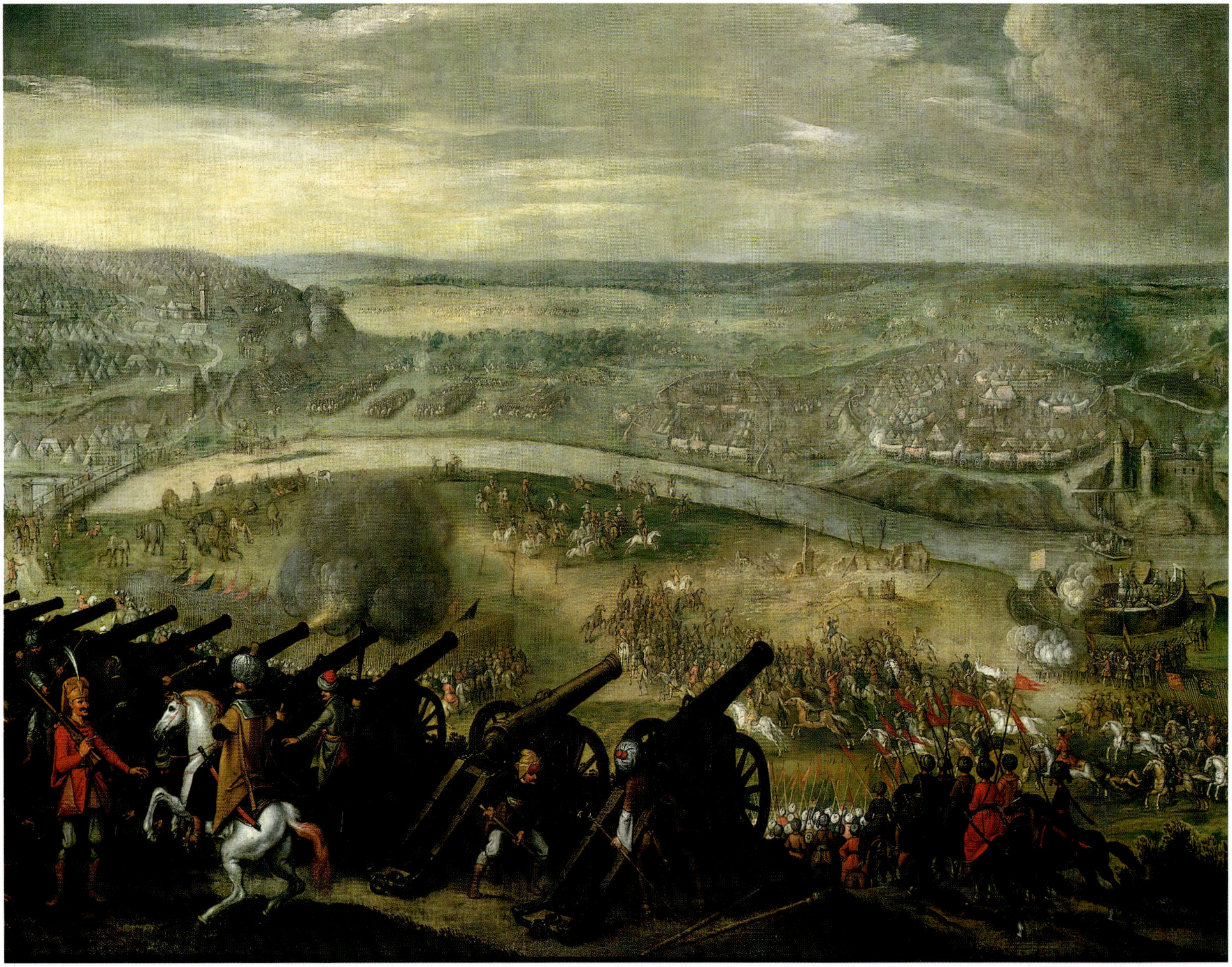

*Sébastien VRANCX.*
Siège de la forteresse d'Esztergom, sur le Danube,
par Soliman le Magnifique en 1543.
*Huile sur toile, 122 x 178 cm.*
*Collection particulière.*
*Cette scène illustre la puissance de feu de l'artillerie ottomane qui, aux XVe-XVIe siècles, lui assure de grandes victoires face au monde chrétien.*

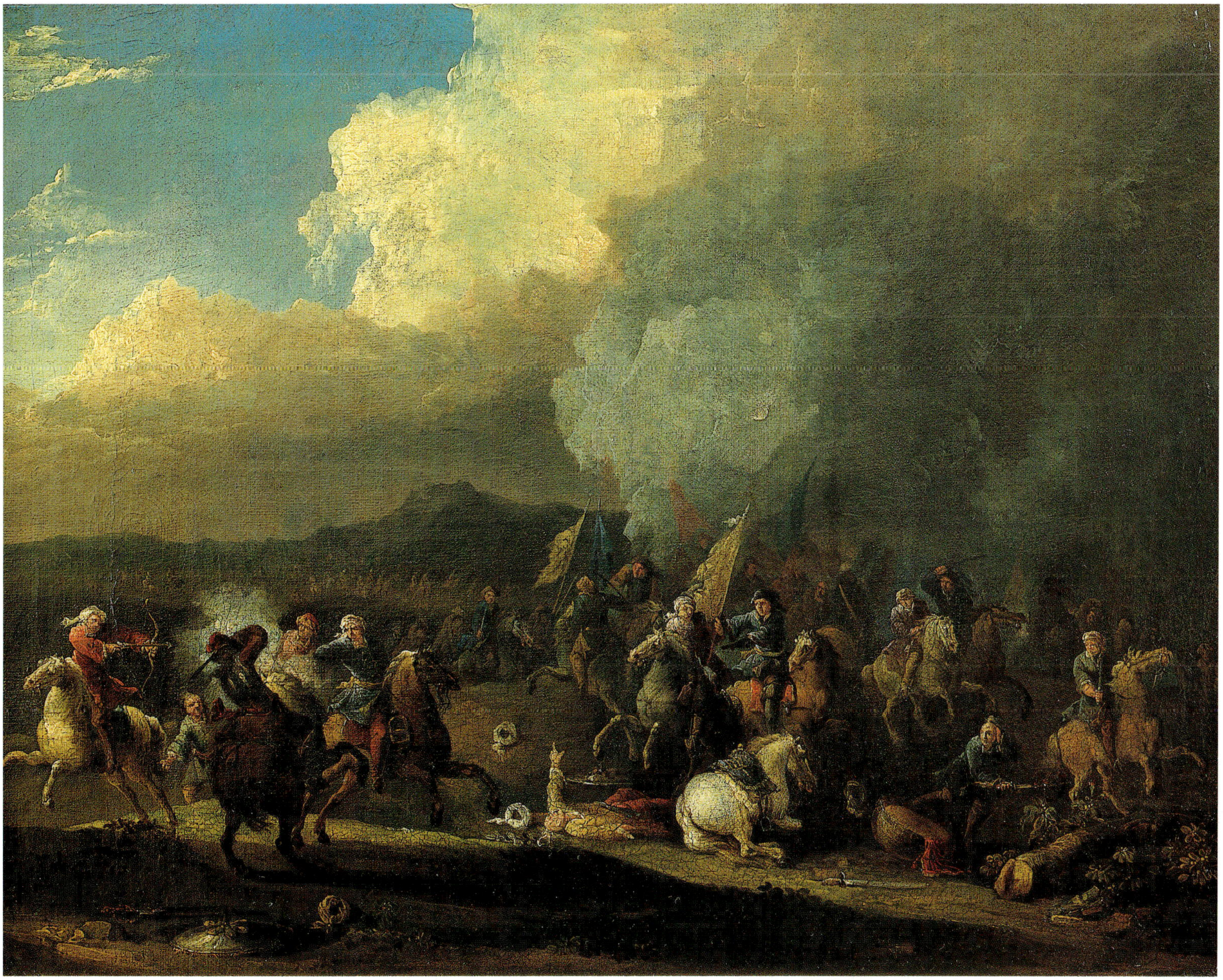

*Peter TILLEMANS.*
Scène de bataille entre Turcs et Impériaux.
*Huile sur toile, 34 x 45 cm.*
*Collection particulière.*
*Au XVII^e siècle, on représente de nombreuses scènes de bataille entre Turcs et chrétiens. Dans ces mêlées, souvent confuses, seuls les drapeaux permettent de distinguer les adversaires.*

# Le XVIIIe siècle : les premiers orientalistes

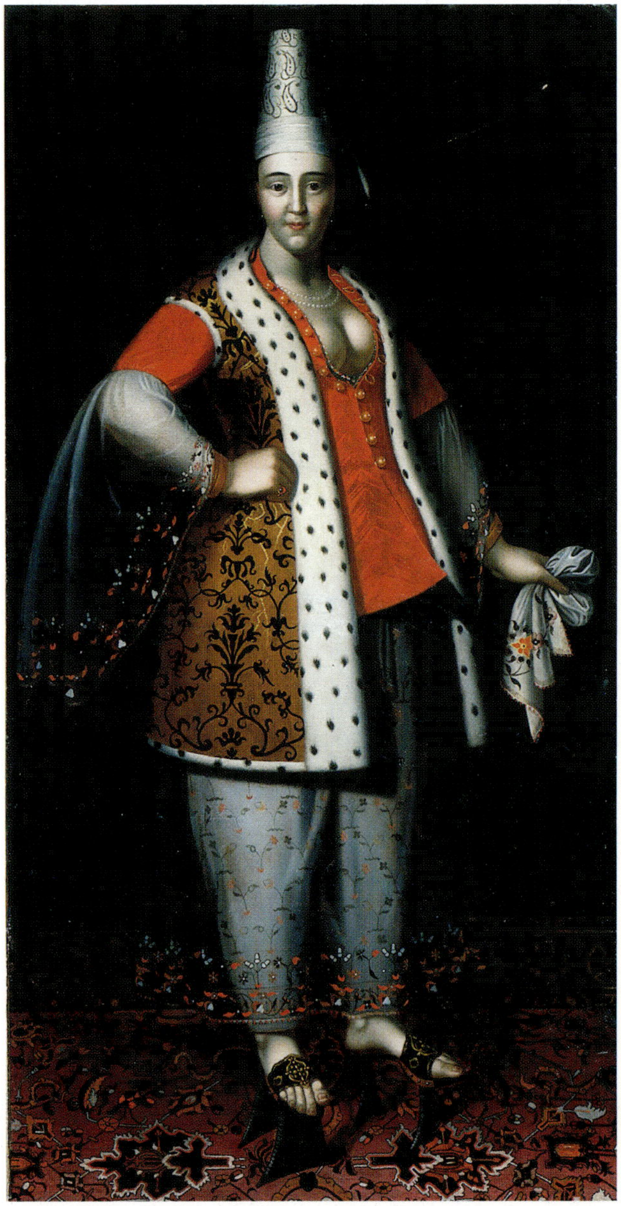

Au XVIIIe siècle s'impose la vogue des « turqueries » où s'animent les sultanes de Boucher et les pachas de Fragonard, mode à laquelle participent aussi bien les *Lettres persanes* de Montesquieu (1721) ou *L'Enlèvement au sérail* de Mozart (1782). Le séjour d'artistes occidentaux à Constantinople devient plus fréquent. Ces « peintres du Bosphore », étudiés au début du XXe siècle par le diplomate français Auguste Boppe, vont surtout réaliser deux types de peintures : des réceptions d'ambassadeurs ; de beaux portraits en costume ottoman.

*ÉCOLE FRANÇAISE DU XVIIe SIÈCLE.*
Dame en costume turc.
*Huile sur toile, 181,5 x 95 cm.*
*Collection particulière.*

*Francesco FONTEBASSO, cercle de.*
La Cavalcade du Grand Turc.
*Huile sur toile, 115 x 231,8 cm.*
*Collection particulière.*
*Ces deux compositions, totalement fantaisistes, illustrent les fastes de la Cour ottomane tels qu'ils sont perçus par l'Occident. On retrouve la richesse des tentes, le luxe des harnachements et la splendeur des costumes.*

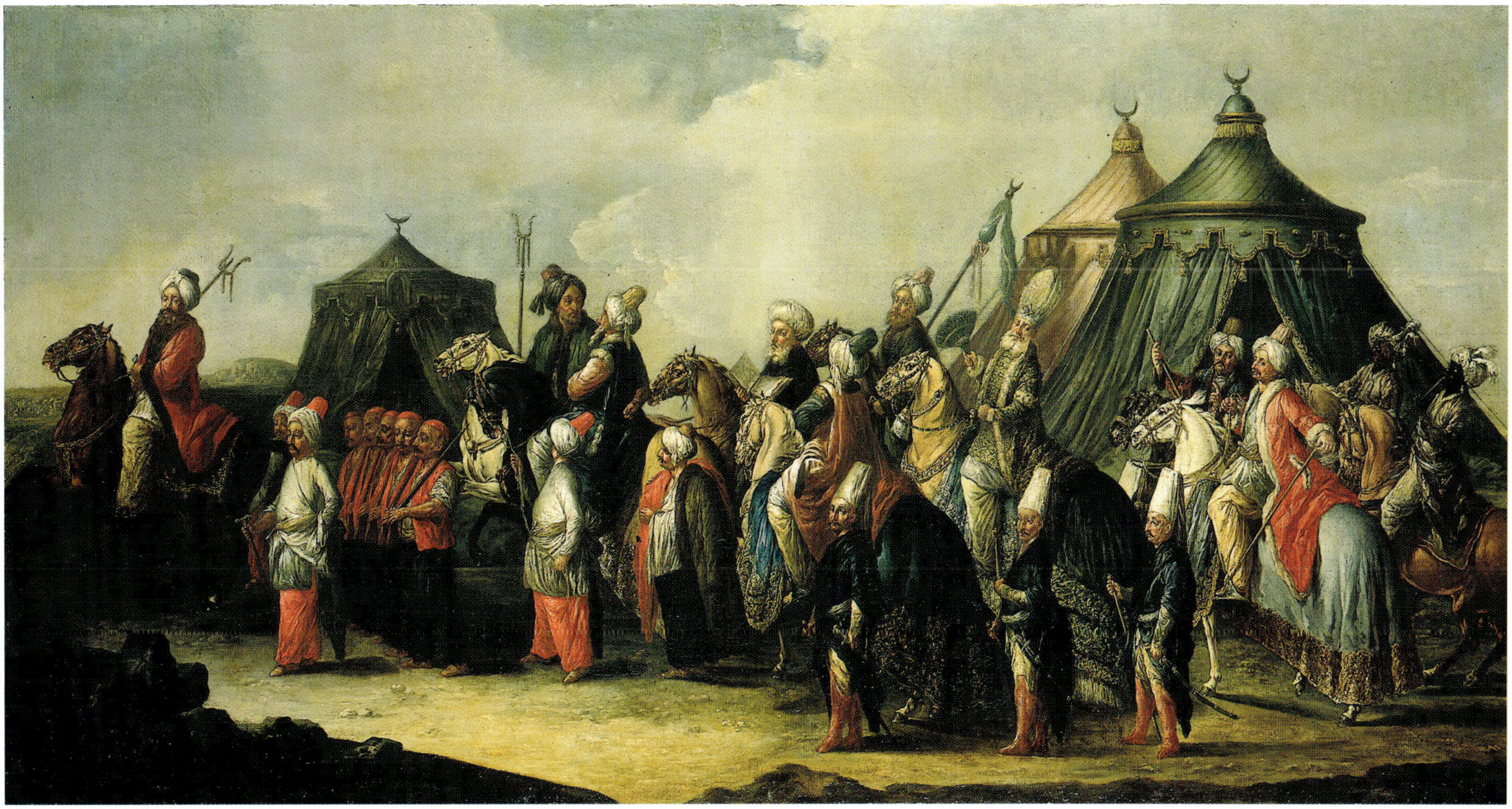

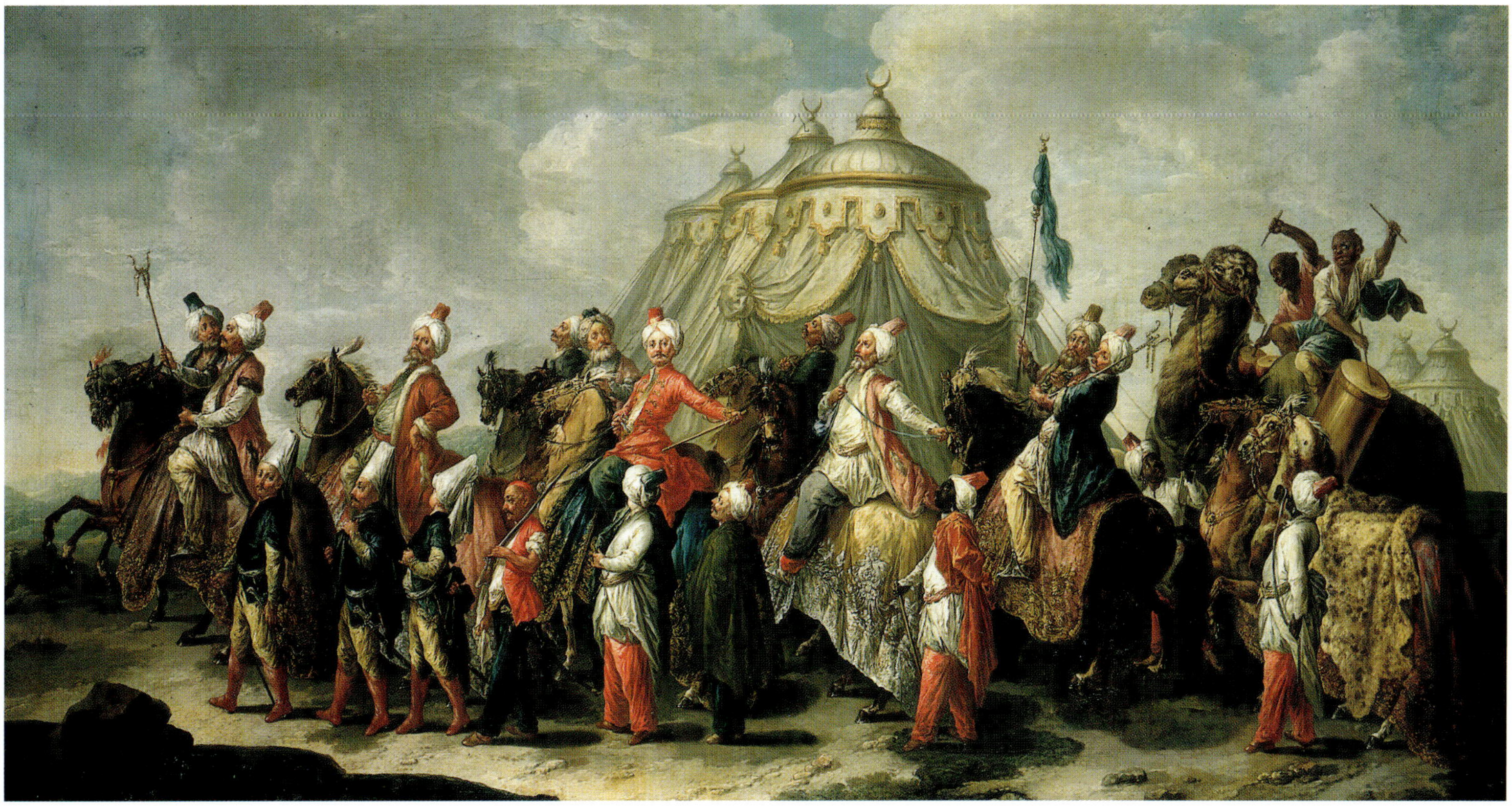

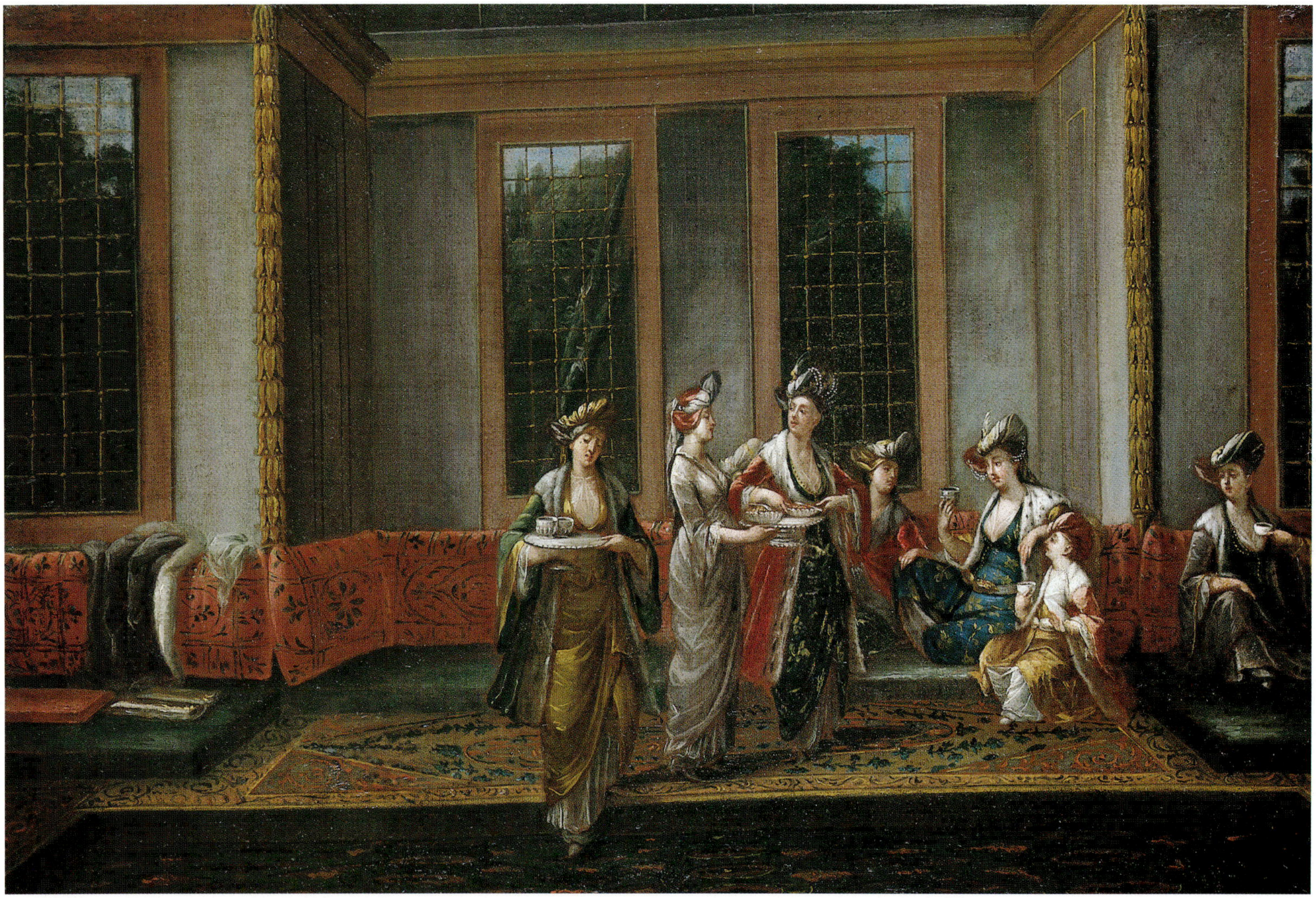

## Jean-Baptiste Van Mour, peintre des cérémonies

Certains ambassadeurs avaient amené avec eux des peintres chargés de retracer leurs actions. Le comte de Virmond, par exemple, avait amené deux peintres, « Jean Semler, un Suisse, et Joseph Ernest Schmid, un Autrichien, dont la réputation est aussi grande à Vienne qu'au dehors ». Ils firent du cortège du sultan au *bayram* un grand tableau : « On ne peut sans doute en voir de plus beau, écrit le secrétaire de l'ambassadeur, ni en Allemagne, ni dans aucun pays d'Occident, et à cause de l'art avec lequel il est peint, de sa beauté et de sa rareté, il mériterait d'être conservé dans un musée princier[1]. »

Le plus connu de ces artistes est sans conteste Jean-Baptiste Van Mour (1671-1737). Né à Valenciennes le 9 janvier 1671, d'un père qui exerçait la profession d'escrinier, c'est-à-dire de menuisier d'art, il vint s'installer à Constantinople à la fin du XVIIe siècle, sans doute à la demande du comte de Ferriol, ambassadeur du roi de France.

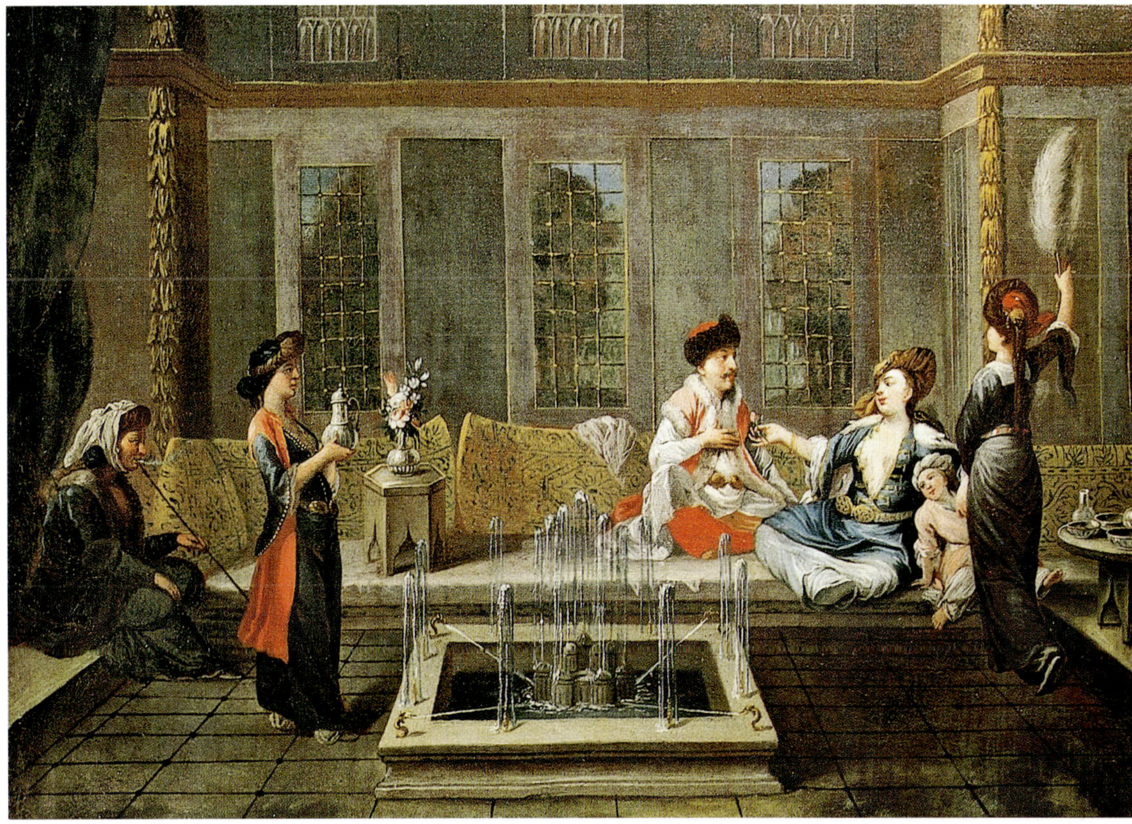

*Jean-Baptiste VAN MOUR.*
Seigneur ottoman prenant le café dans son harem.
*Huile sur toile, 44 x 62 cm.*
*Collection particulière.*
*Les scènes de harem sont l'un des thèmes majeurs de la peinture occidentale du XVIIIe siècle. Van Mour est l'un des premiers peintres à représenter la richesse des intérieurs et l'élégance de ces femmes.*

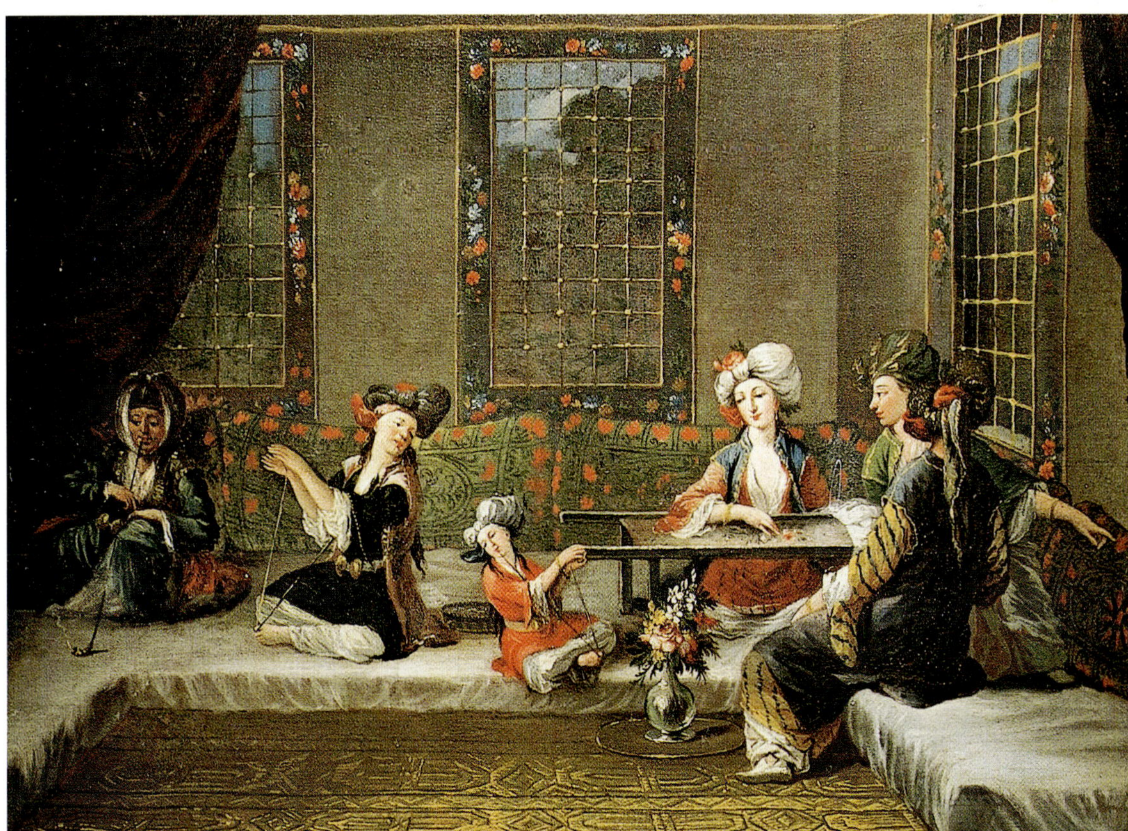

*Jean-Baptiste VAN MOUR.*
L'Art de tisser au harem.
*Huile sur toile, 44 x 62 cm.*
*Collection particulière.*

A gauche :
*Jean-Baptiste VAN MOUR.*
Une Scène de harem avec des femmes buvant du café.
*Huile sur toile, 37 x 59 cm.*
*Istanbul, collection Suna et Inan Kıraç.*

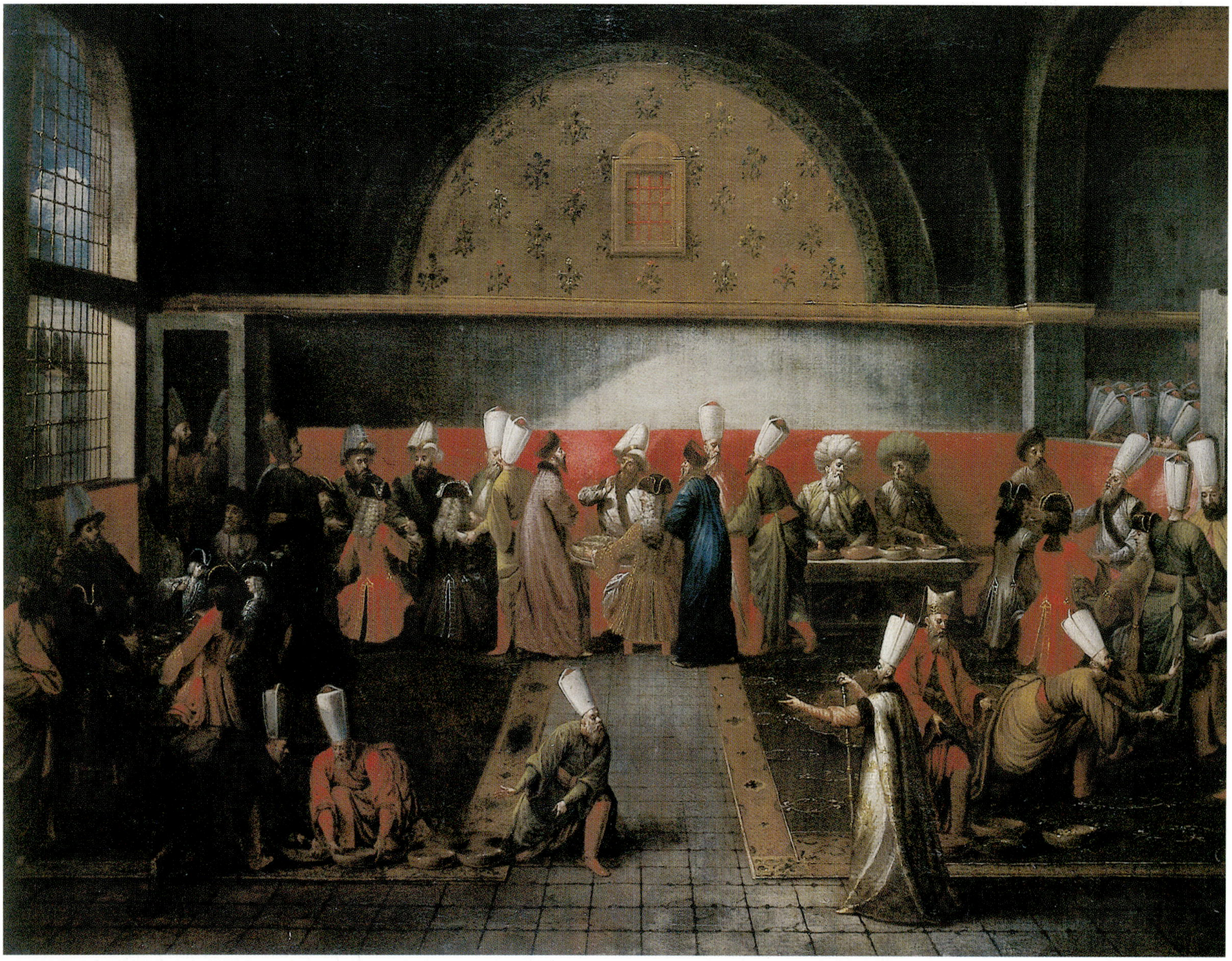

*Jean-Baptiste VAN MOUR.*
Dîner offert à l'ambassadeur de France, le vicomte d'Andrezel, par le grand vizir Ibrahim Pacha, le 17 octobre 1724.
*Huile sur toile, 90 x 121 cm.*
*Bordeaux, musée des Beaux-Arts.*
*Après avoir été reçu par le sultan, l'ambassadeur de France, le vicomte d'Andrezel, et sa suite sont invités à partager un repas avec le grand vizir et d'autres dignitaires ottomans dans la salle du Divan, la* Kubbe Altı. *L'ambassadeur, assis sur un tabouret, déjeune en conversant avec le grand vizir avec l'aide de deux drogmans. A la droite du grand vizir se tiennent les deux autres vizirs du Conseil, et à sa gauche les deux « juges religieux »* (kazasker), *celui de Roumélie et celui d'Anatolie.*

Les tableaux de Van Mour évoquent les pompes étranges du cérémonial ottoman : les visites des ambassadeurs chez le grand vizir, leurs audiences auprès du sultan. Ces rencontres donnent lieu à des cortèges somptueux, à des réceptions brillantes où le faste de la cour apparaît dans tous ses éclats. Au pittoresque de ces tableaux s'ajoute l'intérêt historique. Ces cérémonies sont en effet assez rares : il fallait un événement important pour qu'un étranger visitât le grand vizir ou le *kaymakam* de Constantinople ; quant au sultan, il ne recevait les représentants des puissances étrangères qu'à leur arrivée et pour la remise des lettres de créance à leur départ. Aussi

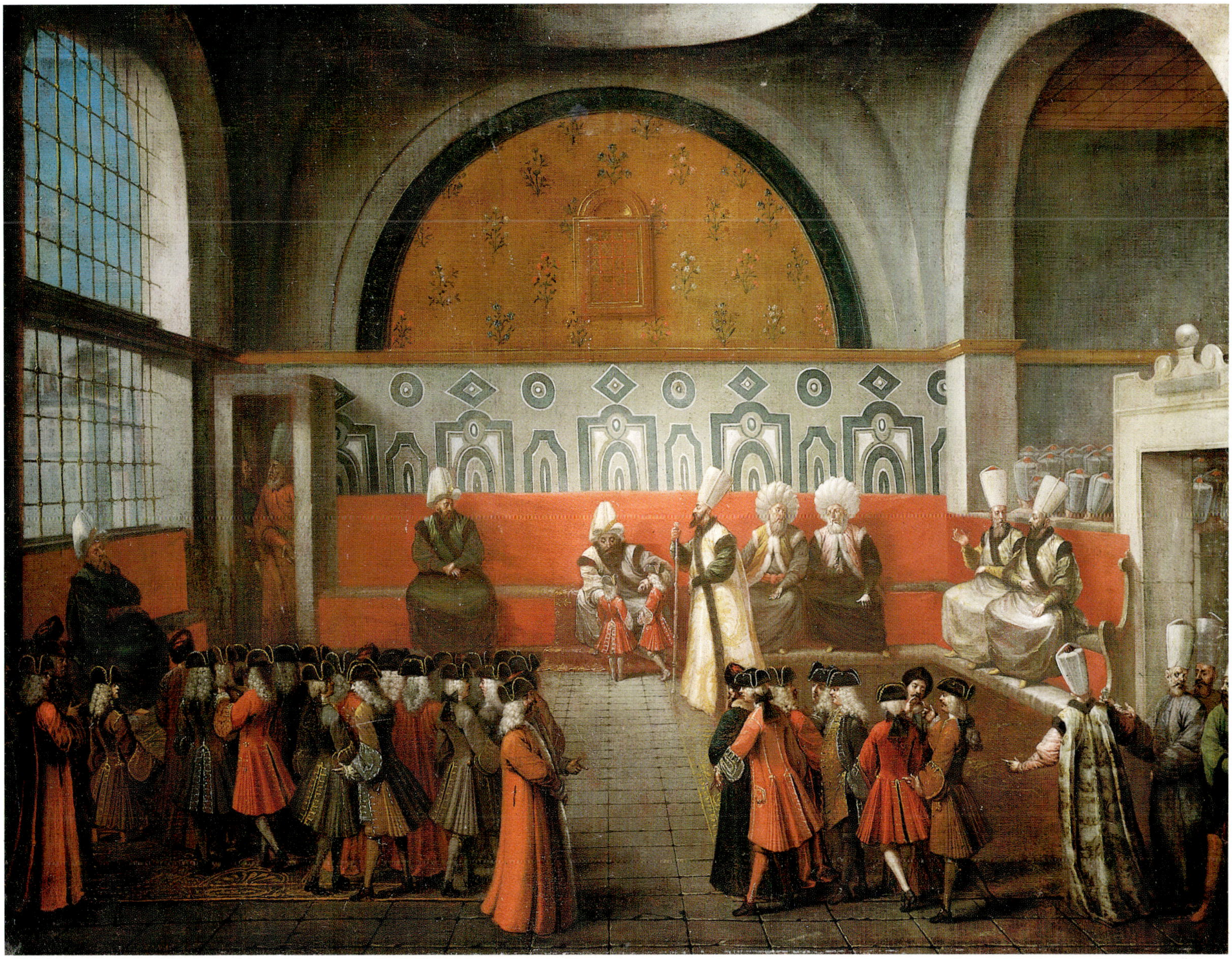

*Jean-Baptiste VAN MOUR.*
Présentation des enfants de l'ambassadeur de France,
le vicomte d'Andrezel, au grand vizir Ibrahim Pacha.
*Huile sur toile, 90 x 118 cm.*
*Collection particulière.*
*Lors des réceptions au grand-vizirat, les ambassadeurs occidentaux se font accompagner par les gentilshommes de leur légation, les représentants du commerce et parfois les membres de leur famille. C'est l'occasion pour tous de découvrir les fastes de la Cour.*

n'étaient-ce pas seulement les ambassadeurs qui tenaient à conserver le souvenir de ces audiences ; chaque chef d'escadre, chaque gentilhomme attaché à la mission voulait rapporter dans son pays un tableau qui pût plus tard évoquer à ses yeux les scènes glorieuses auxquelles il avait pris part et constituer des témoignages pour son entourage.

Les tableaux d'audiences exécutés par Jean-Baptiste Van Mour se ressemblent beaucoup. Ce n'est souvent qu'après un examen détaillé que l'on aperçoit les particularités qui distinguent par exemple *L'Audience de l'ambassadeur d'Andrezel* (Musée des Beaux-Arts de Bordeaux) de celle de M. de Bonnac

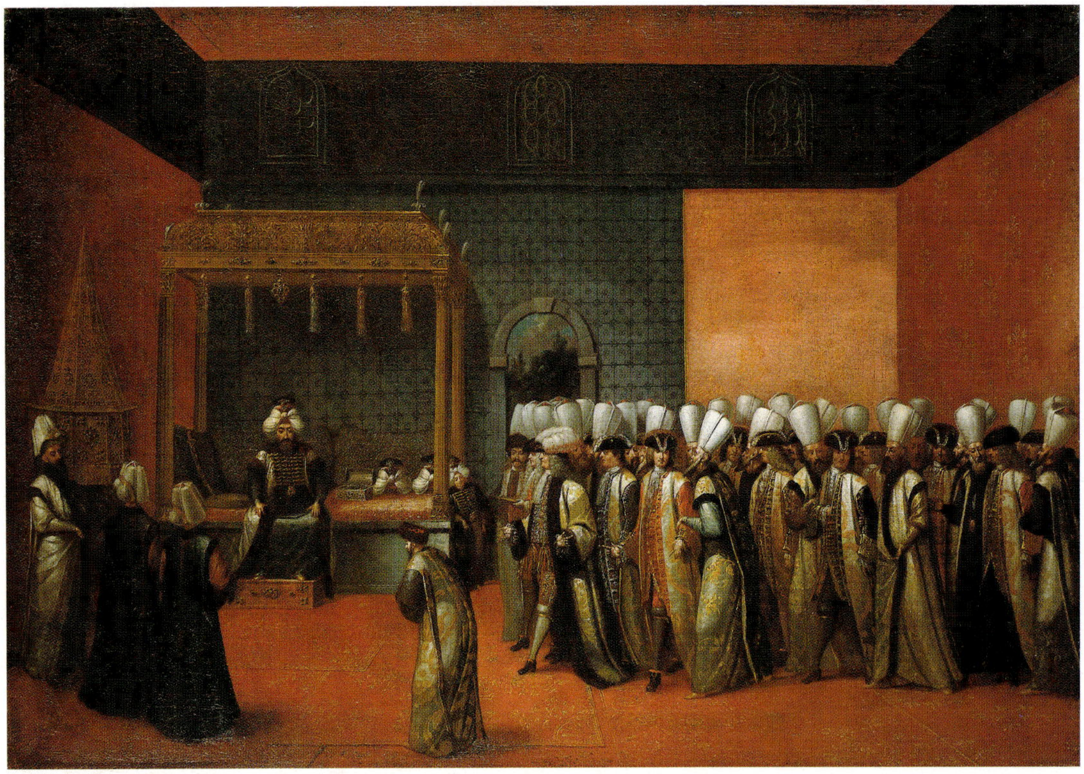

*Jean-Baptiste* VAN MOUR.
Présentation de l'ambassadeur anglais Abraham Stanyan, accompagné de sa femme, au sultan Ahmed III.
*Huile sur toile, 82,5 x 120 cm.*
*Collection particulière.*
*Tout représentant occidental remet ses lettres de créances au sultan en arrivant à Constantinople et en la quittant. A cette occasion, il est introduit avec sa suite, en présence du sultan et de ses vizirs, dans la salle des audiences, ou* arz odası, *revêtus de caftans d'apparat. Les Occidentaux sont flanqués chacun de deux huissiers, reconnaissables à leurs hautes coiffures, qui s'apprêtent à les prendre par les bras pour les enjoindre à se prosterner devant le sultan. On distingue au premier plan, de dos, l'interprète.*

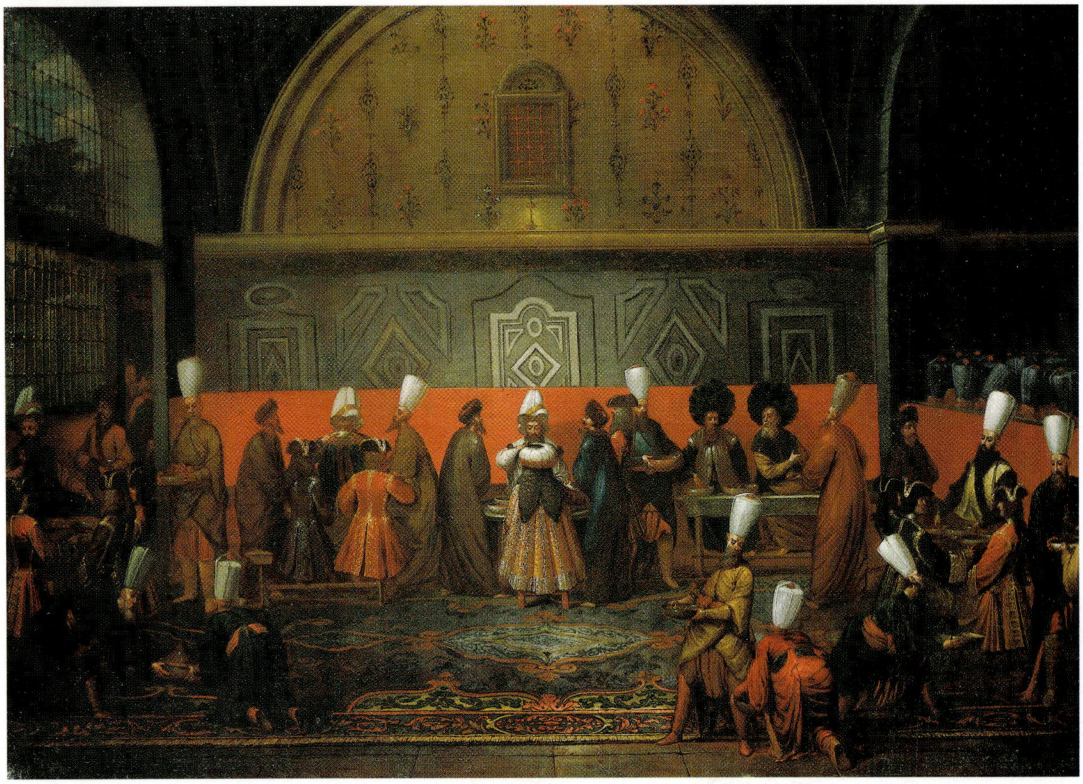

*Jean-Baptiste* VAN MOUR.
Dîner offert par le grand vizir à l'ambassadeur anglais Abraham Stanyan.
*Huile sur toile, 83,2 x 119,4 cm.*
*Collection particulière.*
*Au centre, le grand vizir s'entretient avec l'ambassadeur anglais, assisté de part et d'autre par des interprètes. Outre la table de gauche réservée aux deux* kazasker *et celle de droite aux deux vizirs du Conseil, sur la banquette de droite, une table est dressée devant l'intendant des finances* (defterdar) *et sur celle de gauche devant le chancelier* (nichandjı). *Au premier plan, des janissaires s'activent pour préparer les plats, une soupe et un riz* pilav.

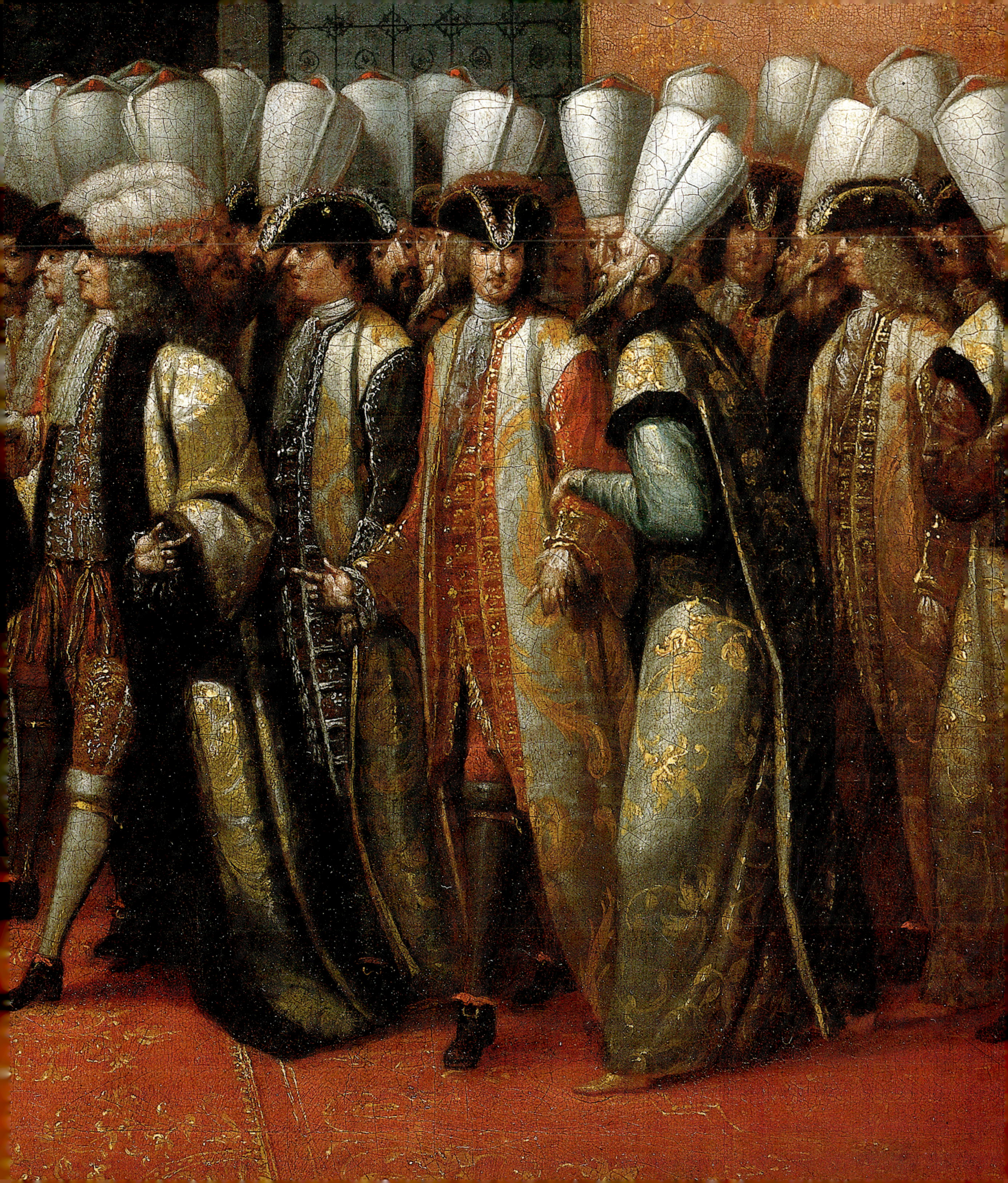

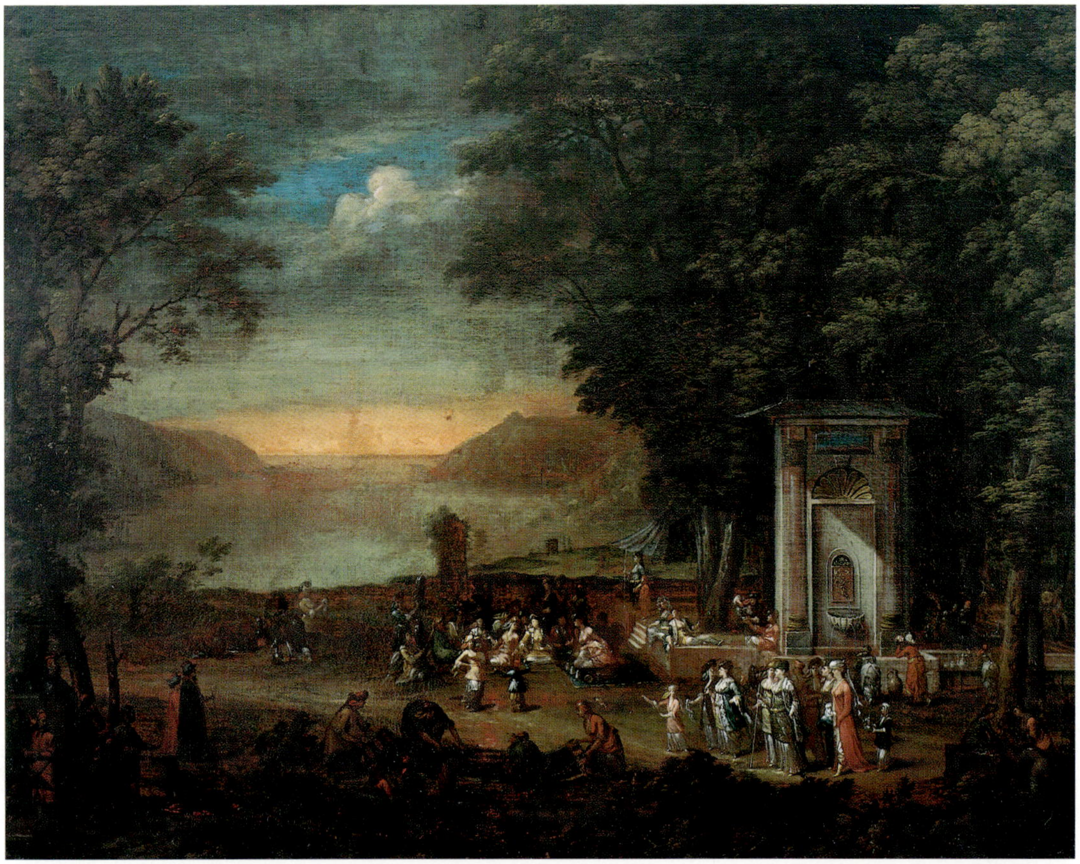

*Jean-Baptiste VAN MOUR.*
Fête donnée à Constantinople par ordre du Grand Seigneur à Madame la marquise d'Usson de Bonnac, née Gontault Biron, ambassadrice de France.
*Huile sur toile, 90 x 120 cm.*
*Collection particulière.*
*Cette scène, peu réaliste, est censée se dérouler dans la plaine des Eaux-Douces d'Europe, au fond de la Corne d'Or. Madame de Bonnac est assise sur des tapis d'Orient devant la fontaine ; à sa droite, derrière elle, se tient l'ambassadeur assis à côté de femmes richement vêtues. Le groupe regarde danser une tzigane et un petit enfant.*

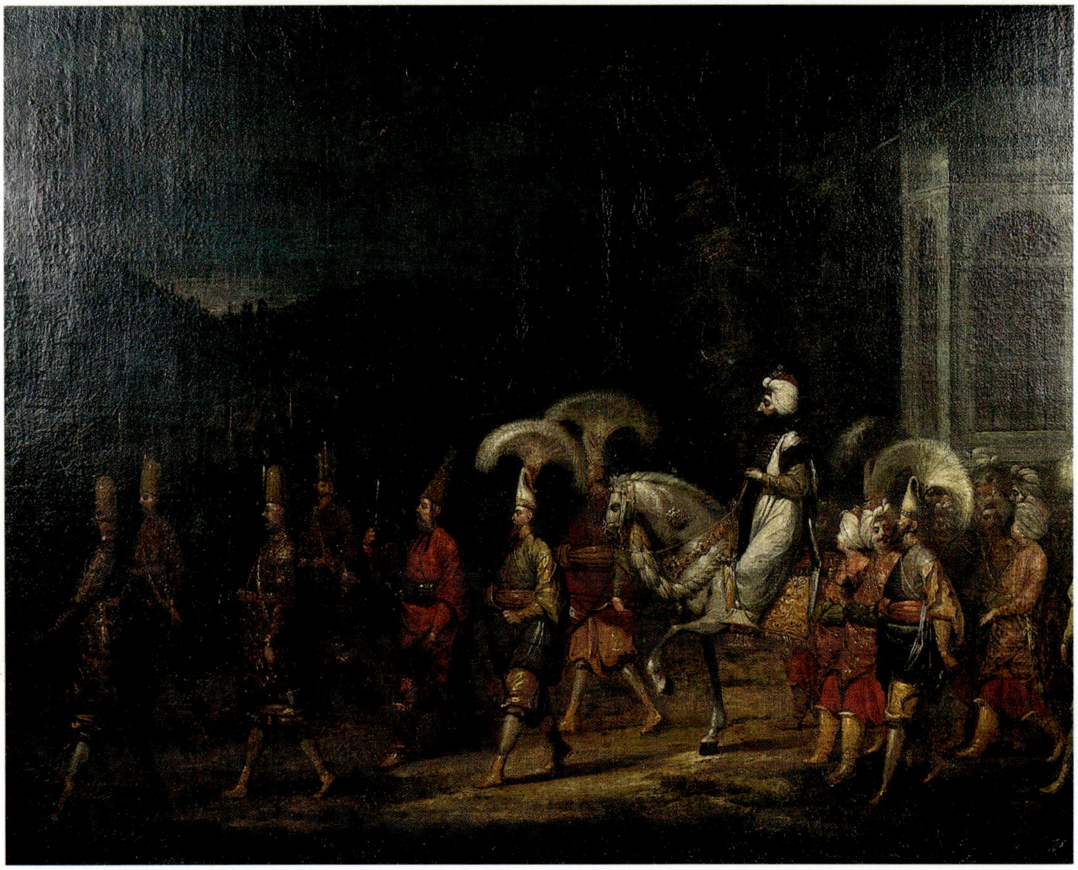

*Jean-Baptiste VAN MOUR.*
Le Sultan Ahmed III à cheval.
*Huile sur toile, 61,6 x 81 cm.*
*Collection particulière.*
*Chaque semaine, la population de Constantinople peut assister au* selamlik alayı, *le passage du cortège solennel du sultan qui se rend pour la prière du vendredi à Sainte-Sophie. C'est l'occasion pour les peintres de représenter Sa Hautesse monté sur un cheval richement harnaché, entouré de ses janissaires.*

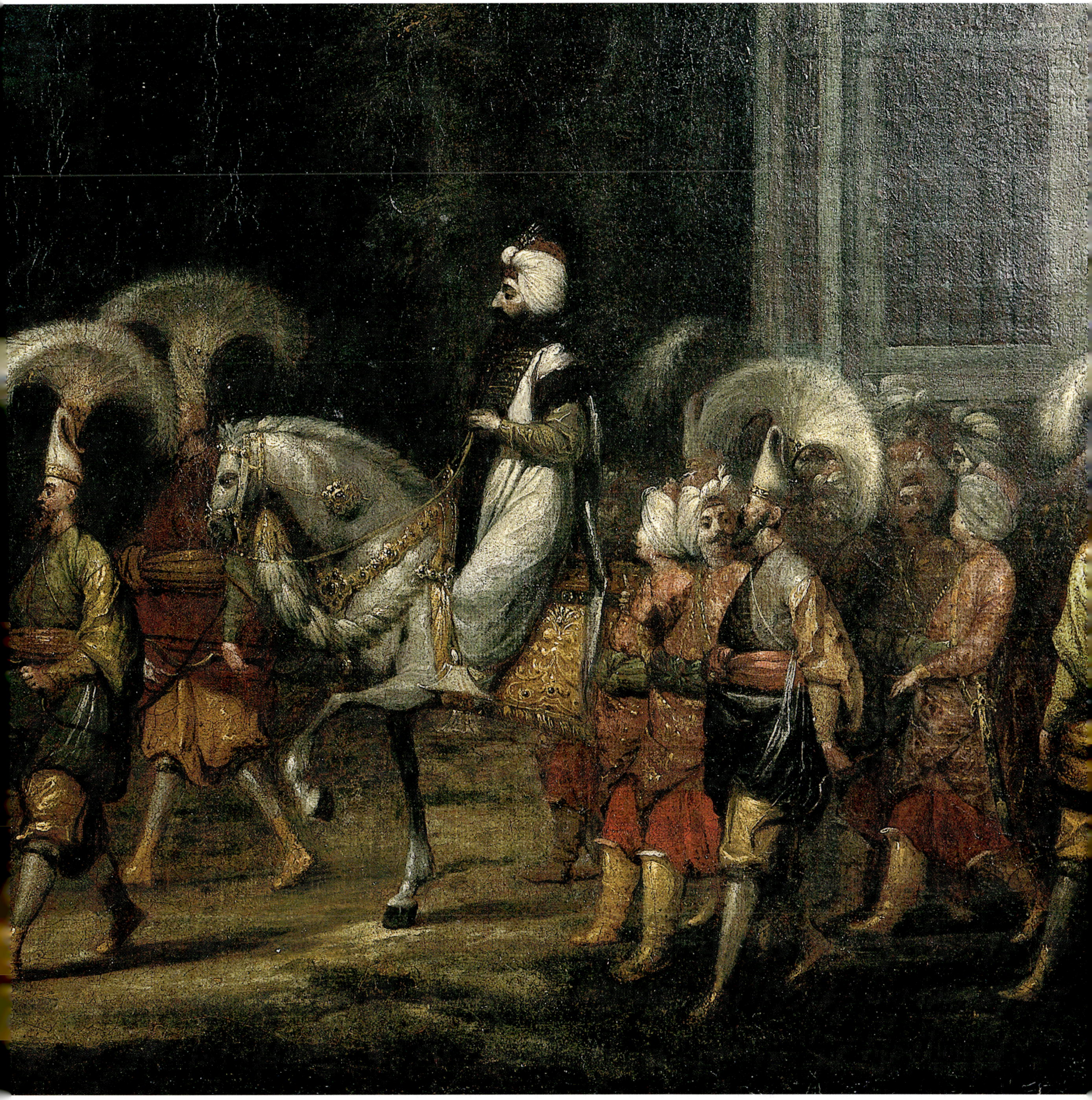

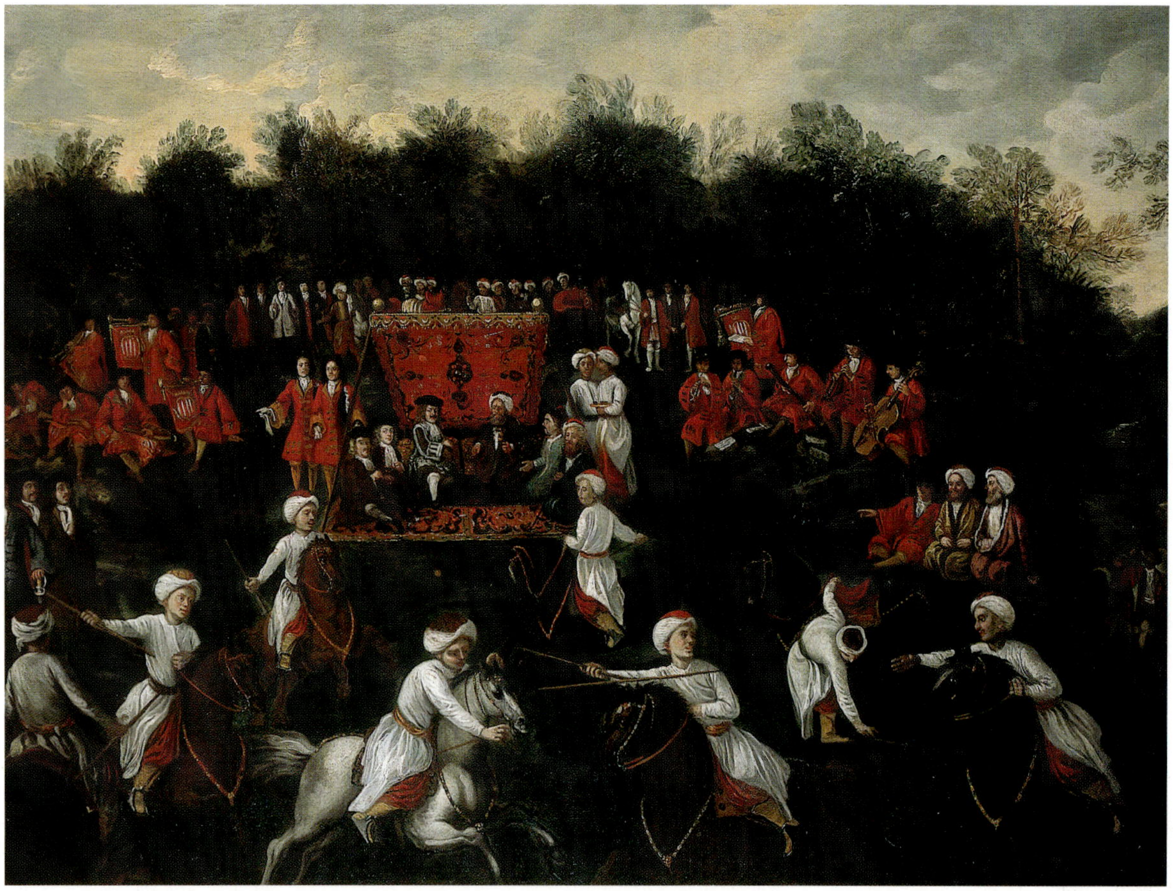

*Jean-Baptiste VAN MOUR, entourage de.*
Un Ambassadeur assistant au jeu du *djerid* à la cour du sultan.
*Huile sur toile, 75 x 102 cm. Istanbul, collection Bülent et Mary Pulak.*
*Pour montrer leur dextérité à cheval, les pages de la Cour pratiquent le* djerid, *un simulacre de combat consistant à se lancer des javelots de bois. Chaque participant est tour à tour poursuivant et poursuivi. L'événement est curieusement accompagné par des musiciens en livrée, installés de part et d'autre du sultan et de ses hôtes.*

(collection particulière). C'est surtout la couleur des vêtements qui intéresse Van Mour : la variété des couleurs, le luxe des parures et des ornements orientaux permettent à ce peintre d'origine flamande, qui sait rendre à merveille le poids d'un manteau, le luisant et le soyeux d'une robe, de manifester pleinement son goût de la précision. Les visages, s'ils gardent parfois un air de cour un peu impersonnel, sont souvent expressifs...

Van Mour aime également peindre des vues de l'entrée du port de Constantinople. Comme d'autres peintres après lui, il est séduit par l'admirable panorama qui, du haut des collines de Péra, des terrasses des Palais de France ou de Hollande, se dévoile au-dessus des quartiers de Galata et de Tophane et, au-delà du Bosphore, vers la côte d'Asie, au-delà de la Corne d'Or, vers la pointe du Sérail, les îles des Princes. Il est aussi à son aise pour décrire les scènes de la vie quotidienne comme les cortèges de mariages et d'enterrements, les danses des derviches, les femmes arméniennes brodant, les danseuses du harem. Il pénètre ainsi avec sensibilité les mœurs et les coutumes des différents habitants constituant la gigantesque mosaïque ethnique et religieuse de Constantinople.

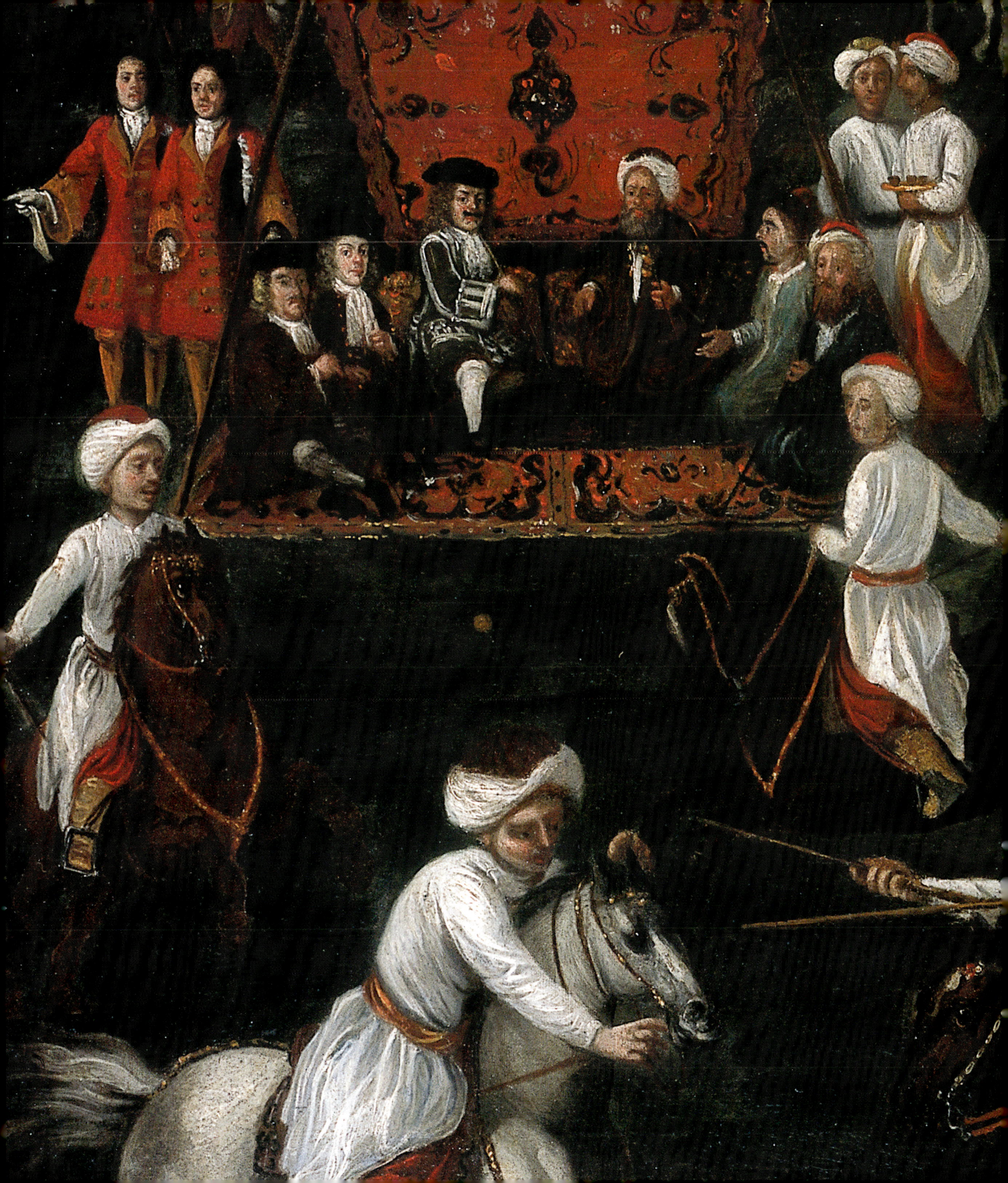

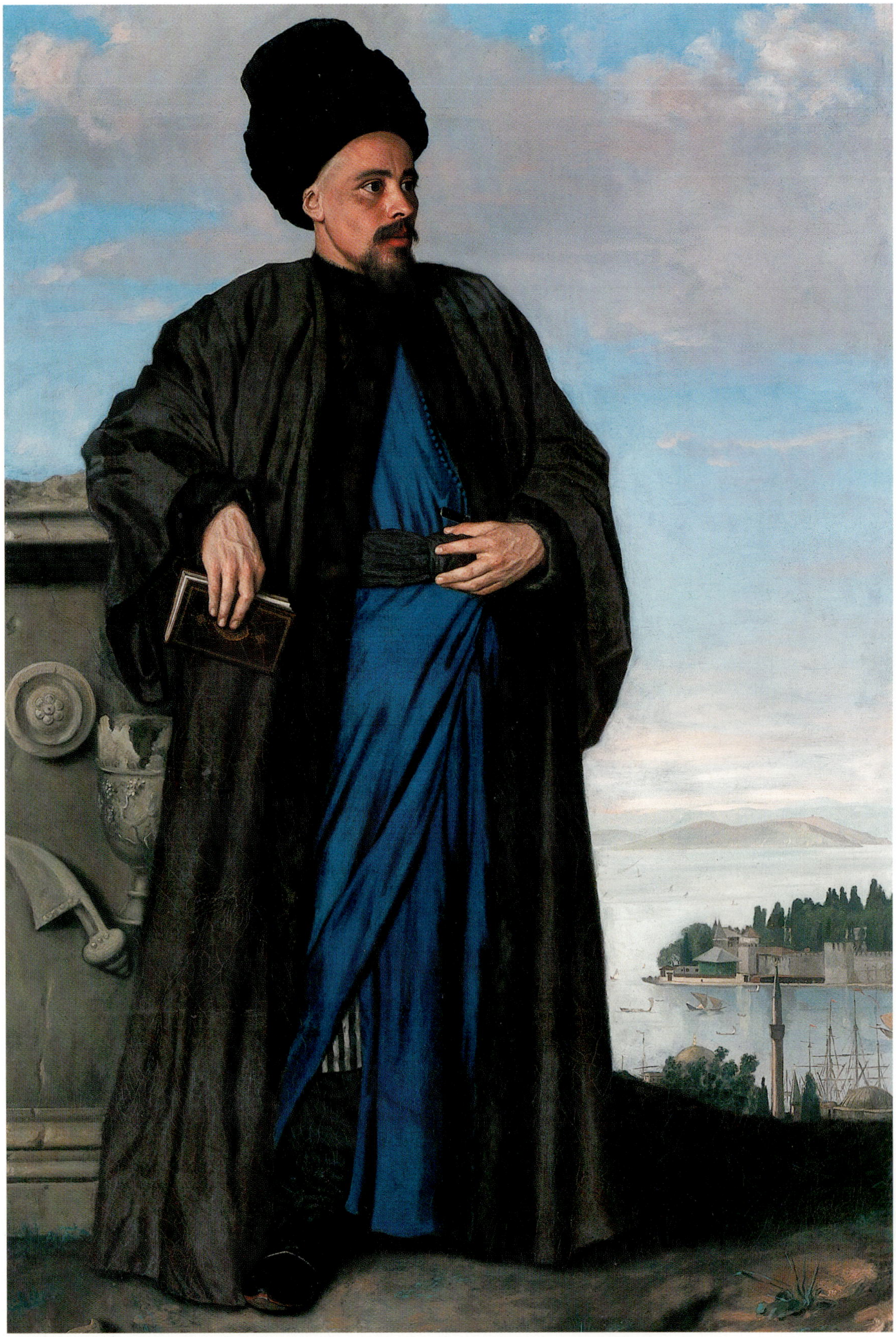

*Jean-Étienne LIOTARD.*
Portrait de Richard Pococke.
*Huile sur toile, 202 x 134 cm.*
*Genève, musée d'Art et d'Histoire.*
*Richard Pococke (1704-1765), archéologue, théologien et voyageur, naquit à Southampton. Il rencontra Liotard lors d'un séjour à Constantinople, sans doute à la fin du mois d'août 1738 ou au début de l'année 1739. Pococke relata son voyage en Orient dans un ouvrage en deux volumes intitulé*
A Description of the East and some other Countries (1743-1745).

# Jean-Étienne Liotard, dit « le peintre turc »

Deux ans venaient à peine de s'écouler après la mort de Jean-Baptiste Van Mour (22 janvier 1737) lorsque, à la fin de l'année 1738, débarqua à Constantinople le peintre suisse Jean-Étienne Liotard (1702-1789). Originaire de Genève, il montre très tôt de bonnes dispositions pour le dessin et la peinture. Il reçoit une formation de miniaturiste, d'abord à Genève auprès de Daniel Gardelle, puis à Paris dans l'atelier de Jean-Baptiste Massé. Il exerce une activité de portraitiste en miniature à Paris de 1723 à 1736. En 1738, il entre au service du marquis de Puysieux, ambassadeur de France auprès des Deux-Siciles, qui l'emmène à Naples puis à Rome. Une rencontre va alors bouleverser le cours de son existence : alors qu'un jour d'hiver il se trouve installé dans un café romain à la mode, il surprend la conversation d'un groupe de gentlemen qui, sans le connaître, parlaient d'une surprenante miniature qu'il avait faite. Il se présente alors et fait ainsi connaissance de l'un de ses admirateurs, le chevalier William Ponsonby, futur duc de Bessborough, qui, quelques mois plus tard, lui propose : « Nous avons loué à trois ou quatre un vaisseau pour Constantinople ; serez-vous des nôtres ? » Le peintre acquiesce avec enthousiasme. Le départ sur le *Clifton* est fixé au 3 avril 1738 à Naples. Après Capri, Messine, Syracuse, Malte et plusieurs îles des échelles du Levant, le navire fait escale à Smyrne. Liotard profite de son court séjour pour peindre les représentants des riches familles de négociants et diplomates : le consul de France, Gaspard de Péleran assis sur une pafose, sa femme en costume d'amazone ; Margaret Fremeaux, femme d'un riche marchand hollandais ; la Signora Marigot[2].

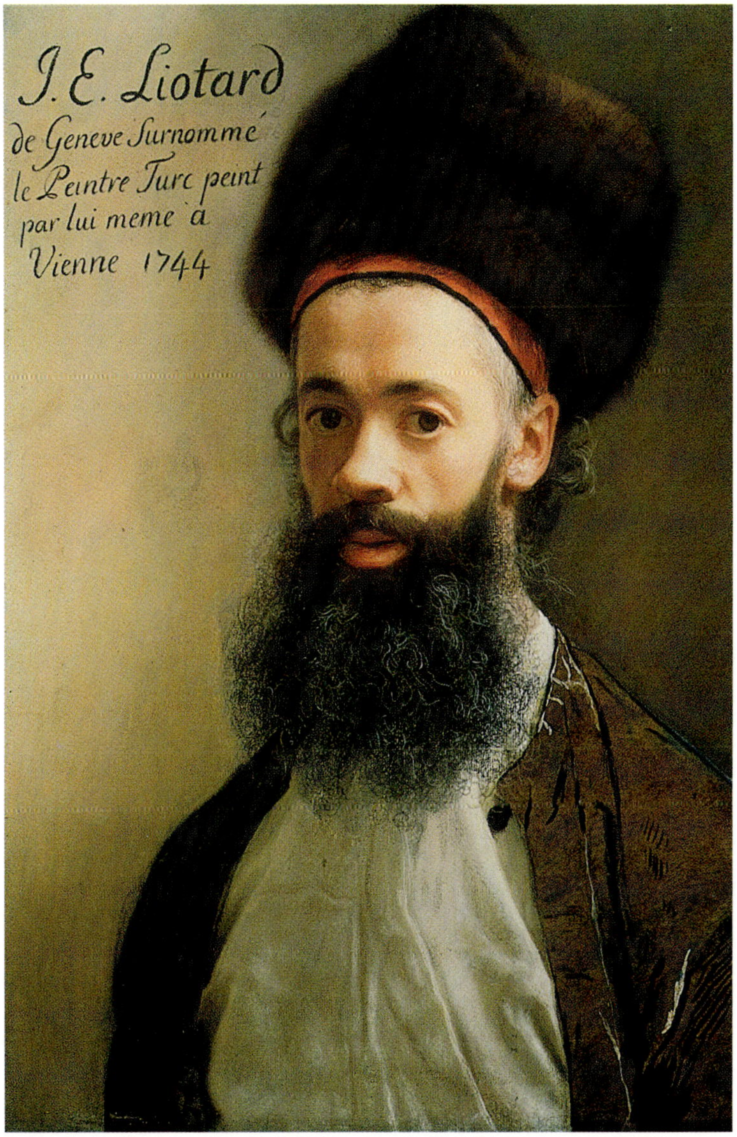


*Jean-Étienne LIOTARD.*
Autoportrait, 1744.
*Pastel sur carton, 61 x 49 cm.*
*Florence, Galerie des Offices.*

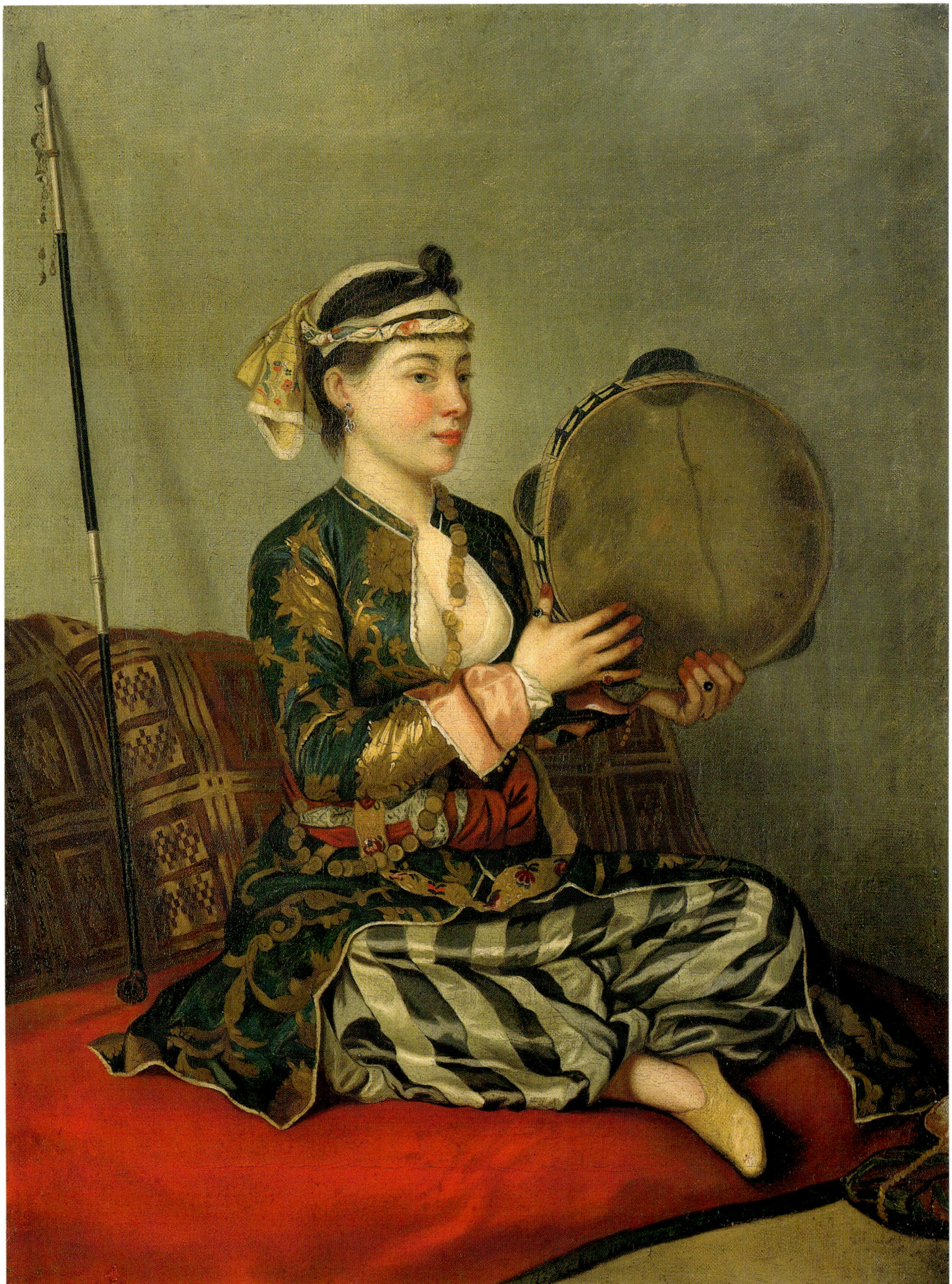

A son arrivée dans la capitale ottomane où il allait résider cinq ans, Liotard devint rapidement l'artiste de la communauté franque. Bien introduit auprès des ambassades, des riches commerçants, des communautés grecques et tartares, il ne cesse de portraiturer diplomates, bourgeois et bourgeoises, aventuriers, servantes, esclaves, musiciens ou brodeuses. Tout le monde souhaite se faire immortaliser par le peintre genevois, que ce soit le voyageur Richard Pococke, l'ambassadeur de Hollande Cornélis Calkoen ou son ami, Lord Sandwich. Grâce à son amitié avec le négociant anglais Levett, dont il exécute une huile le représentant en costume oriental aux côtés de mademoiselle Hélène Glavany[3], il approche les dames franques de Péra et de Galata vêtues à l'orientale, accompagnées de leurs esclaves. Sa réputation grandissante, il est même sollicité par les hauts dignitaires de l'Empire : Ibrahim le Nain, Mehmed Aga, frère du grand trésorier de l'Empire, le grand vizir, le grand trésorier lui-même, Sadig Aga et son fils. Sa production se partage entre des effigies grandeur nature au pastel ou à l'huile, et des dessins à petites figures à la pierre noire et à la sanguine d'une grande finesse d'exécution.

*Jean-Étienne LIOTARD.*
Portrait de Sir William Ponsonby en costume turc.
*Huile sur toile, 124 x 99 cm.*
*Collection particulière.*

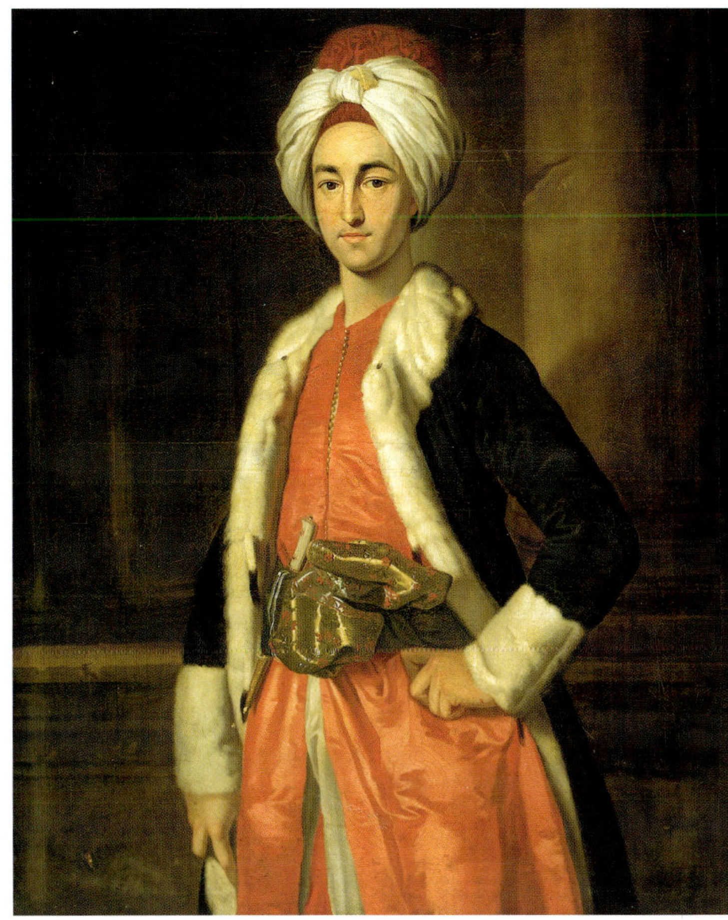

Fasciné par l'Orient, Jean-Étienne Liotard apprit la langue du pays et adopta le costume turc, qu'il gardera d'ailleurs longtemps après son retour en Europe en 1742. Jean-Jacques Rousseau suit son exemple en adoptant vers 1762 ce qui sera son dernier costume, un caftan arménien qu'il n'hésite pas à porter au temple. Les autoportraits de Liotard (musées Rath, Pitti, Dresde, etc.) le montrent barbu, enturbanné, vêtu d'un caftan, tenue qu'il abandonnera après son mariage avec une Hollandaise et son installation en Suisse.

Contrairement à la plupart de ses contemporains qui baignent dans un exotisme imaginaire, on est très loin des mascarades et des turqueries de Étienne Jeaurat,

A gauche :
*Jean-Étienne LIOTARD.*
Jeune Femme au tambourin vêtue à la turque, entre 1738 et 1743.
*Huile sur carton, 63,5 x 48,5 cm.*
*Genève, musée d'Art et d'Histoire.*

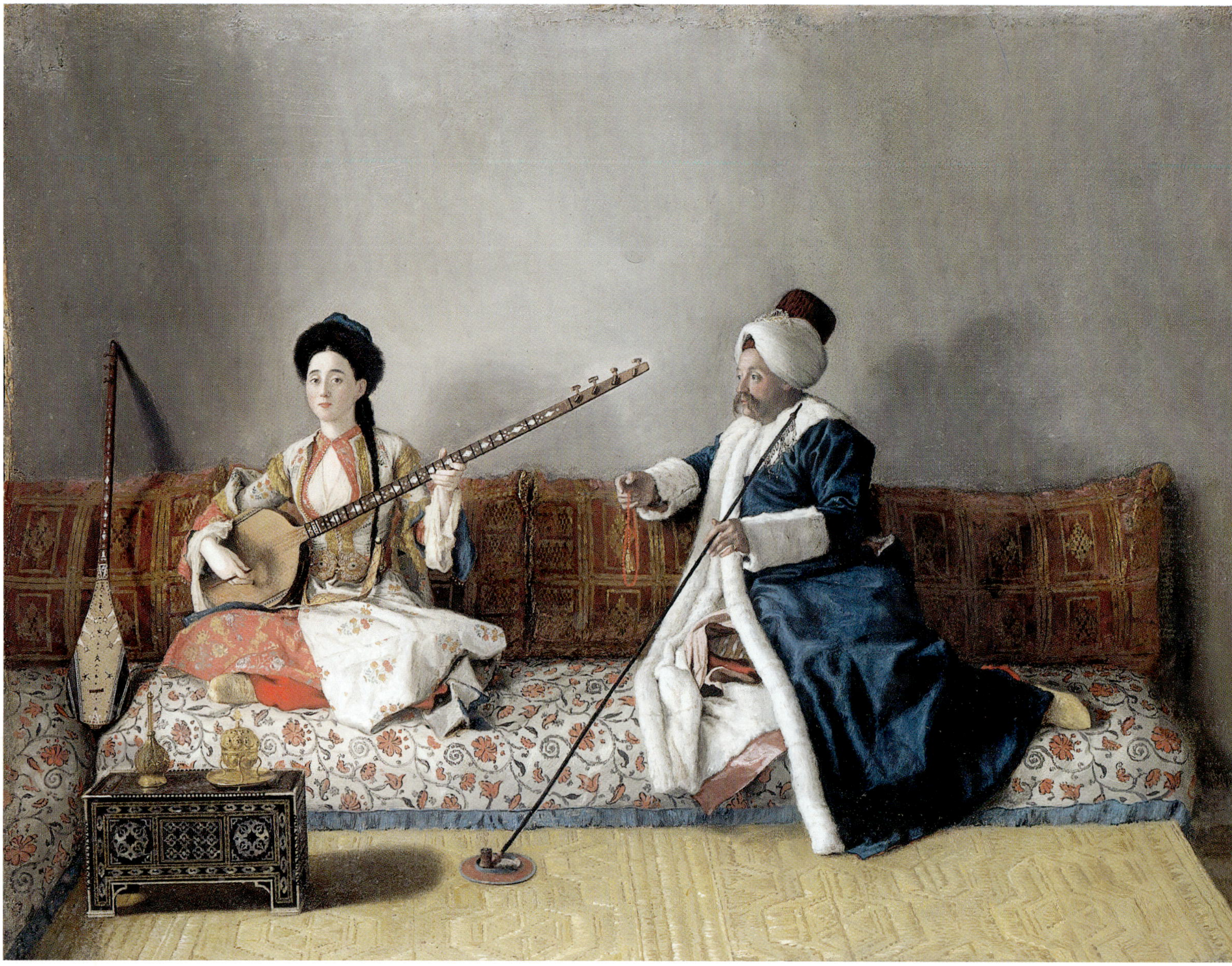

*Jean-Étienne LIOTARD.*
M. Levett et Mlle Hélène Glavany en costume turc.
*Huile sur carton, 24,7 x 36,4 cm.*
*Paris, musée du Louvre.*
*Pour accentuer l'orientalisme de la scène, Liotard peint la femme avec un instrument de musique orientale, le* kanun, *l'homme avec une longue pipe dans la main gauche et un* tespih, *ou chapelet, dans la droite. Au premier plan, on distingue un coffret-écritoire sur lequel sont posés, à droite, un brûle-parfum et un aspersoir.*

*Jean-Étienne LIOTARD.*
Portrait d'une jeune femme en costume turc.
*Pastel sur parchemin, 23,5 x 19 cm.*
*Genève, musée d'Art et d'Histoire.*

François Boucher, Carle Van Loo, Joseph-Marie Vien ou Jean Barbault. Les Turcs de Liotard sont de vrais Turcs, avec des habits orientaux authentiques, au milieu de tapis et d'effets réels. Cela ne l'empêche pas de contribuer à cette mode orientale qui souffle sur l'Europe. Il déguise en orientales Madame Adélaïde, fille de Louis XV, ou Mary Gunning, comtesse de Coventry, amie de Ponsonby (devenu lord Bessborough) et de Horace Walpole, qui passe pour être une des femmes les plus séduisantes de son temps.

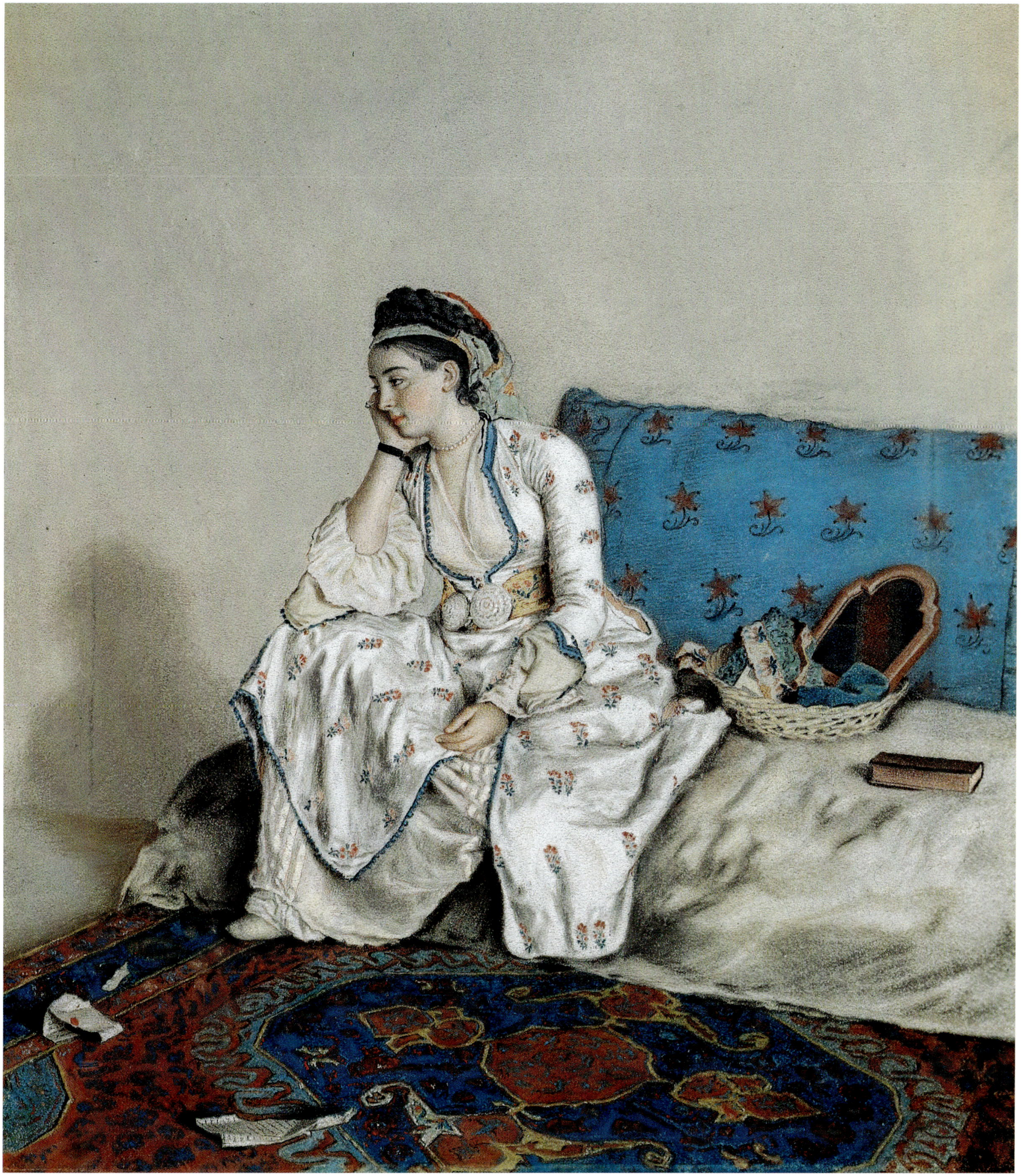

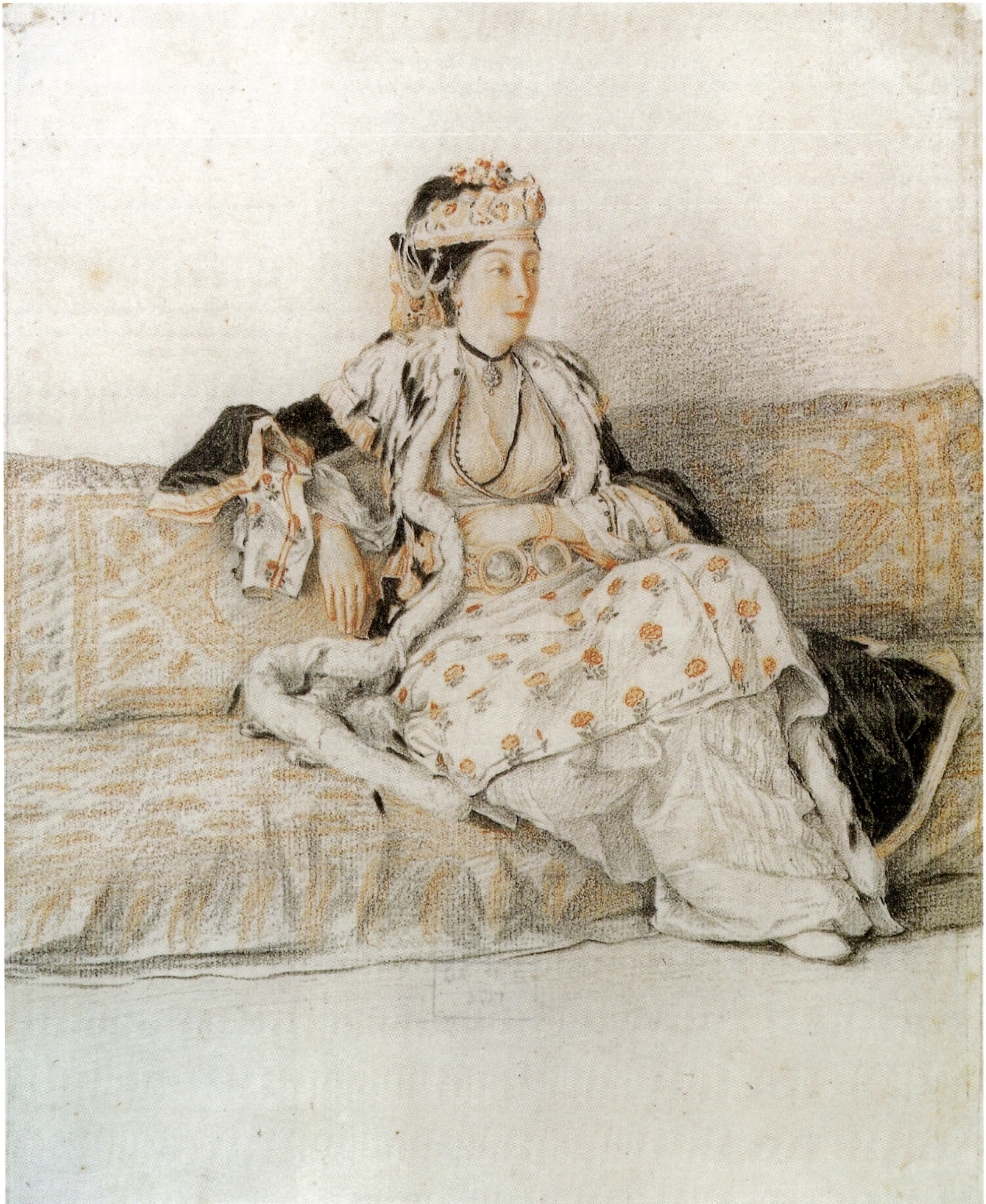

A gauche :
*Jean-Étienne LIOTARD.*
Dame de Constantinople
assise sur un divan.
*Pierre noire et sanguine,*
*20,6 x 17 cm.*
*Paris, musée du Louvre, département des Arts graphiques.*

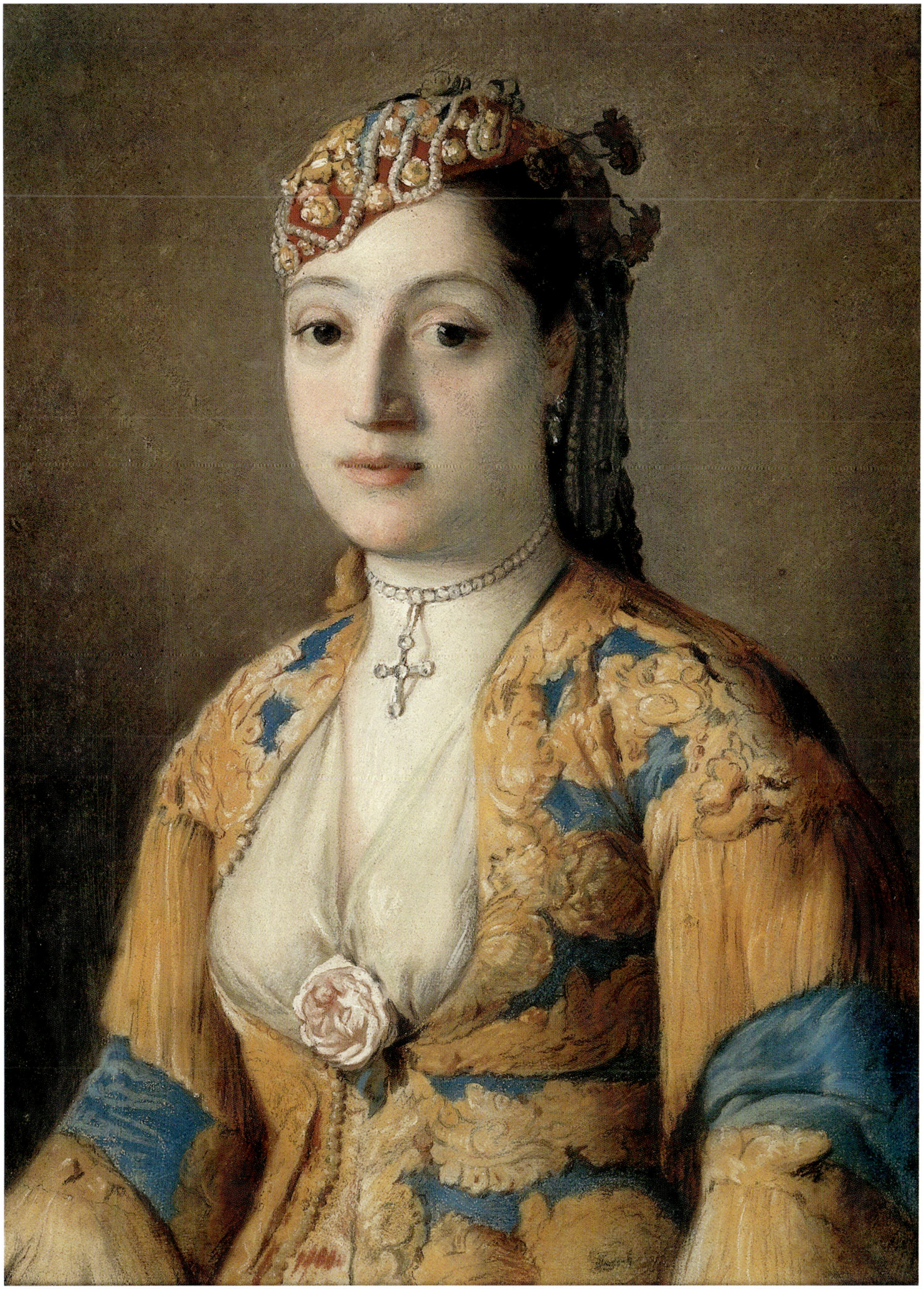

*Jean-Étienne LIOTARD.*
Portrait de Madame James Fremeaux, née Margaret Cooke, vers 1738.
*Pastel sur papier, 50,6 x 38,2 cm.*
*Genève, musée d'Art et d'Histoire.*
*Petite-fille du consul hollandais de Smyrne, et fille du consul anglais de ce même port, Margaret Cooke épousa en 1720 James Fremeaux, riche marchand hollandais, représentant au Levant de manufactures du drap, de la soie et du coton de Leyde et de Haarlem.*

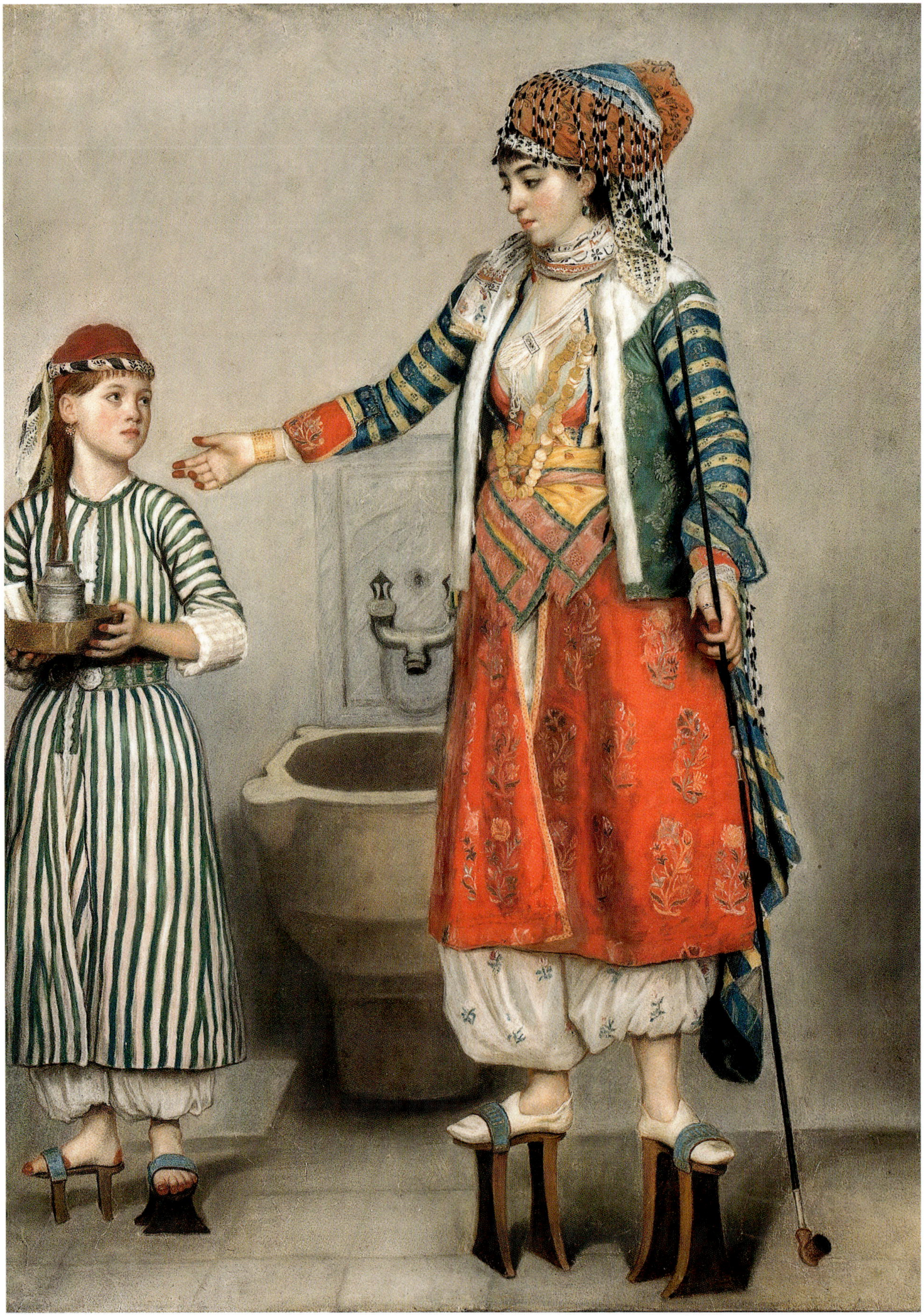

*Jean-Étienne LIOTARD.*
Dame franque
et sa servante au
hammam.
*Pastel sur parchemin,*
*71 x 53 cm.*
*Genève, musée d'Art*
*et d'Histoire.*

A droite :
*Jean-Étienne LIOTARD.*
Dame franque de Péra
à Constantinople.
*Pastel sur papier,*
*63,5 x 48,5 cm.*
*Genève, musée d'Art et*
*d'Histoire.*
*Les Dames franques peintes par Jean-Étienne Liotard portent de somptueux vêtements d'intérieur et de riches coiffures ornées de perles, surmontées d'aigrettes. Elles témoignent de la réussite des marchands francs de Constantinople et de Smyrne.*

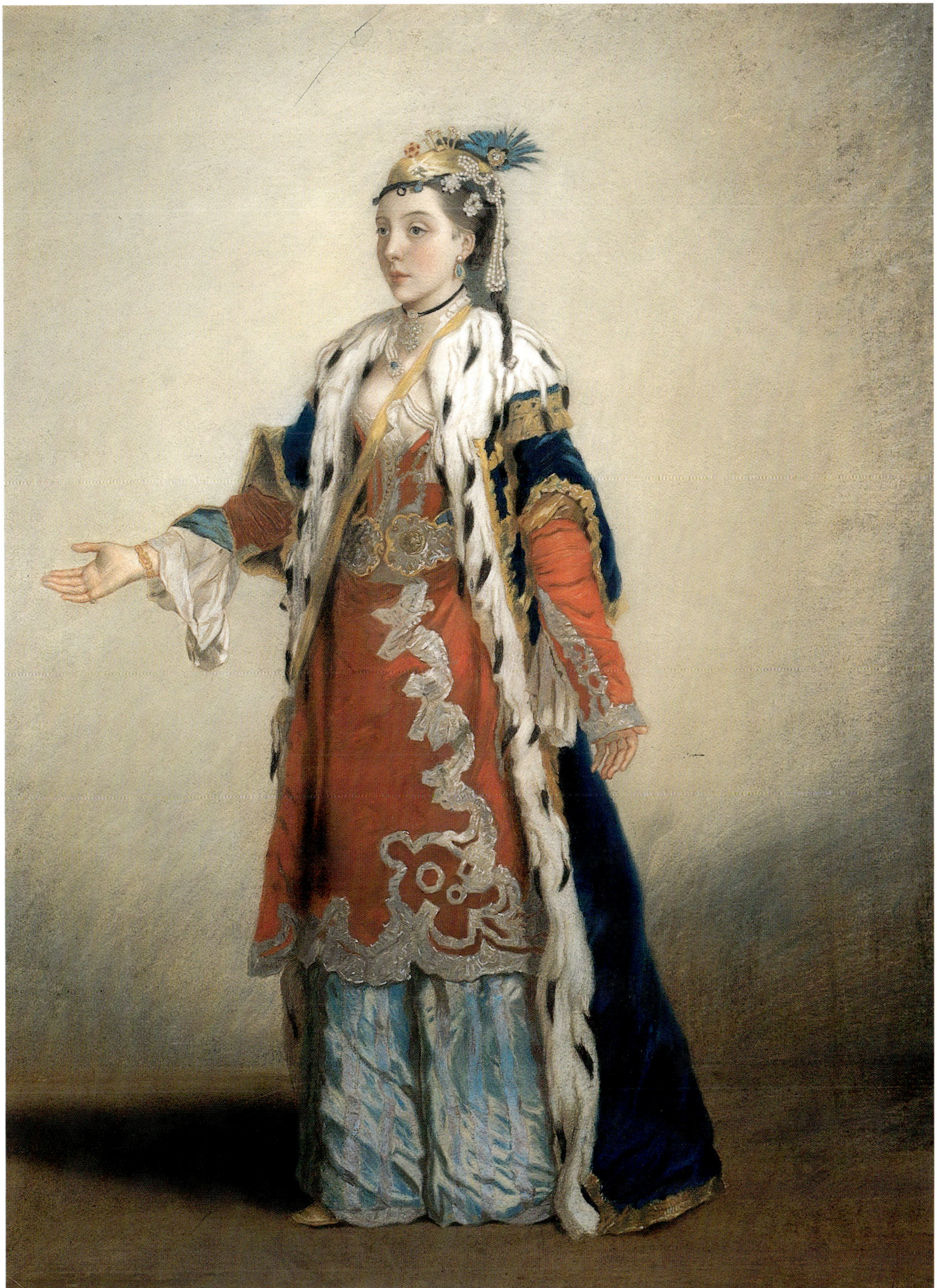

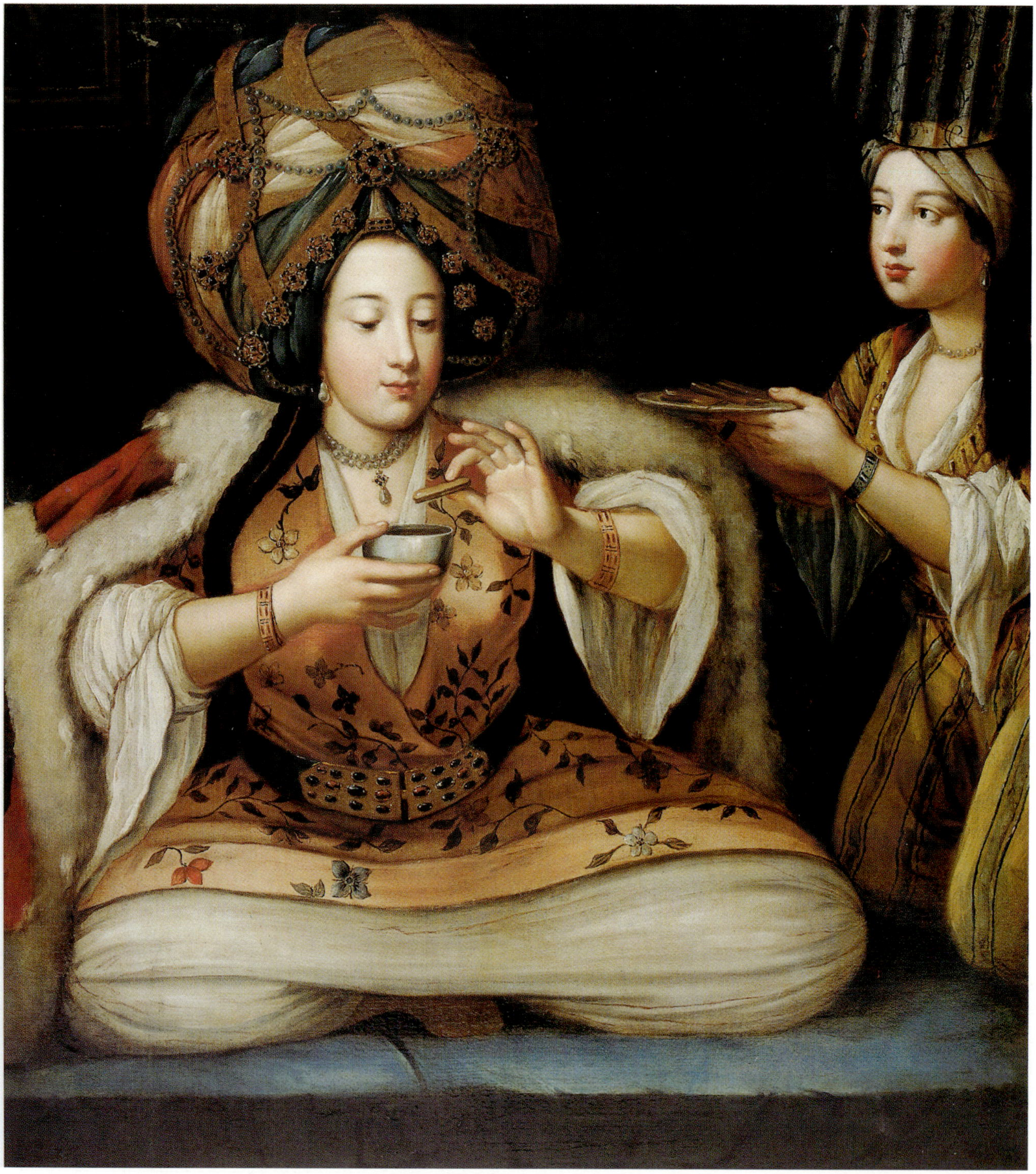

*Jean-Étienne LIOTARD,*
*entourage de.*
Le Rituel du café.
*Huile sur toile, 101,50 x 112 cm.*
*Collection particulière.*

*Jean-Étienne LIOTARD,*
*entourage de.*
Un Occidental habillé en Ottoman se faisant servir le café.
*Collection particulière.*
*A l'image du peintre Jean-Étienne Liotard surnommé « le peintre turc », de nombreux Occidentaux adoptent le costume et certaines coutumes ottomanes au XVIIIe siècle.*

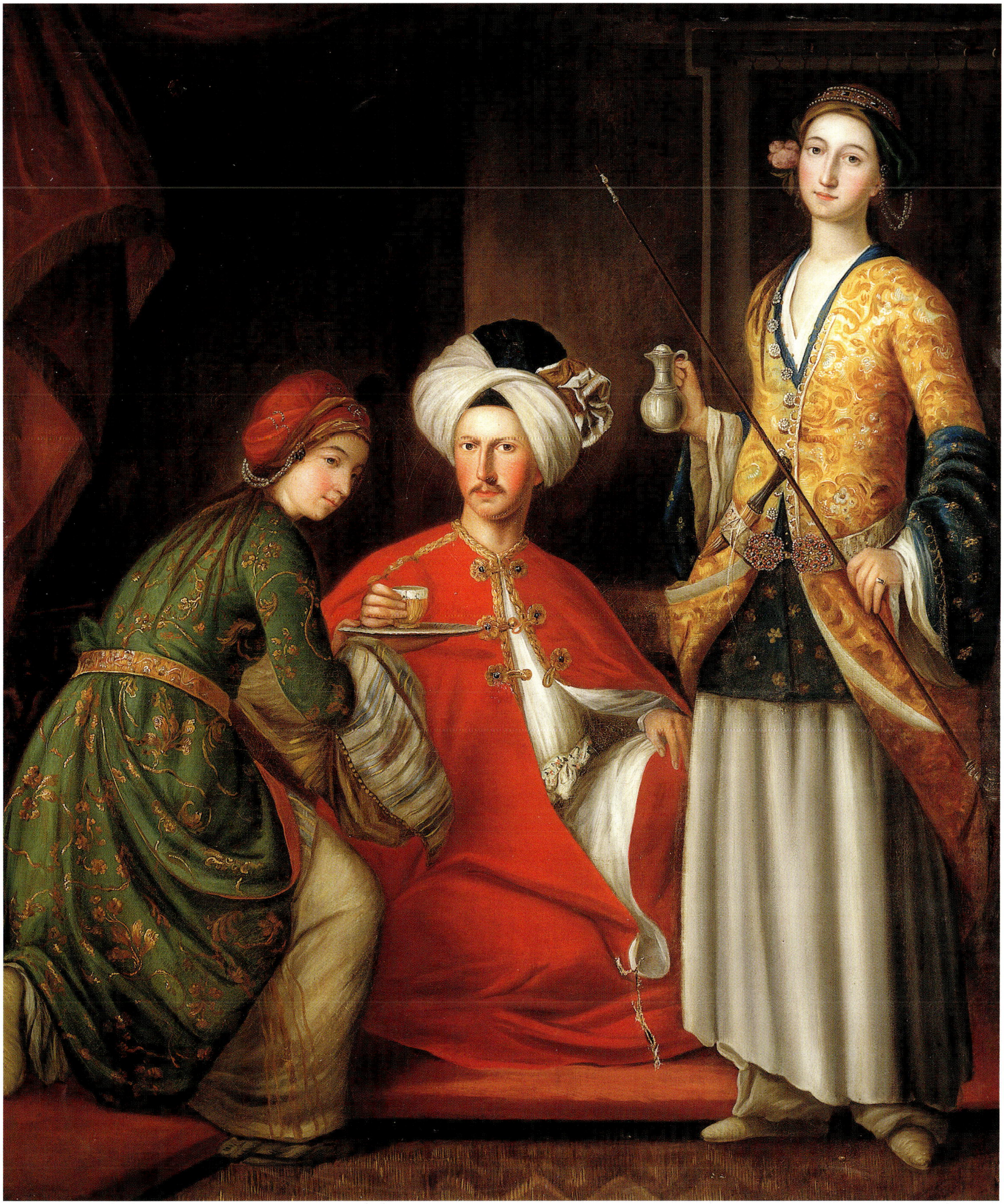

# Antoine de Favray, peintre maltais

Le 4 octobre 1760, une galère ottomane entre dans le port de La Valette. C'est la stupéfaction parmi les habitants, jusqu'au moment ou ils réalisent qu'il s'agit d'un navire dirigé par des rameurs chrétiens. Ces derniers ont profité d'une relâche de l'équipage sur l'île de Kos pour s'emparer du navire et gagner la haute mer. Cette prise ne va pas sans poser de graves problèmes diplomatiques et le roi de France rachète la galère afin de la restituer au Grand Seigneur. Elle est renvoyée à Constantinople, escortée par la frégate *L'Oiseau* avec à son bord un chevalier de Malte, le peintre Antoine de Favray (1706-1798). L'artiste, qui a alors 56 ans, réside sur l'île de Malte depuis 1744. A La Valette, il a réalisé un nombre important de commandes, décorant les églises, faisant les portraits du Grand Maître ou des chevaliers, et autres toiles retraçant l'histoire de l'Ordre.

Le 19 janvier 1762, la frégate *L'Oiseau* entre avec la galère ottomane dans le port de Constantinople. De Favray est subjugué par cette entrée, comme en témoignent plusieurs de ses toiles. Une fois l'affaire de la galère réglée, l'ambassadeur de France, le comte de Vergennes, fait tout ce qui est en son pouvoir pour que l'artiste prolonge son séjour et l'attacher à son service. De Favray accepte de rester quelque temps. Il ne tarde pas à se lier avec le milieu français, qui est cultivé et raffiné, grâce à des personnalités remarquables comme le baron de Tott, Mme Chénier et le Marseillais Pierre-Augustin Guys, négociant et homme de lettres[4].

Du Palais de France où il est logé, De Favray est bien placé pour contempler la ville et l'entrée du Bosphore ; mais à cette vue, il préfère le panorama plus étendu que lui offre le palais de Russie. Si, au cours des huit années qu'il passe dans la capitale ottomane, l'artiste peint de magnifiques vues, il excelle aussi dans les portraits. Ceux qu'il réalise de M. et Mme de Vergennes en costume oriental sont remarquables. De même que ces portraits de femmes élégantes, comme les *Dames levantines en coiffures d'intérieur* et les *Dames levantines en coiffures de ville* (1754), les *Dames turques* (1792) et les *Dames grecques au bazar*.

*Antoine de FAVRAY.*
Vue panoramique du Bosphore et de la Corne d'Or.
*Huile sur toile, 99 x 212 cm.*
*Collection particulière.*
*Au premier plan s'étendent les quartiers de Péra-Galata. Séparée de la Corne d'Or et de la mer de Marmara, on distingue sur la droite la pointe du Sérail. La côte asiatique, dont on discerne le quartier d'Üsküdar ou Scutari, se découpe dans le fond.*

*Antoine de FAVRAY.*
Vue de la résidence d'été de l'ambassade de France à Thérapia, sur le Bosphore.
*Huile sur toile, 99 x 212 cm.*
*Collection particulière.*
*Pour échapper aux épidémies qui frappent régulièrement Constantinople, les légations étrangères se font bâtir de somptueuses résidences d'été sur les rives du Bosphore. On s'y rend le plus souvent par voie de mer, à bord de caïques à rames.*

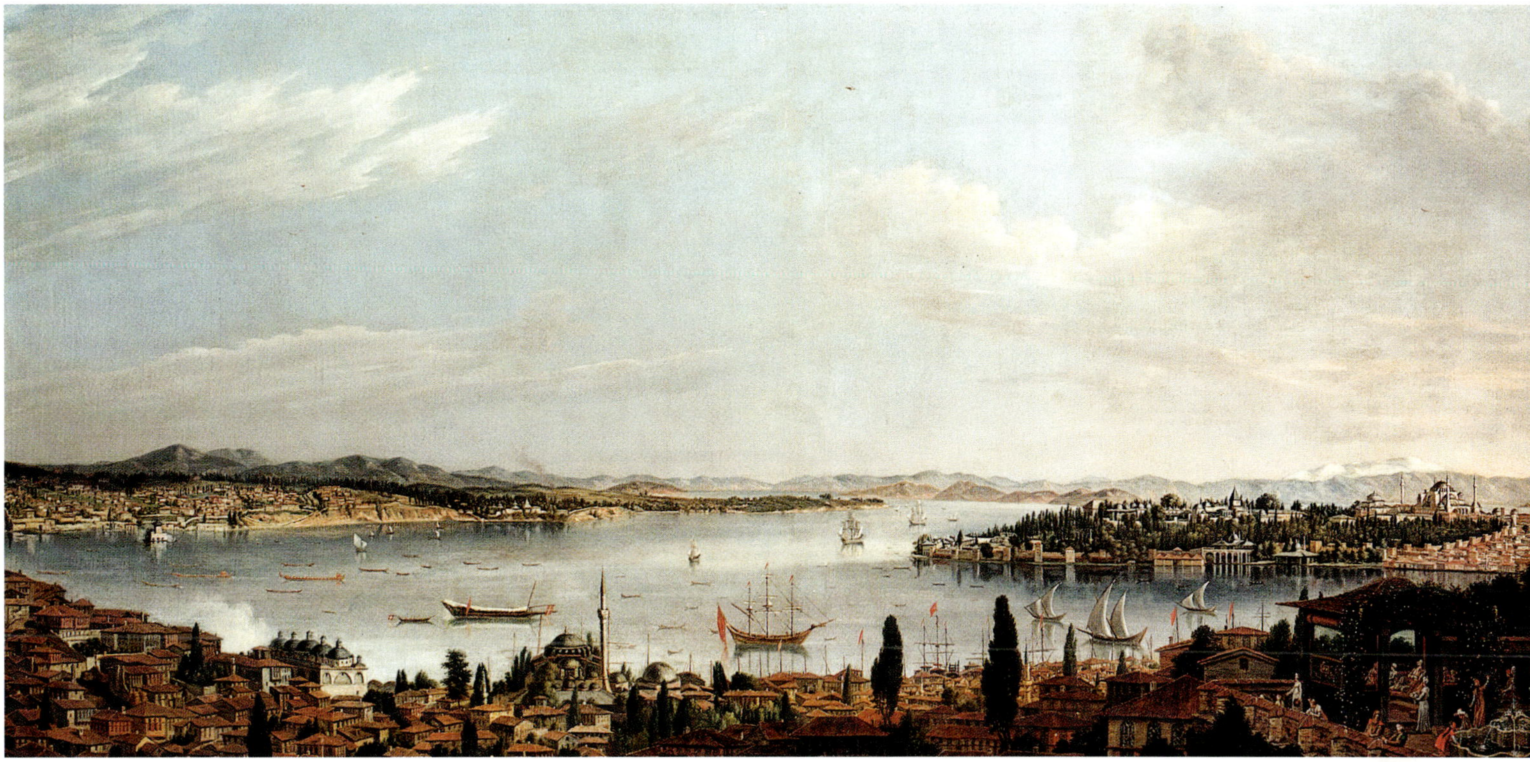

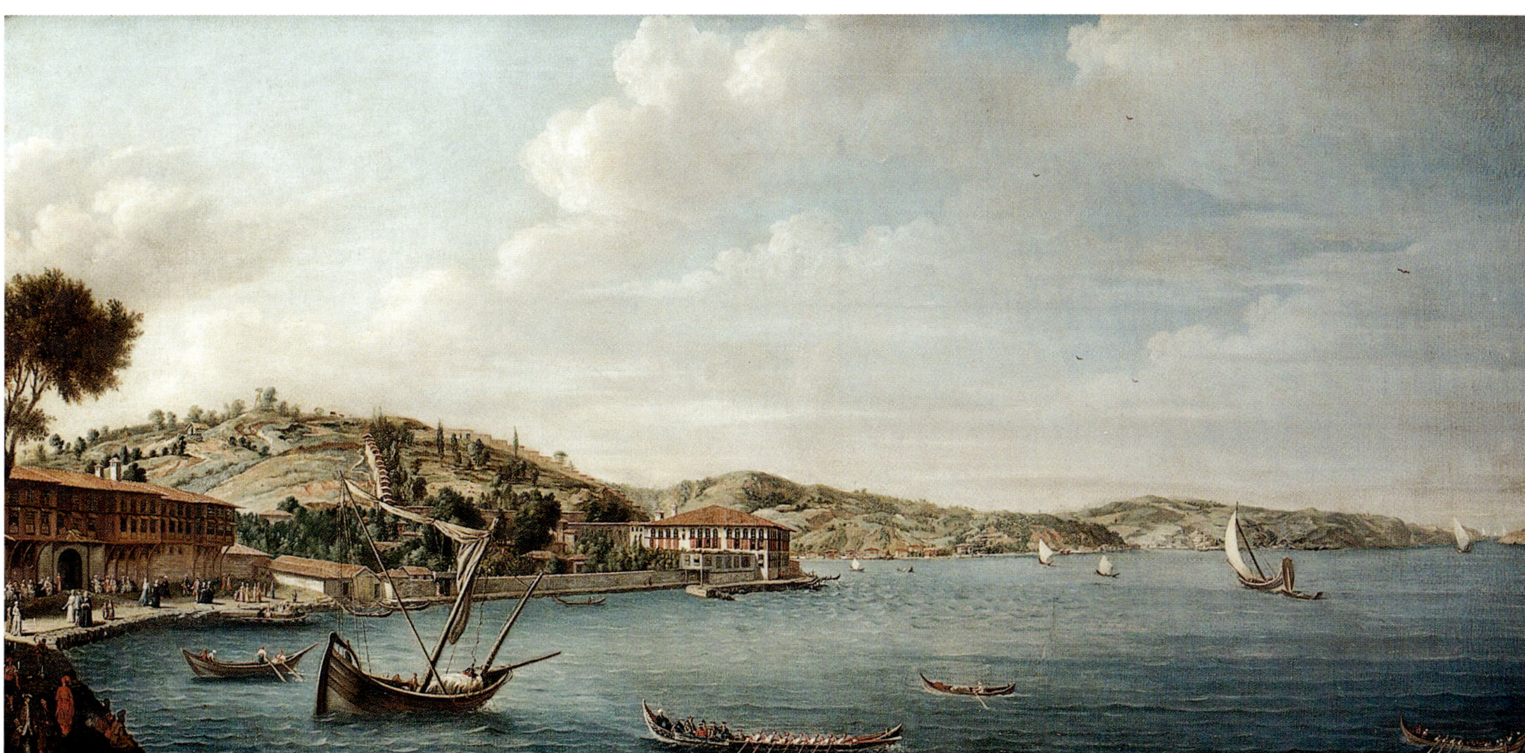

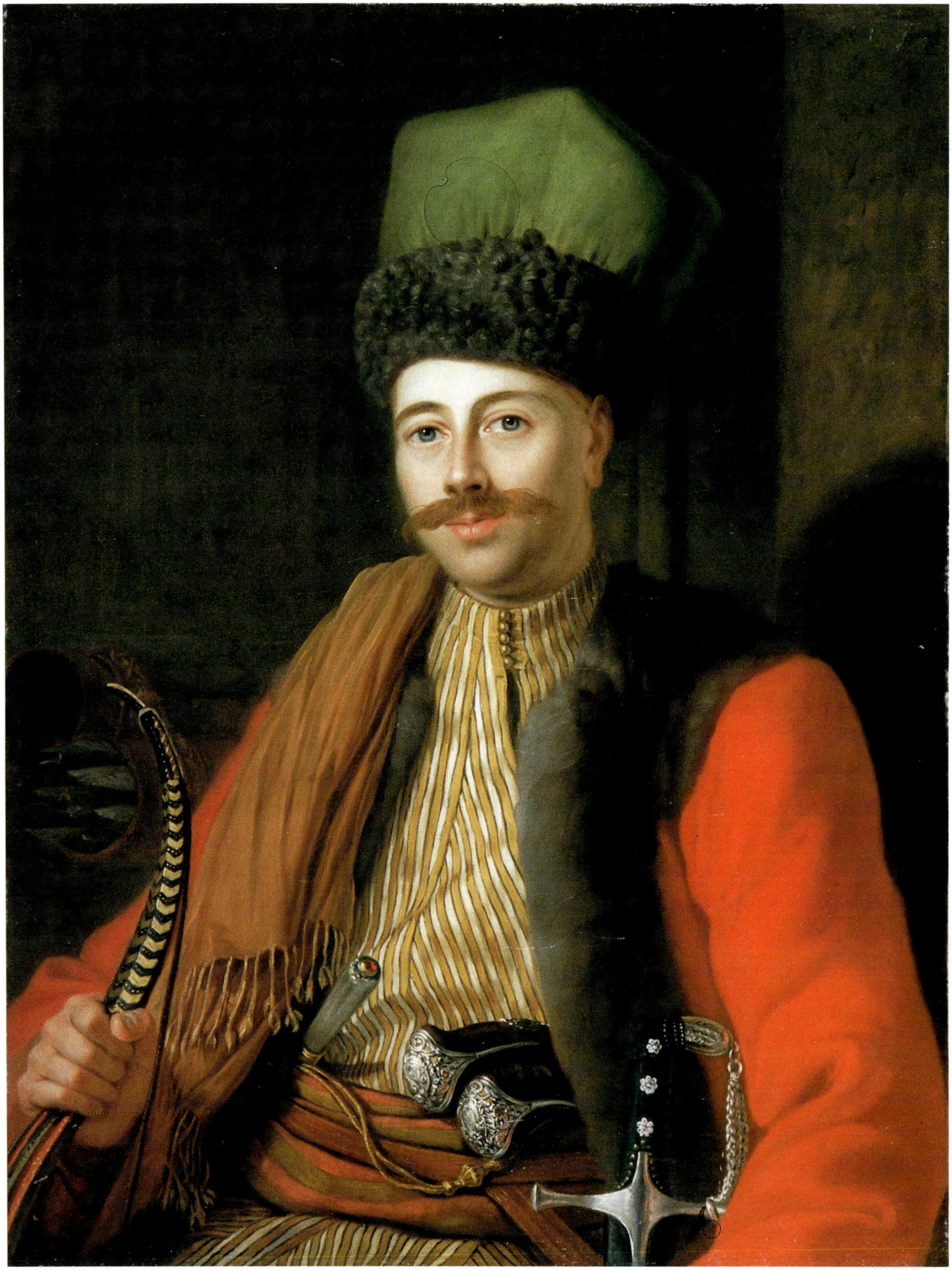

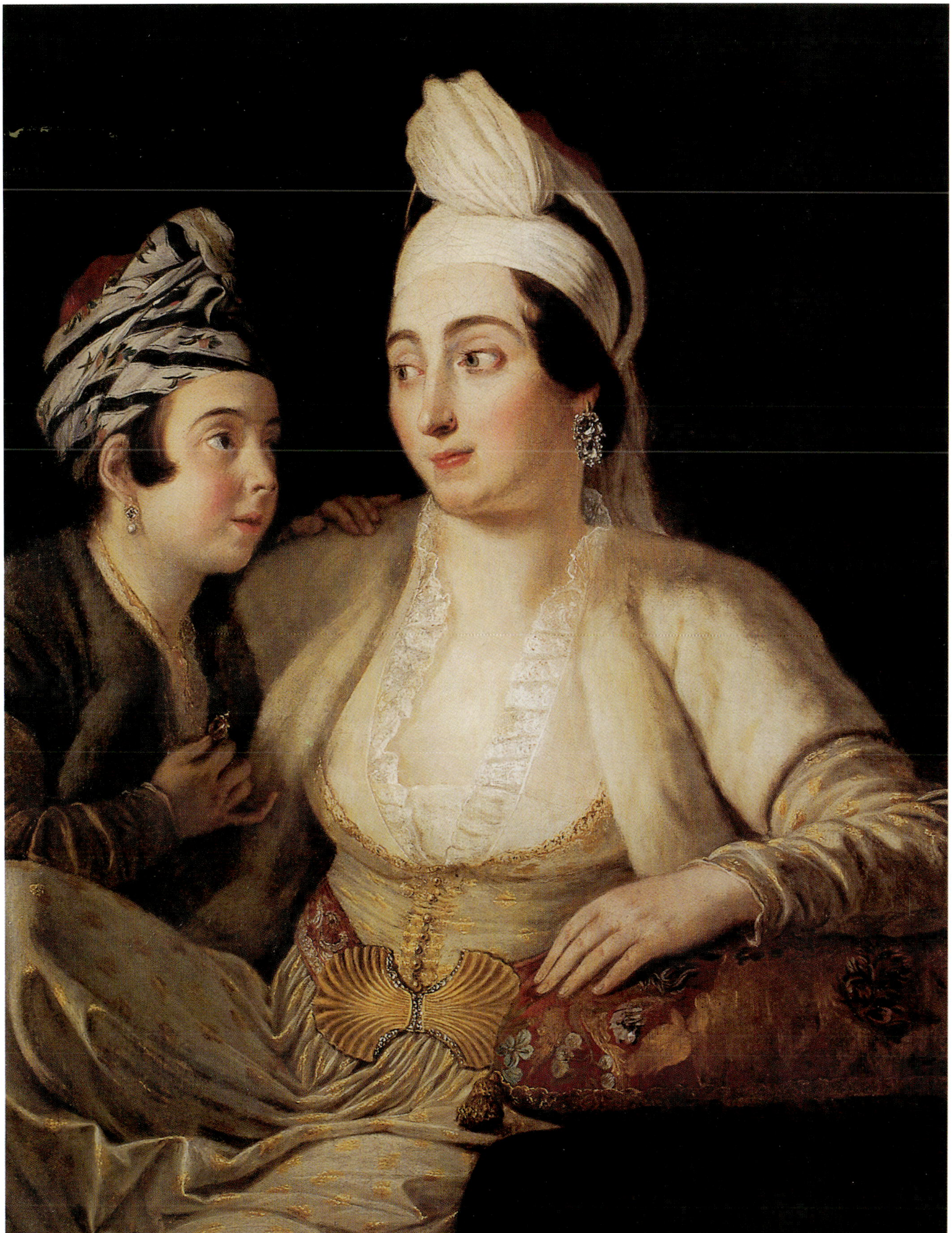

Page 44 :
*Antoine de FAVRAY.*
Portrait d'un dignitaire ottoman, 1765.
*Huile sur toile, 80,5 x 63 cm.*
*Collection particulière.*
*Cette toile, réalisée par Favray à Constantinople en 1765, semble représenter un dignitaire originaire des provinces balkaniques de l'Empire ottoman.*

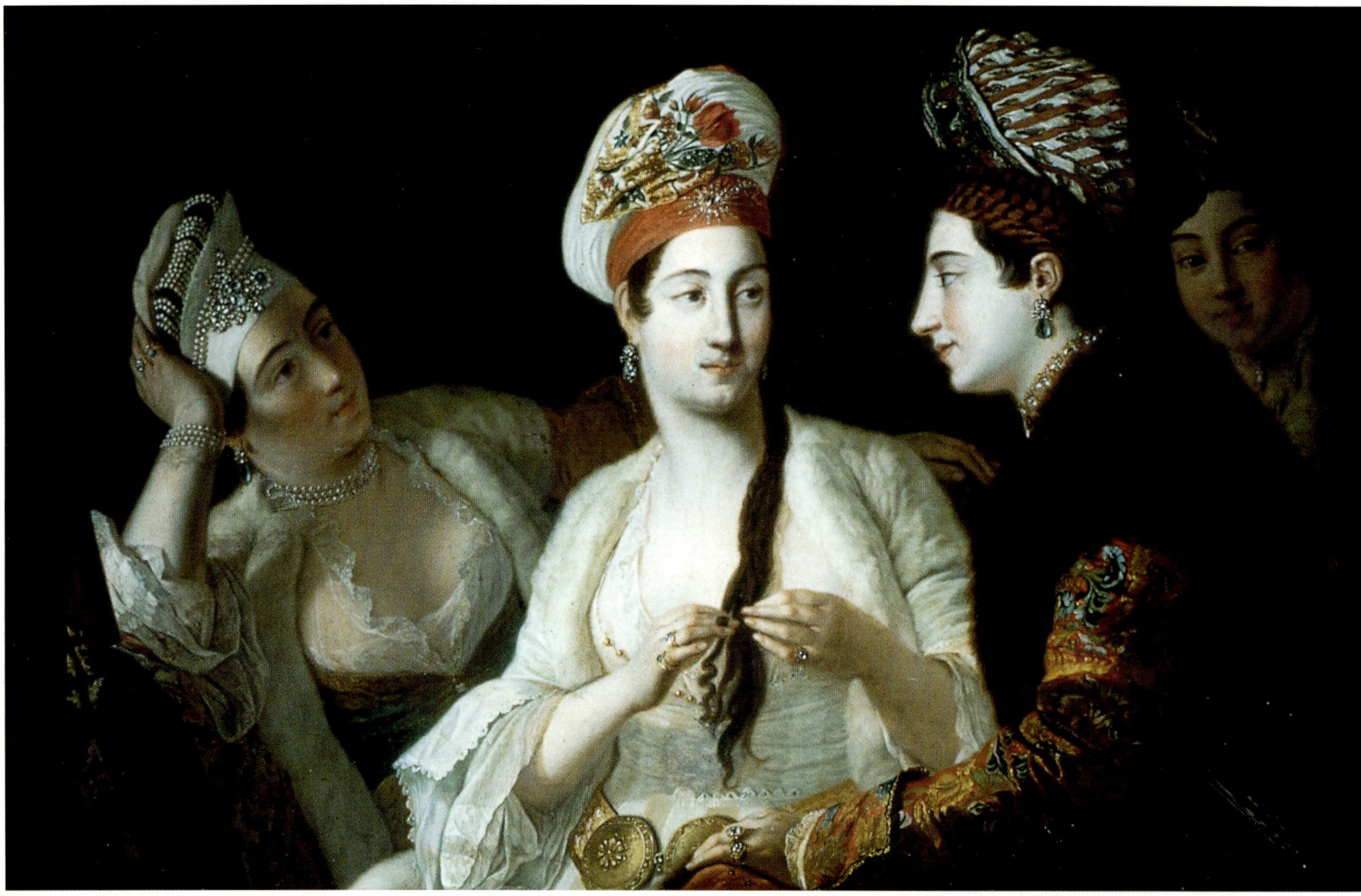

*Antoine de FAVRAY.*
Dames levantines en coiffures d'intérieur.
*Huile sur toile, 93 x 124 cm.*
*Toulouse, musée des Augustins.*
*Si tout déplacement en ville exige des vêtements sobres, en revanche, dans leurs intérieurs, les femmes peuvent faire étalage de leurs bijoux et de leurs élégantes toilettes.*

Page 45 :
*Antoine de FAVRAY.*
Une Dame levantine et sa fille, 1769.
*Huile sur toile, 97 x 76,5 cm.*
*Collection particulière.*
*Si tout déplacement en ville exige des vêtements sobres, en revanche, dans leurs intérieurs, les femmes peuvent faire étalage de leurs bijoux et de leurs élégantes toilettes.*

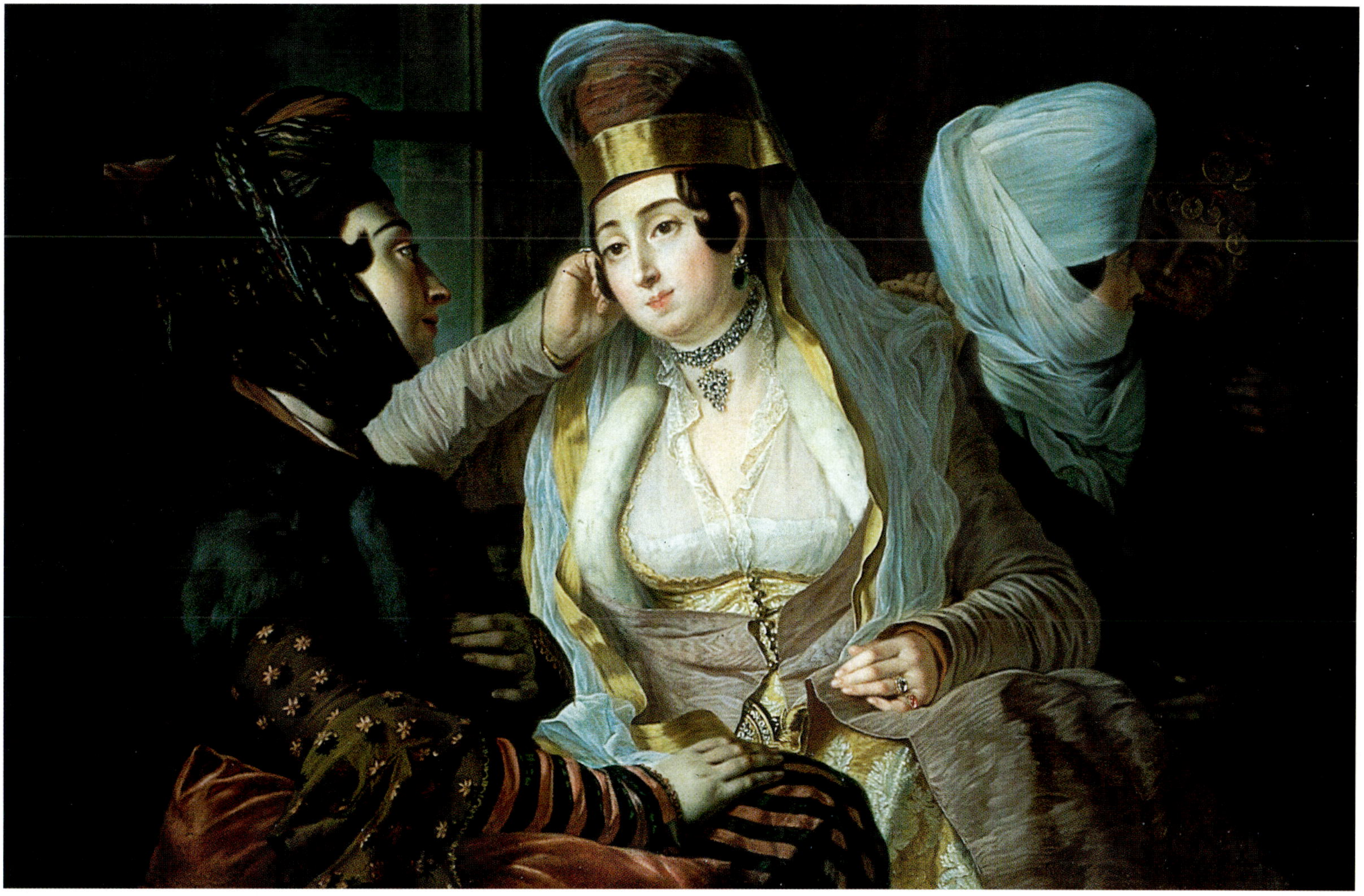

*Antoine de FAVRAY.*
Dames levantines en coiffures de ville.
*Huile sur toile, 93 x 124 cm.*
*Toulouse, musée des Augustins.*
*Coiffées d'un* khotoz*, les femmes portent de fines chemises de coton par-dessus lesquelles elles mettent un corsage étroit, l'*entari*, ajusté à la taille et fermé par des perles. Une ceinture d'argent, enrichie de pierreries, leur ceint la taille. Le tout est dissimulé dans un ample manteau, le* feradje*, aux couleurs vives, parfois rehaussé de broderies.*

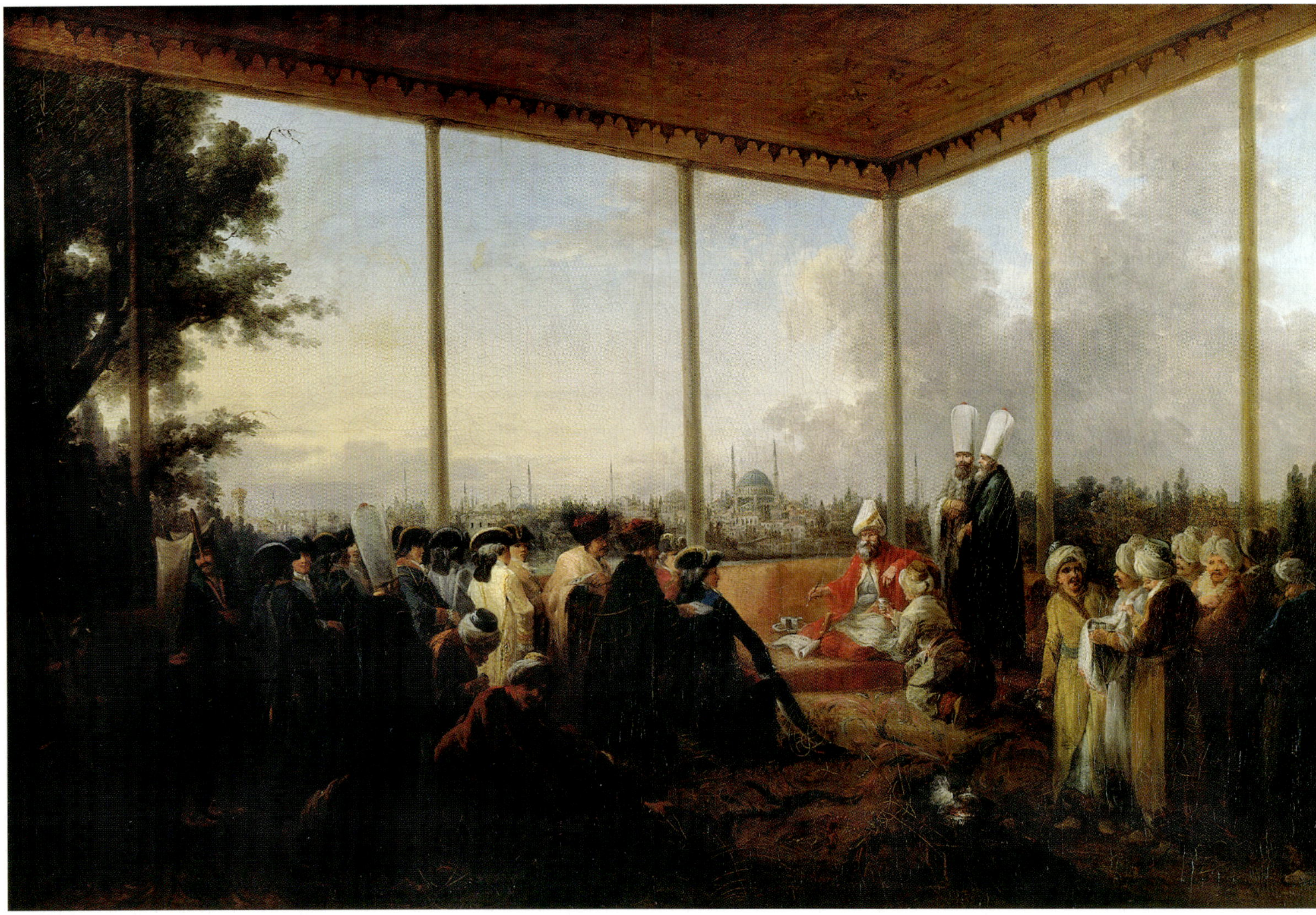

La guerre russo-turque (1768-1774) permet à Favray de peindre l'*Audience donnée par le sultan à Monsieur de Saint-Priest,* qu'il va exposer au Salon du Louvre en 1771, et l'*Audience donnée par le Grand Vizir à M. de Saint-Priest au camp de Daoud Pacha* en 1769. Le peintre Francesco Casanova (1727-1802), frère de l'aventurier, qui n'a probablement jamais été en Turquie, s'est inspiré de ces scènes pour représenter l'ambassadeur Saint-Priest, dans deux activités médiatrices : la *Libération du prince Repnin de la prison des Sept Tours* et *L'Entrevue de Saint-Priest avec le Grand Vizir et l'ambassadeur de Russie.*

L'atmosphère belliqueuse qui règne à Constantinople à cause de ce nouveau conflit incite Antoine de Favray à s'embarquer pour Marseille en 1770. De là, il rejoint Malte où il passera le reste de sa longue vie. Il meurt à l'âge de 92 ans, le 9 février 1798, quelques semaines avant l'occupation de l'île de Malte par les troupes françaises de Bonaparte.

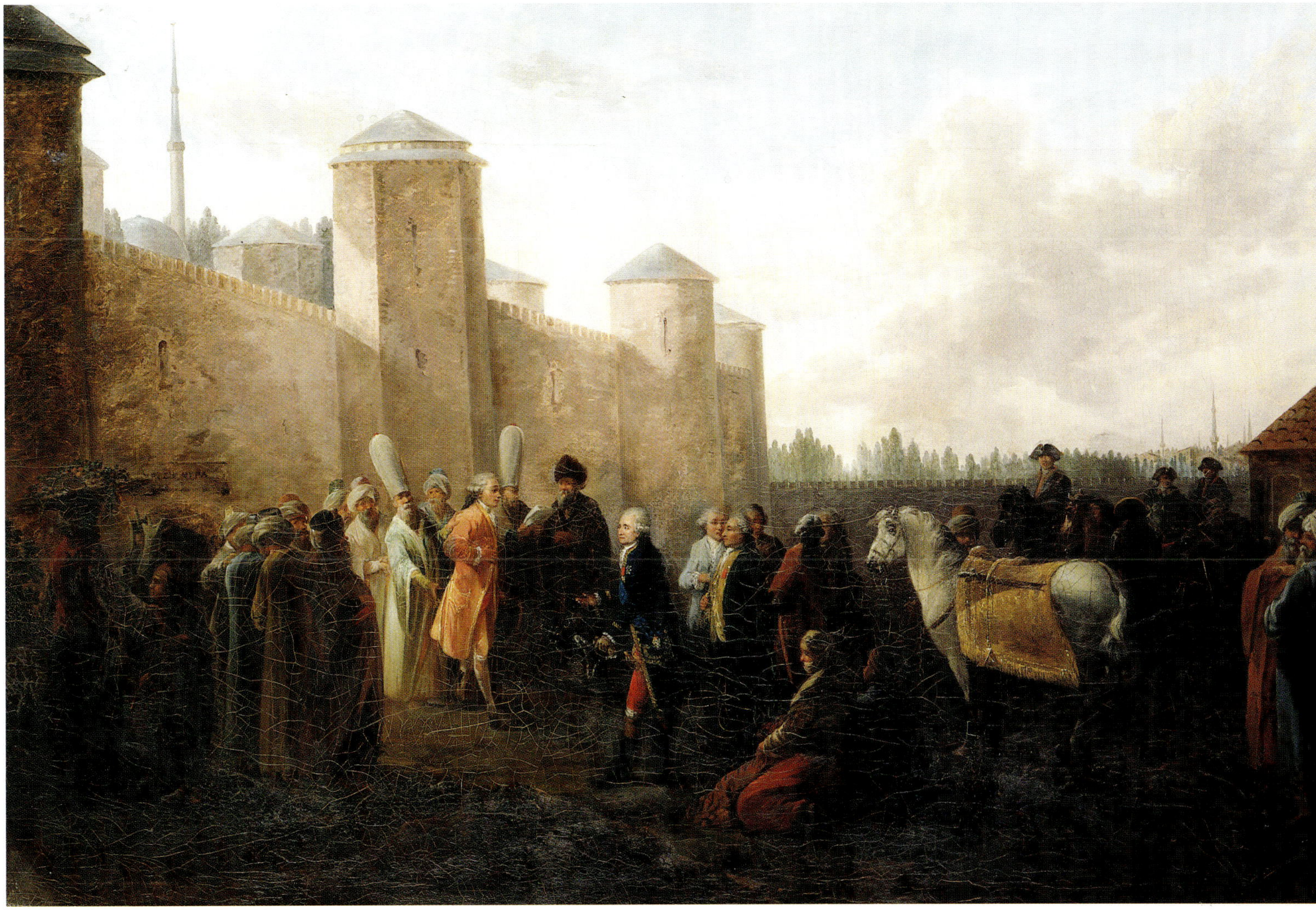

*Francesco* CASANOVA.
Audience accordée à Constantinople par le grand vizir à Monsieur de Saint-Priest, le 18 mars 1779.
*Huile sur toile, 151 x 230 cm.*
*Versailles, musée du Château.*
*L'ambassadeur de France, Monsieur de Saint-Priest, joua un rôle de médiateur lors du conflit russo-turc de 1768-1773, puis lors des négociations entre la Russie et l'Empire ottoman concernant la Crimée. Il est ici reçu par le grand vizir au camp militaire de Davoud Pacha.*

*Francesco* CASANOVA.
Le Prince Pierre Repnin délivré de la prison des Sept Tours en présence de Monsieur de Saint-Priest, 25 septembre 1773.
*Huile sur toile, 151 x 230 cm.*
*Versailles, musée du Château.*
*A la suite du conflit russo-turc de 1768-1773, l'ambassadeur de Russie, le prince Pierre Repnin, est emprisonné dans la prison des Sept-Tours. Il est libéré grâce à la médiation de la France.*

# L'ORIENT DES LIVRES
# L'AGE D'OR DU « VOYAGE PITTORESQUE »
# (1784-1820)

*« Certains noms de villes et de pays ont le don singulier de faire apparaître devant nous, dès que nous les prononçons, un paysage que notre fantaisie a depuis longtemps esquissé, et que notre imagination colore aux heures de rêverie. »*

Alexis de Valon, *La Turquie sous Abdül-Medjid.*

Au XVIIIe siècle, l'Europe est surtout sensible aux turqueries. Rares sont encore les peintres à avoir réellement effectué le voyage *in situ* en Orient. Plus d'un, comme Parrocel, Latour, Cochin, Van Loo, François Boucher, etc., se sont contentés de trouver leur modèle à Paris, qu'ils n'ont jamais quitté. Leurs peintures ou décors n'ont de l'Orient que le nom et le costume. Certes, il existe les tableaux de Jean-Baptiste Van Mour, de Liotard ou de Favray, mais leurs œuvres de commande restent réservées à la Cour où à quelques particuliers privilégiés.

Avec la publication en 1782 du *Voyage pittoresque de la Grèce*, le comte de Choiseul-Gouffier inaugure la vogue du « voyage pittoresque ». Cette œuvre, suivi de plusieurs ouvrages du même genre, notamment celui de Melling en 1819, va contribuer à développer le goût de l'exotisme en France. Dans le même temps, cet exotisme offre à la peinture l'aubaine d'un renouvellement.

*Jean-Baptiste HILAIR.*
Divers personnages ottomans.
*Gouaches, 19 x 12 cm.*
*Collection particulière.*

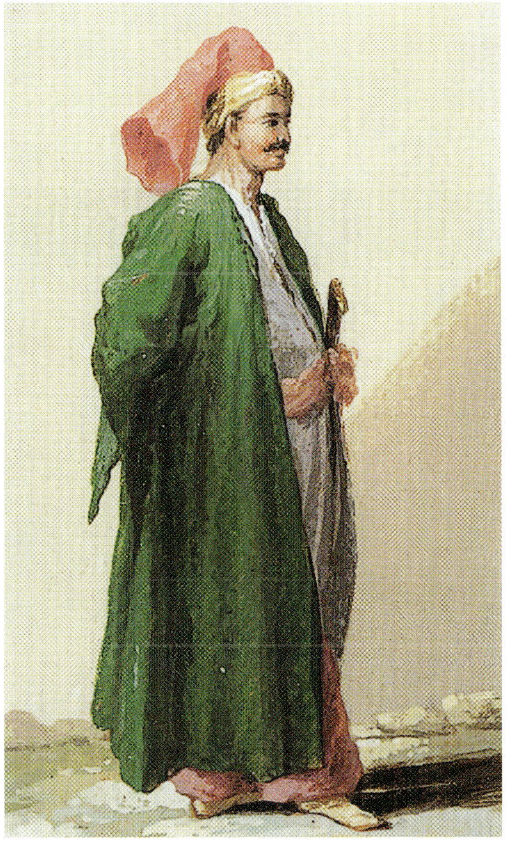
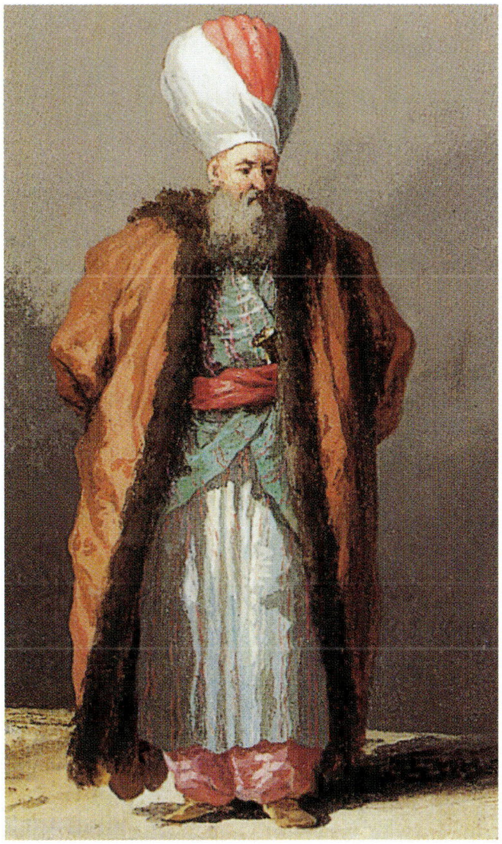
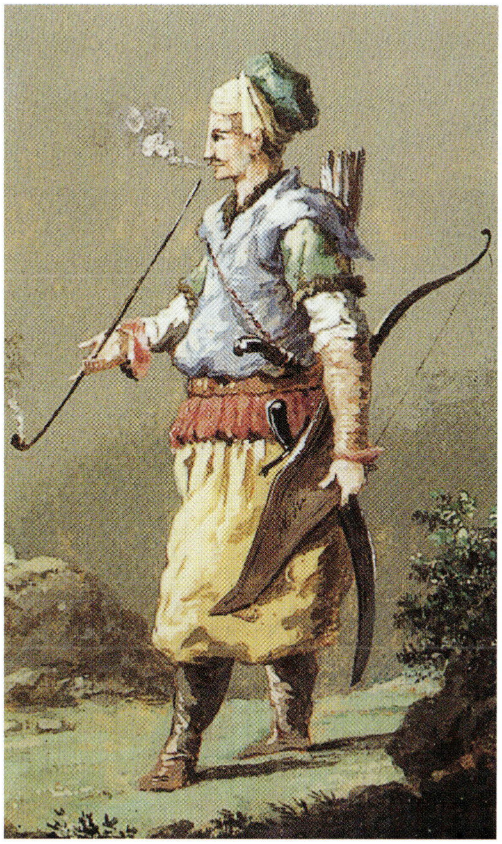
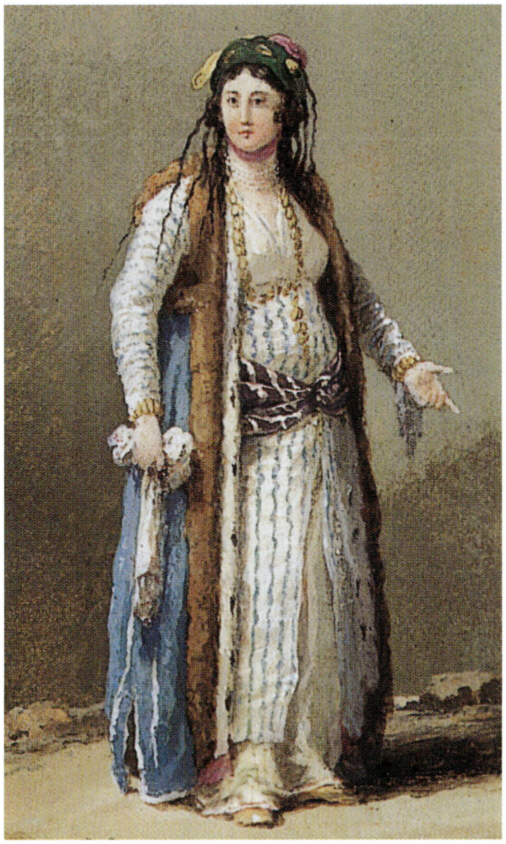
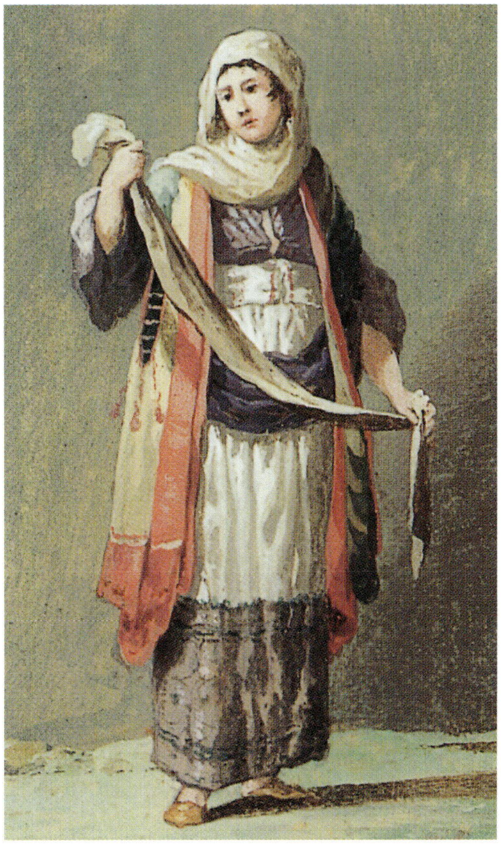
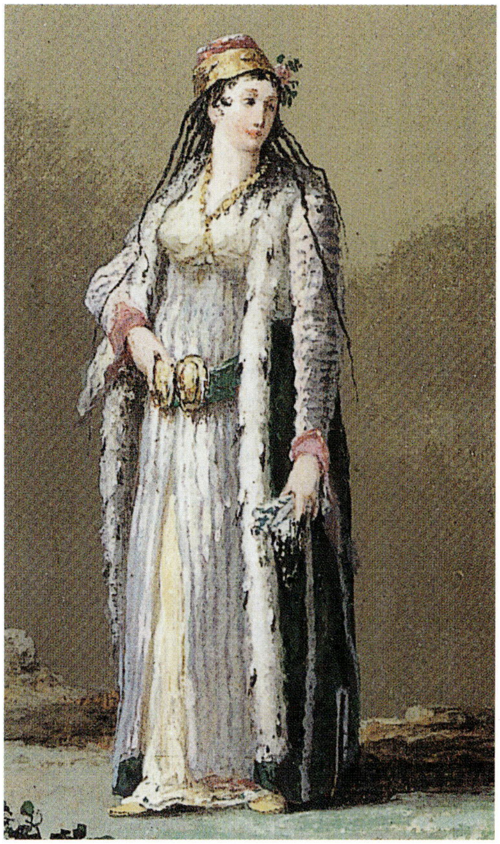

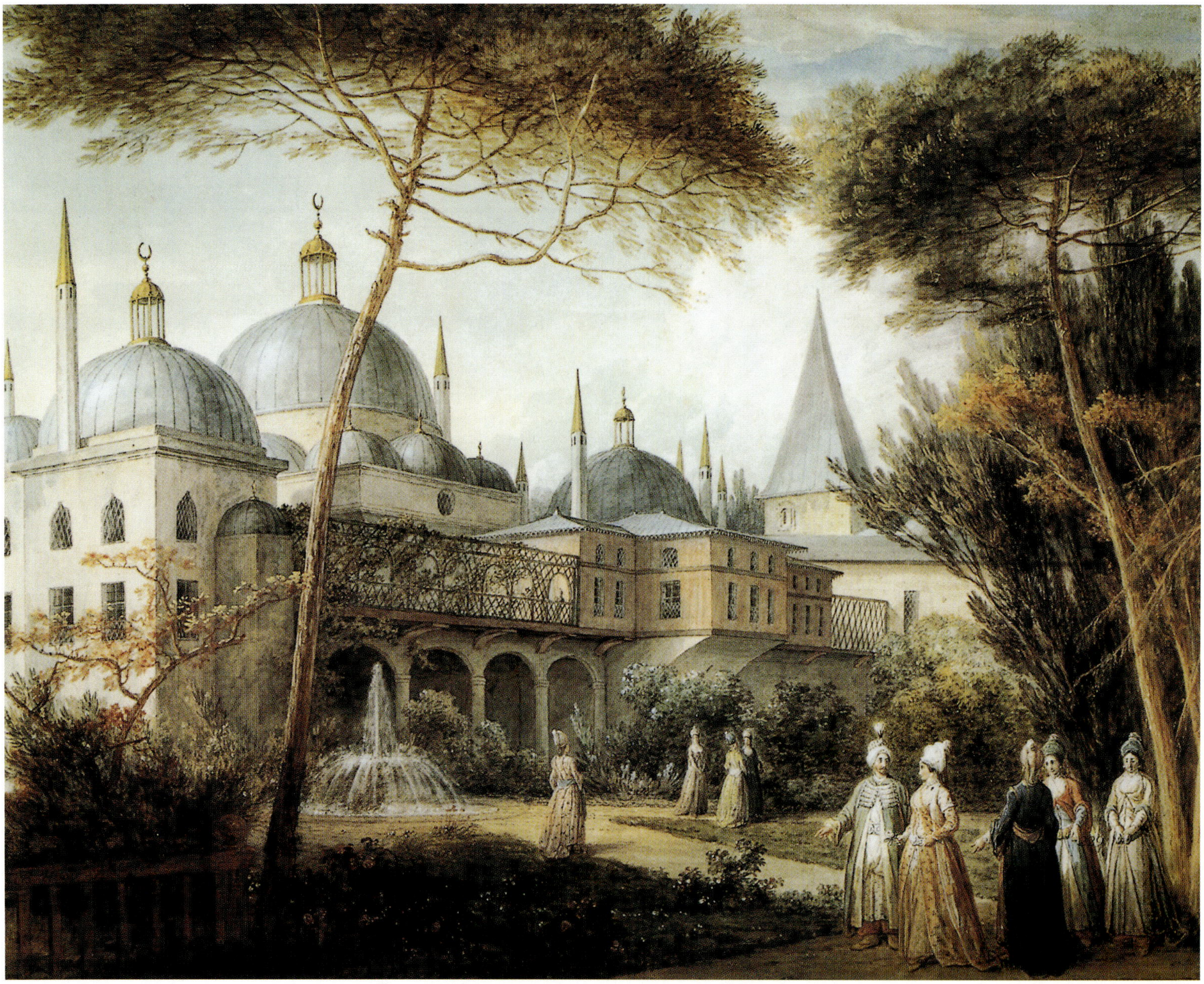

*Jean-Baptiste HILAIR.*
Dames du harem à la promenade.
*Plume et encre de chine, aquarelle et gouache, 35 x 46 cm.*
*Paris, musée du Louvre, département des Arts graphiques.*
*Un homme en costume recherché – le sultan probablement – se promène en compagnie de huit femmes élégantes sorties du harem. Bien que cette scène soit fantaisiste, on voit que l'artiste s'est réellement inspiré de l'architecture du harem du palais de Topkapı. On reconnaît les coupoles et la tour de la Justice sur la droite avant ses adjonctions inspirées de l'architecture occidentale et du goût néoclassique.*

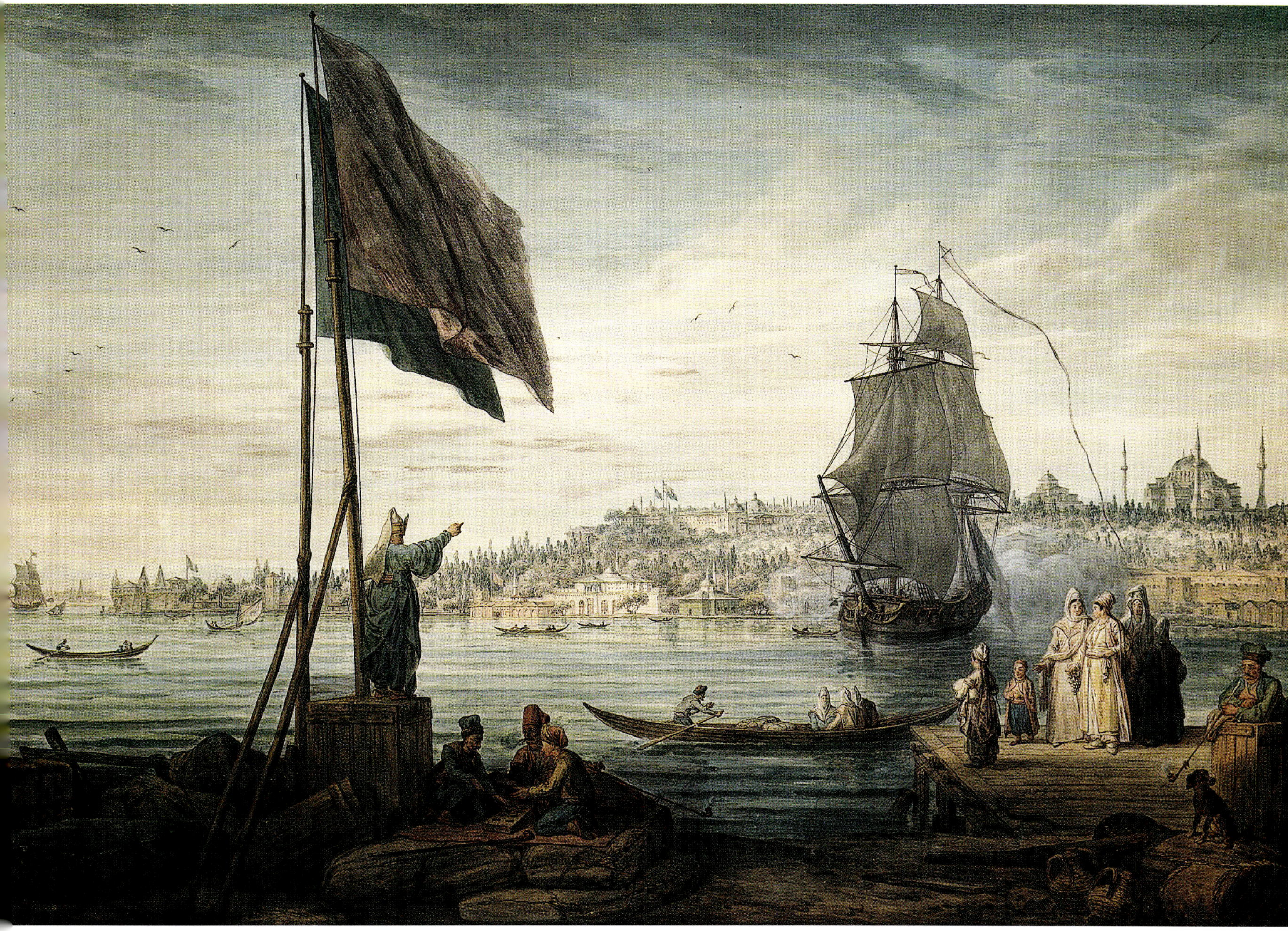

*Jean-Baptiste HILAIR.*
Vue de la pointe du Sérail prise de Galata.
*Aquarelle gouachée, 62 x 86 cm.*
*Collection particulière.*
*On distingue de droite à gauche Sainte-Sophie, Sainte-Irène, le palais de Topkapı. En contrebas se dresse le pavillon du Grand-Amiral et sur la pointe du Sérail le palais de Mahbûbiye, construit par Mahmud Ier entre 1735 et 1748.*

# Le *Voyage pittoresque* de Choiseul-Gouffier

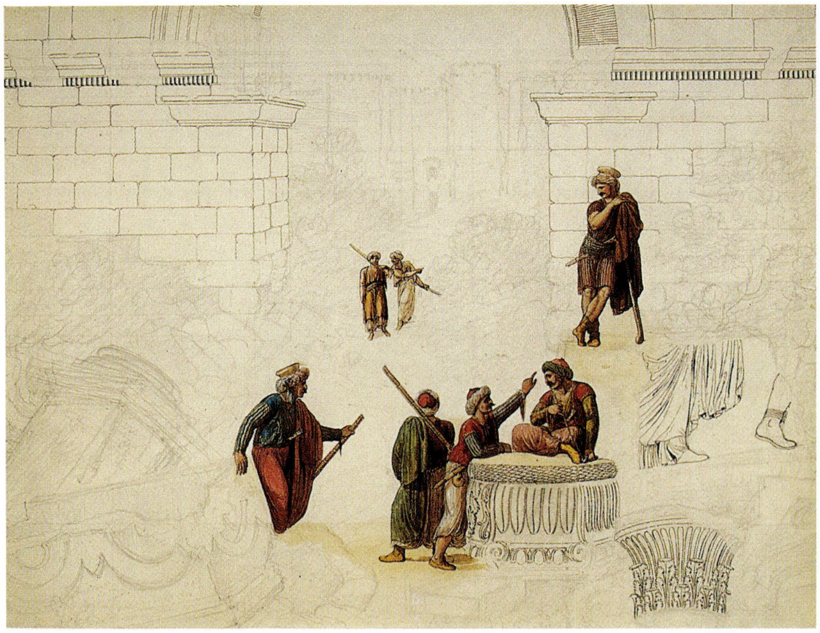

*Louis-François CASSAS.*
Études de personnages devant la porte de la Persécution à Éphèse.
*Mine de plomb, plume et encre noire, aquarelle gouachée, 43 x 59 cm.*
*Château d'Azay-le-Ferron, collection des musées de Tours.*
*Cassas utilise un crayon pour mettre en place la forteresse en arrière-plan, quelques lignes de perspectives et des éléments architectoniques. La plume et l'encre noire lui permettent de reprendre certains détails, comme le chapiteau corinthien ; l'aquarelle gouachée enrichit les costumes des personnages.*

Le premier tome du *Voyage pittoresque de la Grèce* de Choiseul-Gouffier, résultat d'un périple en Orient effectué en 1776, paraît en 1782 ; le second tome, fruit du travail mené à Constantinople où le comte est ambassadeur depuis 1784, est publié en deux volumes datés de 1809 et 1822, ce dernier après la mort de Choiseul-Gouffier en 1817. Dans cet ensemble important, une bonne partie est consacrée à l'Asie Mineure. Pour réaliser une telle entreprise, Choiseul-Gouffier n'est pas seul. Pour la topographie, il a bénéficié de l'aide du marquis de Chabert et de l'ingénieur François Kauffer. Pour les dessins, on note la participation de l'architecte Jacques Foucherot et celle du baron François de Tott (1730-1793), grand connaisseur de la Turquie, auteur des *Mémoires sur les Turcs et les Tartares* (Amsterdam, 1785). Mais une grande partie du travail a été exécutée par deux grands artistes : Jean-Baptiste Hilair (1753-ap. 1822) et Louis-François Cassas (1756-1827).

Van Mour s'était intéressé au cérémonial du sérail, Liotard aux habitudes vestimentaires. Hilair et Cassas feront découvrir comment voyagent les Occidentaux et quels sont leurs sujets de curiosité à la fin du XVIII^e siècle.

La vie de Jean-Baptiste Hilair reste entourée de mystère. On sait seulement qu'il est né à Audun-le-Tiche en 1753, près de Metz, et qu'il fut l'élève de Jean-Baptiste Leprince à qui il doit son goût pour l'exotisme oriental. Son destin est intimement lié à celui du comte de Choiseul-Gouffier, qu'il accompagne dans ses périples lorsque ce

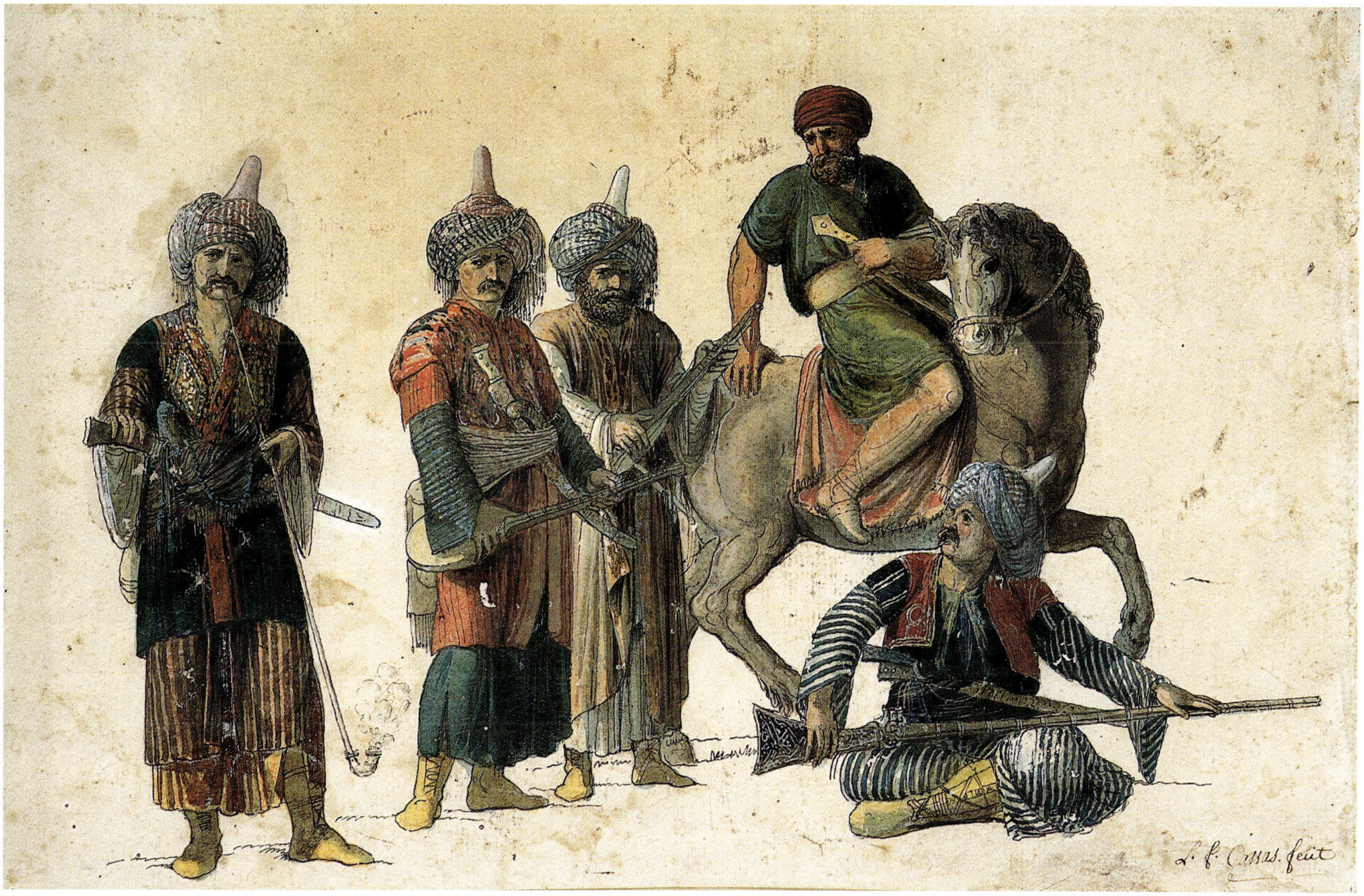

*Louis-François CASSAS.*
Étude de cinq Kurdes à Alexandrette.
*Plume et encre noire, aquarelle et gouache, 23,2 x 36,8 cm.*
*Château d'Azay-le-Ferron, collection des musées de Tours.*
*Après avoir découvert Smyrne et Éphèse en novembre 1784, Cassas fait une courte escale à Alexandrette en février de l'année suivante. De là, il s'embarque pour rejoindre l'Égypte par Sidon et Tyr. Chaque étape est l'occasion pour l'artiste de dessiner les populations locales.*

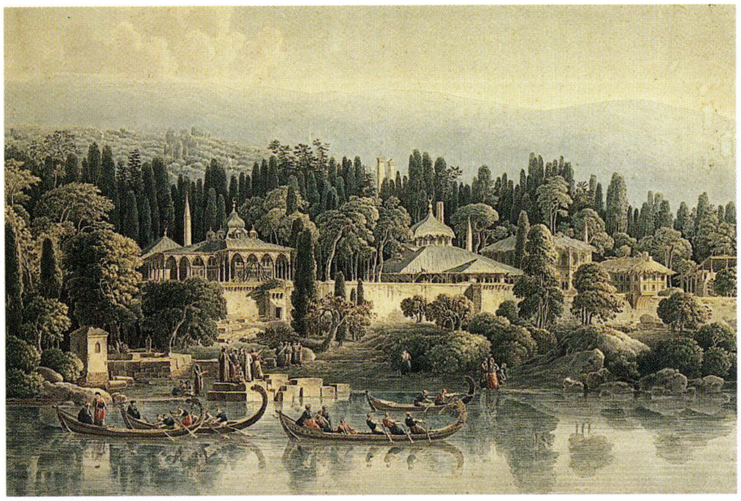

*Louis-François CASSAS.*
Vue des ruines de Kavak Sarayı à l'entrée du Bosphore.
*Gravure au trait aquarellée, 61,2 x 87,5 cm.*
*Paris, Bibliothèque nationale de France, Cabinet des estampes.*
*Kavak Sarayı, situé sur la rive asiatique de Constantinople, au sud d'Üsküdar, est un palais composé de deux kiosques couverts de toitures à auvents débordants. C'est l'un des rares témoignages que nous possédions de ce palais, car peu après le passage de Cassas l'ensemble fut détruit.*

dernier prépare l'édition du *Voyage pittoresque de la Grèce*. Excellent dessinateur, maniant aussi bien le crayon, la plume que le pinceau, Hilair réalisa de somptueuses huiles et aquarelles gouachées représentant l'intérieur des maisons musulmanes et chrétiennes, les places des mosquées, les ruelles des bazars, mille personnages aux costumes pittoresques. Il exécuta aussi un nombre impressionnant de paysages, comme la *Vue de la pointe du Sérail prise de Galata*, ou la *Vue de Constantinople, des lieux de plaisance*, ainsi que des scènes représentant la vie du palais. Certaines scènes pittoresques illustrent le *Tableau général de l'Empire othoman* (Paris, 1788, 1790 et 1820, 3 vol.) de Mouradgea d'Ohsson[5].

Louis-François Cassas vient de passer sept années à voyager aux frais du duc de Chabot en Italie, en Sicile et en Dalmatie, lorsque le comte de Choiseul-Gouffier le prend à son service. Il arrive dans la capitale ottomane le 23 septembre 1784, mais reste très peu de temps. Il s'embarque un mois plus tard à bord de *La Poulette* qui le conduit pendant une année en Égypte, à Chypre, puis en Syrie, au Liban et en Palestine. Après ce long périple, au cours duquel il rapporte quelque trois cents dessins, Cassas regagne Constantinople où il reste près d'une année, de janvier 1786 à début février 1787. C'est au cours de ce second séjour que seront prises les nombreuses vues dessinées dans la capitale ottomane. C'est aussi durant ce second séjour qu'il fera deux excursions, l'une à Bursa (Brousse) en mai-juin et l'autre en Troade en septembre 1786. Cassas bénéficie de la confiance de Choiseul-Gouffier, comme en témoigne l'exploratrice anglaise Milady Craven, qui loge au Palais de France à la même époque : « Le soir, lorsque je reçois point de visite, et que l'ambassadeur [Choiseul-Gouffier] a fini toutes ses affaires, il vient dans mon appartement avec M. Cassas et d'autres personnes. Il fait apporter de grands porte-feuilles remplis de dessins, et nous passons trois ou quatre heures à les regarder et à converser sur des sujets dont j'aime m'entretenir[6]. » Au cours de son séjour à Constantinople, Cassas réalise une trentaine de dessins pour la plupart conservés dans le fonds Hittorff du Wallraf-Richartz-Museum de Cologne[7] : vues panoramiques de la vieille ville de Stamboul, entrée du Bosphore, palais de Topkapı,

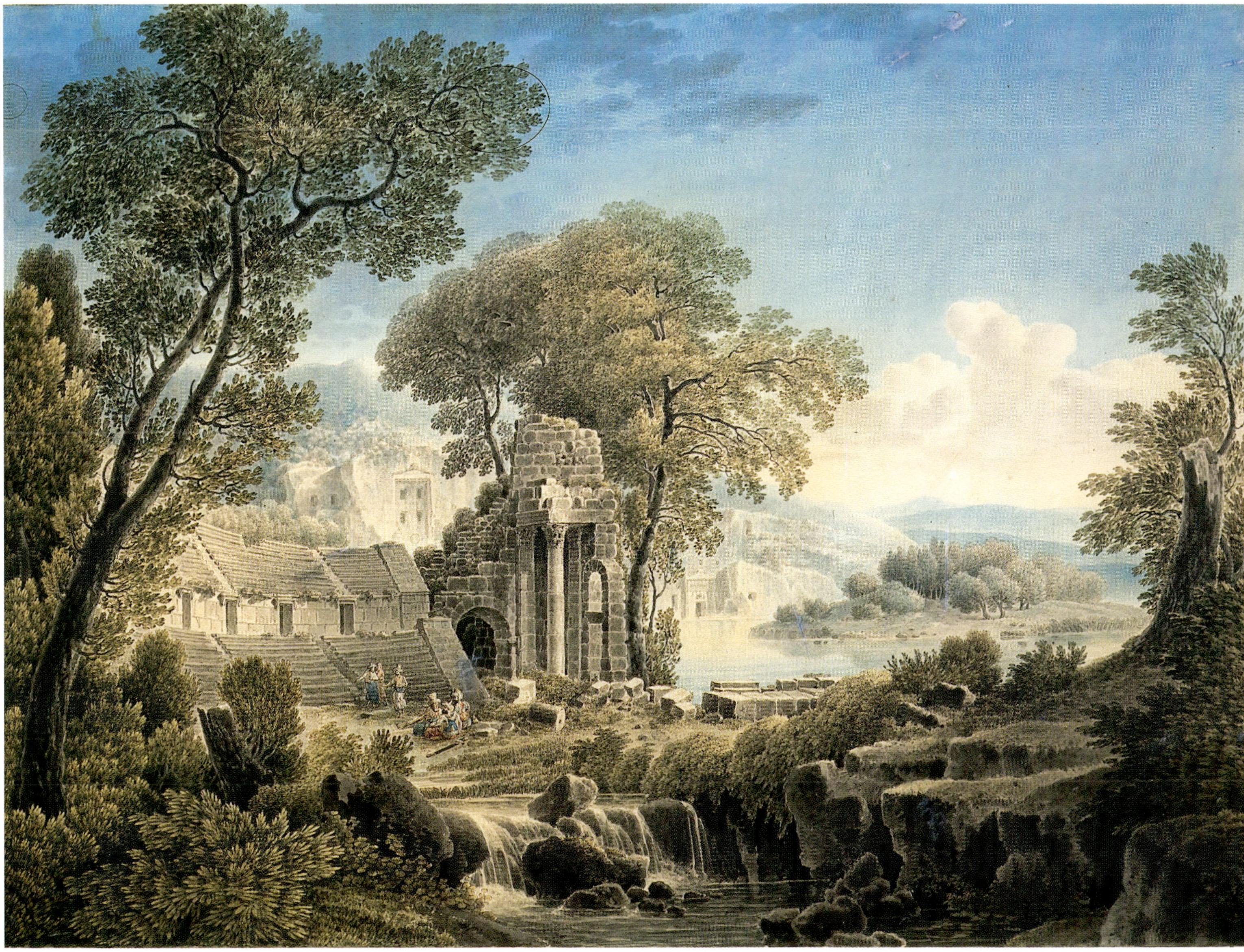

*Louis-François CASSAS.*
Théâtre de Myra, 1808.
*Aquarelle, crayon, 57 x 77 cm.*
*Londres, Victoria and Albert Museum, Searight Collection.*
*Sous l'impulsion de l'ambassadeur de France, le comte de Choiseul-Gouffier, de nombreux sites archéologiques sont explorés en Asie Mineure. On perçoit dans la représentation de ces ruines la naissance du mouvement romantique.*

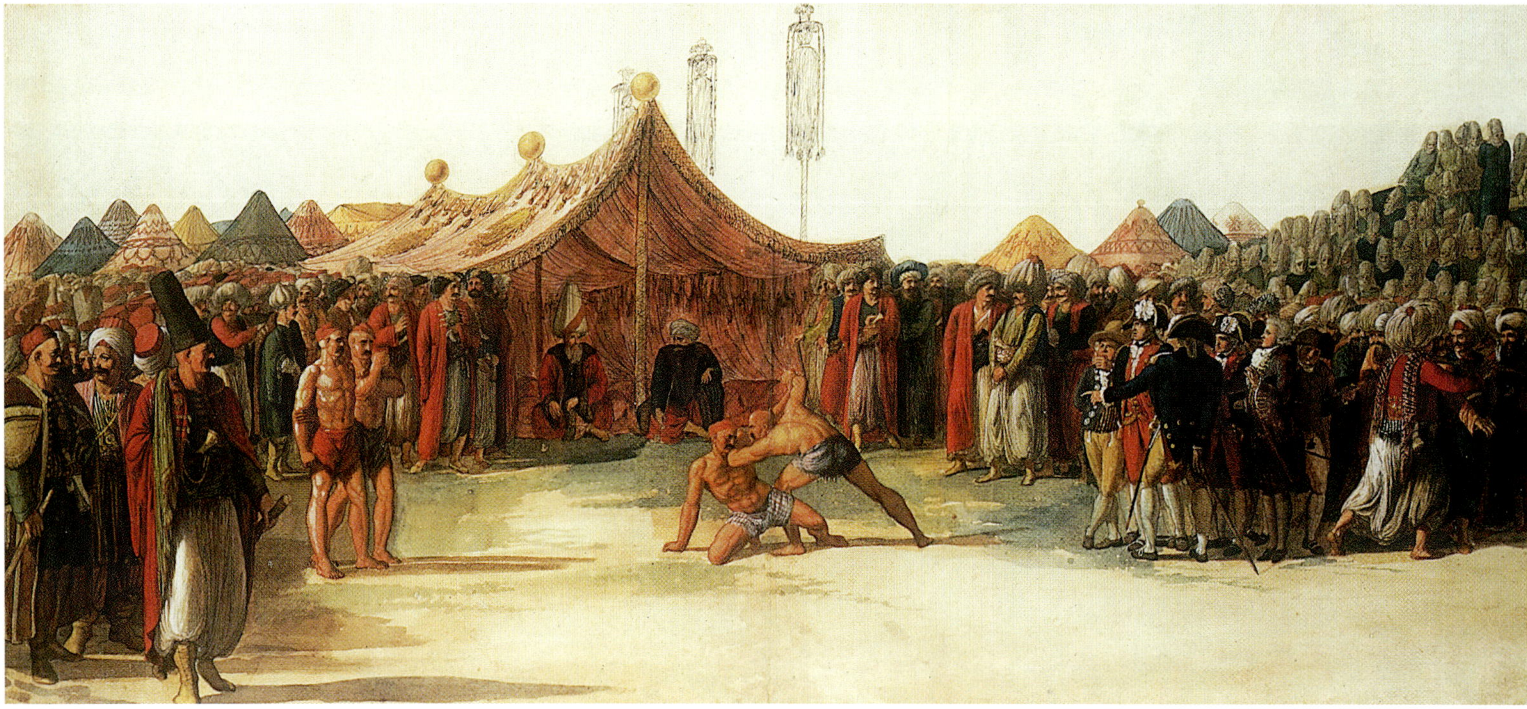

*Louis-François CASSAS.*
Les Lutteurs.
*Gouache, 45 x 101 cm.*
*Collection particulière.*
*Des Occidentaux assistent à des combats de lutte traditionnelle en présence du grand vizir et du grand amiral dans le camp de Davoud Pacha. Les trois* tugh, *ou queues de cheval, placées au sommet des hampes au-dessus de la tente, sont les attributs du grand vizir.*

mosquée de Sultan Ahmet et place de l'Hippodrome, divers kiosques tel que celui de Kavak Sarayı à l'entrée du Bosphore, etc. Certains de ses dessins seront par la suite gravés dans le *Voyage de Syrie* qui paraît à partir de 1798[8], d'autres insérés dans les tomes II et III du *Voyage pittoresque de la Grèce*. Bien après son retour en Europe, l'Orient continuera de hanter le peintre. Au Salon de 1804, il présente une *Vue du sérail et d'une partie de la ville de Constantinople prise des hauteurs de Péra* et, au Salon de 1814, une *Vue de Constantinople prise des hauteurs de Péra*[9].

Choiseul-Gouffier, qui a déjà publié en 1782 le premier tome de son *Voyage pittoresque,* n'est pas le seul chef de mission qui se soit entouré d'artistes. D'autres diplomates étrangers s'emploient à faire découvrir les monuments de l'Antiquité et les Turcs. Ainsi, l'année même de son arrivée, un drogman arménien, Mouradgea d'Ohsson, quittait l'ambassade suédoise d'Ulrich de Celsing pour se rendre en Suède puis à Paris pour y publier un monumental *Tableau général de l'empire othoman* (t. I, 1788, t. II, 1790, t. III, 1820) dont la gravure, d'après les dessins de Jean-Baptiste Hilair et Le Barbier, fut dirigée par Charles-Nicolas Cochin. A la même époque, Comidas de Carbognano, drogman de la légation de Naples, travaillait, sur les conseils du comte de Ludolf, à une *Descrizione topografica dello stato presente di*

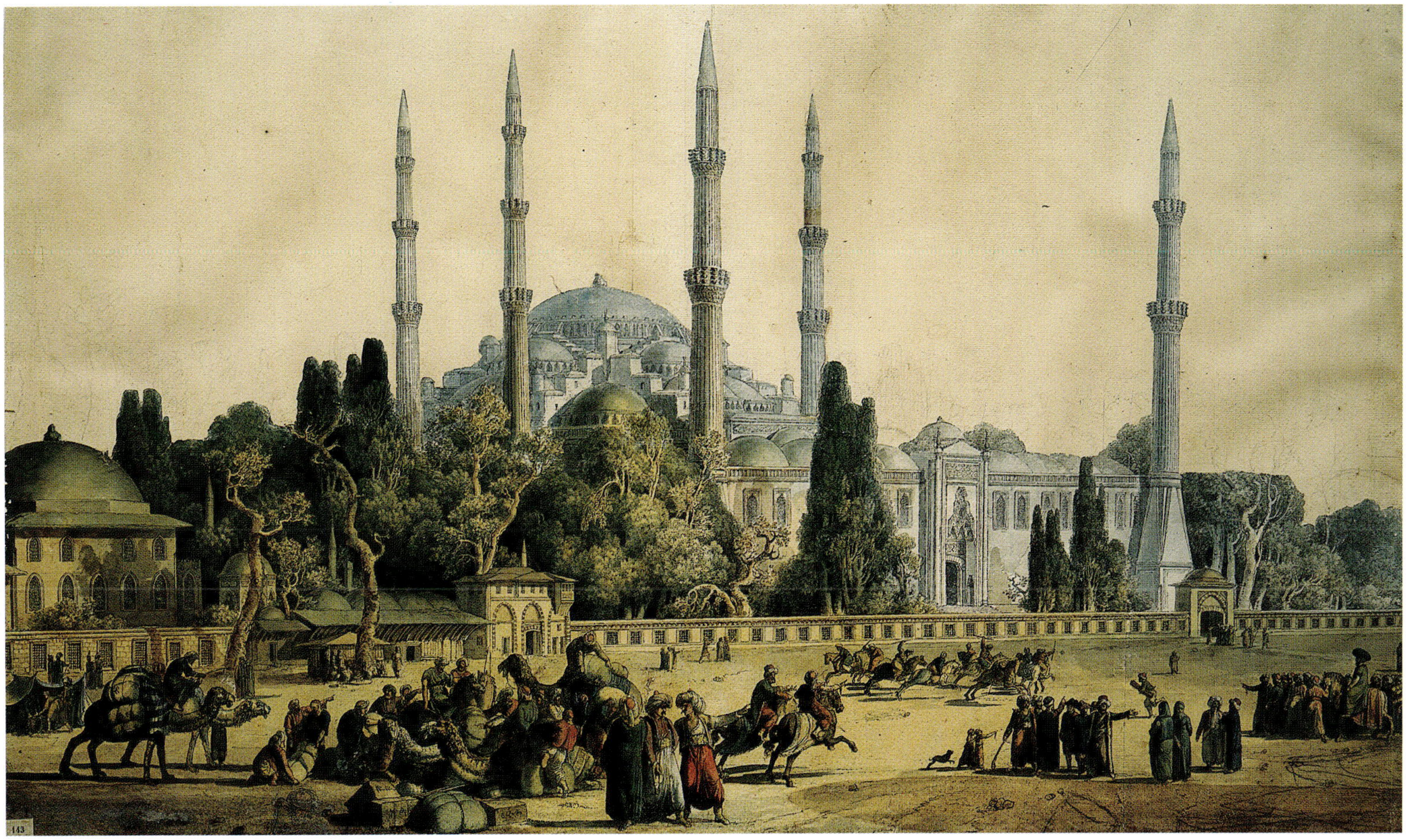

*Louis-François CASSAS.*
La Mosquée du sultan Ahmet, ou Mosquée Bleue,
et place de l'Hippodrome.
*Plume et encre noire, aquarelle gouachée, 59,2 x 100,7 cm.*
*Tours, musée des Beaux-Arts.*
*Du temps des Ottomans, la place de l'Hippodrome, ou At Meydanı, sert de marché et de lieu de rassemblement pour les caravanes. De là part chaque année la caravane des pèlerins pour La Mecque.*

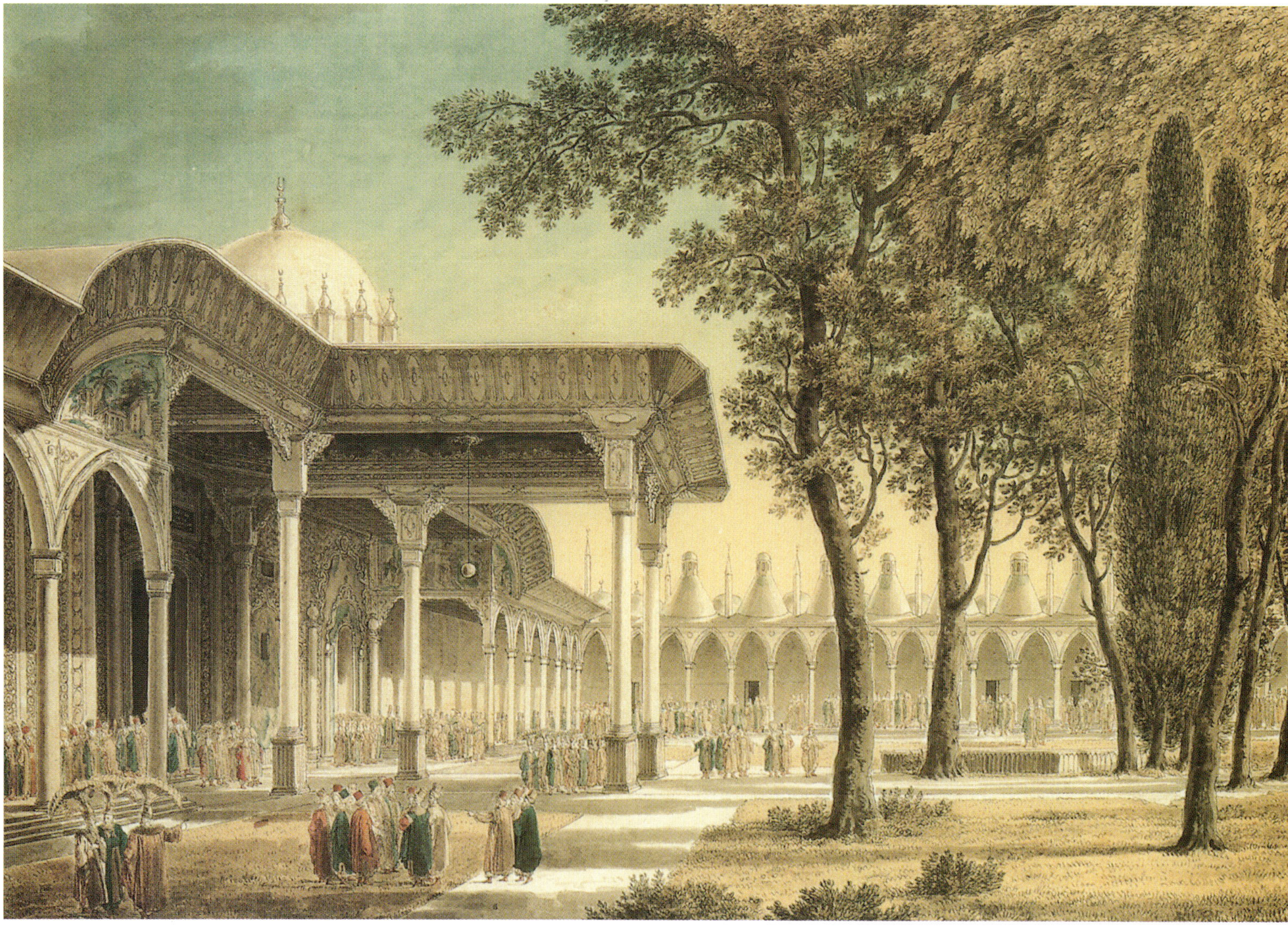

*Louis-François CASSAS.*
La « Porte de la Félicité » dans la deuxième cour du palais de Topkapı.
*Aquarelle, 29,5 x 43 cm.*
*Collection particulière.*
*Cette aquarelle témoigne que Louis-François Cassas a eu l'occasion de se rendre dans la deuxième cour du palais de Topkapı. On reconnaît sur la gauche le grand dais qui surplombe la « porte de la Félicité » et au fond les cheminées coniques des cuisines impériales. Les personnages, en costumes d'apparat, semblent attendre l'arrivée du sultan dont le domaine privé commence au-delà de cette porte. Lors des grandes cérémonies, c'est devant la « porte de la Félicité » que le sultan, assis sur un trône en or, reçoit l'hommage des dignitaires.*

*Louis-François CASSAS.*
Marche du sultan le jour du Baïram.
*Mine de plomb, plume et aquarelle, 45 x 60 cm.*
*Châteauroux, musée Bertrand.*
*Les deux fêtes religieuses majeures – celle qui termine le mois du jeûne du Ramadan et celle des Sacrifices, qui suit la première de deux mois lunaires et dix jours – sont l'occasion de grandes cérémonies. A ces occasions, le sultan, ici Abdül-Hamid Ier, se rend en grande pompe à la Mosquée Bleue ou à Sainte-Sophie, pour une prière solennelle.*

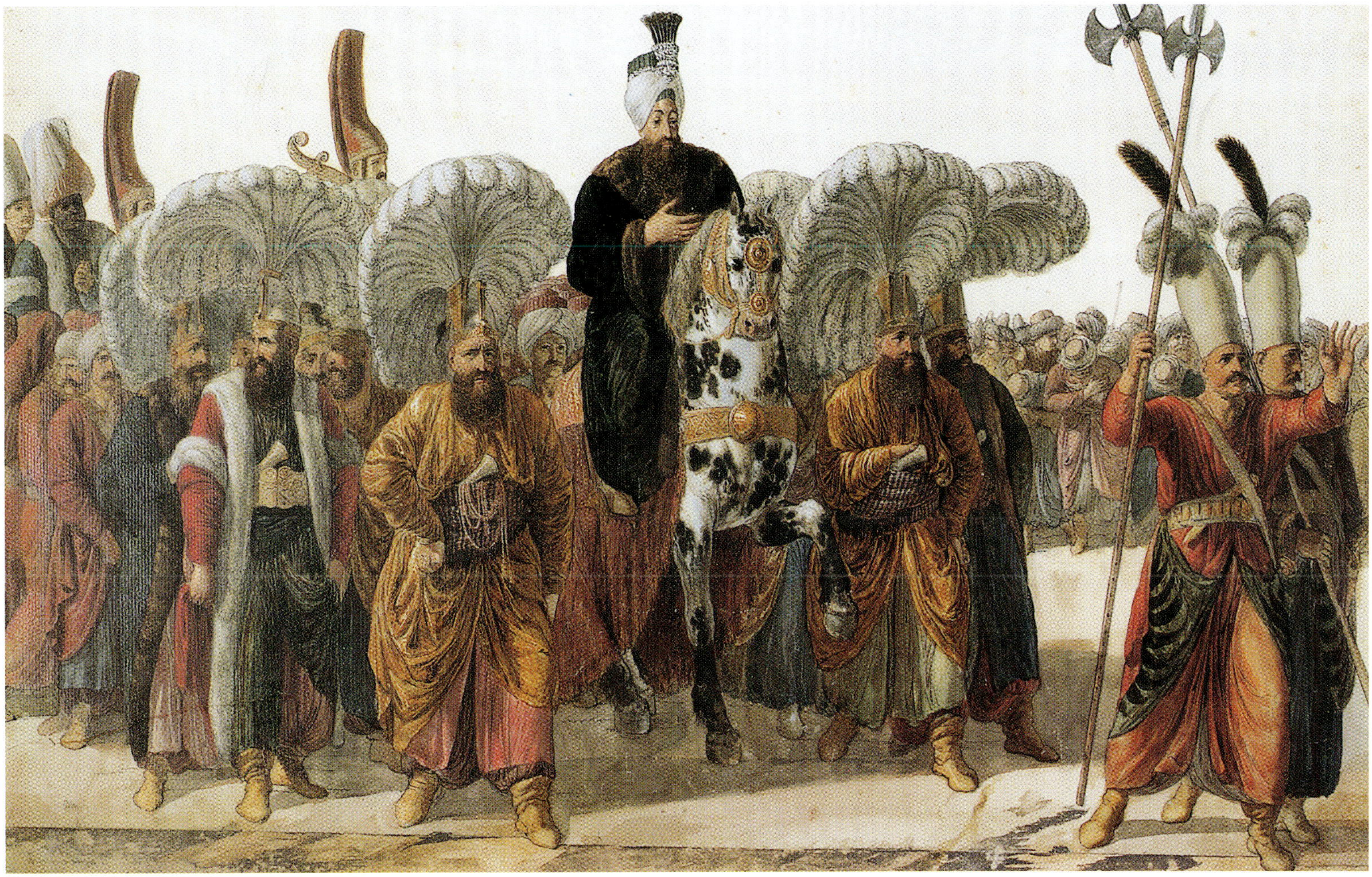

*Constantinopoli* (Bassano, 1794), qu'il ornait de dessins médiocres. Au même comte de Ludolf fut dédié en 1800 un recueil de vingt-quatre portraits de petits métiers de Péra réalisé par l'artiste viennois Andreas Magnus Hunglinger von Yngue (1756-v. 1830). Le *baile* de Venise, le cavalier Juliani, hébergeait le peintre Ferdinando Tonioli dont le nom reste associé aux portraits du sultan Abdül-Hamid Ier et du grand vizir Yusuf Pacha, toiles actuellement conservées au musée du château de Versailles[10].

L'ambassade de Grande-Bretagne, grande rivale de celle de la France, n'était pas en reste. Son ambassadeur, Sir Robert Ainslie, qui résida à Constantinople de 1776 à 1793, faisait dessiner les monuments et les sites de Turquie par l'artiste italien Luigi Mayer (1755-1803) et sa femme Clara Mayer (née Barthold), qui seront publiés à Londres en 1803 sous le titre *Views in the Ottoman Empire* et en 1810, *Views of the Ottoman Dominions*. De son côté, l'artiste russe Gavriyl Sergeevich Sergev (1770-1816) effectue pour le compte du tsar un voyage à Constantinople, et peut-être en Terre Sainte, en 1795-1796.

Mais sans nul doute, la plus belle réalisation de ce début de siècle reste celle d'Antoine-Ignace Melling, *Voyage pittoresque de Constantinople et des rives du Bosphore.*

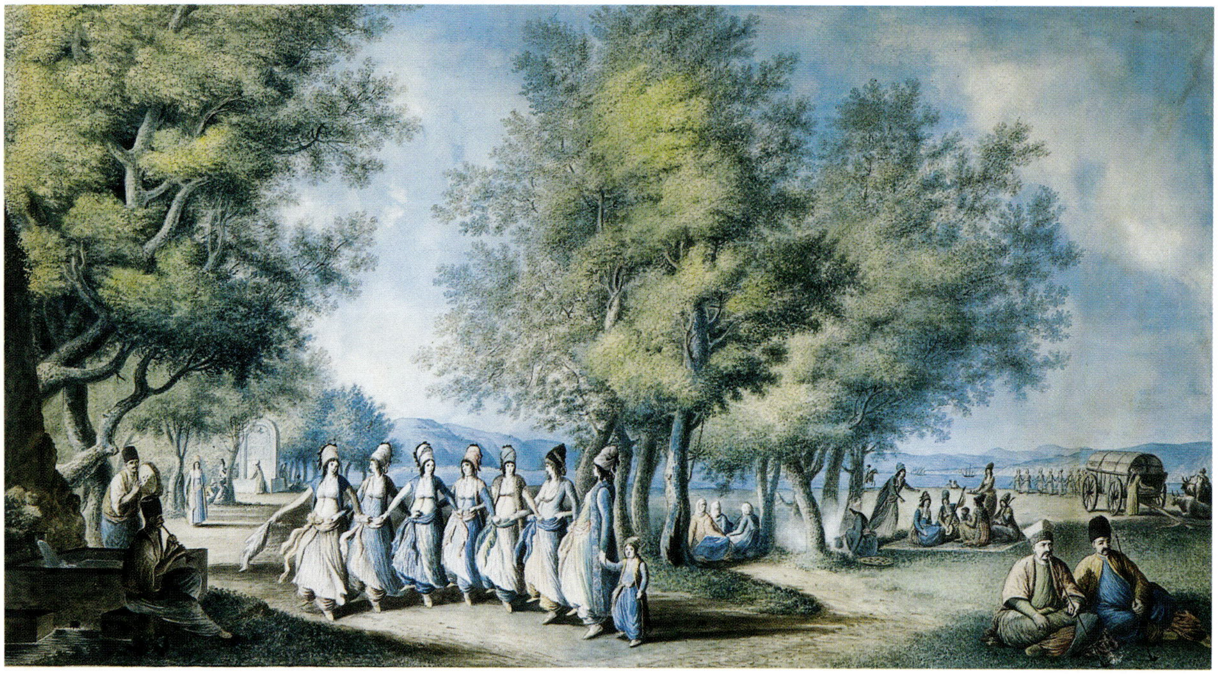

*Luigi MAYER.*
Danses villageoises aux environs de Constantinople.
*Aquarelle, gouache, 56 x 95 cm.*
*Istanbul, collection Ömer Koç.*

Ci-dessous :
*Clara MAYER.*
Cérémonie de mariage grec dans le village de Belgrade.
*Aquarelle, 40 x 54 cm.*
*Collection particulière.*

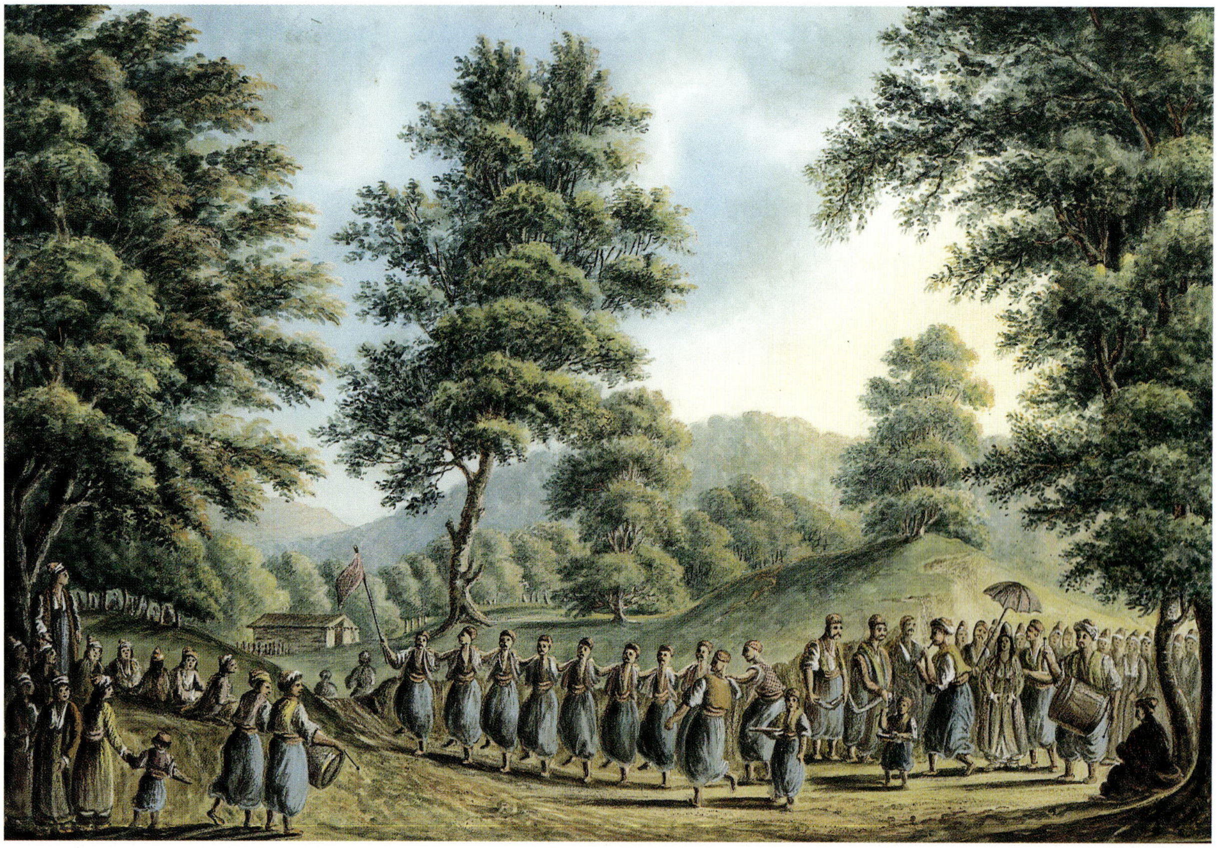

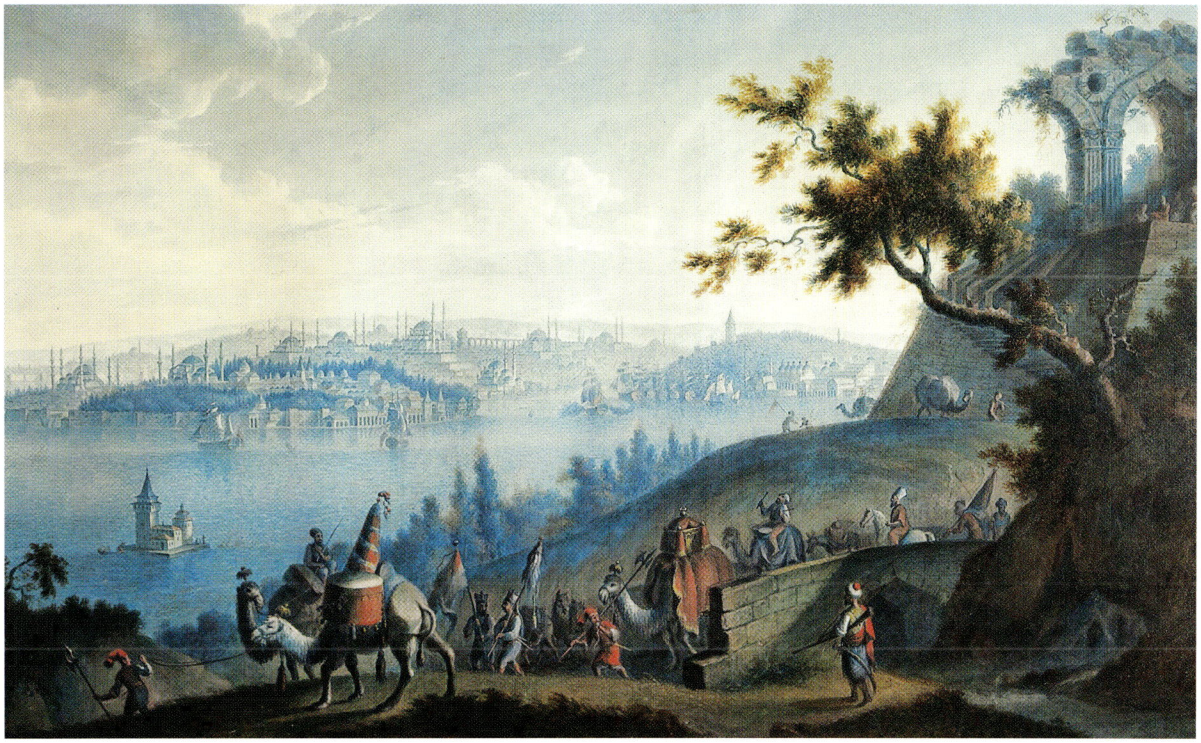

Ci-dessous :
*Sergeevich SERGEV.*
Vue de Constantinople depuis la rive asiatique, 1795.
*Gouache et aquarelle sur papier, 53,5 x 83 cm.*
*Collection particulière.*

*Sergeevich SERGEV.*
La Caravane du sultan
en partance pour La Mecque, 1795.
*Gouache et aquarelle sur papier, 53,5 x 83 cm.*
*Collection particulière.*

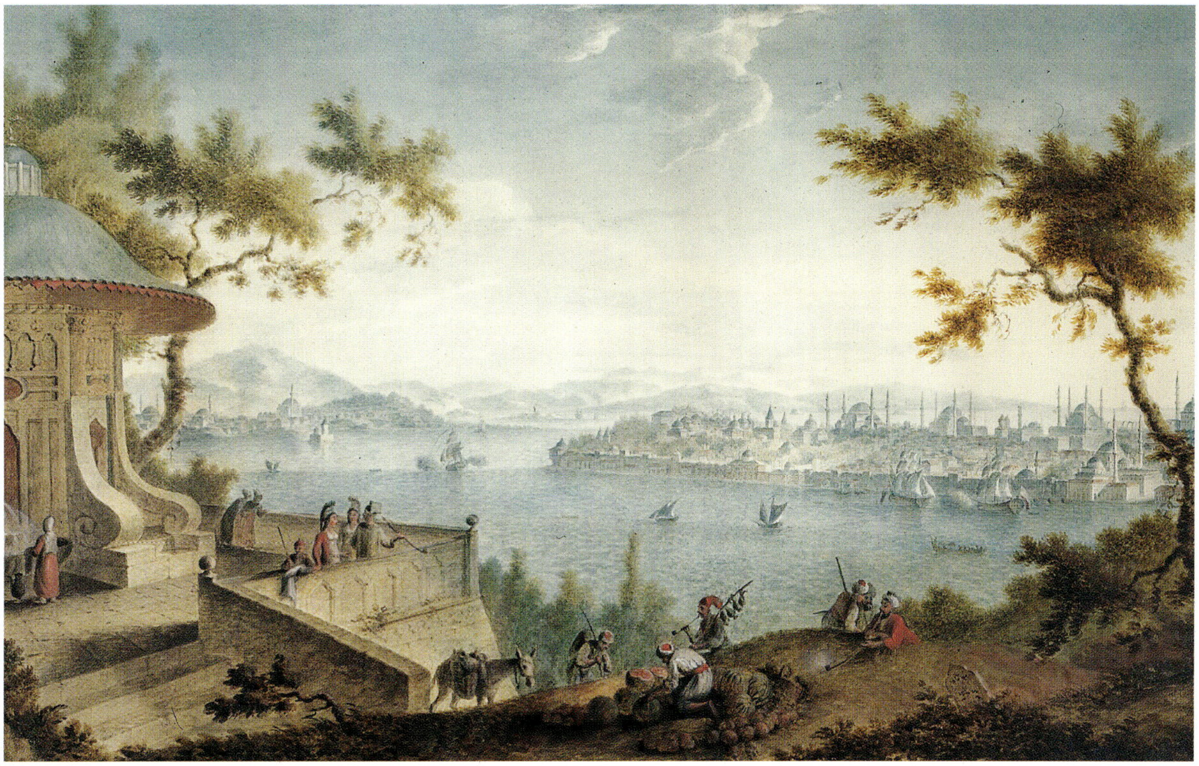

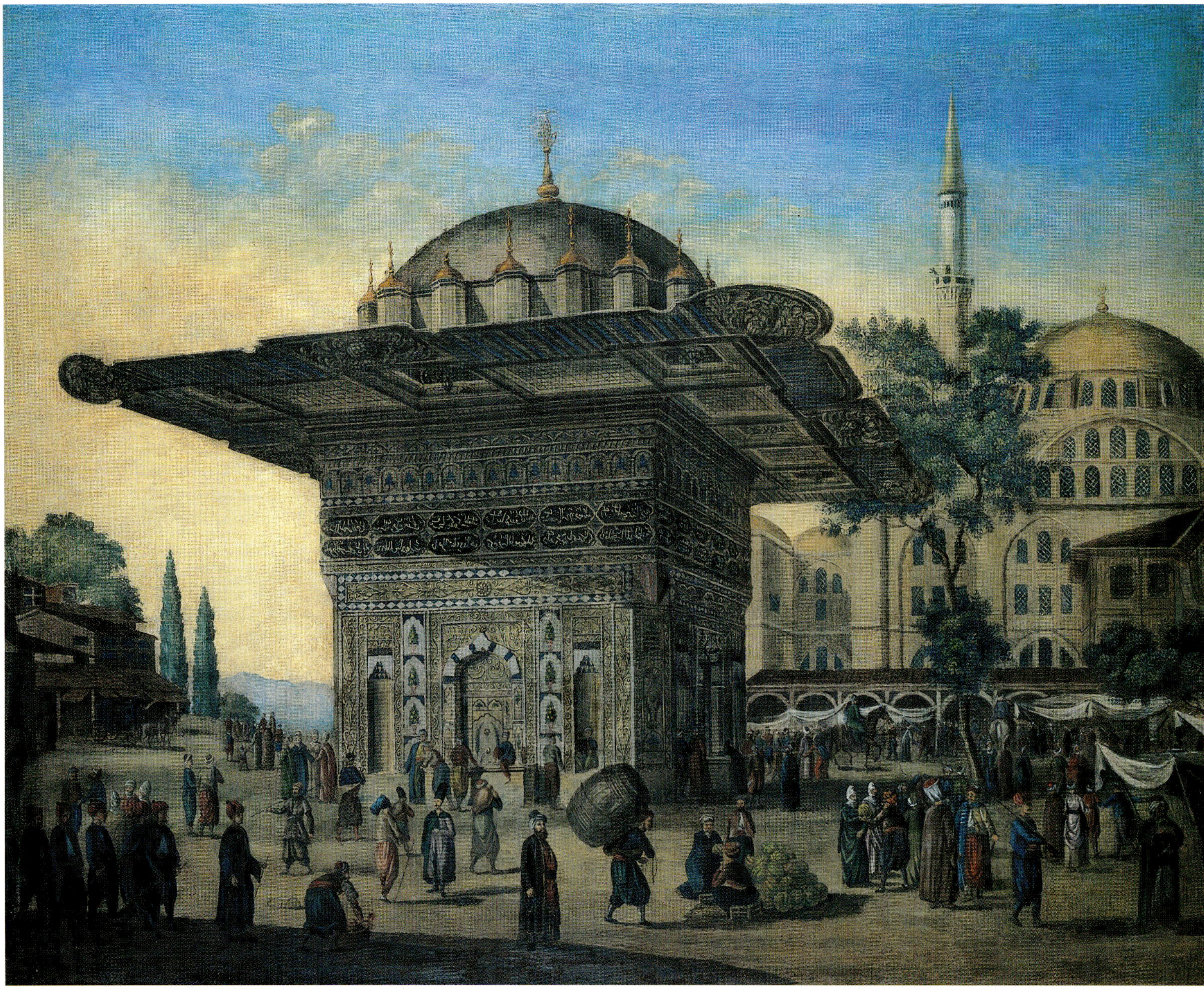

*Antoine-Ignace MELLING*, attribué à.
Marché devant la fontaine de Tophane.
*Gouache sur coton, 72 x 92 cm.*
*Collection particulière.*
*Construite en 1732, la fontaine monumentale de Tophane inspira de nombreux artistes. Son style baroque, sa surface couverte de fruits et de végétaux gravés dans le marbre, sa profusion de calligraphies, en font l'une des plus belles fontaines de la capitale ottomane.*

*Antoine-Ignace MELLING.*
Procession en l'honneur d'un mariage turc.
*Gouache, 42 x 82 cm.*
*Collection particulière.*
*En tête du cortège sont présentés sur de grands plateaux des fleurs et des mets, suivis du trousseau de la mariée. Viennent ensuite la famille et les invités. La voiture de la mariée ferme la marche.*

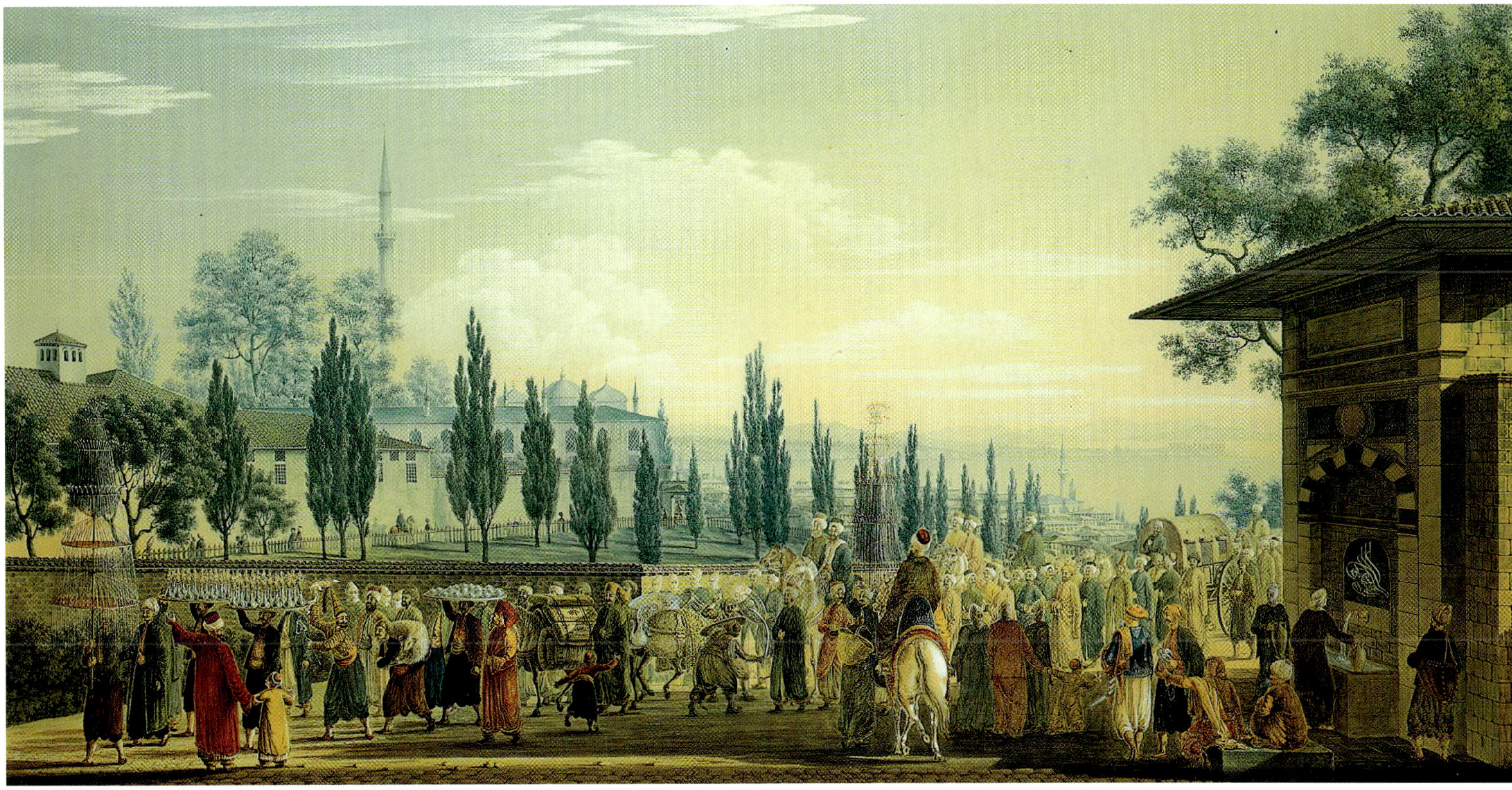

# Le *Voyage pittoresque* de Melling

Selon les mémoires du général van Dedem, ce fut en 1784 que le comte de Bulgakoff, représentant de Catherine II auprès de la Porte et protégé de Potemkine, amena à Constantinople le jeune artiste lorrain Antoine-Ignace Melling (1763-1831). Par l'intermédiaire du baron de Hübsch, chargé d'affaires du roi du Danemark, il fut présenté à la sultane Hadidjé, la sœur du prince Sélim (devenu le sultan Sélim III en 1789), qui le prit à son service. Pendant près de dix-huit ans, Melling est l'architecte et décorateur de Sélim III pour qui il construit un pavillon à Defterdar Burnu, première réalisation néo-classique de cette importance en Turquie. Son amitié avec la sultane l'amène à s'occuper de tout ce qui pénètre dans le harem, et il dessine robes, ceintures, mouchoirs ornés de perles, peignes, couteaux, chaises, etc. Mais à la fin de l'année 1800, il tombe en disgrâce[11]. Sur les conseils de ses amis, en particulier André de Bizemont (1752-1837), officier et lui-même artiste, et avec l'aide de Pierre Ruffin, le chargé d'affaires de France, il fait le projet d'un recueil iconographique, véritable enquête sur la ville sous le règne de Sélim III, destiné à être gravé à Paris. Avant de regagner la France, Melling va donc passer le temps qui lui reste à dessiner soigneusement paysages, architectures, scènes de rues, cérémonies, etc. Il pousse la précision jusqu'à indiquer sur ses dessins l'endroit où est posé le chevalet et l'étendue du paysage. Pour faciliter la reproduction, il met le dessin au carreau, note les dimensions et les coloris.

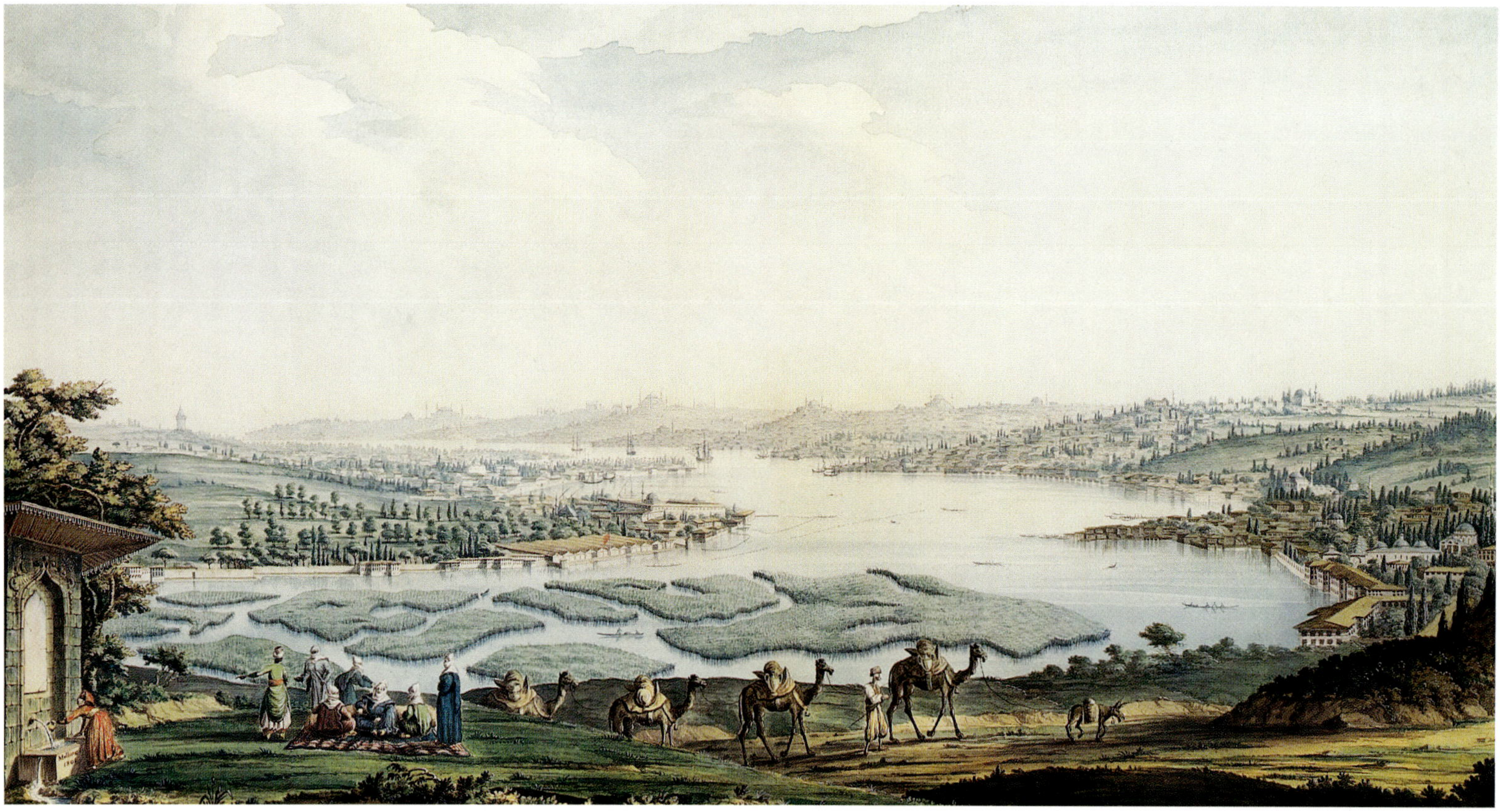

De retour en France en 1802, Melling obtient, grâce à l'intervention de Ruffin, la protection de Talleyrand et signe, en 1803, l'acte officialisant la publication du *Voyage pittoresque de Constantinople et des rives du Bosphore,* édité par Treuttel et Würtz, célèbres libraires du 2 quai Voltaire à Paris. La gravure est confiée aux soins et à la direction de François-Denis Née qui emploie plusieurs artistes pour réaliser les 48 planches. Le Premier Consul accepte, en 1807, de soutenir la publication de l'ouvrage qui lui serait dédié. Joséphine de son côté achète à Melling des gouaches originales. Le texte, directement inspiré des notes de voyage de l'artiste, est confié à l'académicien Pierre-Louis de Lacretelle (1751-1824). La première livraison de l'ouvrage, en 1807, est précédée de la présentation, aux Salons, des dessins de Melling, et ce n'est qu'en 1819 qu'eut lieu l'ultime livraison des textes introductifs et des cartes.

L'ensemble de l'ouvrage constitue une véritable enquête sur Constantinople au temps de Sélim III (1789-1807), première du genre. En effet, contrairement à d'autres ouvrages de l'époque, le *Voyage pittoresque* de Melling s'intéresse peu à l'Antiquité dont, en dehors de Sainte-Irène et de l'Hippodrome, il n'est guère fait mention. C'est en revanche le Constantinople contemporain qui est étudié, avec des images mêlant paysages, monuments et scènes de la vie locale. Il offre des vues aussi rares que celles de l'intérieur du sérail ou du harem, que celles de lieux populaires tels que cafés, marchés, fontaines et scènes pittoresques, comme la *Procession en l'honneur d'un mariage turc*.

Le *Voyage de Constantinople*, qui s'inscrit dans la suite de l'ouvrage de Choiseul-Gouffier, reste le chef-d'œuvre de Melling, celui auquel l'orientaliste d'hier, notamment Eugène Delacroix, et celui d'aujourd'hui continuent de recourir pour tenter de retrouver l'authenticité de Constantinople à l'extrême fin du XVIIIe siècle.

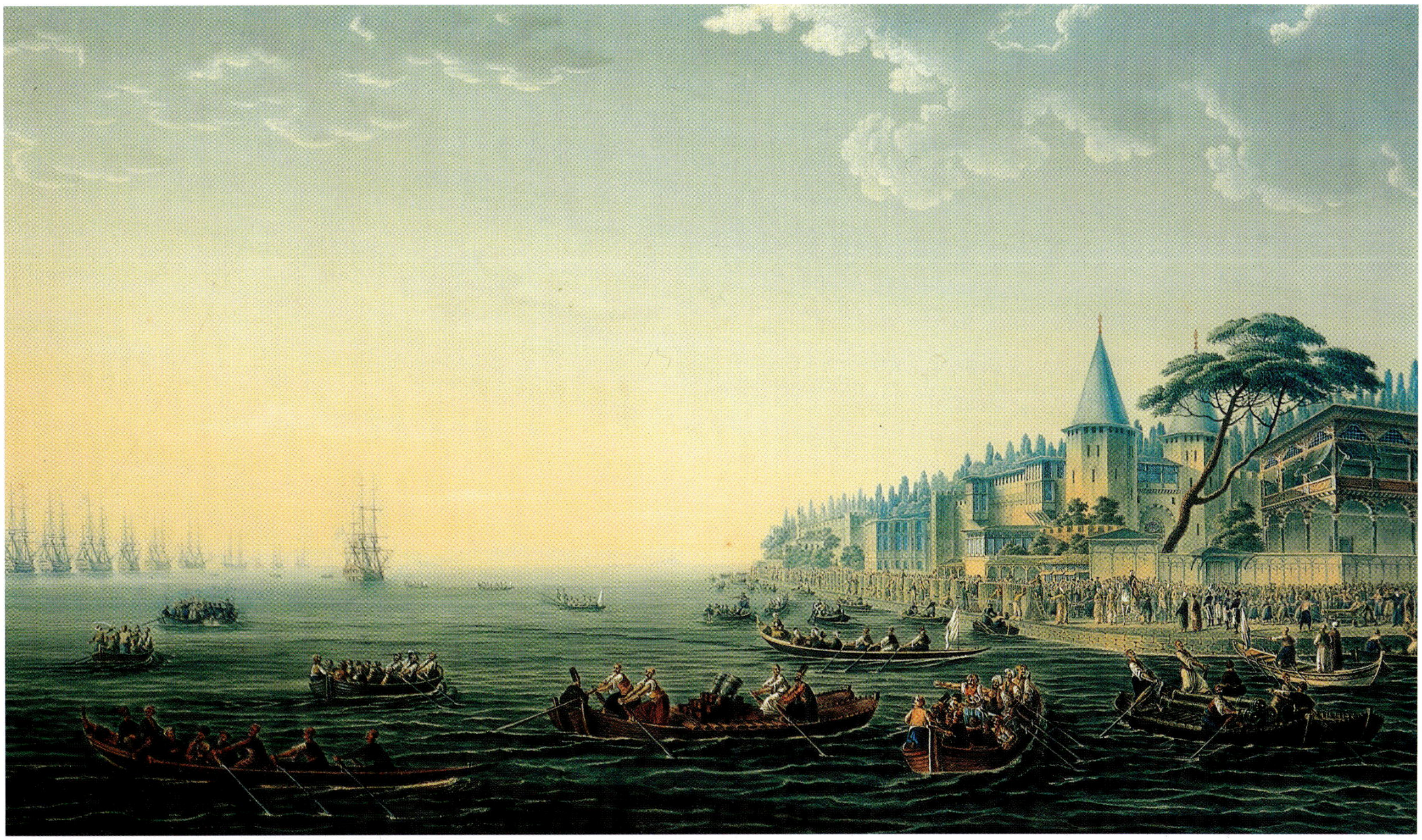

*Antoine-Ignace MELLING.*
Vue de la Corne d'Or depuis les collines d'Eyüp.
*Gouache, 53 x 88 cm.*
*Collection particulière.*
*On distingue sur la gauche le quartier de Kasım Pacha où se tiennent le siège de l'amirauté et l'arsenal de l'Empire. A droite s'étend le quartier d'Eyüp.*

*Antoine-Ignace MELLING.*
Le Sultan Sélim III et le général Sébastiani veillent à la protection de la pointe du Sérail.
*Gouache, 89 x 126 cm.*
*Arenenberg, Napoleon Museum.*
*En février 1807, Constantinople est assiégée par la flotte anglaise. Le général français Sébastiani et ses hommes assurent la protection de la ville en construisant des palissades et en acheminant, comme nous le voyons ici sur les embarcations, de l'artillerie. Le sultan, sur son cheval blanc, assiste aux préparatifs ; le général Sébastiani et le corps diplomatique français se tiennent à ses côtés.*

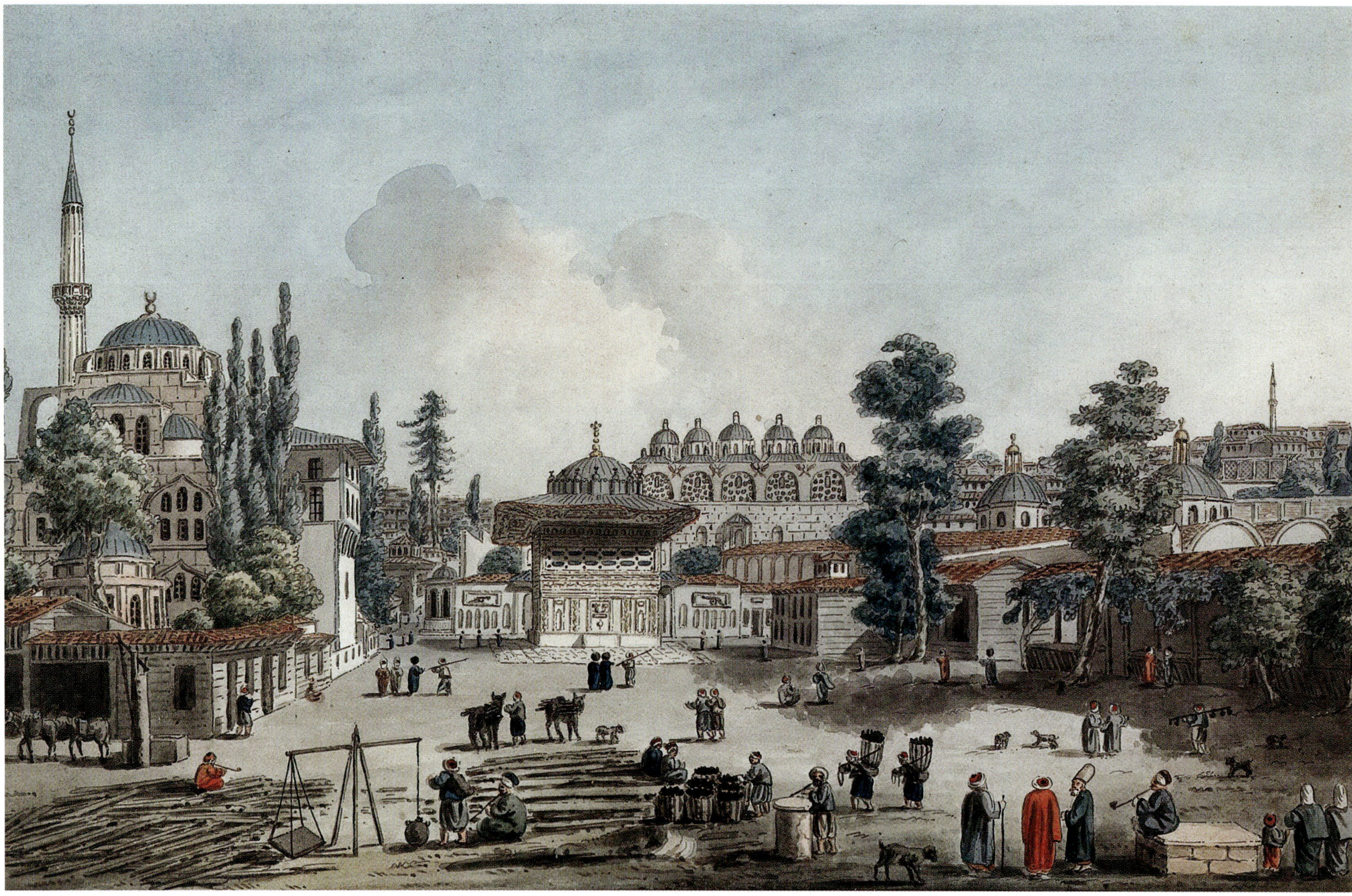

## L'enrichissement iconographique sur la Turquie

D'autres voyageurs, moins prestigieux, jouent un rôle important dans l'enrichissement iconographique sur la Turquie en ce début du XIXe siècle. Ils exploitent leurs souvenirs autant par la gravure, plus tard la lithographie, que par la peinture. Si tous ou presque publient leurs albums pittoresques à la fin des années 1820, ceux-ci sont souvent le résultat de voyages entrepris entre 1795 et 1810. Parmi les artistes français participant à l'éveil de la curiosité envers la Turquie, figurent trois dessinateurs : Michel-François Préaulx, Manzoni et Antoine-Laurent Castellan.

Michel-François Préaulx était venu à Constantinople en 1796, en qualité d'architecte de la compagnie d'artistes qu'avait amenés un révolutionnaire, Guyon-Pampelonne, en vue d'installer les divers ateliers nécessaires à l'armée et à la marine ottomane. Après l'échec et le départ de cette compagnie en 1798, il préféra rester dans la capitale ottomane où il résidait encore en 1827. Outre de nombreuses aquarelles réalisées pour des voyageurs de passage, les dessins de Préaulx illustrent plusieurs ouvrages dont l'*Atlas des promenades pittoresques dans Constantinople et sur les rives du Bosphore* de Charles Pertusier (Paris, 1817) et *Constantinople et le Bosphore de Thrace pendant les années 1812, 1813 et 1814...* du général Andréossy (Paris, 1828).

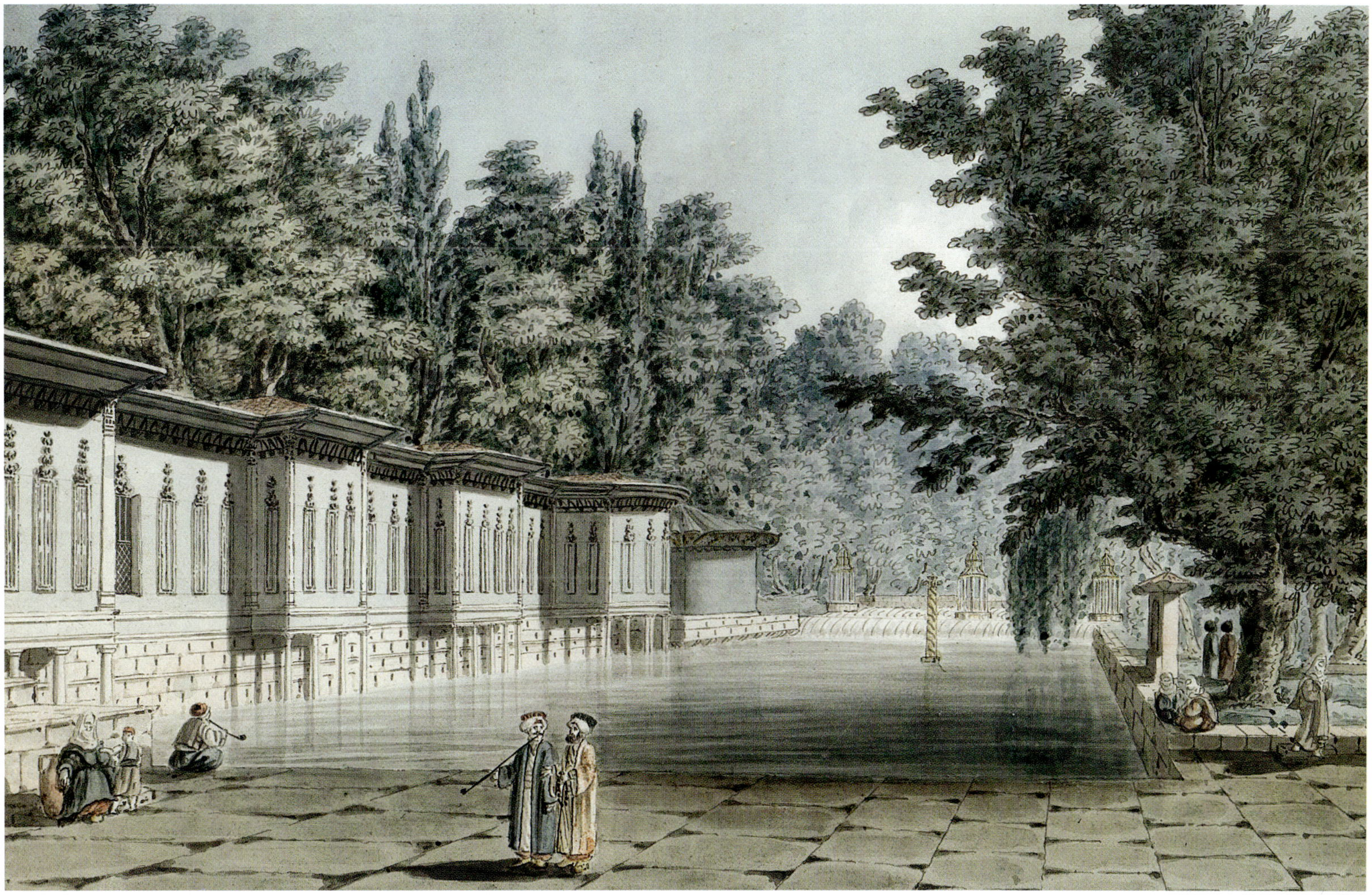

*Michel-François PRÉAULX, attribué à.*
Le Palais de Saadabad.
*Plume rehaussée d'aquarelle, 19 x 31 cm.*
*Collection particulière.*
*Le palais de Saadabad, dans la plaine de Kagıthane au fond de la Corne d'Or, est un lieu de détente pour les habitants de Constantinople. Ses bassins et cascades s'inspirent des jardins à la française.*

*Michel-François PRÉAULX, attribué à.*
Vue de la place de Tophane.
*Plume rehaussée d'aquarelle, 19 x 31 cm.*
*Collection particulière.*
*Place de Tophane où sont acheminés par des portefaix les sacs de charbon qui servent à alimenter la fonderie impériale de canons dont on distingue les cinq coupoles au centre.*

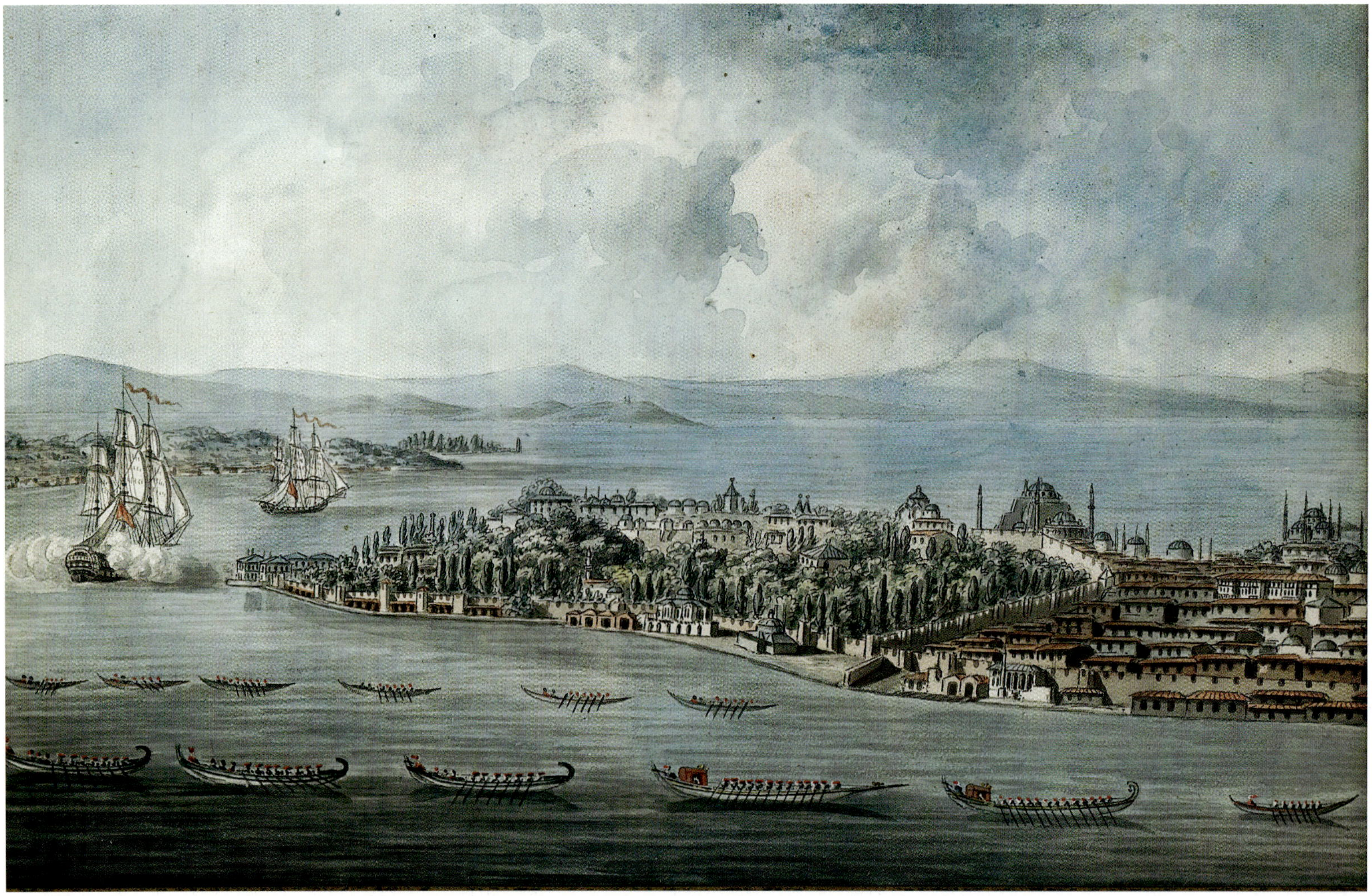

*Michel-François PRÉAULX, attribué à.*
Vue aérienne de la pointe du Sérail.
*Plume rehaussée d'aquarelle, 19 x 31 cm.*
*Collection particulière.*
*Le palais de Topkapı, ses dépendances et ses jardins sont séparés de la ville par un long rempart. On distingue au fond Sainte-Sophie et à droite la mosquée Bleue. L'entrée de tout navire dans la Corne d'Or est annoncée par des salves de canons.*

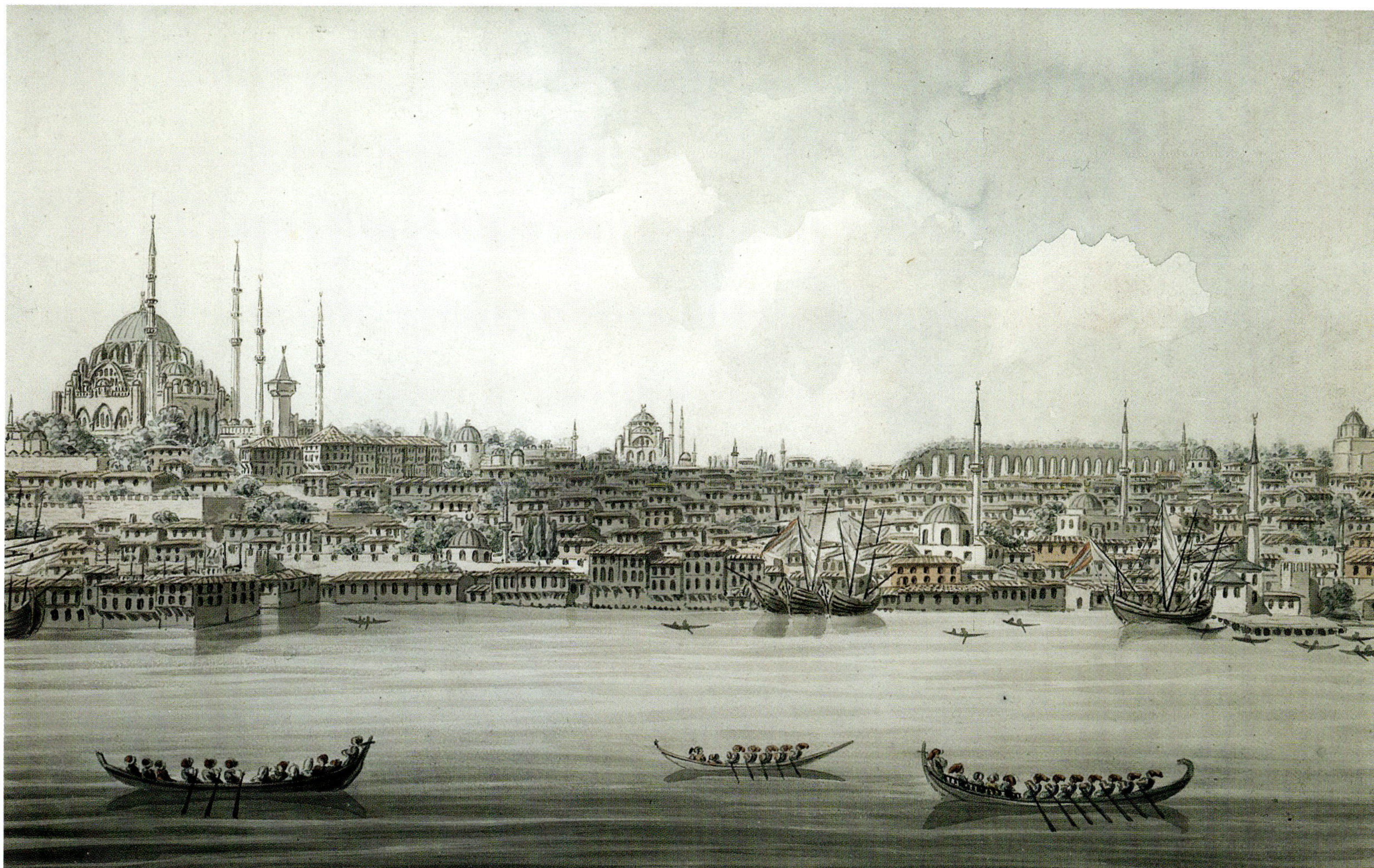

*Michel-François PRÉAULX, attribué à.*
Vue de la mosquée Soliman le Magnifique depuis la Corne d'Or.
*Plume rehaussée d'aquarelle, 19 x 31 cm.*
*Collection particulière.*
*La traversée de la Corne d'Or nécessite l'utilisation de nombreuses barques, les caïques, dont le nombre de rameurs varie selon l'importance sociale des passagers. On distingue à gauche la Süleymaniye, ou mosquée de Soliman le Magnifique, et à droite l'aqueduc byzantin de Valens.*

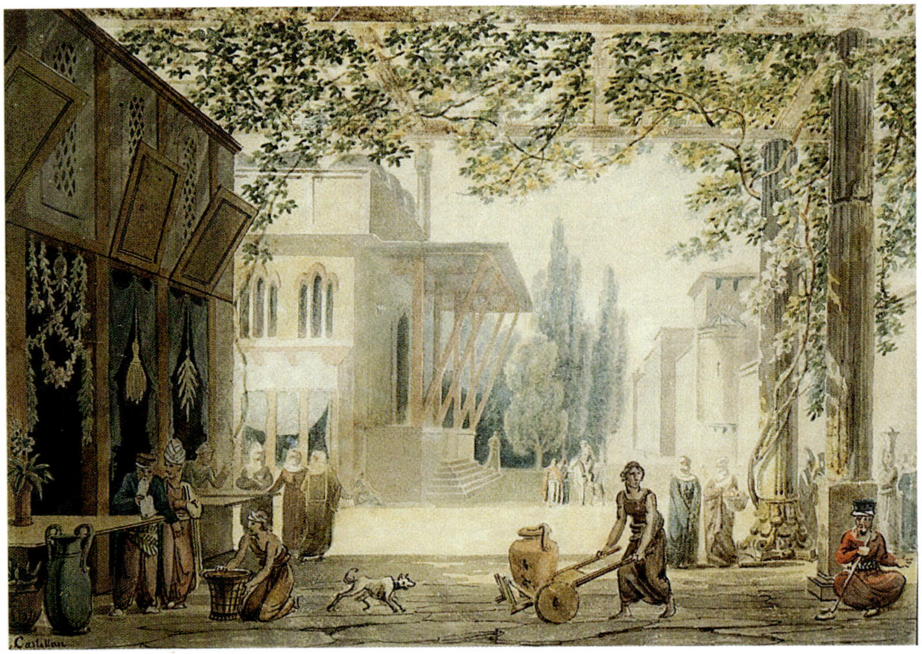

*Antoine-Laurent CASTELLAN.*
Vue animée du marché de Gallipoli.
*Aquarelle gouachée, 19 x 28 cm.*
*Collection particulière.*

Natif d'Ancône, Manzoni partit de Toulon le 10 octobre 1795 à bord du vaisseau *Le Républicain*, en qualité d'aspirant de marine. Arrivé à Constantinople le 23 février 1796, il y séjourna jusqu'à la déclaration de guerre entre la France et la Porte (28 août 1798) ; il fut alors arrêté et emprisonné dans la forteresse de Sinope. A son retour en France, il publia un recueil de *Costumes orientaux inédits dessinés d'après nature en 1796, 1797, 1798* (Paris, 1813, 25 pl.).

Antoine-Laurent Castellan (1772-1838), élève de Valenciennes, avait accompagné comme dessinateur l'ingénieur Pierre Ferregeau que la Porte avait engagé pour construire un bassin de radoub sur la Corne d'Or dans l'arsenal de Kasım Pacha[12]. Il séjourna à Constantinople du 28 mars au 8 juin 1797. De retour en France, il publia en 1812 *Mœurs, usages, costumes des Othomans et abrégé de leur histoire*, 6 volumes contenant 72 planches de costumes dessinés d'après les documents rapportés de ses voyages, et huit ans plus tard *Lettres sur la Morée, l'Hellespont et Constantinople* (Paris, 1820). Il saura exploiter l'aspect pittoresque de cet exotisme dans une toile présentée au Salon de 1808 intitulée *Fontaine turque à Gallipoli, détroit des Dardanelles*.

A cause de l'expédition française en Égypte, qui entraîna une guerre entre la France et l'Empire ottoman, et les événements de Grèce qui suivront, les voyageurs français seront moins nombreux en Turquie au début du XIX$^{e}$ siècle. On compte cependant deux voyages d'importance : celui réalisé par le comte de Forbin en 1816-1817 et celui de Louis Dupré en 1819.

La publication de l'ouvrage du comte de Forbin (1777-1841), *Voyage dans le Levant en 1817 et 1818*, ne paraît pas ici déterminante puisque, sur les 78 planches qu'il contient, trois seulement sont consacrées à la Turquie ; deux ont été dessinées par Castellan : *Place de l'Atmeïdan à Constantinople* et *Intérieur d'un jardin à Constantinople* ; la troisième représente la *Porte de la Persécution à Éphèse*. On ne saurait toutefois en sous-estimer l'importance en raison de la qualité et du succès de ce récit illustré somptueusement présenté[13]. Parti de Toulon à bord de *La Cléopâtre* le 22 août 1817, il aborde en Grèce au port du Pirée le 6 septembre, première étape du périple levantin, puis arrive à Constantinople. Sa description de la ville est un tableau de genre : « Le 28 septembre au matin, nous mouillâmes sur la

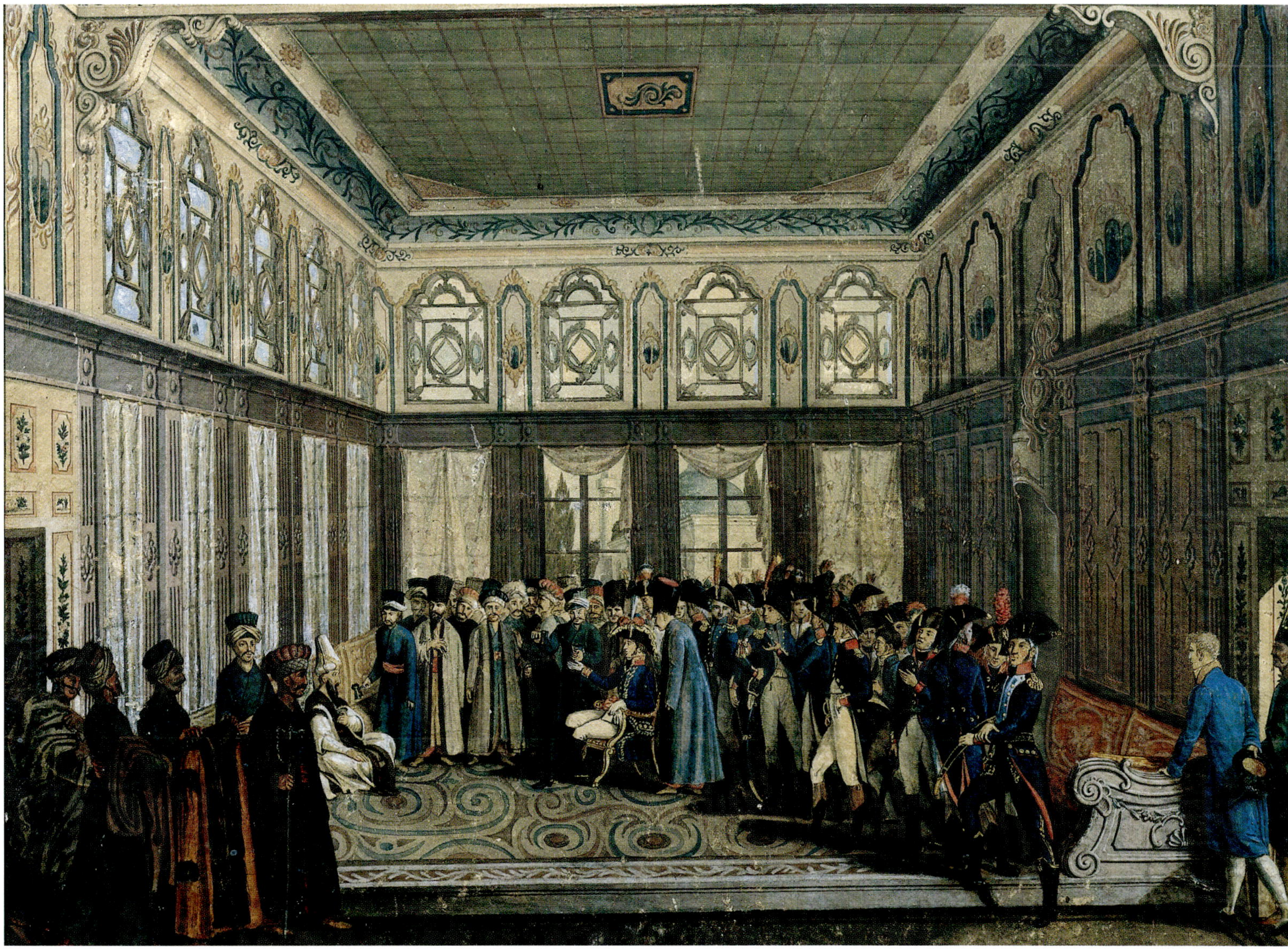

*Antoine-Laurent CASTELLAN.*
L'Entrevue du général Aubert Dubayet chez le grand vizir,
le 29 décembre 1796.
*Gouache, 34 x 47 cm.*
*Collection particulière.*
*Pour expliquer la nouvelle politique, la France révolutionnaire dépêche à Constantinople l'ambassadeur Aubert-Dubayet en 1796. Il est reçu en audience par le grand vizir Ismael Pacha entouré du corps diplomatique et d'officiers chargés de réformer les armées ottomanes.*

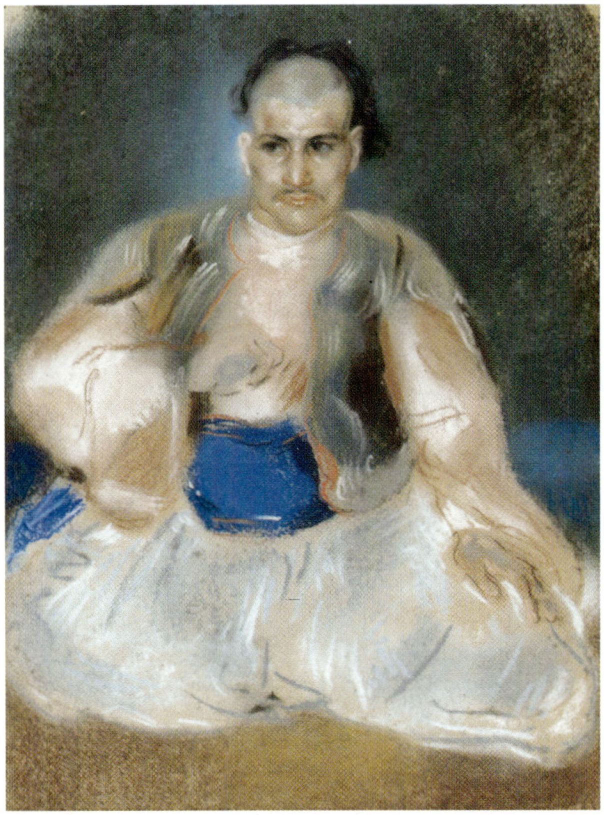

*Monsieur AUGUSTE (Jules-Robert AUGUSTE dit).*
Turc assis, 1820.
*Pastel, 35 x 26 cm.*
*Orléans, musée des Beaux-Arts.*

pointe de Concapi [Kumkapı], sous les murs du sérail. Constantinople m'éblouit : j'y arrivai par une journée admirable. La mer était couverte de caïques qui volaient sur les eaux : le soleil étincelait sur les dômes des mosquées et sur les flèches dorées des minarets ; la colonne brûlée s'élevait majestueusement au milieu des groupes d'arbres qui enveloppent ces édifices à la fois légers et somptueux. On apercevait derrière cette ligne, sur un autre rivage, une ville à demi cachée par les cyprès des jardins du sérail. Constantinople semble avoir été bâtie pour le plaisir des yeux : craignant que l'illusion ne cesse trop tôt, on se hâte de graver dans sa mémoire ce qui paraît pour ainsi dire fantastique[14]. » Forbin en repartira le 15 octobre pour se rendre à Smyrne, puis poursuivre son périple qui le conduira en Syrie, Palestine et Égypte. C'est au cours d'une escale dans l'île de Milo que l'architecte de la mission, Jean-Nicolas Huyot (1780-1840), élève du peintre Louis David, puis de l'architecte Antoine-François Peyre, se casse la jambe en visitant le théâtre antique. Transporté chez les Capucins de Smyrne, il reste huit mois convalescent. C'est seulement le 27 avril 1818 que Huyot peut reprendre son voyage et se rendre à Constantinople le 13 juin après avoir traversé Ayvalık, Pergame et les Dardanelles. Accueilli par l'ambassadeur de France, le marquis de Rivière, il restera jusqu'au 28 septembre, avant de poursuivre son voyage en Égypte. Au cours de son séjour à Constantinople, Huyot va beaucoup dessiner : des vues urbaines, des cafés, des *yalı* du Bosphore, des maisons arméniennes et grecques de Péra. Début juillet, il peut pénétrer dans le Palais de Topkapı et visiter le harem, dont il est déçu : « Ces appartements n'ont rien de particulier au pays, je les ai trouvé mal disposé, sans ordre, mal décoré. On s'apperçoit [sic] que le mauvais goût européen commence à gagner les Turcs [qui] se livrent à des artisans grecs, arméniens et même européens[15]. » Ce qui caractérise le journal de Huyot, aujourd'hui conservé à la Bibliothèque nationale de France, c'est la précision et le caractère concret de ses observations. Il fait des remarques pertinentes sur l'architecture domestique ottomane dont il donne des informations techniques rares. Les lieux communs « orientalistes », si fréquents chez les autres voyageurs, sont presque absents. Il témoigne aussi de la sensibilité précoce de quelques Européens à certaines conséquences, jugées néfastes, de l'occidentalisation de la société ottomane qui se dessine alors. Il est cependant dommage que son travail n'ait jamais été publié.

Il en va tout autrement de la démarche d'un artiste comme Louis Dupré, qui voyage en Grèce et en Turquie en 1819, l'année même où le comte de Forbin fait paraî-

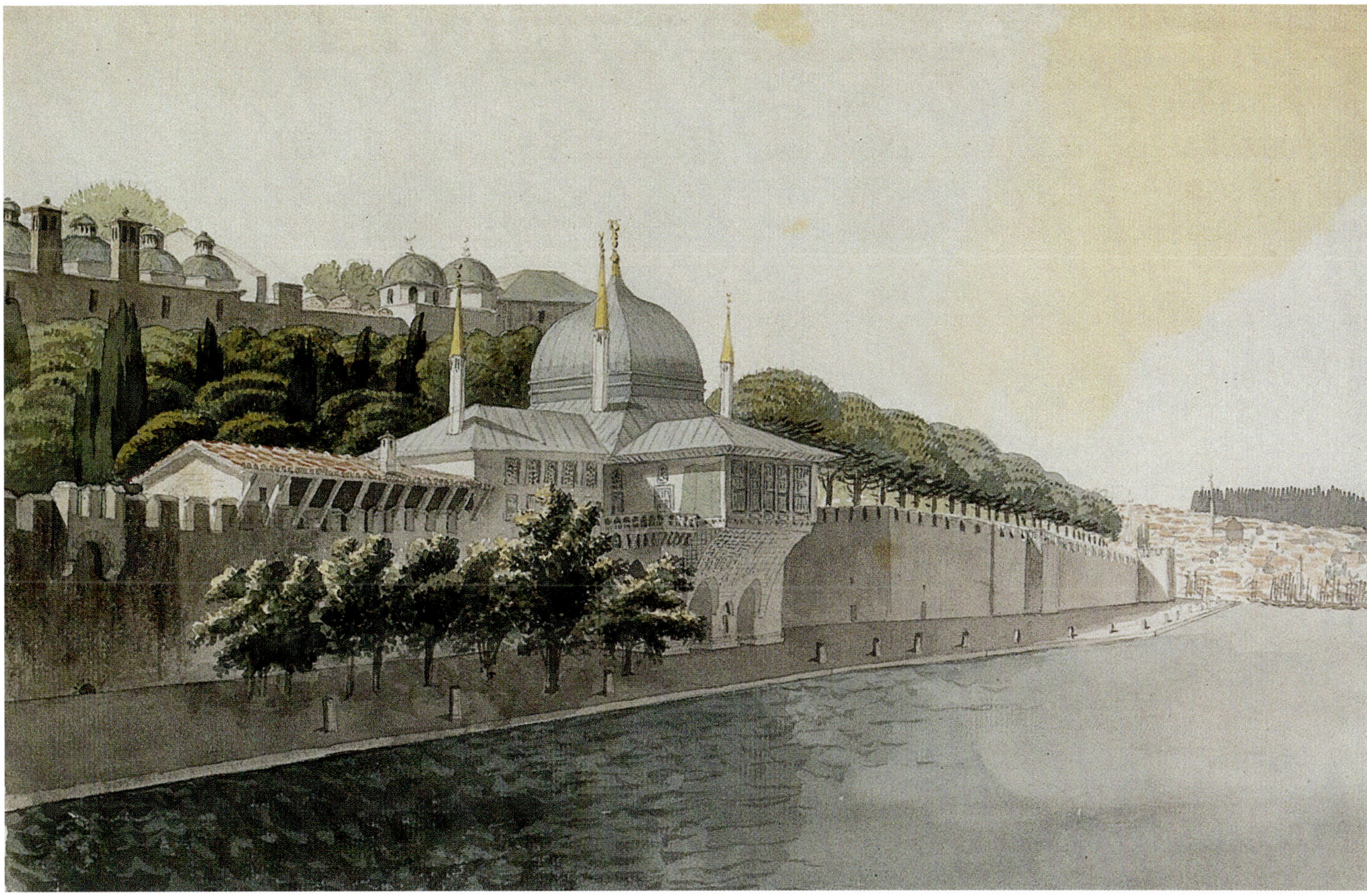

*Jean-Nicolas HUYOT.*
Vue d'un kiosque en bord de mer sous les remparts du palais de Topkapı.
*Aquarelle, 24 x 37 cm.*
*Paris, Bibliothèque nationale de France.*

tre son livre. Avant son départ, l'année de ses trente ans, Louis Dupré (1789-1837) a vu son talent reconnu par quelques protecteurs : Joseph Bonaparte, le regardant copier *Le Serment des Horaces* à la galerie du Luxembourg, l'a introduit dans l'atelier de David. Recommandé par le cardinal Fesch en 1811 au roi de Westphalie, Jérôme, Dupré devient à Kassel son peintre officiel. Il obtient alors une pension pour séjourner en Italie. L'occasion de partir en Orient se présente en février 1819. Le voyage de Dupré va durer six mois : trois en Grèce et trois en Turquie où il séjourne à Constantinople du 9 juin au 9 septembre. Lors de son séjour, il est dirigé dans ses promenades par le premier drogman de l'ambassade de France, M. Jouannin. Grâce à lui, il est introduit, comme Jean-Nicolas Huyot un an plus tôt, auprès de quelques riches familles grecques et arméniennes de Péra, notamment la famille Düzoglou, premiers joailliers de la cour. Après son retour Dupré publie les *Voyages à Athènes et à Constantinople ou collection de portraits, de vues et de costumes grecs et ottomans* (Paris, 1825)[16].

Au travers de ces témoignages, aquarelles, lithographies ou tableaux, Louis Dupré apparaît comme l'un des premiers orientalistes de l'époque romantique. Avant Alexandre Decamps, il rend populaires yatagans, minarets et fustanelles, suivant ainsi la voie tracée par Melling dans son *Voyage pittoresque*. L'inspiration de Dupré est toutefois fort différente : aux scènes de genre animées de bonshommes aux paysages organisés par un œil d'architecte, il substitue les portraits individualisés et attentifs. La plupart de ses planches y sont en effet consacrées et le décor séduisant devient accessoire.

Les voyages en Orient de Choiseul-Gouffier, Melling, Castellan, le comte de Forbin et Louis Dupré ne laissent pas indifférents les artistes de cette époque. Leurs « voyages en Turquie » sont souvent les premiers contacts avec l'Orient, en un moment où il occupe de plus en plus les esprits, surtout depuis l'expédition d'Égypte. Sans quitter leur atelier, beaucoup d'artistes expriment une attirance pour l'exotisme et puiseront dans leurs gravures. Delacroix n'hésite pas à copier les planches illustrées de ses contemporains, comme *La Marche solennelle du Grand Seigneur, le jour du Baïram*, de Melling, ou bien, l'*Entrée solennelle du Pacha au Caire*, de Cassas[17]. Ses dessins indiquent aussi de nombreux emprunts faits à l'œuvre de Louis Dupré[18]. De même, quelques années plus tard, dans ses toiles comme *L'Odalisque à l'esclave* (1839) ou même dans *Le Bain turc* (1859-63), Ingres s'inspire de gravures, en particulier de celles réalisées par Jean-Baptiste Van Mour dans le *Recueil de cent estampes représentant différentes nations du Levant*, édité en 1714, auquel s'est également reporté Delacroix. Un dessin conservé au musée de Montauban, exécuté d'après une miniature orientale, montre qu'il a emprunté directement à cette source la figure de l'eunuque pour *L'Odalisque à l'esclave*[19].

Ce souci d'authenticité est favorisé par les collections de Jules-Robert Auguste (1789-1850), dit « Monsieur Auguste ». Fils du grand orfèvre Henri Auguste, il a obtenu le prix de Rome en sculpture en 1810. De retour d'un long voyage effectué probablement de 1815 à 1817 en Albanie, en Grèce, en Syrie, en Égypte, puis en Afrique du Nord, il contribue à l'essor de l'Orientalisme en France au milieu des années 1820, quelques années avant Decamps. Installé 11 rue des Martyrs – Horace Vernet habitait le même immeuble et Géricault, la même rue au numéro 23 –, les soirées du samedi réunissent dans son salon ceux qui peuvent parler de l'Orient, tel Callande de Champmartin[20]. Il met à la disposition de ses amis peintres sa riche collection d'armes, d'harnachements et de costumes qu'il a rapportés de ses nombreux voyages. Delacroix lui-même utilise les accessoires orientaux de Monsieur Auguste, notamment pour l'exécution des *Massacres de Scio*. Le 7 juillet 1824, il note dans son *Journal* : « Aujourd'hui, M. Auguste est venu à l'atelier : il est fort charmé de ma peinture, ses éloges m'ont ranimé. J'irai demain chez lui chercher les costumes[21]. » En revanche, Auguste laisse peu d'œuvres.

D'une grande richesse, par le nombre et la variété des publications, les années 1784-1820 ont ainsi été décisives dans la découverte de la Turquie. Cette découverte reste cependant très livresque. Elle contribue toutefois au développement de l'Orientalisme en ce début du XIX^e siècle. L'apparition du courant orientaliste dans l'art va coïncider avec la révolution romantique qui bouleverse au même moment le code de la sensibilité et qui pousse de nombreux artistes à partir.

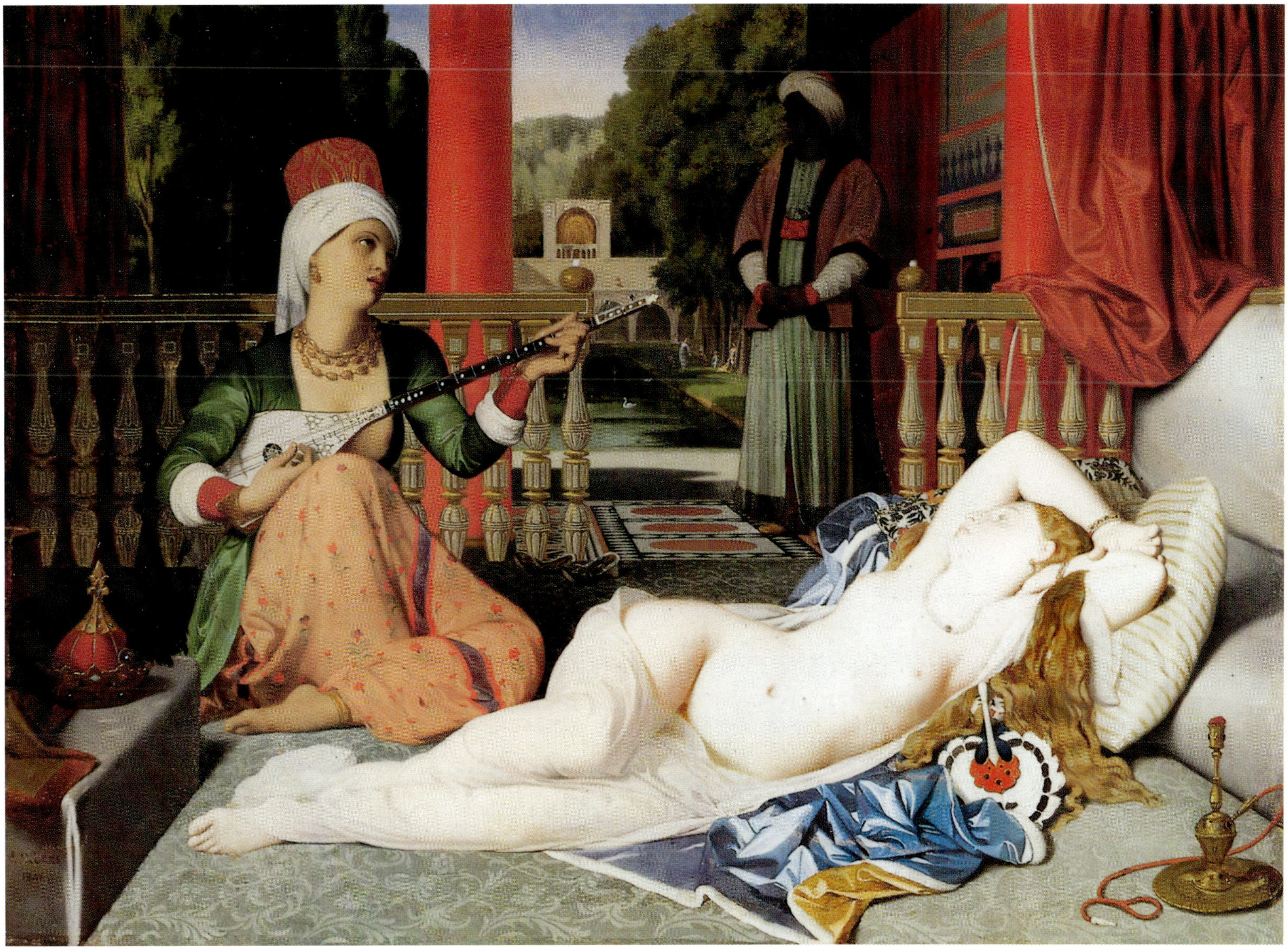

*Jean-Auguste-Dominique INGRES.*
L'Odalisque à l'esclave, 1842.
*Huile sur toile.*
*Baltimore, The Walters Art Gallery.*
*Ingres ne visita jamais la Turquie mais, comme nous le montre cette peinture, il sut habilement exploiter les objets et les tissus d'Orient.*

# LA GUERRE D'INDÉPENDANCE GRECQUE (1820-1830)

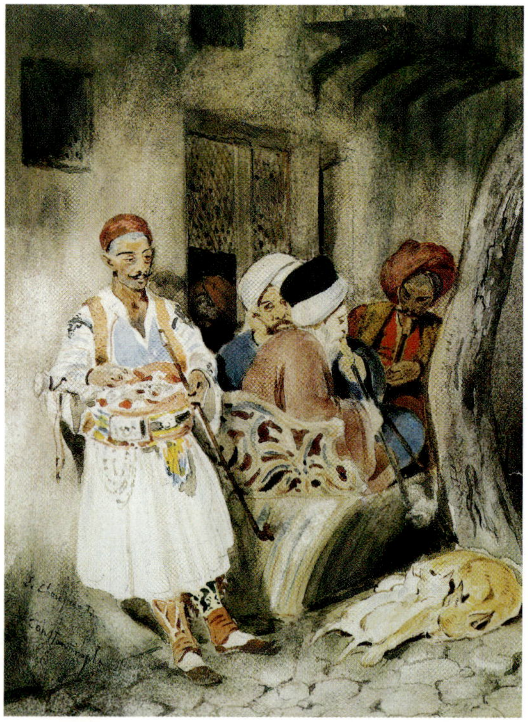

*« Pendant les guerres de l'Empire,*
*Goethe, au bruit du canon brutal,*
*Fit le* Divan occidental,
*Fraîche oasis où l'art respire. »*
Théophile Gautier,
*Émaux et camées*, 1852.

A partir de 1821, avec l'insurrection du Péloponnèse et des îles, la Grèce est engagée dans la guerre qui va consacrer son indépendance. Les massacres de Chio en 1822, le siège et la prise de Missolonghi en avril 1826, représentés par deux toiles célèbres de Delacroix, indignent l'Europe qui se prépare à la bataille de Navarin, remportée le 20 octobre 1827 sur la flotte turco-égyptienne. Tous ces événements ne sont pas sans conséquences. La France embrasse avec enthousiasme la cause philhellène, comme nous le montre la peinture des années 1820-1830.

Le Salon de 1826 est celui où s'exprime le plus cette ferveur, encouragée par l'héroïsme des combattants de Missolonghi : on y remarque *Les Femmes souliotes* de Ary Scheffer, le *Grec arborant son étendard* de Louis Dupré, la *Scène de guerre actuelle des Turcs et des Grecs* de Delacroix. L'année suivante, ce sont les commémorations militaires qui l'emportent avec les tableaux de Garneray, *Bataille de Navarin* (Musée de Versailles), et de Langlois, *Bataille navale de Navarin* (Paris, ambassade de Grèce). S'ils sont loin d'être les seuls à s'engager dans ce combat, les peintres français donnent ainsi à la révolte grecque un retentissement particulier.

C'est dans ce contexte, où sont exaltés l'héroïsme d'un peuple et le triomphe de leurs alliés, et où l'Empire ottoman est représenté comme le grand perdant de ce conflit, qu'il faut replacer la découverte de la Turquie par quelques artistes, dont le plus célèbre d'entre eux : Alexandre-Gabriel Decamps.

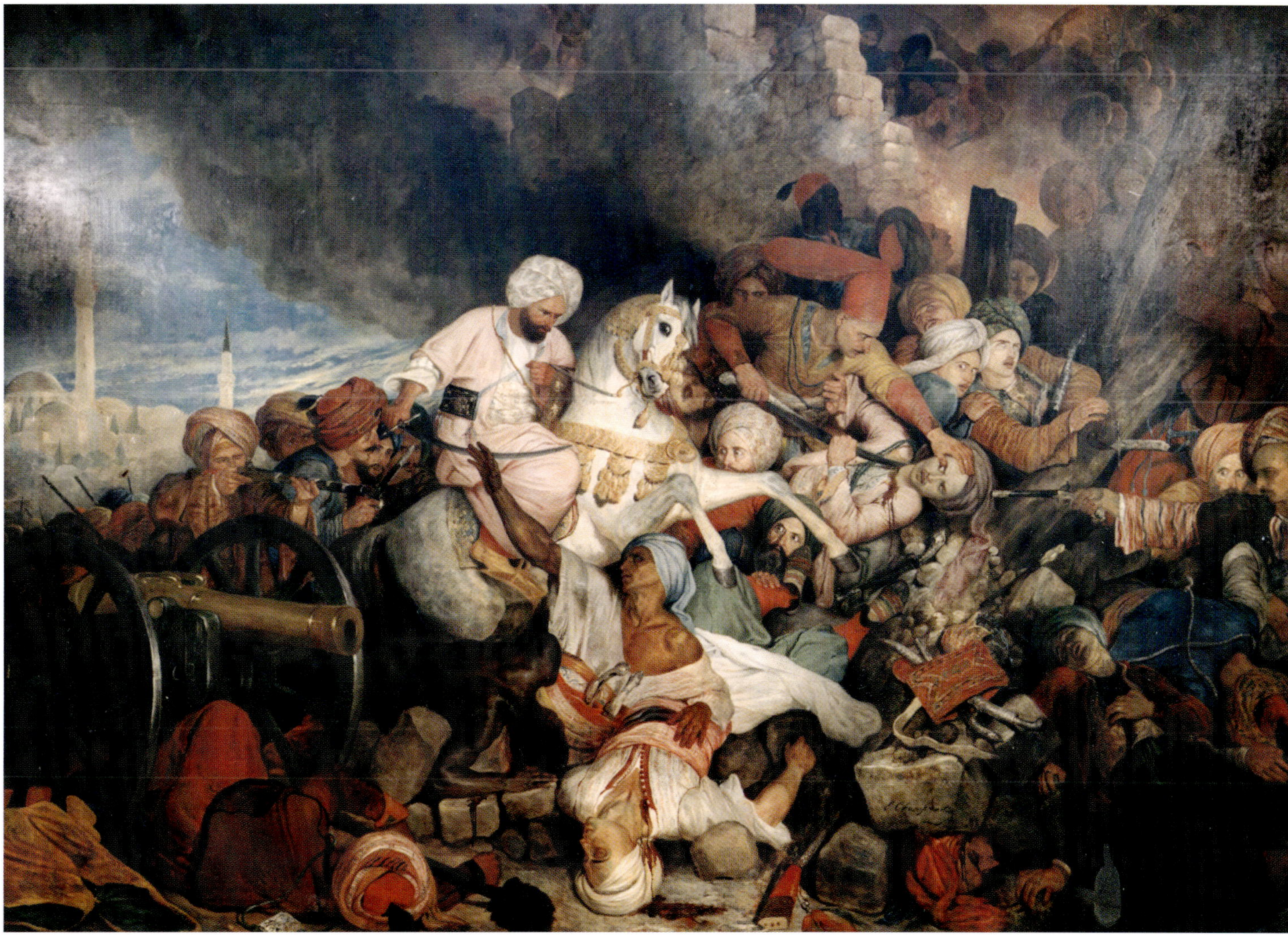

*Charles-Émile* CALLANDE DE CHAMPMARTIN.
Massacre des janissaires
*ou* L'Affaire des casernes.
*Huile sur toile, 472 x 628 cm.*
*Rochefort-sur-Mer, musée d'Art et d'Histoire.*
*Refusant toutes réformes militaires, le corps traditionnel des janissaires se révolte. Le 15 juin 1826, le sultan Mahmud II ordonne le bombardement des casernes. La plupart des janissaires sont massacrés.*

*Charles-Émile* CALLANDE DE CHAMPMARTIN.
Fumeurs turcs dans une ruelle de Constantinople.
*Aquarelle sur esquisse au crayon noir, 21 x 15,7 cm.*
*Rouen, musée des Beaux-Arts.*

# Vers l'orientalité

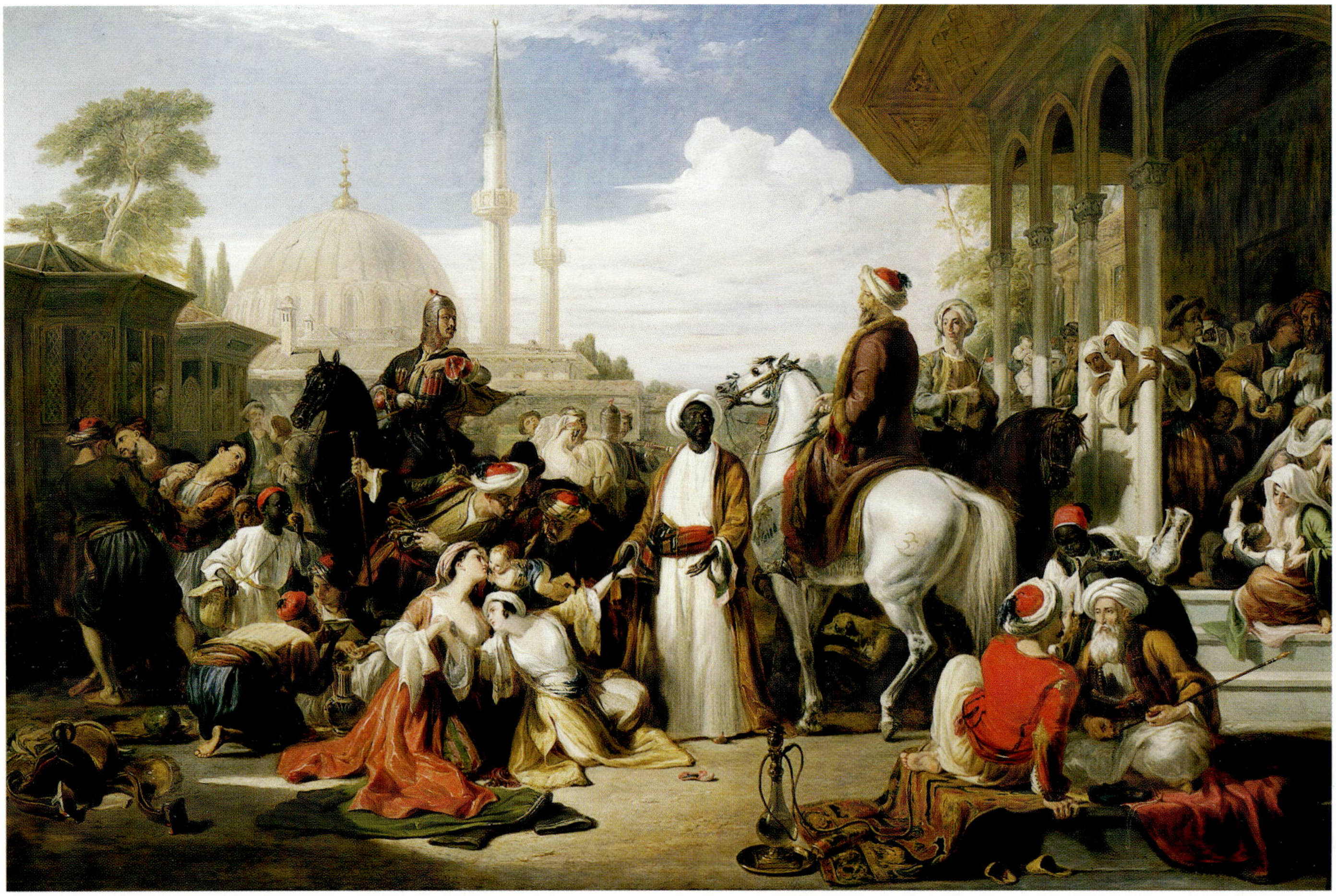

Il va de soi que la Turquie de cette époque n'a pas bonne presse, surtout que les réformes tant annoncées depuis le début du XIX^e^ siècle tardent à se mettre en place et sont parfois l'objet de résistance. Le sultan Mahmud II, qui a prononcé la dissolution du corps traditionnel des janissaires (1826) et fait exterminer à Constantinople et dans toutes les provinces les hommes de cette ancienne troupe d'élite, est présenté en Occident comme un despote barbare et sanguinaire. De retour d'un voyage en Orient en 1826, Charles-Émile Callande de Champmartin (1797-1883) expose au Salon de 1827, au moment même où s'exprime la compassion philhellène, *L'Affaire des casernes*, appelé aussi le *Massacre des Janissaires* (musée de Rochefort) qui se déroule à Constantinople. L'immense tableau, trop inspiré par Gros auquel il emprunte divers éléments de *La Bataille d'Aboukir*, n'enthousiasme pas la critique, d'autant que la composition est confuse. Cependant, il marque les esprits.

De son côté, l'artiste écossais William Allan (1782-1850), après un voyage en Grèce et en Turquie en 1830, décrit dans une grande toile intitulée le *Marché aux esclaves* (1838) la cruauté turque qui déchire les familles par cette pratique barbare. Un autre tableau présente *Un chef circassien vendant à un pacha turc des captives d'une tribu voisine prise pendant la guerre de 1815*.

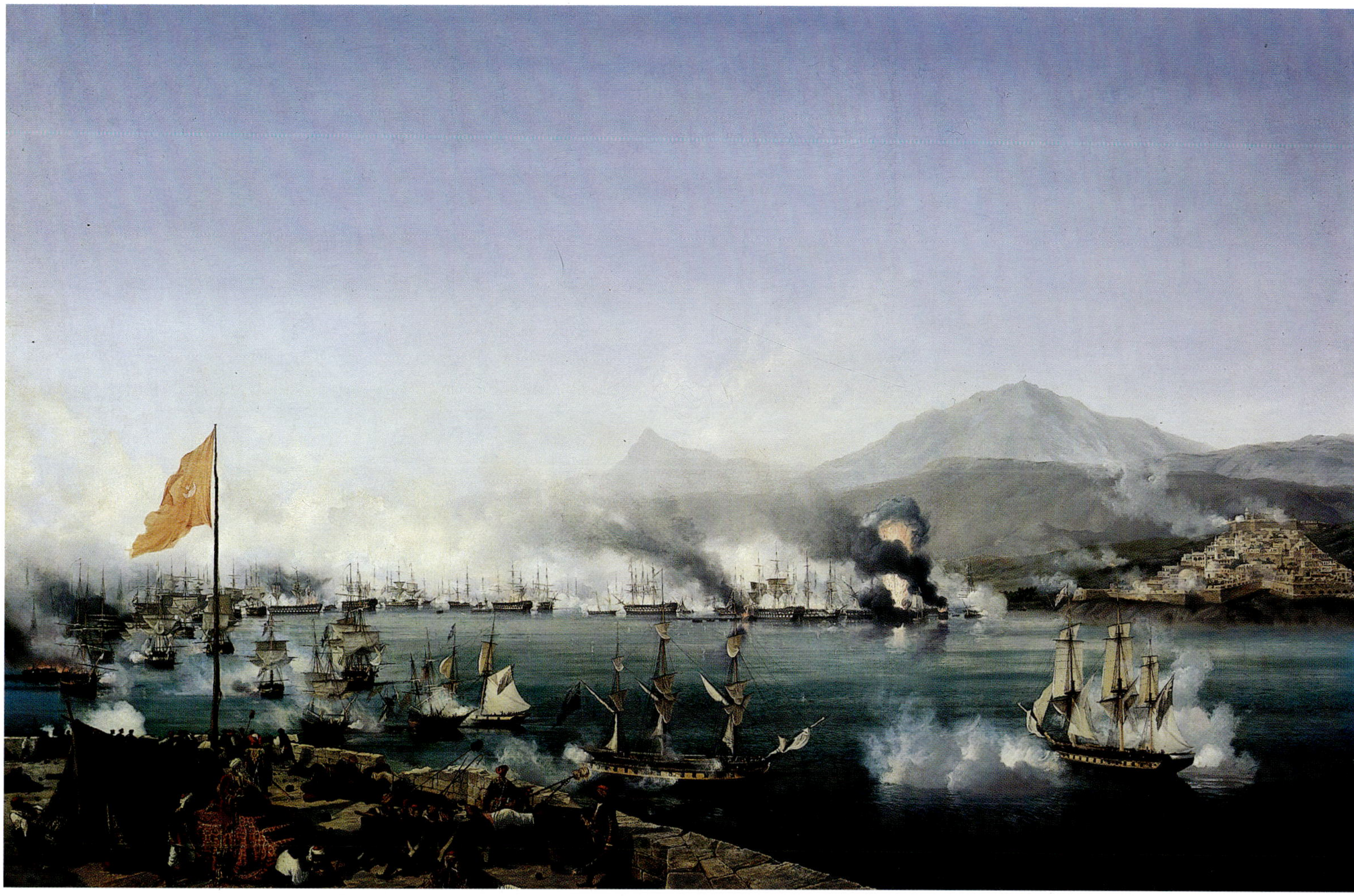

*Louis GARNERAY.*
La Bataille de Navarin, 20 octobre 1827.
*Huile sur toile, 179,5 x 277,8 cm.*
*Versailles, musée du Château.*
*La bataille de Navarin fut remportée sur la flotte ottomane par les forces combinées de la France, de l'Angleterre et de la Russie le 20 octobre 1827. On distingue ici les deux frégates anglaises, le* Cambrian *et le* Glasgow, *attaquant la batterie turque de l'île de Sphactérie.*

*William ALLAN.*
Marché aux esclaves à Constantinople, 1838.
*Huile sur bois, 129 x 198 cm.*
*Édimbourg, National Gallery of Scotland.*

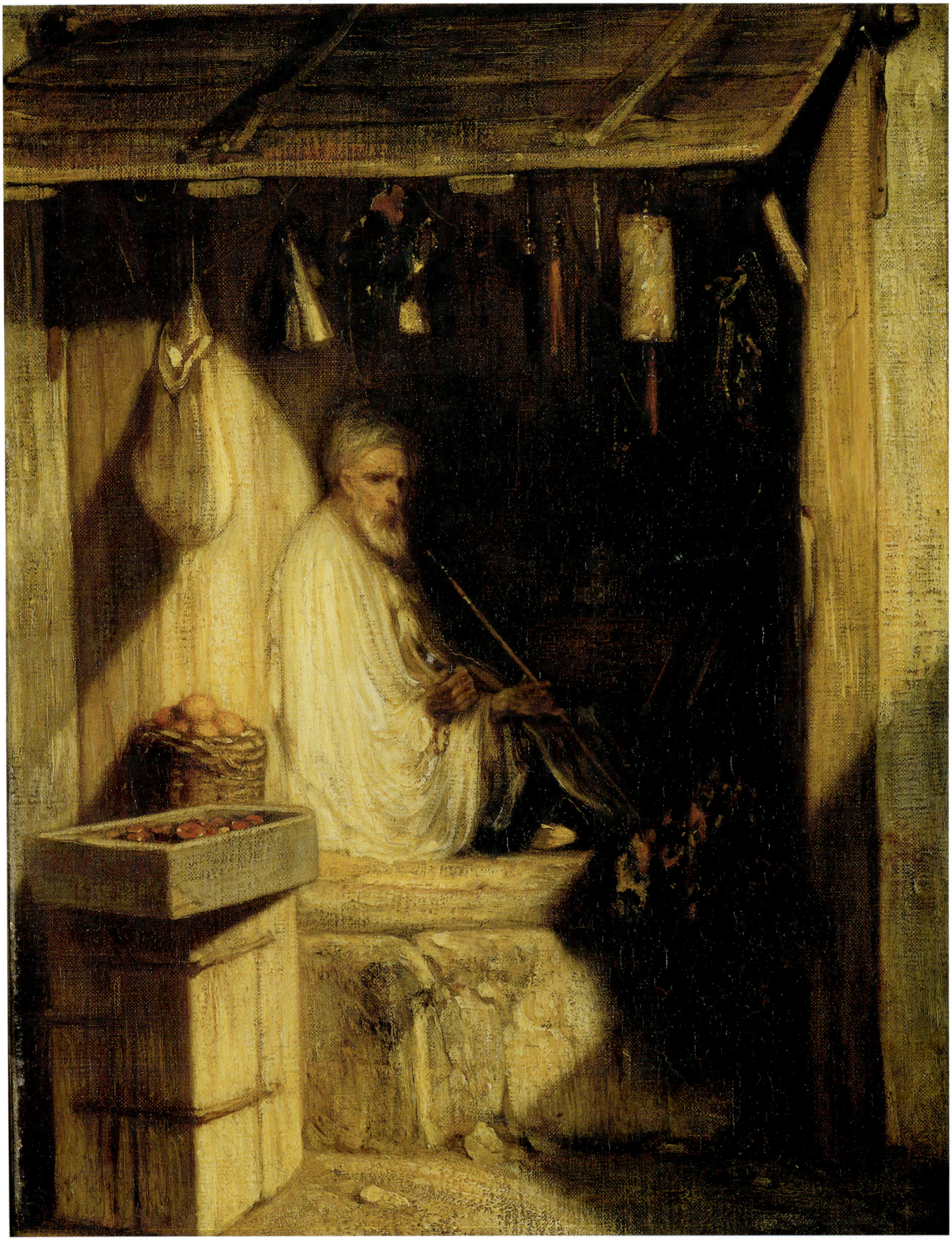

# Alexandre-Gabriel Decamps et ses scènes de genre

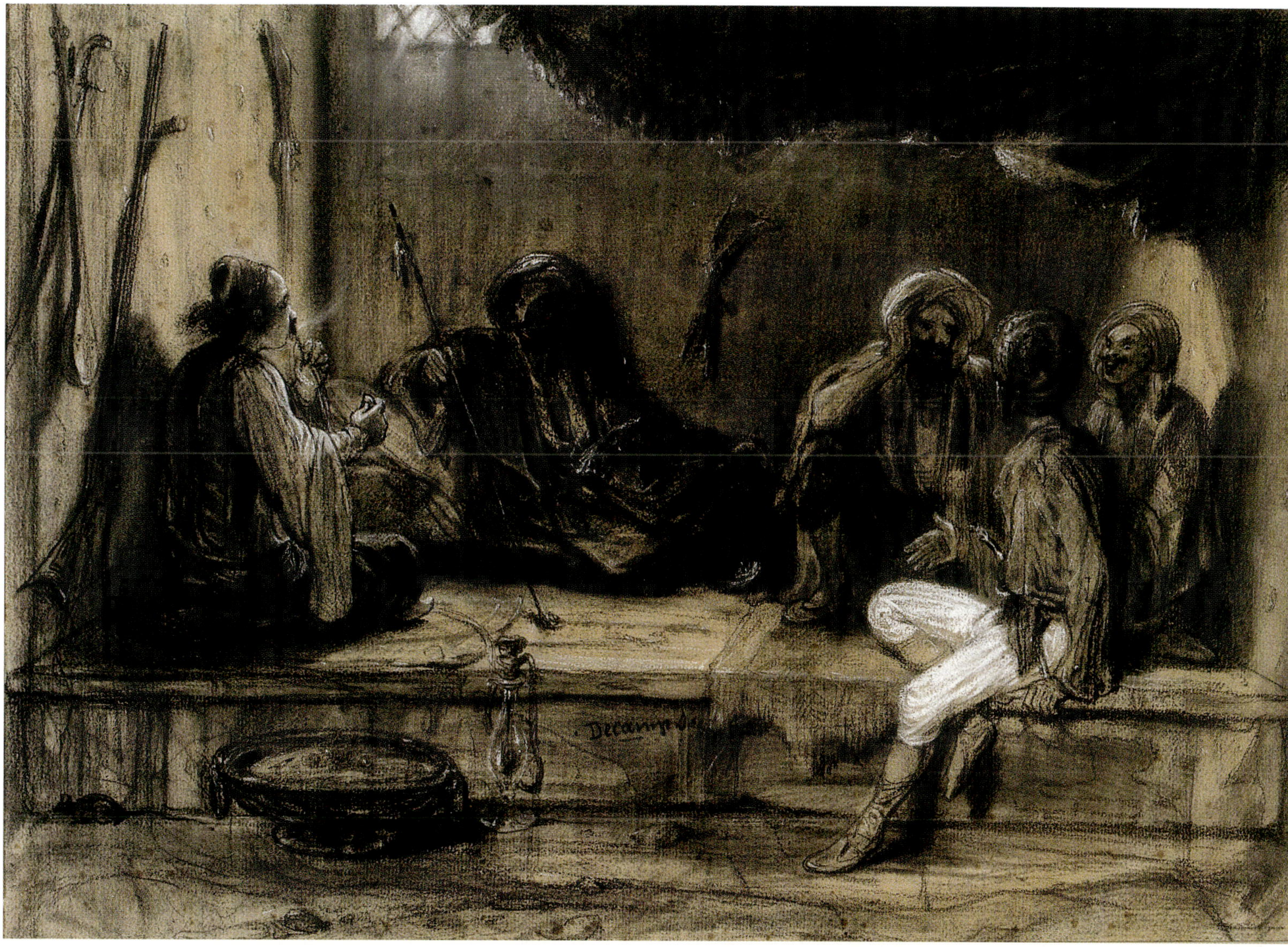


*Alexandre-Gabriel DECAMPS.*
Corps de garde turc.
*Fusain, pierre noire, rehauts de blanc, 41 x 54 cm.*
*Paris, musée du Louvre, département des Arts graphiques.*

*Alexandre-Gabriel DECAMPS.*
Marchand d'oranges fumant dans sa boutique, 1844.
*Huile sur toile, 36 x 28 cm.*
*Paris, musée d'Orsay.*

Decamps n'est ainsi pas le premier à avoir exposé les souvenirs d'un Orient vécu, mais il est l'inventeur d'un genre qui connaîtra la faveur du siècle[22]. Comme le souligne Christine Peltre, avec Decamps, « le pittoresque oriental, jusqu'alors limité aux costumes ou aux vues topographiques, impose (...) avec lui le spectacle de son quotidien[23] ».

Selon une biographie qui semble légende, tant elle reste sur ce point allusive, Alexandre Decamps (1803-1860) serait tout d'abord allé en Grèce avec le peintre de marines Louis Garneray (1783-1857) pour compo-

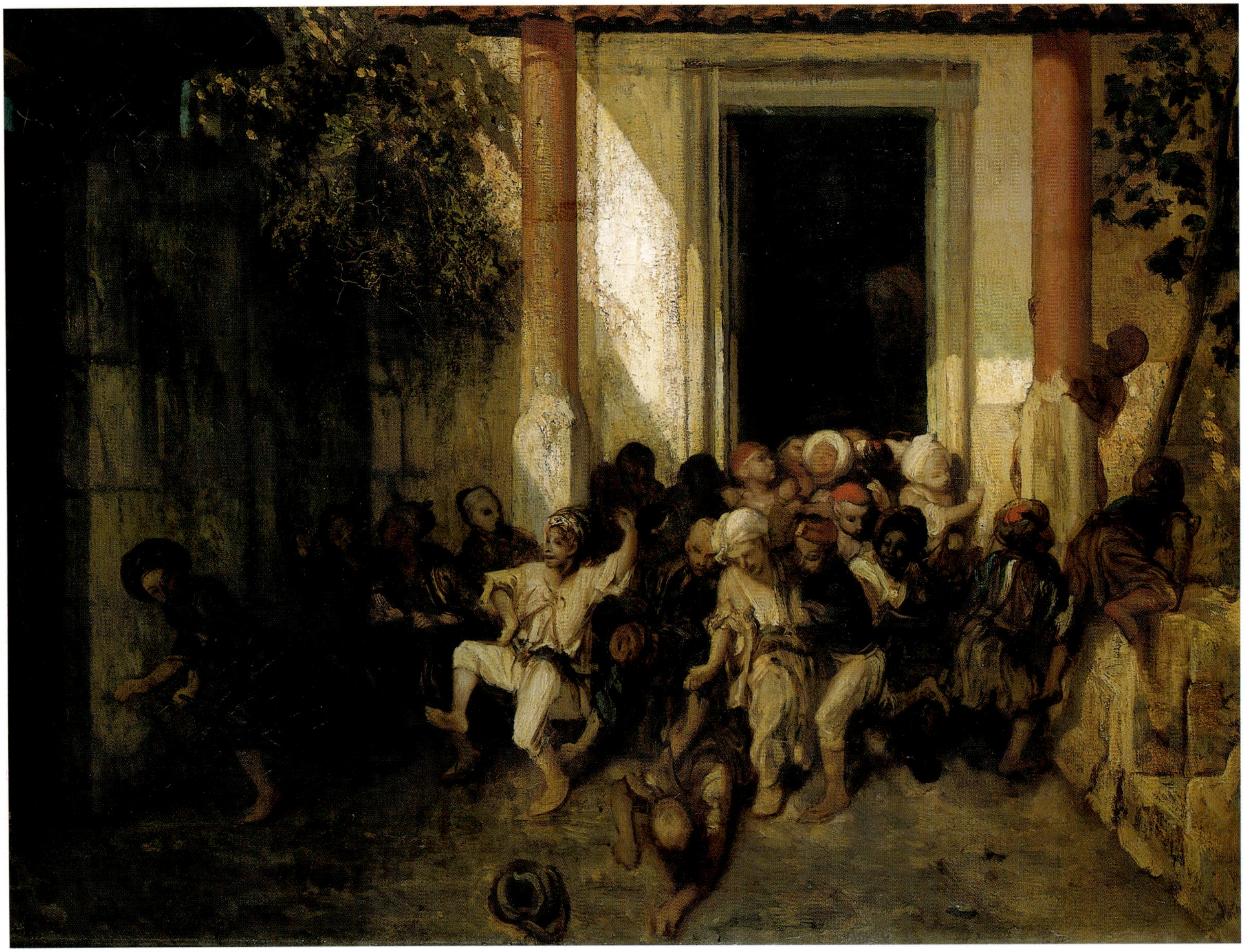

*Alexandre-Gabriel DECAMPS.*
Sortie de l'école turque.
*Huile sur toile, 66 x 89,5 cm.*
*Paris, musée du Louvre.*
*Les spectacles de la vie quotidienne font le succès de Decamps.*
*Il sait être sensible aux atmosphères et aux jeux de lumière*
*qui rappellent parfois la palette de Rembrandt.*

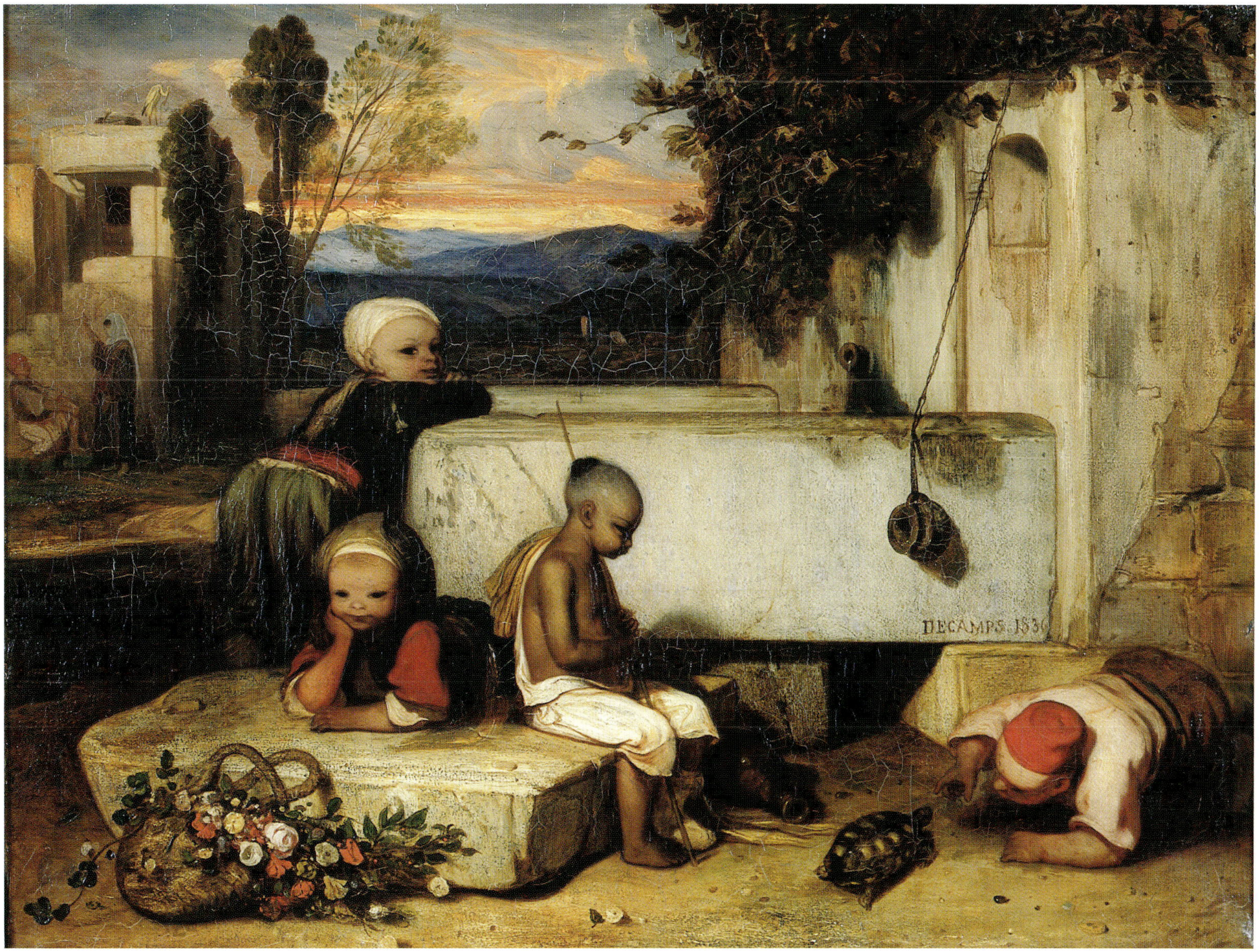


*Alexandre-Gabriel DECAMPS.*
Enfants jouant près d'une fontaine (Turquie d'Asie),
*dit aussi* Enfants turcs jouant avec une tortue, 1836.
*Huile sur toile, 72,5 x 91 cm.*
*Chantilly, musée Condé.*

ser un tableau commémorant la bataille de Navarin, dernier combat de l'ère de la voile. L'idée était étrange : Decamps devait dessiner les personnages et Garneray les vaisseaux. Il fut impossible de s'entendre, et finalement Decamps partit pour l'Asie Mineure, laissant à celui qui s'était chargé des vaisseaux le soin de peindre aussi les personnages.

Decamps se serait rendu à Smyrne où il demeura une partie de l'année 1828. C'est en conséquence un Orientalisme urbain que son œuvre évoque, comme celui de ses contemporains qui, en Turquie comme en Algérie, ne s'écartent guère des villes. L'œuvre de Decamps se distingue pourtant d'un reportage topographique : d'autres auraient davantage exploité les motifs tout prêts, tel le « pont des caravanes », décrit par tant de voyageurs qui contemplèrent l'animation alentour à l'ombre des platanes en sirotant le mastic. Mais si l'on identifie à l'arrière-plan de ses scènes le décor d'une rue ou d'une boutique, c'est un espace abstrait et peu caractérisé qu'il reconstitue sur sa toile, sensible à l'atmosphère et aux jeux de la lumière plus qu'au petit détail vrai[24].

Fromentin, qui a consacré aux peintures orientalistes de Decamps une fine analyse dans *Une année au Sahel* (1859), notait notamment : « Dans l'Orient, il a vu l'effet : l'opposition nette, aiguë, tranchante des ombres et de la lumière. Ne pouvant pas atteindre directement le soleil, qui brûle toutes les mains qui le cherchent, il a pris un détour fort spirituel, et, dans l'impossibilité d'exprimer beaucoup de soleil avec peu d'ombres, il a pensé qu'avec beaucoup d'ombres il parviendrait à produire un peu de soleil, et il a réussi. Cette abstraction de l'effet, ce thème invariable des oppositions vives, il les a poursuivis partout, dans tous les sujets de figure ou de paysage, violemment, obstinément, et avec un succès qui a légitimé ses audaces. Il a beaucoup imaginé, beaucoup rêvé, mais à distance, à travers des partis pris d'esprit, de méthode et de pratique [...] il a, comme tous les visionnaires, l'esprit rempli de métamorphoses. Il invente plus encore qu'il ne se souvient. Il a gardé de ses séjours en Orient je ne sais quel amour des angles droits, des horizons rectilignes, des intersections brusques, dont il a composé pour ainsi dire la formule et la géométrie de son art. Chaque chose qu'il a produit se reconnaît à ce double caractère : l'intensité de l'effet, la combinaison méthodique des formes [...][25]. » Fromentin a souligné très justement l'écart qui séparait sa vision de l'Orient de celle de Delacroix, attiré avant tout par les spectacles humains.

Avec Decamps, la scène de genre connaît un succès inédit. Dès le Salon de 1831, où il expose sept tableaux et affirme sa maîtrise avec *La Patrouille turque*, et plus encore ceux de 1833 et 1834 (*Les Cavaliers turcs à l'abreuvoir* ; *Un corps de garde sur la route de Smyrne*), cet artiste impose la double nouveauté de ses sujets et de sa manière. Certes, comme nous avons eu l'occasion de le rappeler, Callande de Champmartin l'a précédé en Turquie avec ses aquarelles, mais Decamps sait accentuer le charme des petites scènes urbaines. Sa peinture orientaliste est traitée avec l'humour d'un ancien caricaturiste, associé à une admiration pour Rembrandt dont il emprunte les

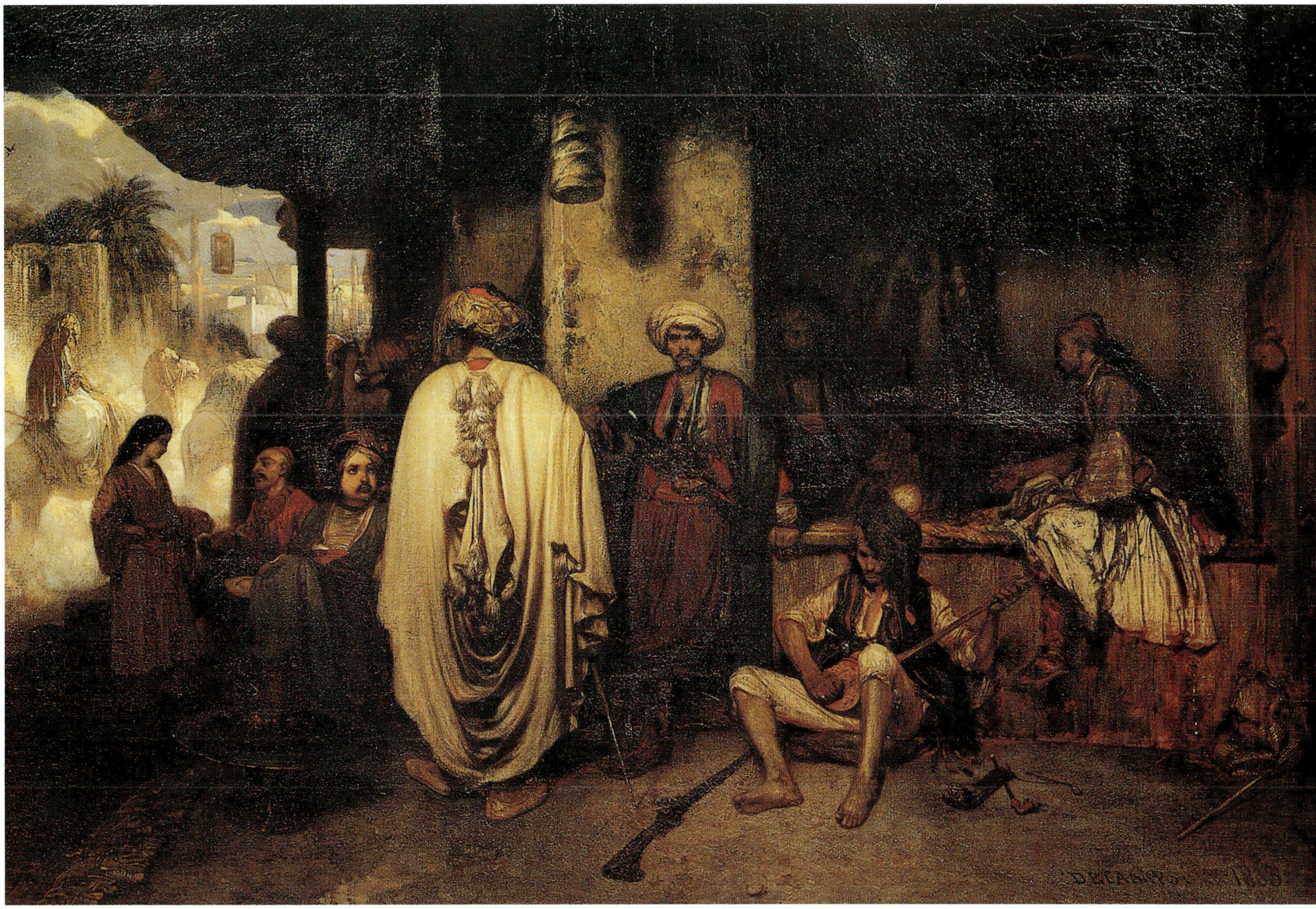

*Alexandre-Gabriel DECAMPS.*
Un Corps de garde turc
sur la route de Smyrne à Magnésie.
*Huile sur toile, 91 155 cm.*
*Chantilly, musée Condé.*

clairs-obscurs pour renforcer l'obscurité des boutiques, des ruelles ou des cafés. Les frères Goncourt diront de lui qu'il est « le maître du sentiment pittoresque », qui a « rallumé le soleil de Rembrandt au soleil de l'Orient[26] ». Decamps se plaît ainsi à mettre en valeur les silhouettes et à définir de grandes plages lumineuses qui contrastent brutalement avec les zones d'ombre : enfants jouant près d'une fontaine dans le demi-soleil, marchand d'oranges fumant dans sa boutique, soldats montant la garde dans l'ombre, patrouille enturbannée sillonnant les rues. La tonalité générale est chaude. L'atmosphère pourrait être dramatique si Decamps ne privilégiait la légèreté, choisissant souvent les enfants comme interprètes.

Bien que peu habitué à ce genre dans sa peinture, il peut, le cas échéant, présenter des sujets cruels. C'est le cas de la toile exposée au Salon de 1839, *Le Supplice des crochets*, qui « est peut-être le chef-d'œuvre de Decamps », car, selon Théophile Gautier, « jamais il n'a été plus complet[27] ». Dans cette toile, Decamps accorde l'intérêt essentiel aux figures et à la scène orientale, plus qu'aux objets ou au décor : la foule grouillante, massée au pied des murailles, assiste au supplice des silhouettes qui au loin s'empalent sur des crochets. L'Orient est ici quotidien mais sans vérisme, accentué par l'éclat des couleurs, les contrastes et les empâtements visibles dans de fameux arrière-plans. Il s'agit souvent du détail d'un mur montré « en personne naturelle », « calciné, lézardé, grenu, poreux, suant les micas, rougi par les esquilles de briques, émeraudé par d'humides suintées[28] ».

Si Decamps n'est pas le premier à avoir exposé les souvenirs d'un Orient respiré et vécu, il est assurément, sur la scène française, l'inventeur du genre qui connaîtra la faveur du siècle. Le pittoresque oriental, jusqu'alors limité aux costumes ou aux vues topographiques, impose en effet avec lui le spectacle de son quotidien. Sa popularité fut d'ailleurs immense auprès des artistes et les voyageurs français verront l'Orient par son œil pendant tout le siècle : dès que surgissent un minaret, une fustanelle ou un turban, l'auteur de la *Patrouille turque* est dans les récits convoqué.

La Grèce reste, tout au long des années 1830, la première escale, supposée plus facile, dans le circuit oriental. C'est elle qui, souvent, ouvre les portes de l'Orient. Mais après la victoire des forces alliées sur la flotte turco-égyptienne à Navarin, le 20 octobre 1827, et le pays libéré, l'intérêt pour la Grèce s'effrite peu à peu en France, remplacé par l'attrait des côtes barbaresques. Les artistes préfèrent se rendre en Algérie qui vient d'être conquise en 1830, comme le peintre Adrien Dauzats, ou au Maroc, comme Eugène Delacroix en 1832. Constantinople ou Le Caire deviennent les destinations levantines préférées des peintres.

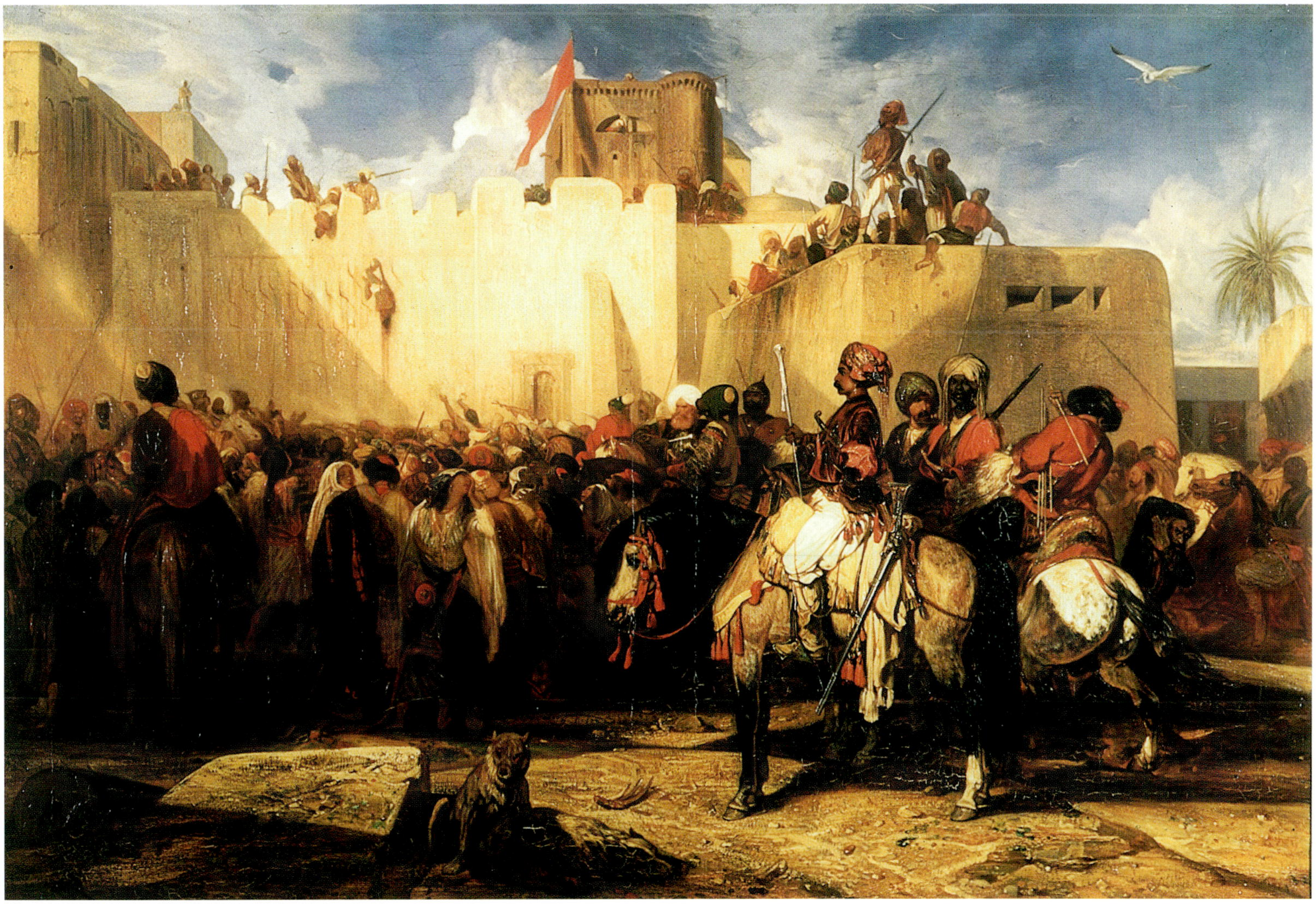

*Alexandre-Gabriel DECAMPS.*
Le Supplice des crochets, 1837.
*Huile sur toile, 91 x 137 cm.*
*Londres, The Wallace Collection.*

# LE VOYAGE DES ARTISTES FRANÇAIS A PARTIR DE 1830

*« Au siècle de Louis XIV, on était helléniste, maintenant on est orientaliste. Il y a un pas de fait. Jamais tant d'intelligences n'ont fouillé à la fois ce grand abîme de l'Asie... Le statu quo européen, déjà vermoulu et lézardé, craque du côté de Constantinople. Tout le continent penche à l'Orient (...) »*

Victor Hugo, *Les Orientales, 1828.*

Dans les années 1830, l'Orientalisme connaît en France, comme dans d'autres pays européens, son plein épanouissement. Les conditions mêmes de l'Orientalisme se trouvent presque totalement changées : le monde musulman, jusqu'alors presque inaccessible, commence à s'ouvrir. La conquête de l'Algérie à partir de 1830, les événements du Maroc, les épisodes de la « Question d'Orient », avivent la curiosité et le désir de partir. Nombreux sont les artistes, mais également les premiers touristes, en partance pour l'Orient. Dans le même temps, le voyage s'organise et devient moins aventureux.

Les peintres français qui voyagent à cette époque partent à la recherche de sensations imprévues ; ils n'ont pas l'idée de s'installer dans le pays et d'y vivre pendant de longs mois. Ils ne cherchent pas non plus à pénétrer l'essence des choses et, si c'est possible, l'âme des hommes. Ils en restent aux impressions superficielles des voyageurs. Ce qui leur importe, c'est de remplir leurs carnets de croquis en prévision du travail d'atelier au retour.

*Charles HORNIG.*
Vue de Sainte-Sophie.
*Huile sur toile.*
*Collection particulière.*
*Dès leur arrivée à Constantinople, les peintres s'empressent d'aller visiter Sainte-Sophie, l'un des rares vestiges de la capitale byzantine, transformée en mosquée après la prise de la ville en 1453.*

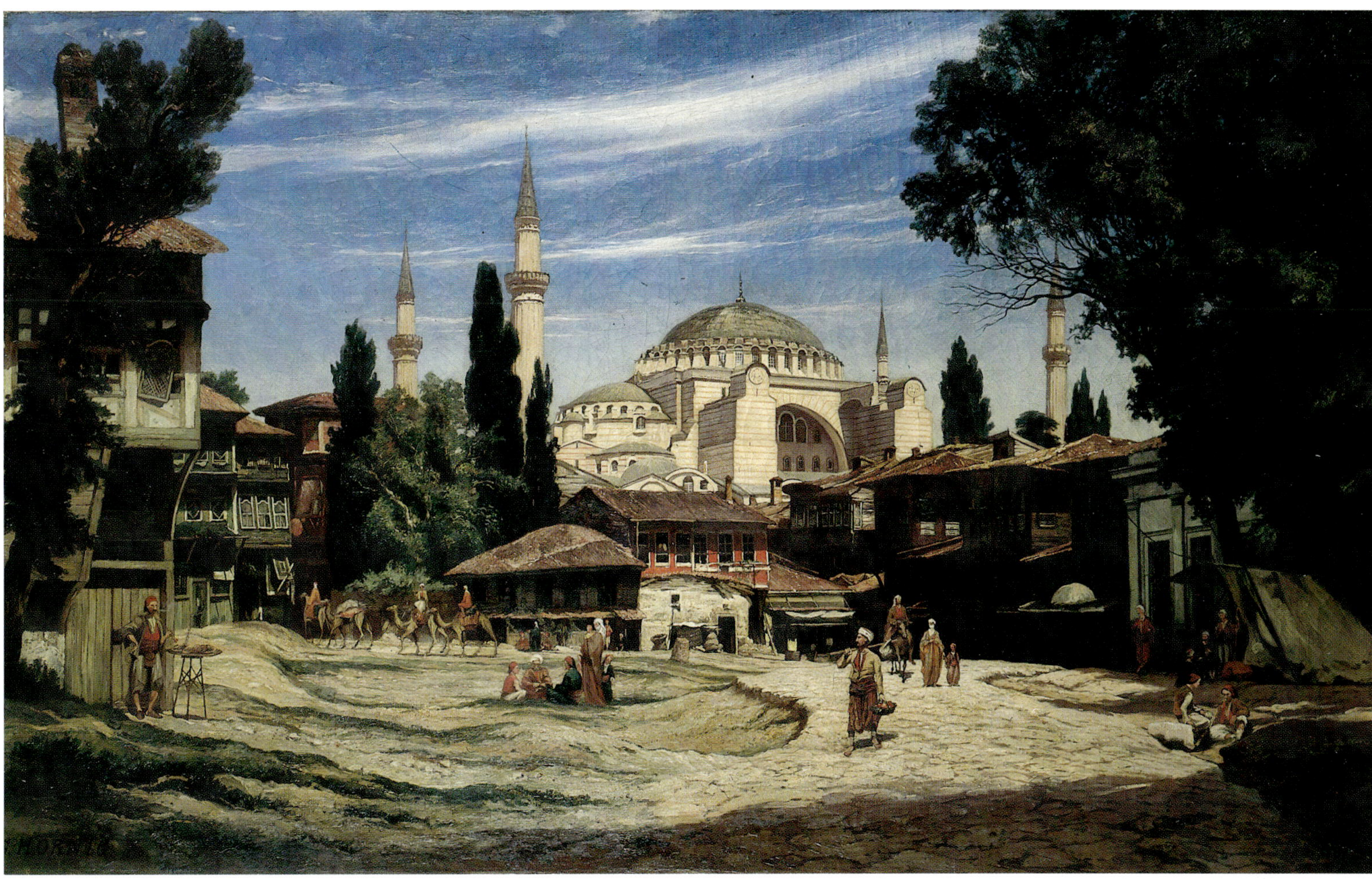

# En route pour l'Orient

Après 1830, de vrais guides touristiques sur Constantinople font leur apparition. Le premier du genre est le compte rendu par Marchebeus de la croisière de 1833 : *Voyage de Paris à Constantinople par bateau à vapeur. Nouvel itinéraire orné d'une carte et de 50 vues et vignettes sur acier*. Ce volume illustré, mais peu maniable, paraît à Paris en 1839. La même année, sort un *Guide du voyageur à Constantinople et dans ses environs,* dû à Frédéric Lacroix. Deux ans plus tard, un levantin, Alexandre Timoni, déjà auteur d'un *Grand guide du voyageur dans l'intérieur de Constantinople et dans ses environs* et des *Nouvelles promenades dans le Bosphore ou méditations bosphoriques*, publie à Istanbul un *Petit guide du voyageur dans l'intérieur de Constantinople*. Par la suite, les ouvrages descriptifs et pratiques, destinés à une clientèle de voyageurs et de touristes de plus en plus nombreuse, se multiplient. En 1854, paraît à Londres l'indispensable *Murray's Guide to Turkey* et, en 1861, pour la première fois dans la collection déjà célèbre des Guides Joanne, ancêtres des Guides Bleus, un guide du Proche-Orient, sous le titre d'*Itinéraire descriptif, historique et archéologique de l'Orient*, qui comprend une importante section sur la capitale ottomane. Le succès remporté par cet ouvrage lui vaut d'être à plusieurs reprises réédité et remanié.

Jusqu'à l'inauguration du chemin de fer dans les années 1880, le bateau reste le moyen privilégié d'accès pour se rendre en Orient. Les liaisons par vapeurs ou steamers, régulières, sont établies entre Naples et Istanbul en 1833, entre Vienne et Istanbul par le Danube en 1836, puis entre Istanbul et les grands ports Beyrouth et Alexandrie, Marseille par les Messageries françaises – dix-huit bateaux-poste en service en 1846 –, Trieste par la Lloyd autrichienne ou Southampton, puis Odessa et Trébizonde sur la mer Noire. Revenu en 1850, vingt ans après son premier voyage, Lamartine observe en rade près de cent cinquante bâtiments à feu battant pavillon autrichien, russe, français, sarde, turc, anglais... Les premières croisières autour de la Méditerranée sont proposées à partir de 1844 par les armateurs Willcox et Anderson de la *Peninsular & Oriental*, comme celle de Thackeray sur le *Lady Mary Wood*. Avec le bateau à vapeur, la vitesse du déplacement et la régularité des lignes réduisent la durée moyenne des séjours. Mais il reste prohibitif : 28 000 francs pour le comte de Forbin, qui vend, pour partir, un château de famille ; 50 000 francs pour Chateaubriand, jusqu'à Lamartine qui dépense 100 000 francs mais prétend s'être remboursé sur les revenus de son livre[29]. Ceci explique que les peintres voyagent le plus souvent avec des expéditions ou manifestations officielles : Jean-Nicolas Huyot avec le comte de Forbin, Auguste Mayer et Adrien Dauzats avec le baron Taylor, Charles Gleyre avec le riche Américain Lowell. Lorsque ces artistes n'ont pas les moyens de se faire payer une mission, ils prennent l'habitude d'offrir leurs services sur place moyennant quelques pièces. Il faut compter environ trois cent francs pour un portrait ou un paysage[30].

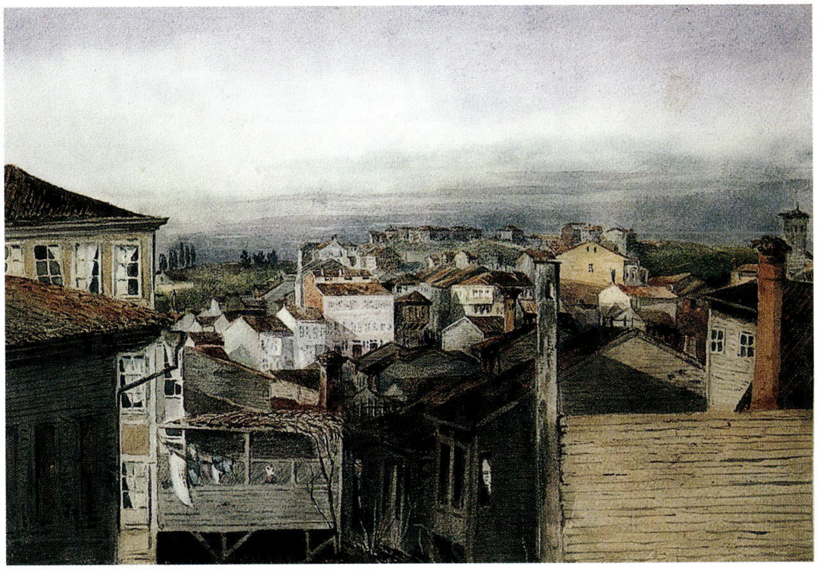

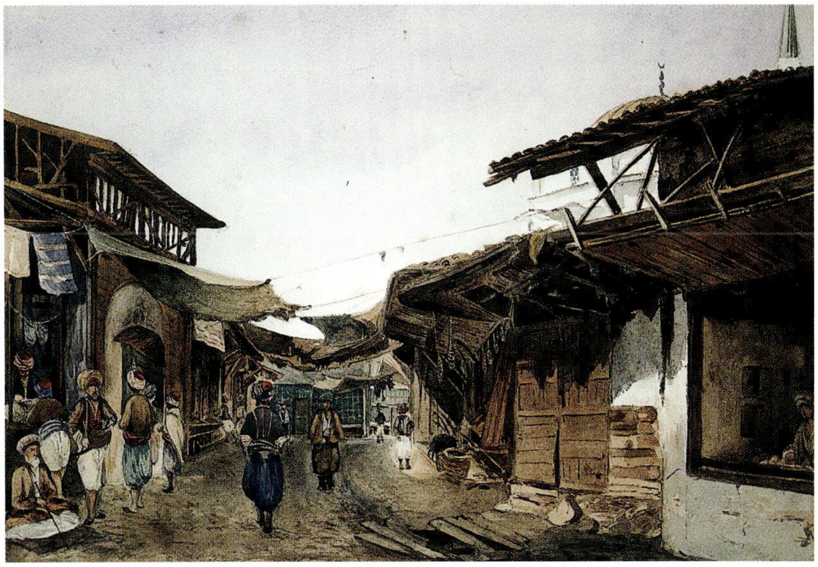

*René GILLOTIN.*
Panorama de Constantinople depuis l'hôpital de Péra.
*Aquarelle, 19,5 x 29 cm.*
*Collection particulière.*

*René GILLOTIN.*
Les Ruelles de Smyrne.
*Aquarelle, 22 x 31 cm.*
*Collection particulière.*

*René GILLOTIN.*
Mosquée d'Urla, environs de Smyrne.
*Aquarelle, 21 x 31 cm.*
*Collection particulière.*

*René GILLOTIN.*
Ville basse de Smyrne.
*Aquarelle, 22 x 31 cm.*
*Collection particulière.*

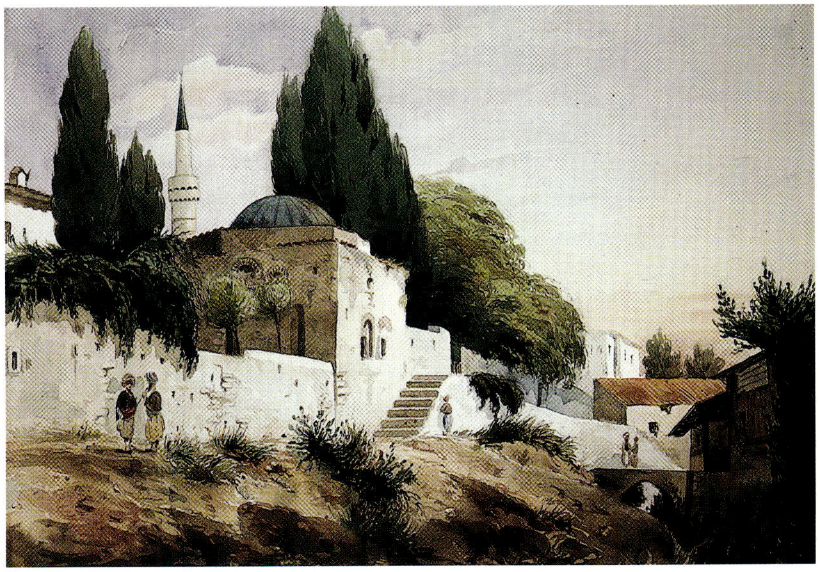

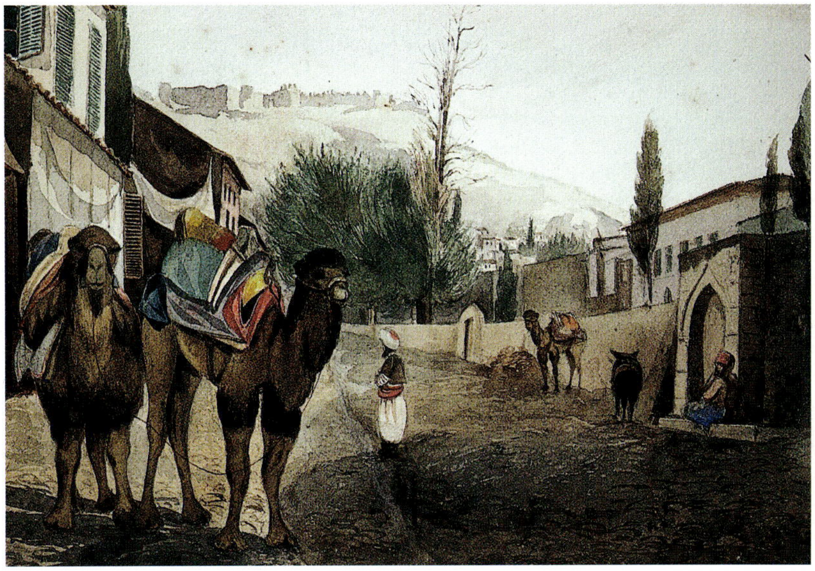

# Immuable Orient

De nombreux artistes français effectuent le voyage en Turquie à partir des années 1830, manifestant un intérêt grandissant pour tout ce qui a trait à l'Orient. Ils sont particulièrement séduits par l'atmosphère exotique des caravansérails, des marchés emplis d'artisans de toutes les nations confinés dans des échoppes étroites, des minarets survolés par des cigognes, les cimetières et leurs cyprès, les costumes traditionnels, etc.

Or, à cette époque, l'Orient n'est déjà plus ce qu'il était. Les réformes introduites par le sultan Mahmud II (1808-1839) commencent à faire leurs effets. L'occidentalisation s'étend progressivement à diverses catégories de la population, à l'imitation de ce que fait le sultan. Celui-ci adopte le costume européen, abandonne son palais de Topkapı sur la pointe du Sérail pour celui de Dolmabahçe (1814), aménagé à l'occidentale (il sera reconstruit en 1853). Mahmud II circule en calèche, apparaît en public et fait des voyages en province. Il apprend le français, organise des réceptions, des fêtes et, avec le concours de Giuseppe Donizetti, frère du célèbre compositeur italien, introduit la musique occidentale à la Cour, avec des concerts, des ballets, des opéras, et dans l'armée avec une musique militaire de type occidental. Suivant cet exemple, le personnel gouvernemental et les notables adoptent le costume européen et le fez. *L'Artiste*, journal d'art, s'émeut vivement de cette réforme : « Il n'y a plus d'Orient pour les peintres. [...] les mœurs, les costumes ont disparu[31]. » Pour l'artiste Pascal Coste, « les réformes de Mahmud ont fait disparaître le luxe proverbial qui était déployé jadis à la cour des sultans. Avec les brillants costumes s'est évanouie cette étiquette de la Porte, qui rehaussait outre mesure le maître de l'Orient. Les turbans ne sont plus portés que par les ulémas. Ces splendides coiffures, qui étaient en harmonie avec l'ampleur majestueuse des vêtements, ont été remplacées par l'ignoble fez, espèce de bonnet rouge qui enlaidit le visage[32] ».

L'habillement évolue trop vite. Le prince de Joinville (1818-1900), fils du roi Louis-Philippe, évoquant en 1894 ses souvenirs de jeunesse lors de son premier séjour à Constantinople (1839), ne peut que se rappeler le spectacle des femmes qu'il ne verra plus, « maintenant que les dames turques ont adopté les modes européennes, la bottine, le jupon et le corset, le corset menteur ![33] »

Mahmud II meurt le 1er juillet 1839, son fils Abdül-Medjid Ier, âgé de dix-huit ans, lui succède. Le 3 novembre suivant, la charte impériale dite de Gülkhane est promulguée. Elle marque un tournant majeur dans l'histoire de l'Empire ottoman. Elle constitue le point de départ d'un vaste programme de réformes qui, en l'espace de quelques décennies, bouleverseront le paysage institutionnel, économique et social du pays. Constantinople voit le nombre des étrangers s'accroître : conseillers, techniciens, diplomates, marchands, etc. 1847 est l'époque ou les frères Fossati sont chargés de restaurer Sainte-Sophie, tandis que Franz Liszt offre un récital au sultan.

Aux yeux de tous, et en particulier des écrivains et des artistes, le pays s'occidentalise trop vite. Dans une lettre à son père, le 19 août 1843, Nerval dénonce ces bouleversements : « Depuis mon arrivée à Constantinople, je me suis senti toujours dans une ville européenne où le Turc est devenu lui-même un étranger[34]. » De son côté, en arrivant à Trébizonde (Trabzon) le 24 août 1847, le peintre Jules Laurens est déçu par le bazar, qui ne recèle « que des marchandises européennes[35] ». Tournemine reconnaît à peine en 1863 le fameux pont des Caravanes, l'un des endroits qui font alors le charme de Smyrne.

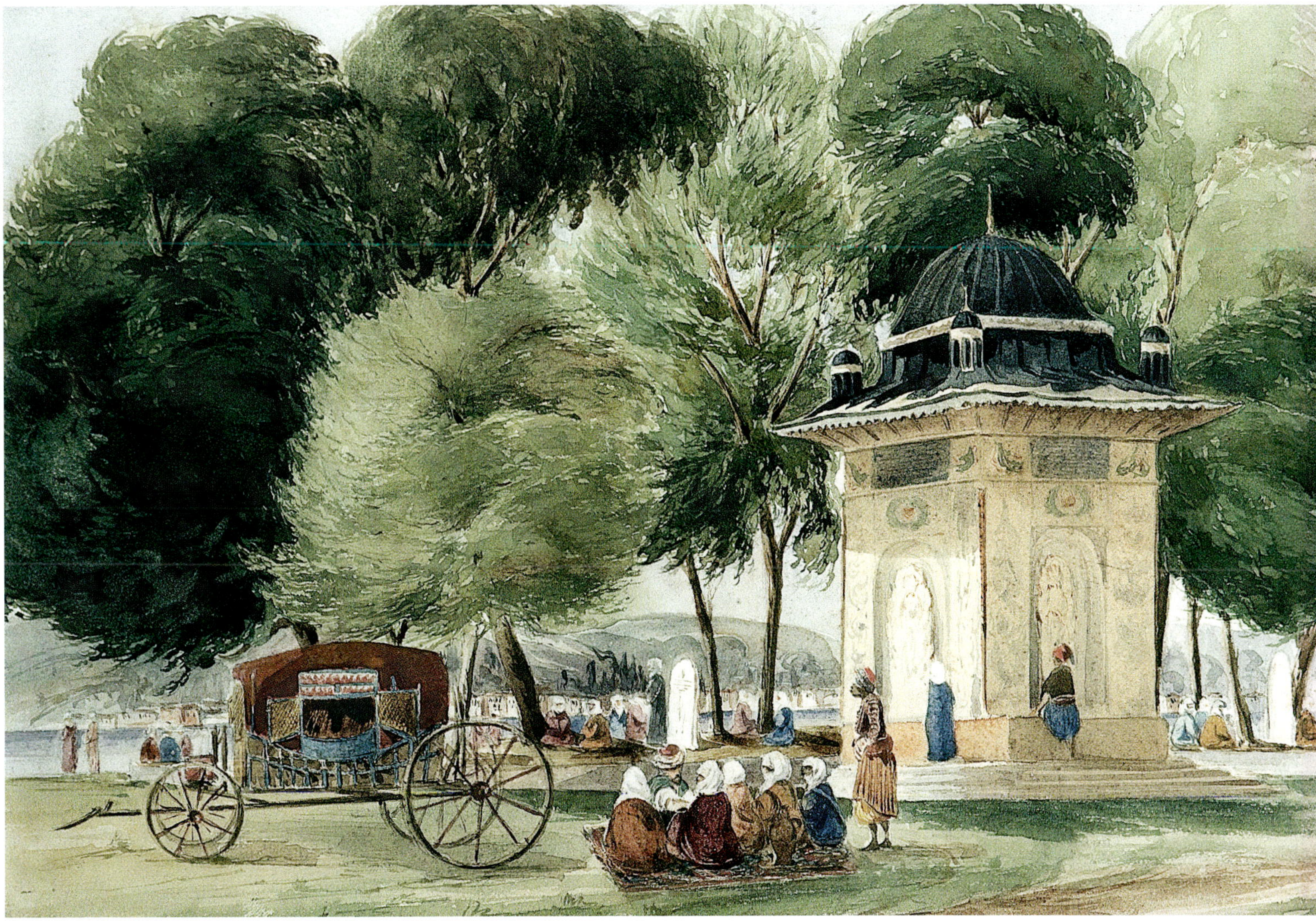

*René GILLOTIN.*
Les Eaux-Douces de Constantinople.
*Aquarelle, 21 x 31 cm.*
*Collection particulière.*

Enjambant la petite rivière du Mélès, il sépare un cimetière d'un café où, sous les platanes, on fume le chibouk et on boit le mastic en contemplant les allées et venues. Or, « un imbécile quelconque s'est plu à [l']orner d'une balustrade » en fer fondu, déplore l'artiste revenu en cette année 1863 sur les traces de sa jeunesse. Les alentours se sont modifiés : « Le charmant pittoresque des maisons turques a fait place à des maisons européennes de plus ou moins mauvais goût[36]. » Il ne faut donc pas perdre de temps...

Les séjours des artistes français sur les rives du Bosphore se multiplient. Tous leurs efforts portent sur la quête d'un monde encore intouché par la civilisation occidentale.

# Présence française en Méditerranée

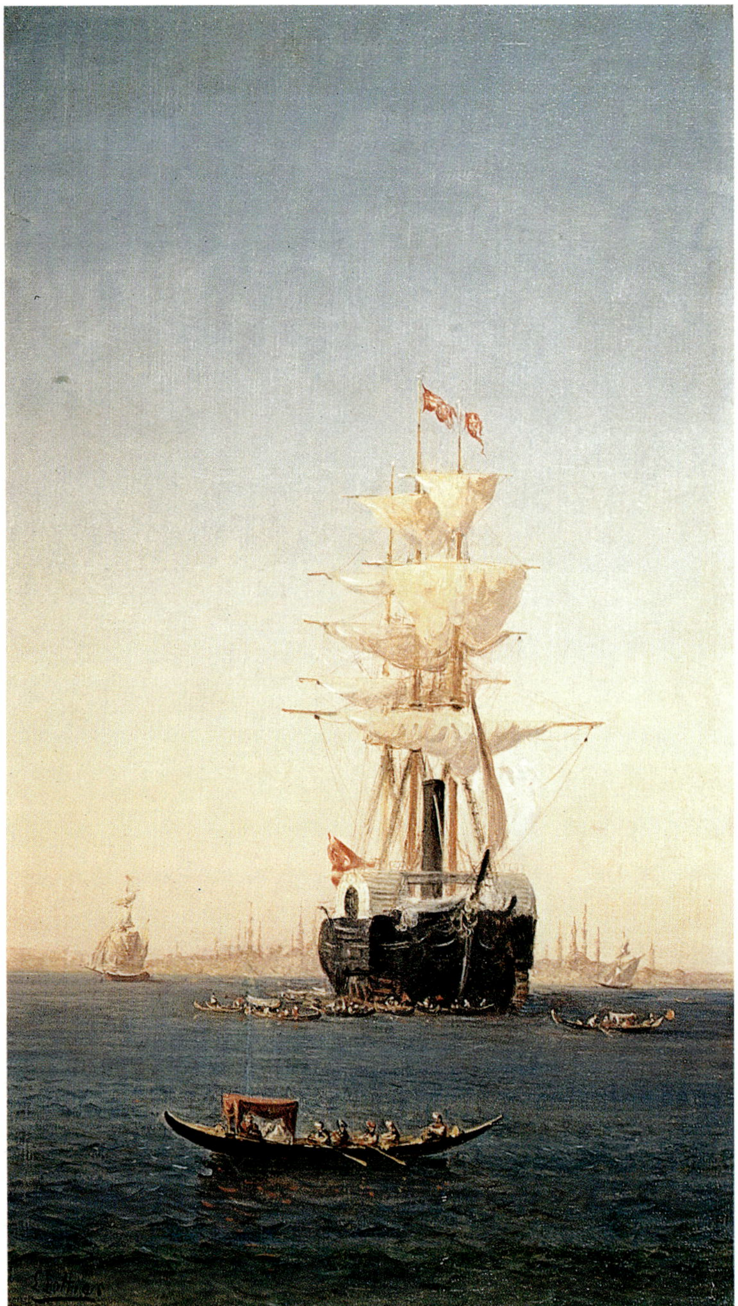

*Louis LOTTIER.*
Bateau à vapeur turc sortant de Constantinople, 1874.
*Huile sur toile, 95,5 x 55,5 cm. Salon de 1874.*
*Le Mans, musée de Tessé.*

Malgré le désir du roi des Français Louis-Philippe et de ses ministres de ne point mécontenter l'Angleterre et de sauvegarder la paix en Europe, la France connaît sous la monarchie de Juillet (1830-1848) une importante activité maritime : prise d'Alger (5 juillet 1830), de Constantine (13 octobre 1837). Elle intervient dans la crise turco-égyptienne qui éclate en 1832 puis en 1839. Pour s'opposer à la politique anglaise dans la région, elle dépêche une escadre française aux Dardanelles. Parmi les frégates présentes figure *La Belle-Poule*, commandée par François Ferdinand Philippe Louis Marie d'Orléans, plus connu sous le nom de prince de Joinville (1818-1900). Doué pour les arts, le fils du roi Louis-Philippe a étudié la peinture avec William Ollow, Théodore Gudin et Ary Scheffer. Il porte toujours sur lui des carnets et, tout au long de ses voyages, il ne cesse de dessiner les paysages qu'il traverse et les scènes auxquelles il assiste.

Lors de son séjour dans la capitale ottomane, un violent incendie, comme il y en a tant à Constantinople, éclate sur la Corne d'Or, à l'arsenal de Kasım Pacha le 9 août 1839. Plus de trois cents habitations sont déjà brûlées et le feu menace les premières maisons du quartier européen de Péra lorsque, aidé par cent cinquante marins, le prince intervient. Il ordonne la destruction de plusieurs demeures pour stopper la progression des flammes. Grâce au vent, grâce aux pompes, et grâce aux marins, le feu est finalement maîtrisé après plusieurs heures de combat. Pour commémorer cet épisode, Théodore Gudin (1802-1880), peintre de la marine royale, réalise plusieurs toiles. L'artiste ne fut toutefois pas directement témoin de l'incendie qui embrasa le

*René GILLOTIN.*
Pont flottant sur la Corne d'Or.
*Aquarelle, 17 x 26,5 cm.*
*Collection particulière.*
*Symbole de modernité, un pont en bois permet de traverser la Corne d'Or à partir de 1836.*

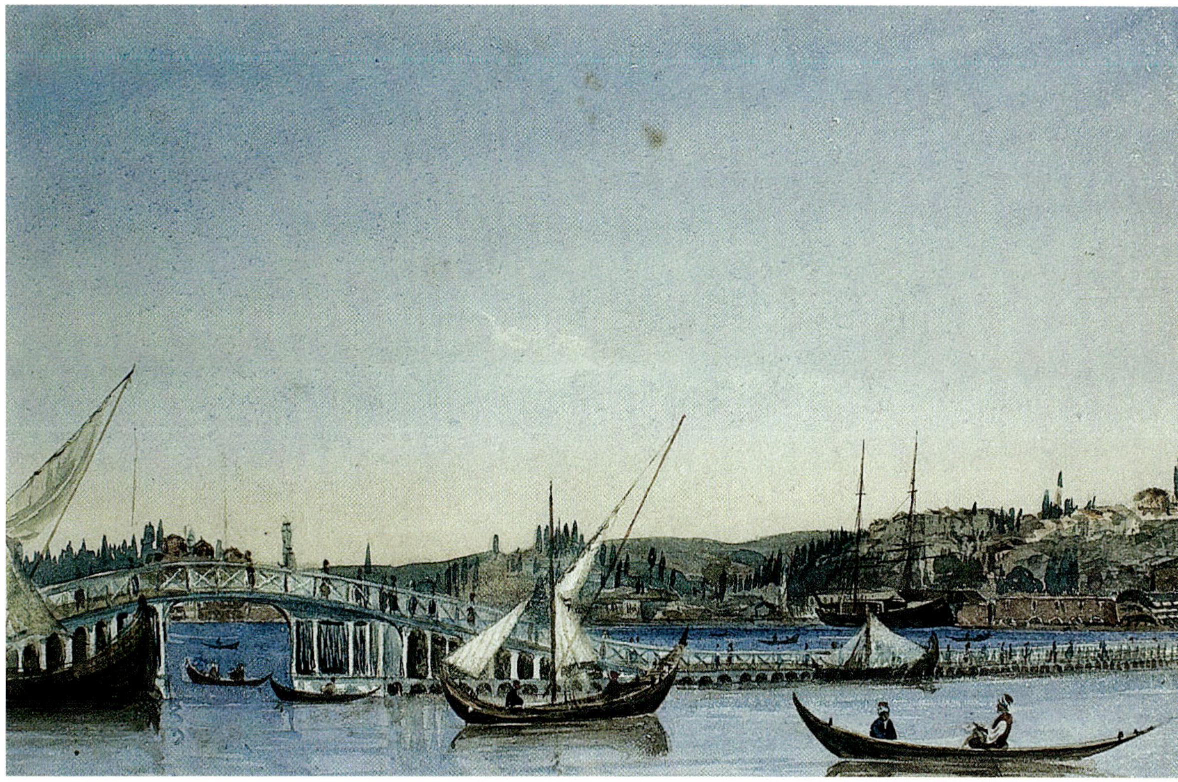

quartier de Péra puisqu'il n'arriva à Constantinople que le 22 novembre, en compagnie de Pascal Coste, Eugène Flandin et deux de ses élèves, Laurent et Julien, mais il s'inspira des croquis réalisés par son élève, le prince de Joinville. En 1844, il présenta au Salon : *Incendie du quartier de Péra à Constantinople, le 9 août 1839* (n° 868).

Parmi les peintres qui séjournent à cette époque à Constantinople, figurent Louis Lottier (1815-1892), alors âgé de vingt-quatre ans[37], qui prend l'habitude d'envoyer régulièrement des vues de Constantinople au Salon à partir de 1841, et Adolphe Couvelet [Couveley] (1802-1867) qui présente, la même année, *Une Halte près de Smyrne* et de nombreuses vues de Constantinople dans les années suivantes.

C'est aussi en août 1839 que René Gillotin (1814-1861), jeune enseigne de vaisseau de vingt-cinq ans, séjourne pour la première fois à Constantinople[38]. Il est affecté au brick *La Flèche*, navire ancré dans le Bosphore pour être le « stationnaire » de l'ambassade de France auprès de la Sublime Porte. Sa mission est de liaison, renseignement et représentation, comme le sera, soixante années plus tard, celle du *Vautour* sous le commandement de Lucien Viaud, alias Pierre Loti.

Gillotin profite de ses douze mois pour visiter la ville, peindre à l'aquarelle les rues, les maisons, les habitants. Ses plaisantes randonnées sont interrompues en mai 1841 à la suite d'une insurrection qui vient d'éclater en Crète. Ce sera l'occasion de faire une escale à Smyrne.

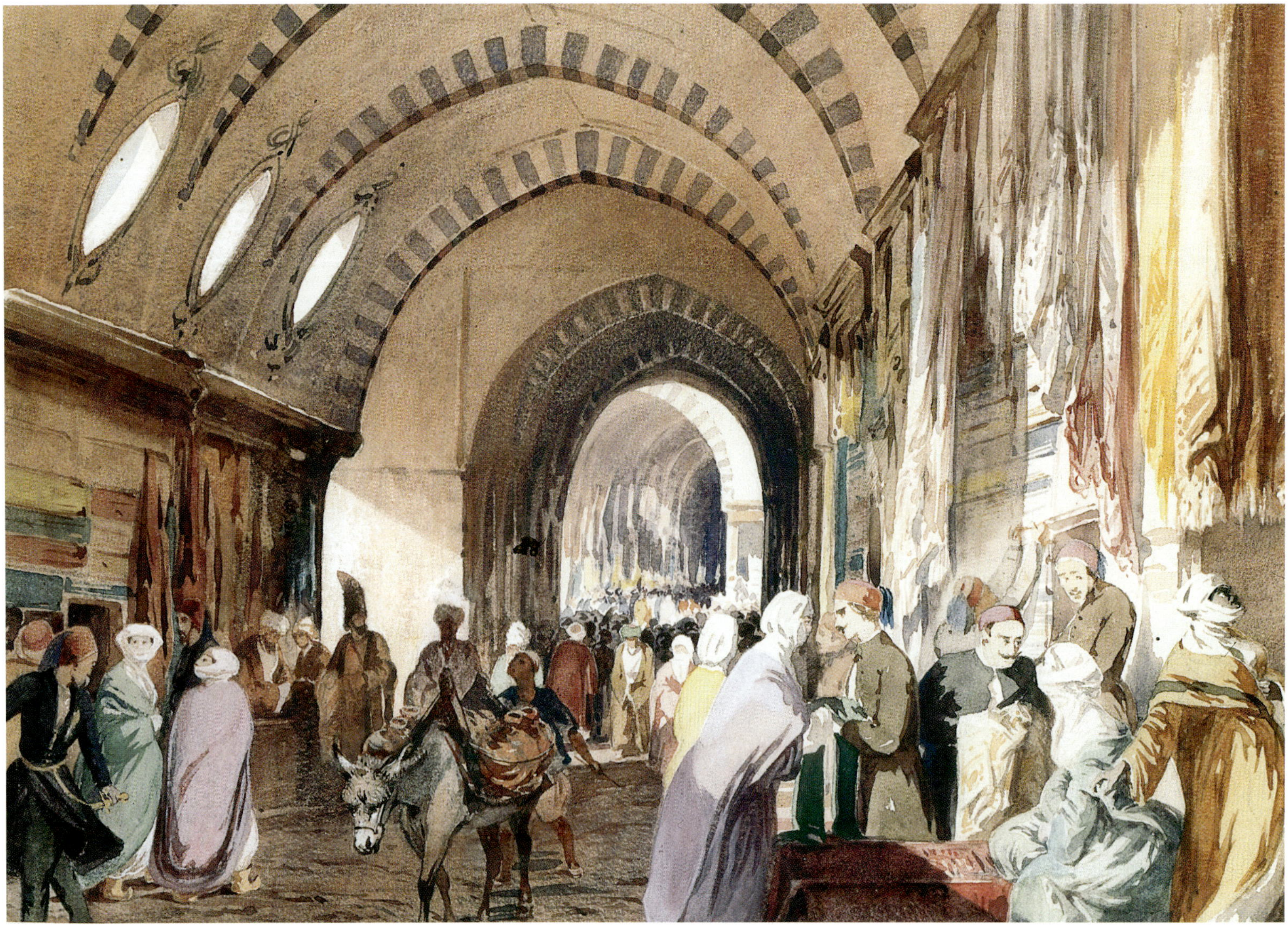

*Prince de JOINVILLE.*
Le Grand Bazar de Constantinople.
*Aquarelle, 16,5 x 23,5 cm.*
*Collection particulière.*
*Le grand bazar de Constantinople est le lieu de visite incontournable des voyageurs occidentaux à partir des années 1830. Dans le même temps le pays se modernise, comme en témoignent les costumes et le port du fez qui remplacent progressivement le cafetan et le turban.*

*Prince de JOINVILLE.*
L'Incendie du quartier de Péra, à Constantinople, le 9 août 1839.
*Aquarelle, 47,5 x 35 cm.*
*Collection particulière.*
*Pour stopper l'incendie qui frappe le quartier de Péra, le 9 août 1839, le prince de Joinville dépêche 150 marins. Certains se hissent sur les toits d'où, à l'aide de lances à eau alimentées par des pompes, ils viennent à bout des flammes.*

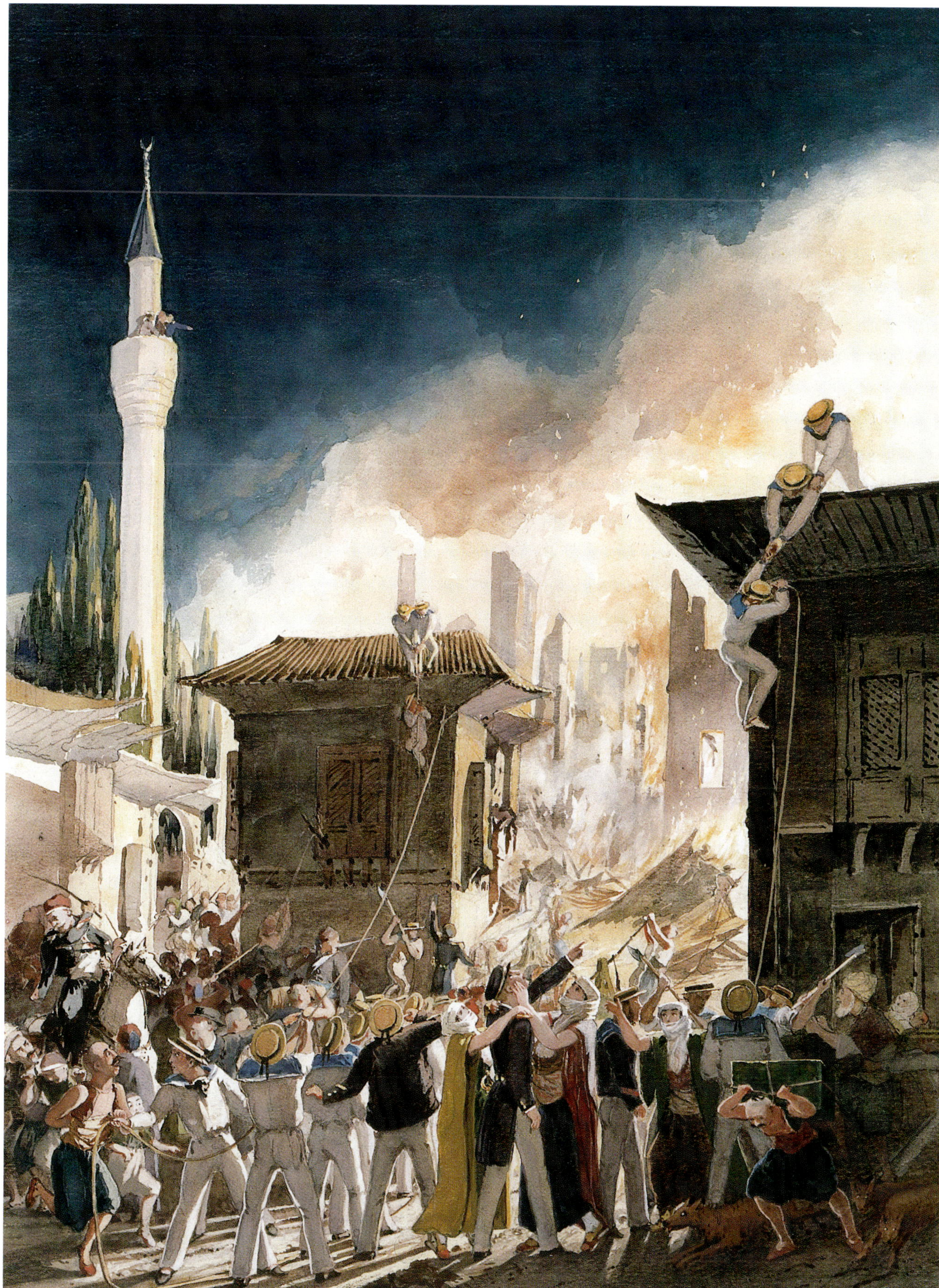

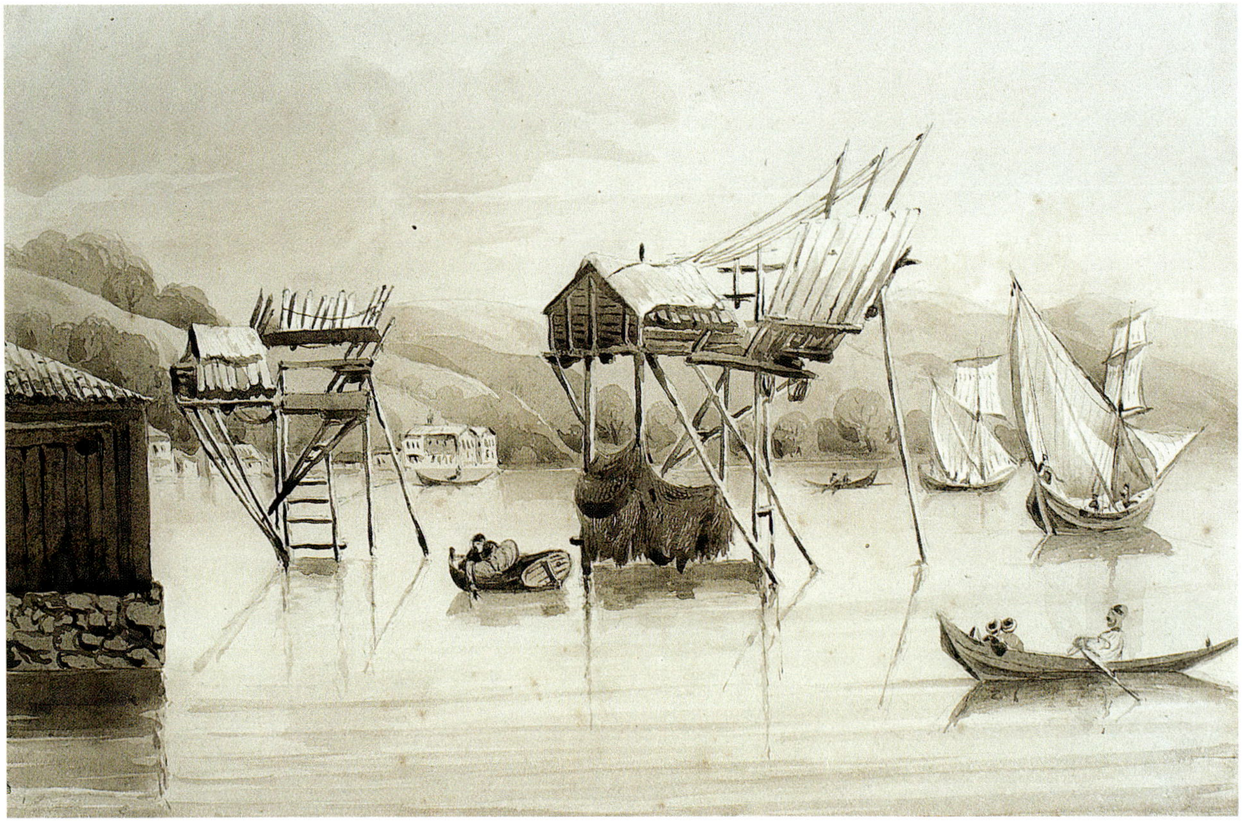

*René GILLOTIN.*
Pêcheries sur le Bosphore.
*Aquarelle, 18 x 27,5 cm.*
*Collection particulière.*

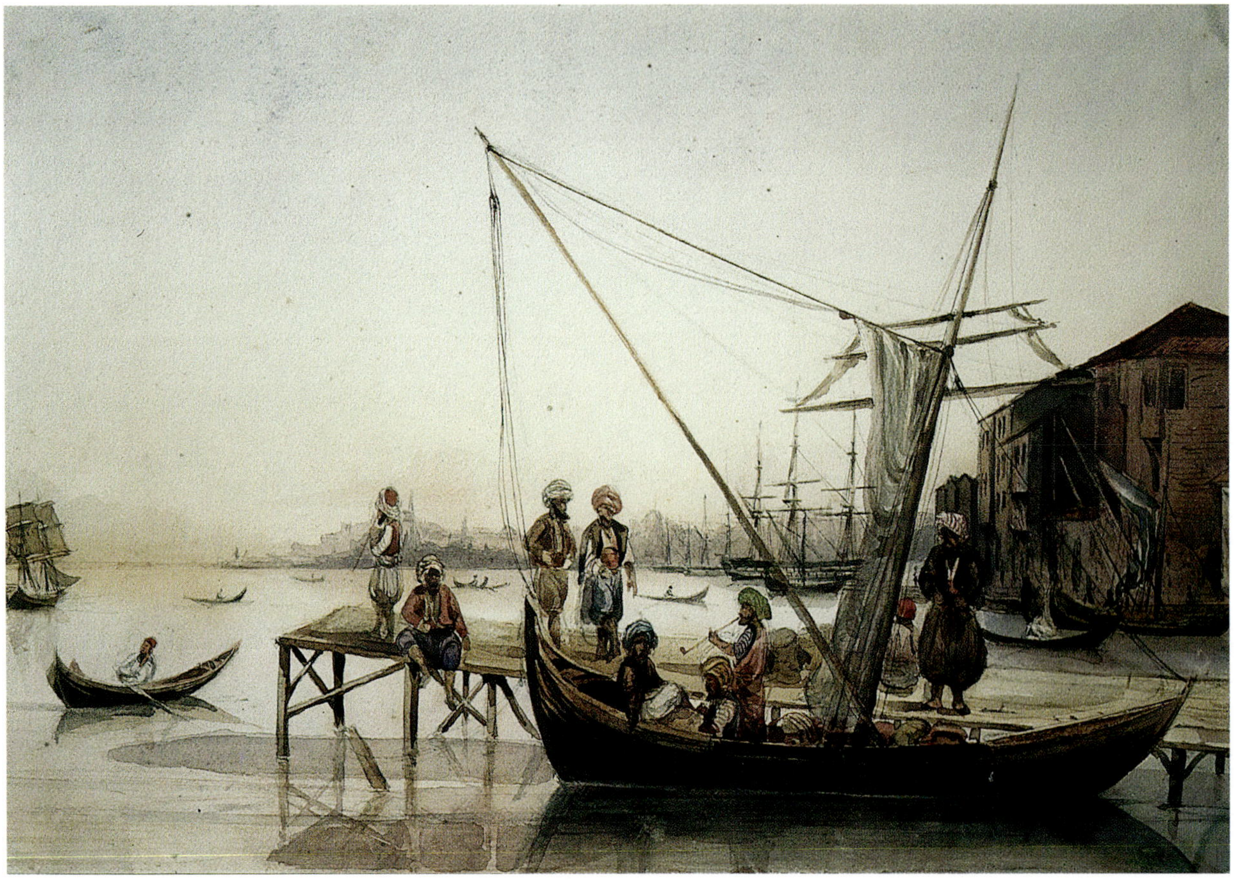

*René GILLOTIN.*
Vue de l'échelle de Bechiktach.
*Aquarelle, 21 x 31 cm.*
*Collection particulière.*

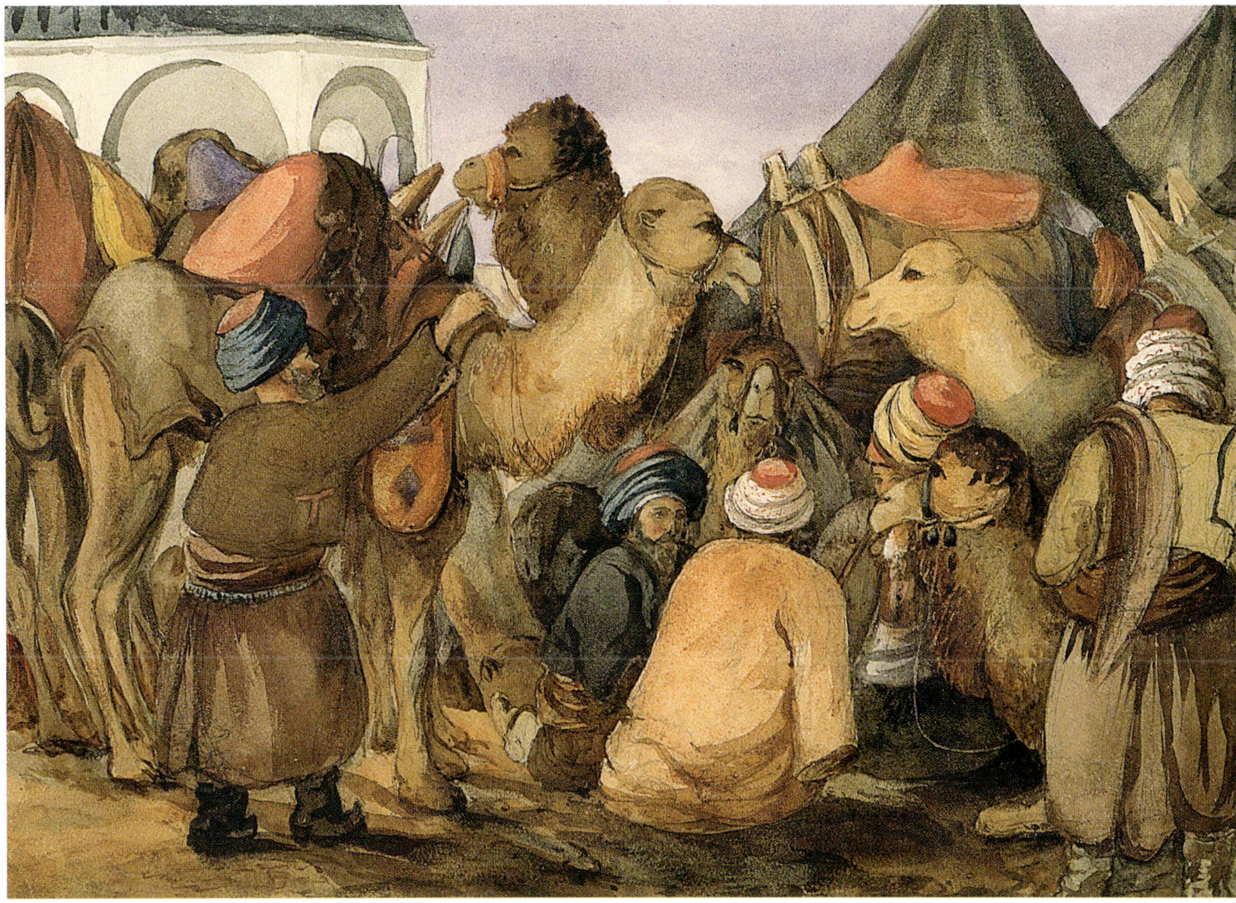

*René* GILLOTIN.
Caravansérail.
*Aquarelle, 20 x 31 cm.*
*Collection particulière.*

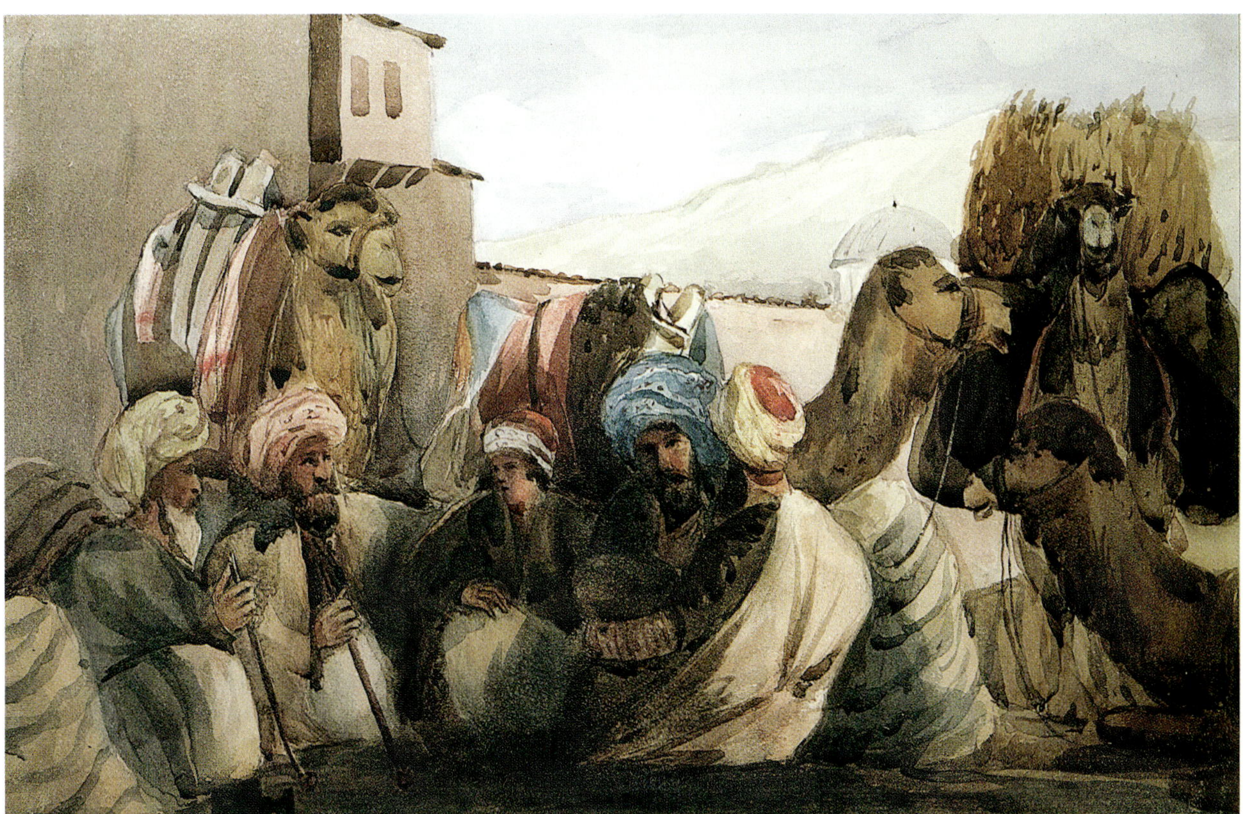

*René* GILLOTIN.
Chameliers de
Smyrne.
*Aquarelle, 21 x 30,5 cm.*
*Collection particulière.*

# Les artistes en touristes

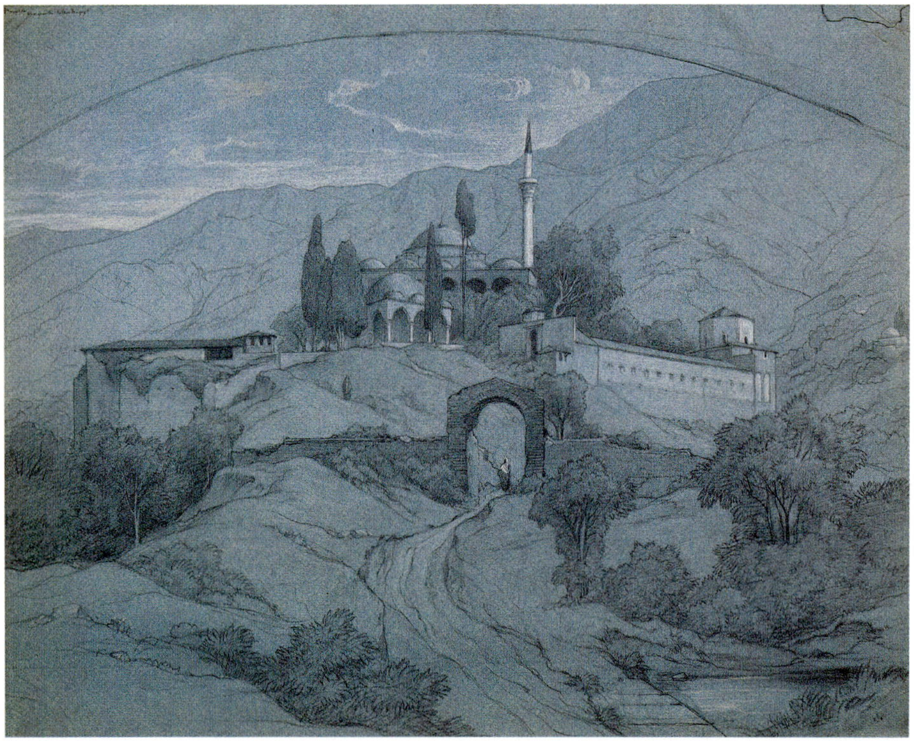

*Édouard BERTIN.*
La Mosquée du sultan Beyazid à Brousse.
*Crayon noir avec rehauts de craie blanche et rose, 47,8 x 61,3 cm.*
*Beauvais, musée départemental de l'Oise.*

Si la plupart des peintres évoqués ci-dessus séjournent dans le cadre de voyages officiels, de plus en plus de peintres-voyageurs se rendent en Turquie à leurs frais. Constantinople ou Smyrne ne sont souvent qu'une courte escale dans leur tournée de la Méditerranée.

Après un bref arrêt à Smyrne et aux Dardanelles, le peintre Henri de Chacaton (1813-1886) effectue un court séjour à Constantinople, du 28 octobre au 19 novembre 1839. Faute d'hôtel, il loge dans une pension de famille tenue par Mlle Roboli. Malheureusement, peu de croquis et de toiles de son séjour subsistent. On sait seulement, d'après le journal de Lady Damers, que lors de la visite de Sainte-Sophie, son dessin « fut continuellement interrompu par les injures que lui lançaient de vieilles femmes turques[39] ». En 1842, c'est au tour d'Étienne Raffort (1802-1880) de faire une étape dans la capitale ottomane sur la route de Jérusalem. Mais frappé par le choléra, il rentre plus tôt que prévu en France. Sa quête a été cependant fructueuse puisque, à partir de 1846, il expose régulièrement des scènes de Constantinople : *Place de la fontaine de Top-Hana à Constantinople* (1846), *Vue du port de Constantinople prise de la Corne d'Or* (1849) ; trois toiles en 1850 : *Mosquée et fontaine de Buyuck-Djammi à Scutari, Asie Mineure ; Vue de la fontaine du sérail à Constantinople* et *Murailles de Constantinople et mosquée du sultan Achmet ; vue prise de la mer de Marmara* ; deux en 1857 : *Fontaine d'Eyoub, à Constantinople (Eaux-Douces d'Europe)* et *Mosquée de Mahmoud II à Tophana, Constantinople.*

Parmi les nombreux artistes français qui séjournent en Turquie dans les années 1840, signalons encore : Michel Bouquet (1807-1890), Hugues Foureau (1803-1873), Édouard Bertin (1797-1871), qui nous laisse de très beaux dessins d'une course effectuée à

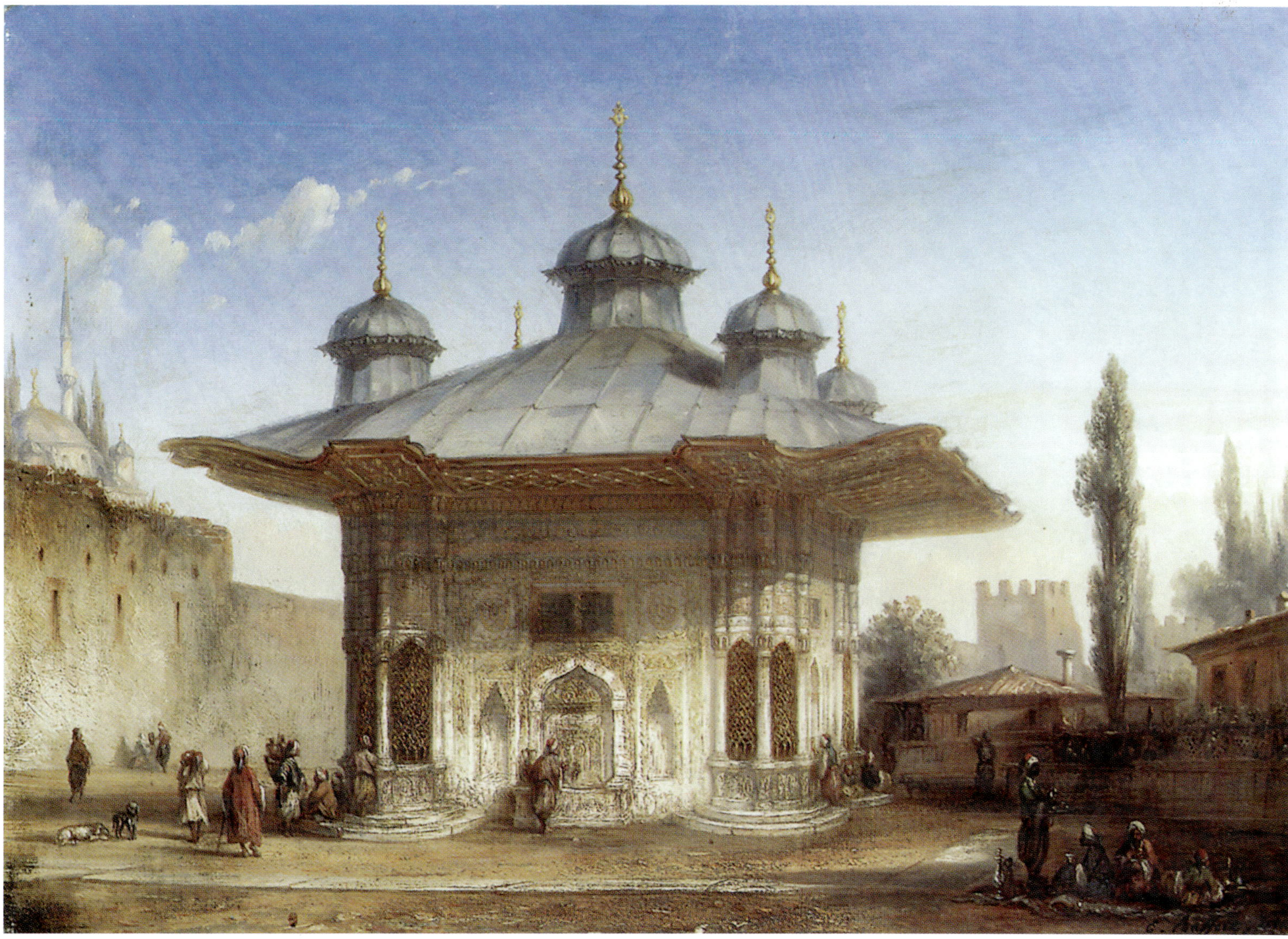

*Étienne RAFFORT.*
La Fontaine du sultan Ahmed III à l'entrée du
palais de Topkapı, Constantinople.
*Huile sur toile, 1850, 33 x 46,4 cm.*
*Collection particulière.*
*Construite en 1729, la fontaine du sultan Ahmed III est*
*la première fontaine monumentale édifiée à Constantinople.*
*Le flamboiement lumineux de la couleur d'Étienne Raffort*
*semble avoir influencé un autre artiste dijonnais, Félix Ziem.*

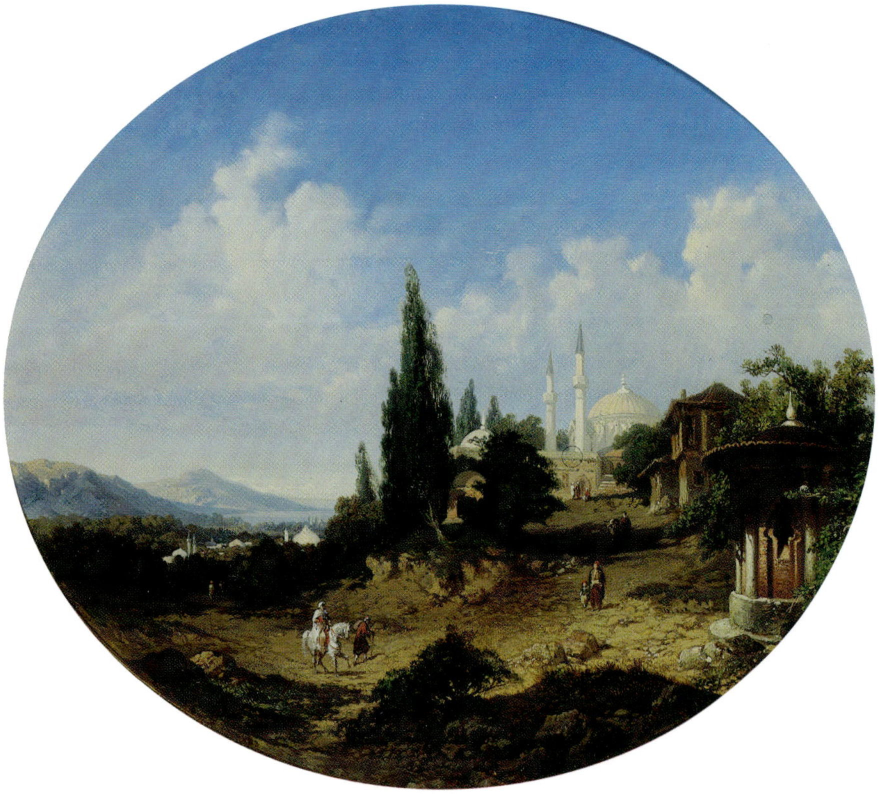

*Théophile LEMMENS.*
Vue de Constantinople, 1850.
*Huile sur panneau de forme ovale, 27 x 33 cm.*
*Knokke-le-Zoute, Berko Fine Paintings.*

Brousse (Bursa) en 1844 ; Adalbert de Beaumont, Charles Doussault qui, après avoir effectué le portrait du sultan Abdül-Medjid à la fin de l'année 1845, visite Brousse et Trébizonde. On note aussi la présence de Jules Coignet (1798-1860) et de Théophile Lemmens (1821-1867).

Au début des années 1850, on relèvera le court séjour à Constantinople de peintres néo-coloristes comme Narcisse Berchère (1819-1891), qui se rend en Égypte, ou Théodore Frère (1814-1888) qui, en 1851, s'installa dix-huit mois dans la capitale ottomane, réalisant de nombreuses vues du Bosphore. Certains critiques se plaignent du prisme utilisé par cet artiste pour regarder l'Orient : « M. Théodore Frère nous envoie invariablement des vues d'Orient roses, amarantes, oranges, violettes, revêtues, en un mot, des teintes les plus vives, les plus éblouissantes, les plus radieuses, qu'il soit possible d'imaginer[40]. »

En juin 1852, c'est au tour d'Alfred de Curzon (1820-1895) de se rendre à Constantinople en compagnie de l'architecte Charles Garnier (1825-1898) et de l'écrivain Théophile Gautier. Il repart au bout de huit jours, ne rapportant que très peu de choses. Tout laisse à penser que ses carnets de voyage dans lesquels l'artiste consignait ses notes ont été perdus. Quant à Gautier, qui séjourne soixante-douze jours, « c'est peu, écrira-t-il, pour étudier le caractère et les mœurs d'un peuple, mais c'est assez pour saisir la physionomie pittoresque d'une ville, et tel était le but unique de mon voyage[41] ». Commentant ses propres textes de nombreux dessins, Pharamond Blanchard (1805-1873) publie en 1855 *Itinéraire de Paris à Constantinople*.

On le voit, la liste des œuvres abouties inspirées aux Français par leur voyage de Turquie est bien étoffée, du

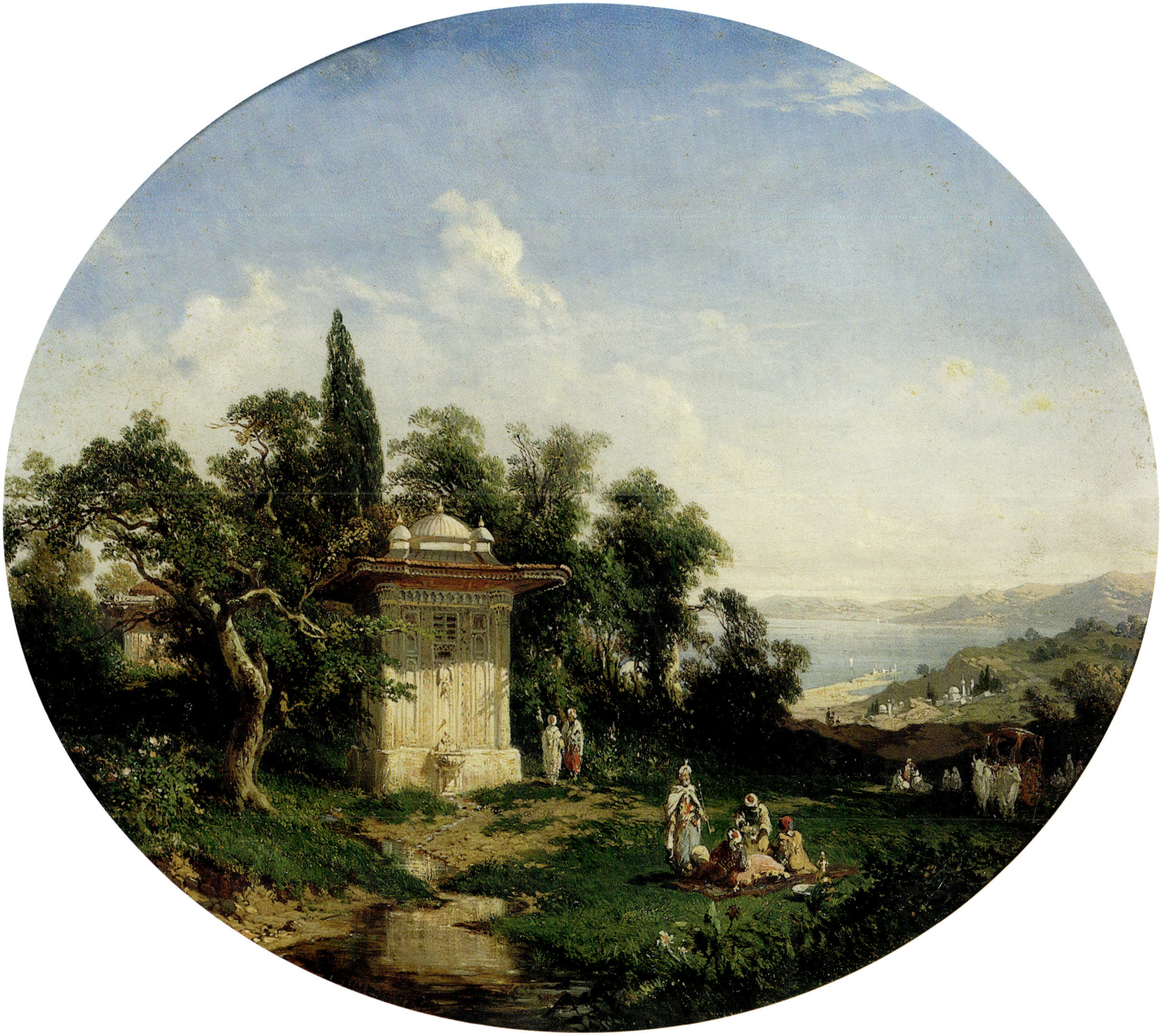

*Théophile LEMMENS.*
Une Fontaine à Constantinople, 1850.
*Huile sur panneau de forme ovale, 32,5 x 27 cm.*
*Knokke-le-Zoute, Berko Fine Paintings.*

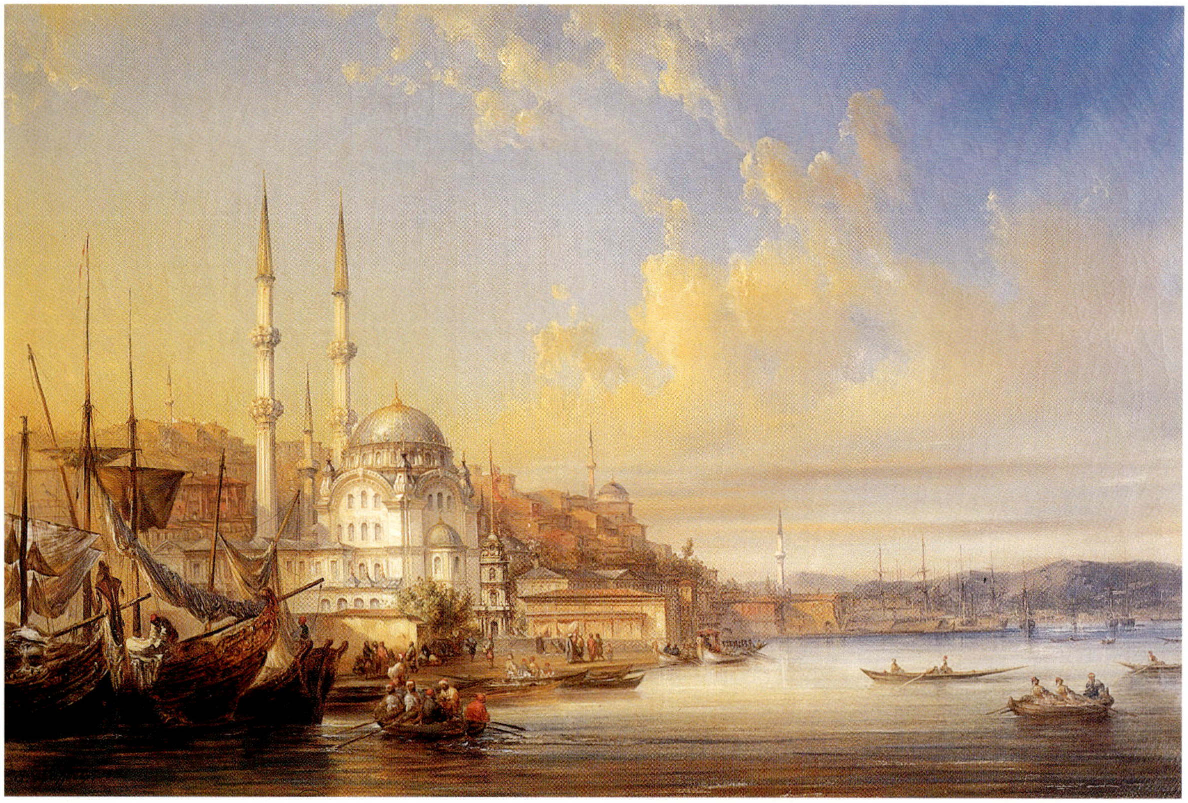

Ci-contre et page de droite :
*Étienne RAFFORT.*
Mosquée de Mahmud II à Tophane, Constantinople.
*Huile sur toile, 98 x 151 cm.*
*Salon de 1857.*
*Chalon-sur-Saône, musée Denon.*
*De retour en France, Raffort utilise ses croquis pour réaliser de très belles toiles de Constantinople.*

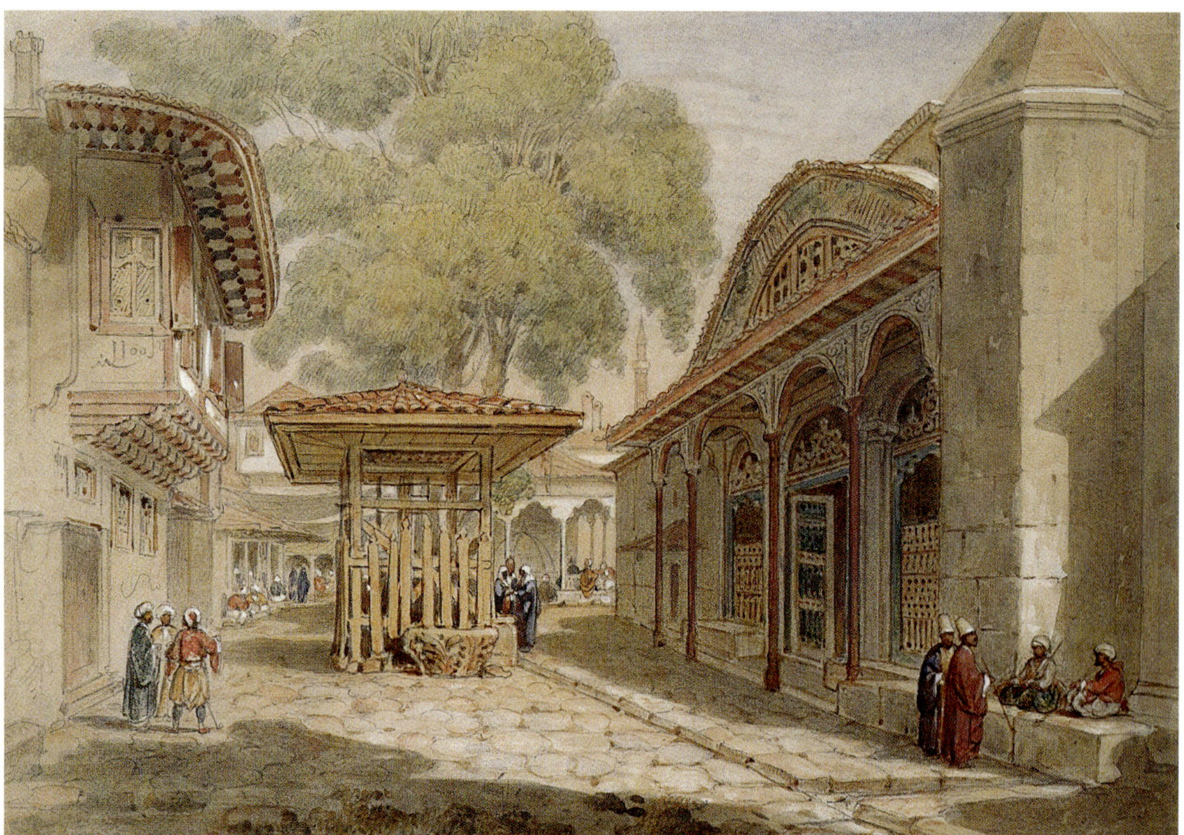

*Charles DOUSSAULT.*
Mosquée d'Orta Hissar à Trébizonde.
*Mine de plomb, aquarelle, papier beige, 17,8 x 25,7 cm.*
*Rennes, musée des Beaux-Arts.*
*A partir des années 1830, la mise en place de liaisons maritimes permet la découverte de nouvelles régions. Trébizonde devient l'une des destinations privilégiées en mer Noire.*

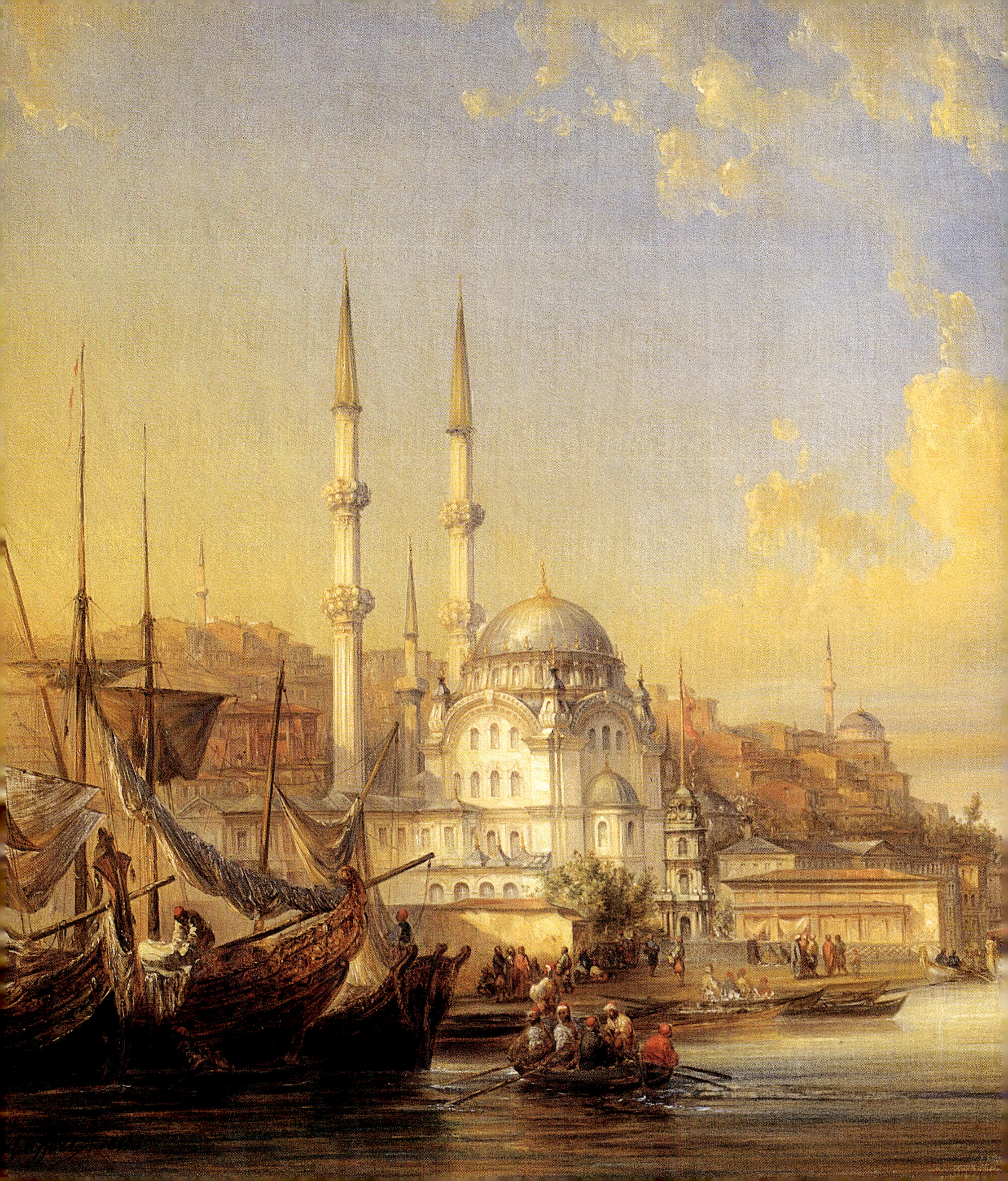

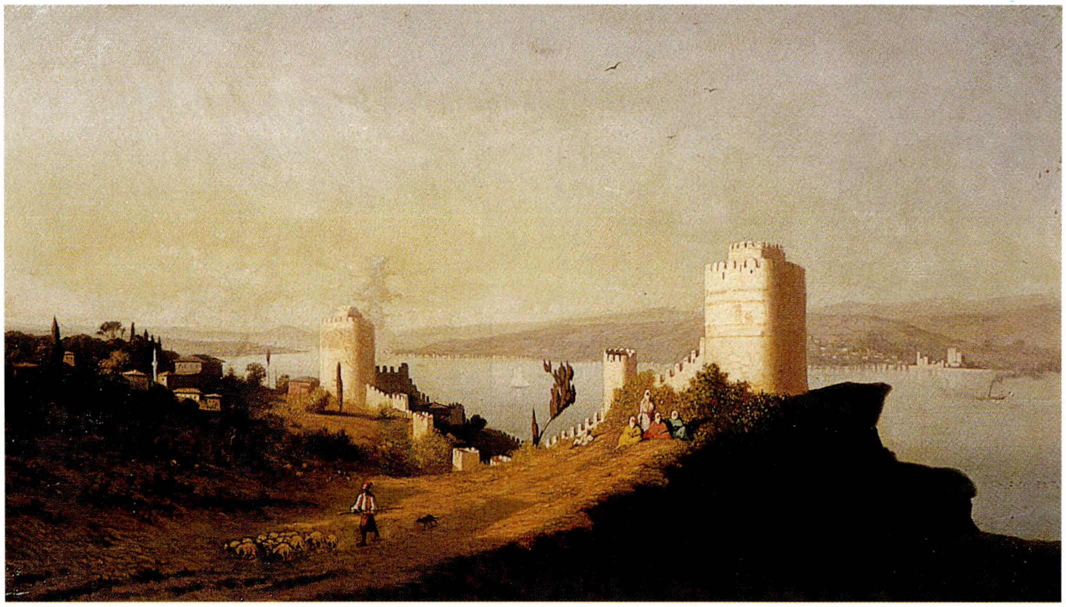

moins dans le genre du souvenir pittoresque. Elle reste cependant assez pauvre sur le plan de la variété des sujets, comparée à l'étonnante floraison des tableaux inspirés par les autres pays d'Orient.

L'Orient des peintres de la première moitié du XIXe siècle reste très pittoresque et plein de références occidentales. Ils peignent quasiment tous les mêmes scènes : les impressions de bazar, l'animation grouillante du port, les femmes voilées, les vieilles maisons en bois, les sites « touristiques » comme les mosquées. D'autre part, on remarque que ces peintres n'ont, à l'exception des communautés grecques et arméniennes, aucun contact avec les populations musulmanes, dont ils ne connaissent pas la langue et ne s'intéressent pas aux mœurs. Les paysages, les habitants font ainsi l'objet d'une relecture au gré de leurs références culturelles, puisées le plus souvent dans les œuvres de ce siècle. Arrivant à Constantinople en juillet 1846, le peintre Jules Laurens évoque par exemple Chateaubriand et Lamartine et, le soir, il lit « un volume de Hugo pour (se) parfumer l'âme avant de s'endormir[42] ». Comme tous les peintres de son époque, il retrouve le souvenir du peintre Alexandre Decamps : « Je me vis bientôt entouré d'une fourmilière de ces petits démons, dont Decamps a fait sa *Sortie de l'école turque*[43]. » L'Orient des peintres est ainsi bien loin des réalités.

*Théodore FRÈRE.*
Vue du château de Roumélie Hissari sur le Bosphore, 1852.
*Huile sur panneau, 21 x 37 cm.*
*Collection particulière.*

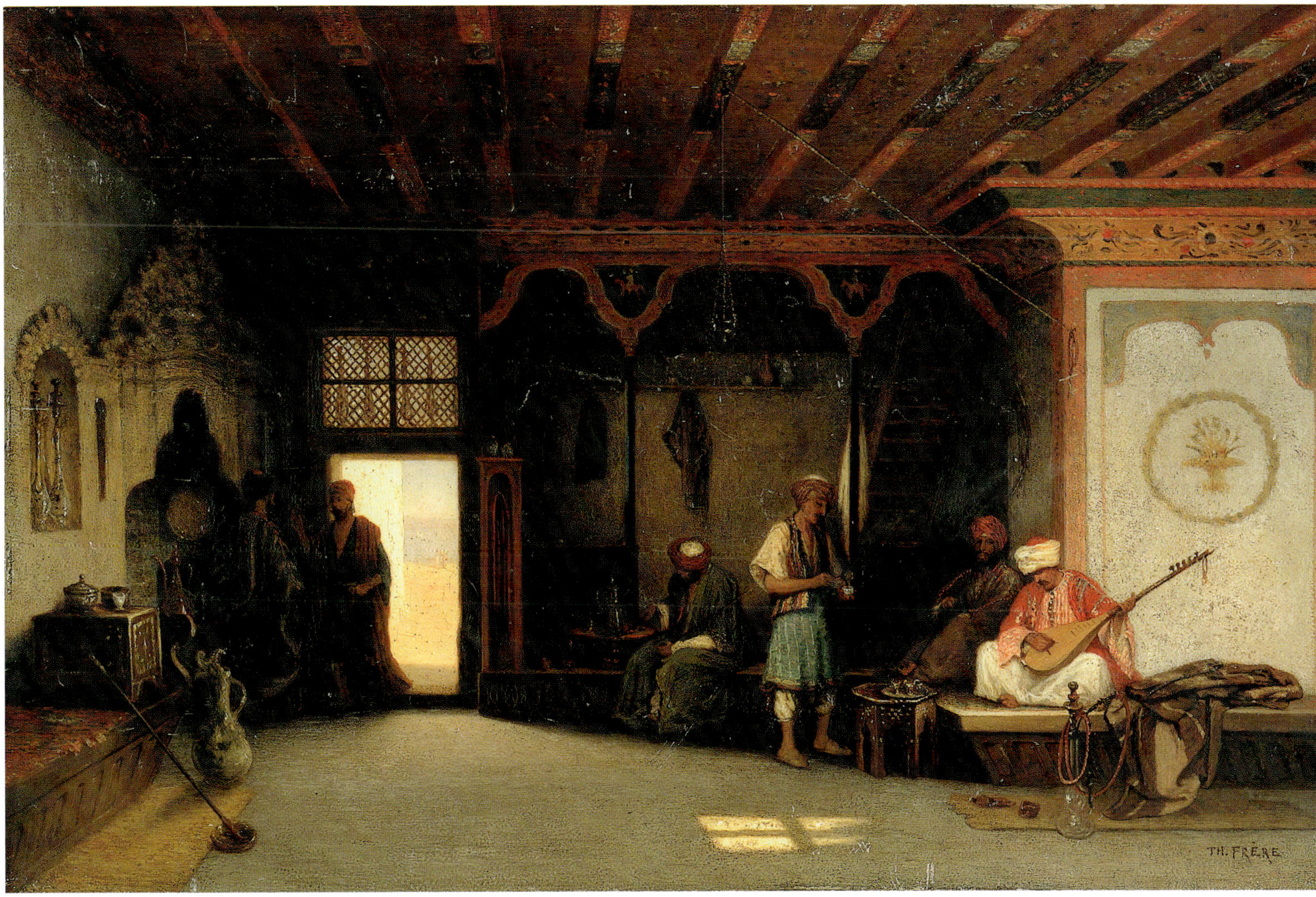

*Théodore FRÈRE.*
Intérieur de café oriental à Buyukdere sur le Bosphore.
*Huile sur bois, 15 x 48 cm.*
*Paris, musée des Arts d'Afrique et d'Océanie.*
*Théodore Frère a l'habitude de se rendre sur le Bosphore pour exécuter des toiles commandées par la communauté européenne de Constantinople. Il peint régulièrement, dans un style très coloré, des paysages, des intérieurs de café et des scènes de la vie quotidienne.*

# CONSTANTINOPLE : UNE ÉTAPE DU « GRAND TOUR » EN MÉDITERRANÉE

*« Devant nous se déployait, semblable à une Venise construite en songe, la Stamboul des Turcs, l'immense cité de Constantinople. Des cyprès sombres et des arbres vert clair surgissaient, telles des arabesques, de cet océan pierreux d'immeubles rouge sang, sur lequel, comme autant d'arches de Noé, s'échouaient les coupoles des mosquées chapeautées de boules et de croissants d'or. »*

Hans Christian Andersen, *Le Bazar d'un poète.*

Dans les années 1830-1850, les artistes français ne sont pas les seuls à se rendre en Orient. Les aquarellistes britanniques sont également très nombreux, privilégiant surtout l'Égypte – point de passage pour leurs possessions des Indes – et la Palestine où ils redécouvrent la Terre Sainte. Viennent ensuite les Belges et les Italiens, dont quelques-uns séjournent plusieurs années à Constantinople. Quant aux peintres des pays germaniques et du nord, ils seront peu nombreux avant les années 1870.

Pour tous ces artistes, le traditionnel « Grand tour » en Méditerranée a remplacé le voyage initiatique en Italie. Les mosquées de Constantinople et le pont des Caravanes de Smyrne deviennent désormais des lieux incontournables et forment les nouvelles étapes dans la formation des peintres.

*Charles GLEYRE.*
Femme de Turquie (Portrait de Dudo Narkis?), Smyrne, 1840.
*Huile sur toile, 41 x 33 cm.*
*Lausanne, musée cantonal des Beaux-Arts.*

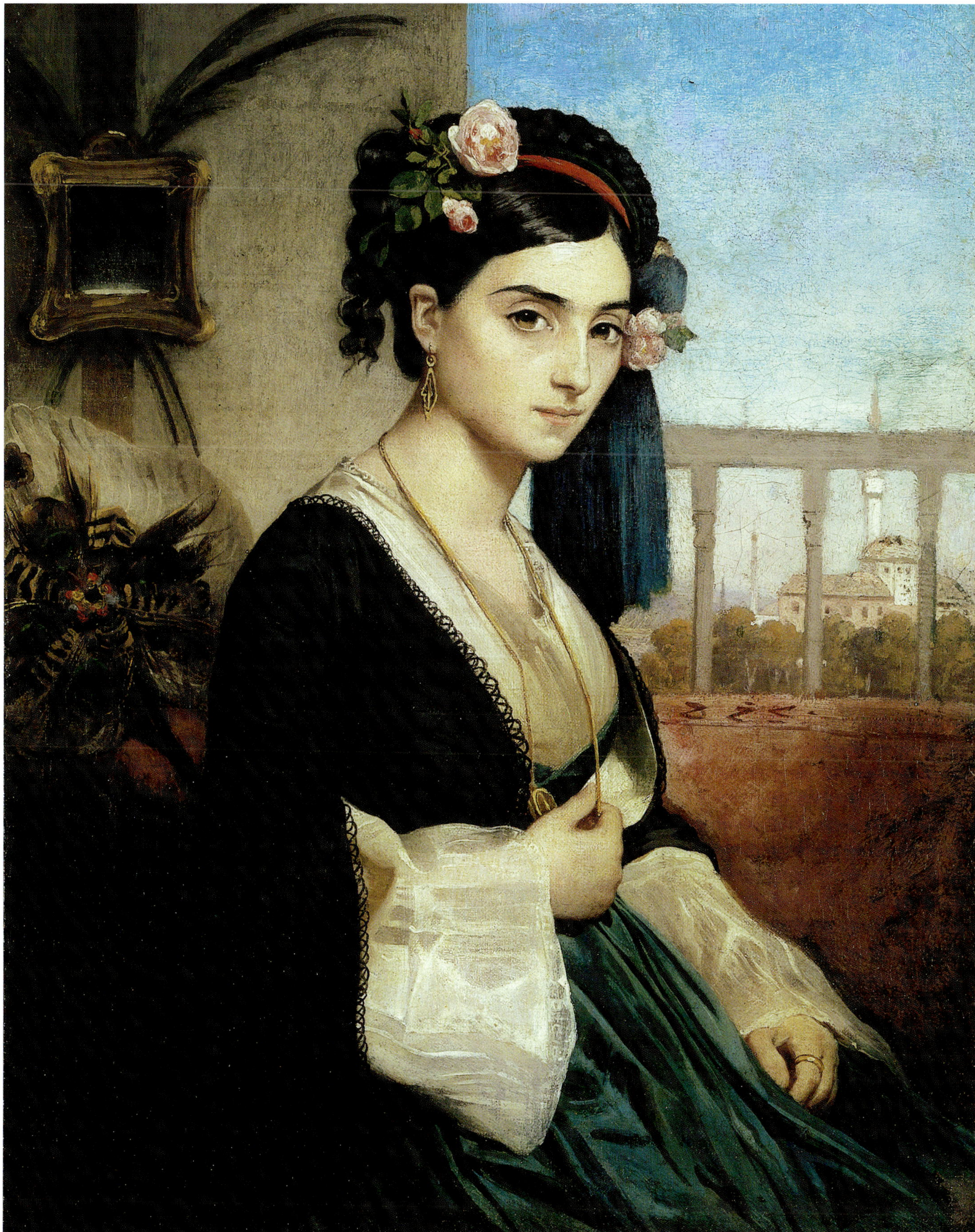

# Charles Gleyre

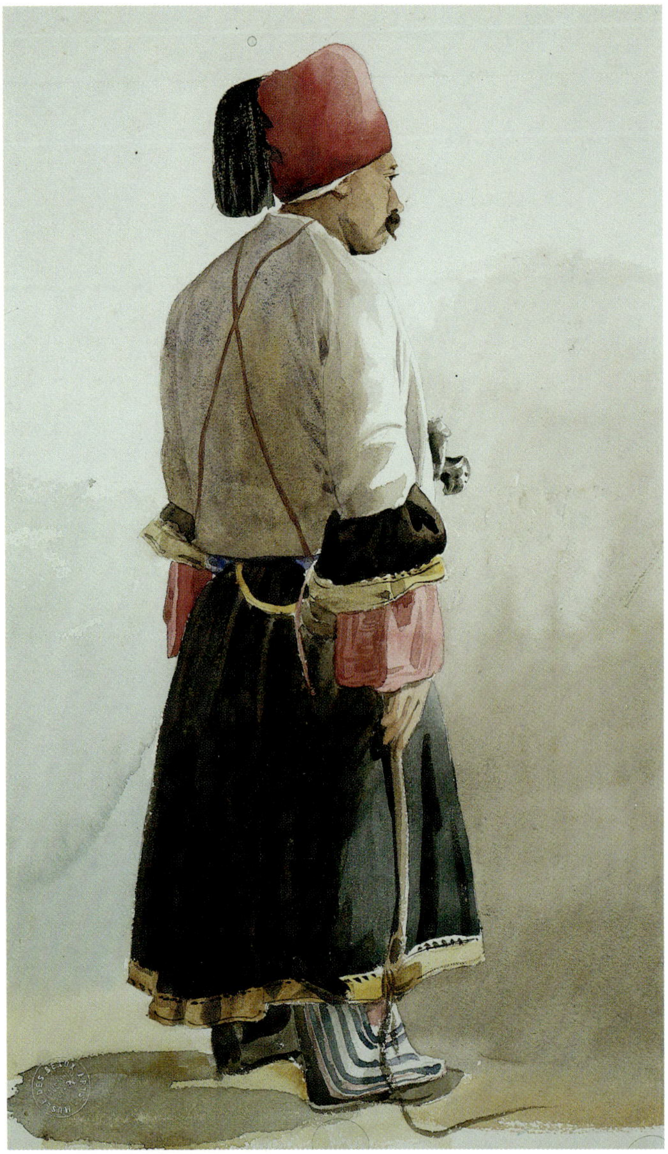

*Charles GLEYRE.*
Tartar ou courrier turc, Constantinople, 1834.
*Aquarelle, 32,3 x 23,5 cm.*
*Lausanne, musée cantonal des Beaux-Arts.*

*Charles GLEYRE.*
Salle voûtée, palais des Chevaliers transformé en café, Rhodes, déc. 1834.
*Aquarelle, 32,3 x 25,5 cm.*
*Lausanne, musée cantonal des Beaux-Arts.*

Accompagnant l'Américain John Lowell Junior pour un périple oriental de quatre ans, le peintre suisse Charles Gleyre (1806-1874) quitte Naples le 17 avril 1834. Après avoir passé rapidement par la Sicile, Malte, Corfou, il séjourne deux à trois mois en Grèce, puis arrive à Janina, où s'ouvre son *Journal*[44] : « Sayada, première douane turque. Des jarres énormes, rudes. L'étendard musulman, une étoile et un croissant. Muletiers albanais ; beaux costumes singulièrement variés pour les couleurs ; cependant, le blanc domine ; une grande liberté dans la manière de le porter ; les tempes rasées ; des espèces de *ciocce* ou sandales. Un village turc. Tout ce qu'on peut se figurer de négligence est de l'ordre en comparaison. Beaucoup de cigognes, entre autres une perchée sur un minaret d'un effet grotesque ; de belles montagnes dans le fond (...)[45]. » L'arrivée sur le Bosphore le fascine particulièrement ; il y découvre ce frémissement de la lumière que le contact de l'Égypte affinera encore : « Constantinople ne saurait lasser même un artiste. » Lors d'une escale à Smyrne, il prend le temps de peindre des personnages : le Grec, l'Arménien, la jeune juive, les officiers du consulat anglais et allemand, les musiciens grecs. Des vents contraire le forcent à séjourner à Rhodes en décembre 1834. La halte se prolonge en raison de la richesse des ressources pittoresques, soulignée par le peintre dans une de ses lettres : « Les restes des édifices élevés par les chevaliers de Saint-Jean de Jérusalem rendent [cette île] très intéressante[46]. » Ainsi laisse-t-il, entre autres, une belle aquarelle montrant l'intérieur du Palais des Chevaliers, devenu un café turc. Gleyre gagnera ensuite l'Égypte puis Karthoum où il restera plus d'une année. La qualité des aquarelles de Charles Gleyre – dont il a appris la technique auprès de Bonington –, la variété de ses sujets comme la lucidité parfois amère de ses carnets intimes constituent un ensemble remarquable. Il ne sera d'ailleurs pas sans influence sur ses contemporains. On pense à Gérôme, un moment son élève, et surtout à Flaubert qui, avec Maxime Du Camp, écoute en 1849 à Lyon ses conseils, avant le départ pour l'Orient[47].

Un autre Suisse, Jacob Falkeisen, suivra ses traces dix ans plus tard.

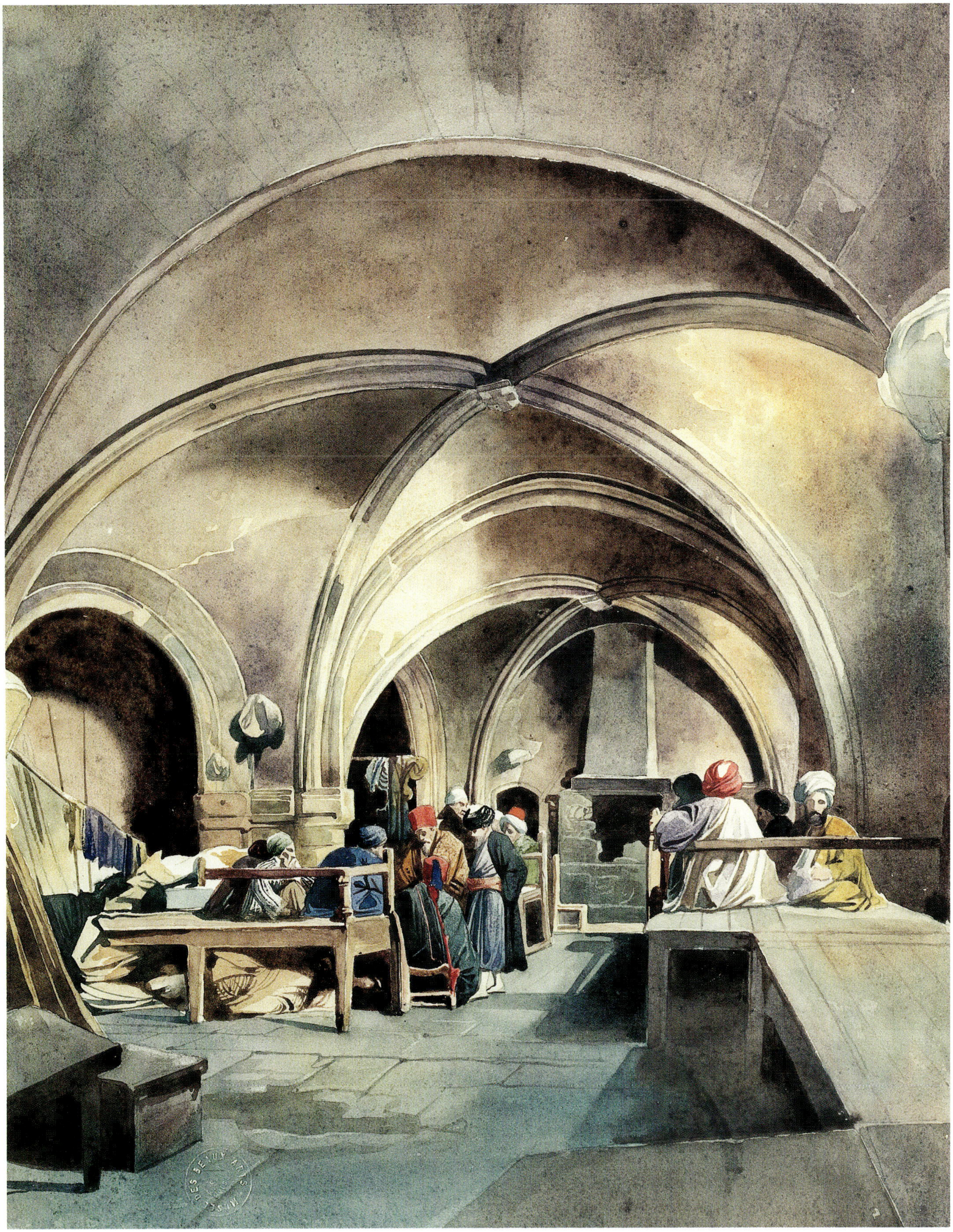

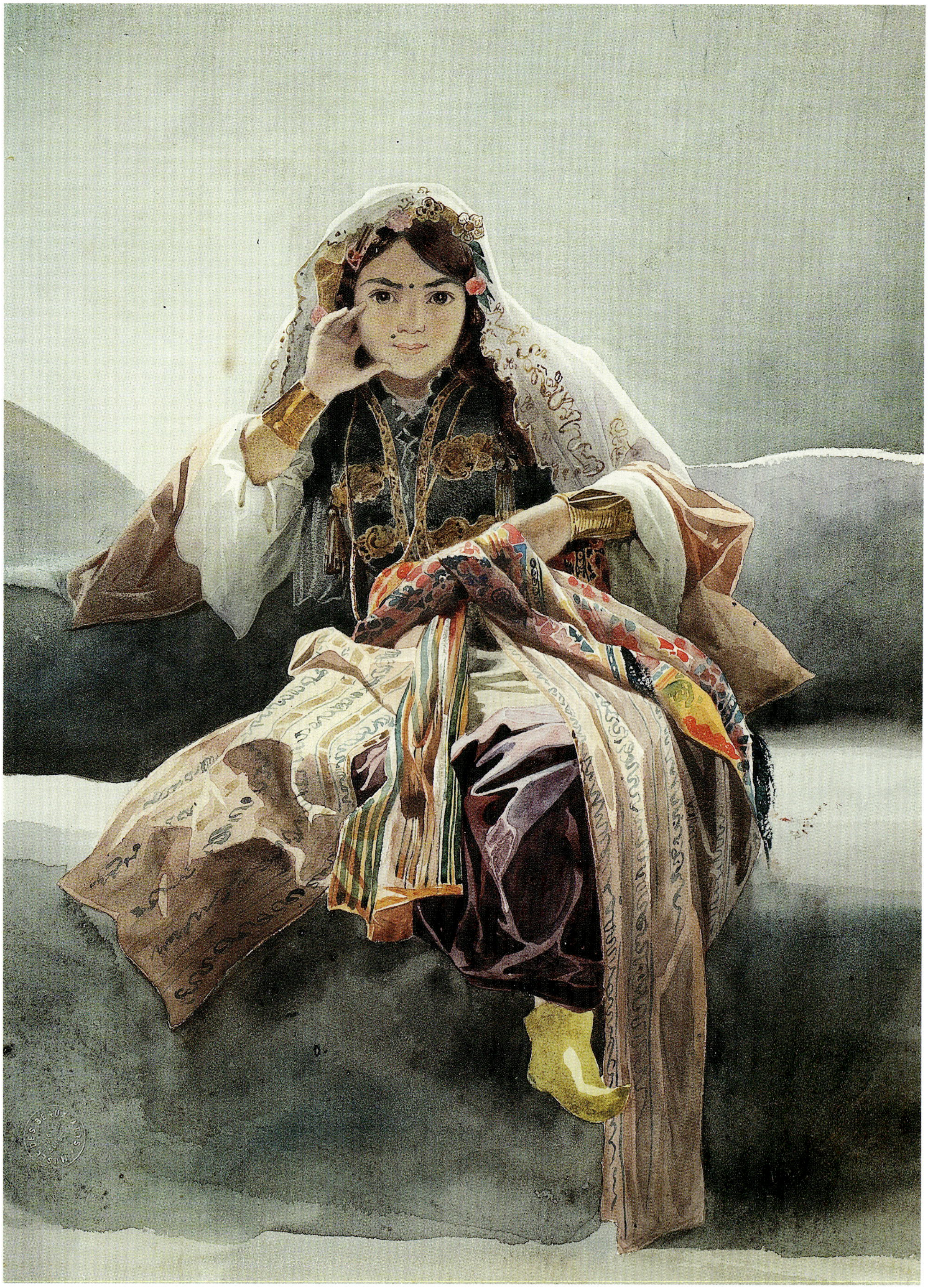

*Charles GLEYRE.*
Juive de Smyrne
(Portrait d'Angelica
Caliphanti?).
*Aquarelle,*
*36,8 x 27 cm.*
*Lausanne, musée*
*cantonal des Beaux-Arts.*

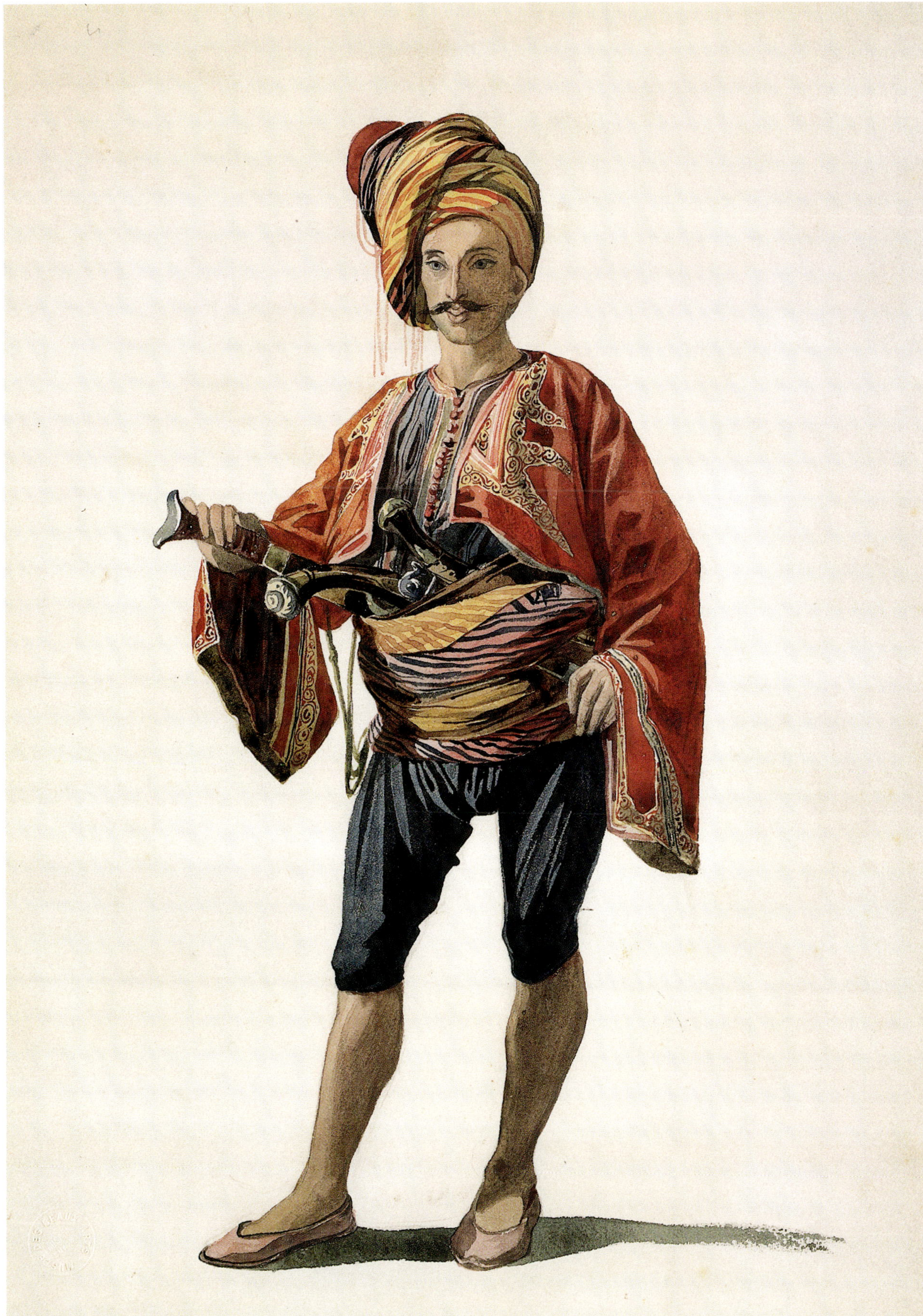

*Charles GLEYRE.*
Zeybek de
Smyrne.
*Aquarelle,*
*34,8 x 25,3 cm.*
*Lausanne, musée*
*cantonal des*
*Beaux-Arts.*

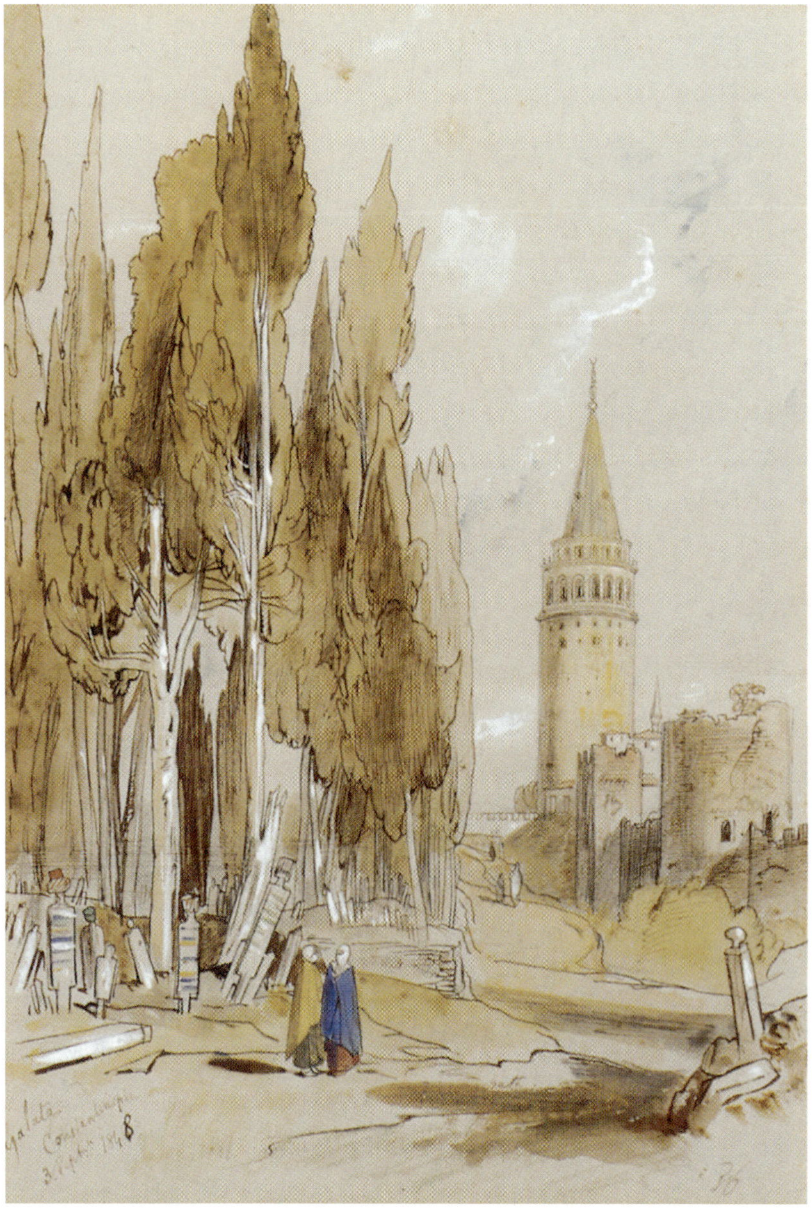

*Edward LEAR.*
La Tour de Galata, Constantinople, 3 sept. 1848.
*Plume, encre, aquarelle, 28,5 x 20,3 cm.*
*Collection particulière.*
*La tour de Galata, édifice de 68 mètres de haut, fut construite par les Génois en 1349.*

*David WILKIE.*
L'Écrivain public, 1840.
*Huile sur panneau, 68,6 x 53,4 cm.*
*Aberdeen Art Gallery.*

# Les Britanniques

Les artistes britanniques sont les plus nombreux. Ils étendent toujours plus loin le « Grand tour » traditionnel, circulant de l'Égypte aux Indes.

Vingtième enfant d'un agent de change londonien ruiné par les guerres napoléoniennes, Edward Lear (1812-1888) connaît une jeunesse difficile qui l'entraîne à quitter l'Angleterre dès 1837 et à mener une vie errante. Elle le conduit de Rome à Ceylan en passant par tous les pays d'Orient. Dans cette existence de globe-trotter, l'auteur a l'occasion de parcourir les côtes de la mer Égée et de séjourner à Constantinople une première fois en août 1848. Lear a rapporté de ses expéditions plus de sept mille esquisses au crayon et à l'aquarelle ; plus tard, aux alentours, il a pratiqué la peinture à l'huile et a réalisé environ trois cents tableaux dont certains – peu nombreux – sont proches de la manière des préraphaélites, sous l'influence de Holman Hunt.

L'Écossais David Wilkie (1785-1841) révéla une nouvelle vision de Constantinople à l'Occident. Après avoir parcouru le continent européen, traversant l'Italie, l'Espagne, la France, où il rend visite à Delacroix qui l'impressionne beaucoup, il est nommé peintre ordinaire du roi à son retour en 1828. En 1840, il part pour le Proche-Orient dans l'idée d'aller en Terre Sainte. Il arrive à Constantinople au moment ou la Sublime Porte vient de déclarer la guerre à l'Égypte. Ne pouvant plus circuler, il reste plusieurs semaines dans la capitale ottomane à faire des portraits des petites gens et à croquer des scènes de genre. C'est à cette époque qu'il réalise le portrait du jeune sultan

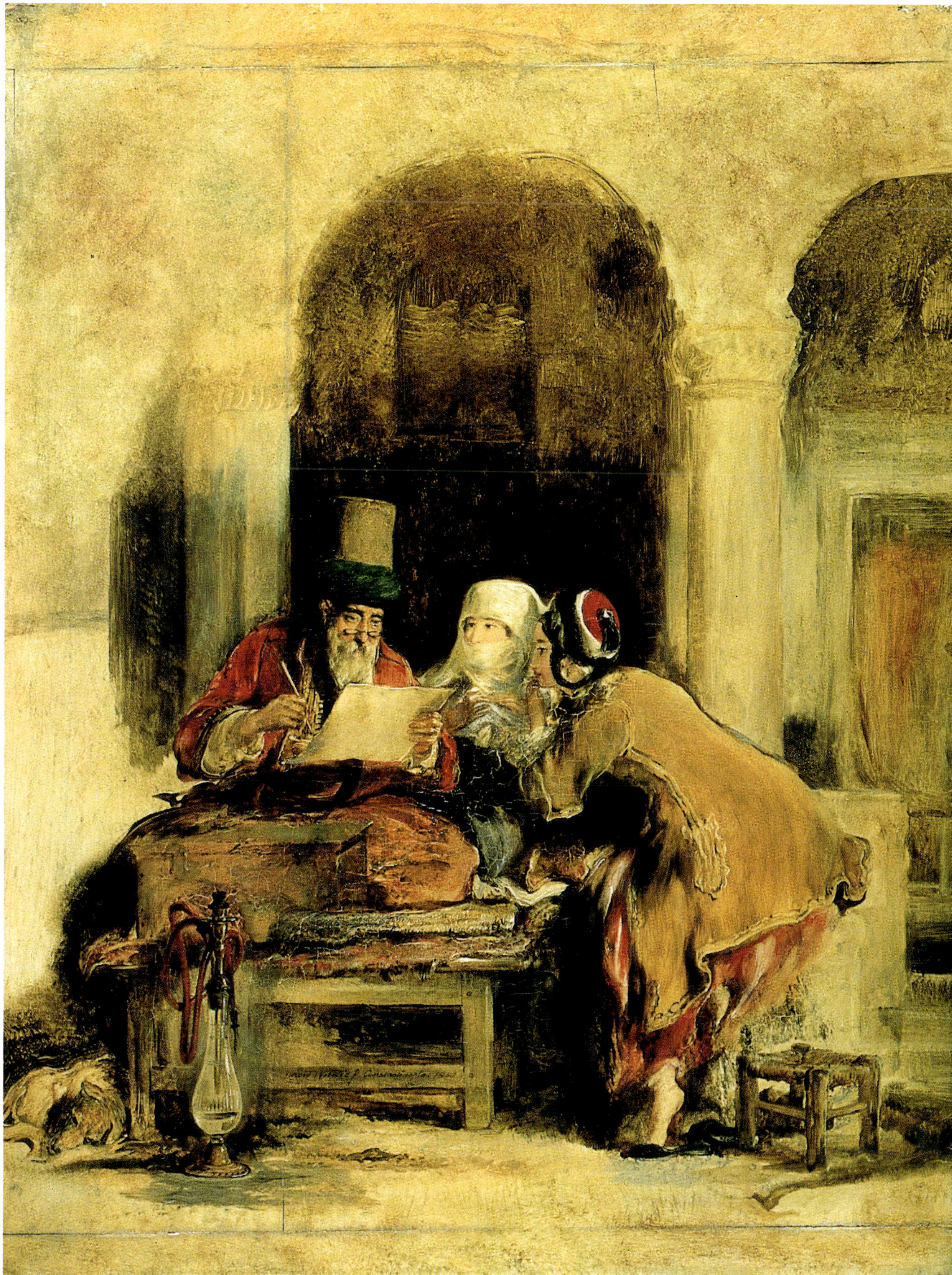

*David WILKIE.*
Le Drogman de Mr Allison à Péra, 1840.
*Craie et couleur au lavis sur papier brun, 44,3 x 27,2 cm.*
*Oxford, Ashmolean Museum.*

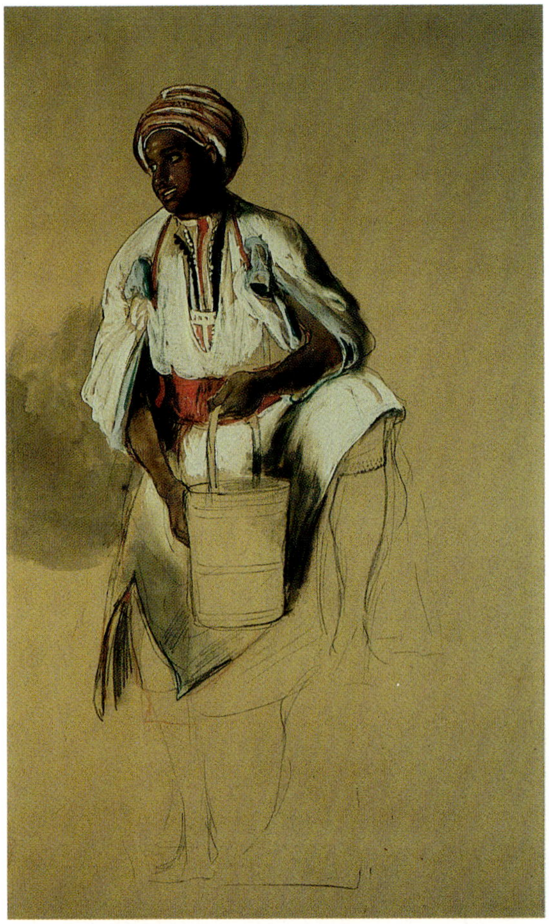

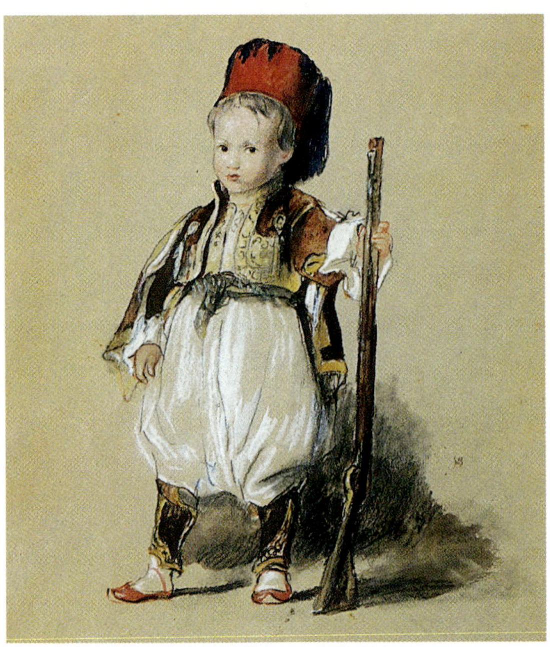

Abdül-Medjid et ceux de *Satori, drogman de M. Coloquhan* et de *Maître James William Whittall tenant un fusil,* demandant à un enfant de revêtir un costume turc. Il peint aussi sur bois l'*Écrivain public turc*. En se remémorant la scène qui l'a inspiré, il écrit : « J'ai vu dans la cour extérieure d'une mosquée un scribe de la plus vénérable apparence. Il lisait une lettre qu'il venait d'écrire pour deux jeunes femmes turques, dont l'une était fort jolie ; la manière dont les personnages étaient disposés en faisait une composition idéale pour un peintre[48]. » Il poursuit son voyage, s'arrêtant au Caire pour faire le portrait de Mehmet Ali et arrive en Palestine, où il réalise son rêve.

Avec David Wilkie, la vision sans complaisance à l'égard de l'Empire ottoman est plus nuancée. Son tableau intitulé *Le Messager tartare annonçant la nouvelle de la victoire de Saint-Jean-d'Acre* passe d'ailleurs pour la première œuvre favorable aux Turcs dans l'art britannique du XIXe siècle[49]. Le triomphe évoqué est celui de la flotte anglaise, alliée de la Turquie, qui force l'ambitieux Mehmet Ali à rapatrier ses troupes de Syrie en Égypte. Il apprend peu à peu à comprendre ce monde dont il ne savait presque rien et l'estime de plus en plus. Il écrit à ce propos : « C'est peut-être injustement que nous évaluons les coutumes et les rapports humains des races moins avancées à l'aune des nôtres, en oubliant que les Orientaux connurent des civilisations avancées bien avant nous. Bien qu'ils aient pris aujourd'hui un retard considérable sur nous, ils nous ont donné nombre d'éléments qui permirent l'essor de notre civilisation. » Malheureusement, David Wilkie a laissé peu d'œuvres orientales, restées à l'état d'esquisses. Il meurt en mer sur le chemin du retour en 1841, après son séjour en Égypte et en Terre Sainte. Turner lui rendra hommage en exécutant *Paix : funérailles en mer*.

John Frederick Lewis (1805-1876) appartient à une lignée d'artistes ; son frère aîné, Frederick Christian, travaille en Turquie, en Perse, et surtout en Inde, d'où son surnom d'« Indien ». L'animalier Landseer et le portraitiste Lawrence président aux débuts de John Frederick Lewis. Un voyage en Espagne (1832-34) lui donne un avant-goût de l'Orient. En 1835-1836, il est en Grèce, en Asie Mineure, puis à Constantinople, où il réalise de

*David WILKIE.*
Portrait de Satori, drogman de Mr Coloquhan, 1840.
*Craie et couleur au lavis, 47,5 x 32,8 cm.*
*Oxford, Ashmolean Museum.*

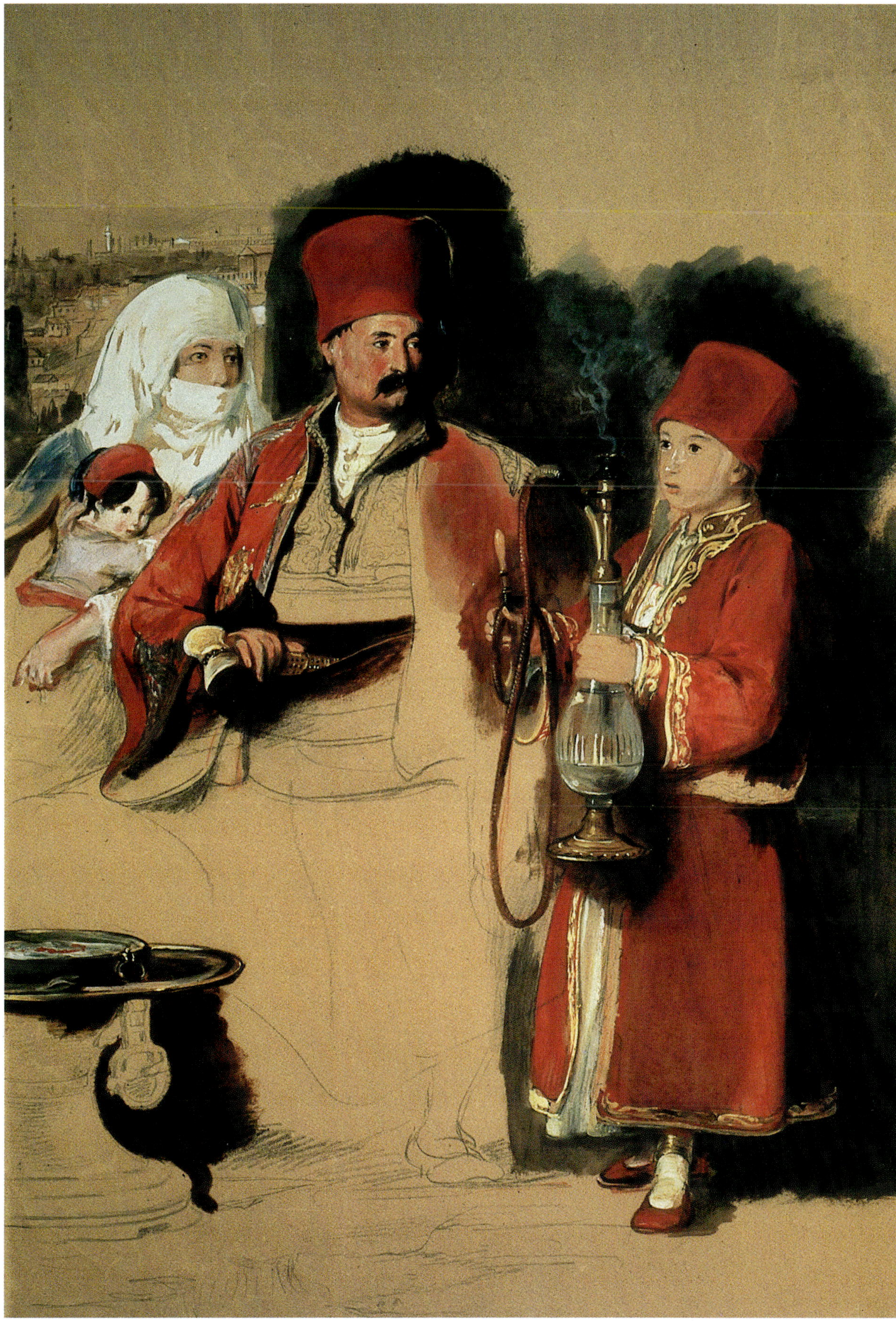

A gauche :
*David WILKIE.*
Portrait de Master James William Whittall tenant un fusil, 1841.
*Crayon, craie colorée, aquarelle et rehauts blancs, 30 x 23 cm.*
*Collection particulière.*

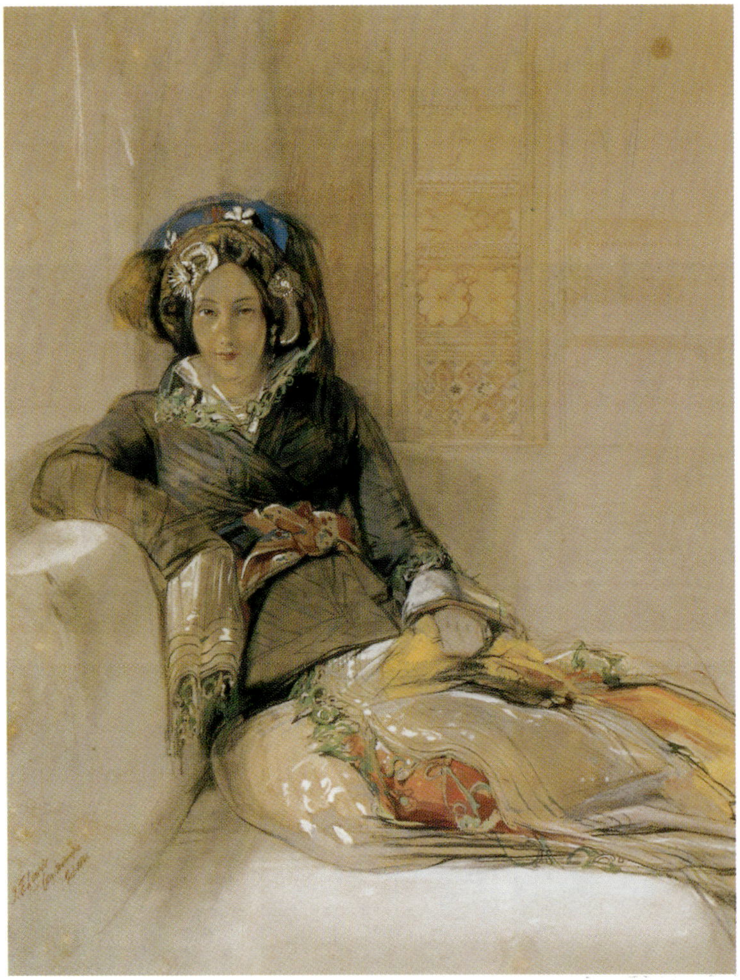

*John Frederick LEWIS.*
Femme dans un harem, Constantinople, fév. 1841.
*Aquarelle, crayon, 38 x 28 cm.*
*Collection particulière.*

nombreuses et remarquables études de mosquées et de personnages qui illustreront l'ouvrage *Lewis's illustrations of Constantinople* (Londres, 1838) ; quelques mois plus tard, il s'installe pour dix ans au Caire dans un somptueux palais mamelouk. Avec une technique très précise, à l'aquarelle, il peint les scènes quotidiennes, en particulier les scènes du harem qui plaisent aux amateurs.

Après avoir traversé l'Italie, s'être passionné pour le Tintoret et Véronèse à Venise et avoir pérégriné en Grèce (Corfou, Patras, Péloponnèse, Athènes, Thèbes et Delphes), Richard Dadd (1819-1886) arrive à Constantinople en compagnie de Sir Thomas Phillips le 14 septembre 1842. Le séjour est très court, juste deux semaines, le temps de faire quelques croquis des monuments et d'exécuter un portrait de Sir Thomas en costume oriental. Les deux voyageurs se rendent ensuite à Smyrne. De là, ils prennent des chevaux et vont visiter Bodrum (l'ancienne Halicarnasse). Dadd en profite pour dessiner ce qui reste des sculptures du célèbre mausolée (du IV$^{e}$ siècle avant J.-C.), l'une des Sept Merveilles du monde. De Rhodes, ils empruntent un vapeur pour se rendre à Beyrouth et poursuivre leur voyage en Terre Sainte et en Égypte.

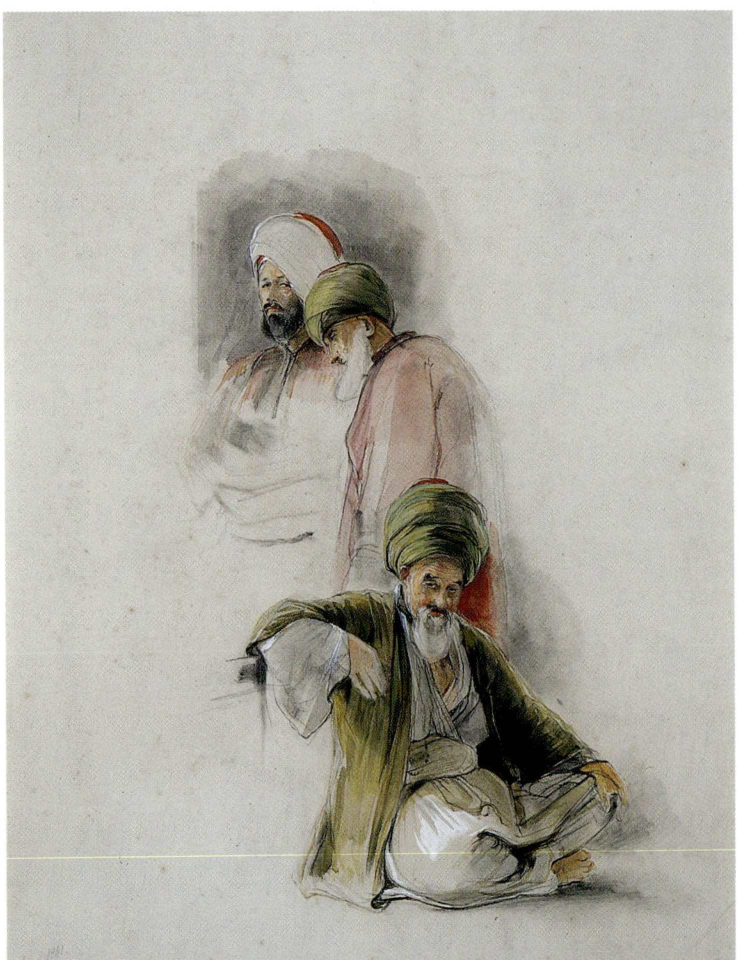

*John Frederick LEWIS.*
Étude de trois personnages à Bursa, 1841.
*Aquarelle, crayon, 52,3 x 36,2 cm.*
*Istanbul, collection Ömer Koç.*

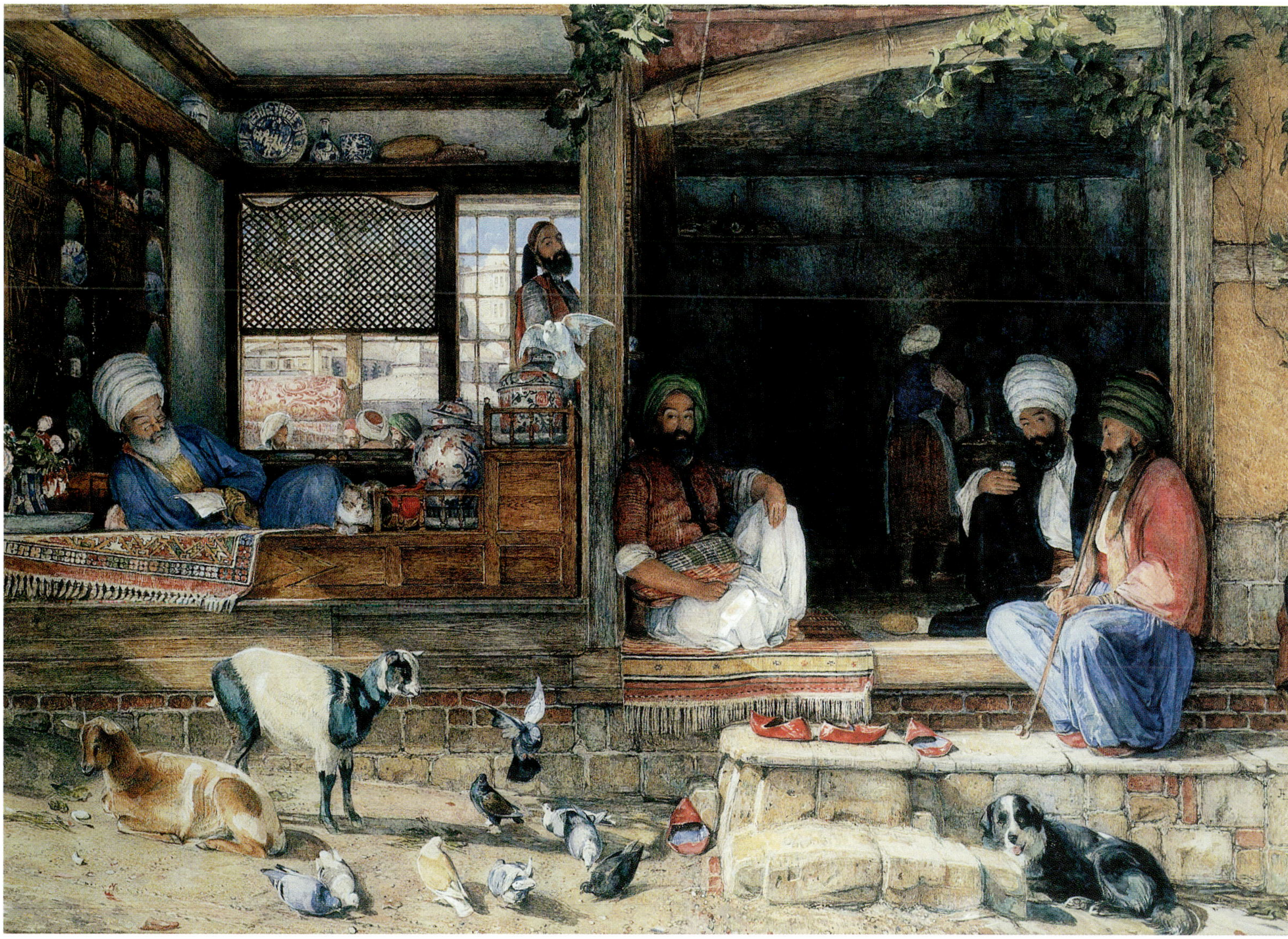

*John Frederick LEWIS.*
La Boutique de kebab, Scutari, Asie Mineure, 1858.
*Huile sur panneau, 53,3 x 78,7 cm.*
*Collection particulière.*

*John Frederick LEWIS.*
Intérieur de Sainte-Sophie.
*Crayon, craie et aquarelle rehaussée de blanc, 36,2 x 47,6 cm.*
*Londres, Victoria and Albert Museum.*

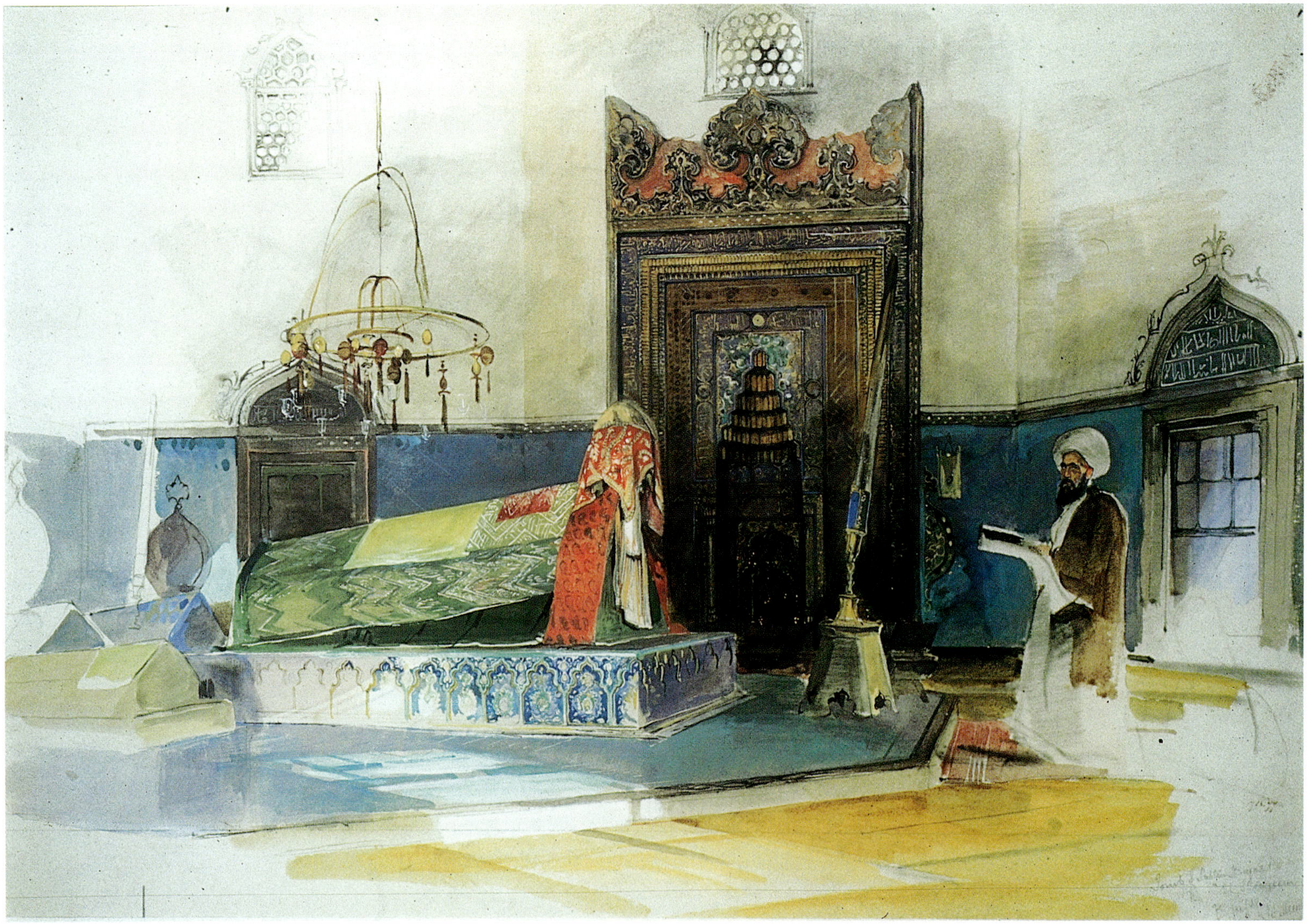

*John Frederick LEWIS.*
Le Tombeau du sultan Beyazid, Bursa.
*Aquarelle sur crayon, 32,4 x 47 cm.*
*Londres, Victoria and Albert Museum.*

*John Frederick LEWIS.*
Vue extérieure de Sainte-Sophie.
*Aquarelle sur crayon, 33 x 49 cm.*
*Istanbul, collection Ömer Koç.*

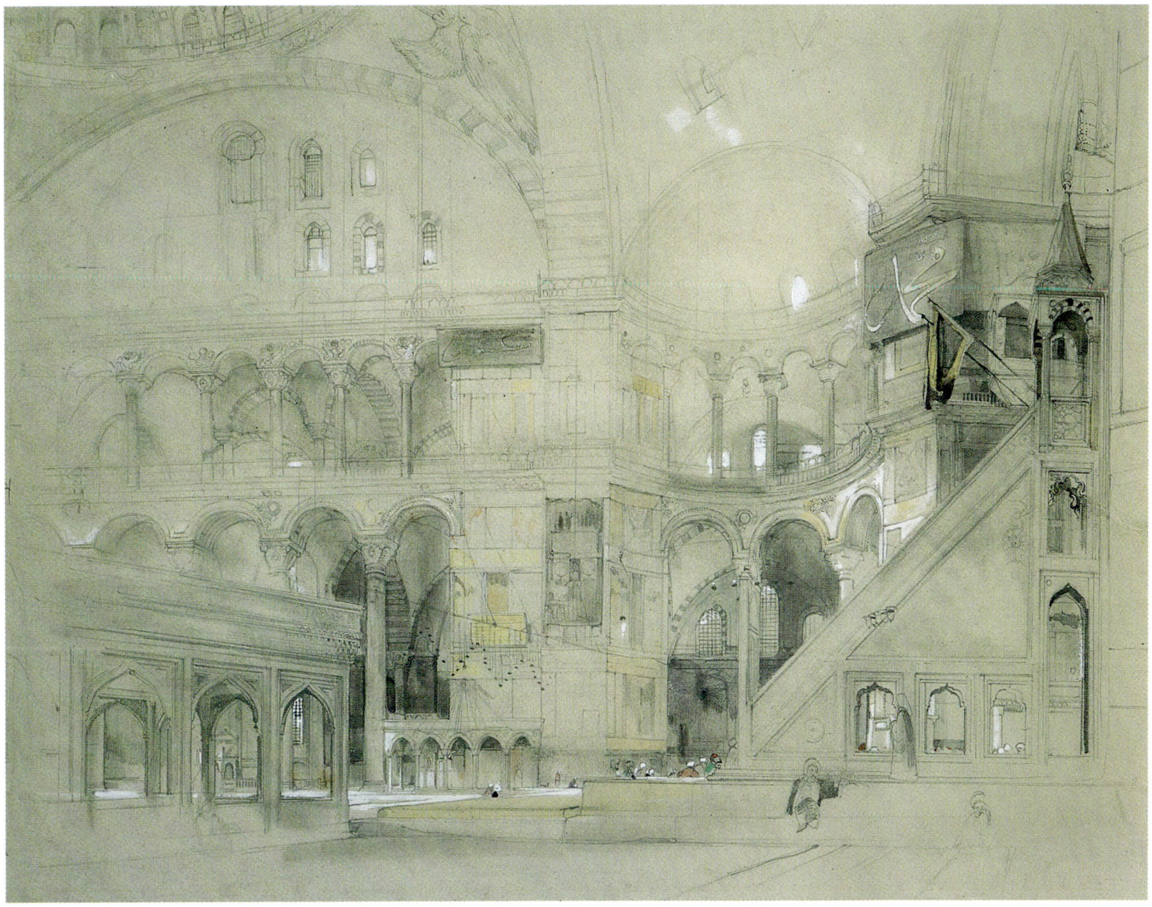

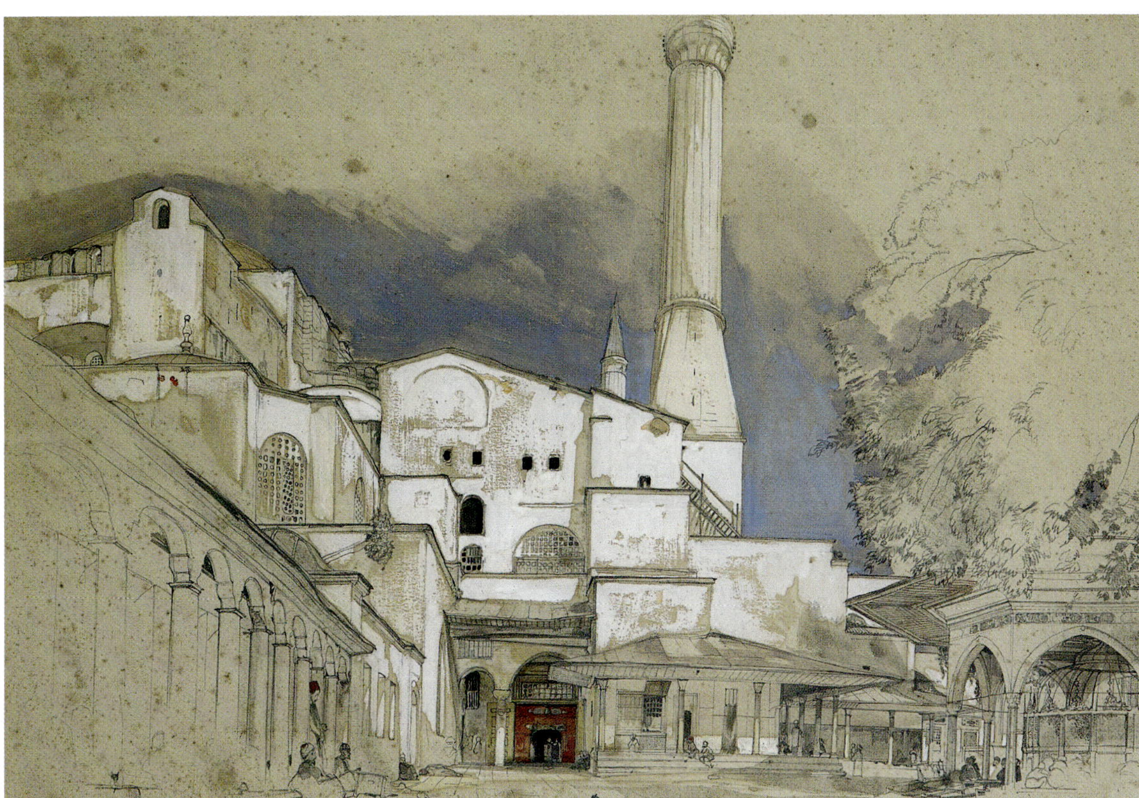

# Les Belges et Hollandais

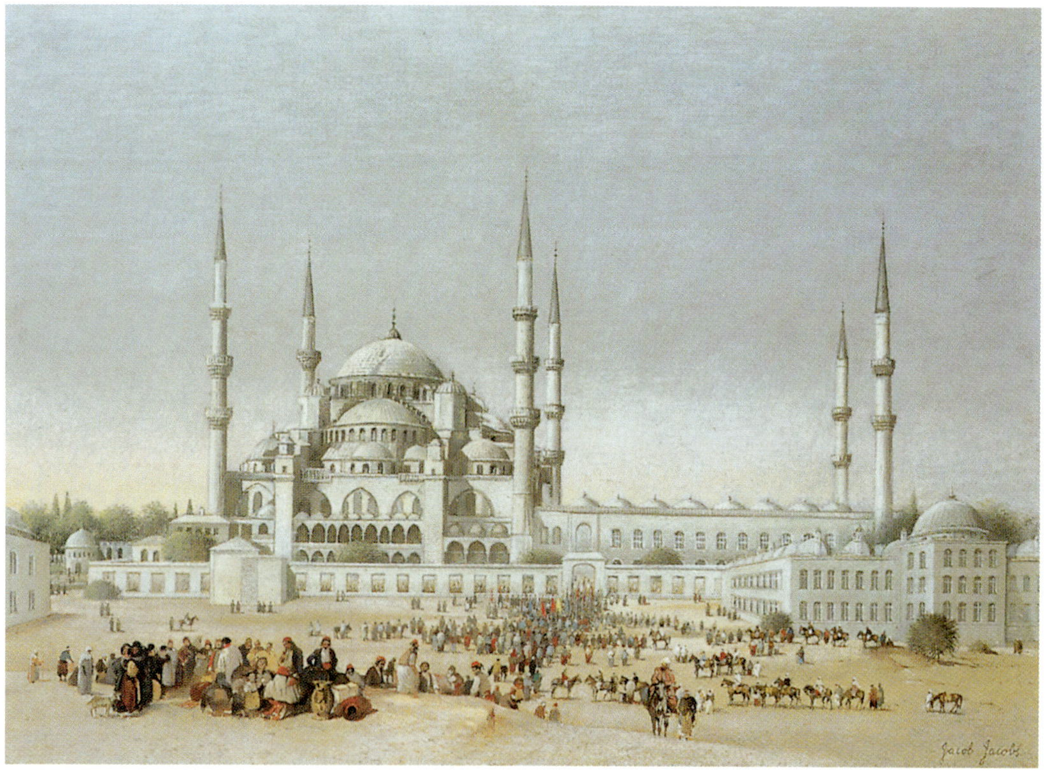

Outre quatre mois passés à Constantinople en 1838, le peintre belge Jakob Jacobs (1812-1879) visite les Dardanelles, Rhodes, avant de gagner l'Égypte. A son retour, il puise avidement dans ses souvenirs de voyage et dès le Salon de 1842, il se signale par une *Vue de Constantinople* qui lui vaut une médaille d'argent. Suivant ses pas, ses compatriotes Frans Vervloet (1795-1872) et Romain-Eugène Van Maldeghem (1813-1867) découvrent vers la même époque les rues de Constantinople dont ils peignent le quotidien. On peut affirmer que ces artistes sont les précurseurs directs de Jean Portaels (1818-1895), que l'on considère généralement comme le père de la peinture orientaliste belge, et de peintres moins célèbres comme Jean-Baptiste Huysmans (1826-1906)[50], Jules Starck (1814-1884) et le Hollandais Pierre Tetar Van Elven (1831-1908). Leurs paysages et leurs vues citadines, à la fois réalistes et pittoresques, sont généralement traités dans les tons clairs et frappent par la justesse avec laquelle sont rendues les atmosphères.

*Jakob JACOBS.*
Foule devant la mosquée Sultan Ahmed,
Constantinople.
*Aquarelle, 22,5 x 32 cm.*
*Collection particulière.*

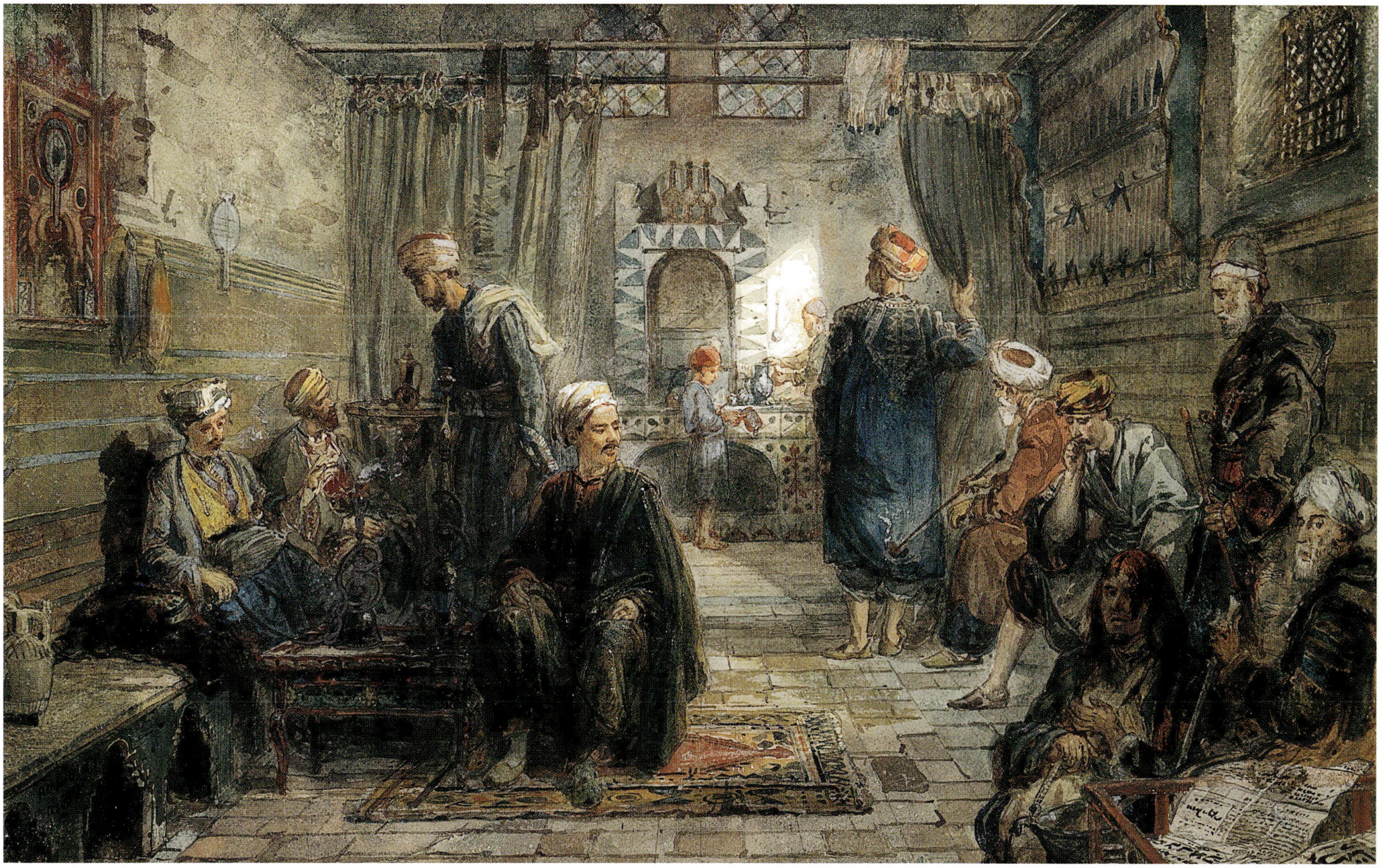

*Pierre TETAR VAN ELVEN.*
Scène de café en Orient.
*Aquarelle sur crayon rehaussée de gouache, 27,7 x 45,3 cm.*
*Collection particulière.*

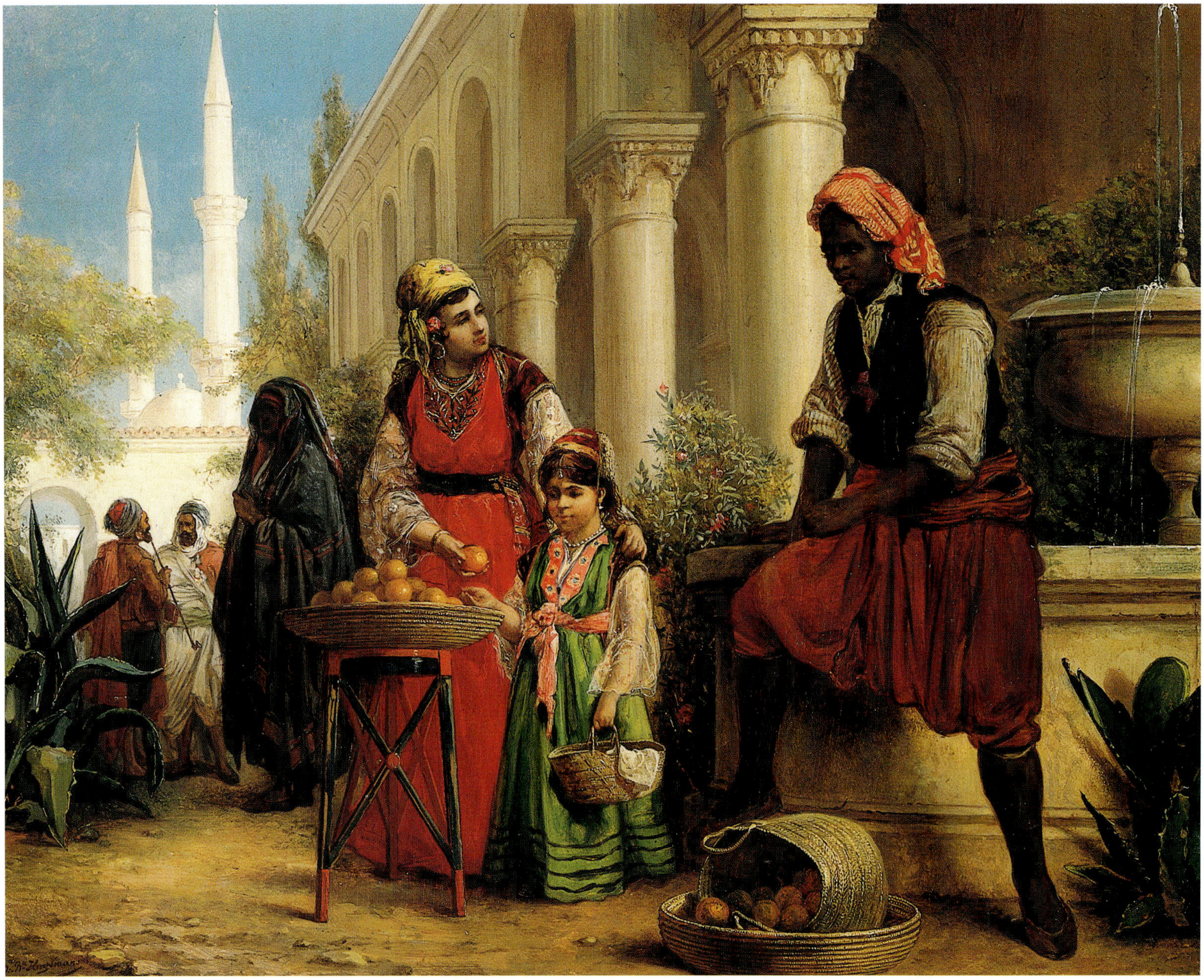

*Jean-Baptiste HUYSMANS.*
Le Vendeur d'oranges.
*Huile sur panneau.*
*Londres, Mathaf Gallery.*

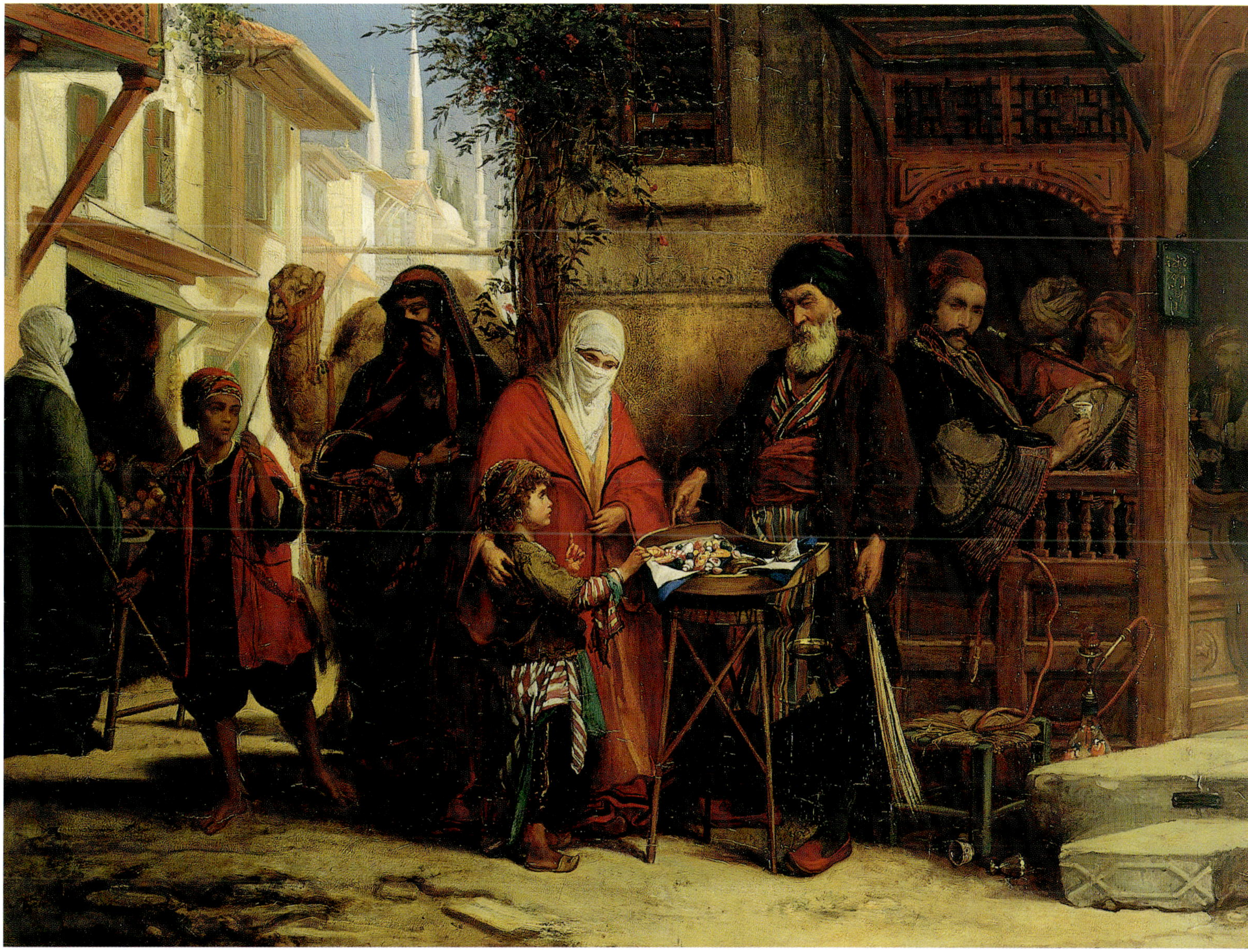

*Jean-Baptiste HUYSMANS.*
Chez le marchand de bonbons.
*Huile sur panneau, 60 x 84 cm.*
*Knokke-le-Zoute, Berko Fine Paintings.*

## Les Italiens

La présence des Italiens à Constantinople est importante dès la fin des années 1830. Dans le domaine de la musique, Giuseppe Donizetti (1788-1856), frère du célèbre compositeur italien, est en faveur auprès des sultans Mahmud II et Abdül-Medjid. Il introduit la musique occidentale à la Cour, avec des concerts, des ballets, des opéras, et dans l'armée avec une musique militaire de type occidental. Dans le domaine de l'architecture, Gaspare Fossati (1809-1883) se fait remarquer. Envoyé dans la capitale ottomane en 1837 par le tsar Nicolas Ier pour réaliser la nouvelle ambassade de Russie, il se trouve rapidement débordé par les nombreux projets du sultan Abdül-Medjid. Avec son jeune frère, Giuseppe (1822-1891), qui le rejoint deux ans plus tard, il réalise toutes sortes de bâtiments prestigieux dans les années 1840 : hôpital militaire, casernes, université, palais[51]. En 1847, assisté de l'artiste allemand Alexius Gayer, il veille à la restauration de Sainte-Sophie. Il compose à cette occasion une suite d'aquarelles dont certaines représentent la ville vue du sommet de Sainte-Sophie. En 1852, certaines sont publiées en une série de vingt-cinq lithographies, exécutées par Louis Haghe, sous le titre *Aghia Sophia, Constantinople, restaurée récemment par ordre de Sa Majesté Abdul Medjid, d'après les dessins originaux du Chevalier Gaspard Fossati*. Enfin, n'oublions pas qu'à partir de 1842 l'aquarelliste maltais d'origine italienne Amadeo Preziosi et le peintre génois Luigi Acquarone, dont il sera fait allusion dans un autre chapitre, s'installent à Constantinople.

*Gaspare FOSSATI.*
Vue générale de la grande nef de Sainte-Sophie.
*Lithographie coloriée à la main, 37 x 26,6 cm.*
*Londres, Victoria and Albert Museum, Searight Collection.*

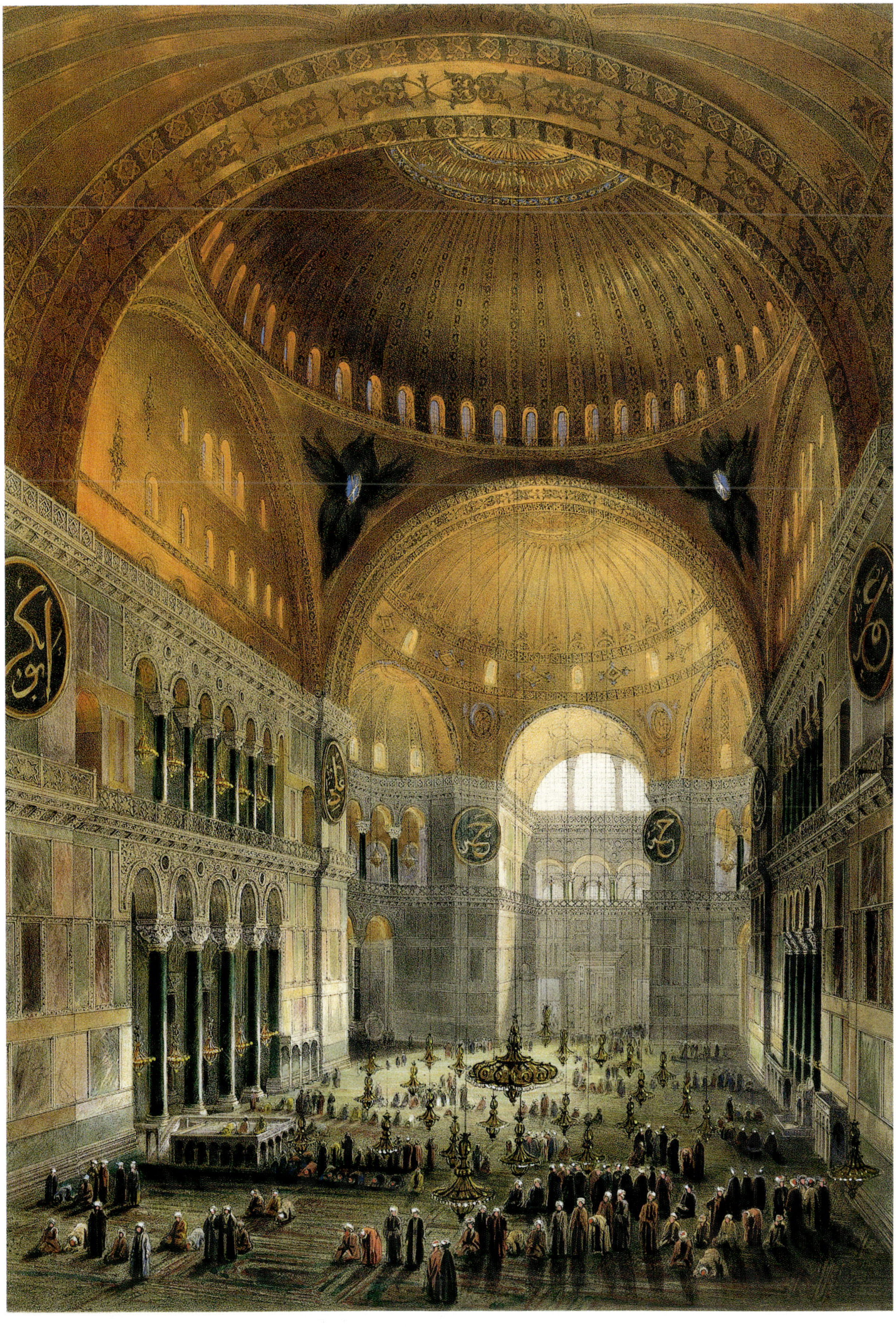

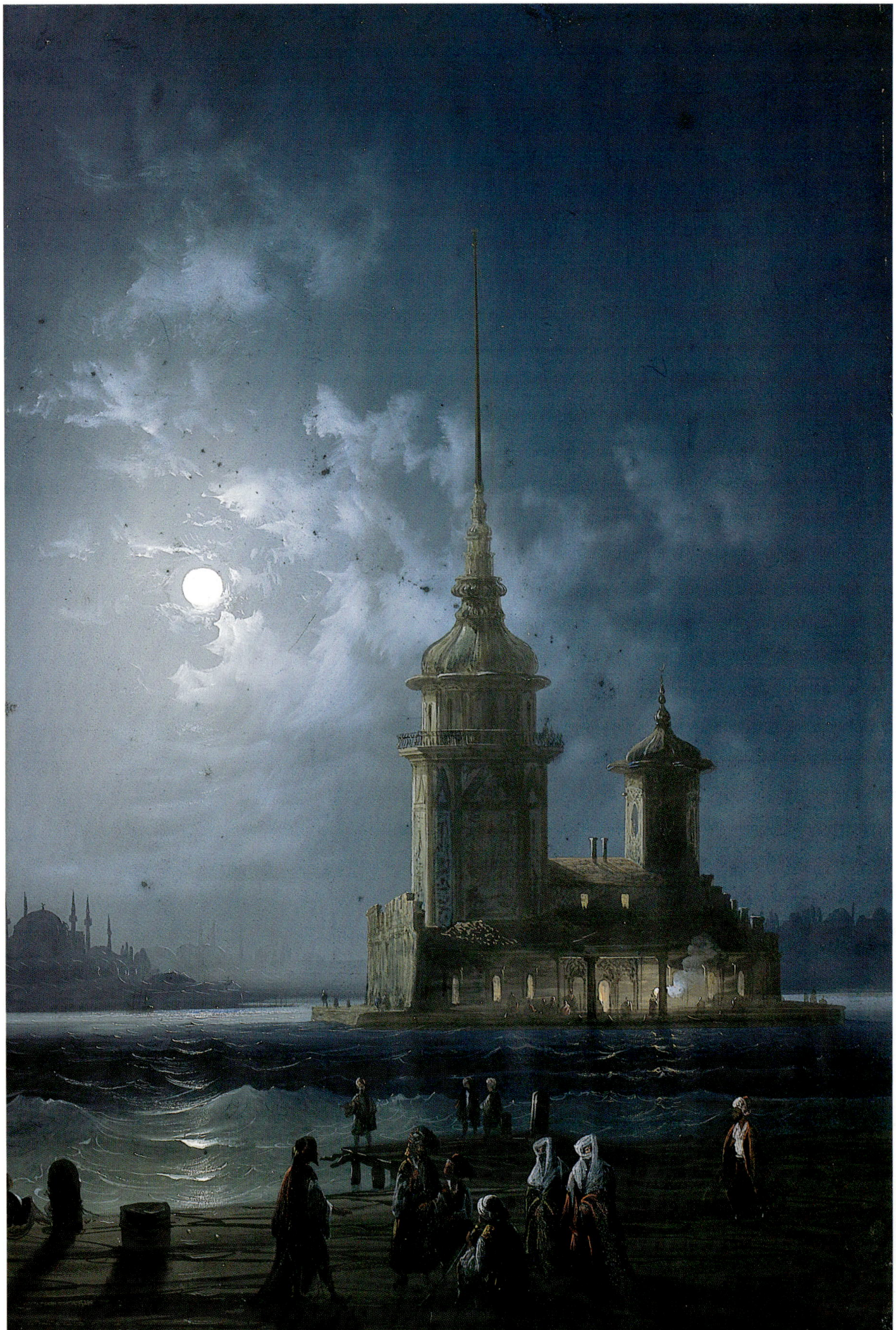

*Carlo BOSSOLI.*
Vue de Constantinople depuis la rive asiatique, 1881.
*Gouache sur papier, 43 x 82 cm.*
*Collection particulière.*

*Carlo BOSSOLI.*
La Tour de Léandre à l'entrée du Bosphore, la nuit au clair de lune.
*Gouache, 42 x 30 cm.*
*Istanbul, collection Bülent et Mary Pulak.*

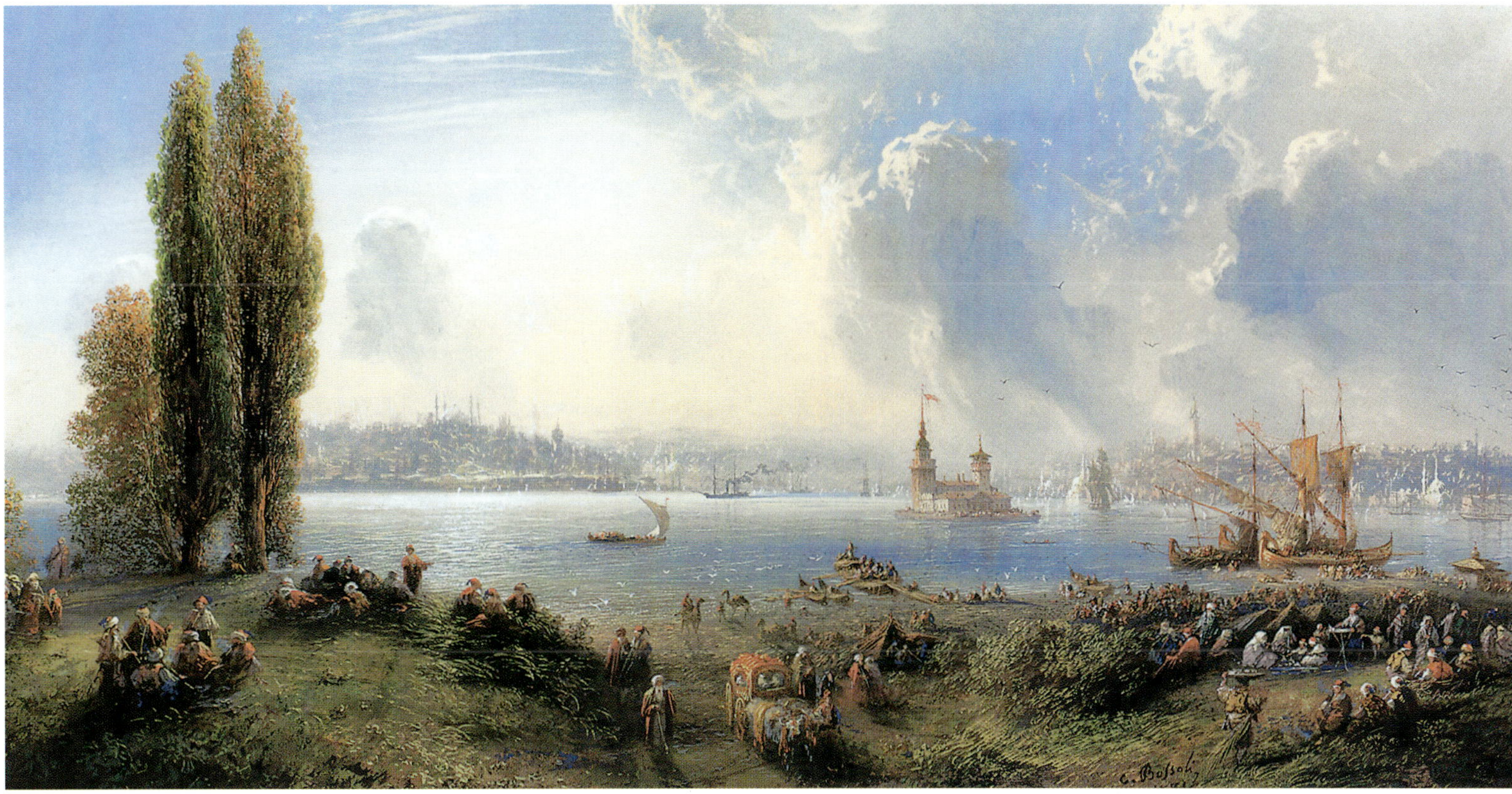

L'Italie a produit une quantité extraordinaire de peintres orientalistes. Avant les années 1860, trois d'entre eux peignirent la Turquie de manière significative : Raffaele Carelli en 1839, les paysagistes Ippolito Caffi et Carlo Bossoli en 1843.

C'est en 1839 que Raffaele Carelli (1795-1864), représentant d'une illustre dynastie de peintres, entreprit son voyage initiatique en Orient en compagnie de William Spencer, sixième duc de Devonshire, et de son jardinier, Joseph Paxton. Ce trio embarqua à Naples en février, faisant escale à Athènes, puis à Constantinople (début mars). Après une courte escale à Smyrne, ils regagnèrent l'Italie via Malte en avril de la même année. Au cours de son court séjour à Constantinople, Carelli réalisa dix-huit des cinquante-sept aquarelles qui constituent l'album de voyage du duc, conservées à Chastworth. Bien que parfois naïves, celles-ci gardent toute leur fraîcheur et leur spontanéité. Quatre ans plus tard, Ippolito Caffi (1809-1866) partait à son tour en Orient. Sa motivation principale est la quête d'une nouvelle stimulation visuelle. Il s'installe dans la capitale ottomane en novembre 1843, restant suffisamment de temps pour dessiner les plus beaux bâtiments. Il se rend ensuite en Égypte, en Nubie, en Palestine et en Asie Mineure d'où il s'embarque pour l'Italie. Contrairement à ses compatriotes, Carlo Bossoli (1815-1884) effectua le voyage d'est en ouest[52]. Installé depuis l'âge de cinq ans avec sa famille dans la ville d'Odessa, il se fit très jeune remarquer pour ses grandes toiles représentant des paysages. C'est en quittant définitivement la Crimée pour regagner le pays natal que Bossoli et sa famille firent escale à Constantinople. Il prit le temps d'écrire des notes et de dessiner des croquis du port et de la vie quotidienne. Ses toiles exposées à Naples peu

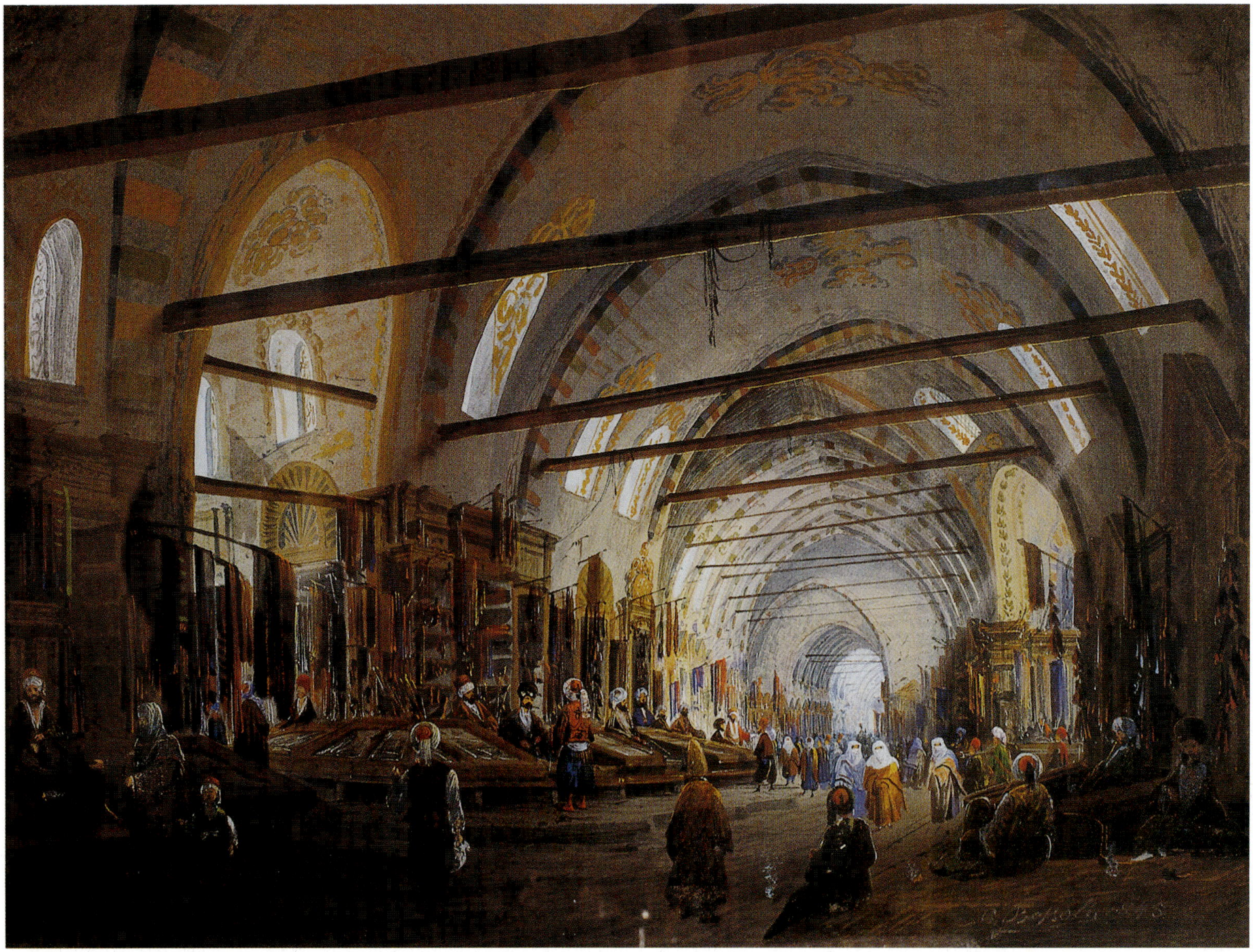

*Carlo BOSSOLI.*
Le Grand bazar de Constantinolpe, 1845.
*Huile sur toile, 44 x 57 cm.*
*Collection particulière.*

après son arrivée furent tellement bien accueillies que Bossoli se vit aussitôt proposer le poste de décorateur du Teatro di San Carlo. Après être resté une dizaine d'années à Milan, il s'installera définitivement à Turin à partir de 1853.

Dans la seconde moitié du XIXe siècle, les artistes italiens seront beaucoup plus attirés par l'Égypte et l'Afrique du Nord, à leurs yeux plus authentiques et plus exotiques. Seuls Alberto Pasini (1826-1899), Cesare Biseo (1843-1909), Hermann Corrodi (1844-1905) et Formis Befani (1832-1906) continueront d'exploiter le thème du Bosphore de façon très réaliste sur leurs toiles.

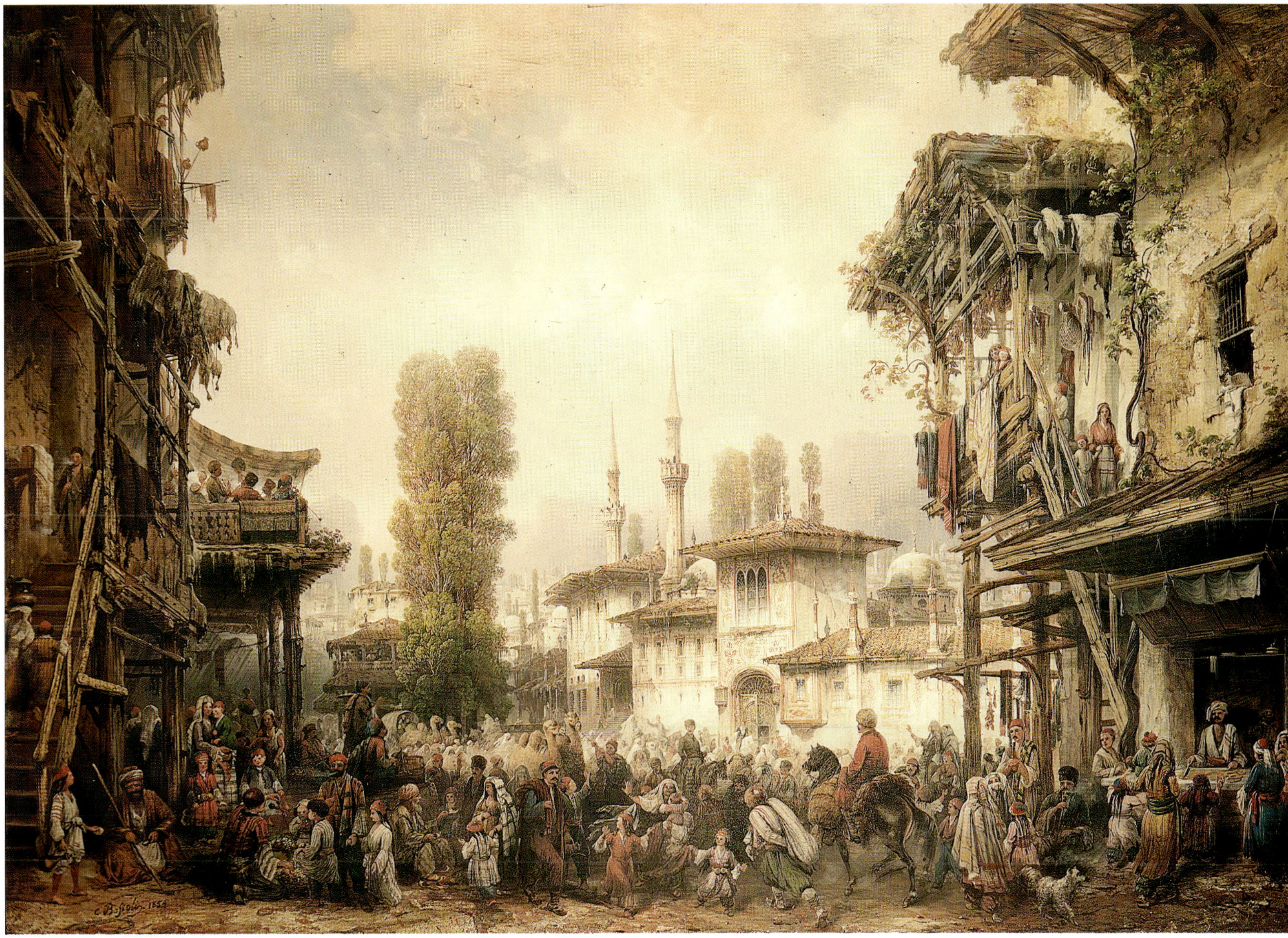

*Carlo BOSSOLI.*
La Place des Tartares à Bahçeköy, en Crimée.
*Détrempe sur papier, 1854, 112 x 157 cm.*
*Paris, ancienne collection Jean Soustiel.*

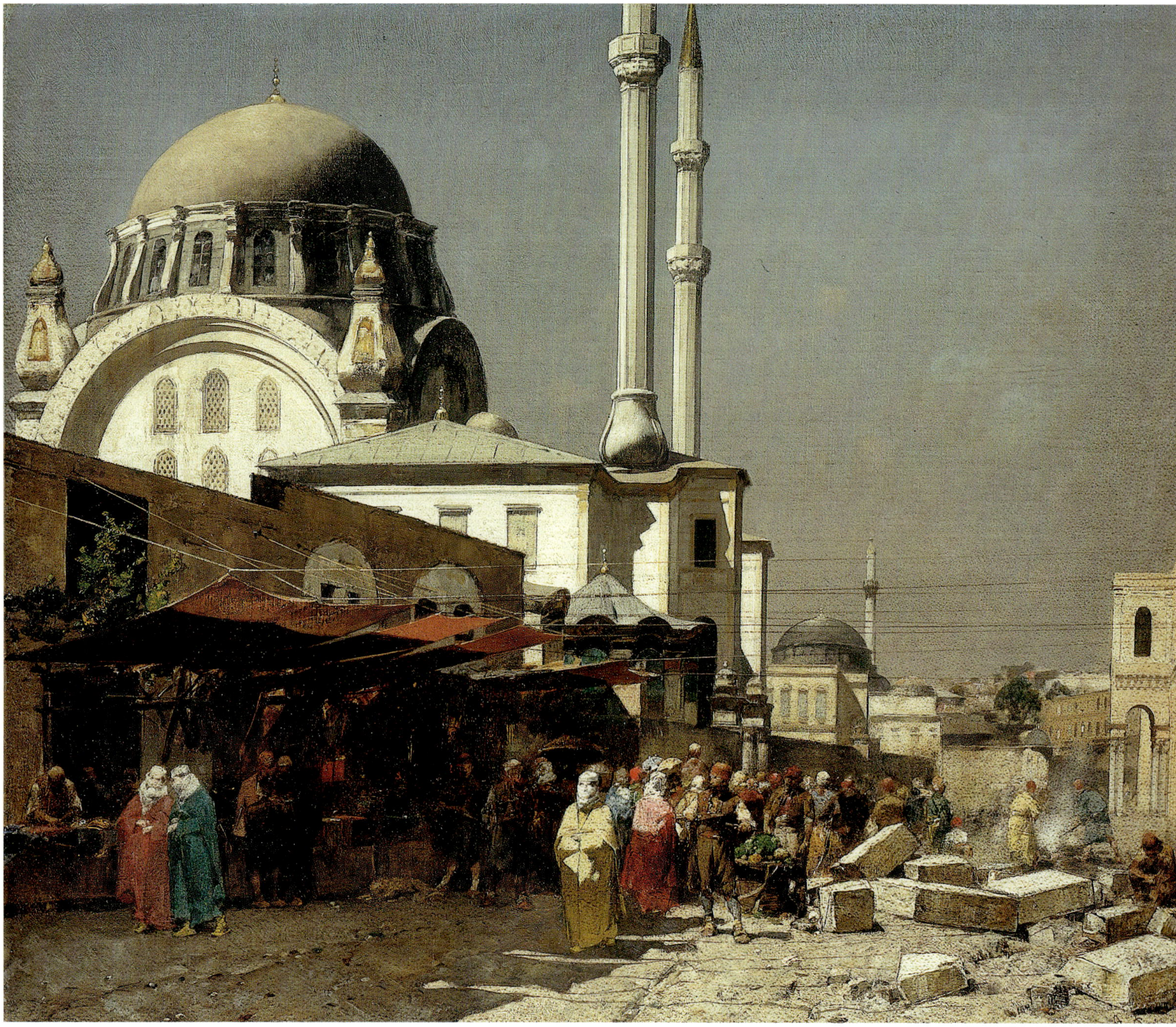

*Alberto PASINI.*
Marché dans le quartier de la mosquée Nuruosmaniye, 1868.
*Huile sur toile, 47,7 x 56,5 cm.*
*Collection particulière.*

*Alberto PASINI.*
Cavaliers et marchés devant la mosquée Yeni Djami.
*Huile sur toile, 82,6 x 67,3 cm.*
*Collection particulière.*

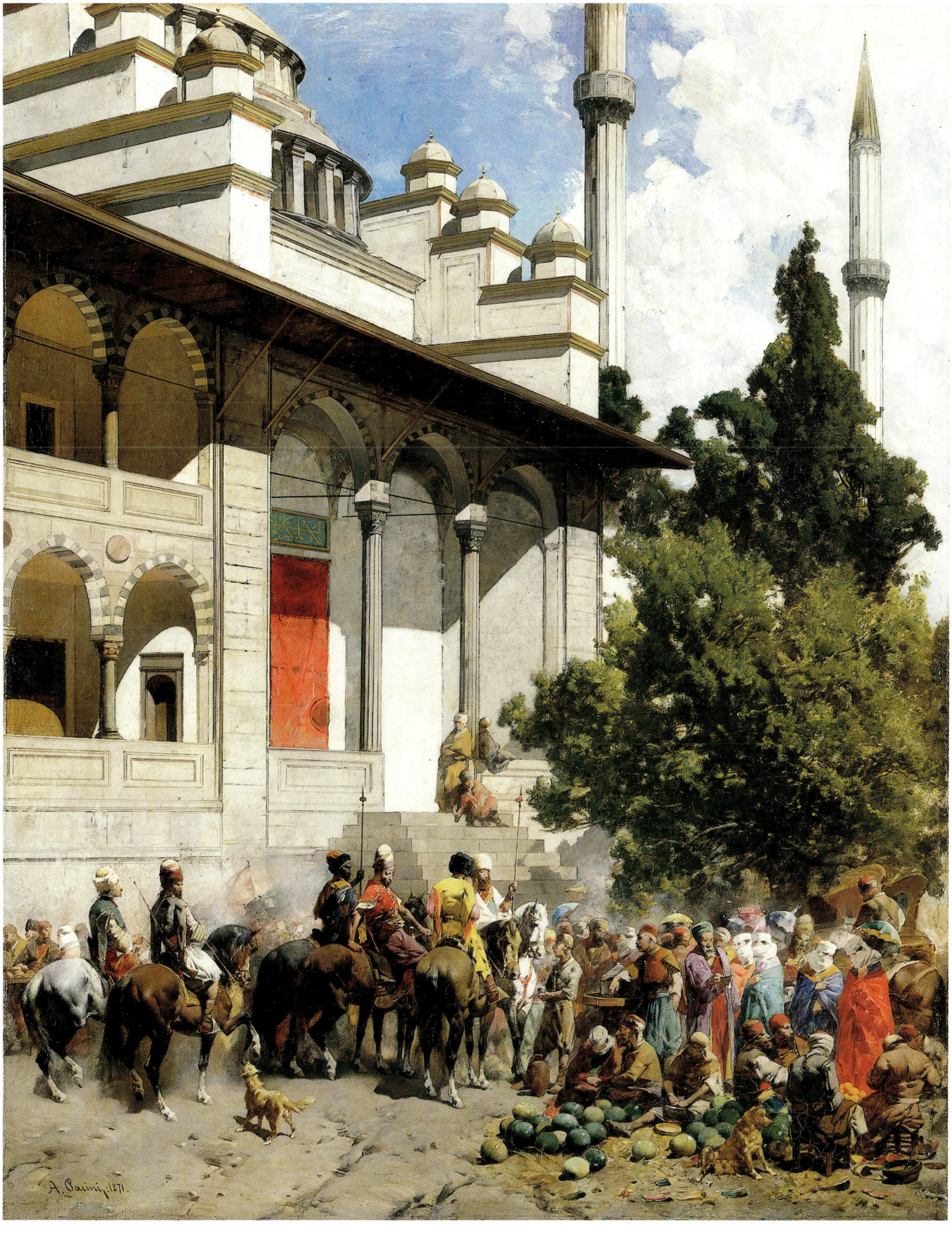

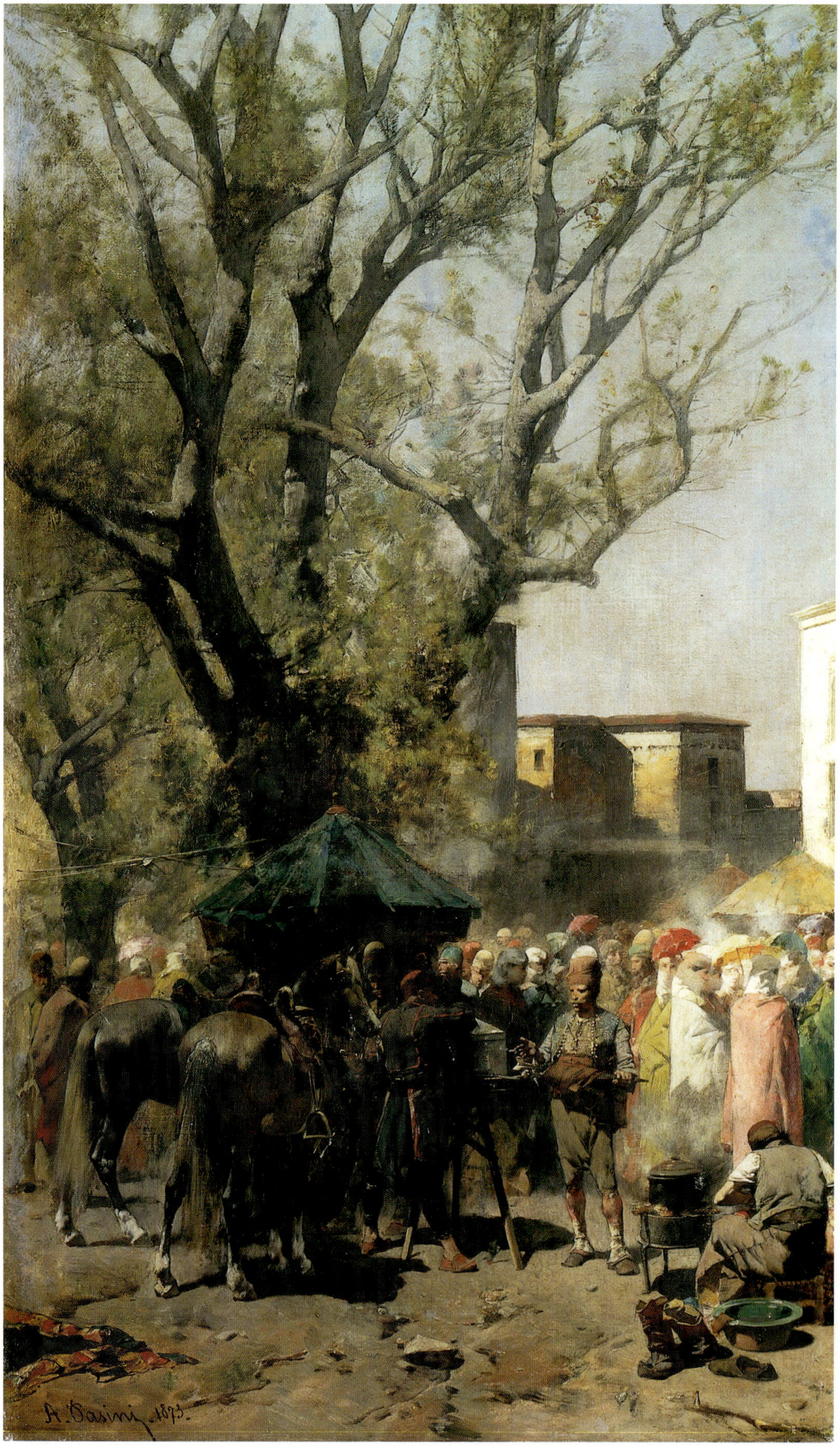


*Alberto PASINI.*
Un Festival à Constantinople, 1873.
*Huile sur toile, 80,2 x 48,3 cm.*
*Collection particulière.*

A droite :
*Alberto PASINI.*
Une Après-midi dans un *yalı*,
Constantinople, 1876.
*Huile sur toile, 75 x 61 cm.*
*Collection particulière.*

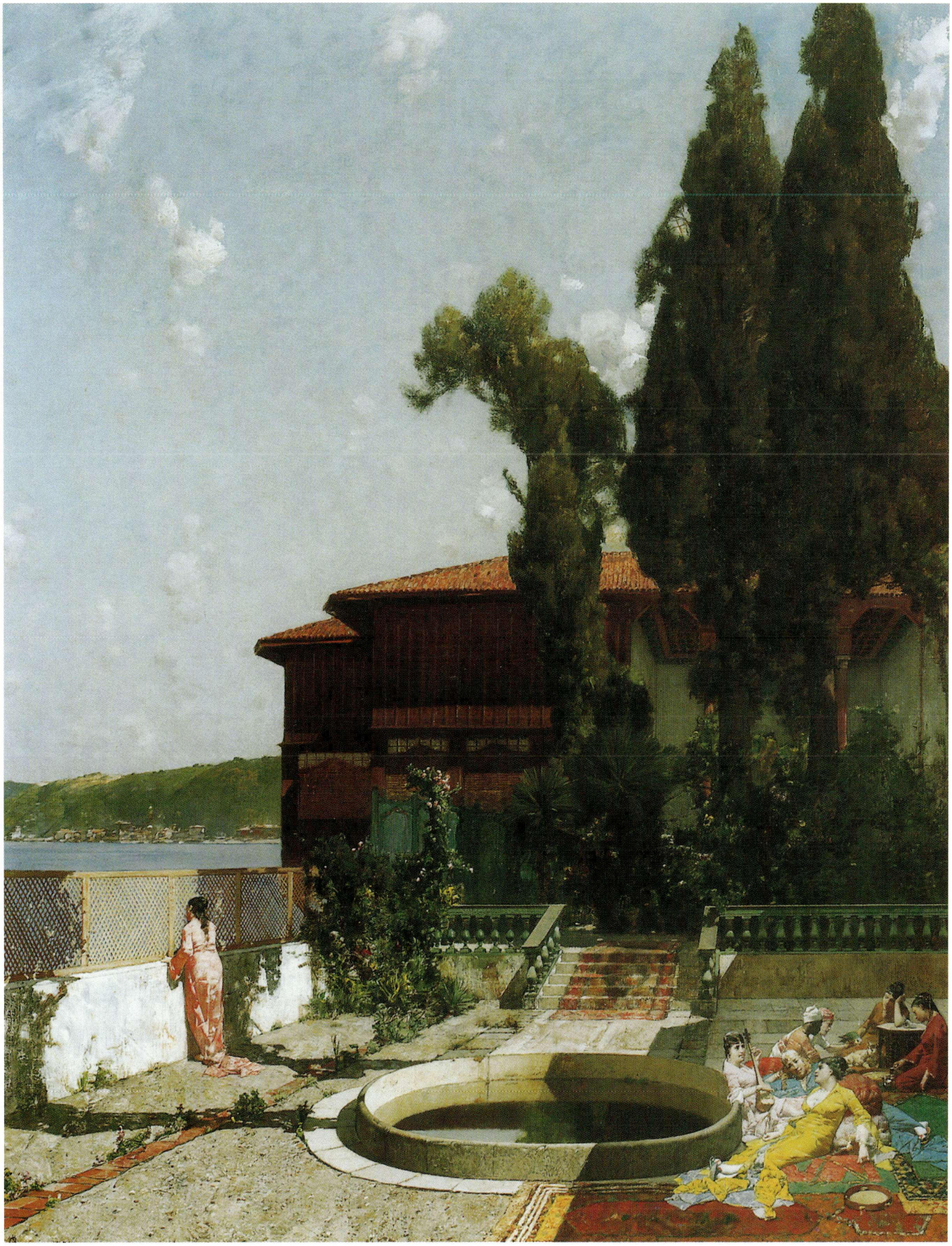

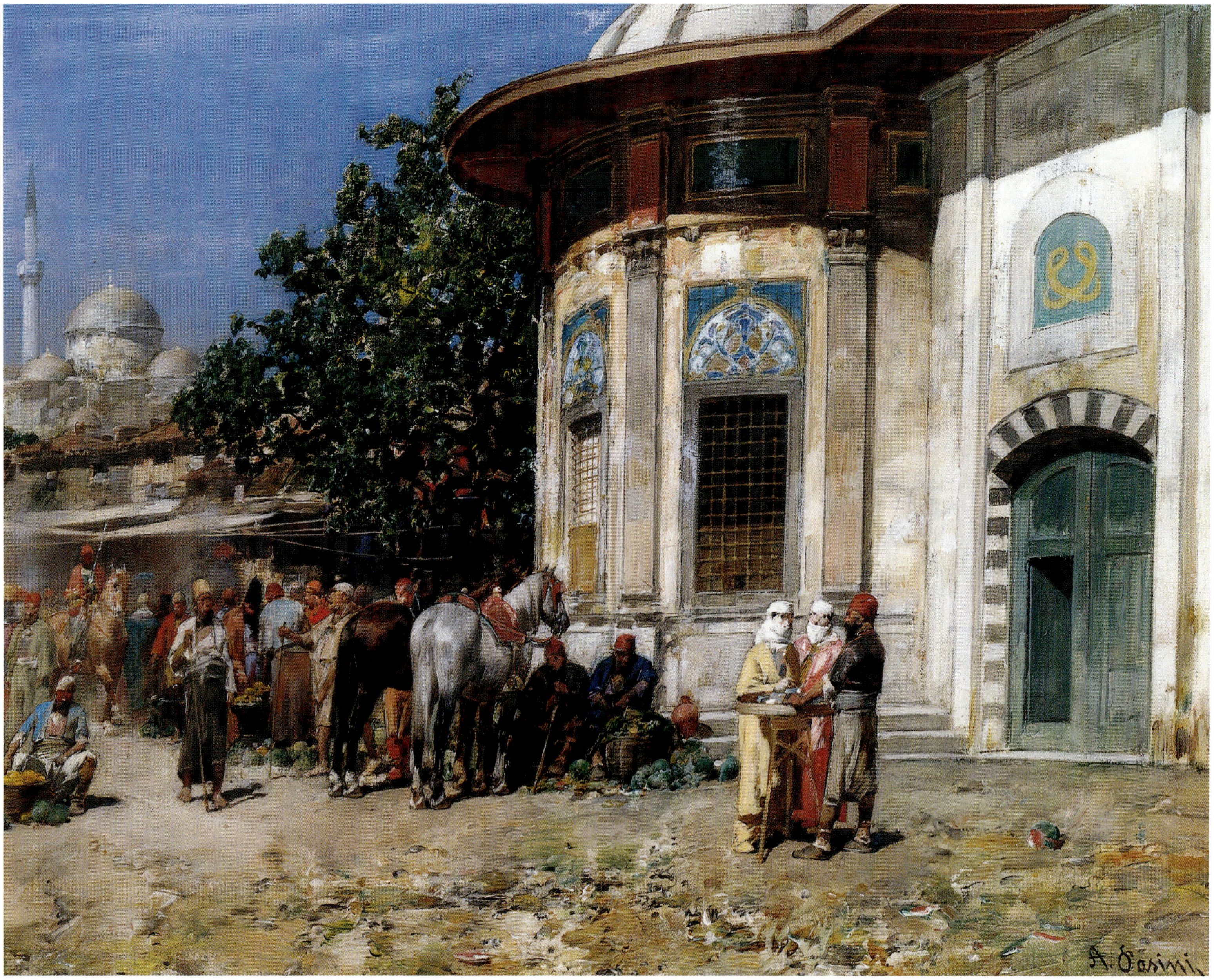

*Alberto PASINI.*
Marché animé devant la porte d'une mosquée.
*Huile sur toile, 27,3 x 34,6 cm.*
*Collection particulière.*

*Alberto PASINI.*
Un Coin du jardin du harem.
*Huile sur toile, 76 x 63,6 cm.*
*Collection particulière.*

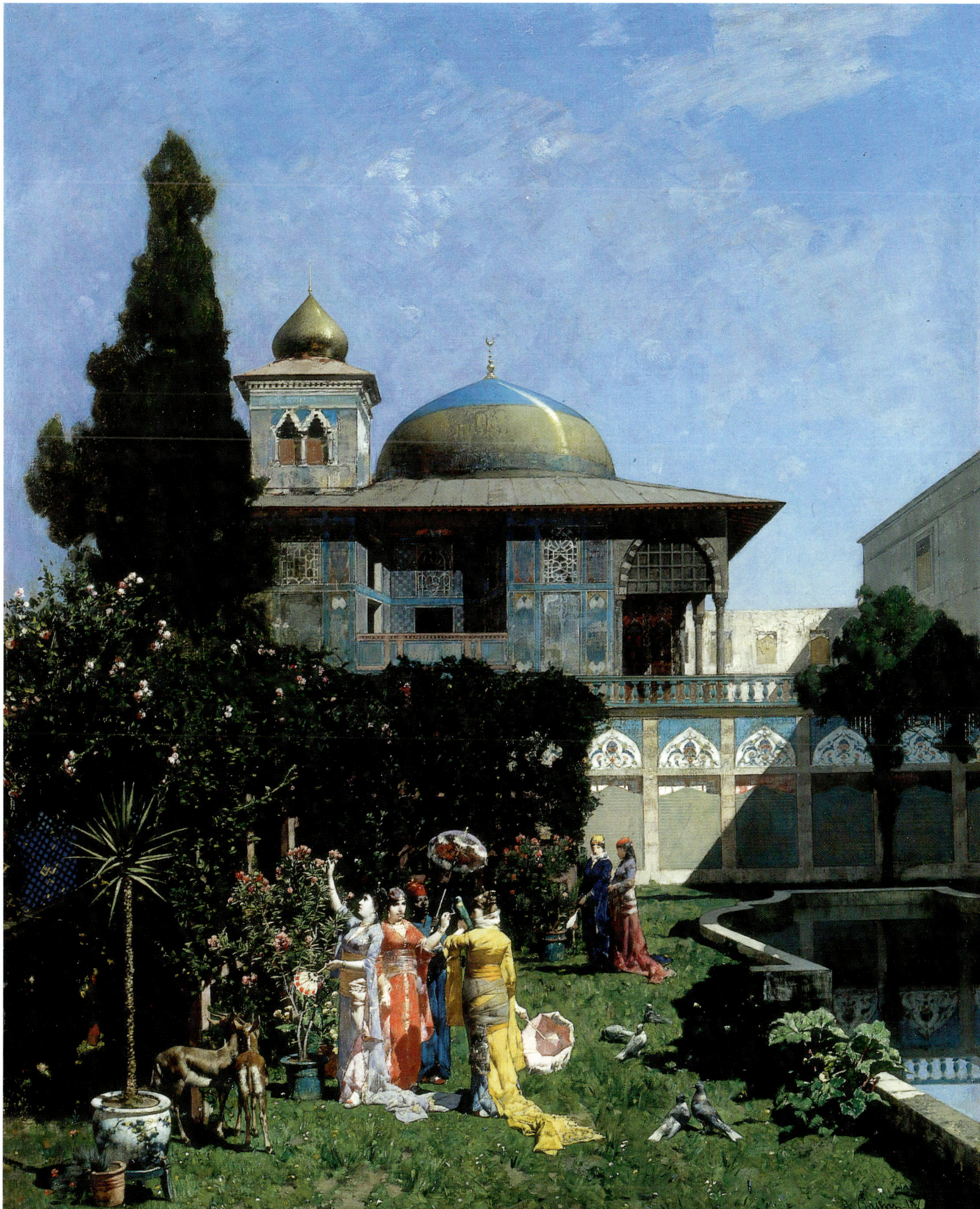

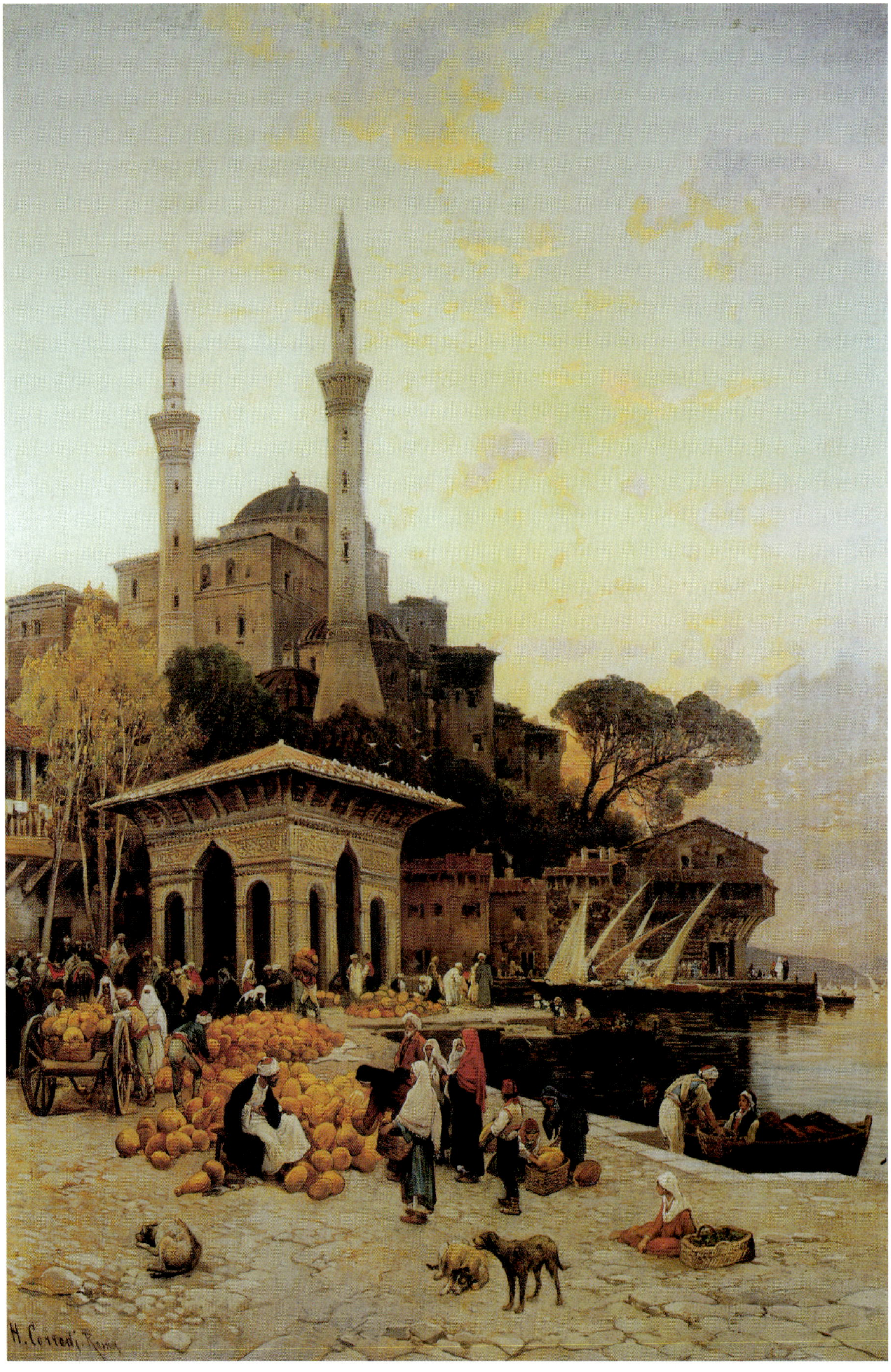
H. Corrodi Roma

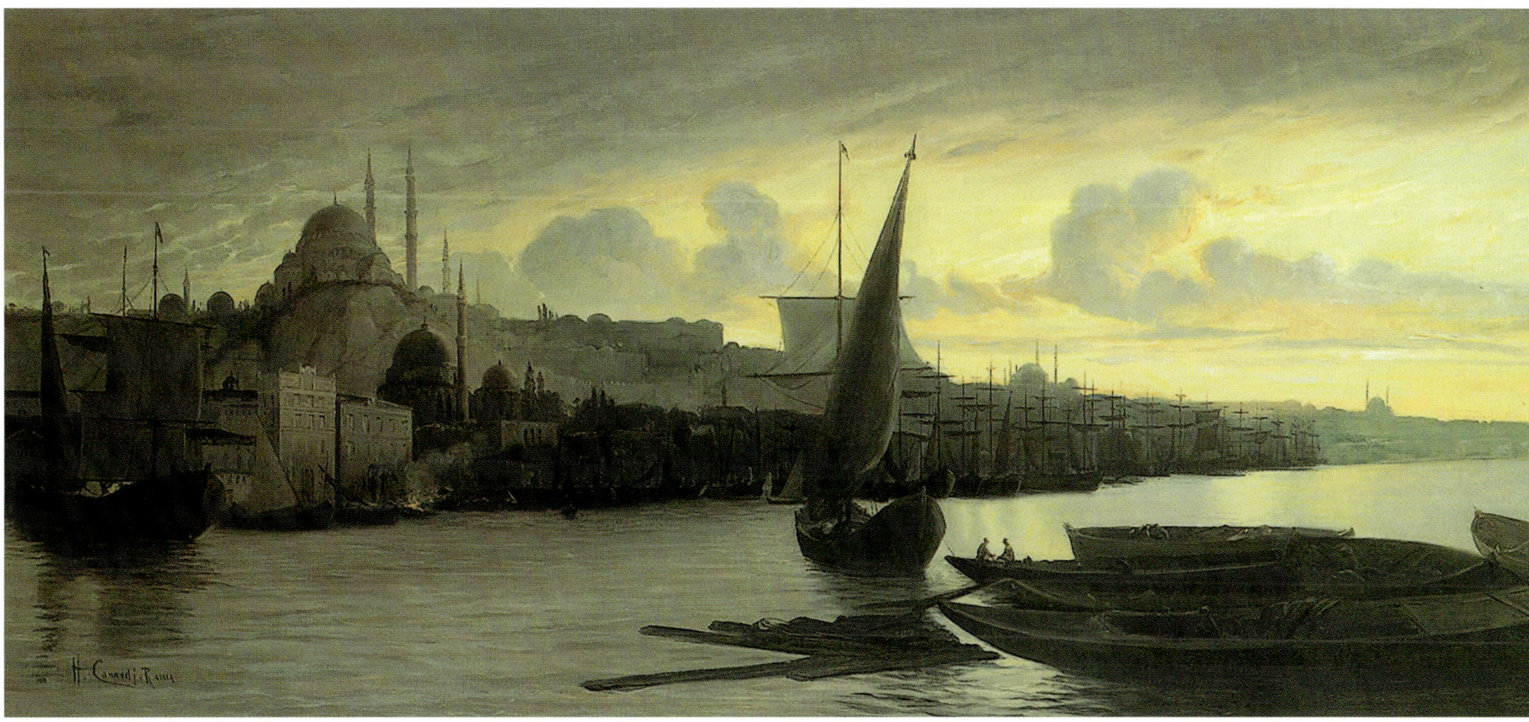

*Hermann CORRODI.*
Coucher de soleil à Constantinople.
*Huile sur toile, 68,5 x 152 cm.*
*Collection particulière.*

*Hermann CORRODI.*
Scène de marché sur le Bosphore.
*Huile sur toile, 194 x 132,5 cm.*
*Collection particulière.*

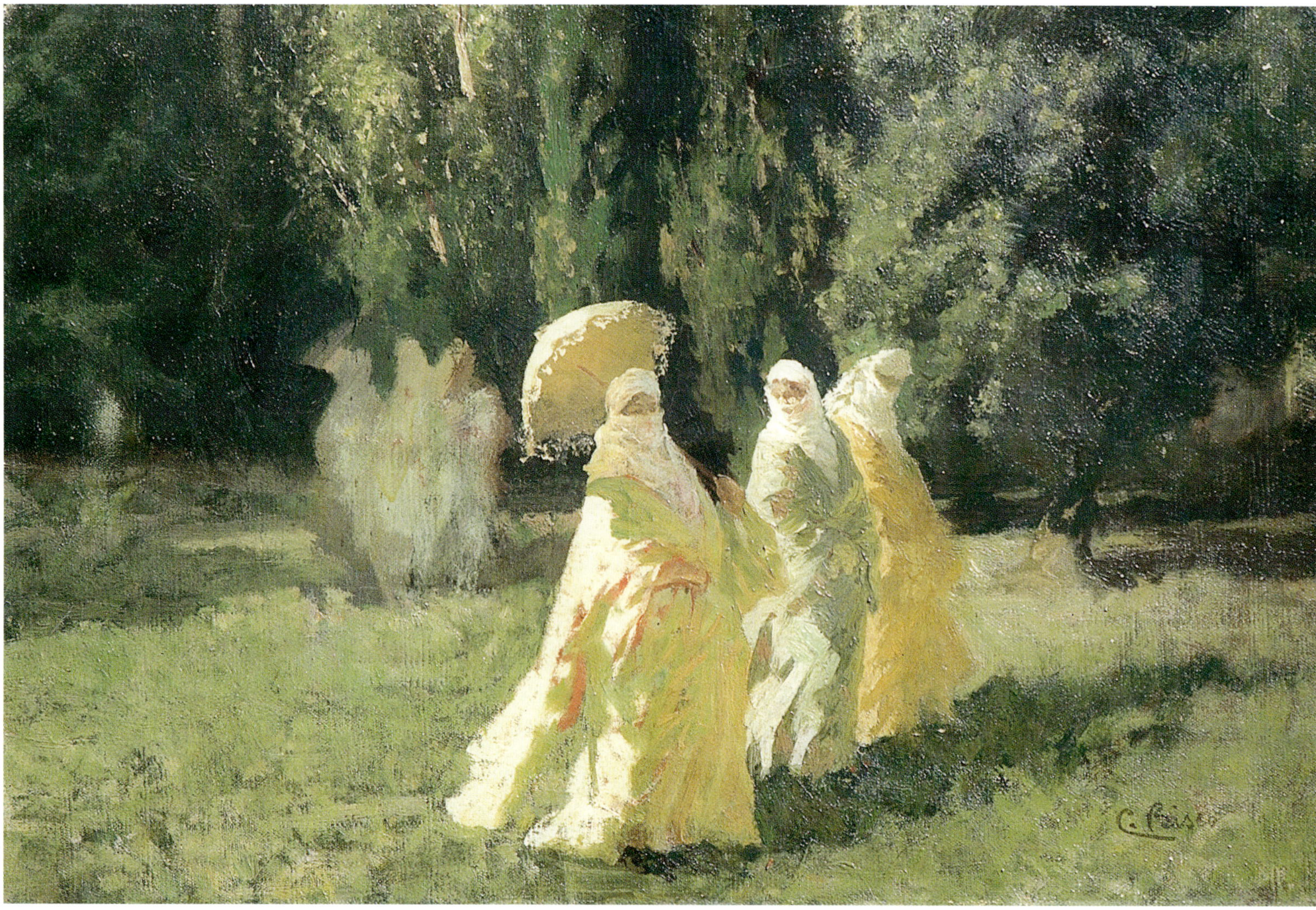


*Cesare BISEO.*
Les Favorites du harem dans le parc, vers 1880.
*Huile sur toile, 41 x 62 cm.*
*Piacenza, Galleria d'Arte Moderna Ricci Oddi.*

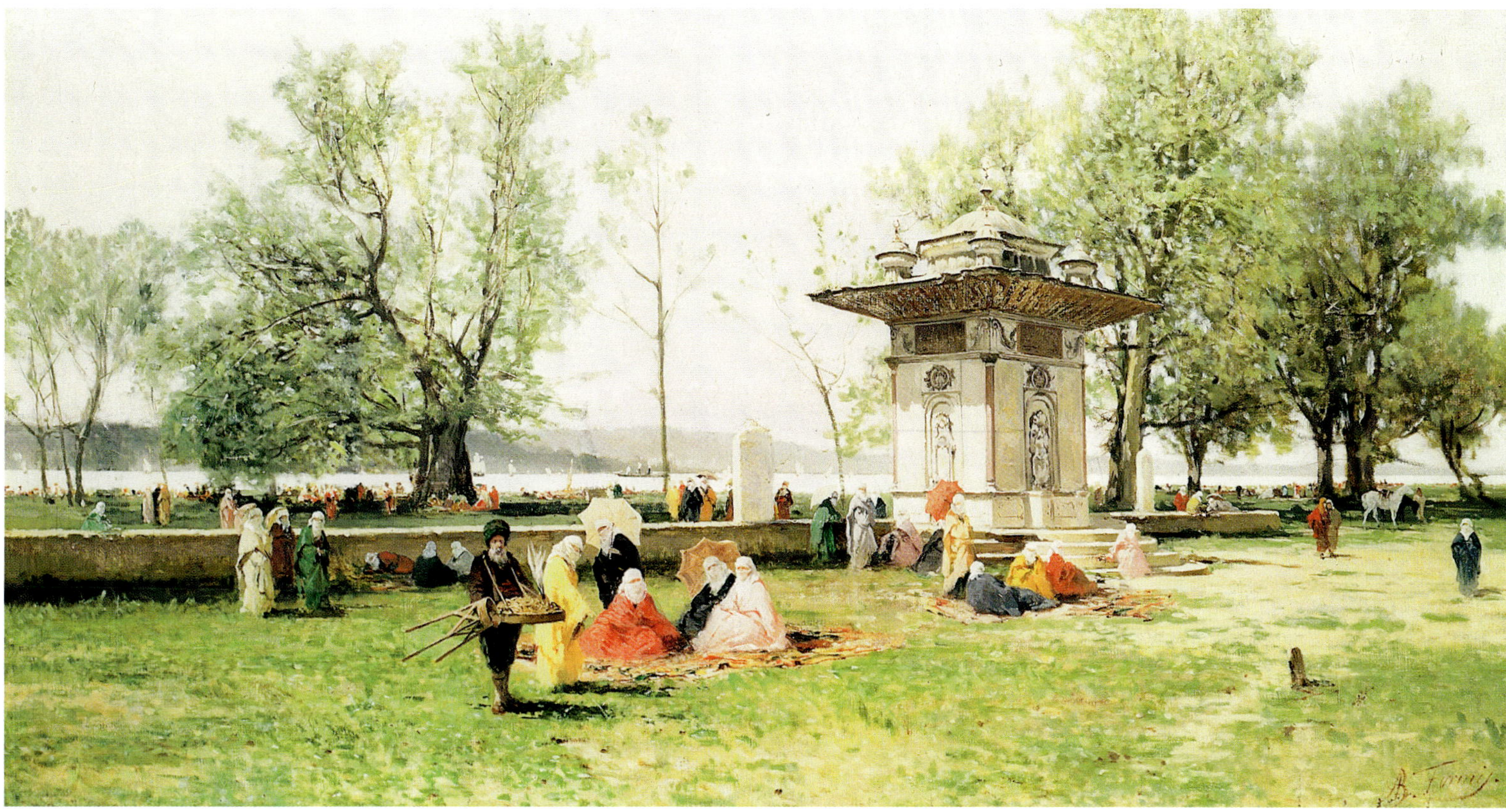

*Formis BEFANI.*
Femmes au bord du Bosphore.
*Huile sur toile, 64,2 x 124,5 cm.*
*Collection particulière.*
*Le vendredi, jour férié, les habitants de la capitale prennent plaisir à pique-niquer et à se promener le long du Bosphore. Les femmes revêtent leur* feradje *dont il existe toute une gamme de couleurs.*

# Les artistes germaniques[53]

L'Orientalisme dans les pays germaniques ne connaît pas l'élan collectif constaté en France et en Grande-Bretagne. L'Autriche, tout comme la Prusse, se montre peu attirée par l'Empire ottoman, dont le voisinage est encore ressenti comme une menace plus que comme une destination pittoresque. Il est à Vienne peu d'amateurs de tableaux islamiques et les voyageurs ne s'empressent pas, comme en France, de rapporter de leur périple des sujets providentiels.

Le plus ancien ensemble autrichien de motifs orientaux réalisé « d'après la nature » est dû à Thomas Ender (1793-1875), pendant et immédiatement après son séjour en Orient en 1837. Peintre attitré de l'archiduc Johann, frère de l'empereur François Ier, Ender dirigeait un atelier de peinture de paysages à l'Académie de Vienne. Il accompagna l'archiduc dans ses voyages diplomatiques en Crimée, à Constantinople, à Smyrne et à Athènes, réalisant plus de trois cents aquarelles. Bien qu'il ne séjourna qu'une dizaine de jours dans la capitale ottomane, Ender parvint à donner un bref aperçu de la vie en Turquie : *Café à Péra*, *Procession religieuse*, *Derviches dansant*, etc. Ses vues, riches en détails, présentent une heureuse combinaison d'art graphique et pictural qui est la marque des peintres autrichiens du réalisme Biedermeier.

La révolution de 1848, qui précipita la chute de Metternich, aboutit à un assouplissement de la politique intérieure autrichienne et ouvrit une nouvelle ère de contacts avec l'Orient. Les occasions de voyage se multiplièrent.

Plusieurs albums et récits, richement illustrés, virent le jour sous la plume d'artistes comme Ludwig Karl Libay (1814-1888), peintre originaire de la Slovaquie hongroise mais formé à Vienne. Il fut le premier en Autriche à publier sous la forme d'un album de lithographies les aquarelles qu'il réalisa en Égypte et en Turquie en 1855-56, sous le titre *Reisebilder aus dem Orient* (Vienne, 1857, 60 pl.).

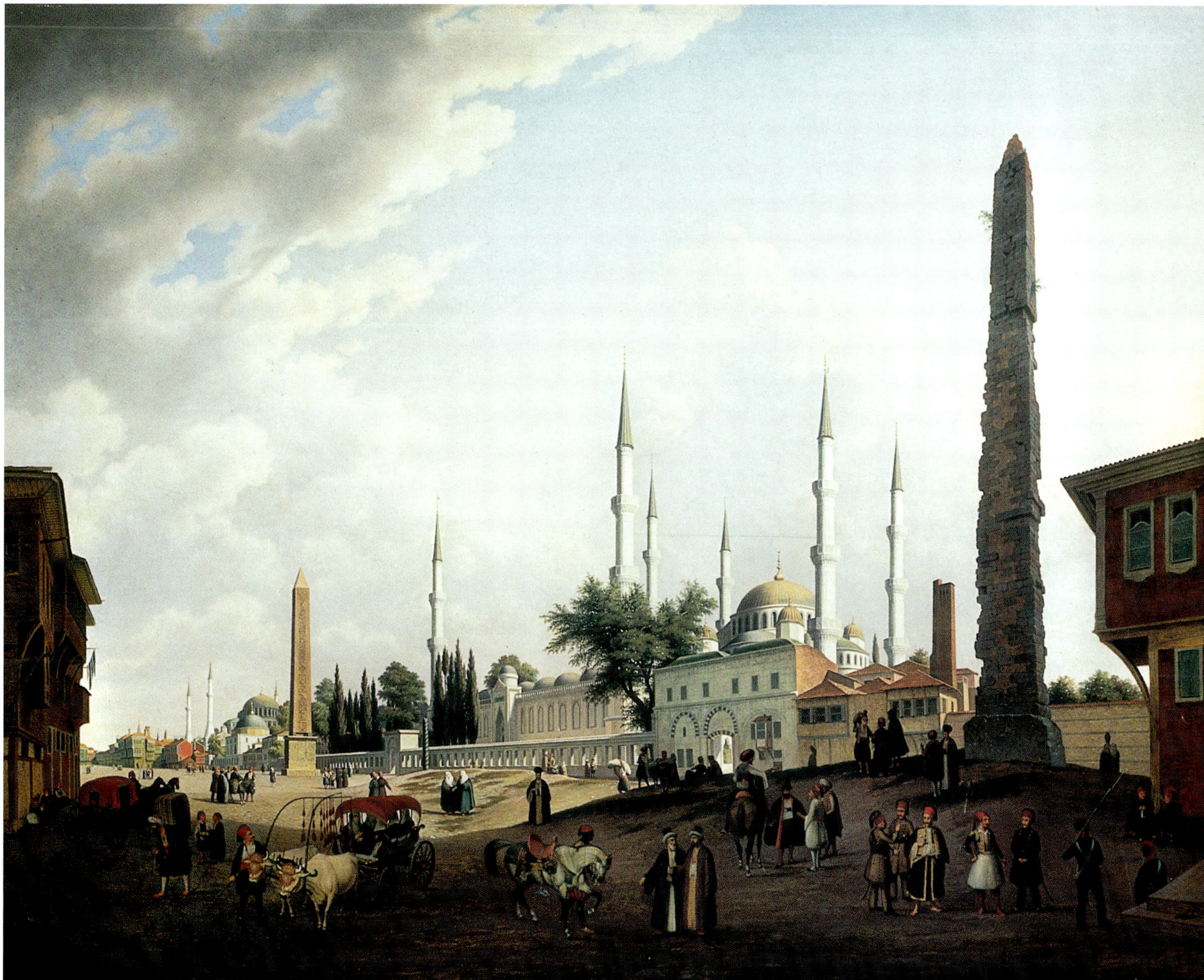

*Hubert SATTLER.*
Place de l'Hippodrome, ou At Meidanı, à Constantinople.
*Huile sur toile, 104 x 132,5 cm.*
*Salzbourg, Carolino Augusteum, Salzburger Museum für Kunst und Kulturgeschichte.*
*Dans un style très particulier, Sattler peint la place de l'Hippodrome et la Mosquée Bleue. On distingue à gauche l'obélisque de Théodose et la colonne serpentine ; à droite, l'obélisque muré.*

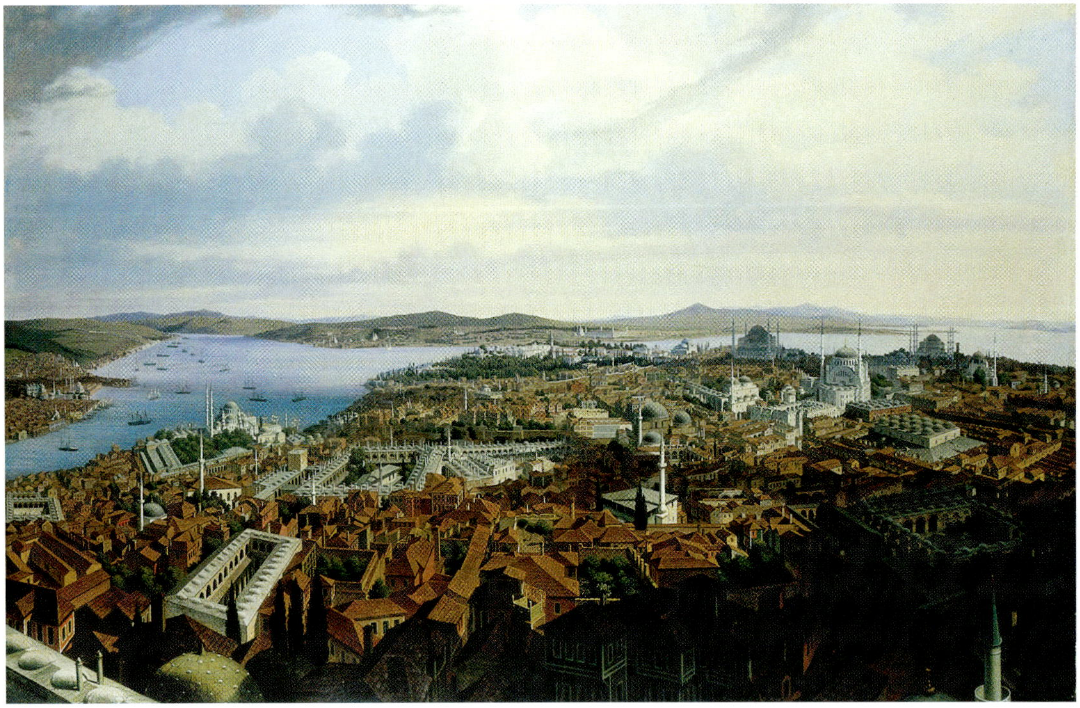

Ci-contre et page de droite :
*Hubert SATTLER.*
Panorama de Constantinople, 1844.
*Londres, The Fine Art Society.*
*Pour réaliser ce panorama, Sattler s'est probablement installé au sommet d'un des minarets de la mosquée Fatih. De là, il peut embrasser tous les quartiers de Constantinople.*

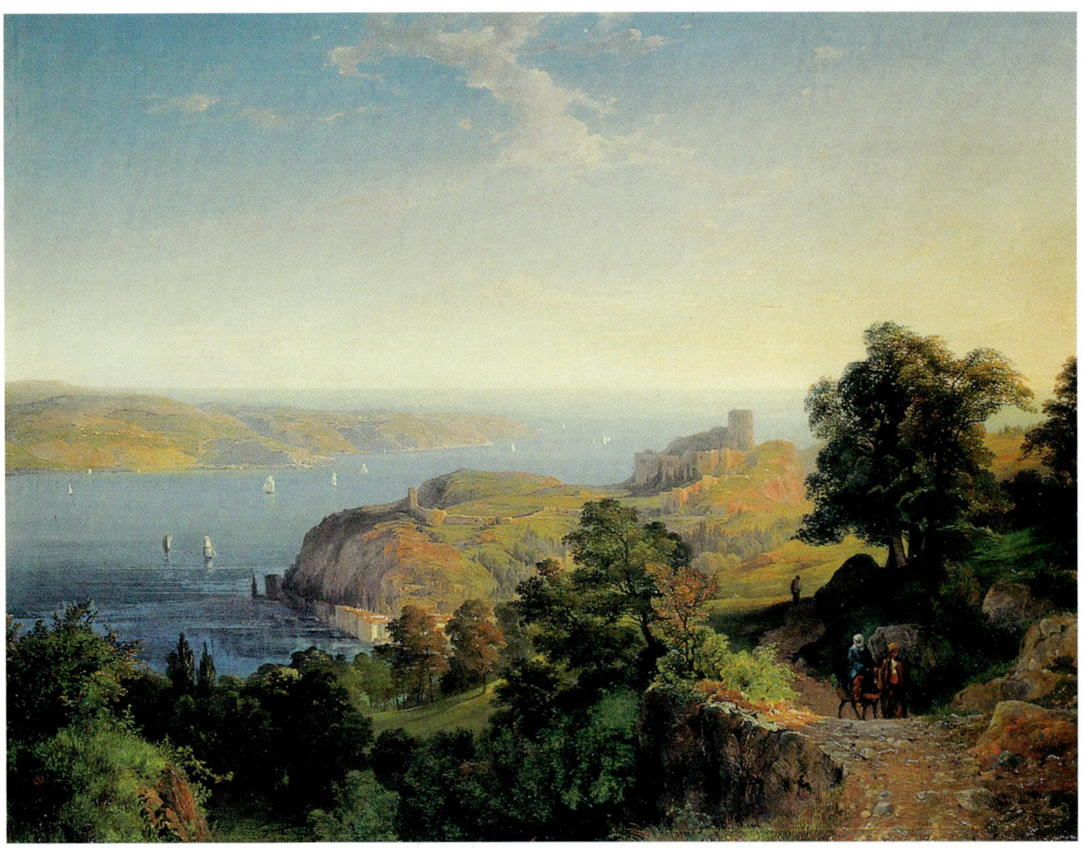

*Emanuel STÖCKLER.*
Vue du détroit du Bosphore sur la mer Noire.
*Vienne, Österreichische Galerie Belvedere.*
*Stöckler nous dévoile ici sa vision romantique du Bosphore. Elle n'est pas sans rappeler les œuvres de ses contemporains sur le Rhin.*

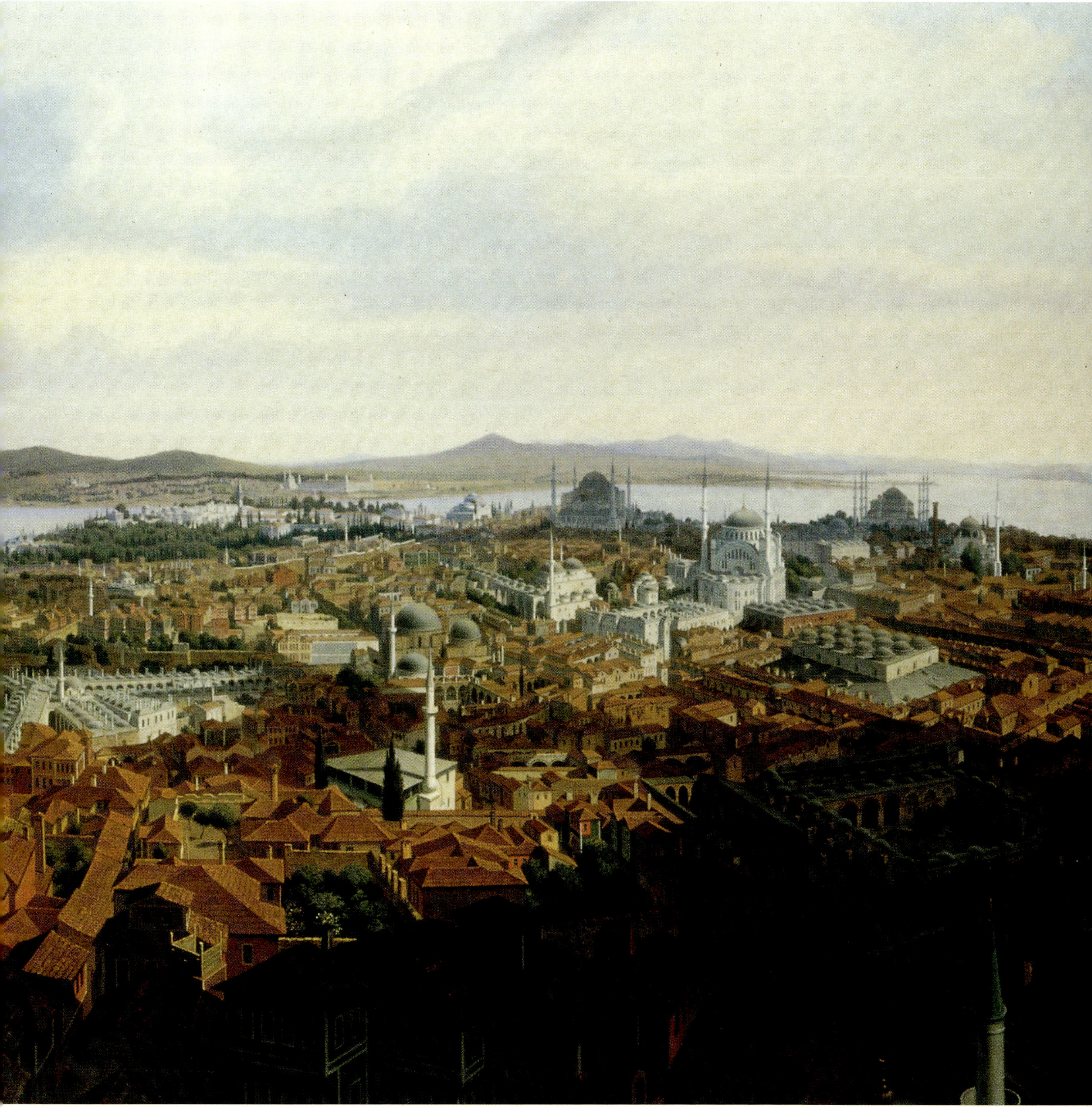

Les meilleures productions autrichiennes montrent la percée d'une conception picturale nouvelle et plus libre, qui devait peu à peu prendre la relève de la tradition, encore très vivace durant la seconde moitié du XIXe siècle, du Biedermeier tardif de l'Académie de Vienne. Parmi les représentants de cette nouvelle tendance figurent Peter-Johann-Nepomuk Geiger (1805-1880), qui accompagna le grand-duc Maximilien et son frère Charles Louis dans un voyage en Méditerranée en 1850, Alois Schönn (1826-1897) – qui voyagea en Tunisie, en Égypte et en Asie Mineure en 1852-1853 –, Hubert Sattler (1817-1904), peintre de panoramas avant tout, Emanuel Stöckler (1819-1893).

En dépit de l'intérêt précoce de Goethe pour la poésie orientale – comme en témoignent *Notes et commentaires sur le Divan occidental-oriental* (1819) – les artistes allemands, soumis aux influences éclatées des différentes écoles ou académies, furent peu enclins à l'exotisme avant les années 1880. L'histoire nationale est plus volontiers mise en avant. Seule exception notable avant les années 1830, le peintre Georg Opiz (1775-1841), à qui l'on doit de nombreuses gouaches et aquarelles de la vie ottomane.

Les entreprises touristiques et artistiques existent, encouragées par les nombreux séjours en Orient de l'empereur et de sa famille. En 1833, le prince héritier Maximilien de Bavière entreprend un voyage qui le conduit en Tunisie, à Smyrne, à Constantinople et à Athènes où son frère, Othon, vient de monter sur le trône. A cette occasion, il est accompagné par le peintre d'histoire munichois Johann Michael Wittmer (1802-1880) qui réalise de nombreuses esquisses des sites visités et compose en 1837, en l'honneur du séjour du prince à Constantinople, le premier grand tableau orientaliste allemand : *Eaux-Douces d'Asie*. Avec une minutie toute Biedermeier, Wittmer peint la rive du Bosphore grouillant d'une foule pittoresque ; à droite de la toile se tient le groupe des voyageurs bavarois. Dès son retour, Maximilien fera construire une « chambre turque » au château néo-gothique de Hohenschwangau en Bavière et, cette fois encore, Wittmer livrera des esquisses pour les ornements iconographiques.

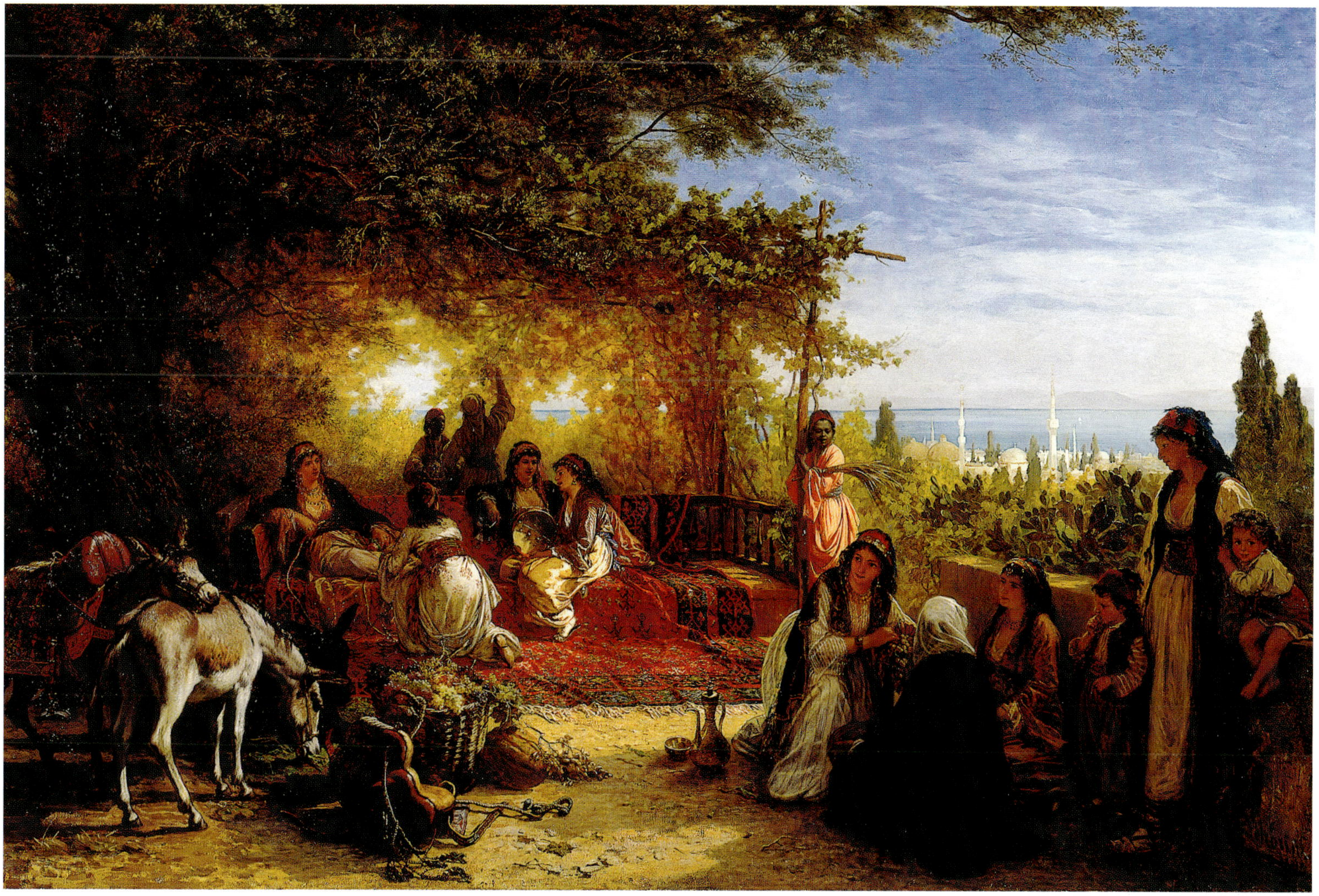

*Alois SCHÖNN.*
Le Repos sous les ombrages, 1871.
*Huile sur toile, 107 x 163 cm.*
*Collection particulière.*
*Le public autrichien apprécie beaucoup chez Schönn non seulement son souci du détail et des couleurs vives, mais surtout ses représentations imaginaires de la vie quotidienne sur les bords du Bosphore.*

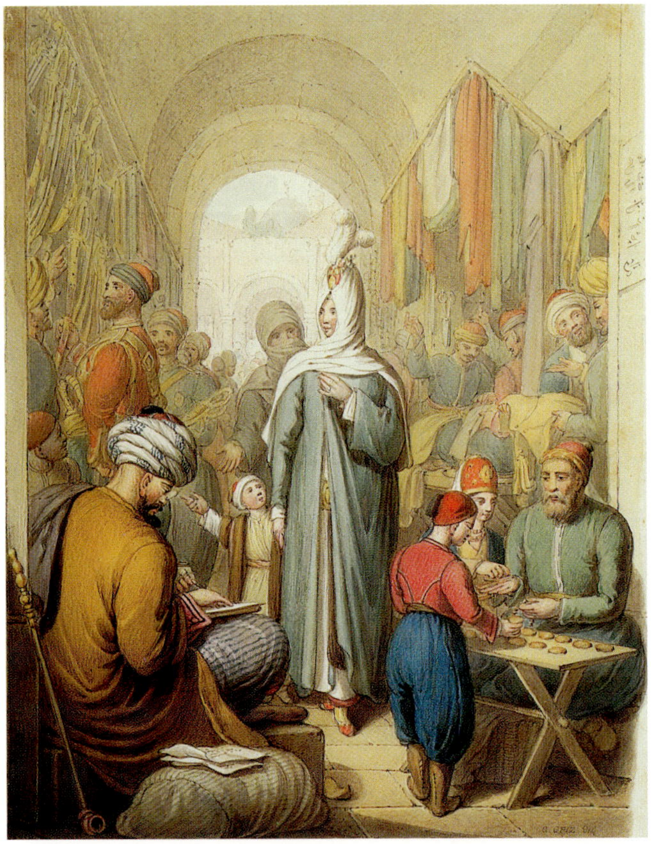

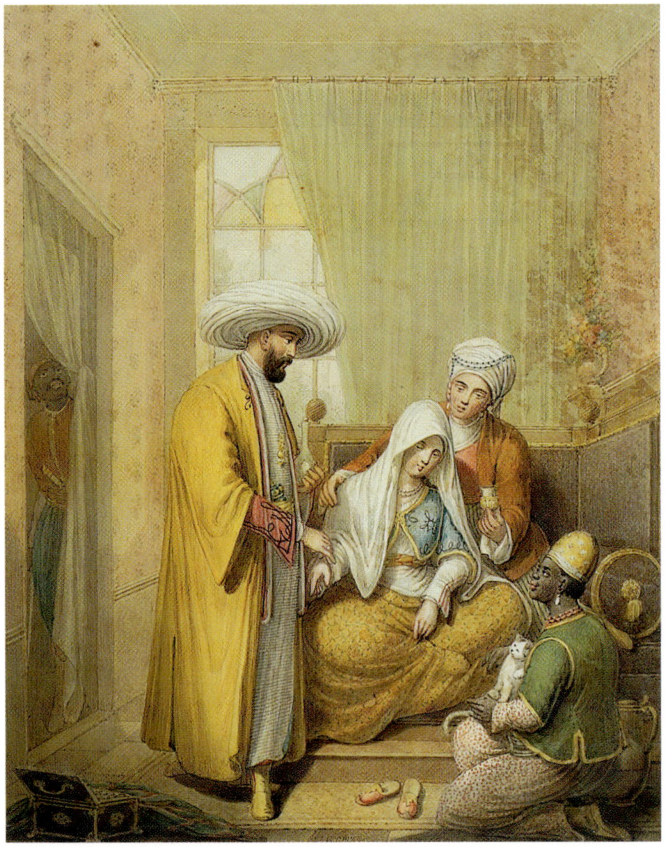

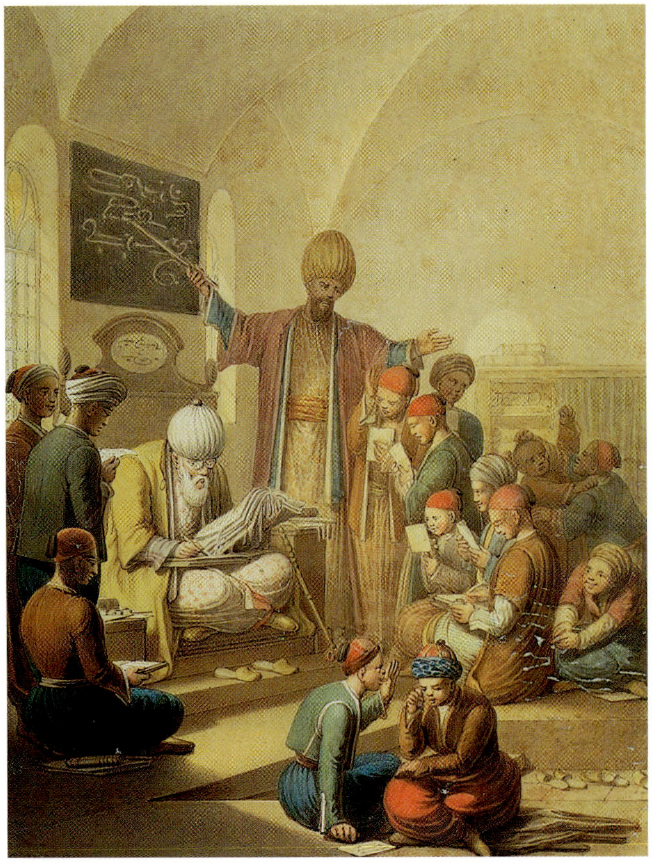

*Georg Emanuel OPIZ.*
Le Bazar.
*Aquarelle, 39,5 x 25 cm.*
*Paris, Bibliothèque nationale de France, Cabinet des estampes.*

*Georg Emanuel OPIZ.*
El Hakim ou le médecin.
*Aquarelle, 43,5 x 35 cm.*
*Paris, Bibliothèque nationale de France, Cabinet des estampes.*

*Georg Emanuel OPIZ.*
École musulmane.
*Aquarelle, 43 x 34,5 cm.*
*Paris, Bibliothèque nationale de France, Cabinet des estampes.*

A droite :
*Georg Emanuel OPIZ.*
L'Esclave présentée au pacha.
*Aquarelle, 42 x 35 cm.*
*Collection particulière.*

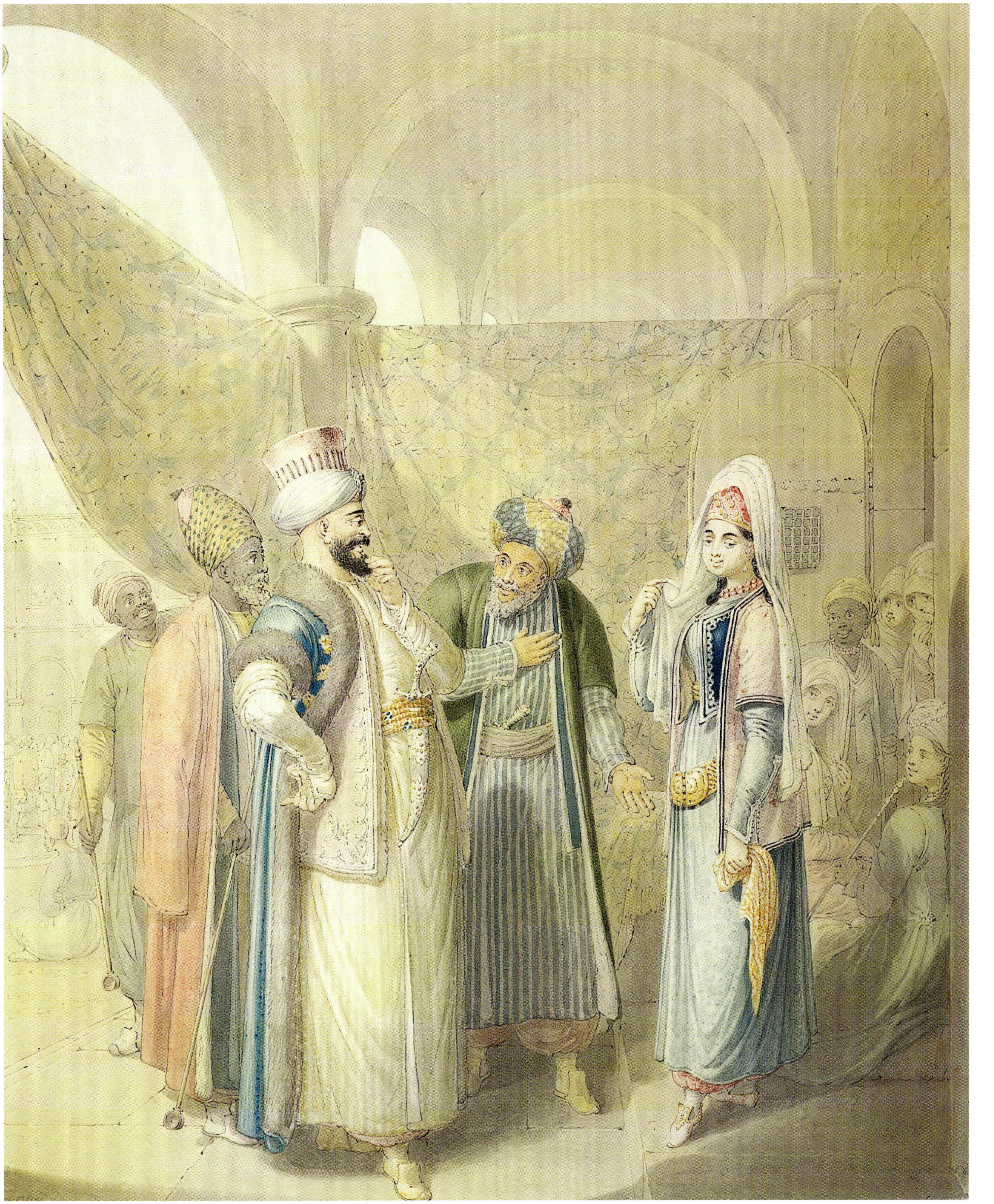

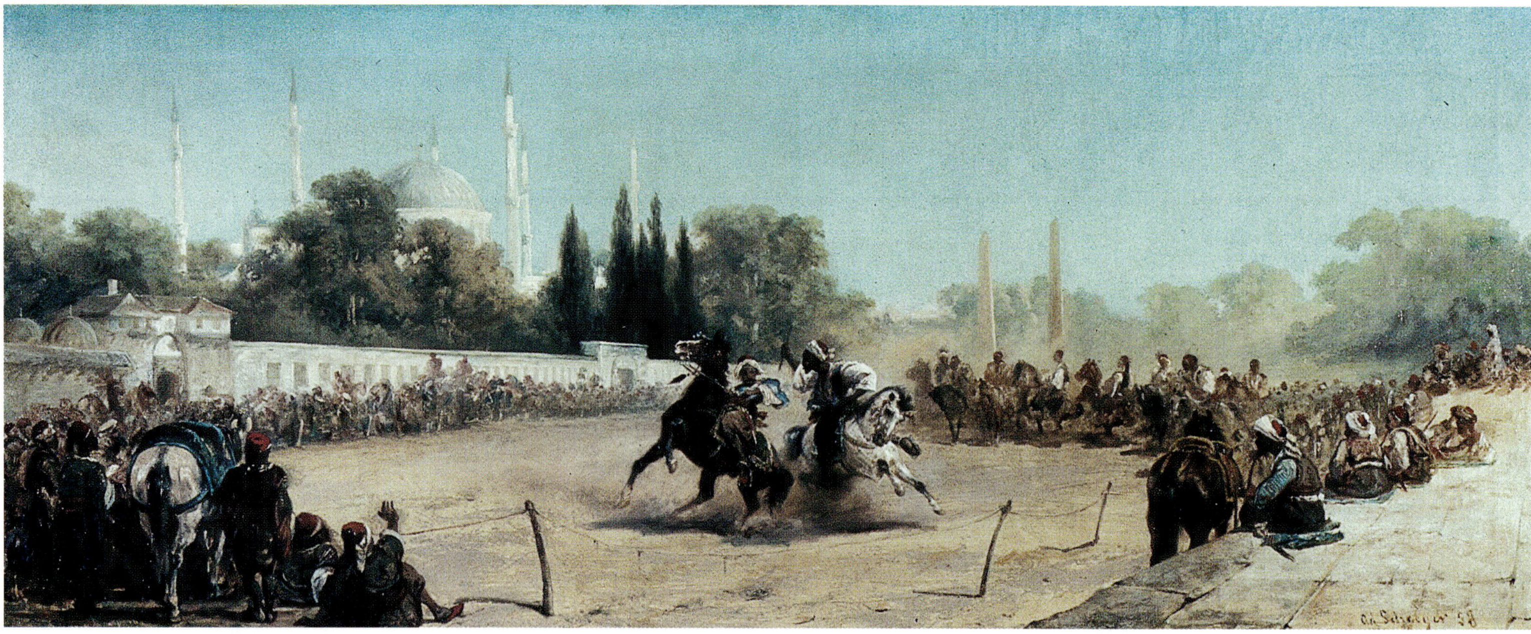

*Adolf* SCHREYER.
Joutes équestres sur l'Hippodrome de Constantinople, 1858.
*Huile sur toile, 44,3 x 112 cm.*
*Collection particulière.*
*Schreyer dépeint dans cette œuvre de jeunesse la place de l'Hippodrome animée par des cavaliers. Depuis son voyage en Algérie en 1861, sa peinture est dominée par les représentations de chevaux arabes.*

Au fil des ans, les voyages de peintres allemands en Orient se multiplient. En 1853, Bernhard Fiedler (1816-1904) accompagne l'envoyé impérial, Karl Ludwig von Bruck, à Constantinople. Il voyage en Asie Mineure, Syrie, Palestine et Égypte à la requête du roi de Prusse. L'année suivante, il guide le duc de Brabant, le futur roi Léopold II de Belgique, dans un voyage en Orient, qui emprunte à peu près le même itinéraire. Citons encore les séjours en Turquie de Eduard Hildebrandt (1818-1869), Carl Werner (1808-1894) et Adolf Schreyer (1828-1899), qui consacre l'essentiel de sa peinture aux chevaux arabes.

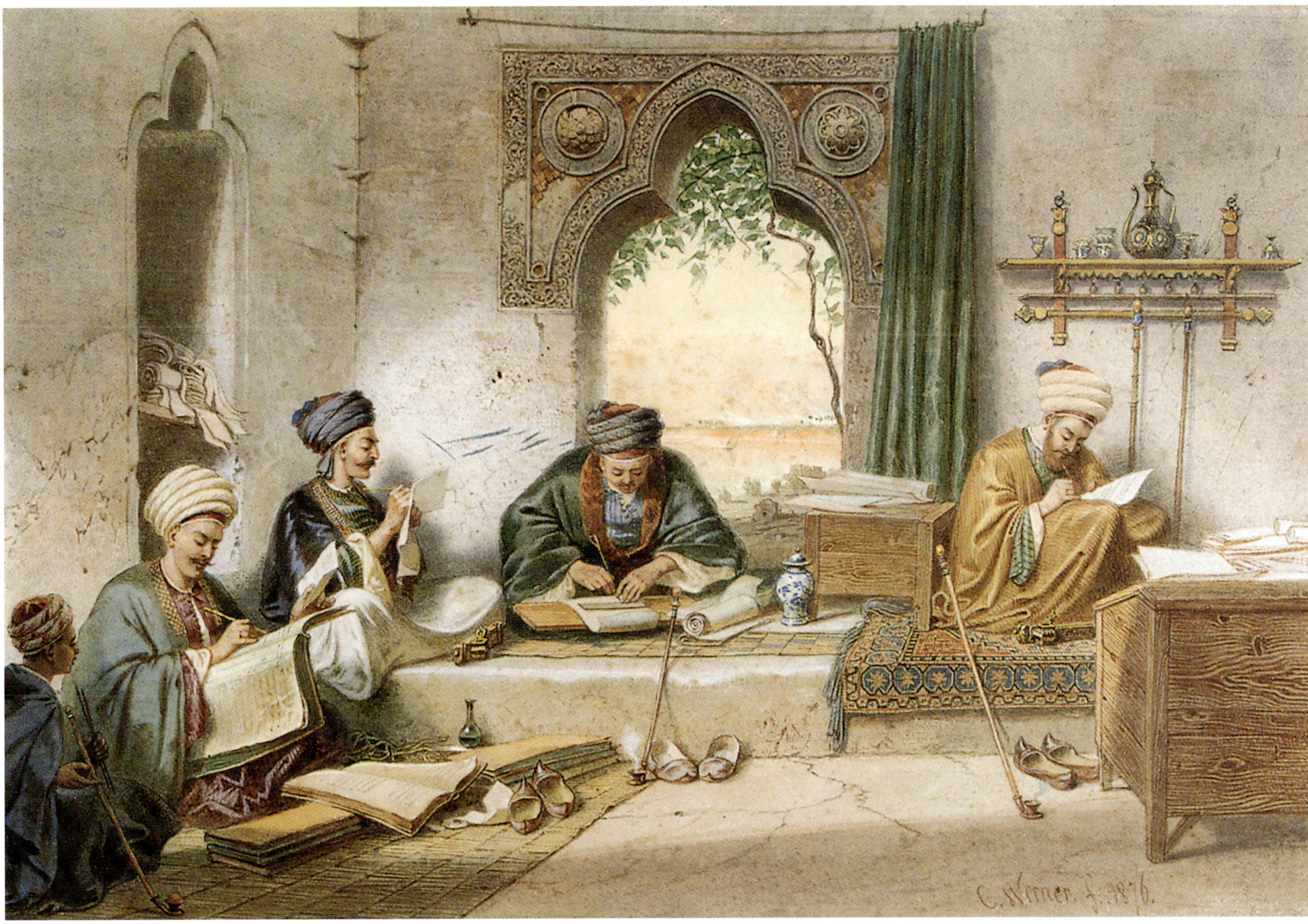


*Carl WERNER.*
Écrivains publics en Turquie, 1876.
*Aquarelle, 34,3 x 50,2 cm.*
*Collection particulière.*
*L'écriture, comme la copie de textes, constitue dans le monde islamique un métier très considéré. On écrit avec des calames de roseau dont la pointe a été taillée. Les copistes sont assis sur le sol ou sur des coussins, la feuille posée directement sur un genou relevé, avec ou non l'aide d'un sous-main.*

# Les pays du Nord

A ce jour, on connaît peu d'artistes originaires des pays du Nord à avoir représenté la Turquie en peinture.

Ministre résident de Suède en poste à Constantinople de 1824 à 1827, Carl Gustaf Löwenhielm (1790-1858) fut probablement le premier artiste suédois, après Cornelius Loos (1686-1738) au XVIIIe siècle, a avoir peint la capitale ottomane. La bibliothèque universitaire d'Uppsala conserve près de cent cinquante dessins et aquarelles réalisés lors de son séjour[54].

C'est en compagnie de l'architecte suédois Gottlieb Bindesbøll, futur architecte du Thorvaldsens Museum, que le peintre danois Martinus Rørbye (1803-1848) visite le sud de l'Italie puis gagne la Turquie en passant par Athènes et Smyrne. Il arrive à Constantinople la veille de noël 1836 et y séjourne jusqu'au mois de février 1837[55].

En avril 1841, l'écrivain et conteur danois Hans-Christian Andersen séjourna quelques jours à Constantinople, le temps d'assister à une cérémonie des derviches de Péra (ce qui donnera un chapitre de son *Bazar du poète*, 1842). Avant de poursuivre son périple sur un bateau à vapeur à destination de Constanza et du Danube, il a le temps de réaliser trois dessins sur place : l'un représente des derviches tourneurs ; deux autres, conservés au musée Andersen d'Odense, reproduisent une vue de Péra à partir de la porte de l'ambassade autrichienne et des tombes turques, daté 25 avril 1841[56].

D'abord constructeur de navires, puis musicien, le peintre danois Anton Melbye (1818-1875) obtint successivement la faveur de Christian VIII, roi du Danemark, grâce à qui il effectue un voyage au Maroc en 1843 (ou 1848), de Louis-Philippe et de Napoléon III. En 1853, il profite de son séjour à Constantinople, en qualité d'attaché d'ambassade, pour réaliser de superbes marines.

Mariée au sculpteur danois Jens Adolf Jerichau, Elisabeth Jerichau-Baumann (1819-1881) fut la seule peintre danoise à séjourner en Orient. Elle séjourne une première fois en Turquie en 1869-1870, puis en 1874-1875 en compagnie de son fils et quatrième enfant Harald Jerichau (1851-1878), lui-même excellent peintre. En souvenir de son fils qui mourut trois ans plus tard à Rome, elle publia le journal de ses différentes impressions de voyages (*Brogede Rejsebilleder/Motley Images of Travel*, Copenhague, 1881) dont la plupart des planches furent publiées dans *The Illustrated Journal*. En tant que femme, elle eut le privilège d'être admise au harem grâce à une lettre de recommandation de la princesse de Galles (la princesse Alexandra du Danemark, fille du roi Christian IX et femme d'Édouard, prince de Galles, futur roi Édouard VII de Grande-Bretagne).

C'est à Constantinople que l'artiste suédois Fritz Ludwig von Dardel (1817-1901) se rend en 1884, et que, deux ans plus tard, son compatriote Anders Zorn (1860-1920) effectue son voyage de noces. Il a le temps de faire quelques aquarelles avant d'être frappé par une attaque de typhoïde qui faillit lui être fatale.

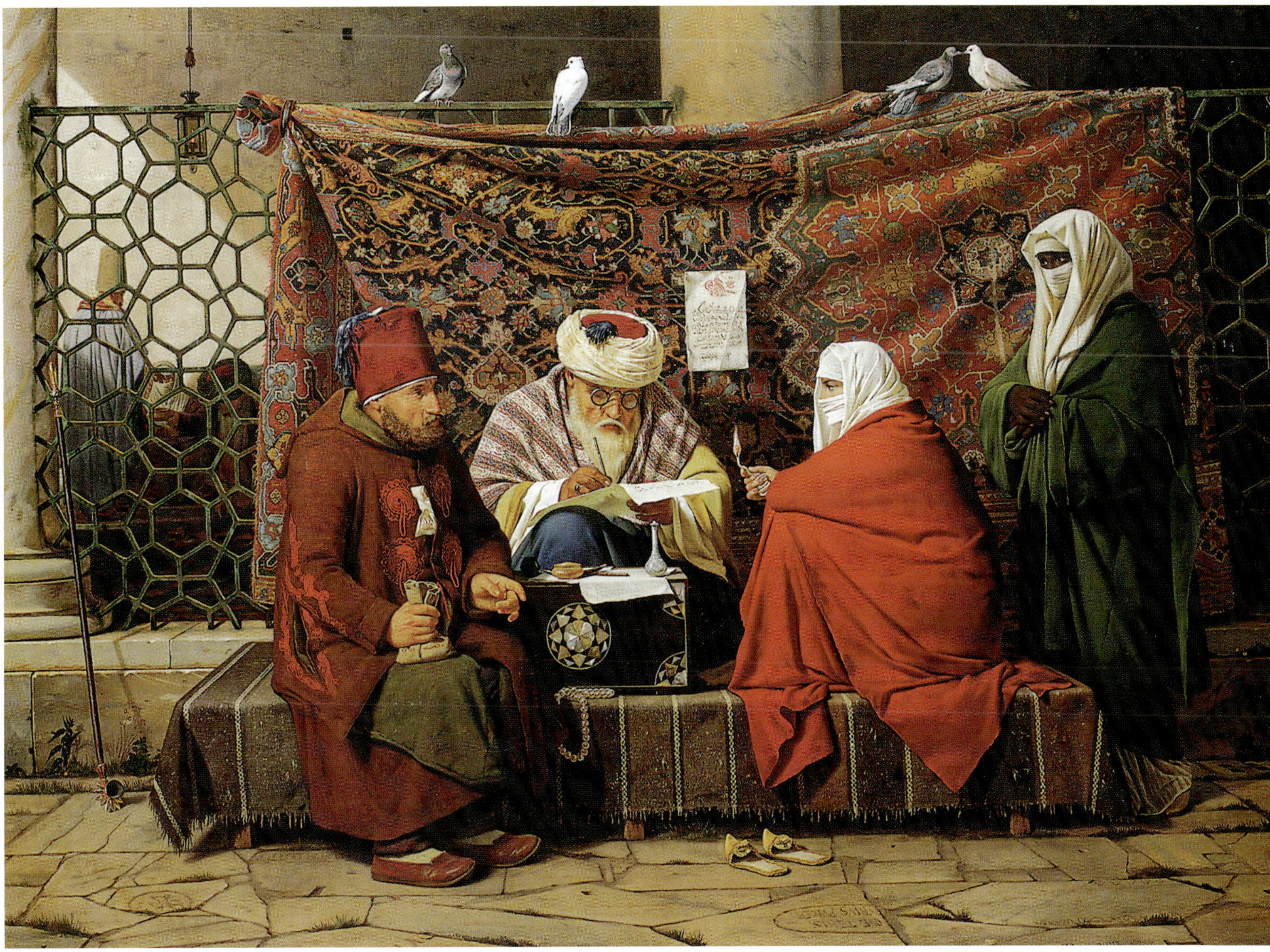

*Martinus RØRBYE.*
Notaire turc rédigeant un contrat de mariage devant la
mosquée Kılıç Ali Pacha de Tophane, Constantinople, 1837.
*Huile sur toile, 95 x 130 cm.*
*Collection particulière.*

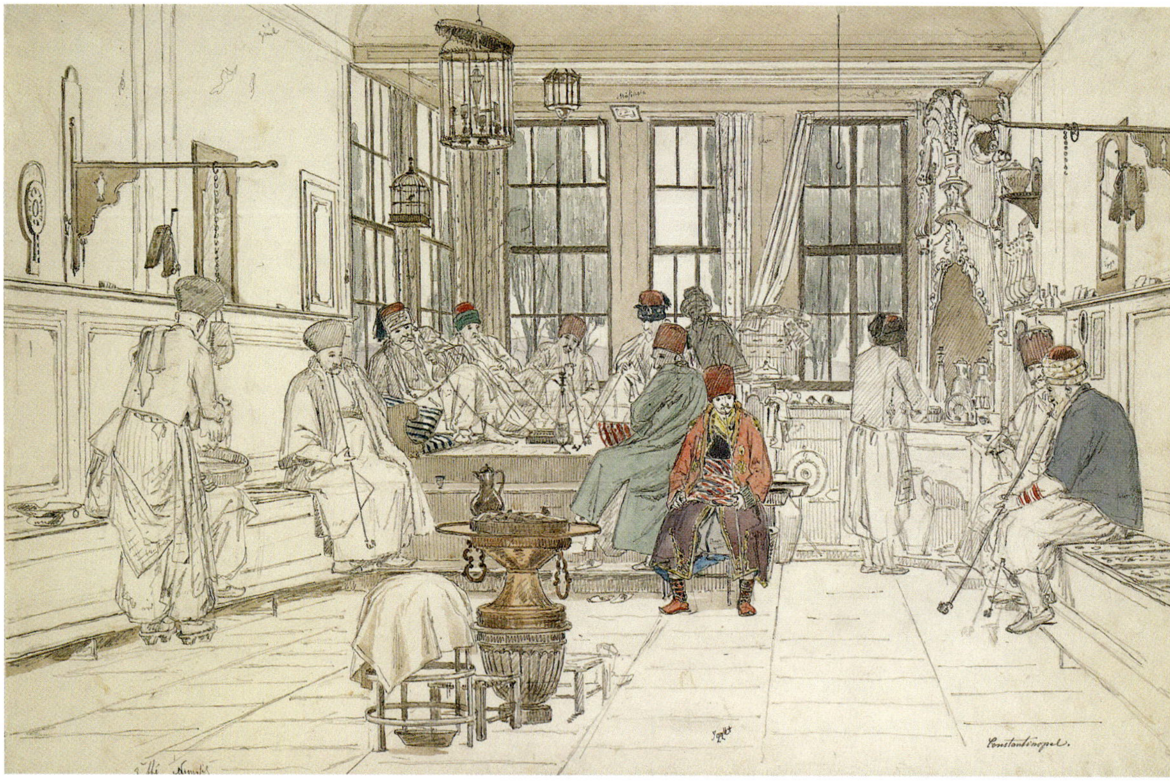
Constantinopel.

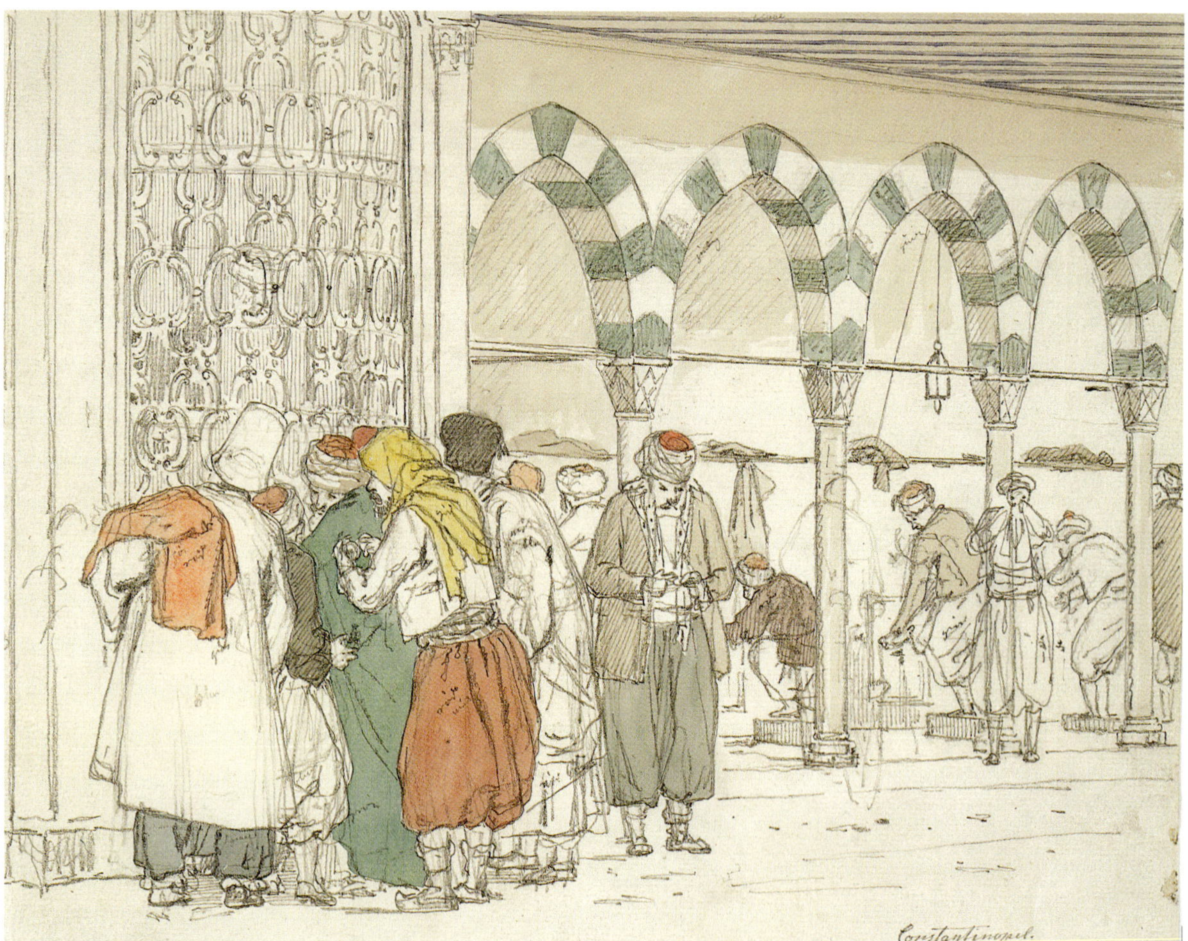
Constantinopel.

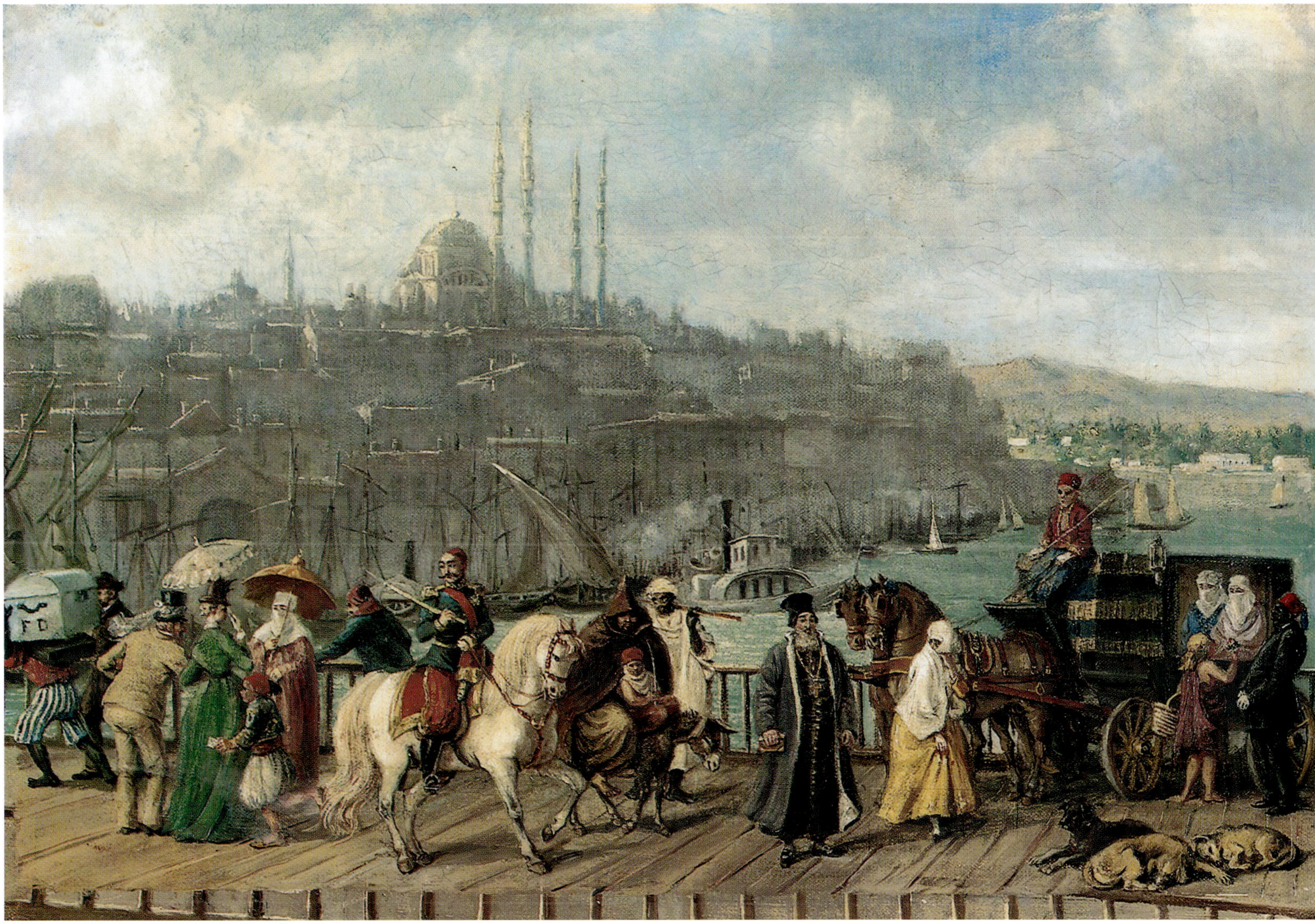

*Martinus RØRBYE.*
Le Café Nimisch, Constantinople.
*Crayon et aquarelle, 27,4 x 43,4 cm.*
*Copenhague, The Royal Museum of Fine Arts, Department of Prints and Drawings.*
*Les clients des cafés sont assis sur de longues banquettes. Au centre un brasero, ou* mangal, *sert à alimenter le foyer des longues pipes* (tchoubouk).

*Martinus RØRBYE.*
Les Fidèles se pressent à la fontaine de la mosquée de Tophane.
*Crayon et aquarelle, 21 x 26,7 cm.*
*Copenhague, The Royal Museum of Fine Arts, Department of Prints and Drawings.*
*Tout musulman se doit de faire des ablutions avant chaque prière. Des fontaines sont installées à l'extérieur des mosquées.*

*Fritz Ludwig VON DARDEL.*
Défilé de la population de Constantinople sur le pont de Galata.
*Huile sur toile, 36,5 x 54 cm.*
*Collection particulière.*
*L'artiste se plaît à caricaturer le cosmopolitisme de Constantinople. De gauche à droite : des voyageurs occidentaux, un pacha à cheval, un paysan et son fils sur un âne, un mendiant, un pope, des femmes dans leur calèche accompagnées de leur esclave noir et les innombrables chiens errants de la capitale.*

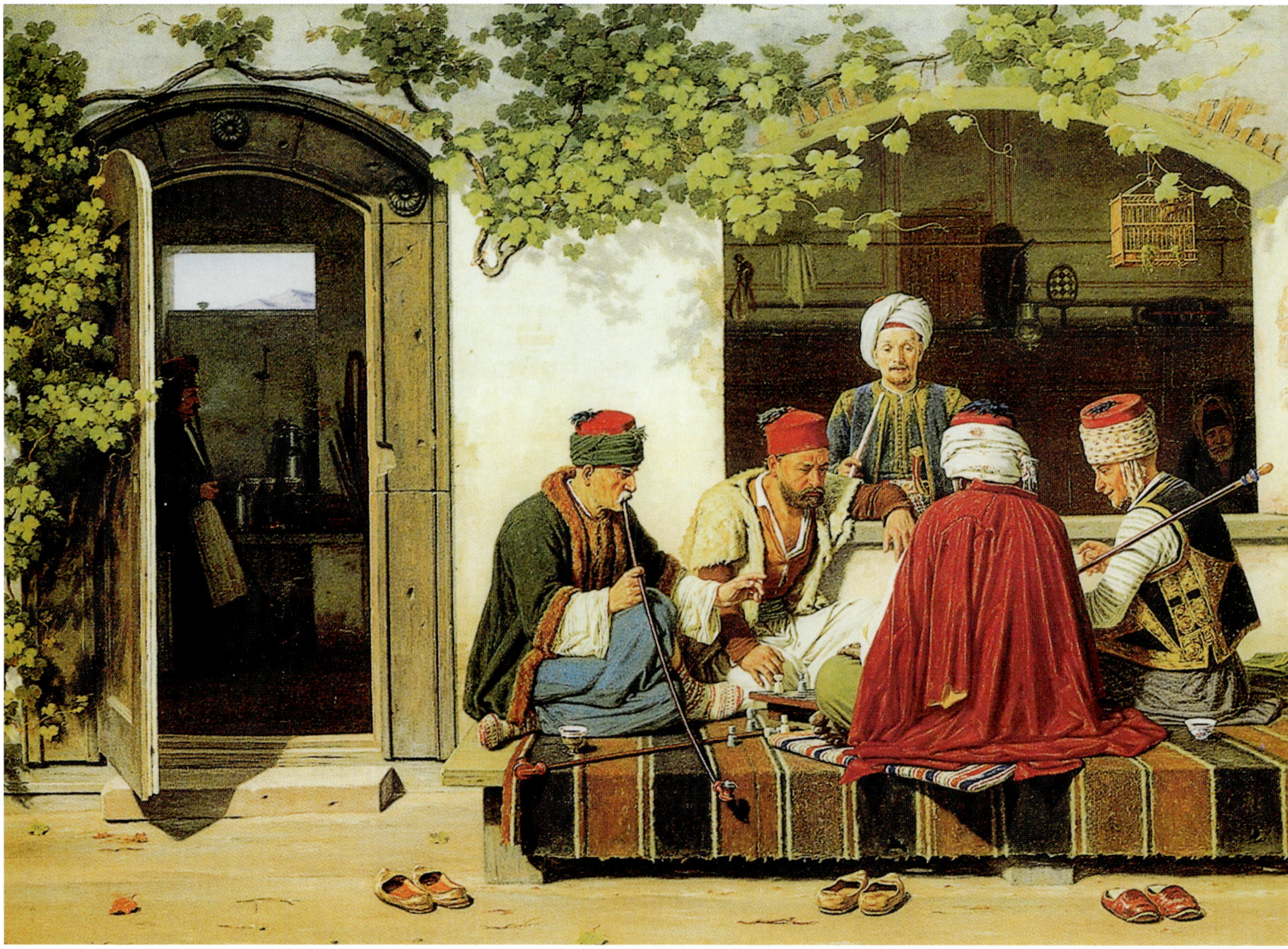

*Martinus RØRBYE.*
Orientaux jouant aux échecs devant un café-barbier turc.
*Huile sur toile, 91,5 x 123,5 cm.*
*Copenhague, The Royal Academy of Art.*

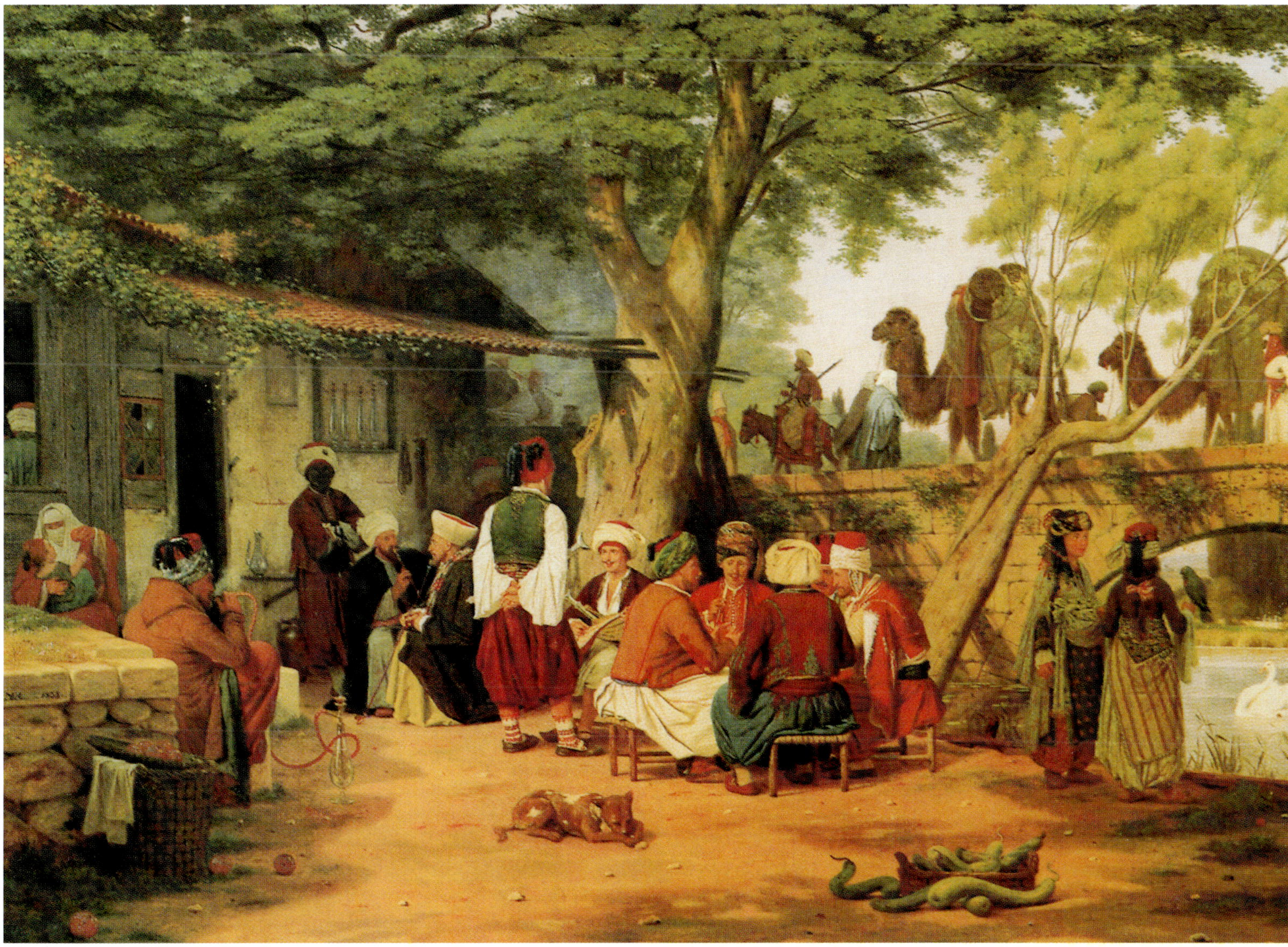

*Martinus RØRBYE.*
Scène de vie publique en Orient. Le pont des Caravanes près de Smyrne.
*Huile sur toile, 92,5 x 129,5 cm.*
*Copenhague, The Royal Academy of Art.*

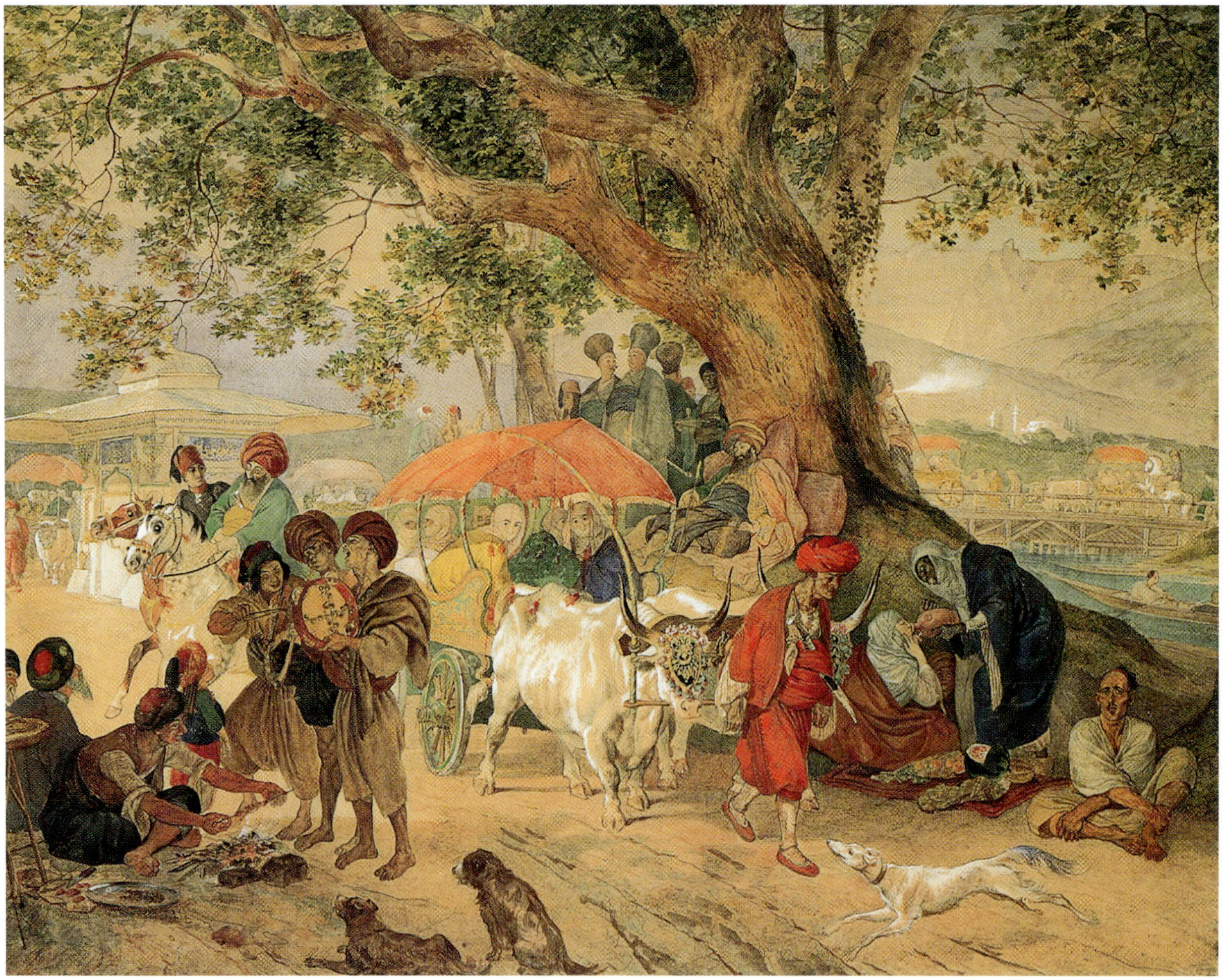

*Karl-Pawlowitsch BRULOFF.* Halte près de Constantinople, vers 1835. *Saint-Pétersbourg, Musée national russe.*

## Les artistes russes

Les nombreux conflits entre l'Empire ottoman et la Russie depuis le XVIIIe siècle encouragèrent peu les artistes russes à venir séjourner à Constantinople. Avant 1850, on ne peut guère citer que Gavriyl Sergeevich Sergev (1770-1816), qui exécuta des gouaches et aquarelles pour le tsar Alexandre Ier en 1811, le peintre de cour Karl-Pawlowitsch Bruloff (1799-1853), qui visita la Grèce et la Turquie en 1835, et Alexander Dorogoff (1819-1850). Par la suite, leur nombre devint plus important : Alexei Bogoljuboff (1824-1896) et surtout Ivan Ayvazovski (1817-1900), dont les clairs-obscurs sur la Crimée et Constantinople connurent un immense succès.

*A droite : Ivan AYVAZOVSKI.* Le Conteur public aux environs du quartier d'Ortaköy. *Huile sur toile, 45,7 x 37 cm. Saint-Pétersbourg, musée du palais Peterhof.*

Page 162 : *Ivan AYVAZOVSKI.* Constantinople, la mosquée de Tophane, 1884. *Huile sur toile, 115,5 x 90,5 cm. Brest, musée des Beaux-Arts.*

Page 163 : *Ivan AYVAZOVSKI.* Pique-nique sur les hauteurs de Çamlıca, rive asiatique du Bosphore, 1880. *Huile sur toile, 52 x 42 cm. Collection particulière.*

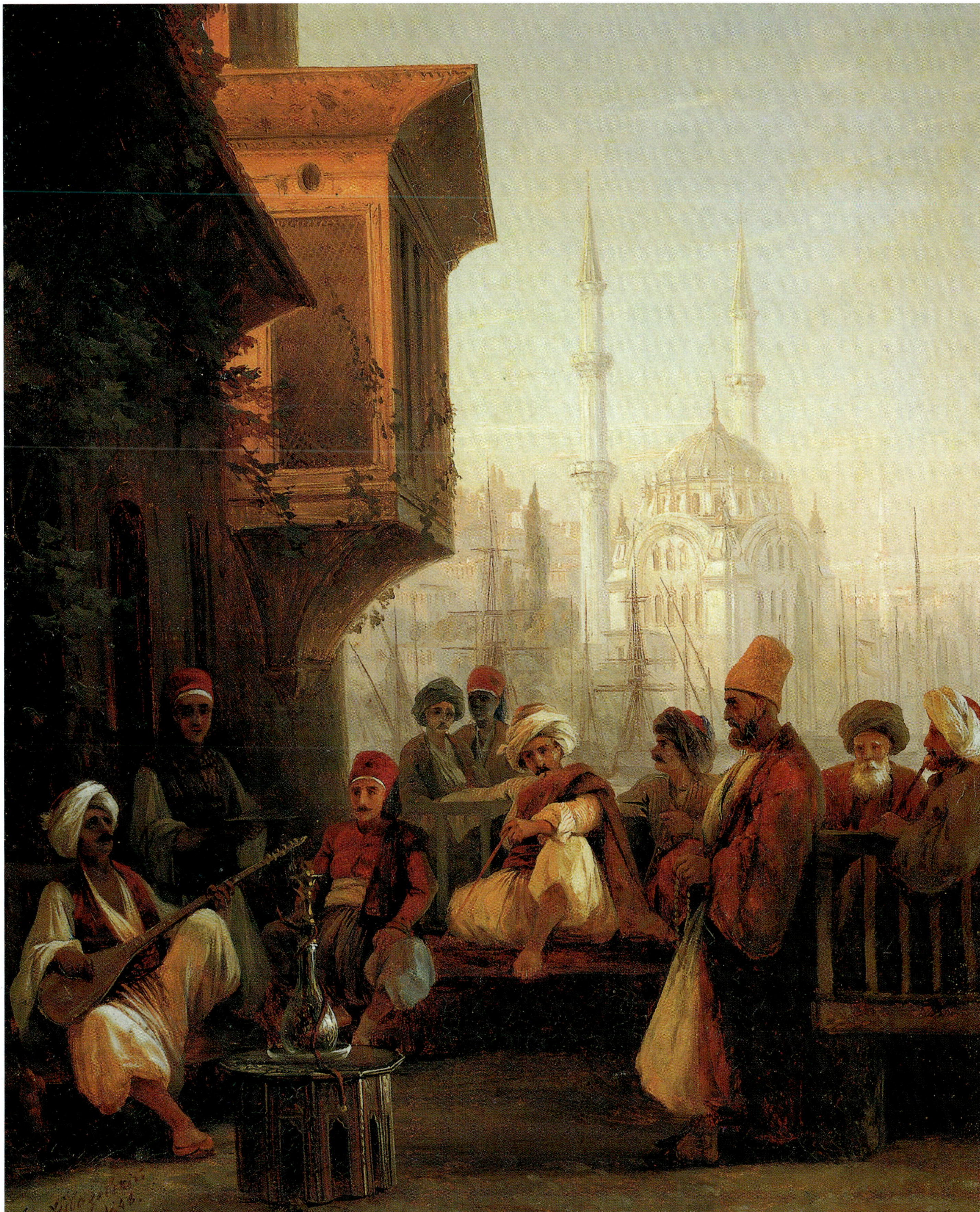

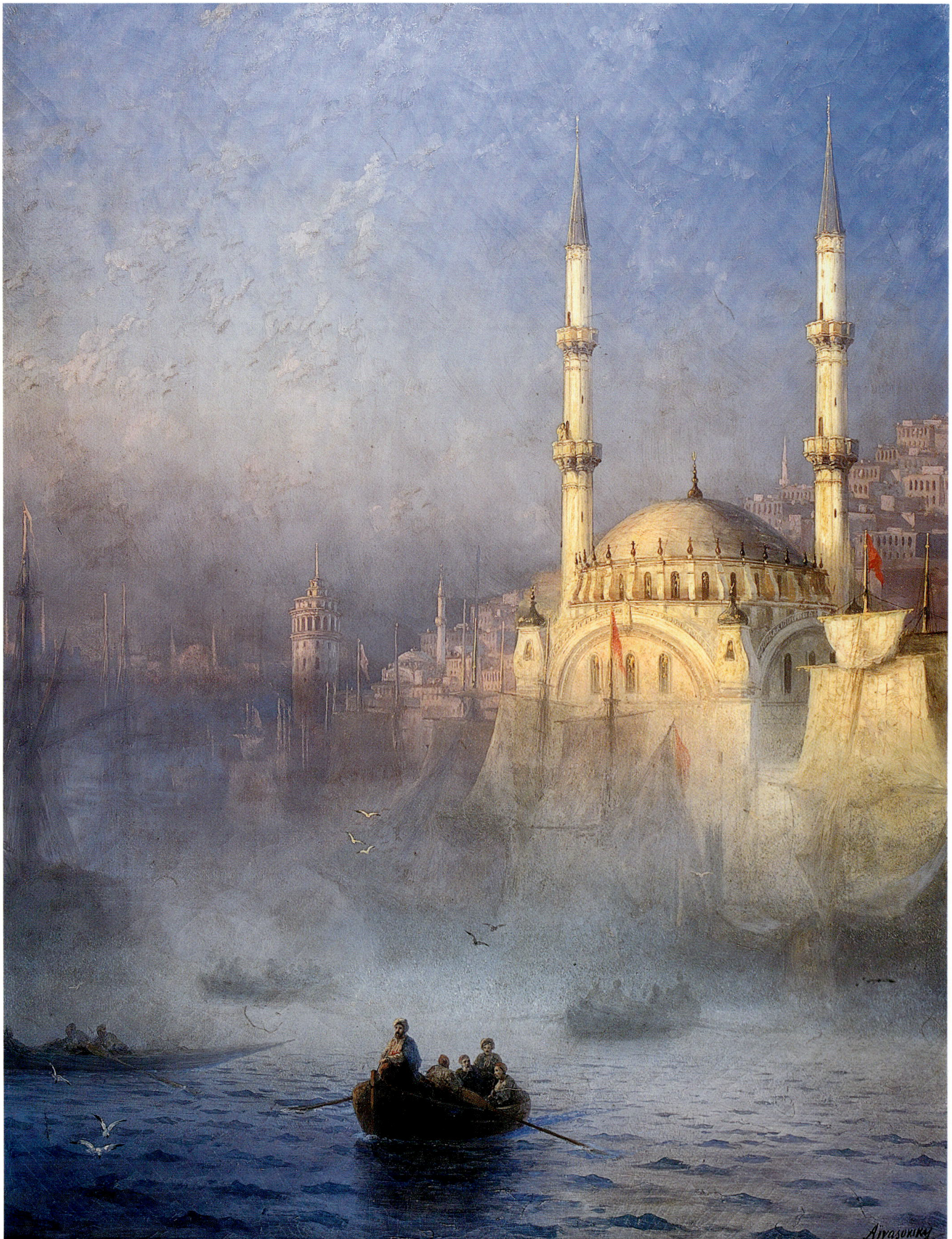
Aivasovsky

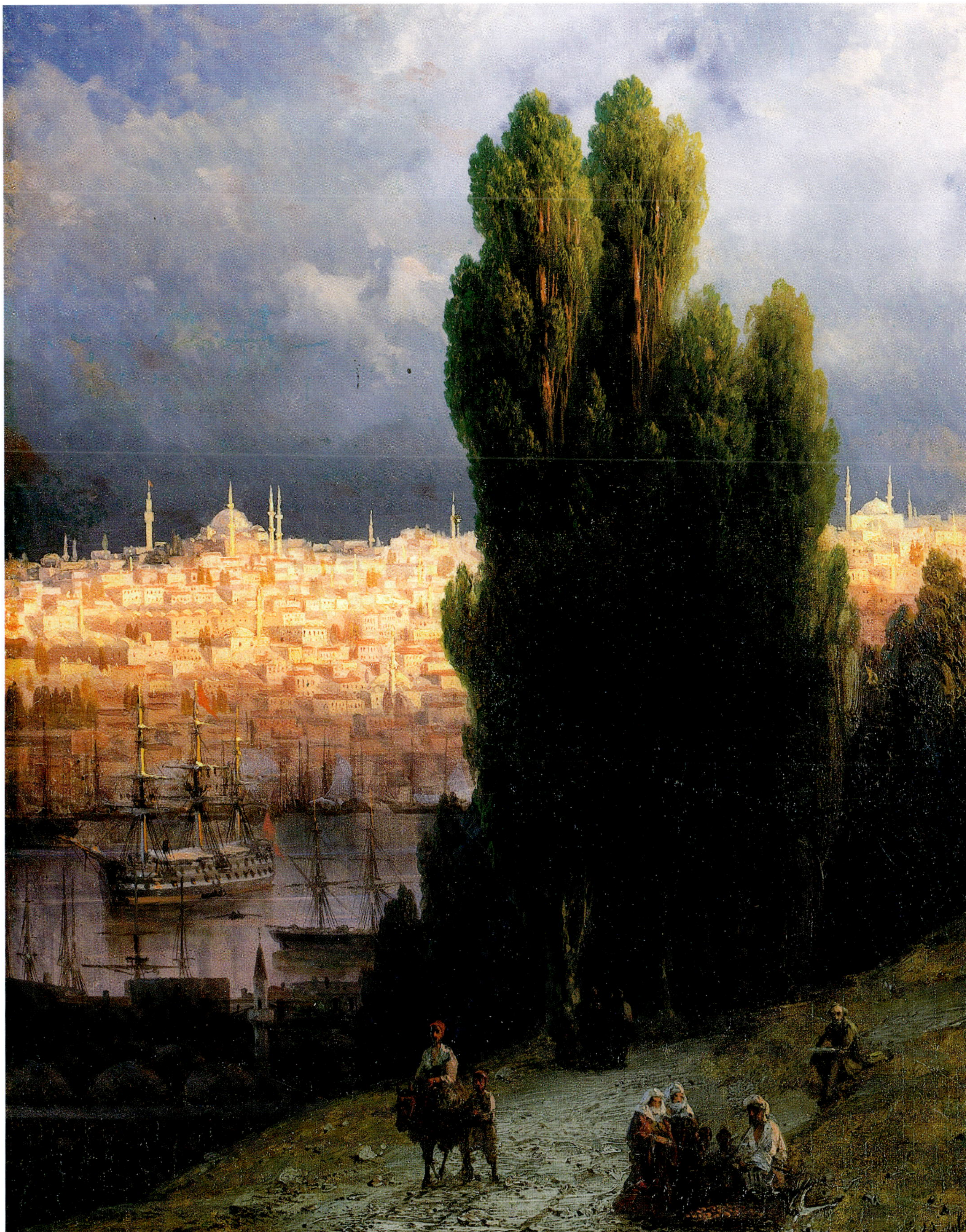

# L'ORIENT
# DES ILLUSTRATEURS ET DES ÉCRIVAINS

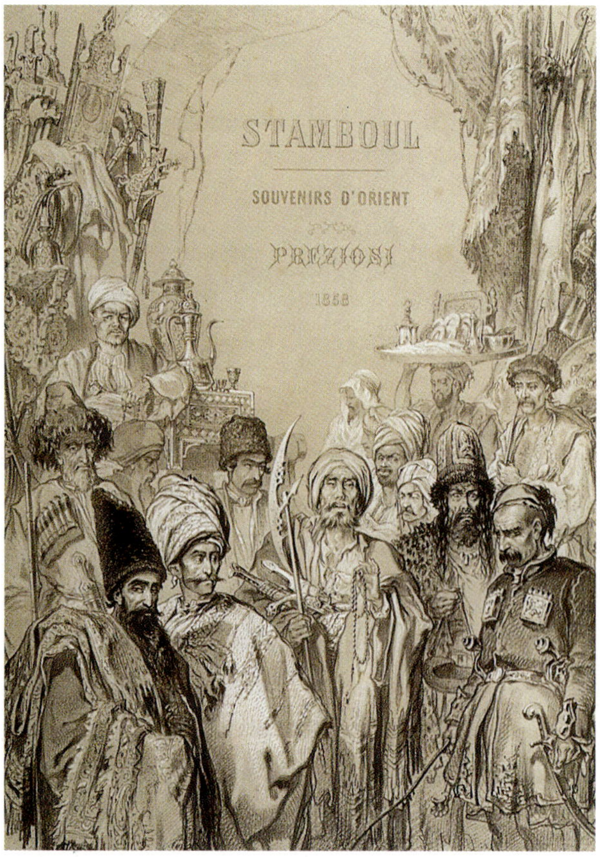


*Amadeo PREZIOSI.*
Frontispice de l'ouvrage
*« Stamboul, souvenirs d'Orient »*, 1858.
*Collection particulière.*

*« Orientaliste : homme qui a beaucoup voyagé. »*
Gustave Flaubert, *Dictionnaire des idées reçues.*

Le développement de la peinture au XIX$^e$ siècle est intimement lié à la multiplication des récits de voyages illustrés. Que ce soit la gravure ou la lithographie, l'une et l'autre encouragent des artistes à parcourir l'Orient pour remplir leurs portefeuilles de croquis ou de journaux intimes illustrés qu'ils exploiteront dès leur retour. L'Orient devient réalité et sera saisi chez certains avec une précision photographique, chez d'autres de façon plus imagée et personnelle.

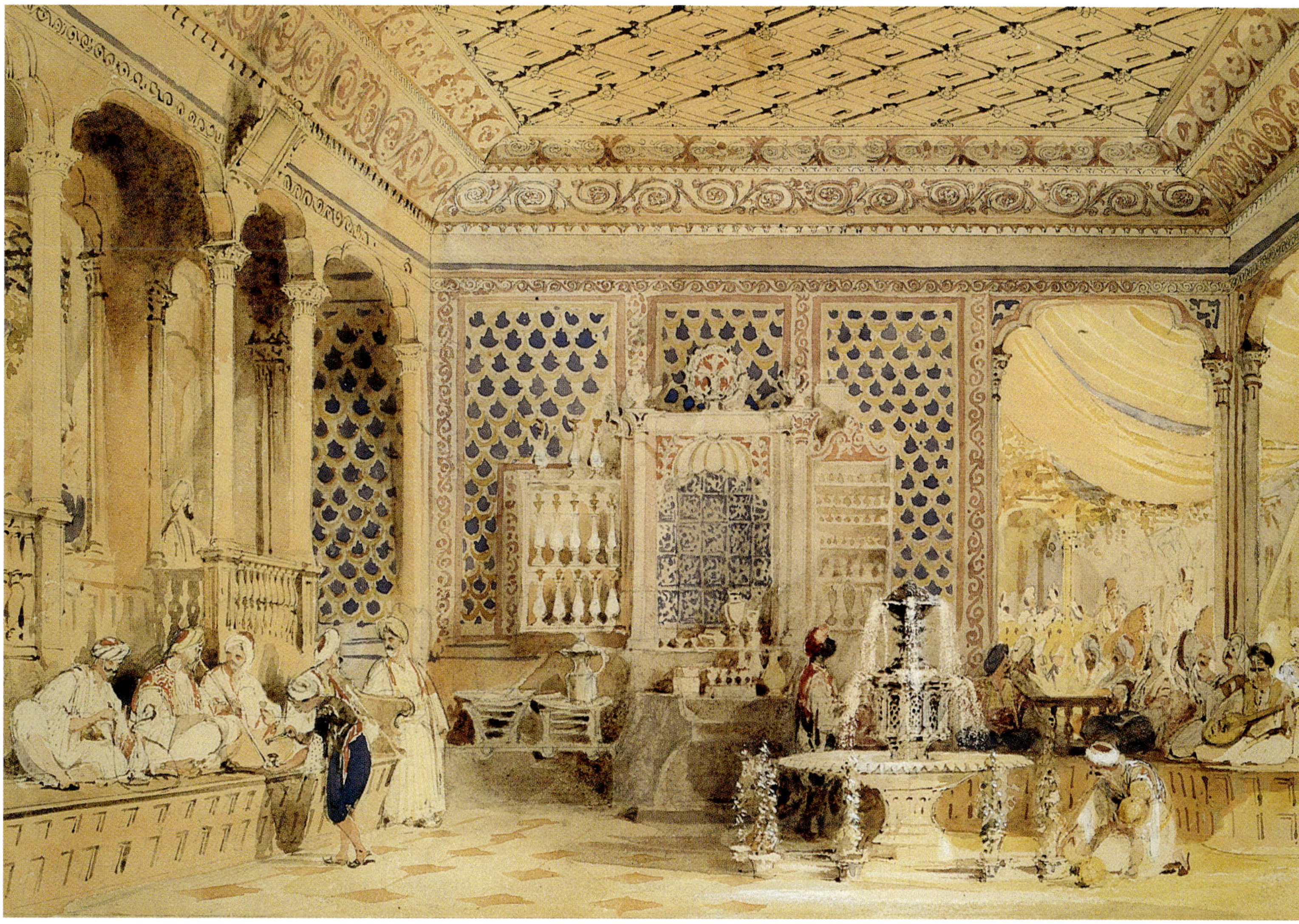

*Thomas ALLOM.*
Café de Constantinople, 1838.
*Crayon et aquarelle, rehauts de blanc, 20,3 x 30,2 cm.*
*Londres, Victoria and Albert Museum.*
*Les cafés sont des lieux de rencontres et de distractions. Ils offrent à leur clientèle des jeux de société, de la musique et de la poésie.*

# Gravures et lithographies

Les voyages pittoresques de Choiseul-Gouffier et de Melling ont ouvert la voie. Dans les années 1830-1840, de nombreux albums sont imprimés à grands frais pour faire mieux apprécier les splendeurs de Constantinople. La gravure sur acier permet d'illustrer les récits de voyages, comme le *Constantinople and the Scenery of the Seven Churches of Asia Minor* (Londres, 1840) et *Character and Costume in Turkey and Italy* (Londres-Paris, 1845, 21 pl. coul.), d'après des planches préparées par l'Anglais Thomas Allom (1804-1872). Ce dernier, dont on conserve un certain nombre d'aquarelles, effectua un long séjour à Constantinople d'où il ramena une profusion d'esquisses pour ses publications. Des aquarelles sont également rapportées par William Page (1794-1872), qui voyage en Grèce et en Turquie entre 1816 et 1824, William Purser (1790-1852) et William Bartlett (1809-1854) qui est souvent considéré comme le premier artiste britannique a avoir abondamment dessiné et peint l'Orient, notamment l'Égypte et la Terre Sainte. Il visita une première fois Constantinople en 1837 et rapporta de nombreuses aquarelles de la ville, dont 80 illustrent l'ouvrage de Miss Pardoe, *The Beauties of the Bosphorus* (Londres, 1839).

A travers ces ouvrages illustrés, on constate que certains aspects de Constantinople sont favorisés tandis que d'autres sont soit totalement occultés, soit évoqués très succinctement. Tout d'abord, il convient de remarquer que le caractère « maritime » de Constantinople est fortement représenté. Impossible d'imaginer la capitale ottomane sans son environnement marin ! La Corne d'Or, le Bosphore ou la mer de Marmara. Les vues du Bosphore, en particulier, occupent une place de choix. Barques, bateaux à voile ou à vapeur viennent y mettre en relief l'importance du rôle dévolu aux transports maritimes dans la vie quotidienne des habitants. On prend soin également de peindre les lieux de villégiatures, tels les Eaux-Douces d'Europe et d'Asie, les villas (*yalı*) le long du Bosphore.

*Thomas ALLOM.*
La Favorite, vers 1838-40.
*Aquarelle sur crayon, 29,6 x 21,4 cm.*
*Londres, Victoria and Albert Museum.*
*Thème favori de la littérature et de la peinture occidentales : les femmes au harem.*

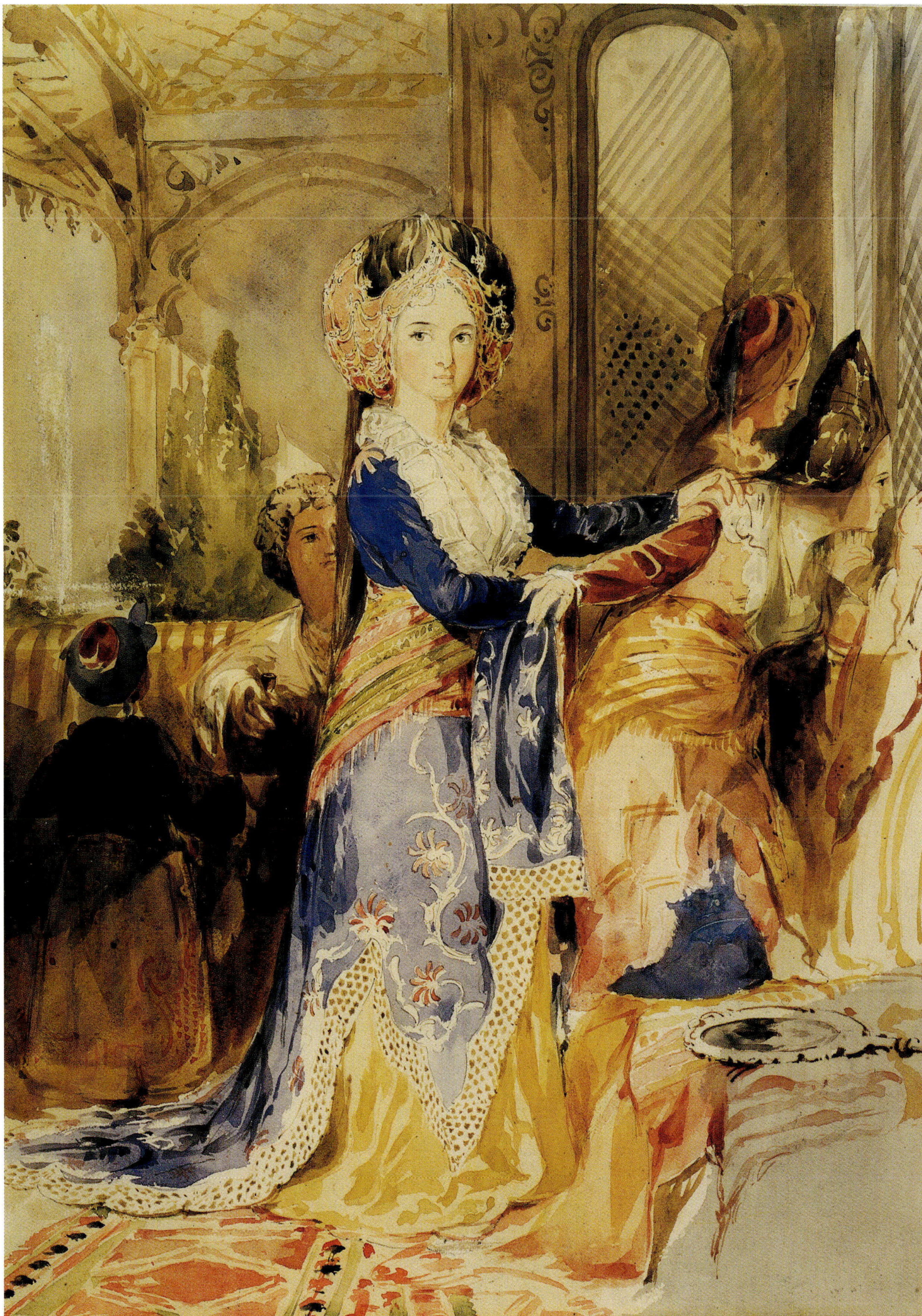

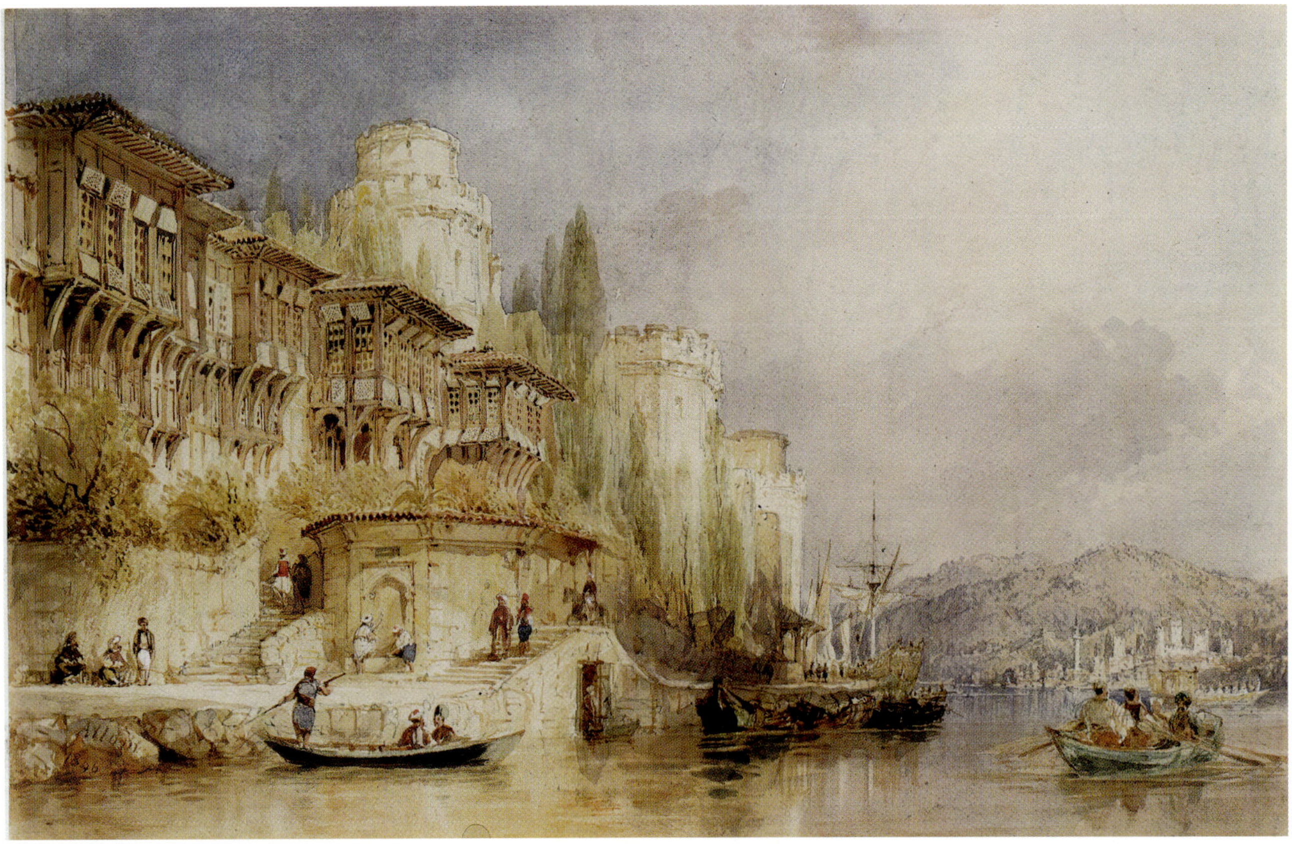

Deuxième point fort, les illustrations présentent les « monuments » : les mosquées, les fontaines, les cimetières. Les « petits métiers » constituent un autre thème privilégié : portefaix (le célèbre *hammal*), barbiers, bateliers, ferblantiers. Bien entendu, aucun illustrateur, pas plus que les peintres, ne représente les bâtiments officiels qui fleurissent un peu partout à partir des années 1840, de même que les « nouveaux métiers » qui se sont développés à Constantinople au XIXe siècle. De toute évidence, les artistes ont un goût prononcé pour le pittoresque oriental. Il s'agit aussi, pour le touriste qui visite ces places et ces contrées, d'authentiques souvenirs de voyage.

La lithographie, qui a fait son apparition à Munich à la fin du XVIIIe siècle, connaît un fort développement en France à partir de 1816 grâce à l'Alsacien Godefroy Engelmann (1788-1839). Parmi les premiers ouvrages lithographiés figure le *Voyage dans le Levant en 1817 et 1818* du comte de Forbin (1819). Les meilleurs artistes font lithographier leurs œuvres, notamment auprès des maisons Lemercier, Champenois, comme *Voyage à Athènes et à Constantinople* (1825) de Louis Dupré ; *Croquis d'après nature faits pendant trois ans de séjour en Grèce et dans le Levant* de Théodore Leblanc (1833) ; *La Turquie, mœurs et usages des Orientaux au XIXe siècle* de Camille Rogier (1847), etc.

Mais avant que le lithographe n'exécute la reproduction, l'esquisse a été confiée à un peintre confirmé, qui soit peut traduire l'œuvre dans une autre technique plus facilement accessible à l'estampe (passage du lavis au dessin au trait par exemple), soit va modifier quelques détails, ajoutant des personnages dans un paysage, modifiant l'inclinaison de la tête dans un portrait, accentuant les ombres dans un autre cas.

*Thomas ALLOM.*
Pavillons d'été et château de Roumélie Hissar sur le Bosphore, 1846.
*Crayon et aquarelle, rehauts de blanc, 19,4 x 30,7 cm.*
*Londres, Victoria and Albert Museum.*

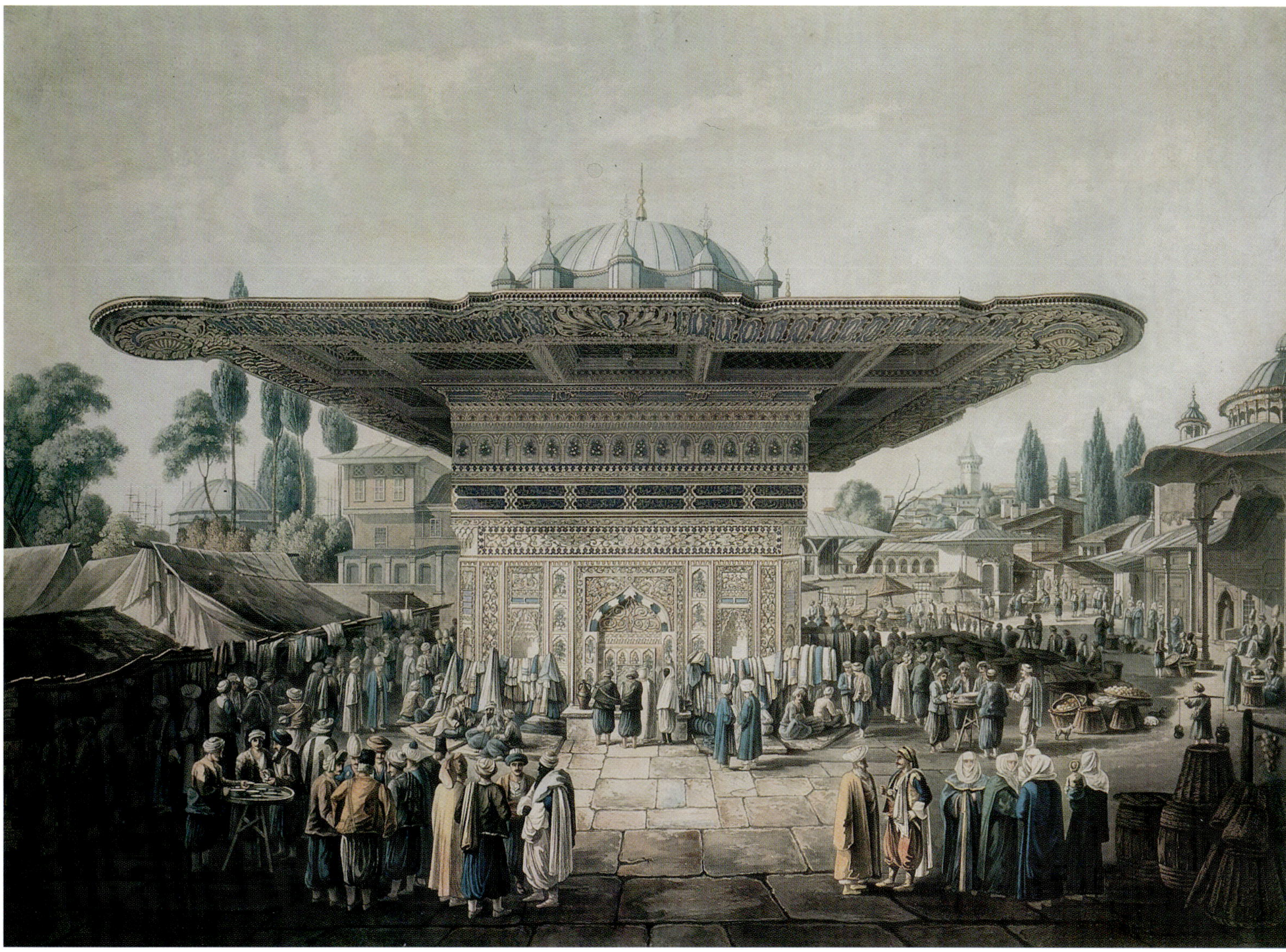

*William PAGE.*
Fontaine de Tophane, Constantinople.
*Gravure et aquatinte, 60,6 x 82,3 cm.*
*Londres, Victoria and Albert Museum.*
*La fontaine de Tophane et son animation reste, depuis Melling, l'un des monuments les plus représentés dans la peinture, la gravure, et plus tard la photographie.*

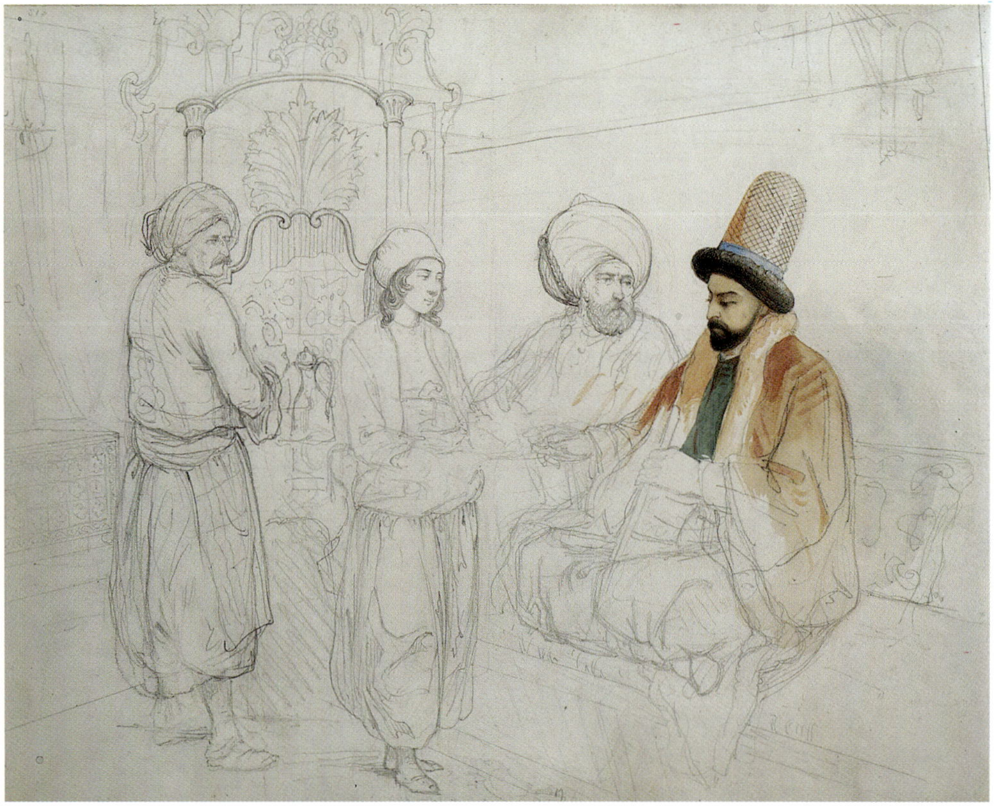

*Camille ROGIER.*
Étude de personnages dans un café.
*Dessin, plume, partiellement aquarellé,*
*23 x 30 cm.*
*Collection particulière.*

# Les écrivains en voyage

A ces beaux ouvrages illustrés viennent s'ajouter des textes de qualité. N'oublions pas qu'à partir des années 1830, les écrivains prennent eux aussi l'habitude de se rendre en Orient et font de la Turquie ottomane une étape obligée. Lamartine en 1832-33, Gérard de Nerval en 1843, Gustave Flaubert et Maxime Du Camp en 1851, Théophile Gautier en 1852, Edmondo De Amicis en 1877, Edmond About en 1884 et enfin Pierre Loti et Claude Farrère au tournant du siècle. Il s'agit de mêler le romanesque à des connaissances précises et véridiques.

Dès 1834, la plupart des écrivains se rencontrent à l'impasse du Doyenné, à deux pas du Louvre. Ce cénacle de romantiques rassemble, dans un salon Pompadour, Gérard de Nerval, Théophile Gautier et des artistes comme Prosper Marilhat, Théodore Chassériau, Camille Rogier. Des décorations sont exécutées dans l'esprit du lieu : Camille Rogier remplit des panneaux de « fantaisies orientales et hoffmanniques », Alcide Lorentz réalise des « Turcs de carnaval »[57].

C'est après la dissolution du groupe que le vignettiste et illustrateur de livres romantiques Camille Rogier (1810-1896) part visiter l'Italie puis s'installe à Constantinople. Il y reste trois ans, de 1840 à 1843, devenant rapidement le peintre à la mode de la communauté européenne de Péra. Son habileté lui permet d'exceller dans le portrait (Nerval lui impute même un portrait officiel du sultan Abdül-Medjid[58]) ; sa curiosité le conduit à accumuler des scènes de genre, très prisées. En juillet 1843, il est rejoint par Nerval qui arrive, malade, de Beyrouth. Rogier le fait pénétrer dans les différents milieux turcs et européens. Les deux amis rentrent en France la même année. Rogier donne à *L'Illustration* une série de scènes et de paysages

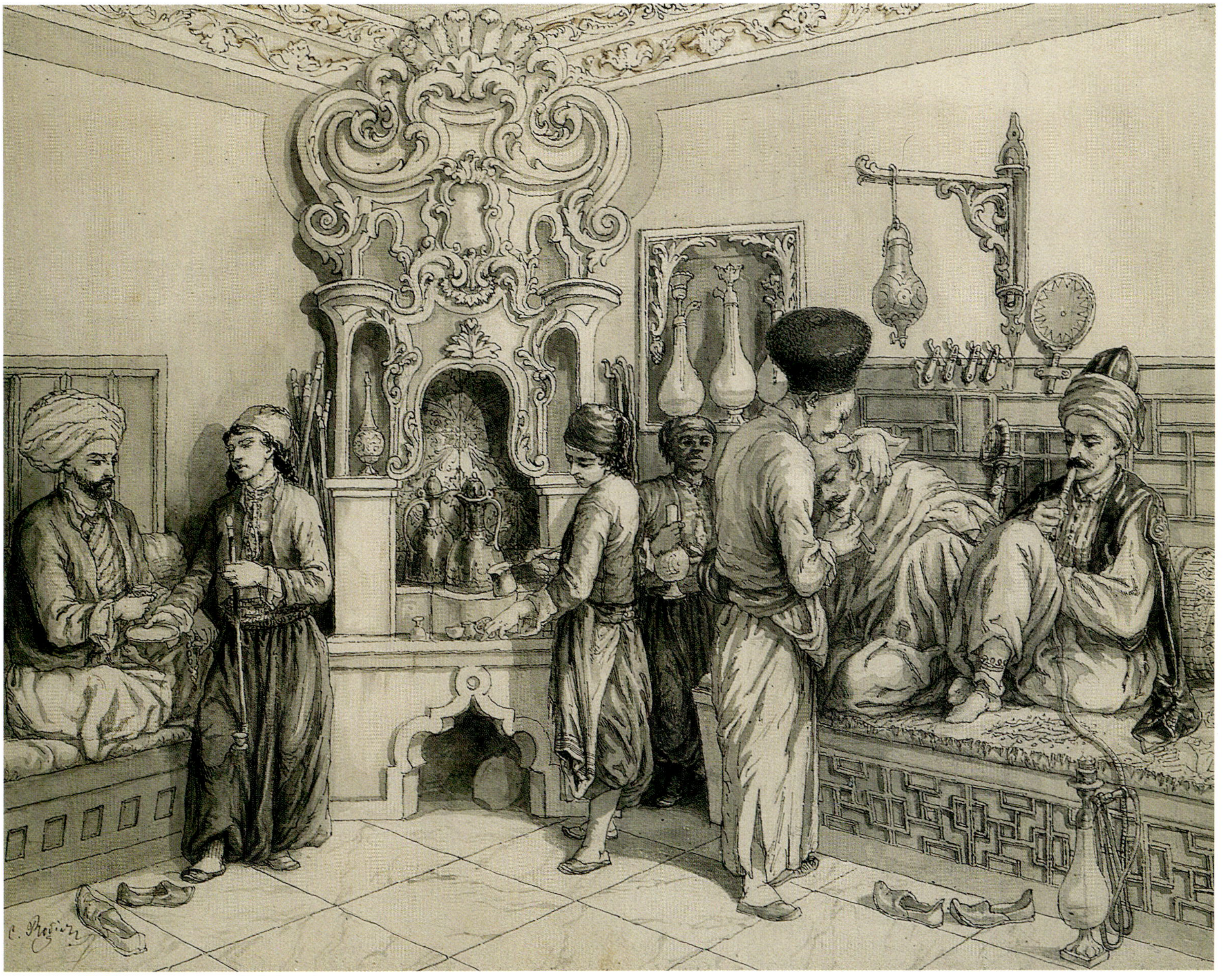

*Camille ROGIER.*
Au café turc.
*Plume et lavis, vers 1845, 23,5 x 30,5 cm.*
*Paris, ancienne collection Jean Soustiel.*
*Les cafetiers offrent à leurs clients du café, des limonades et des sorbets. On peut aussi fumer le* tchoubouk *et le* narghilé *ou bien se faire raser.*

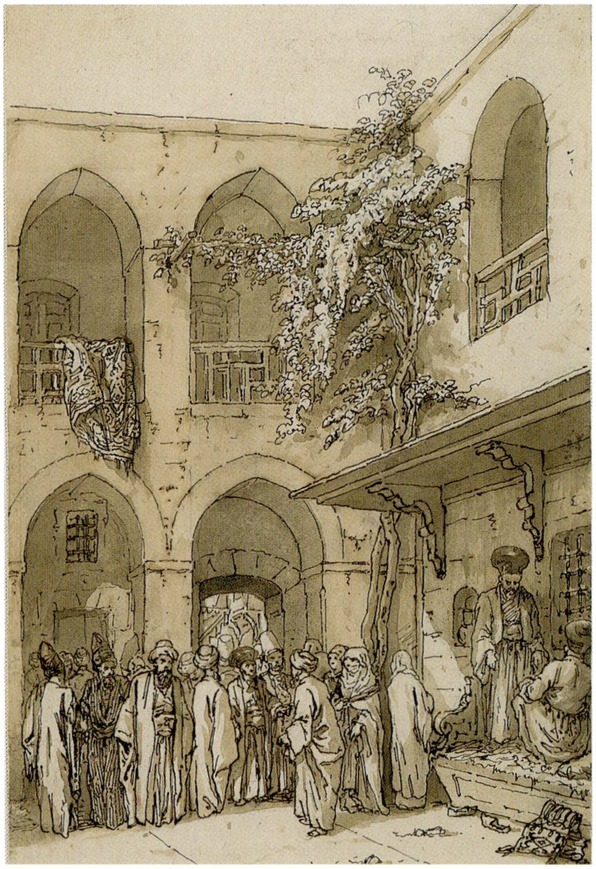

*Camille* ROGIER.
Intérieur du
Zindjirli Khan.
*Dessin, plume et lavis,*
*20 x 14 cm.*
*Paris, collection Laure Soustiel.*

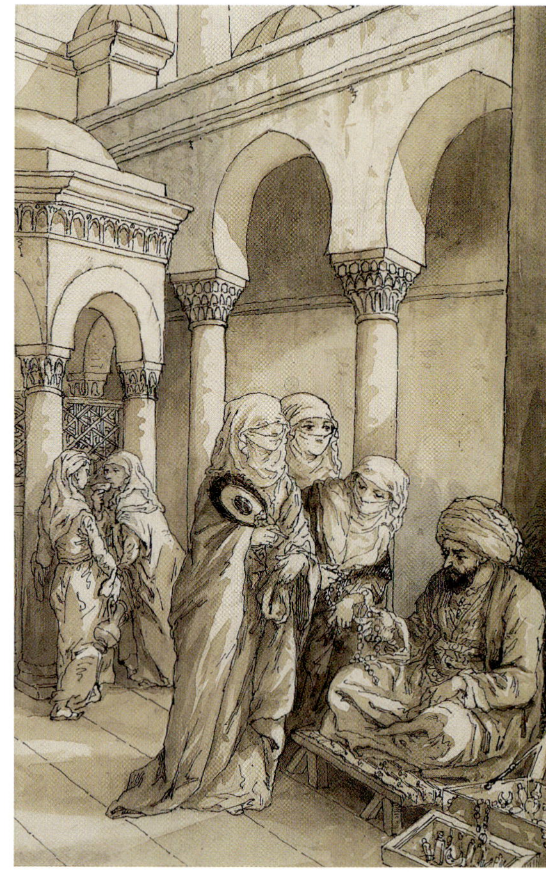

*Camille ROGIER.*
Le Marchand de colifichets et de
parfums dans une cour de mosquée.
*Dessin, plume et lavis, 20 x 13 cm.*
*Collection particulière.*

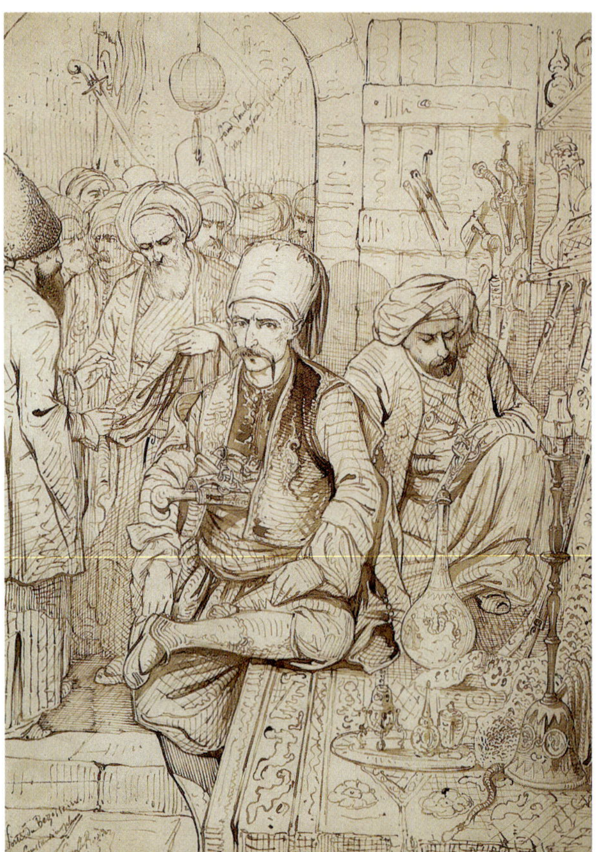

*Camille ROGIER.*
A la sortie du *bedesten* ou
Grand Bazar.
*Dessin, plume et lavis, 26 x 18,5 cm.*
*Collection particulière.*

A droite :
*Camille ROGIER.*
Femme se délassant au hammam.
*Dessin, plume et lavis, 23 x 16 cm.*
*Collection particulière.*

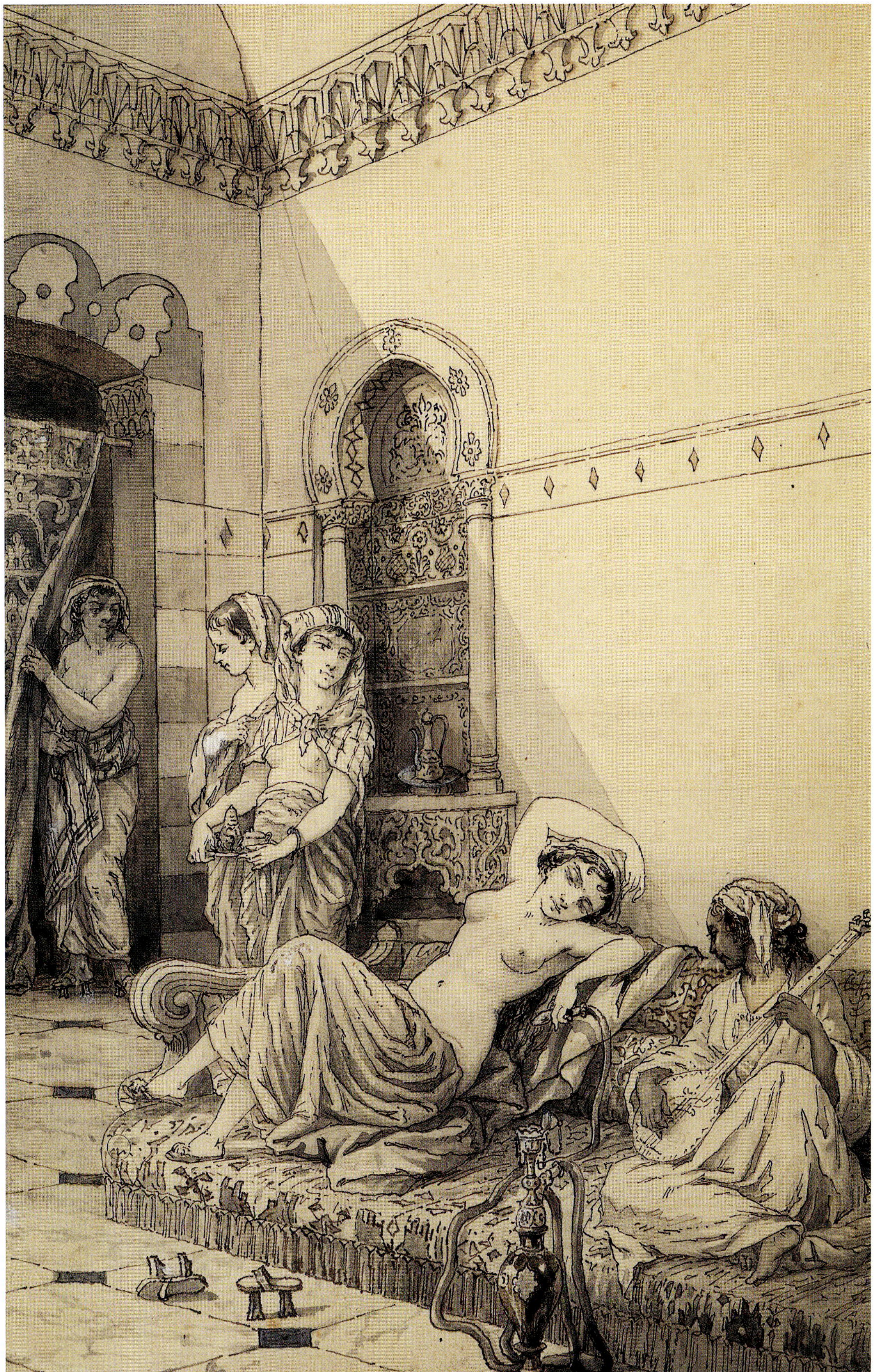

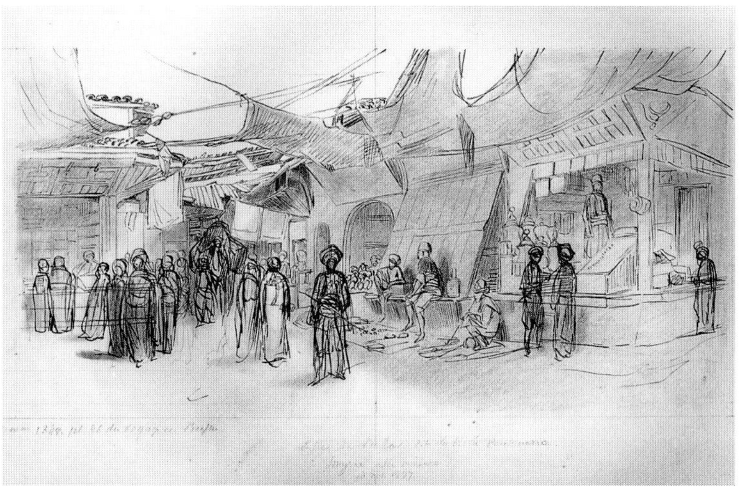

*RAFFET Auguste.*
Entrée du bazar, dit la Vieille Poissonnerie, à Smyrne,
10 nov. 1837.
*Plume et encre brune, sur esquisse à la mine de plomb, 25,9 x 41,2 cm.*
*Paris, musée du Louvre, département des Arts graphiques.*

orientaux qui sont très appréciés. En 1846, il publie un album intitulé *La Turquie, mœurs et usages des Orientaux au XIX^e siècle*, composé de cinquante planches lithographiées, avec une introduction et un texte de Théophile Gautier qui est basé en grande partie sur des notes de Gérard de Nerval (ms coll. Lovenjoul, Paris, Institut de France)[59]. D'autres tirages suivront, en 1847 et 1854. La collection de lithographies présente des vues intimes de la vie des familles et les classiques scènes de cafés, de boutiques et de cimetières. Théophile Gautier insiste sur « l'exactitude » des gravures ; « chaque planche est à la fois un tableau et un document que l'on peut consulter en toute certitude ». Ses amitiés avec les écrivains se poursuivront tout au long de sa vie. Devenu directeur des postes à Beyrouth en 1848, Rogier accueille deux ans plus tard Gustave Flaubert, Théophile Gautier et Maxime Du Camp. « Il mène là, écrit ce dernier, une existence fort convenable dans une maison entourée de jardins pleins de mimosas », avec toutes les commodités de l'Orient de ce temps : des hamacs où fumer la pipe, une domesticité diligente et un harem dont il fait profiter ses amis. On le voit, l'Orient de Camille Rogier n'intéresse que par son côté anecdotique.

La lithographie employée par Rogier permet de sauvegarder la spontanéité que l'eau-forte, l'huile, ou tout autre procédé, auraient paralysée. Scènes de la vie quotidienne, épisodes des scènes urbaines, comédies humaines, etc., elle fournit à ces thèmes un admirable support au moment où la photographie fait son apparition. En même temps, la lithographie favorise l'évolution du dessin, qu'elle rend plus souple, à l'image de ce que produisent Auguste Raffet (1804-1860) et Alexandre Bida (1823-1895).

Grâce au prince russe Anatole Demidoff, héritier d'une colossale fortune tirée des mines de l'Oural, Auguste Raffet (1804-1860), alors âgé de trente-trois ans, voyage en Russie méridionale pendant sept mois, de juin à décembre 1837. Il découvre l'Allemagne, la Hongrie, la Valachie, la Moldavie, la Bessarabie, la Crimée, l'île de Taman, le Bosphore, Constantinople. De ce voyage est issue l'une des plus importantes expéditions illustrées : le *Voyage dans la Russie méridionale et la Crimée* (Paris, 1839), ouvrage dédié à Sa Majesté Nicolas I^er Empereur de toutes les Russies[60]. L'activité de l'artiste en ces cinq mois est intense et n'est pas facilitée par le mouvement quasi perpétuel, l'inconfort traditionnel des voyages à cette époque et la brièveté des haltes. Ses dessins préparatoires n'offrent d'ailleurs pas un caractère fini, comme c'est le cas dans les dessins de Jules Laurens par exemple. Raffet préfère recourir au croquis pris sur le vif beaucoup plus allusif, comme son dessin *Entrée du bazar dit la vieille poissonnerie à Smyrne, Asie Mineure, le 10 novembre 1837*. Ce dessin correspond à la planche 86 du voyage de Demidoff, dont la description mérite d'être citée in extenso : « Ce bazar donne une idée de nombreux bazars de Smyrne : c'est un labyrinthe étroit et tortueux, bordé de boutiques à la devanture vermoulue, où le marchand, accroupi sur le comptoir, attend dans une dédaigneuse somnolence le passage du chaland. La jeune école commerciale déroge cependant à la tradition, en provoquant les acheteurs par les invitations les plus flatteuses.

« A droite du dessin, est un magasin de pipes et de tabac, indiqués par de petits cornets de papier doré suspendus à la partie supérieure de la façade. Le second emplacement est fermé, et c'est un boulanger qui occupe le troisième – Les magasins du fond sont consacrés au commerce des étoffes – L'étroit dédale des bazars, à peine suffisant pour les piétons, n'en est pas moins parcouru par des hommes portant d'immenses fardeaux, qui obstruent la voie, ou par des chameaux, dont le chargement, remplissant l'espace tout entier, renverse les étalages, et refoule les passants jusque dans l'intérieur des échoppes. Un chameau s'avance du fond du tableau, sur les traces d'un ânier, avant-garde obligée de toutes les caravanes. Un juif coiffé de son majestueux bonnet carré, occupe le milieu de la scène. Des Turcs sont groupés plus loin, et, dans un plan reculé, des femmes s'enquièrent du prix des étoffes. Des marchands ambulants sont assis par terre[61]. »

Spécialiste du costume militaire, Raffet profitera de ses quelques heures passées à Constantinople pour faire les croquis des fantassins et des chasseurs de l'infanterie turque.

De l'enseignement de Delacroix, Alexandre Bida (1823-1895) a surtout retenu l'amour du dessin, moyen d'expression privilégié et presque unique dans son œuvre, originalité qui lui donne une place à part dans le mouvement orientaliste. Son premier voyage à Constantinople et en Syrie en 1843 l'a conduit à proposer presque exclusivement des sujets orientaux où le réalisme de la chose vue se mêle, bien souvent, à un certain romantisme pathétique. Il débute au Salon de 1847 et, fait rare, dès 1848 se fait acheter par l'État des dessins : *Marché d'esclaves circassiennes à Constantinople*, *Café à Constantinople*, *Le Barbier arménien à Constantinople*[62]. A plusieurs reprises, pour renouveler son inspiration, Bida retournera en Orient. En 1855-1856, il entreprend un troisième voyage à destination de la Grèce, la Turquie, la Crimée, source de ses plus belles compositions. Il est aidé à Constantinople par l'orientaliste Charles Schefer, premier drogman de l'ambassade, qui

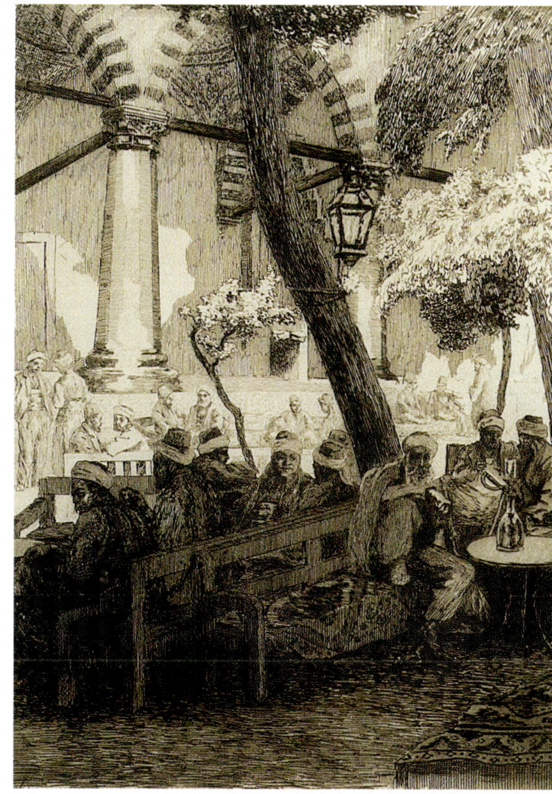

*Alexandre LUNOIS.*
Café Mahmud Pacha à Brousse.
*Eau-forte, 31 x 24 cm.*
*Paris, Bibliothèque nationale de France, Cabinet des estampes.*

Page 177, en haut à droite :
*Alexandre BIDA.*
Quatre Musiciens turcs.
*Lavis, plume, crayon sur papier, 22,9 x 28,2 cm.*
*Château de Malmaison et Bois-Préau.*

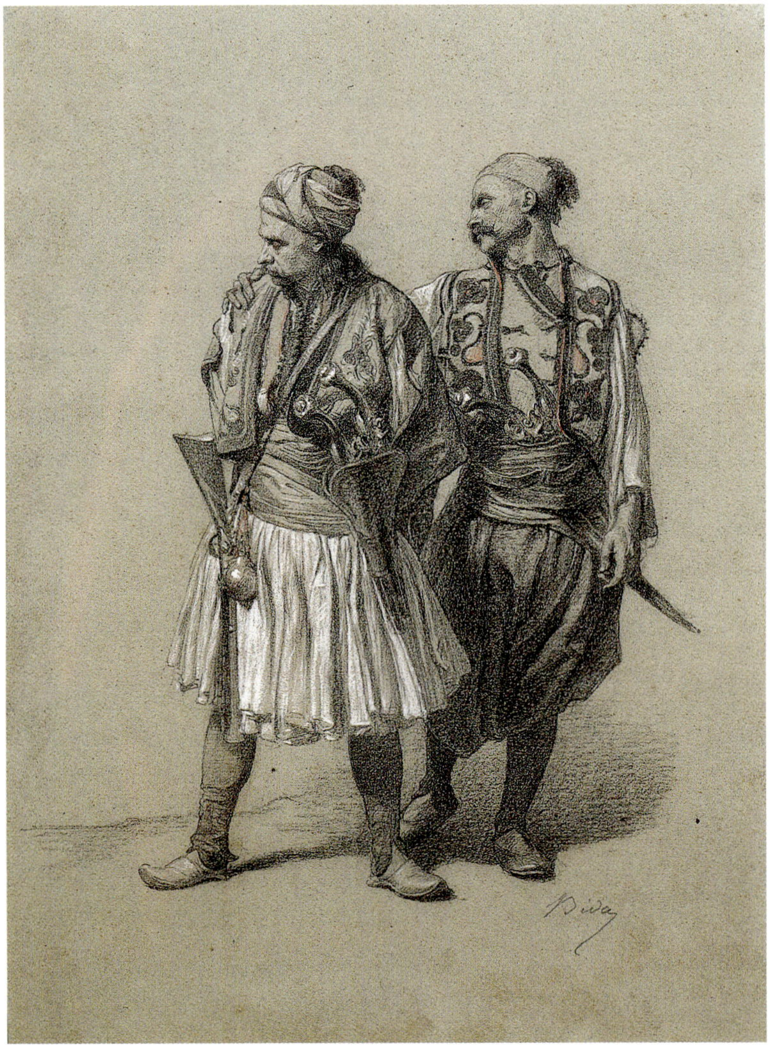

*Alexandre BIDA.*
Deux Zeybek.
*Crayon relevé de blanc, 31,6 x 24 cm.*
*Béziers, musée des Beaux-Arts.*

lui trouve ses modèles et lui procure une foule de bibelots nécessaires à ses compositions[63]. Venu pour quelques jours dans la capitale ottomane, Bida y restera plusieurs mois à composer des portraits pour les diplomates, les représentants de la communauté franque[64], et les dignitaires ottomans (le Kapudan Pacha, ou grand amiral, et la fille adoptive du ministre Fuad Pacha). A son retour, la réputation de l'artiste est alors à son comble et la critique unanime loue « le maître du crayon » (Baudelaire, *Salon de 1859*), qui connaît la notoriété auprès des artistes et des collectionneurs.

D'autres artistes privilégieront le crayon à la peinture. C'est le cas du peintre et décorateur Cesare Biseo (1843-1909) qui, en 1875, est invité à séjourner plusieurs semaines à Constantinople par l'écrivain Edmondo De Amicis pour illustrer l'ouvrage *Costantinopoli* (1877). Bien plus tard, au tournant du siècle, le graveur et lithographe Alexandre Lunois (1863-1916) s'en inspire probablement pour réaliser de superbes eaux-fortes sur la vie quotidienne des Turcs qu'il expose à Paris en 1912.

Page 177, en bas, à gauche :
*Alexandre BIDA.*
Trois Orientaux jouant aux échecs.
*Lavis gris, plume et crayon sur papier, 24,7 x 29,4 cm.*
*Château de Malmaison et Bois-Préau.*

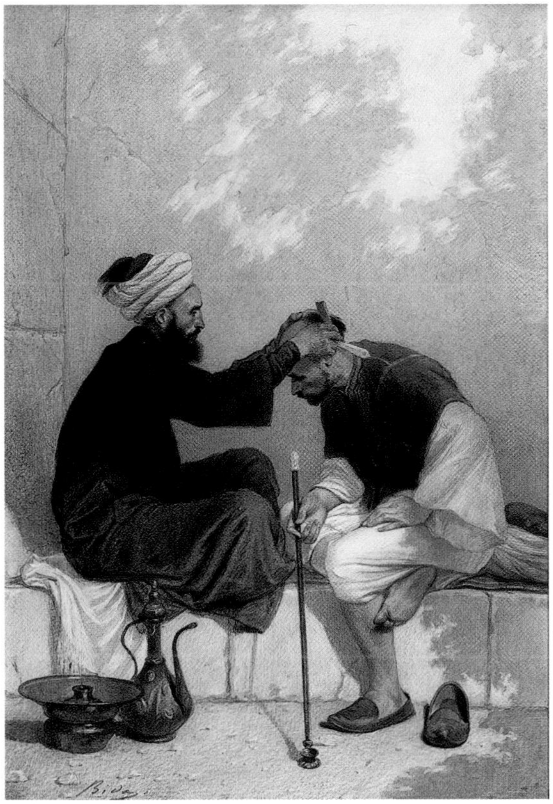

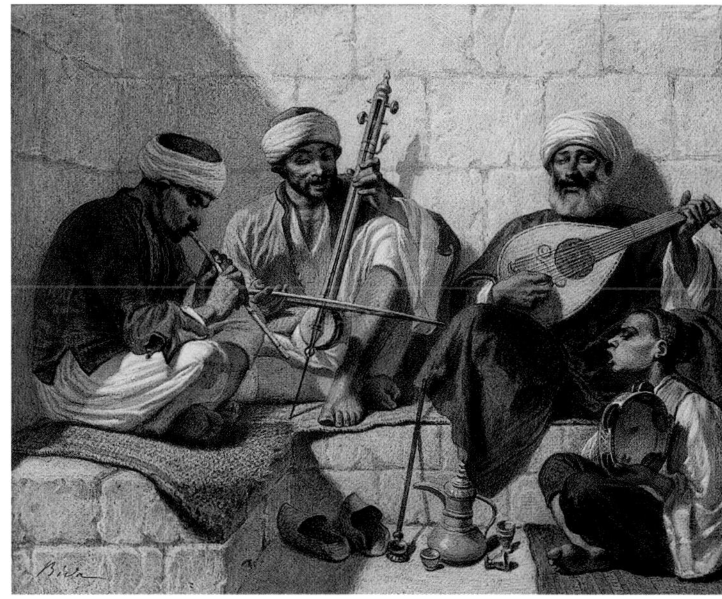

Ci-dessous :
*Alexandre BIDA.*
Soldat albanais fumant le *tchoubouk.*
*Lavis, plume, crayon, 25,3 x 17,6 cm.*
*Château de Malmaison et Bois-Préau.*

Ci-dessus :
*Alexandre BIDA.*
Barbier arménien à Constantinople.
*Lavis gris, plume et crayon sur papier, 33,6 x 23,7 cm.*
*Salon de 1850.*
*Château de Malmaison et Bois-Préau.*

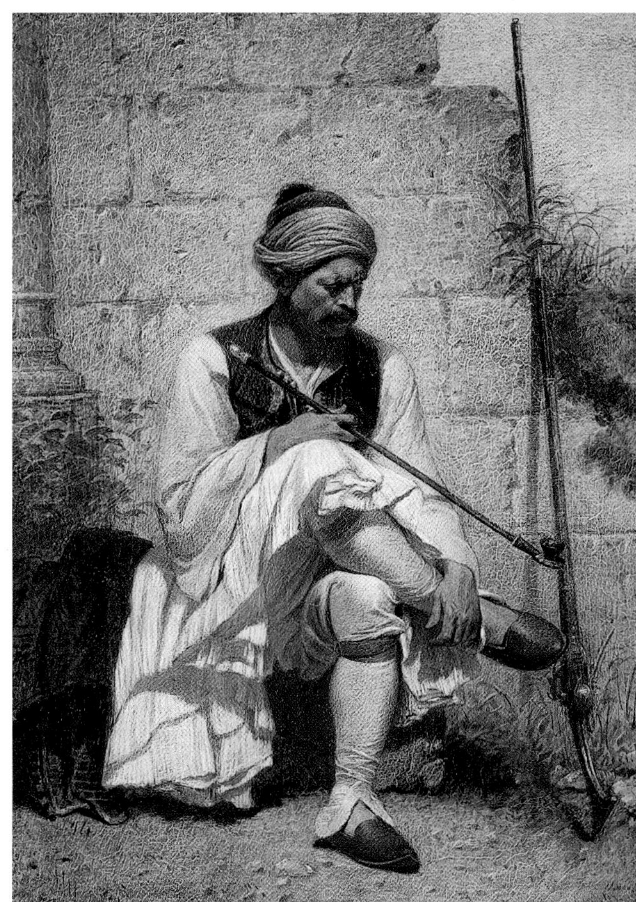

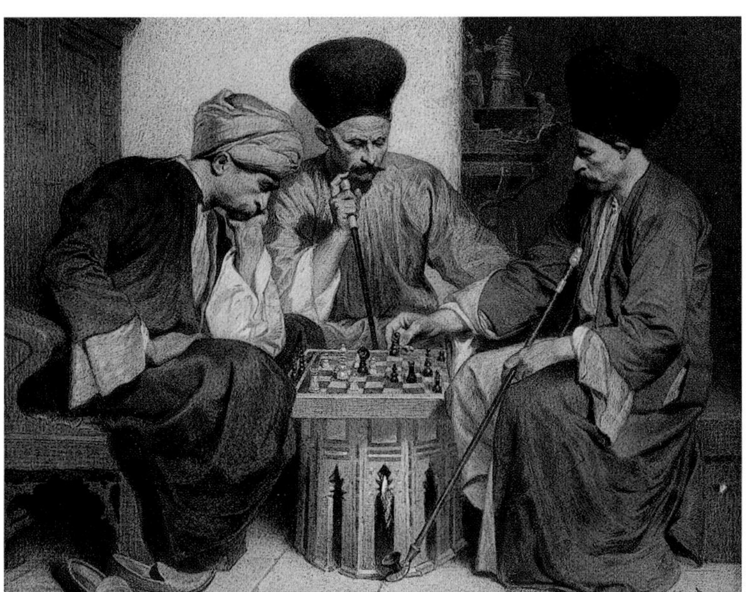

# MISSIONS ARCHÉOLOGIQUES ET EXPLORATIONS

*« Quelques monuments mystérieux, restes de la ville de Constantin, noircis, rougis par les incendies, sont cachés dans des maisons peintes, bariolées et souvent à demi brûlées. Les figures, les costumes, les usages, offrent partout le spectacle le plus pittoresque, le plus varié. C'est Tyr, c'est Bagdad, c'est le grand marché de l'Orient. »*

Forbin, « Constantinople », *Voyage en Orient*.

Pendant longtemps, la Turquie n'est visitée que de façon fragmentaire. Les voyageurs ne séjournent que dans les grandes villes de Constantinople, Smyrne, Bursa, parfois, mais c'est plus rare avant 1850, Trébizonde sur la mer Noire. Du reste du pays, ils ne connaissent le plus souvent que les côtes qu'ils se contentent de longer, s'adonnant à une sorte de cabotage pictural. Tel est le cas en 1776 de Choiseul-Gouffier et, en 1787, de Cassas, dont les itinéraires sont assujettis à ceux des bateaux qui les transportent.

Dans la première moitié du XIX$^{e}$ siècle, les missions archéologiques ou géographiques auxquelles les artistes sont souvent associés vont contribuer à faire découvrir de nouvelles régions tout en proposant de nouveaux sujets et motifs.

*Auguste MAYER.*
Iskele ou échelle d'embarquement à Constantinople.
*Huile sur bois, 53,3 x 41 cm.*
*Collection particulière.*
*Toute sa vie, Auguste Mayer évoquera Constantinople dans des scènes fantaisistes colorées, toujours très animées.*

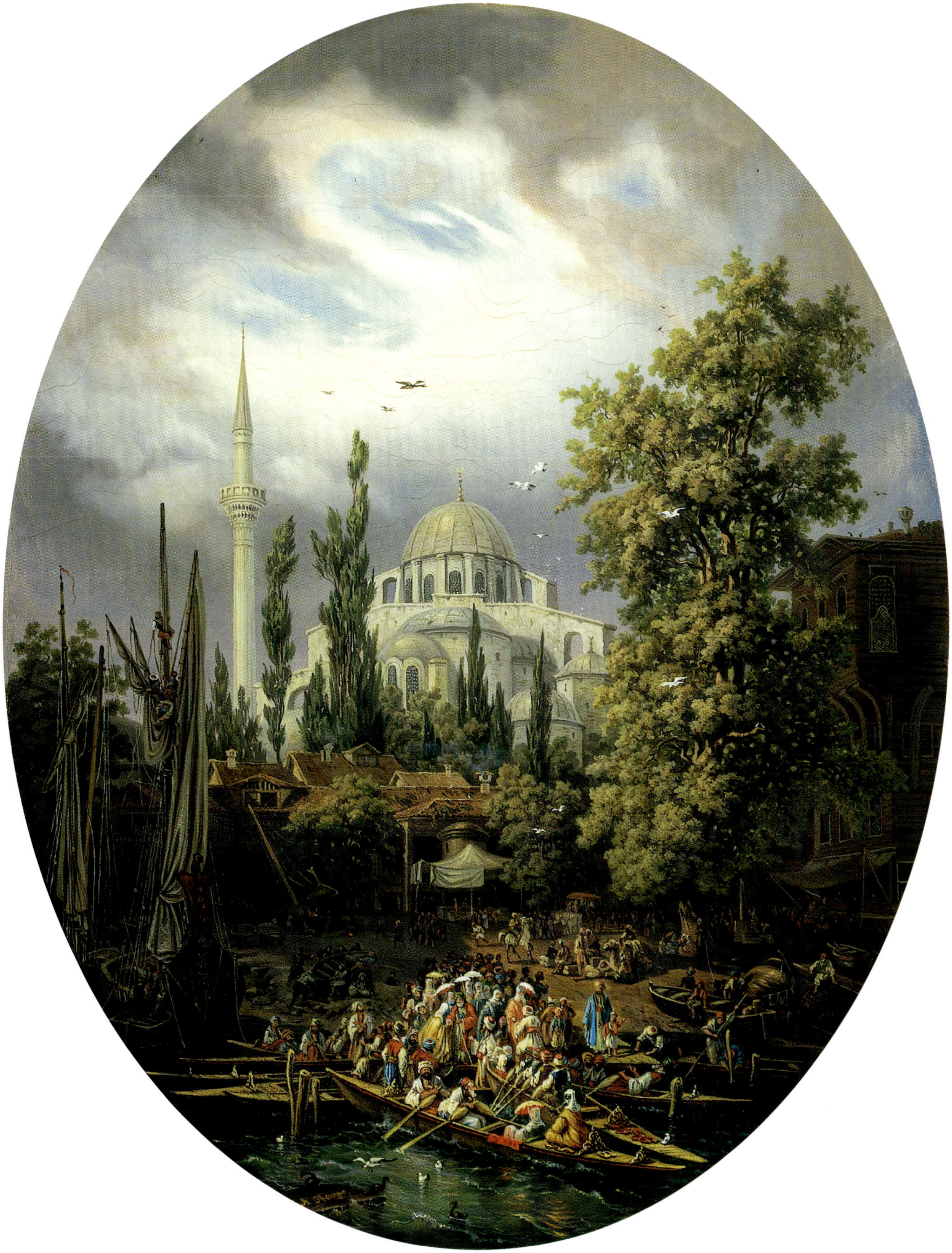

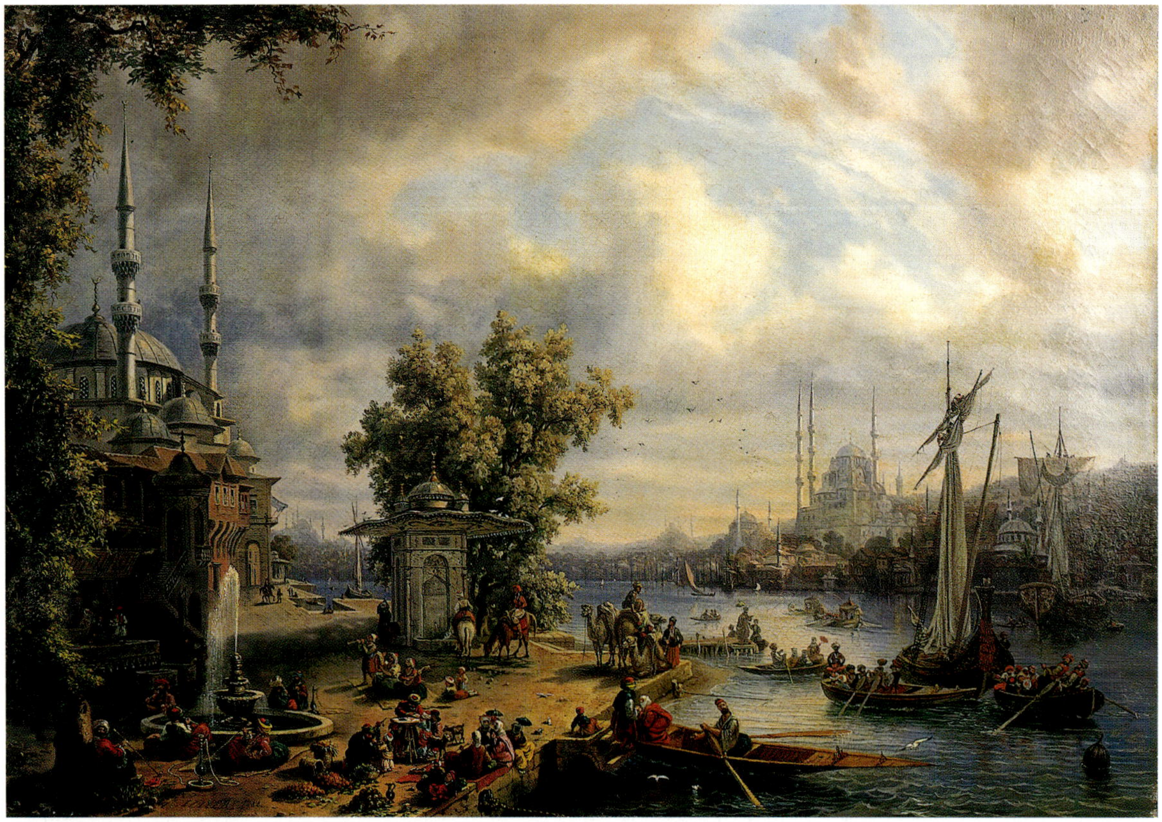

*Auguste MAYER.*
Vue animée du Bosphore, 1852.
*Huile sur toile, 46 x 67 cm.*
*Collection particulière.*

# Explorations archéologiques

C'est grâce au baron Taylor (1789-1879), désigné comme commissaire du gouvernement français pour traiter avec le pacha d'Égypte de la cession des deux obélisques de Louksor, qu'Auguste Mayer (1805-1890), peintre de marine brestois, voyage en Méditerranée en compagnie de l'artiste Adrien Dauzats (1804-1868)[65]. Ensemble, ils parcourent au début des années 1830 la Palestine, la Syrie, l'Égypte, et font escale à Constantinople. Bien que ce séjour soit très court, il marquera durablement Mayer, comme en témoignent les nombreuses marines, parfois fantaisistes, qu'il proposera tout au long de sa vie.

De 1833 à 1837, l'architecte Charles Texier explore l'Asie Mineure. Il y retourne en 1843, accompagné de Jacques-Jean Clerget qui effectue des relevés de Sardes et Magnésie du Méandre[66].

Sollicité par l'archéologue Désiré Rochette, l'architecte Prosper Morey (1805-1886) se contentera d'un rapide séjour en Turquie : à Smyrne tout d'abord où, à la fin du mois de juillet 1838, il dessine à la mine de plomb l'*Aqueduc de Kizil Çullu*. Le mois suivant, il est à Constantinople et réalise plusieurs études à l'aquarelle actuellement conservées à la bibliothèque municipale de Nancy. Il faut enfin évoquer le séjour en Bythinie, Mysie et Carie du jeune architecte Eugène Landron avec Philippe Le Bas en 1843-1844[67].

Les conditions de travail ne sont pas toujours faciles. Antoine-Marie Chenavard, qui voyage en compagnie de Jean-Michel Dalgabio et du peintre Étienne Rey, le narre dans son *Voyage en Grèce et dans le*

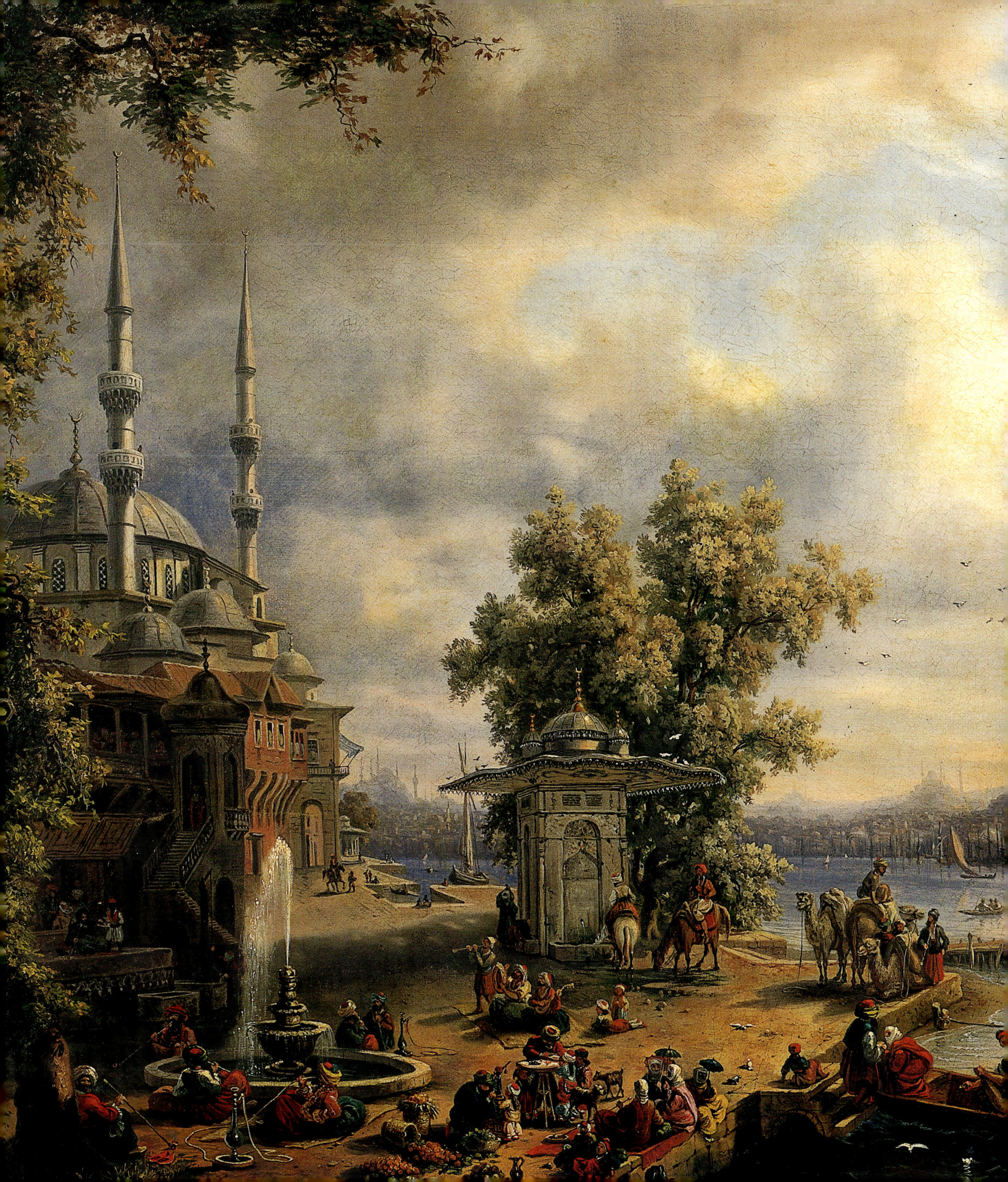

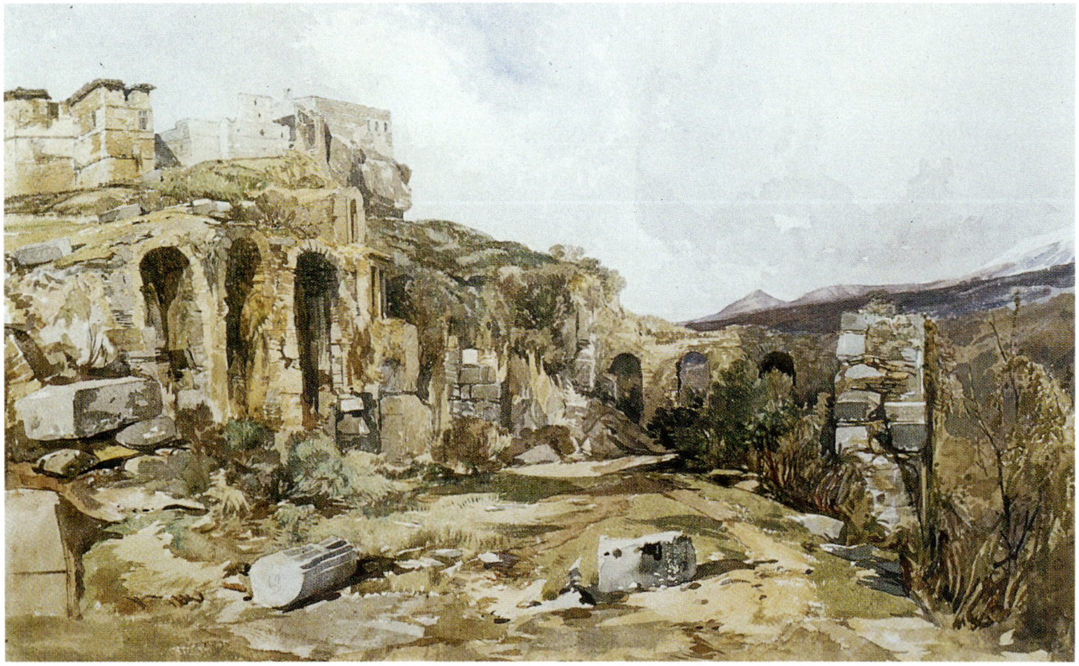

*William MUELLER.*
Ruines de Tlos, Lycie, 1844.
*Aquarelle, 32,2 x 53,5 cm.*
*Londres, Victoria and Albert Museum, Searight Collection.*
*Anglais, Français et plus tard Allemands recherchent en Anatolie les prestigieuses cités antiques, tombeau d'Achille, ville de Troie, mausolée d'Halicarnasse. Ils offrent aux peintres l'occasion de partir et de voyager.*

*Levant fait en 1843-1844* (Lyon, 1849-1850) : « Nous voulions emporter dans nos cartons quelques souvenirs de l'intérieur de la ville [de Constantinople], mais nous ne pûmes satisfaire à ce désir. Les Turcs accueillent les dessinateurs à coups de pierre et la moindre avanie qu'ils leur fassent est de les envelopper lorsqu'ils sont au travail et de leur cacher obstinément la vue des objets en se plaçant dans la direction de leurs regards [...]. Pour surmonter ces obstacles, il faut louer, à coup d'argent, une place dans l'intérieur d'une boutique d'où la vue des objets ne puisse être masquée, mais nous n'avions ni le temps, ni la volonté de prendre ce moyen[68]. » En Asie Mineure, les trois voyageurs visitent la Troade, Éphèse et Smyrne. Les carnets de dessins et d'aquarelles de Chenavard et de Dalgabio sont conservés[69] et Chenavard a publié en 1858 un grand album de gravures.

Les archéologues britanniques sont également nombreux à se rendre en Asie Mineure. Encouragés par les premiers travaux menés par Luigi Mayer (1755-1803) en compagnie de l'ambassadeur Sir Robert Ainslie, ils partent à la quête des sites archéologiques homériques comme le tombeau d'Ulysse, le cheval de Troie, etc. Sir William Gell (1774-1836) révèle ainsi les antiquités de la Troade, tandis que William Mueller et Harry Johnson font découvrir les ruines de Lycie.

Considéré de son vivant, par certains, comme venant tout de suite après Turner pour la peinture de paysage, William Mueller (1812-1845) reste encore très mal connu de nos jours.

Il venait d'installer son atelier à Londres, près de Haymarket, lorsqu'il est sollicité en 1843 par l'archéologue Sir Charles Fellows (1826-1884) pour représenter les ruines des anciennes villes de Lycie, sur la côte sud-ouest de la Turquie. Ayant déjà eu l'occasion de voyager en Égypte et en Grèce quatre ans plus tôt, Mueller est emballé à l'idée de repartir. Accompagné du jeune étudiant Harry Johnson (1826-1884) qui n'a que dix-sept ans, il s'embarque aussitôt pour Malte où il rejoint l'imposant vaisseau qui transportait plus de deux cents personnes vers les sites archéologiques de Lycie. Ses aquarelles sont des témoignages précis sur

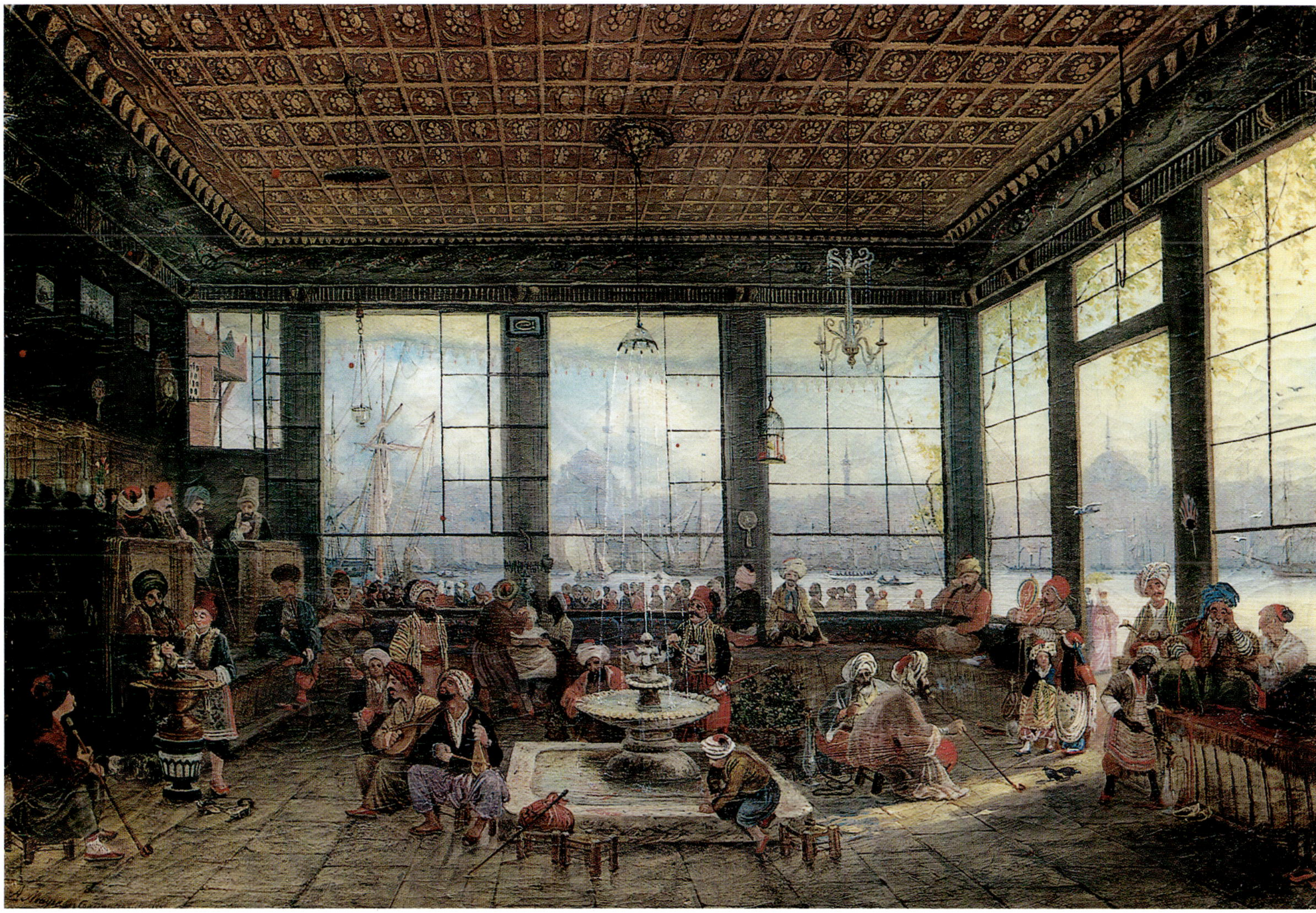

des sites inconnus comme Tlos ou Xanthos. Charles Fellows profite de ces explorations pour faire transporter au British Museum le monument Nereid de Xanthos, tandis qu'un autre savant anglais, Sir Thomas Phillips, transporte à son tour à Londres en 1846 la frise d'Halicarnasse, qui se trouve à Bodrum.

La fascination de Mueller pour les populations locales l'encourage à entrer en contact avec les tribus nomades Yürük, qui vivaient non loin de Xanthos. Il les dessine, visite leurs villages, assiste à leurs fêtes et devint ami avec leur jeune chef. De retour à Londres, il expose ses dessins et aquarelles de Lycie à la Graphic Society.

*Auguste MAYER.*
Café au bord de la Corne d'Or, 1856.
*Huile sur toile, 38,7 x 58,4 cm.*
*Collection particulière.*

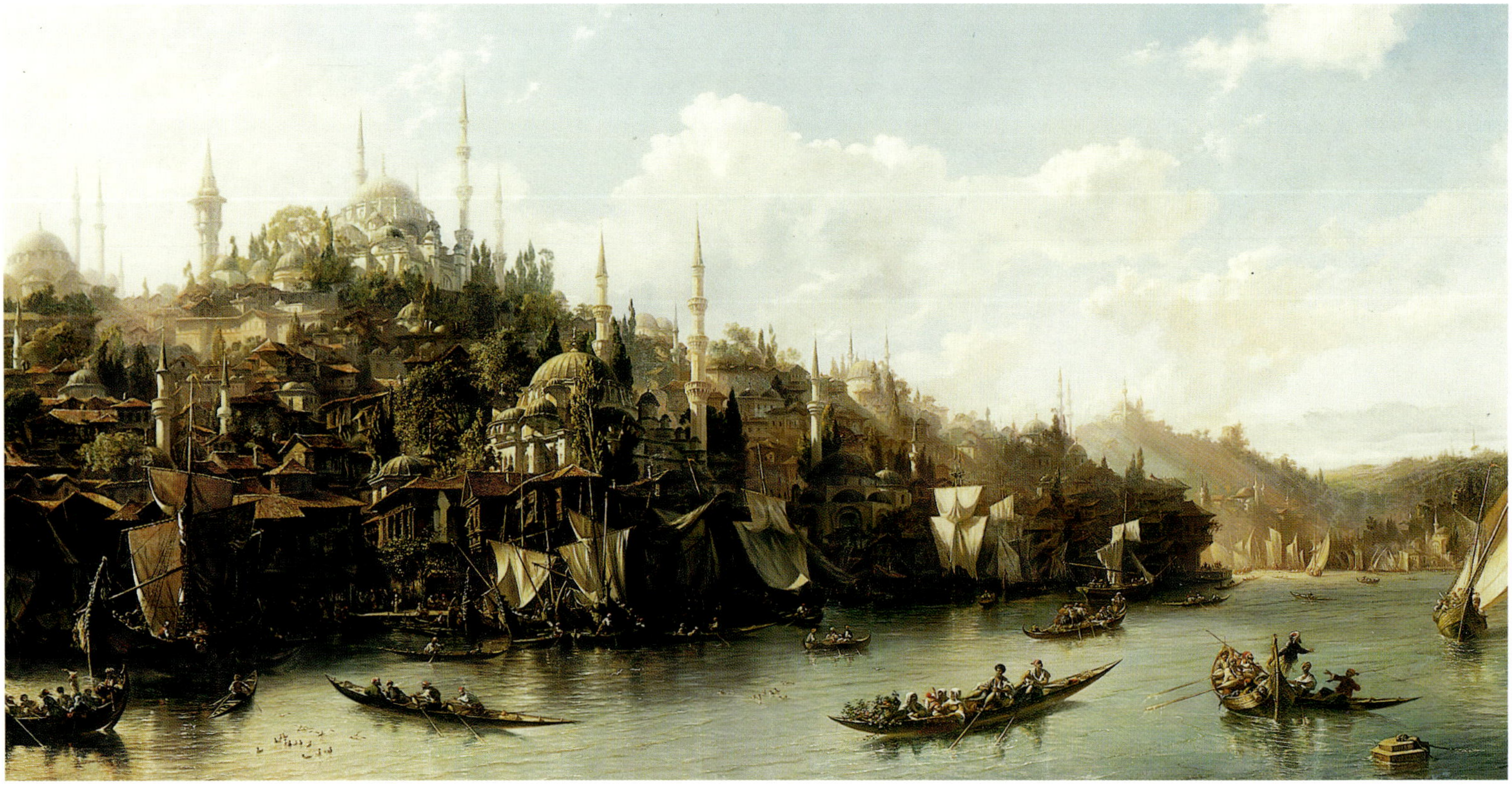

*Eugène FLANDIN.*
Vue de la mosquée Süleymaniye et de la Corne d'Or, 1852.
*Huile sur toile, 132 x 262 cm.*
*Collection particulière.*

# Missions diplomatiques

En 1839, le roi des Français Louis-Philippe décide de l'envoi d'une mission diplomatique en Perse pour renouveler les anciennes relations d'amitié et de commerce. Le comte Édouard de Sercey est nommé ambassadeur. Cette décision suscite aussitôt l'intérêt de l'Académie royale des Beaux-Arts de l'Institut de France qui insère un avis dans les journaux afin d'inviter les artistes intéressés par la mission à se faire inscrire à son secrétariat. Le 25 septembre, l'Académie procède à la lecture des lettres de candidatures et à la désignation de deux artistes : Pascal Coste (1787-1879), architecte, Eugène Flandin (1803-1876), peintre de genre.

Pascal Coste n'eut aucun mal a être élu à l'unanimité : outre le fait qu'il était le seul architecte candidat, il venait de remettre à l'Académie son ouvrage consacré aux *Monuments du Caire, mesurés et dessinés de 1818 à 1825* (Paris, 1839, 60 pl.), un modèle du genre, et connaissait bien l'Orient pour avoir déjà passé dix ans en Égypte (de 1817 à 1827). Quant à Eugène Flandin, cet ancien élève d'Horace Vernet, il fut élu après deux tours de scrutin. Lui aussi connaissait l'Orient pour avoir participé à une campagne militaire française en Algérie en 1837, dont il avait peint *L'Entrée de l'armée française à Alger, le 5 juillet 1830* (musée de Versailles).

Placée sous la conduite du comte Édouard de Sercey, la mission, qui comprenait également un médecin et deux officiers, s'embarqua à Toulon à bord d'un bateau à vapeur, le *Véloce*, le 30 octobre 1839. Il y avait en

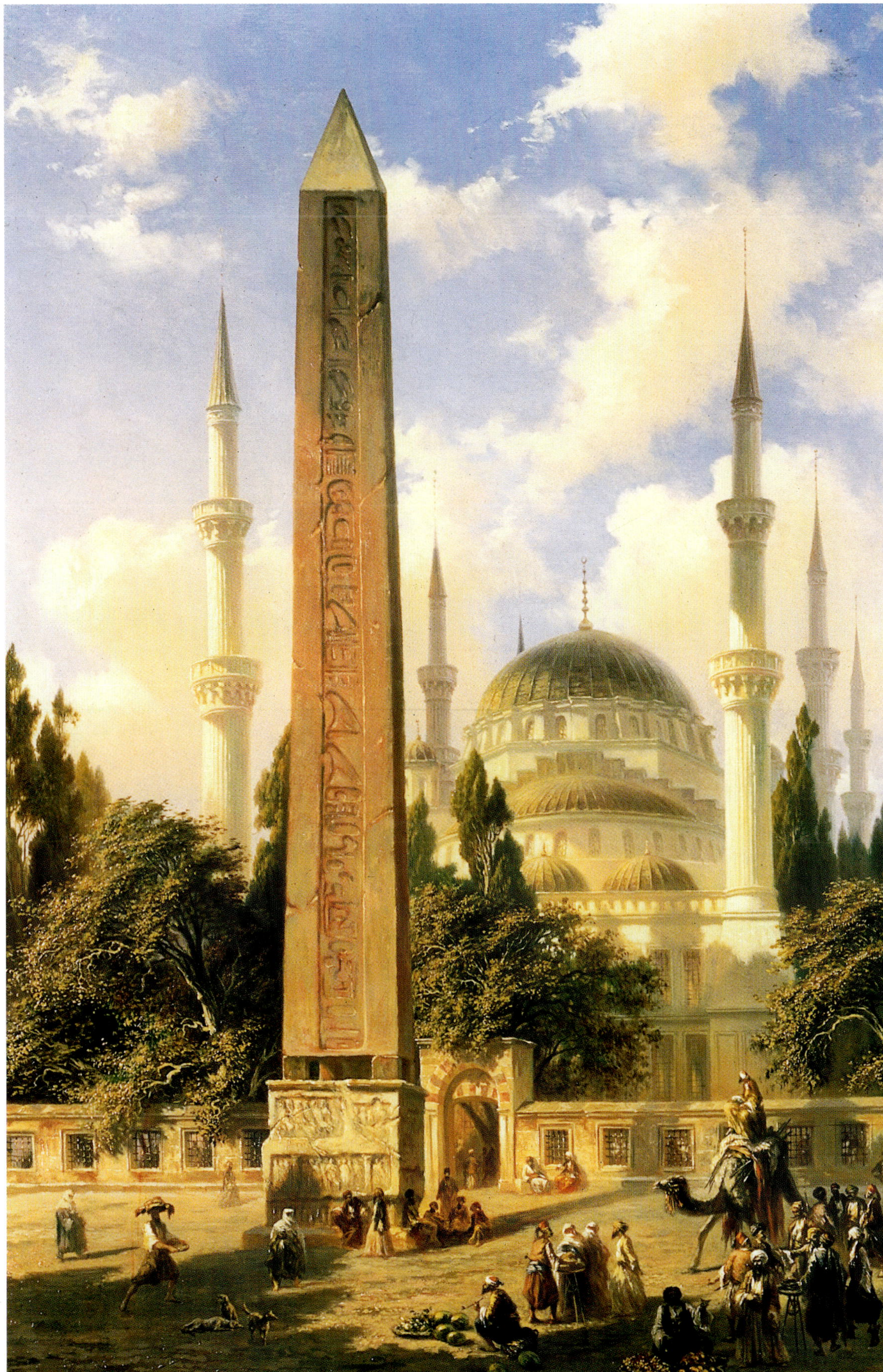

A droite :
*Eugène FLANDIN.*
L'Obélisque de la place de l'Hippodrome devant la Mosquée Bleue.
*Huile sur toile, 90 x 62 cm.*
*Collection particulière.*

outre, sur ce navire, le peintre de marine Théodore Gudin accompagné de deux de ses élèves, M. Laurent et M. Julien. Après deux longues escales à Palerme et Athènes, le *Véloce* arrive à Constantinople le 22 novembre 1839.

Tandis qu'Édouard de Sercey est reçu au Palais de France par son homologue, le comte de Pontois, les artistes s'installent dans une petite maison du faubourg de Péra. Ils découvrent une cité calme dans la journée, mais qui s'anime à la tombée de la nuit car c'est l'époque du ramadan. Coste et Flandin en profitent pour parcourir la ville et prendre des croquis. Le séjour dans la capitale ottomane est très court. Le 2 décembre, il faut rembarquer à bord du *Véloce* qui poursuit sa route jusqu'à Trébizonde. De là, le 15 décembre, la caravane formée par près de deux cents chevaux et mules se met en marche pour Téhéran qu'elle atteint le 1er mars. Le comte de Sercey n'est reçu en audience par le châh à Ispahan que le 20 avril, puis il regagne aussitôt la France via Bagdad, Alep et Alexandrie.

Pascal Coste et Eugène Flandin prolongent leur séjour en Perse. Ils visitent les sites antiques (Ecbatane, Persépolis, Chahpur, etc.) et ne quittent Téhéran qu'un an plus tard, le 21 avril 1841. La peste et la famine leur interdisant la route de Trébizonde, ils gagnent le port de Beyrouth en passant par Diyarbakır, Urfa et Alep. Le 1er décembre 1841, ils embarquent à bord d'un bateau à vapeur autrichien qui assure la liaison Beyrouth-Constantinople. Arrivés à Smyrne une semaine plus tard, ils regagnent la France dans les jours suivants.

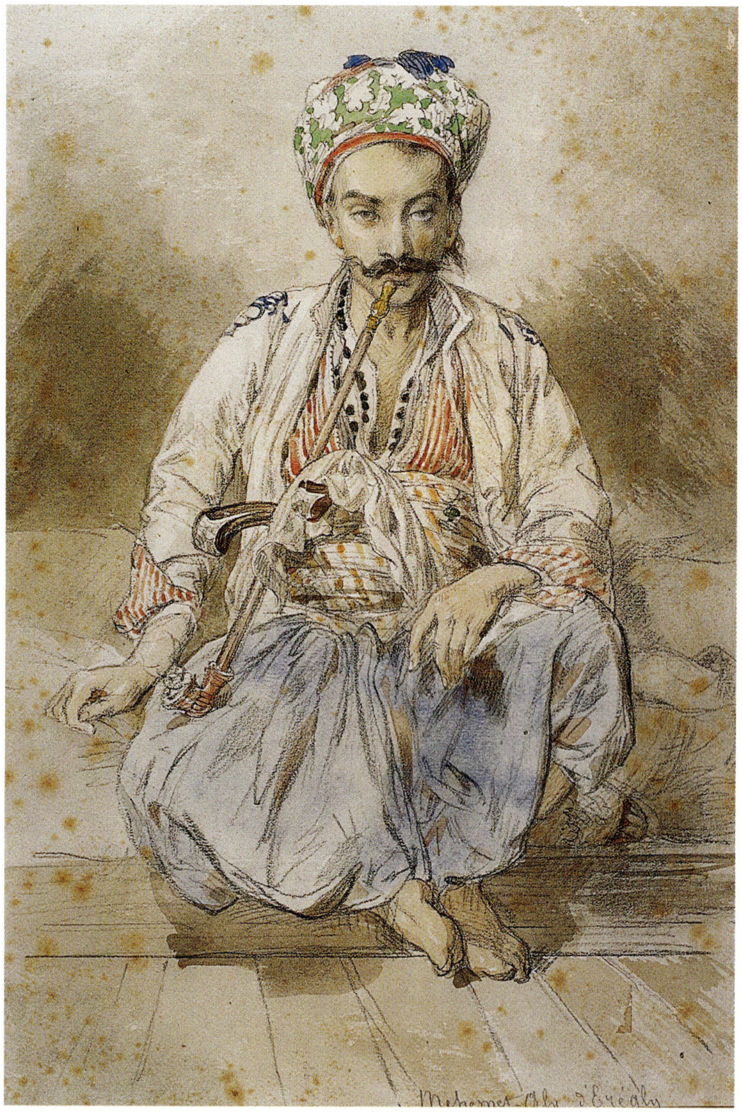

*Jules LAURENS.*
Portrait de Mehemet Ali d'Eregli.
*Crayon rehaussé d'aquarelle, 28 x 22 cm.*
*Carpentras, Bibliothèque Inguimbertine.*

Comparée à la mission diplomatique qui fut un demi-échec – le châh de Perse ayant refusé de signer tout traité –, la mission artistique dont étaient chargés Coste et Flandin fut un succès, même s'il ne fut pas à la hauteur des espérances des artistes et de l'Académie. Faute de moyens financiers suffisants, ils furent en effet

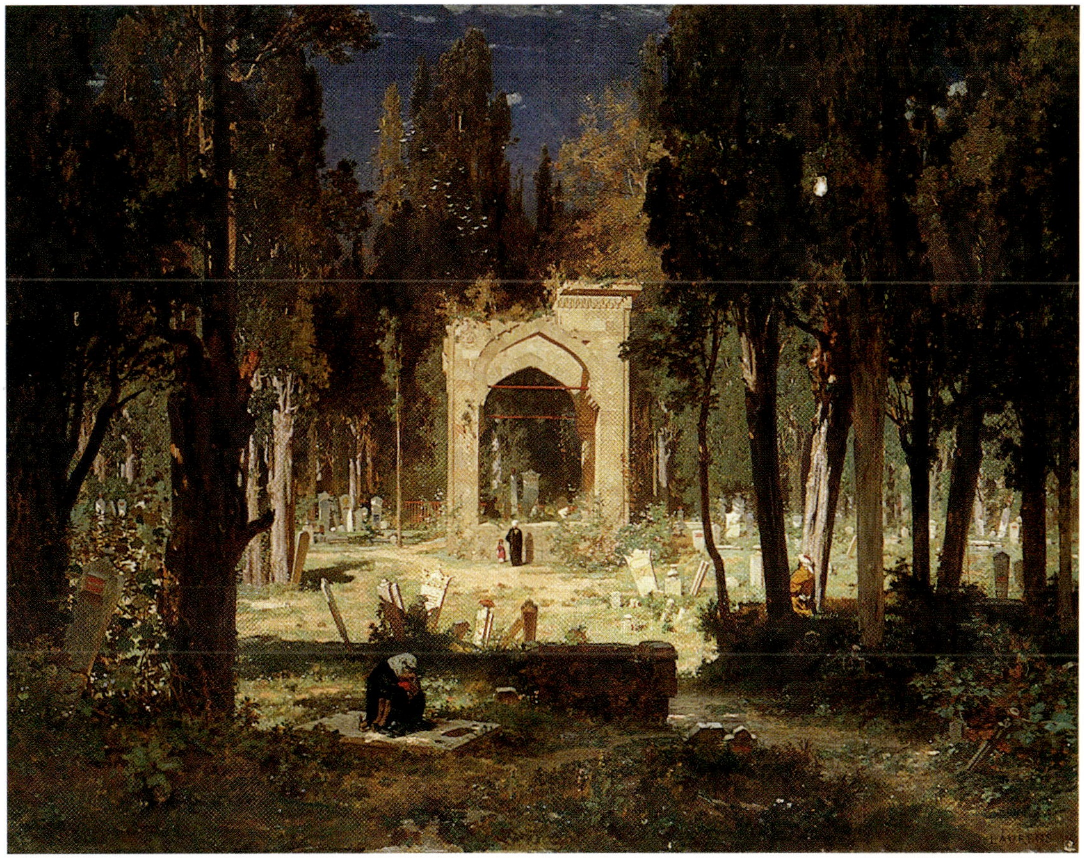

*Jules LAURENS.*
Cimetière turc.
*Huile sur toile, 1866, 111 x 154 cm.*
*Angoulême, musée des Beaux-Arts.*

obligés de regagner la France plus tôt que prévu. Ils leur faudra encore dix ans pour publier le compte rendu de leur mission, *Voyage en Perse*, remarquable album sur la Perse comprenant quatre volumes in-folio et 350 planches.

Dans cette publication, Flandin n'a pas cédé à un pittoresque facile. Peu de scènes de genre, pas de ces études de costumes qu'affectionnent les orientalistes, pas d'accentuations romantiques. Il cherche à dresser un compte rendu fidèle de l'état de la Perse au milieu du XIXe siècle. En revanche, pour son plaisir personnel et pour satisfaire une clientèle parisienne sensible à l'Orient turc, Flandin réalise quelques vues de Constantinople sous forme d'aquarelles et de magnifiques huiles qu'il expose au Salon. Parmi celles-ci, figurent en 1853 *Vue du quartier turc, prise en face des mosquées Soliman et de la Sultane Valide* ; trois toiles en 1855 : *Constantinople. Vue du quartier turc, prise en face des mosquées de Soliman et de la Sultane Valide* ; *Constantinople. Vue générale le matin* ; *Entrée du Bosphore, côte d'Asie* ; et une en 1857 : *Vue des murailles de Constantinople, prise à l'endroit où se voit encore la brèche par laquelle les janissaires de Mahomet II pénétrèrent dans la ville*.

Six ans après Flandin et Coste, le peintre Jules Laurens (1825-1901) se lance à son tour sur les routes de Turquie et de Perse.

Originaire de Carpentras, Jules Laurens est arrivé à Paris en 1842 pour entrer dans l'atelier du peintre d'histoire Paul Delaroche, après avoir fait des études à l'École des Beaux-Arts de Montpellier. Il a échoué en 1845 au concours du prix de Rome de paysage historique quand, par le plus grand des hasards, un beau matin, le lithographe Ferogio vint le trouver dans sa « chambrette-atelier » de la rue de Seine pour lui proposer : « Voulez-vous allez en Perse ? » Laurens, qui n'a que vingt et un ans et rêve déjà d'aventure, accepte

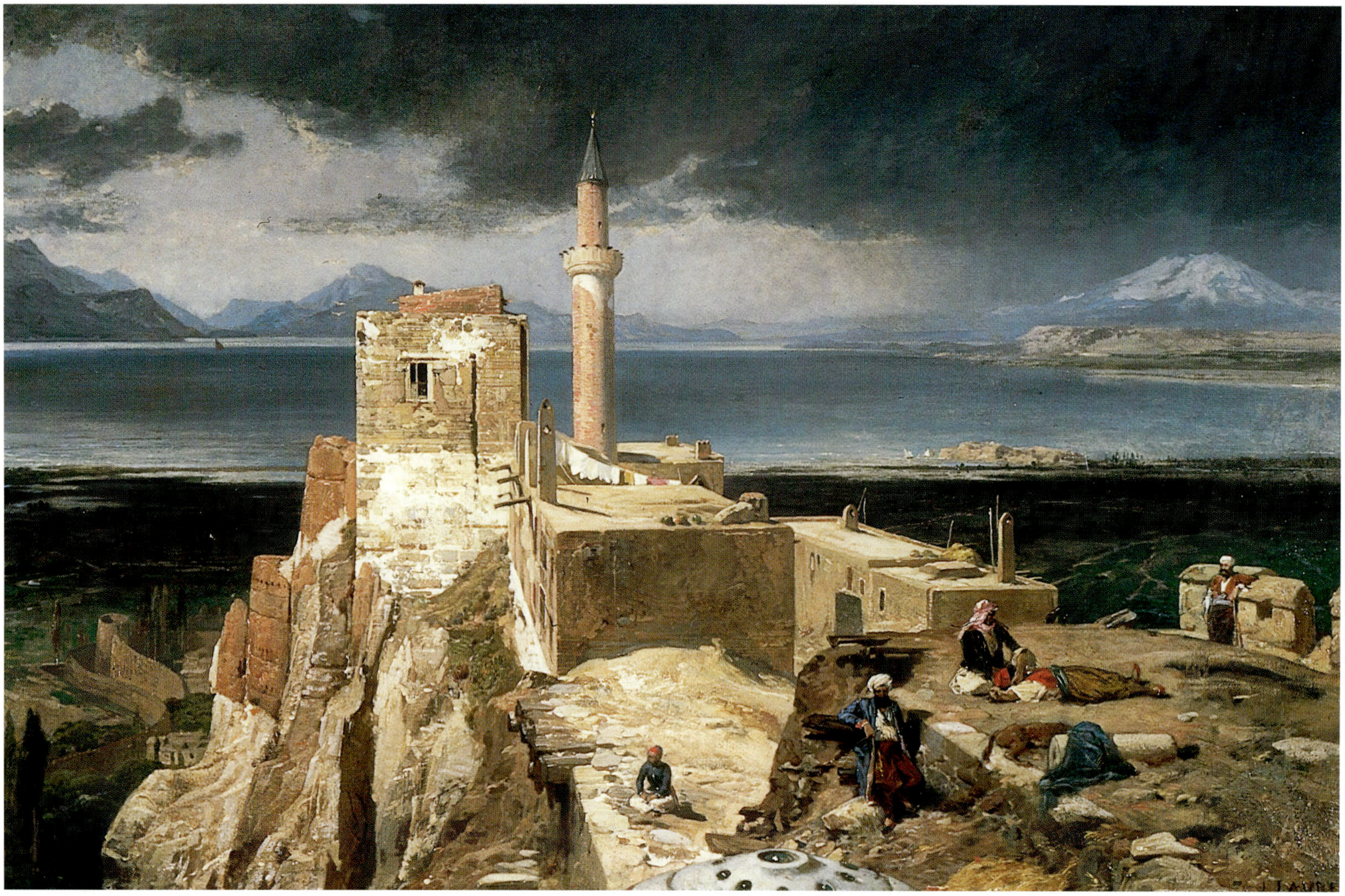

*Jules LAURENS.*
Le Lac et la forteresse de Van en Arménie.
*Huile sur toile, 84 x 125 cm.*
*Collection particulière.*
*On distingue la forteresse avec sa tour carrée et son élégant minaret planté sur les rochers. Le ciel est sombre et projette ses ombres violacées sur la rive du lac, dont les eaux plombées s'étendent jusqu'aux montagnes du fond.*

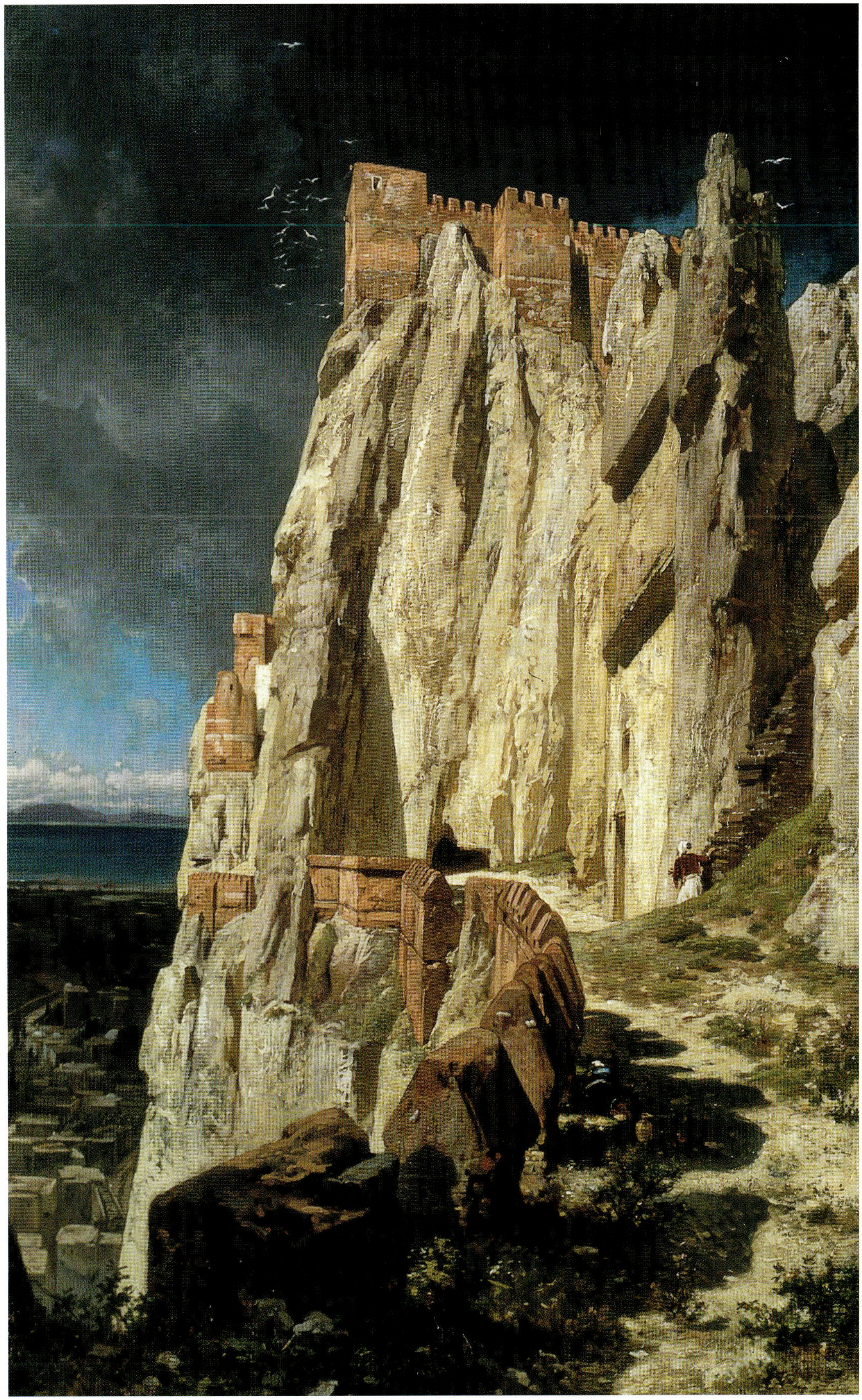

*Jules LAURENS.*
Le Rocher de Van,
Kurdistan, 1880.
*Huile sur toile, 134 x 88 cm.*
*Paris, musée d'Orsay.*
*La forteresse de Van, bâtie sur un piton rocheux, domine la vieille ville installée au bord du lac.*

*Jules LAURENS.*
Yeni Keuy sur les rives du Bosphore.
*Mine de plomb, crayon et aquarelle, 25,2 x 16,9 cm.*
*Paris, École Nationale Supérieure des Beaux-Arts.*

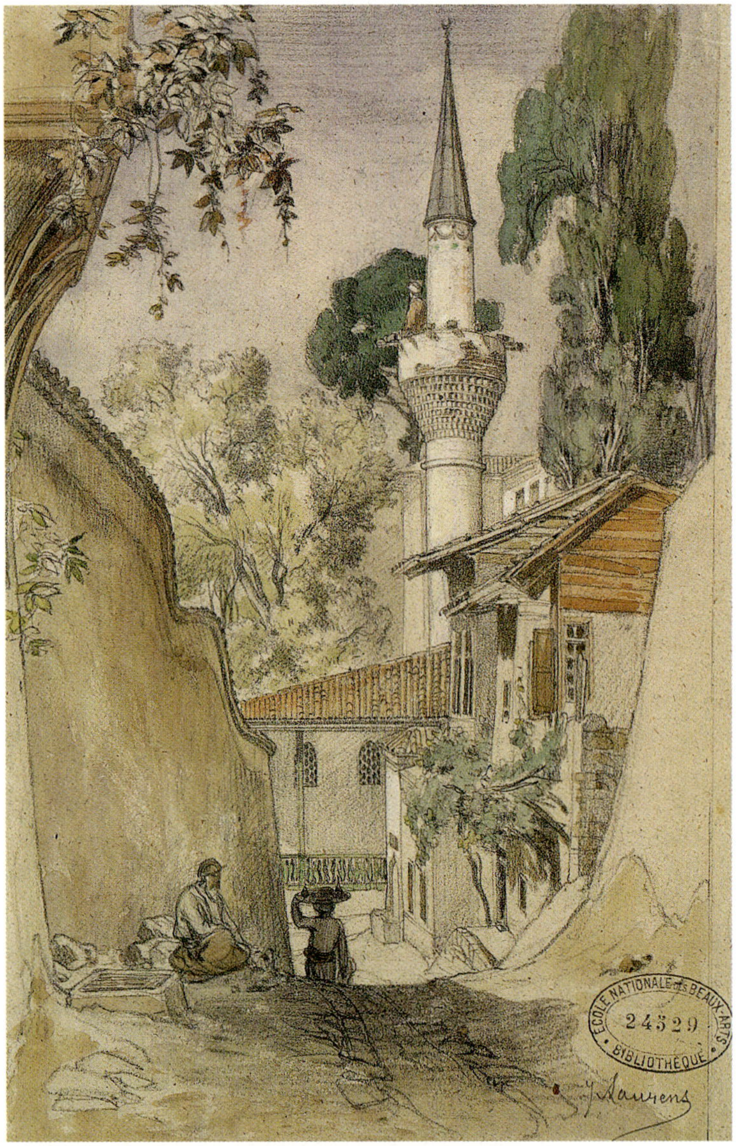

la proposition et s'empresse d'aller rue de Bellechasse trouver Xavier Hommaire de Hell, le futur chef de la mission. La visite qui s'ensuivit est marquée par un interrogatoire ainsi rapporté[70] :

- Avez-vous déjà monté à cheval ?
- Non.
- Souffrez-vous du mal de mer ?
- Oui.
- Portez-vous habituellement et toujours de la flanelle ?
- Non.
- Craignez-vous le vertige ?
- Oui.
- Supportez-vous les veilles ?
- Non.

Malgré ces réponses peu encourageantes, l'impression fut bonne, et le jeune artiste engagé. Néanmoins, Laurens n'entrevoyait alors que confusément ce qui l'attendait dans cette fantastique aventure en Turquie et en Perse[71].

L'expédition à laquelle il est attaché est dirigée par le géographe Xavier Hommaire de Hell (1812-1848). Ingénieur de formation, diplômé de l'École des Mines de Saint-Étienne, ce dernier connaissait déjà bien l'Orient. Il a séjourné plus de quatre ans à Constantinople, entre 1835 et 1838, proposant à la Sublime Porte ses services pour la construction d'un pont suspendu sur la Corne d'Or et l'exploitation de mines pour les fonderies militaires. Déçu de ne pas avoir pu réaliser ses projets, il a quitté Istanbul un beau matin du 15 mai 1838 pour se rendre en Russie et mener des recherches scientifiques sur la formation géologique de la mer Noire. Sa mission, publiée en 1844 sous le titre *Les Steppes de la mer Caspienne, le Caucase, la Crimée et la Russie méridionale*, assoie sa renommée scientifique. Fort de ce succès pour lequel il est décoré de la Légion d'honneur, il est cette fois-ci chargé par le ministre de l'Instruction publique français

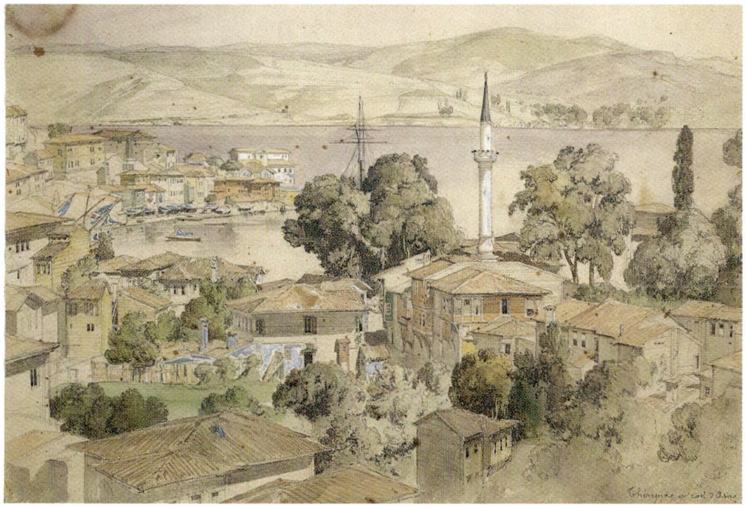

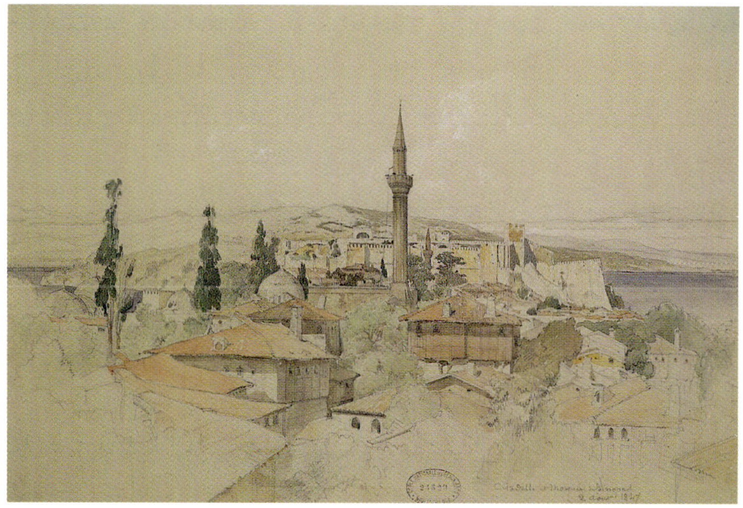

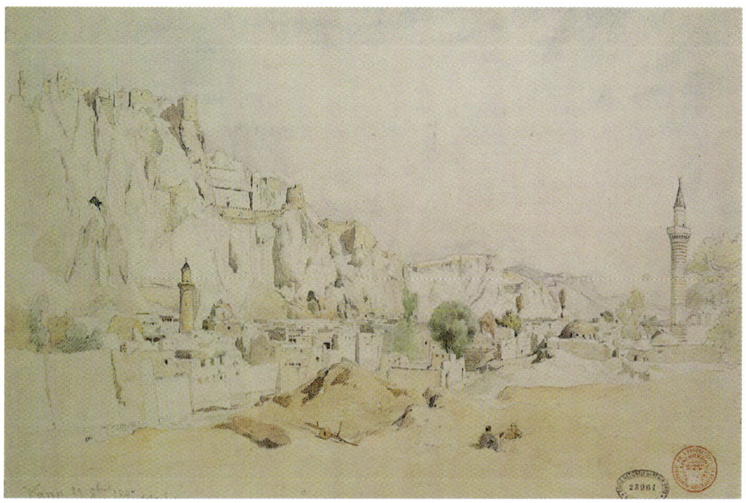

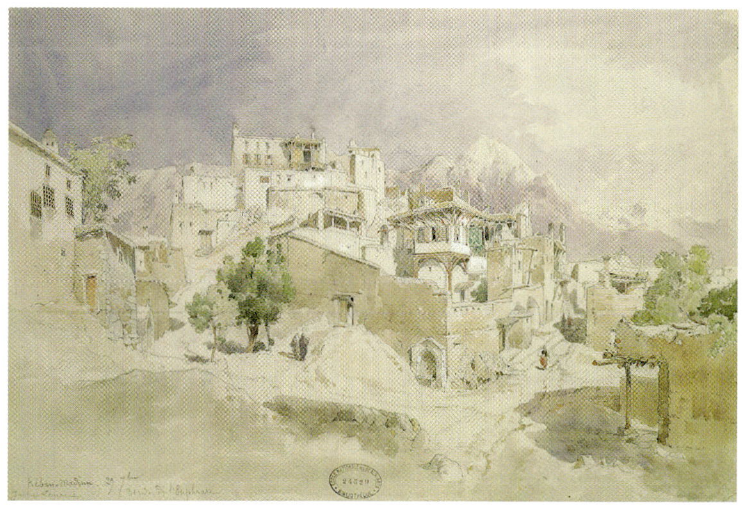

De gauche à droite et de haut en bas :
*Jules LAURENS.*
*Aquarelles.*
*Paris, École Nationale Supérieure des Beaux-Arts.*

Vue de Thérapia sur la rive européenne du Bosphore.
Citadelle et mosquée de Sinope sur la mer Noire, 2 août 1847.
Vue générale de Van, 29 octobre 1847.
Kebann-Madenn, bord de l'Euphrate, 29 septembre 1847.
Palais d'Eunieh (Ünye), 14 août 1847.

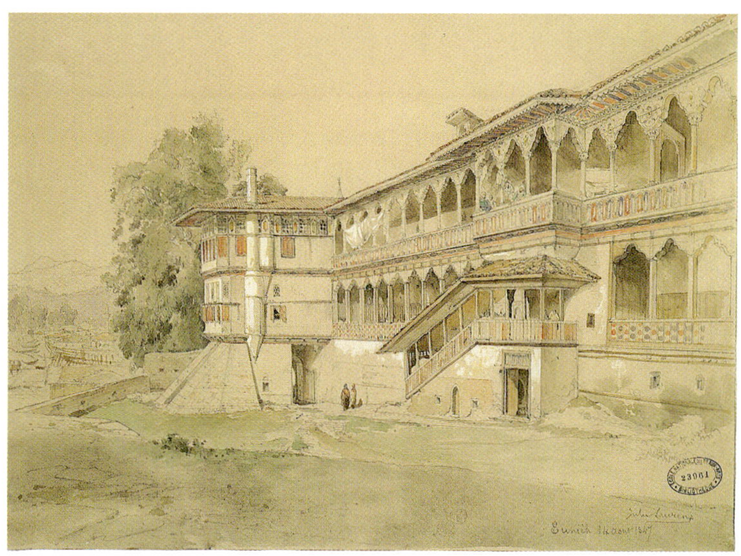

de mener une nouvelle mission de recherches scientifiques, géographiques et historiques sur les bords de la mer Noire et de la mer Caspienne, et dans l'intérieur des pays qui avoisinent ces deux mers.

Quittant Paris en février 1846, l'expédition, composée de M. et Mme Hommaire de Hell et de Jules Laurens, traverse l'Italie. A Naples, elle s'embarque pour Malte puis le Pirée. C'est en arrivant à Smyrne que Jules Laurens prend pour la première fois contact avec l'Orient turc, qui lui évoque aussitôt les tableaux de Decamps : « bateliers en chemises lamées de soie et fez rouges, forteresses blanchies à la chaux, bois de cyprès des cimetières, minarets et coupoles de mosquées, kiosques et cafés du quai sur pilotis ; puis dans les rues, bazars de marchands et d'ouvriers, femmes voilées, boucheries sanguinolentes, brouhaha d'écoliers, cortèges de chameaux et d'ânes[72] ».

A peine débarqué à Constantinople dans le courant de juillet 1846, dans une crise d'enthousiasme, il s'empresse de « dessiner et aquareller partout, dans les divers quartiers de la cité, dans la banlieue, sur les plages » ; aussi, le voilà malade, « saigné et mis au régime exclusif de la tisane de limonade chaude ». Mais il se relève bientôt, reprend ses courses et continue de remplir son portefeuille de dessins et d'aquarelles. Une fois familiarisé avec la ville, il effectue avec H. De Hell, du 29 août au 12 novembre de la même année, un voyage en barque le long des côtes de la mer Noire jusqu'à Varna. C'est l'occasion de découvrir Thérapia, où les attendra Mme Hommaire de Hell, les cryptes byzantines de Midiah. Après leur retour, les derniers jours de décembre sont employés à explorer les bords du Bosphore, depuis Constantinople jusqu'à la mer Noire. A Constantinople, Jules Laurens parcourt la ville en tout sens et peint les lieux de promenade communs à tous les voyageurs : murailles, mosquées, fontaines, tombes, habitations, etc. Une lettre datée du 5 janvier 1847 nous renseigne sur les conditions de sa mission : « Je ne travaille qu'en courant, au milieu des rues, au sommet des rochers, par pluie ou canicule, droit ou accroupi, fatigué ou découragé. C'est en descendant de caïque ou d'arabas que je dessine à la volée, et d'après la première chose venue, la première chose vue, recommençant le lendemain, sans avoir même gardé le souvenir des modèles dont je n'ose revoir les informes copies[73]. » Grâce à l'amitié des frères Fossati, chargés de la restauration de Sainte-Sophie, Laurens est autorisé à en relever les mosaïques.

Entre le 5 et le 19 mai 1847, les membres de l'expédition font une rapide excursion à Brousse (Bursa) en passant par Nicomédie, « ville ravissante de coquetterie pastorale », dont l'artiste dessine entre autres les murailles anciennes. Laurens est séduit par Brousse, cette ancienne capitale ottomane, car elle a su conserver « son caractère primitif, costumes, mosquées et bazars surtout[74] » ; là, il prend le temps de dessiner un caravansérail abandonné. En quinze jours, il rapporte vingt grands dessins.

De retour à Constantinople, on se prépare à partir pour la Perse. Le 28 juin 1847, Hommaire de Hell et Laurens partent enfin à cheval pour Trébizonde qu'ils atteignent le 24 août après avoir traversé Uscoup (Üsküp), Héraclée (Eregli), Amasserah (Amasra), Sinope (Sinop), Tcherchembeh (Tcharchamba),

*Alberto PASINI.*
Fenêtre bordée d'émail vert, mausolée
de Mehmet Ier à Bursa, 1873.
*Huile sur toile, 35,5 x 27,5 cm.*
*Paris, musée d'Orsay.*

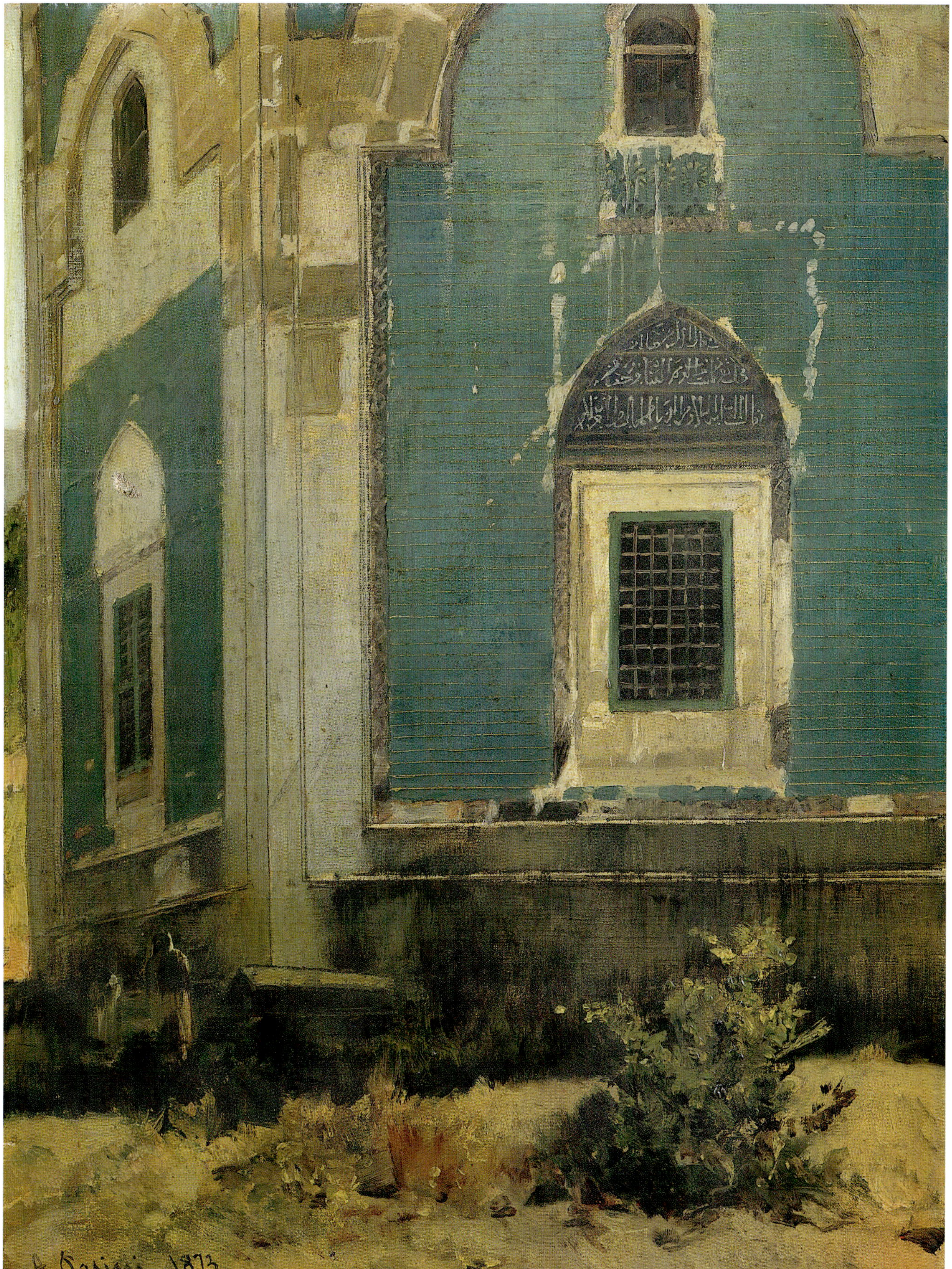
A. Pasini. 1873.

Eunieh (Ünye), où il étudie le kiosque Hazinedaroglu. Trébizonde (Trabzon), où ils ne s'attardent pas à cause d'une épidémie de choléra, leur apparaît comme un site grandiose, mais le pittoresque déçoit car le bazar ne recèle « que des marchandises européennes » et « l'aspect des rues est fort monotone, ne présentant que deux lignes de murs, car toutes les maisons sont cachées au fond d'une cour, ce qui dénote le voisinage de la Perse ». Après avoir traversé l'Euphrate, la mission atteint Diarbékir (Diyarbakır) le 8 octobre. Le 24 octobre, le lac de Van, surplombé par sa forteresse, se dévoile à leurs yeux. De là, l'expédition gagnera la Perse.

De retour en France en juin 1849, après quatre ans d'absence, comme tous les artistes français de son époque Jules Laurens tentera d'imposer son nom au Salon. Il exposera de nombreuses toiles sur la Perse mais aussi quelques sujets turcs, comme *Paysage, souvenir d'Asie Mineure* (1859), *La mer Noire à Sinope* (1861), *Tête de voie romaine en Bithynie* (1864), *Cimetière turc hors la porte d'Andrinople à Stamboul* (1866), *Au faubourg d'Eyoub, à Constantinople* (1873), *Le Bosphore* (1874), *Lac et forteresse de Van, Arménie* (1875), *Une des portes d'Uscoup (Prusias ad Hypium)* (1877), *Le Rocher de Van, Kurdistan* (1880).

C'est à la suite d'une mission en Perse que le peintre italien Alberto Pasini (1826-1899) découvrit lui aussi la Turquie en 1854. Par l'intermédiaire de son ami le peintre Théodore Chassériau, il rencontre à Paris le diplomate Prosper Bourée[75]. Ce dernier s'apprête à conduire une mission auprès du châh de Perse, afin de contrebalancer l'influence russe dans cette région après la guerre de Crimée. Prosper Bourée invite Pasini à l'accompagner comme peintre personnel, en même temps que l'essayiste Joseph Arthur Gobineau[76] et l'interprète Barbier de Meynard. Partie en mars 1855, la mission se rend à Téhéran en passant par l'Égypte, la péninsule Arabique et le golfe Persique[77]. Contrairement aux autres artistes européens, c'est au retour, l'année suivante, que Pasini découvre Trébizonde et Constantinople. Fasciné par l'Orient, il ne cessera dès lors de voyager entre 1857 et 1870, se rendant une seconde fois à Constantinople en 1867-1869, sur l'invitation de son ancien compagnon, Prosper Bourée, qui exerce les fonctions d'ambassadeur de France (1866-1870). Ce séjour sera riche en événements avec la visite de l'impératrice Eugénie, du 13 au 19 octobre 1868, et l'inauguration du lycée impérial ottoman de langue française, Galatasaray (1er novembre 1868).

Outre deux toiles commandées par le sultan Abdül-Aziz pour commémorer l'anniversaire de la guerre de Crète (1669), Pasini peignit une cinquantaine de toiles représentant de beaux paysages du Bosphore et de très nombreuses scènes de la vie quotidienne dans les quartiers des mosquées Yeni Djami, Nüsret Djami, Kılıtch Djami. Sa production reflète une attention particulière au décor et aux bâtiments tels que mosquée, caravansérail, marché, porte, fontaine, *türbe*, etc.[78] L'architecture, réduite le plus souvent chez Delacroix à un arrière-plan assez vague, devient essentielle dans son approche orientaliste. Le succès de la *Porte de la mosquée Yeni-Djami à Constantinople,* exposée au Salon de 1870, lui vaut même l'exceptionnelle indulgence du critique Jules Castagnary : « Son harmonie est si juste, le dessin de son architecture est si fin, les personnages en action qui se groupent sur les marches du monument forment des tableaux si naturels que j'en oublie en [la] voyant ma vieille haine contre l'Orientalisme[79]. »

En 1873, Pasini effectuera encore une fois un voyage en Turquie et découvrira à cette occasion Bursa. Il devait revenir trois ans plus tard, mais il préféra y renoncer devant l'agitation suscitée par la disparition tragique du sultan Abdül-Aziz.

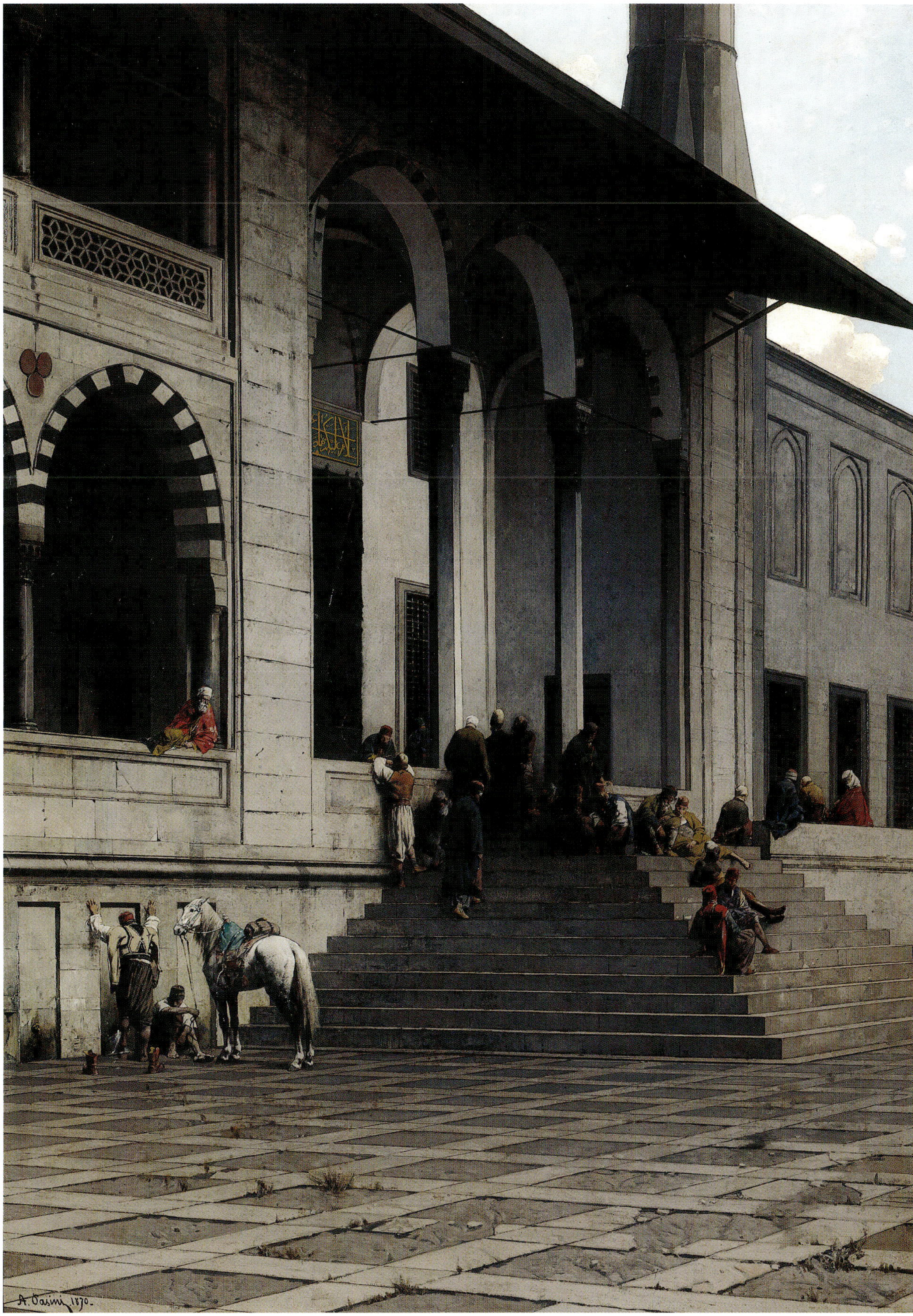

*Alberto PASINI.*
Porte de la mosquée Yeni-Djami à Constantinople.
*Huile sur toile. 156 x 115 cm, Salon de 1870. Nantes, musée des Beaux-Arts.*
*L'architecture est essentielle dans l'approche orientaliste de Pasini comme en témoigne l'entrée de la mosquée Yeni-Djami.*

# LES PEINTRES REPORTERS
## La guerre de Crimée (1854-1856)

*Sébastopol était hier une plaie, aujourd'hui c'est un ulcère,*
*demain ce sera un cancer ; et ce cancer dévore la France,*
*l'Angleterre, la Turquie, la Russie. Voilà l'Europe des rois.*
*Ô avenir ! Quand nous donneras-tu l'Europe des peuples! »*
Victor Hugo, *La Guerre d'Orient*.

Dans la deuxième moitié du XIX^e^ siècle disparaît le « Voyage pittoresque » tel que l'avaient conçu Choiseul-Gouffier, Melling et leurs successeurs. Le principe des gravures ou lithographies de grand format accompagnées d'une « Explication des planches » est à peu près abandonné pour être remplacé définitivement au XX^e^ siècle par les albums de photographies dont on connaît jusqu'à nos jours le succès. Mais si les in-folio de souvenirs se font rares après 1860, le voyage en images continue d'exister sous d'autres formes, relançant ainsi régulièrement l'intérêt pour un pays qui connaîtra de plus en plus la faveur du tourisme naissant. Le développement des journaux illustrés, la publication des récits en petit format, accompagnés de dessins, viennent relayer, sur un mode à la fois plus anecdotique et plus précis, l'approche romantique du début du siècle. Dans ce contexte, la guerre de Crimée (1854-1856), qui va animer les chancelleries européennes au cours des années 1850, va relancer l'intérêt des artistes pour l'Orient et donner naissance aux premiers reportages de guerre.

*École française du XIX^e^ siècle.*
A Gallipoli, le sultan Abdül-Medjid se fait présenter
le corps expéditionnaire français, mai 1854.
*Dessin aquarellé, 83,5 x 119,5 cm.*
*Collection particulière.*

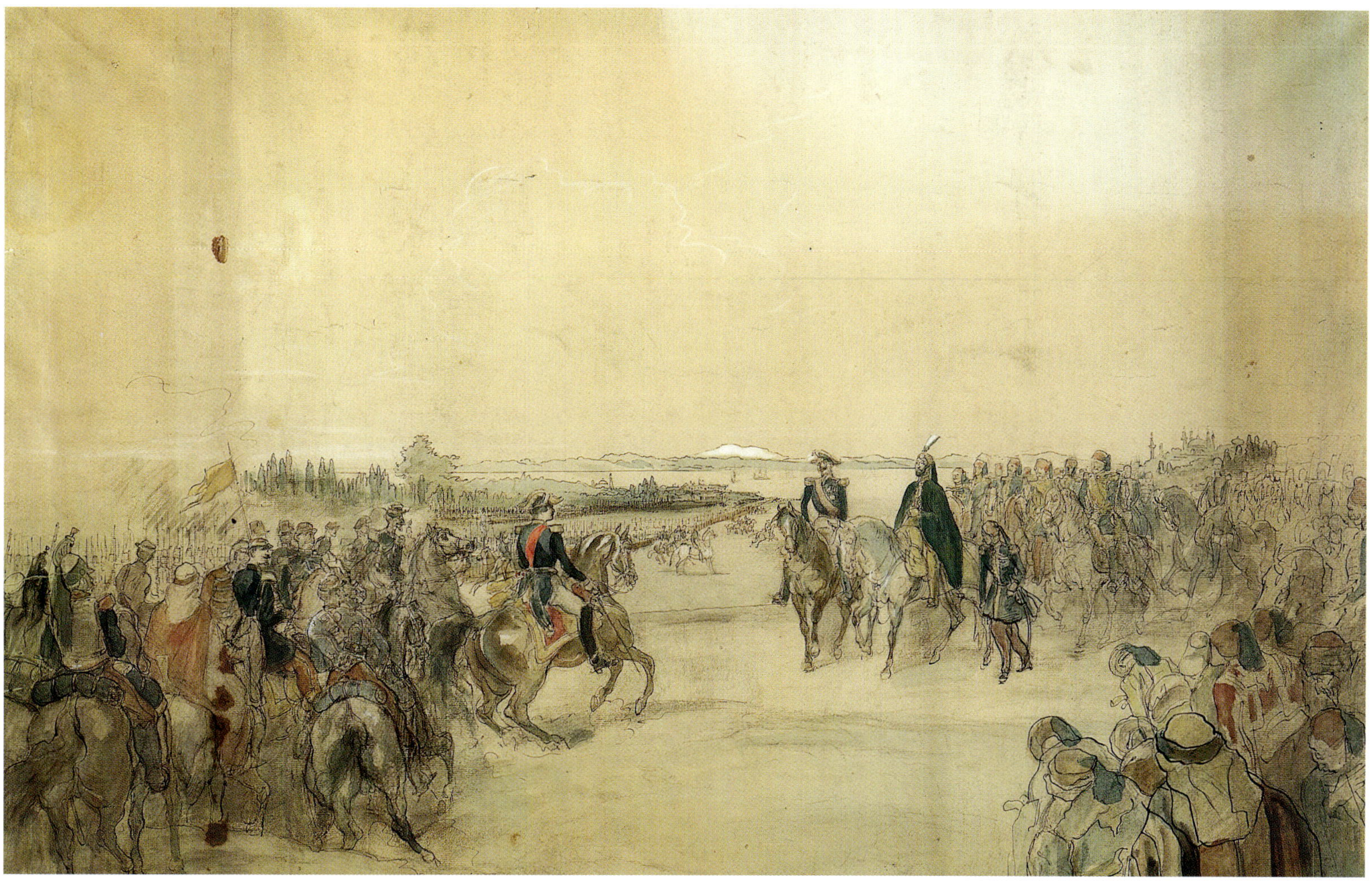

*Constantin GUYS.*
Femme turque, le visage voilé, en robe jaune, tenant une ombrelle, dans une rue de Constantinople ; au fond, une voiture et une mosquée.
*Plume, lavis et aquarelle, 26,5 x 19,3 cm.*
*Paris, Petit Palais, en dépôt au musée Carnavalet.*
*Dessin offert par Baudelaire à sa mère en 1859.*

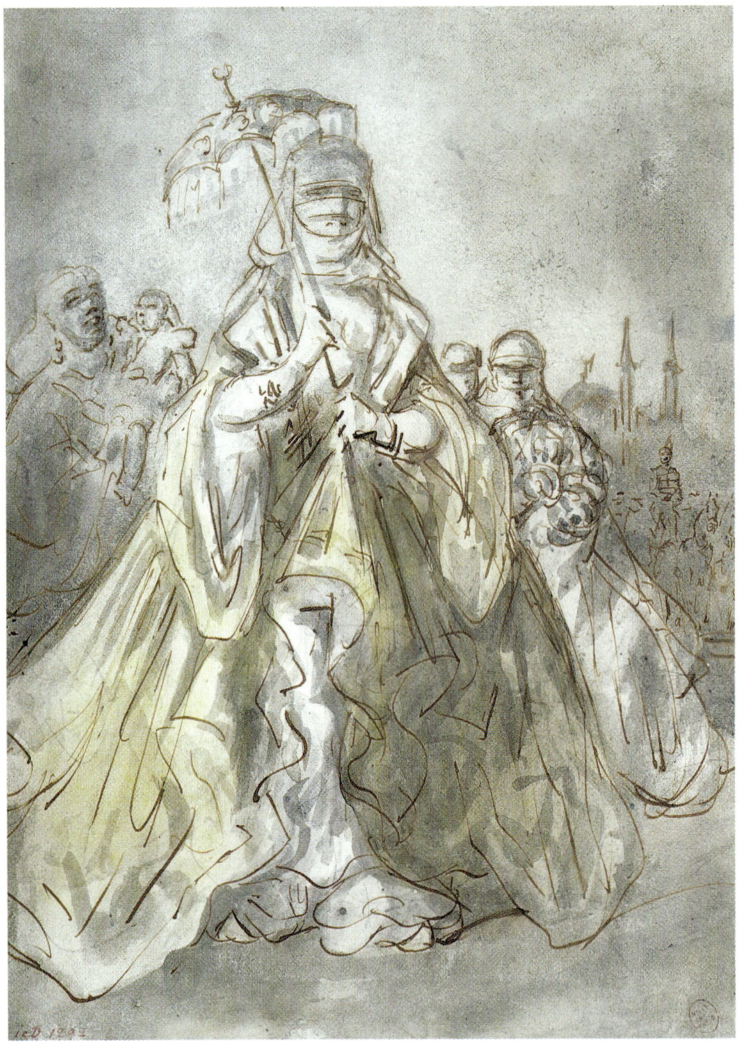

*Constantin GUYS.*
Courtisane turque à Galata, 1856.
*Lavis et aquarelle, plume et encre brune sur traits à la mine de plomb, 38,2 x 27,8 cm.*
*Paris, musée du Louvre, département des Arts graphiques.*

# Les premiers reporters

Depuis 1833, le populaire *Magasin pittoresque* a apporté une contribution non négligeable à la connaissance de la Turquie, d'autant qu'il fournit à certains artistes pourvus de quelque notoriété des ressources substantielles. Des toiles orientalistes de Decamps, Flandin, Laurens, etc. illustrent souvent des articles. Dix ans plus tard, le *Magasin pittoresque* est secondé par *L'Illustration* qui poursuit ses investigations géographiques. Mais rien n'égalera en qualité la curiosité du *Tour du Monde* qui, à partir de 1860, proposera des enquêtes documentées, réalisées par des voyageurs venant de tous horizons. Il continuera à exploiter, pendant une trentaine d'années, la tradition des voyages romantiques ornés de lithographies.

De nombreuses illustrations sont également publiées par les Anglais, notamment dans l'*Illustrated London News*, magazine fondé par Herbert Ingram en 1842, auquel participent activement des artistes comme Constantin Guys (1802-1892).

Les renseignements que l'on possède sur Guys sont minces si l'on se réfère à la longévité de sa vie. D'après le photographe Nadar – qui fut l'un de ses amis – Constantin Guys partit comme soldat aux côtés de lord Byron pour défendre la Grèce au moment de la guerre d'Indépendance contre l'Empire ottoman (1823). Il s'engagea ensuite en France dans un régiment de dragons, dont il sortit sous-officier vers 1830. C'est en qualité de correspondant de l'*Illustrated London News* que le dessinateur est amené à suivre en France les événements de 1848 puis à rendre compte sur place de l'évolution de la guerre de Crimée (1853-1855). Le reportage de Guys, arrivé à Constantinople en juillet ou août 1853, débute avec le numéro de fin d'année du journal (31 décembre 1853). Comme il n'y a guère d'événements à noter au début, Guys part à la

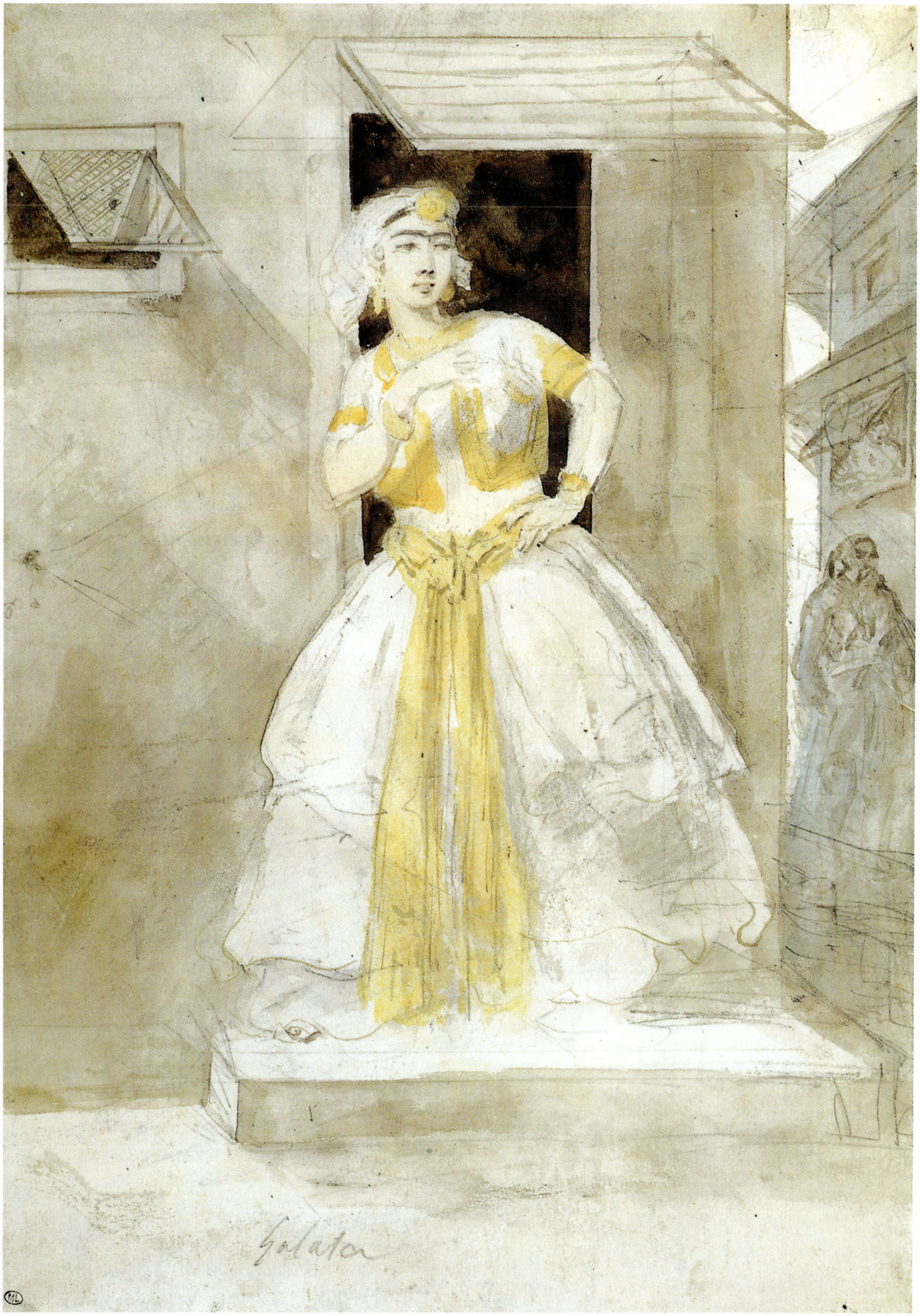
Galata

découverte de la ville, secondé par l'aquarelliste maltais Amadeo Preziosi dont il fait la connaissance. Le spectacle de la foule le passionne autant que les fastes de la cour du Sultan, les femmes des ministres turcs se pavanant dans de somptueux carrosses ou l'animation bariolée des quartiers galants, où les femmes ont, comme cette *Courtisane turque à Galata*, conservé le costume du pays, « les vestes brodées, à manches courtes, l'écharpe tombante, les vastes pantalons, les babouches retroussées, les mousselines rayées ou lamées et tout le clinquant du pays natal[80] ».

Dès que la guerre se précise, Guys prend un bateau à destination de Widdin, en Bulgarie, où il rejoint un autre envoyé de l'*Illustrated London News*, J. A. Crowe, avec lequel il va désormais travailler. A la fin du mois de mai 1854, Guys assiste au débarquement des corps expéditionnaires français et anglais à Gallipoli, puis à leur installation dans la capitale ottomane : les Français dressent leur campement à l'ouest de la ville, les Anglais à Scutari (Üsküdar), sur la rive asiatique du Bosphore. Le sultan Abdül-Medjid assiste à la revue des troupes françaises par le prince Napoléon (fils de Jérôme, le frère de Napoléon Ier) dans la plaine de Daoud Pacha, le 20 juin 1854[81]. L'artiste en profite pour dessiner les éclatantes festivités qui se déroulent.

Lorsque les Alliés décident d'abattre la suprématie russe en prenant Sébastopol, Guys se rend directement

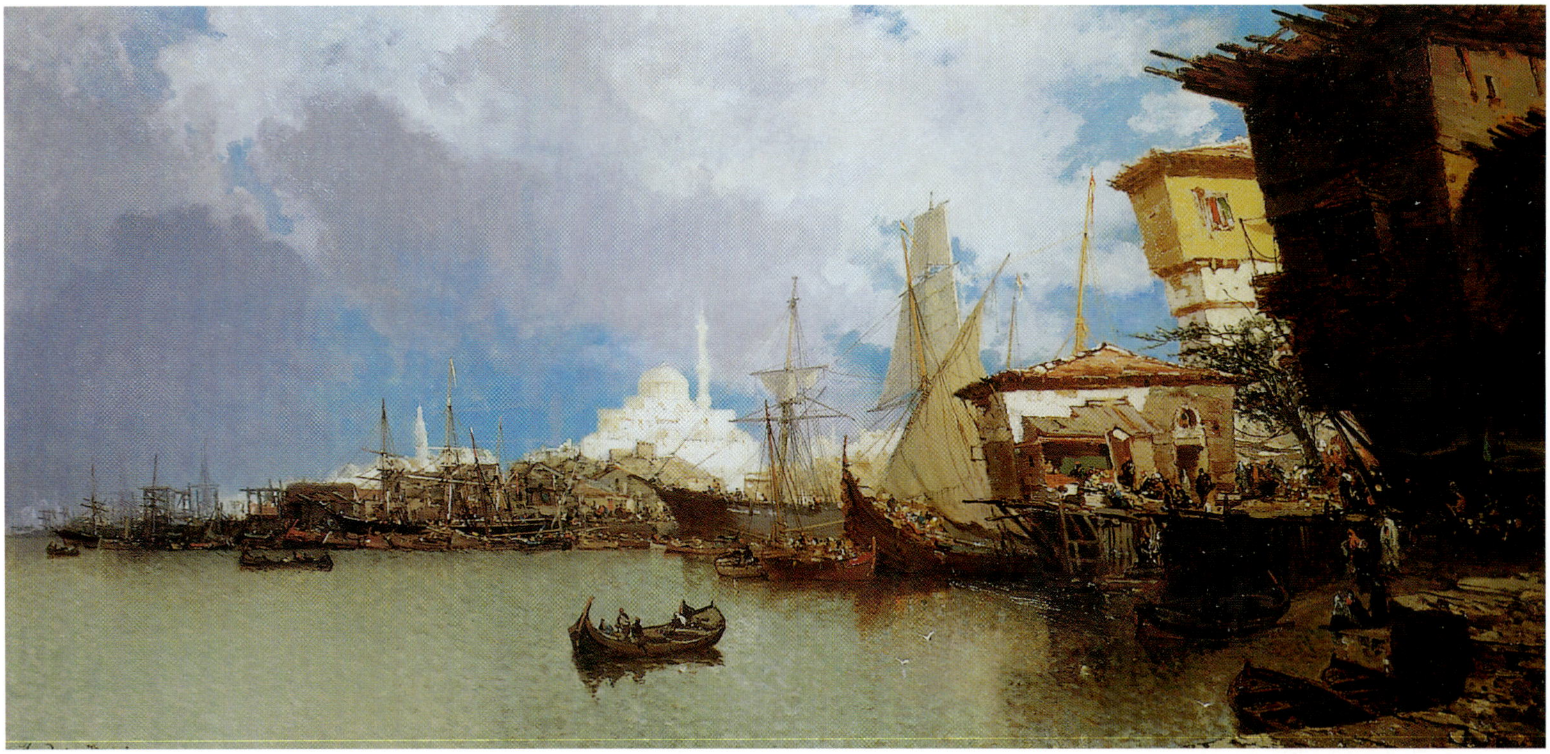

*Jean-Baptiste DURAND-BRAGER.*
Bateaux sur le Bosphore.
*Huile sur panneau parqueté, 66 x 138 cm.*
*Collection particulière.*

*Constantin GUYS.*
Débarquement des troupes françaises et anglaises à Gallipoli, mai 1854.
*Plume, lavis, aquarelle, 26,3 x 46,1 cm.*
*Collection particulière.*

à Balaklava. Ses dessins révèleront à l'Angleterre l'intensité des combats (octobre-novembre). Après quelques semaines de repos à Constantinople (décembre), Guys repart pour la Crimée, observant avec tristesse les conséquences de la guerre (janvier-avril 1855).

Plus que ses gravures, les croquis de Constantin Guys sont intéressants. Au milieu des souvenirs militaires apparaissent des scènes d'Orient dessinées rapidement sur les rives du Bosphore où à travers les rues de Constantinople. C'est un pittoresque différent de celui que recherchaient les premiers orientalistes ; il s'exprime en anecdotes brillantes où les détails réalistes abondent. « Ici, nous sommes à Schumla [province du Bas-Danube], chez Omer Pacha ; hospitalité turque, pipes et café, tous les visiteurs sont rangés sur des divans, ajustant à leurs élèves des pipes longues comme des sarbacanes, dont le foyer repose à leurs pieds[82]. » Ou bien ce sont les Kurdes de Scutari, « troupes étrangères dont l'aspect fait rêver à une invasion de hordes barbares ; voici les bachi-bouzoucks, non moins singuliers avec leurs officiers européens, hongrois ou polonais, dont la physionomie de dandys tranche bizarrement sur le caractère baroquement oriental de leurs soldats ». Il dessine tous les épisodes de cette époque : réception par le sultan au palais de Topkapı, à l'occasion du *bayram*, orchestrée par le compositeur Donizetti ; réception du sultan à l'ambassade britannique à l'occasion des fêtes de Noël.

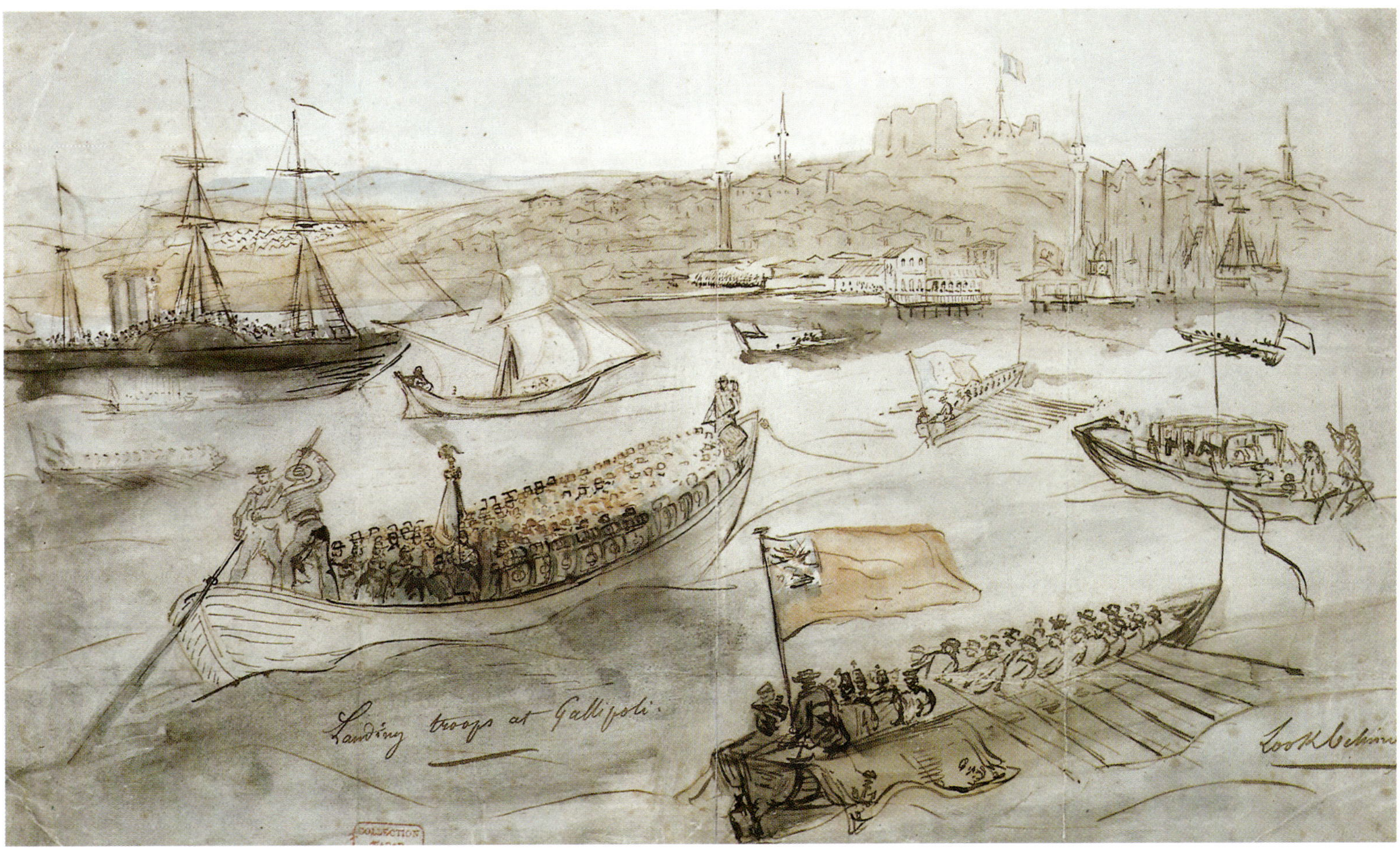

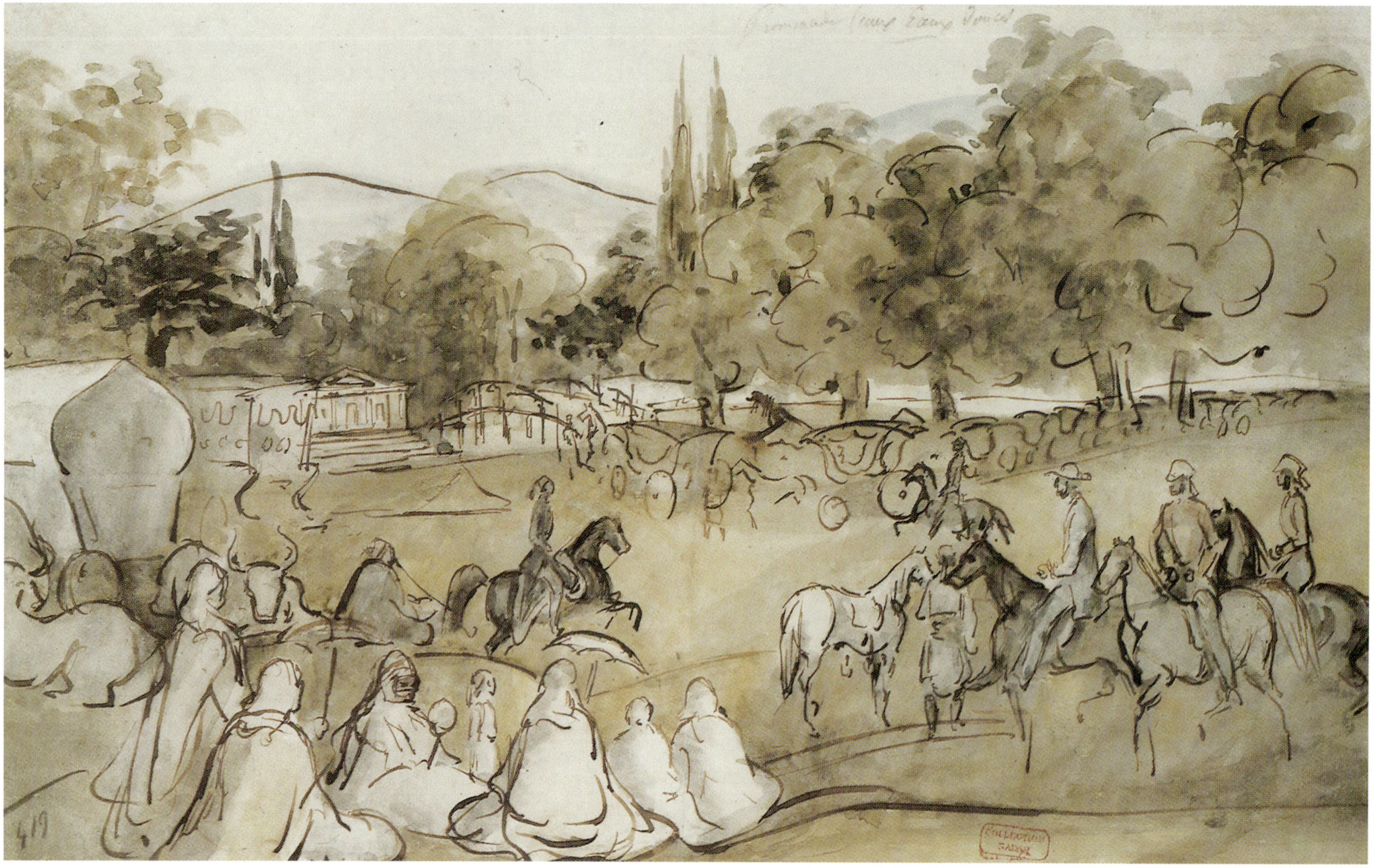

*Constantin GUYS.*
Promenade aux Eaux-Douces d'Europe.
*Crayon, encre, lavis, aquarelle, 28,4 x 46,8 cm.*
*Collection particulière.*

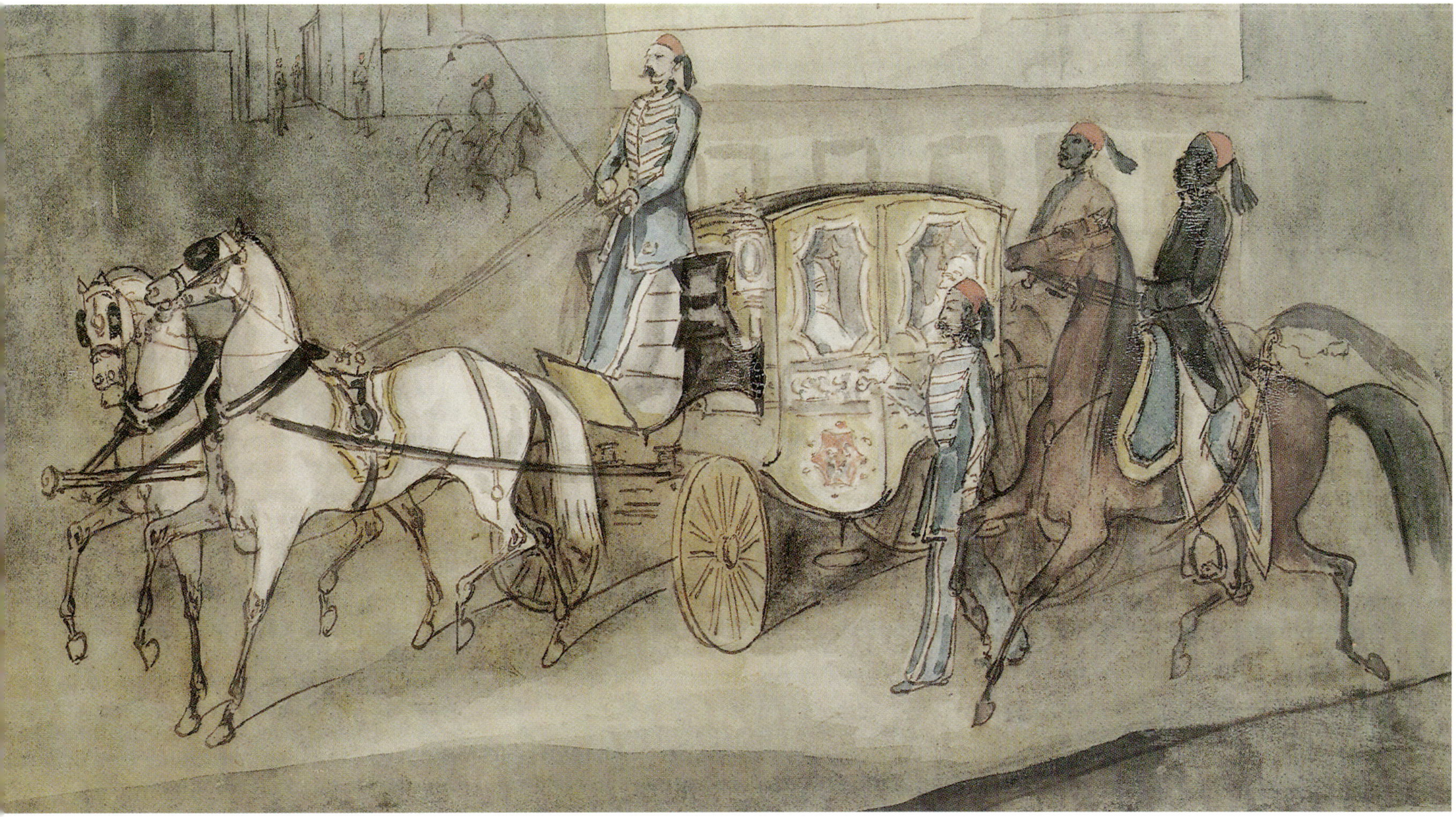

*Constantin GUYS.*
Femmes du sultan dans un carrosse.
*Plume, encre brune, aquarelle, 16 x 29 cm.*
*Paris, musée des Arts Décoratifs.*

En mai 1855, ayant demandé sa relève, Guys accueille à Constantinople son successeur, Edward Alfred Goodall (1819-1908), un aquarelliste de trente-six ans, fils d'Edward Goodall, connu comme l'exclusif graveur des œuvres de Turner. Ils sympathisent d'emblée. Un dessin nous les montre s'aventurant tous deux à la porte d'une mosquée un soir de ramadan.

Le pasteur Frossard arrivant à Constantinople comme aumônier militaire français dîne un soir avec Guys à la table d'hôte de leur hôtel. Ils assistent le lendemain, 1er mai, à un terrible incendie dont Guys nous a laissé l'image et le pasteur Frossard le récit[83].

Bien que pressé de rentrer en France, Guys se donne le plaisir d'un détour par l'Égypte. Son retour à Paris coïncide avec la présence de la reine d'Angleterre, Victoria, à l'occasion de la première Exposition Universelle organisée en France (18 août 1855). En 1860, la mort accidentelle d'Herbert Ingram, fondateur de l'*Illustrated London News*, mettra fin à la collaboration de Guys au magazine.

La guerre de Crimée fut le premier conflit armé photographié. Parmi la soixantaine de photographes engagés, on retiendra les noms de Britanniques comme Roger Fenton (1819-1869) et James Robertson (v. 1813-1881), connu pour ses premières prises de vues de Constantinople, ou Français, comme le colonel Jean-Charles Langlois (1789-1870), peintre militaire spécialisé dans les panoramas, et Jean-Baptiste-Henri Durand-Brager (1814-1879), peintre de marine qu'assista le photographe Lassimonne.

La technique photographique des années 1850 ne permettant pas de fixer instantanément le tumulte des batailles, c'est encore, et pour longtemps, aux peintres qu'il appartient de représenter les combats avec tout ce qu'il faut de souffle épique. C'est ce qui explique leur présence nombreuse en Orient. Si la guerre reste le premier sujet d'occupation, elle n'empêche pas les artistes de profiter de leur séjour à Constantinople pour peindre autre chose, d'autant que certains d'entre eux peuvent espérer exploiter cet intérêt à leur retour. Constantinople peut dès lors devenir un excellent sujet d'étude.

Formé à la peinture dans les ateliers de Théodore Gudin et d'Eugène Isabey, Jean-Baptiste-Henri Durand-Brager s'illustra par ses marines. En 1853, à la veille de la guerre d'Orient, alors qu'il est à Syra, dans l'archipel des Cyclades, il rejoint l'escadre française. Accompagné du jeune peintre Victor Huguet (1835-1902), qui n'a que dix-huit ans, il suit le conflit, attaché comme dessinateur à l'escadre de l'amiral Hamelin. Il est le chroniqueur inlassable du conflit pour les journaux *L'Illustration* et *Le Monde illustré* sous son nom, la *Patrie* sous le pseudonyme de Rambal, les alimentant de nombreux dessins, correspondances et récits, tels les « Types et physionomies de l'armée d'Orient » publiés dans *L'Illustration* en 1855-1856[84]. Rentré à Paris, il peindra pour l'empereur vingt et un tableaux du siège de Sébastopol (musée de Versailles) et présentera au Salon de 1861 deux toiles sur Constantinople : *Pêcheries dans le Bosphore* et *Vue de Constantinople ; la Corne d'Or*.

D'autres artistes français illustrèrent la guerre de Crimée comme Alexandre Protais (1826-1890), Isidore Pils (1813-1875), Antoine Morel-Fatio (1810-1871) ou Adolphe Yvon (1817-1893) qui composa à son retour trois toiles monumentales, dont *La Prise de la gorge de Malakoff* (musée de Versailles). Au Salon de 1873, Yvon propose *Une rue à Constantinople*.

Si la guerre de Crimée a surtout retenu le nom de photographes anglais, n'oublions pas la présence de peintres, comme Jerry Barrett (1814-1906), resté célèbre pour sa toile de *Mlle Florence Nightingale recevant les blessés dans le grand hôpital de Scutari*, Joseph-Austin Benwell ou William Simpson (1823-1899), reporter à l'*Illustrated London News*.

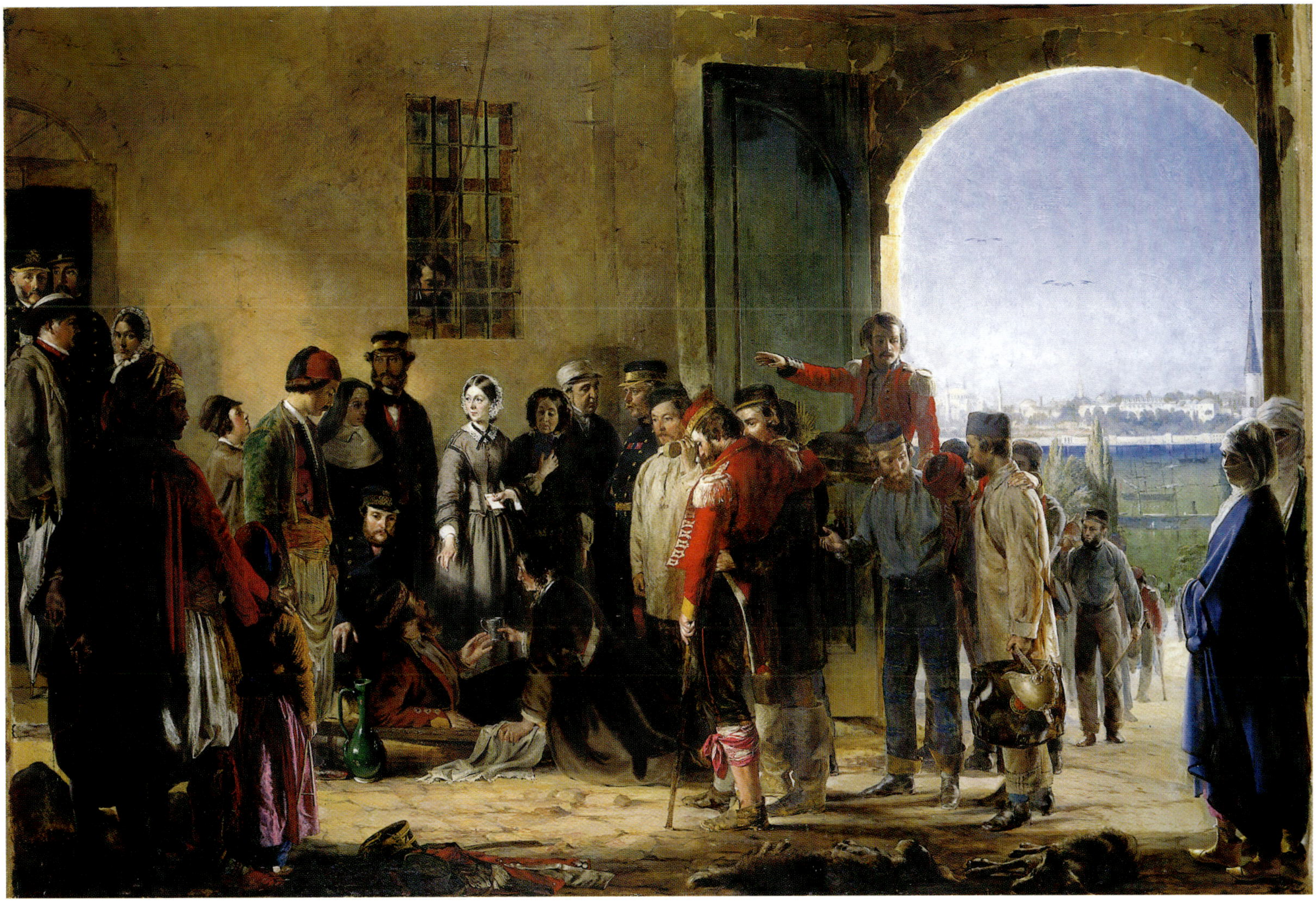

*Jerry BARRETT.*
Florence Nightingale recevant les blessés
dans le grand hôpital de Scutari.
*Huile sur toile, 148,5 x 218,4 cm.*
*Londres, National Portrait Gallery.*
*Florence Nightingale (1820-1910), infirmière britannique, s'illustra par son dévouement auprès des blessés pendant la guerre de Crimée. Elle veilla à l'organisation des secours dans l'hôpital de Scutari, sur la rive asiatique du Bosphore.*

# VERS LE RÉALISME ET L'ART ETHNOGRAPHIQUE

*« Ce qui parle aux yeux se grave plus facilement dans le souvenir. »*
François Guès.

Une démarche scientifique s'est installée dans la peinture autour de 1850, encouragée par l'enrôlement d'artistes dans des missions ou expéditions, qui les pousse à dessiner et à peindre avec exactitude et précision, avant l'utilisation générale de la photographie. Ce nouvel état d'esprit, qui succède à l'Orientalisme romantique de Delacroix, se retrouve dans l'œuvre de Jean-Léon Gérôme, artiste sacré « peintre ethnographe » dans un article de la *Gazette des Beaux-Arts* en 1868[85]. Gérôme est en effet l'un des représentants les plus accomplis de cette sensibilité nouvelle, appréciée par la critique : « N'est-il pas intéressant et instructif de voir, fidèlement retracés, les charmants entrelacs d'un moucharaby en bois de mélèze, la savante ornementation d'un chapiteau arabe ou byzantin, les armes qui composent l'arsenal que tout Arnaute porte à sa ceinture ? »[86] Sa peinture influencera de nombreux artistes dont beaucoup d'Américains, Allemands et Autrichiens qui travaillèrent sous sa direction. Leurs peintures marquent l'apogée du réalisme.

*Jean-Léon* GÉRÔME.
Une Causerie au coin du feu.
*Huile sur toile, 46,5 x 38 cm.*
*Lawrence, Spencer Museum of Art, University of Kansas.*
*Jean-Léon Gérôme a su habilement évoquer l'atmosphère chaude des palais et reproduire les couleurs chatoyantes des céramiques ottomanes.*

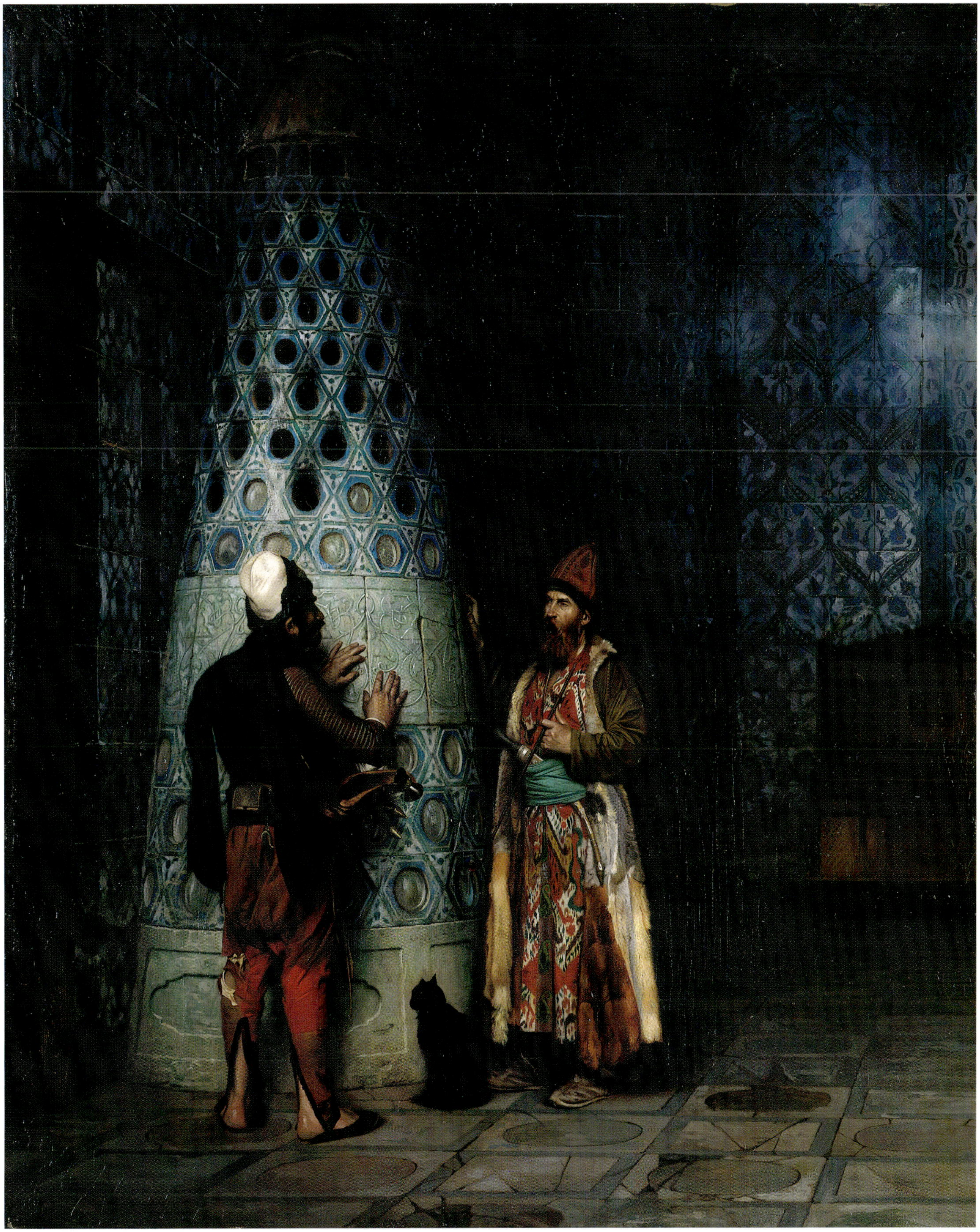

# Un « peintre ethnographe » : Jean-Léon Gérôme (1824-1904)[87]

Le passage de Gérôme dans l'atelier de Charles Gleyre en 1844, bien que bref (trois mois), ne sera pas sans influence sur son œuvre et décide, sans doute en partie, son goût pour l'exotisme. La rencontre de Gérôme avec l'Orient se fait cependant plus tard. En 1853, accompagné de son ami François Got, un acteur sociétaire de la Comédie-Française, il part se documenter sur les peuples d'Europe centrale pour réaliser une commande de l'État, l'immense *Apothéose du siècle d'Auguste* (musée d'Orsay). Mais les bouleversements engendrés par la guerre de Crimée détournent les voyageurs vers Constantinople. Fasciné depuis toujours par ces contrées, cette découverte ne déçoit pas Gérôme : « Mon court séjour à Constantinople m'avait mis en appétit, et l'Orient était le plus fréquent de mes rêves. Probablement parmi mes ancêtres s'est glissé quelque Bohémien, car j'ai toujours eu l'humeur nomade et la bosse de la locomotion[88]. »

Trois ans plus tard, Gérôme séjourne huit mois en Égypte. Il y retourne en 1862, puis une troisième fois en 1868, au début d'un périple de quatre mois qui le mène à Pétra et à Jérusalem. Gérôme se rend en Turquie à trois reprises : en 1871, 1875 et 1879. Il gardera ainsi toute sa vie le goût du voyage, avec le même entrain. Dans son *Journal*, Edmond de Goncourt note le 21 avril 1875 : « Gérôme, qui dîne avec nous à la veille d'un départ pour Constantinople, me plaît, lui, avec son physique énergique, sa figure cabossée, son regard au grand blanc, enfin avec toute cette physionomie qu'on disait, hélas, la physionomie d'un talent farouche... Il va faire un séjour à Stamboul chez le peintre de Sa Hautesse [le sultan]. » Le peintre en question est Abdullah Siriez, qui dirige l'atelier de photographie Biraderler à Constantinople, dans la Grande Rue de Péra. C'est d'ailleurs ce même Abdullah qui, régulièrement, envoie à Gérôme des photographies d'intérieurs turcs que ce dernier et ses assistants utilisent pour composer les fonds de certains tableaux[89].

Pendant une dizaine d'années, la Turquie va inspirer à Gérôme de nombreuses œuvres. Il montre un intérêt particulier pour la ville de Bursa, dont il visite les mosquées, les cimetières et le célèbre hammam de Yeni Kaplïdja : « Dans un séjour à Brousse, écrit-il, j'avais été frappé de l'architecture des Bains, et c'était bien l'occasion de faire des études de figures nues. Il ne s'agissait que d'aller voir ce qui se passait à l'intérieur, et de remplacer les femmes par d'autres femmes, mais il fallait une étude de cet intérieur, et comme la température était extrêmement élevée, je n'hésitai pas à me mettre dans "le simple appareil d'une beauté qu'on vient d'arracher au sommeil", c'est-à-dire complètement nu ; assis sur mon trépied, ma boîte à couleur sur les genoux, ma palette à la main, j'étais un peu grotesque[90]. » Le nombre important de scènes de hammams, de « harems » et de ventes

*Jean-Léon GÉRÔME.*
Les Pigeons.
*Huile sur toile, 60 x 81 cm.*
*Collection particulière.*

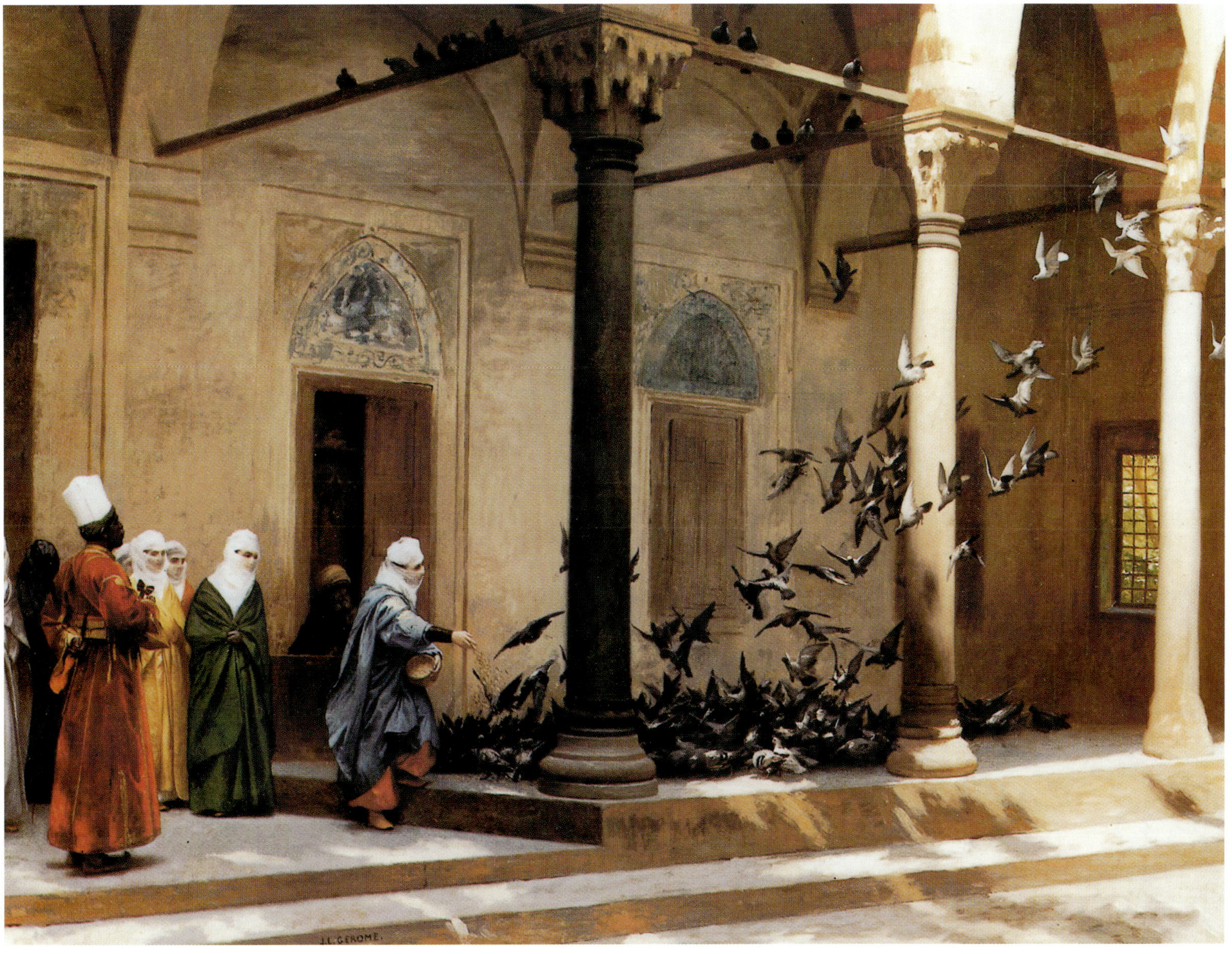

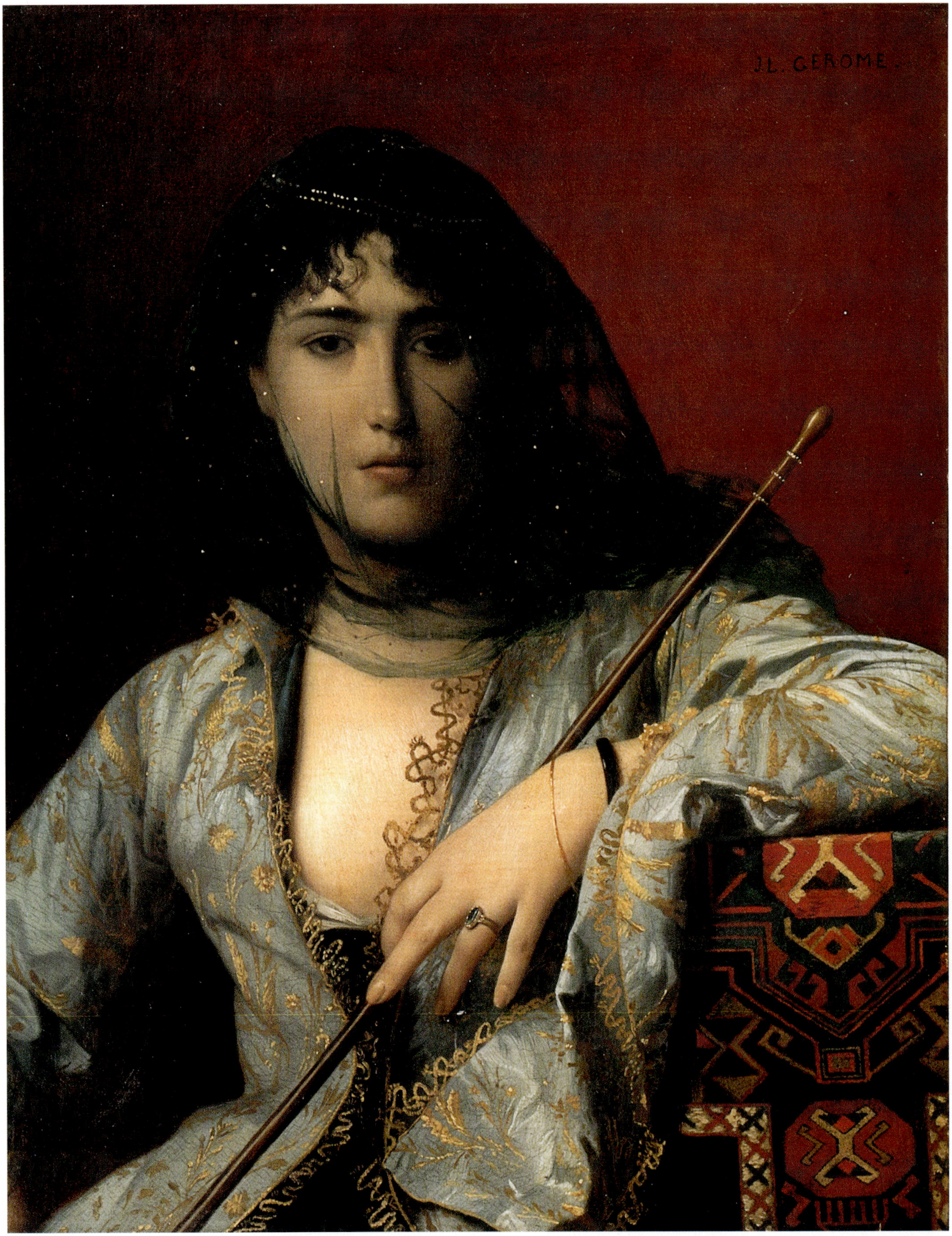
J.L. GEROME.

*Jean-Léon GÉRÔME,*
Dame circassienne voilée.
*Huile sur toile, 43 x 33 cm.*
*Collection particulière.*

*Jean-Léon GÉRÔME.*
Grande Piscine de Brousse.
*Huile sur toile, 70 x 96,5 cm.*
*Collection particulière.*

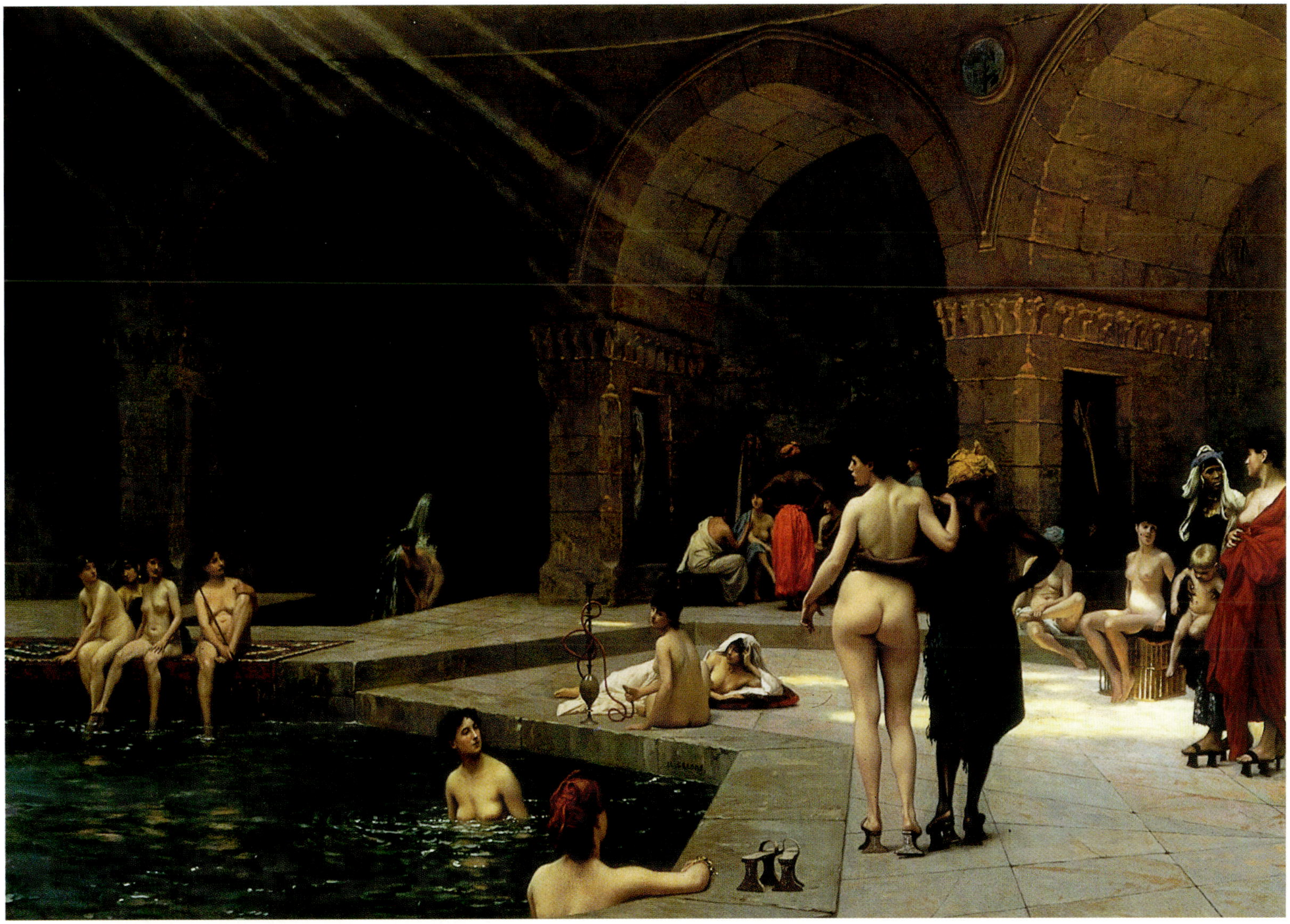

Page 212 :
*Jean-Léon GÉRÔME.*
Femme de Constantinople debout, 1876.
*Huile sur toile, 39 x 32 cm.*
*Collection particulière.*

Page 213 :
*Jean-Léon GÉRÔME.*
Femme au bain de Brousse.
*Huile sur toile, 99,7 x 80,6 cm.*
*Collection particulière.*

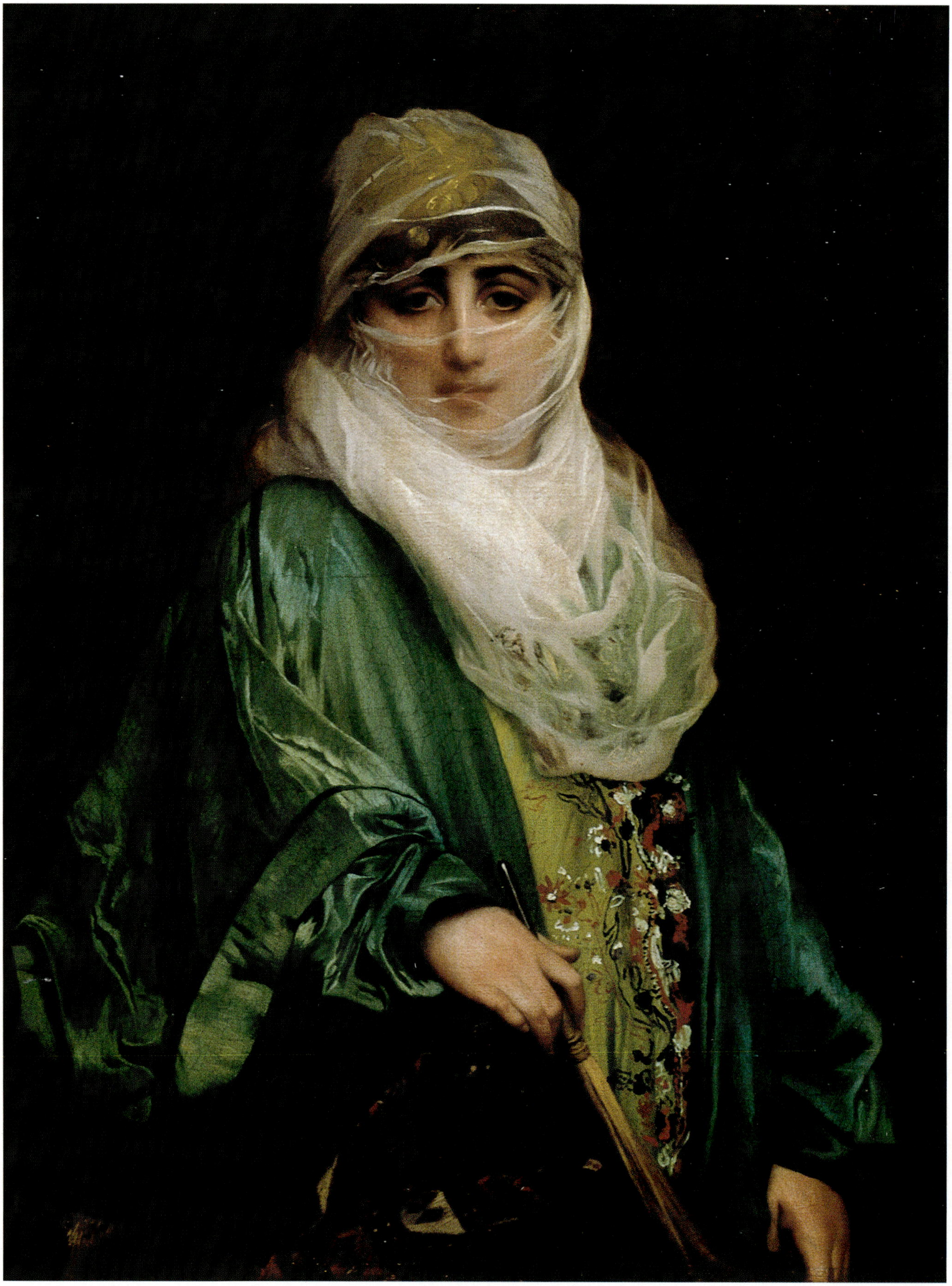

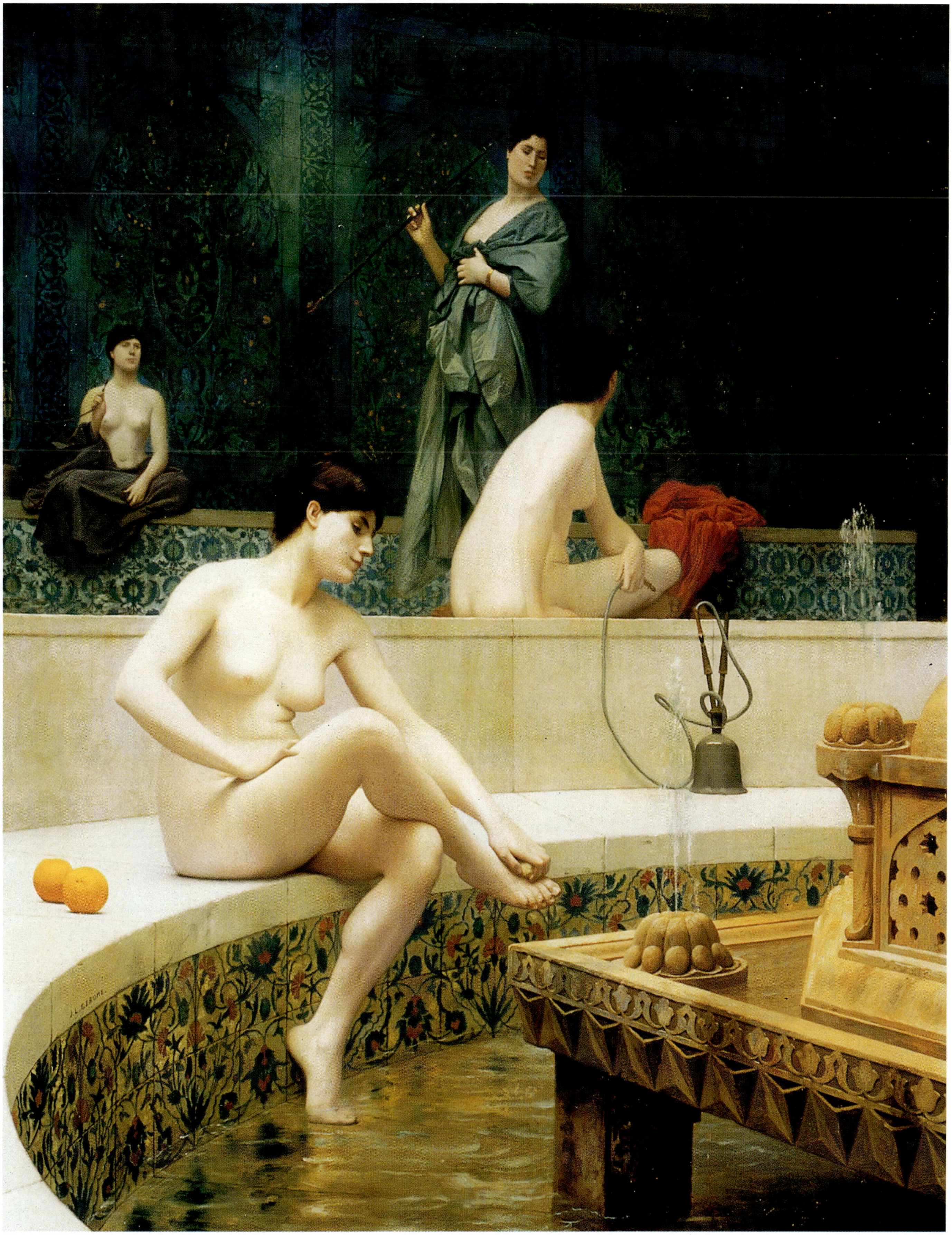

d'esclaves, illustre sa fascination, et celle de ses contemporains, pour un Orient érotique. Mais contrairement à un artiste comme Ingres, qui n'a jamais voyagé, Gérôme cherche à offrir un climat oriental authentique.

A Bursa, l'artiste ne peint qu'une seule vue de la ville et l'intérieur des *türbe*, ou mausolées, des premiers sultans.

Un éventail et un costume rapportés de ce voyage en Turquie sont peut-être à l'origine d'une suite de petits tableaux de femmes de Constantinople. Le modèle, richement paré et voilé, jouant avec coquetterie de son éventail ou de son bâton, pose inlassablement en courtisane turque.

Le séjour à Constantinople inspire aussi à Gérôme plusieurs scènes de genre orientales, comme celle où l'on voit des serviteurs du palais se chauffant les mains devant une cheminée. Des cheminées semblables existent au Palais de Topkapı. De même, plusieurs toiles montrent qu'il s'est largement inspiré des bassins extérieurs du même palais. Gérôme les a peut-être étudiés sur place, à moins qu'il n'ait eu recours aux photographies des frères Biraderler.

Gérôme fut un grand voyageur. Au XIX^e^ siècle, on ne connaît pas de peintre qui visitât autant l'Orient et peignit, de façon aussi réaliste, autant de sujets orientalistes. Sa maîtrise des effets d'atmosphère ainsi que de l'architecture lui permet de composer ses études de Bachibouzouk, de Turcs, d'Arnautes, de Bédouins, dans un cadre qui renforçait le sentiment de véracité évoqué par le détail des costumes. L'œuvre foisonne de scènes de rues avec leurs petits métiers, leurs cafés, leurs spectacles. C'est le quotidien des gens ordinaires que l'on découvre dans *Les Pigeons* (vers 1900). On peut précisément identifier les lieux mis en scène, tant le peintre met de patience à relever le moindre détail architectural, la moindre calligraphie arabe.

Par sa peinture, Gérôme a contribué à mettre fin à la vision romantique, théâtrale et littéraire de l'Orient qui en était souvent donnée par ses prédécesseurs. Dans le même temps, cette peinture spectacle en met plein les yeux, moins pour donner à voir qu'à raconter, à rêver sur l'âme sauvage de l'Orient.

La tradition veut que le peintre et lithographe Charles Bargue (1835-1883) ait été l'assistant de Gérôme, de même qu'Albert Aublet (1851-1938), qui l'aurait peut-être accompagné à Constantinople et à Bursa. Comme Hippolyte Berteau (1843-1928) qui voyage à Constantinople quelques années plus tard, ils sont fascinés par les cérémonies de derviches, notamment celles organisées par la confrérie Rifâ'i, plus connus sous le nom de derviches hurleurs.

L'atelier de Gérôme formera, de 1864 à 1902, plus de deux mille élèves. Il leur transmettra sa technique, d'une grande précision de dessin et d'une facture composée de fines couches de matière appliquées par touches lisses et étirées, facture que certains critiques qualifient de « porcelainée et minutieuse »[91]. Des artistes comme Lecomte du Noüy (1842-1923) suivront les traces de leur maître. On compte également un grand nombre d'élèves étrangers qui influenceront, avec plus ou moins de succès, la peinture de leur pays.

*Jean LECOMTE DU NOÜY.*
L'Esclave blanche.
*Huile sur toile, 12,7 x 19,7 cm. Salon de 1888.*
*Nantes, musée des Beaux-Arts.*

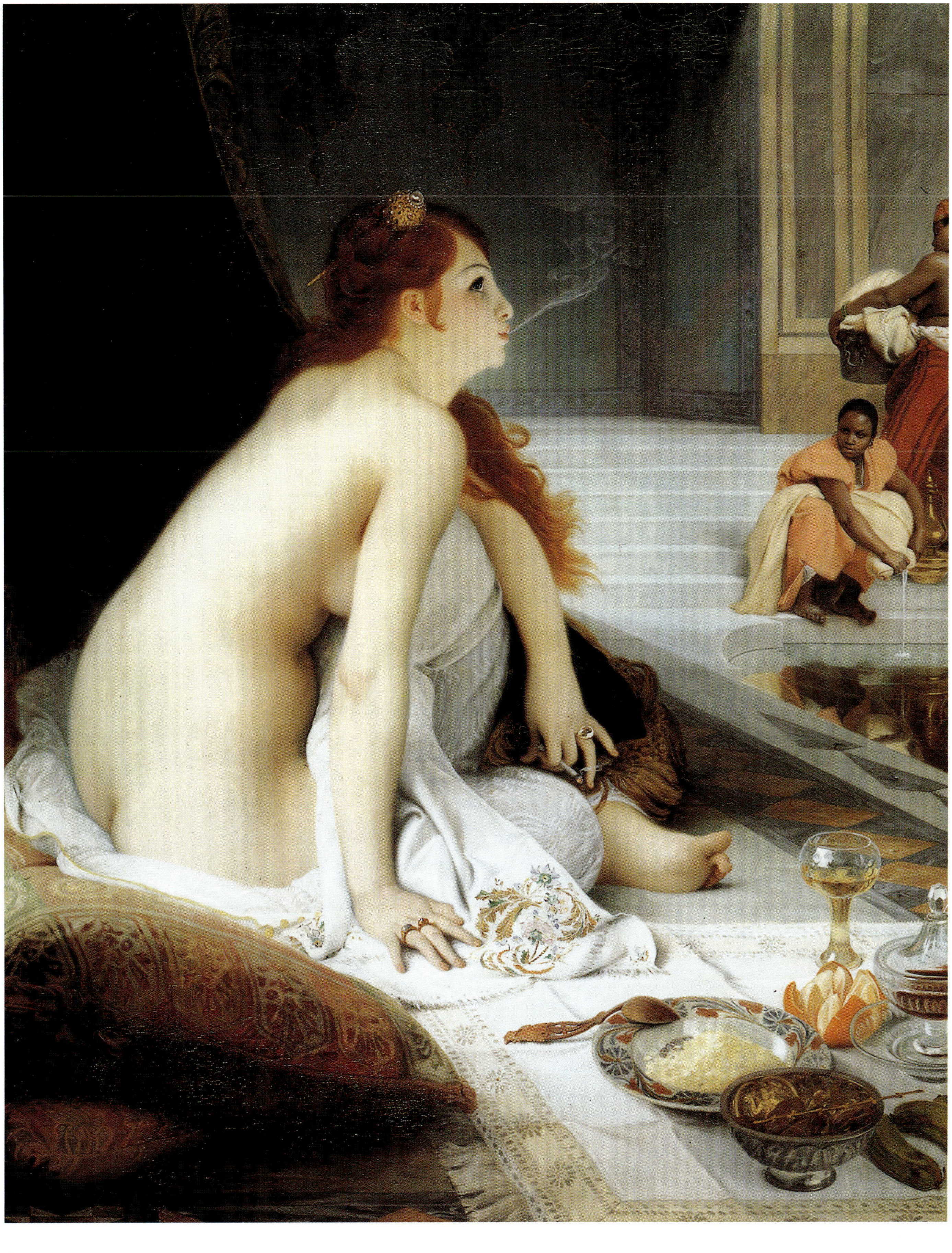

*Hippolyte BERTEAU.*
Marchands près d'une fontaine à Constantinople.
*Huile sur toile, 133 x 100 cm.*
*Collection particulière.*

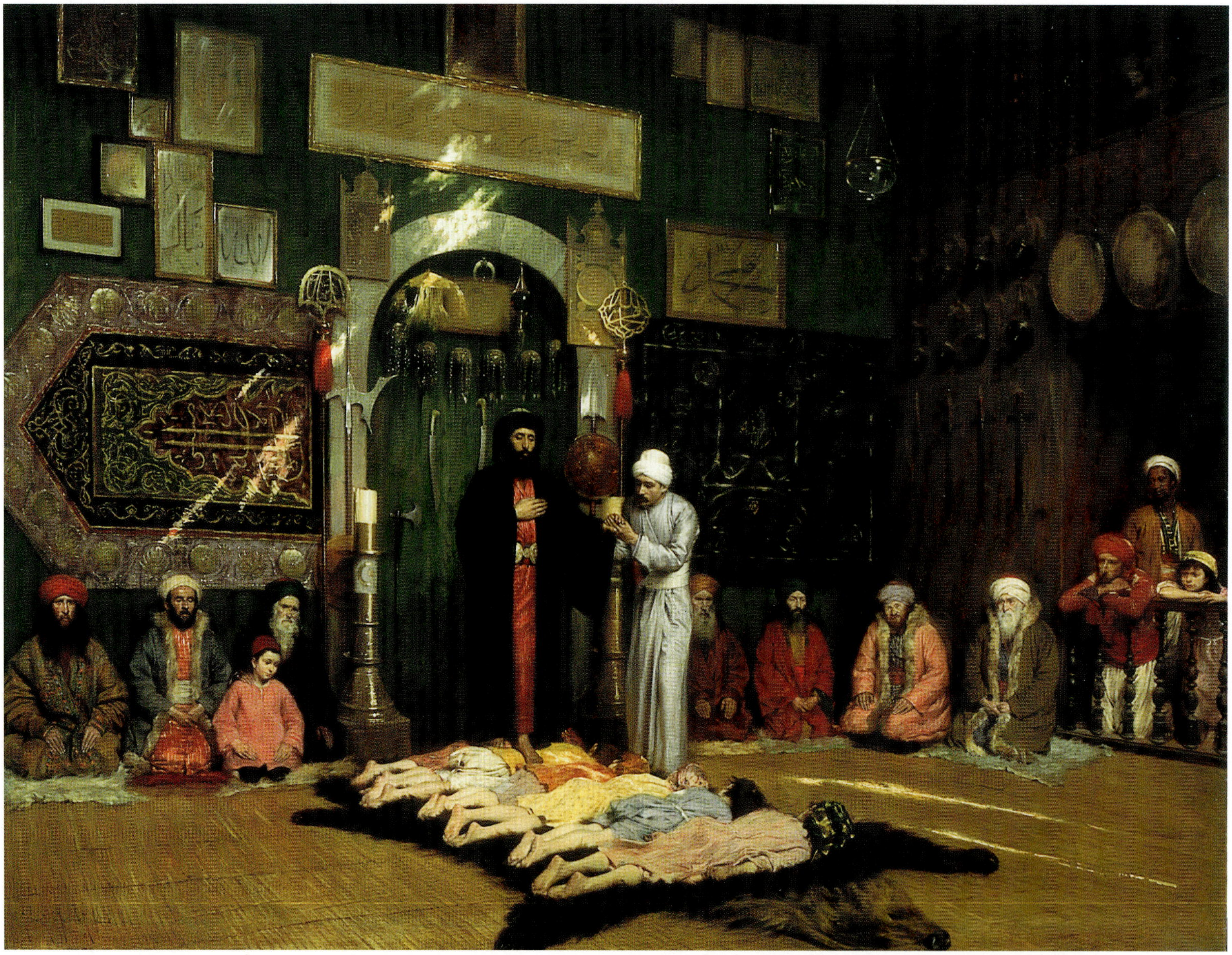

*Albert AUBLET.*
Cérémonie des derviches hurleurs de Scutari, 1882.
*Huile sur toile, 111 x 146,3 cm. Salon de 1882.*
*Collection particulière.*

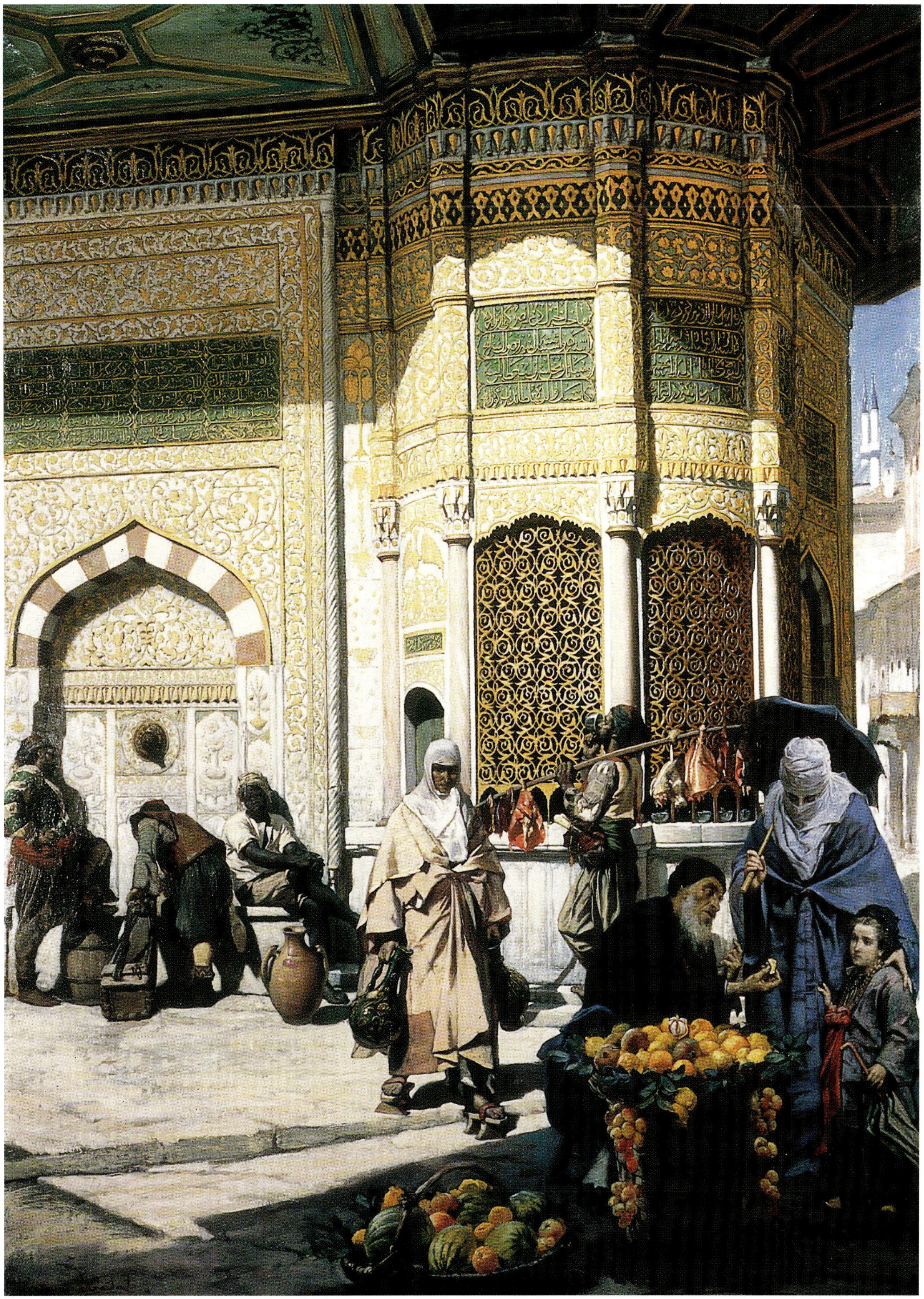

# L'Orientalisme autrichien[92]

Les peintres orientalistes autrichiens de l'époque connaissent davantage la réussite à Paris ou à Londres que dans leur propre pays. Ceux qui se rendent à Paris tombent sous le charme de l'académisme éclectique de Jean-Léon Gérôme. Les tableaux qu'ils peignent dans des ateliers parisiens regorgeant d'accessoires rapportés d'Orient décrivent souvent un monde hors du temps, réduit à des figures archétypales et des décors d'architecture convenus. La touche est minutieuse et lisse, elle confère à chaque détail la même acuité.

Les meilleurs représentants autrichiens de ce réalisme presque photographique, qu'il faudrait plutôt assimiler à un naturalisme, sont Ludwig Deutsch (1855-1935) et Rudolf Ernst (1854-1932), tous les deux disciples viennois de Feuerbach. Deutsch vint à Paris travailler avec Jean-Paul Laurens. Il eut une médaille d'or au Salon de 1892 ; il reçut même la Légion d'honneur avec le grade d'officier. Ernst exposa régulièrement au Salon de Paris à partir de l'Exposition Universelle de 1889, obtenant une médaille de bronze en 1900.

Les artistes autrichiens sont très présents en Turquie en raison du rapprochement de l'Empire ottoman avec les forces allemandes et leurs alliés pendant la Première Guerre mondiale. L'artiste Albert Janesch (1889-1973), en tant que peintre de guerre, eut l'occasion de réaliser des portraits officiels commandés par le dernier des sultans ottomans et une série de scènes orientalistes. Le peintre tyrolien Arthur Nikodem (1876-1940), qui avait visité les côtes orientales de la Méditerranée en 1889, fut envoyé en Turquie comme officier télégraphiste d'où il rapporta quelques scènes orientalistes, tout comme son compatriote Ludwig Koch (1866-?).

En dépit du fait que l'Empire des Habsbourg possédait des frontières communes avec la Turquie et entretenait, depuis le XVI^e^ siècle, des contacts réguliers, la peinture orientaliste autrichienne fut peu attirée par les Turcs et la Turquie. A l'image de son chef de file, Leopold Carl Müller (1834-1892), dit « l'Égyptien », sans doute le meilleur orientaliste de l'école autrichienne au XIX^e^ siècle, elle préféra d'avantage montrer l'Égypte.

*Rudolf ERNST.*
Rêverie du soir à la Corne d'Or.
*Huile sur panneau, 120 x 80 cm.*
*Collection particulière.*

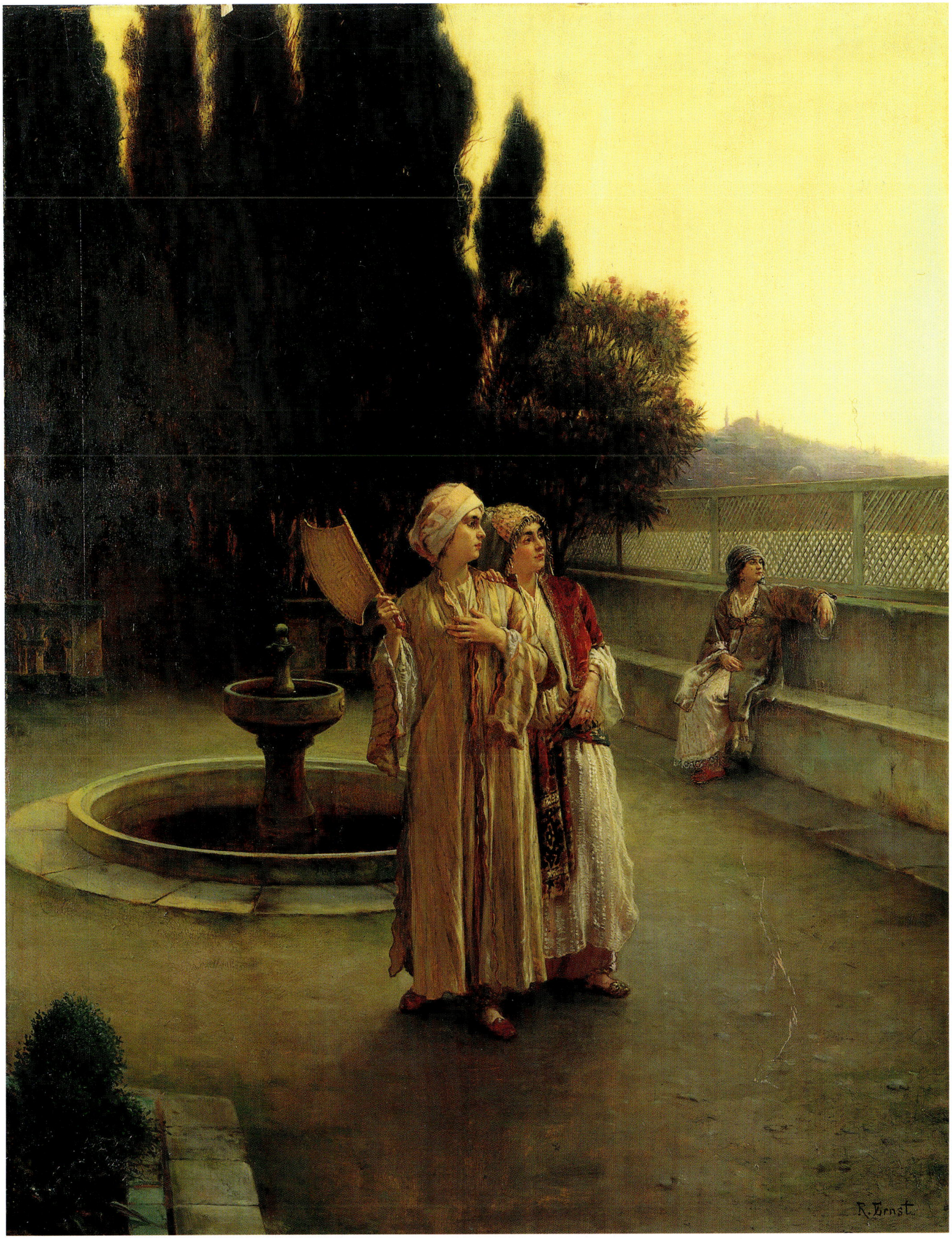
R. Ernst.

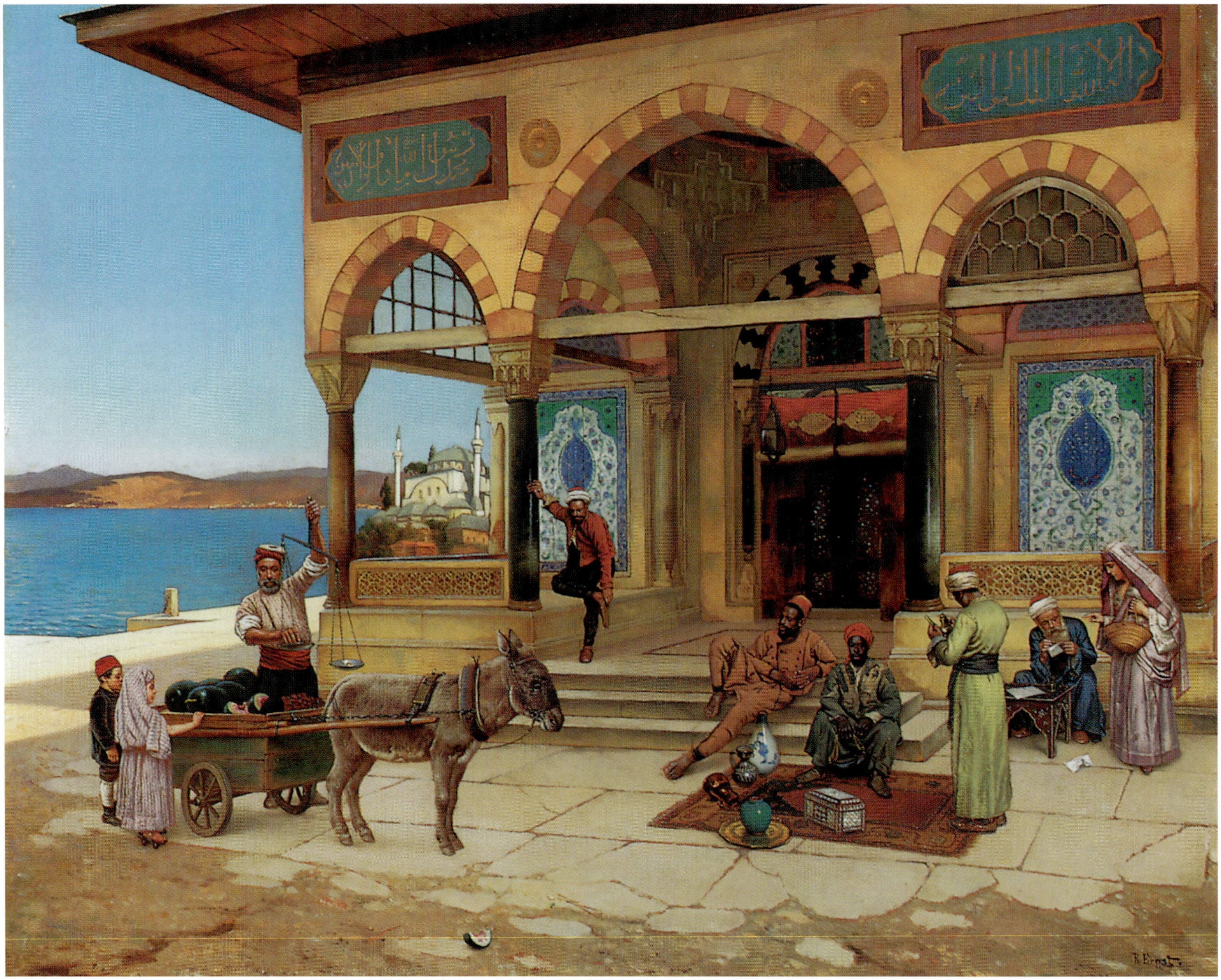

*Rudolf ERNST.*
Le Tombeau du sultan Sélim à Constantinople.
*Huile sur panneau, 72,4 x 92,1 cm. Salon de 1891.*
*Collection particulière.*

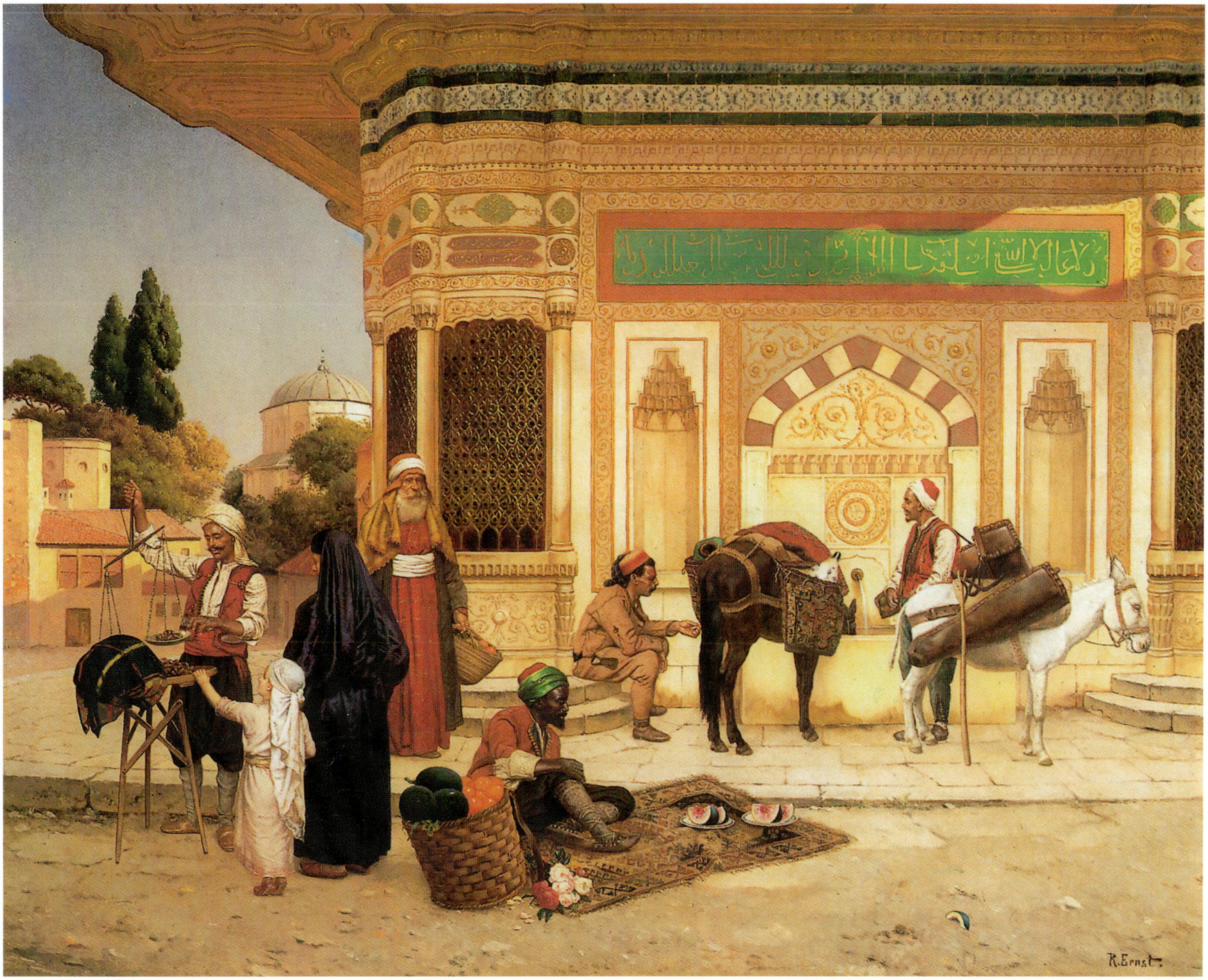


*Rudolf ERNST.*
A la fontaine du sultan.
*Huile sur panneau, 72 x 91 cm.*
*Collection particulière.*

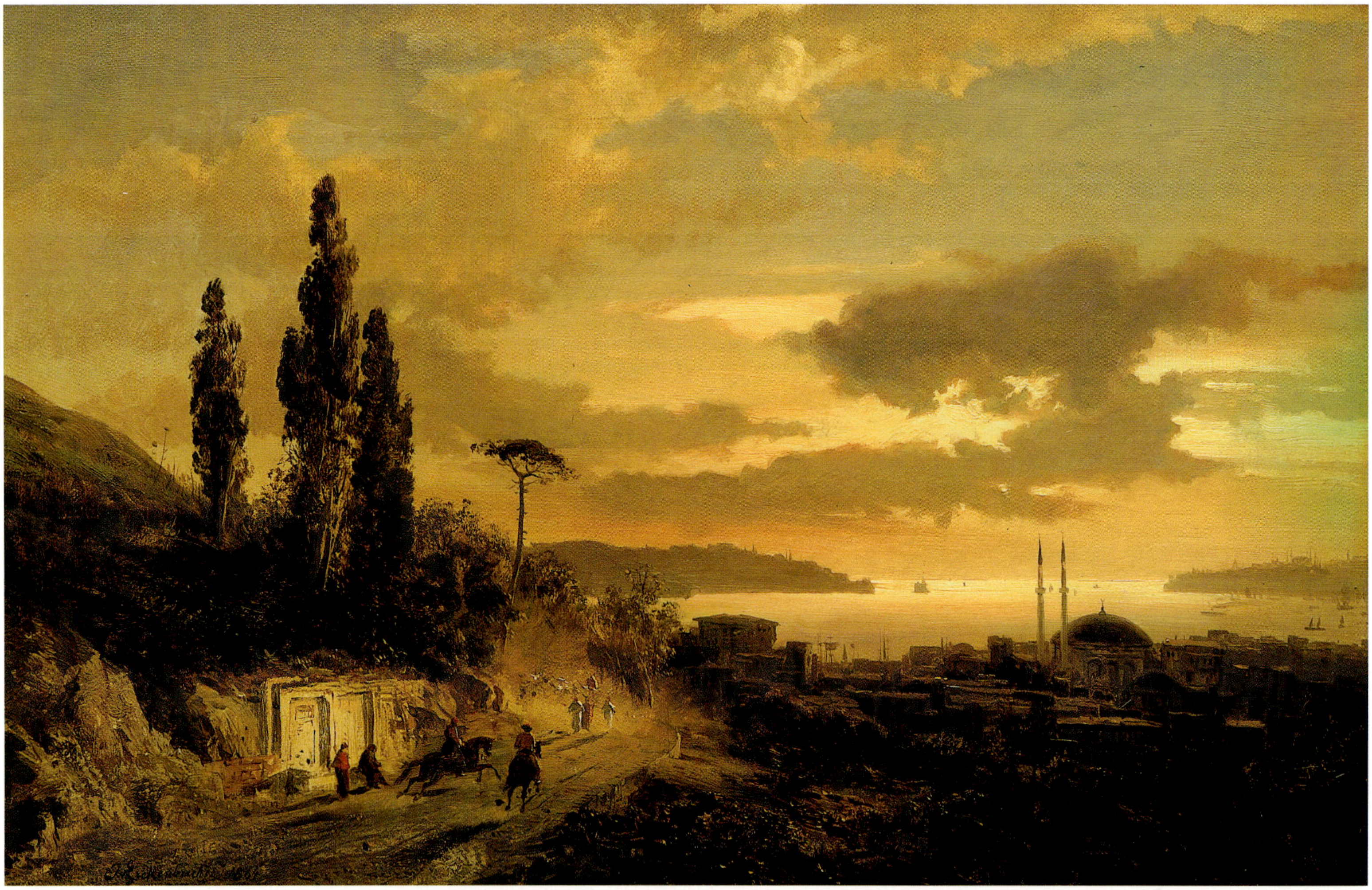

*Karl ECKENBRECHER.*
Vue de Constantinople et du Bosphore depuis la côte asiatique, 1864.
*Huile sur toile, 33 x 51 cm.*
*Collection particulière.*
*Eckenbrecher se spécialisa dans les paysages de Constantinople avec des ciels souvent rougeoyants.*

*Edmund BERNINGER.*
Constantinople vu au-delà de la mosquée Suleymaniye.
*Huile sur panneau, 46,3 x 70,5 cm.*
*Collection partculière.*

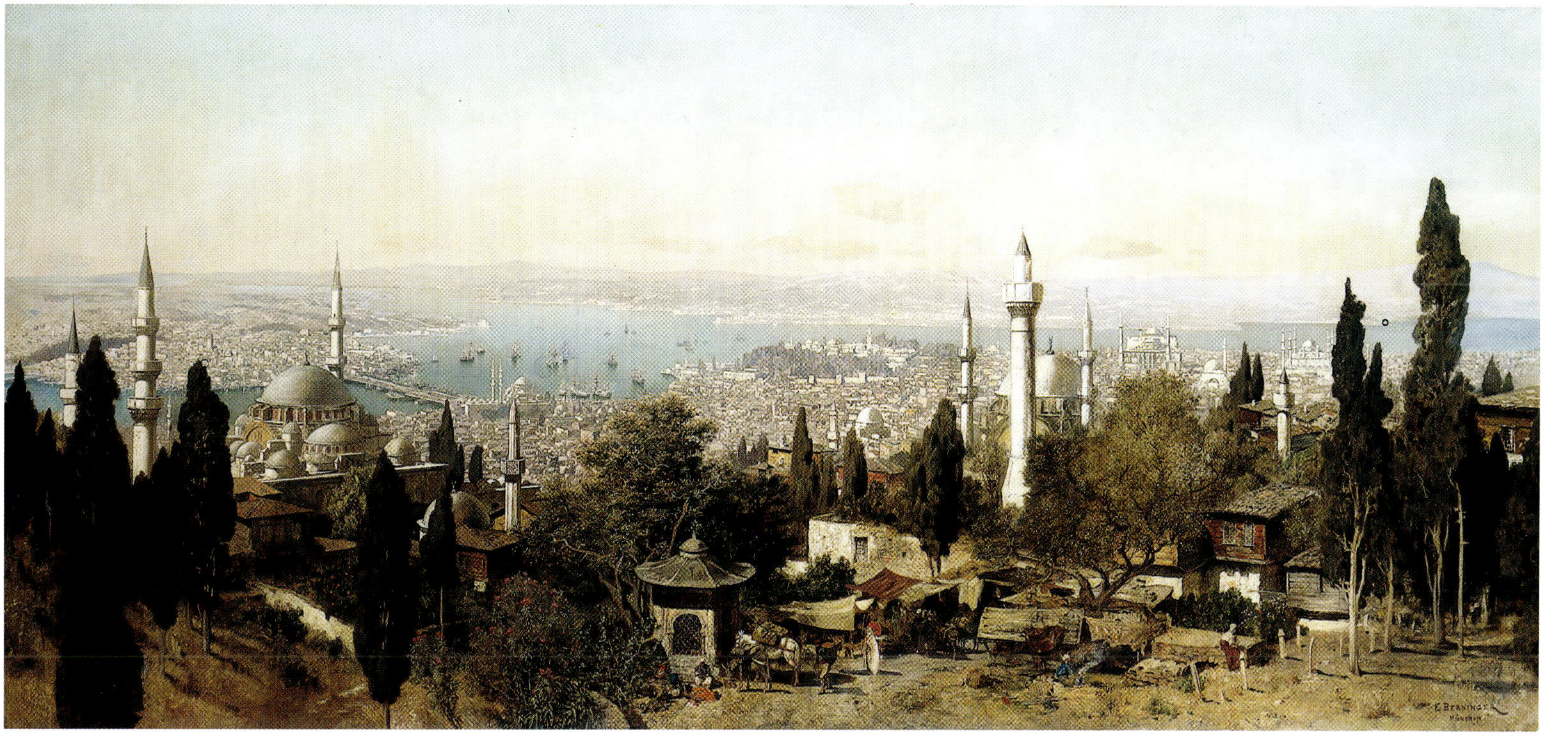

# L'Orientalisme allemand

Dans les deux dernières décennies du XIXe siècle, la crise des relations entre le sultan Abdül-Hamid II et les gouvernements de Paris et de Londres, conséquence du protectorat français sur la Tunisie (1881) et de l'occupation de l'Égypte par les Anglais (1882), ouvre la voie à une pénétration économique accrue de l'Allemagne dans l'Empire ottoman. Le Kaiser Guillaume II effectue deux séjours dans la capitale ottomane (1889 et 1898), tandis que des architectes allemands édifient les plus importants bâtiments de Constantinople : la gare de Sirkedji (1888-1890), gare terminale de l'Orient-Express, le siège de la Deutsche Orient Bank et la gare de Haydarpacha (1906-1908), tête de la ligne Constantinople-Konya-Bagdad.

Ce contexte encourage les peintres allemands à se rendre plus nombreux en Orient, alors même que le genre tend à s'épuiser. Parmi eux figurent les paysagistes Edmund Berninger (1843-?), Karl Eckenbrecher (1842-1921), Ernst Körner (1846-1927), Alfred Bachmann (1863-1956), Michael Diemer (1867-1939) et le correspondant de guerre Fritz Grotemeyer (1864-1947).

Pour des raisons politiques, les peintres orientalistes allemands préférèrent séjourner en Terre Sainte et ne firent le plus souvent que passer à Constantinople et en Asie Mineure. On constate une prédilection pour les vues d'édifices et de monuments orientaux reproduits avec une grande exactitude et minutie. En revanche, les scènes pittoresques, ainsi que les portraits authentiques d'Orientaux, sont peu représentées.

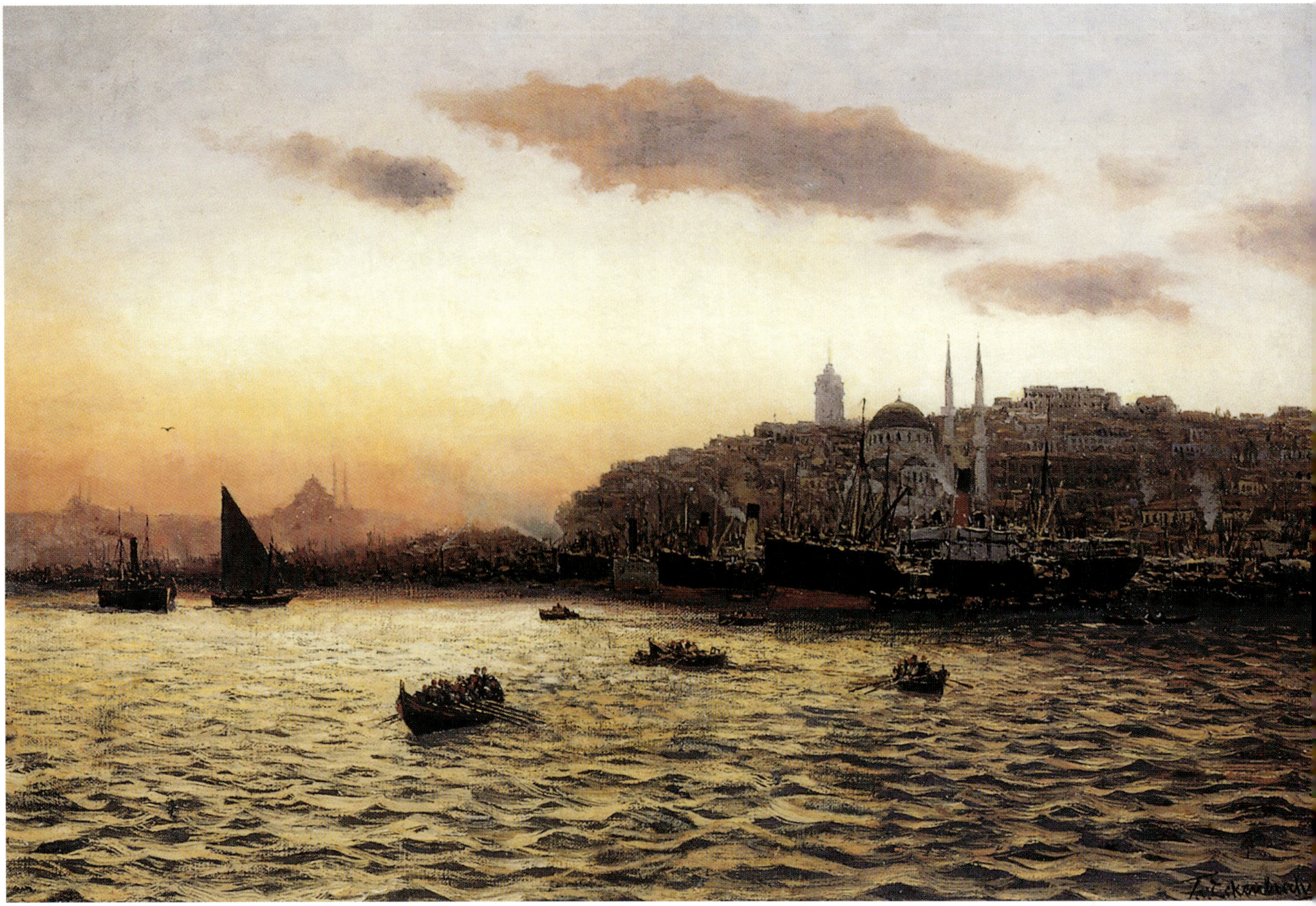

*Karl ECKENBRECHER.*
Bateaux amarrés à l'échelle de Karaköy, 1914.
*Huile sur toile, 46 x 70 cm.*
*Collection particulière.*
*C'est à Karaköy que viennent accoster les gros navires de commerce et de plaisance. Tout autour de la tour de Galata, dont on devine la silhouette, des hôtels accueillent les touristes.*

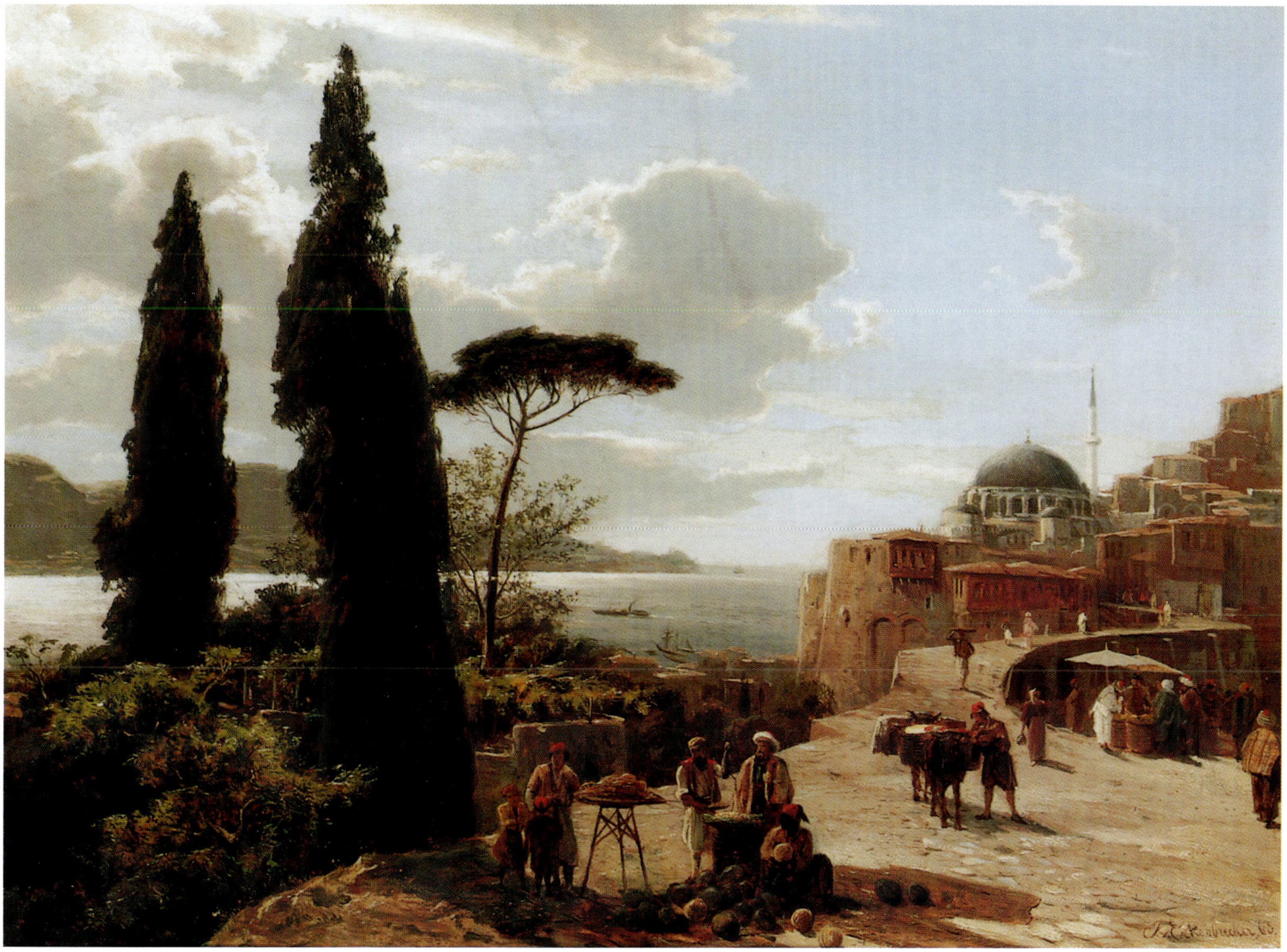

*Karl ECKENBRECHER.*
Marchands turcs à l'entrée d'une ville, 1865.
*Huile sur panneau, 41 x 57 cm.*
*Collection particulière.*

# Les orientalistes américains[93]

Peu d'artistes américains se rendirent en Orient avant la guerre de Sécession (1861-1865). La seule exception notable fut le séjour en Turquie du peintre Walter Gould (1829-1893). En 1851, il se rendit à Kütahya, en Anatolie occidentale, dans l'intention d'exécuter un portrait du chef révolutionnaire hongrois Lajos Kossuth, qui était assigné à résidence avec sa nombreuse suite. Gould exécuta plusieurs portraits de l'exilé, ainsi que celui du gouverneur de la place, Süleyman Bey, puis regagna Constantinople à la mi-août. De retour à New York, Gould peignit de grandes toiles sur la vie à Constantinople. Sa peinture, remarquable pour ses compositions géométriques, sa clarté, et la puissance de ses couleurs, en font l'unique orientaliste américain néo-classique.

La vocation orientaliste des peintres américains va s'affirmer dans les années 1880. Leur peinture coïncide avec l'apogée du réalisme dans la peinture occidentale dont ils s'inspirent largement.

Parmi les quelque soixante-dix peintres américains qui ont plus ou moins rencontré l'Orient dans les années 1880, seulement trois semblent avoir représenté la Turquie : John Sargent (1856-1925), Francis Davis Millet (1846-1912) – qui sombra avec le « Titanic » en 1912 – et Edwin Lord Weeks (1849-1903).

Élève de Adolphe Yvon et de Pierre Bonnat, John Sargent travailla dans l'atelier de Carolus Duran, considéré à l'époque comme un maître d'avant-garde. Il visita l'Orient en 1890 avant d'aller poursuivre sa carrière aux États-Unis.

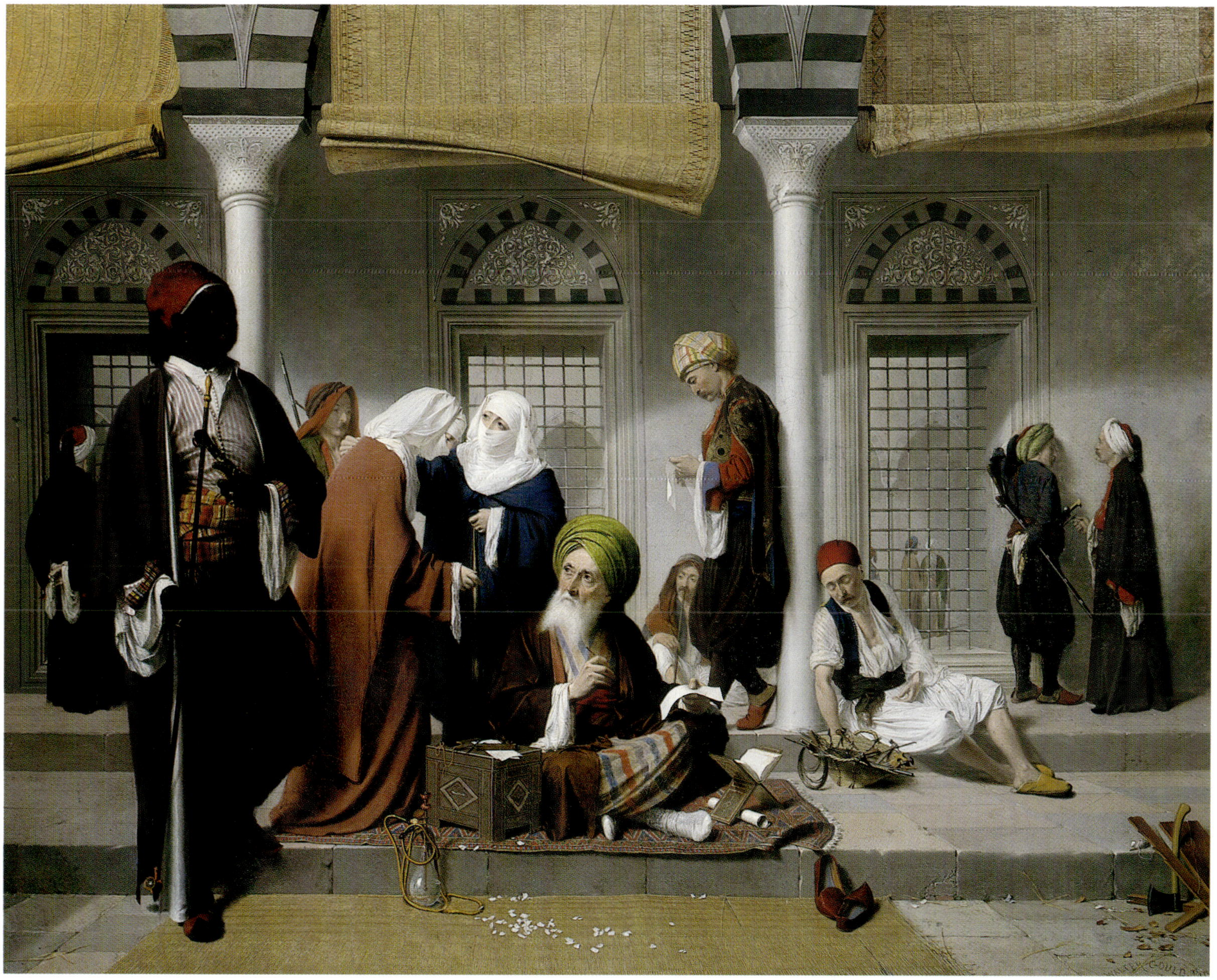

*Walter GOULD.*
L'Écrivain public.
*Huile sur toile, 109,2 x 139,1 cm.*
*Collection particulière.*

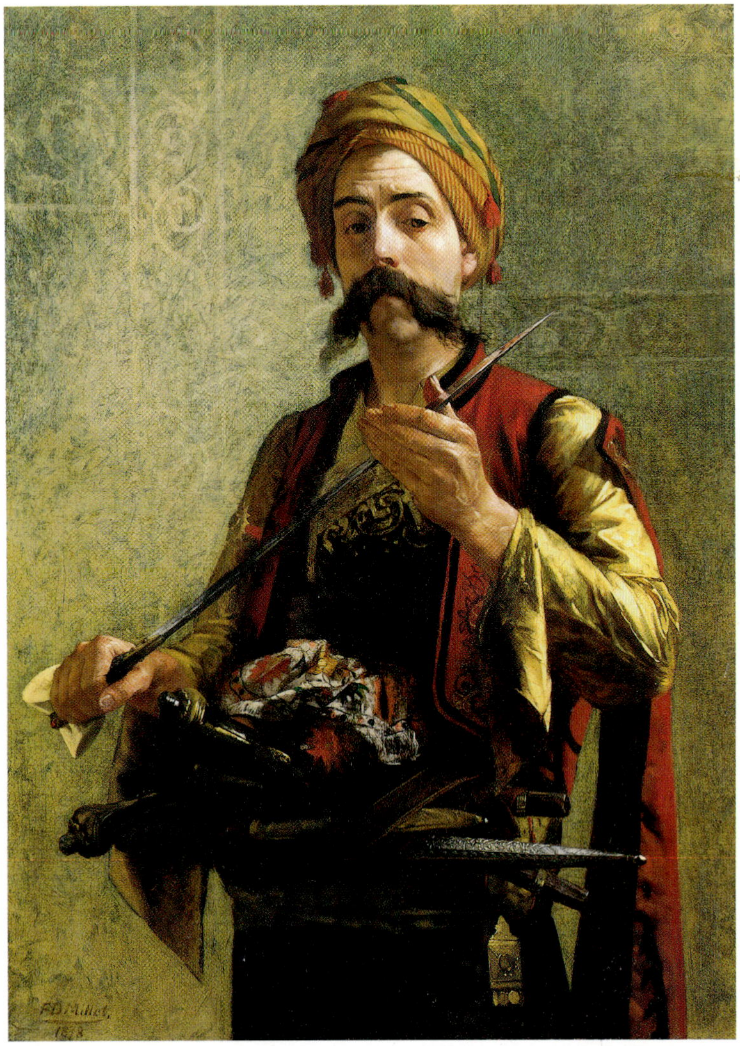

*Francis Davis MILLET.*
Le Soldat turc, 1878.
*Huile sur toile, 99 x 73,7 cm.*
*Collection particulière.*

Millet et Weeks furent tous les deux envoyés en Orient en qualité de grands reporters.

Engagé par le *New York Herald* et le *Daily News* de Londres, Millet fut dépêché en Turquie comme correspondant de guerre lors du conflit russo-turc en 1877. Il accompagna les troupes russes dans leur progression en Bulgarie et à travers les Balkans. Si dans ses écrits Millet réagit avec horreur aux atrocités de la guerre, à la barbarie des bachi-bouzouks, sa peinture ne représente pas de telles scènes. Il se contenta de réaliser des portraits d'Orientaux.

Commandités par *Harper's Magazine*, Weeks et son ami, le journaliste Theodore Child, se rendirent ensemble en Inde en 1892. Child avait pour mission d'écrire une série d'articles sur le périple, et Weeks de les illustrer. Recherchant la difficulté, ils traversèrent à la voile la mer Noire puis, de Trébizonde où ils arrivèrent en juillet 1892, ils rallièrent Ispahan en passant par Erzurum, à bord d'un chariot bâché semblable à ceux des pionniers américains. Weeks rapporta de ses aventures, et de ses deux années passées en Inde, des centaines d'esquisses magnifiques, une série d'articles passionnants, ainsi qu'un livre (*From the Black Sea through Persia and India*, New York, 1896). Il s'installa ensuite à Paris, où il vendit ses tableaux par l'intermédiaire du marchand Goupil, et participa régulièrement au Salon jusqu'à sa mort. En 1895, il composa vingt-huit aquarelles sur la Turquie pour illustrer l'ouvrage de F. Marion Crawford (*Constantinople*, New York, Charles Scribner's Sons, 1895).

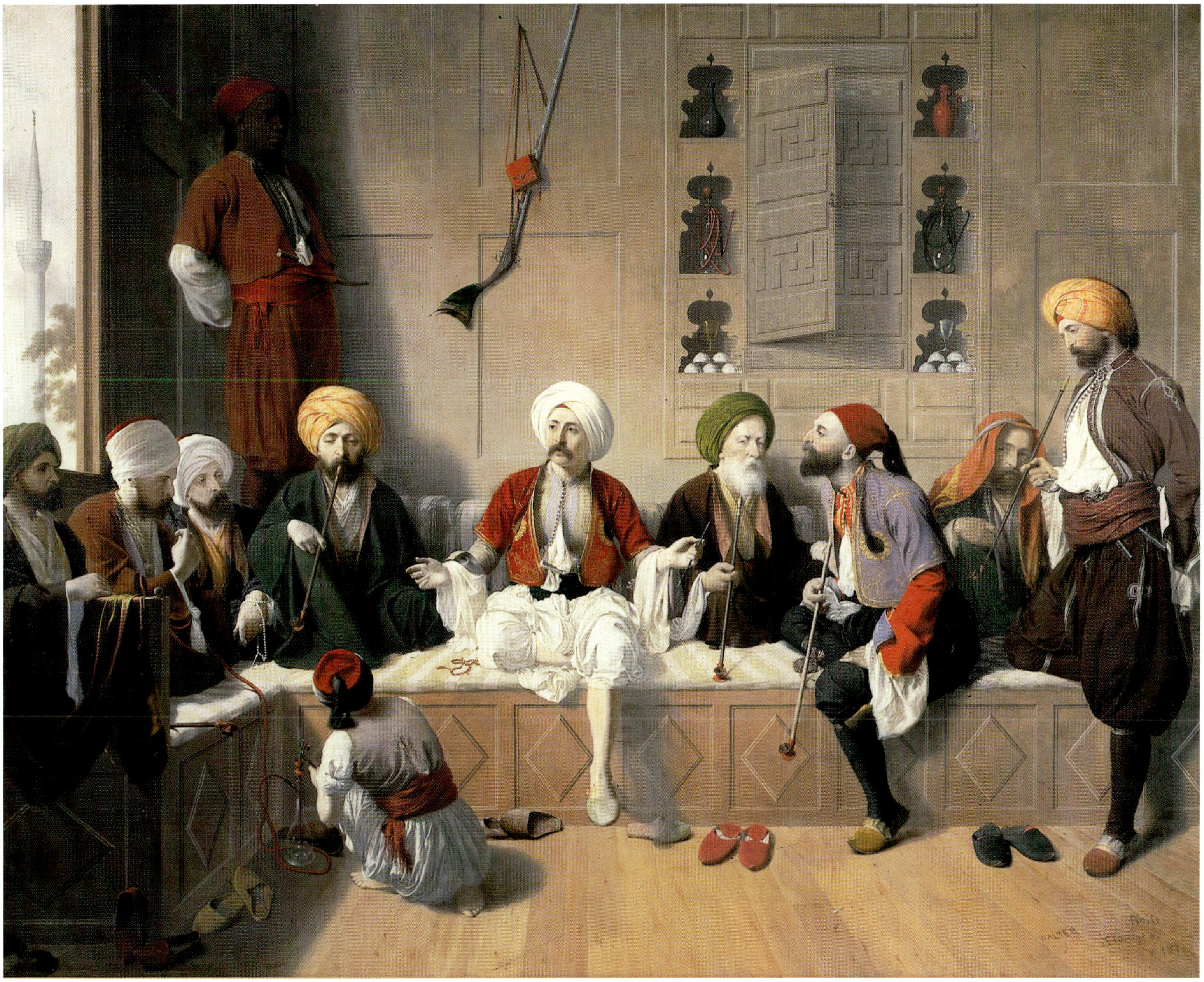

*Walter GOULD.*
Conteur oriental.
*Huile sur toile, 109 x 139 cm.*
*Collection particulière.*

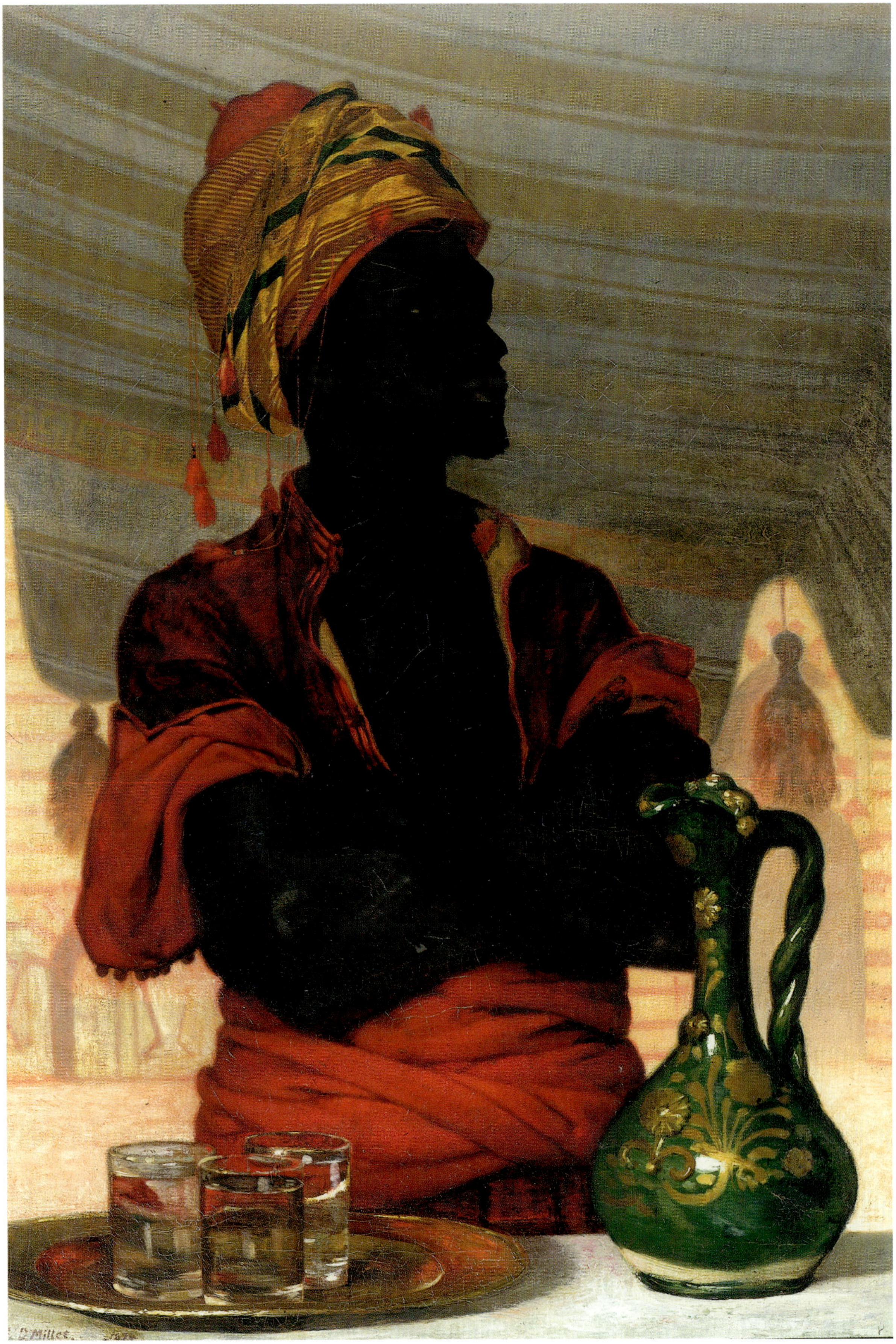

*Francis Davis MILLET.*
Le Vendeur d'eau turc, 1874.
*Huile sur toile, 101,6 x 71 cm.*
*Collection particulière.*

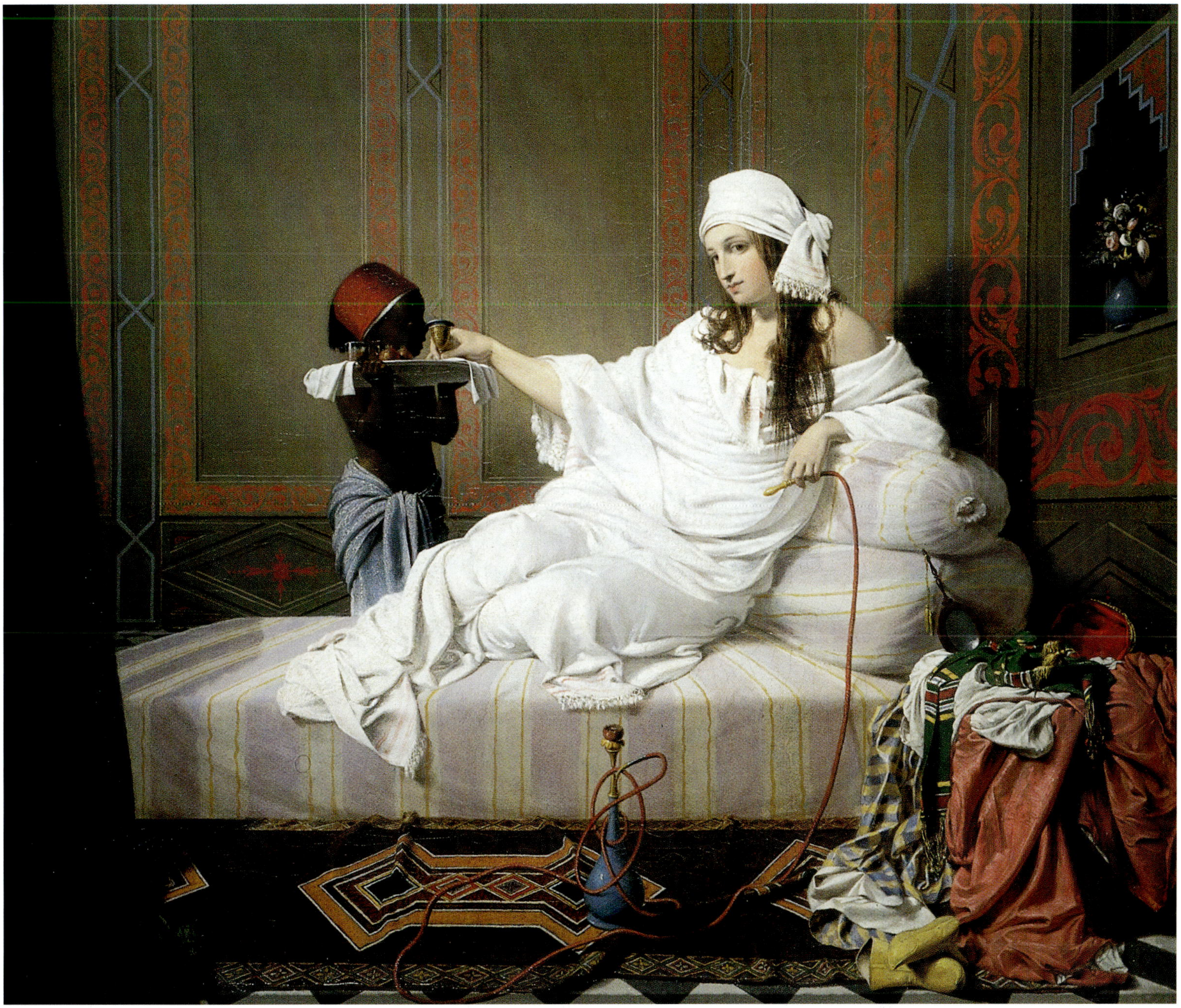

*Walter GOULD.*
Le Narghilé.
*Huile sur toile, 50,5 x 61 cm.*
*Collection particulière.*

# LES PEINTRES PROVENÇAUX
# L'ESSOR DU PAYSAGE ET DE LA COULEUR

*« L'Orient récompense ceux qui l'aiment en leur donnant une lumière et une coloration dont lui seul garde le secret. C'est une belle conquête à faire ; nos peintres devraient bien la tenter... »*

Maxime Du Camp, *Salon de 1857.*

La France, par ses rivages méditerranéens, entretient avec le monde musulman des liens privilégiés. Depuis les croisades, sept siècles de commerce, d'échanges et d'aventures périlleuses mettent en relation la Provence et l'Orient.

Au début du XIXe siècle, l'activité des ports de Marseille et de Toulon est intense : départ des expéditions d'Espagne en 1823, de Morée en 1828 et d'Algérie en 1830 ; plus tard, ces mêmes ports serviront à embarquer les troupes pour la Crimée. Dès lors, on ne doit guère s'étonner de voir s'éveiller des tempéraments d'orientalistes parmi les élèves des écoles provençales. Ces peintres du midi, habitués déjà à reproduire sur leur toile les lumières méridionales, recherchent plus l'évasion, le pittoresque et la possibilité, à travers le thème de l'Orient, de laisser « éclater » la couleur. Leur Orientalisme accorde ainsi davantage de place aux paysages, plutôt que des scènes pittoresques, souvent reconstituées en atelier.

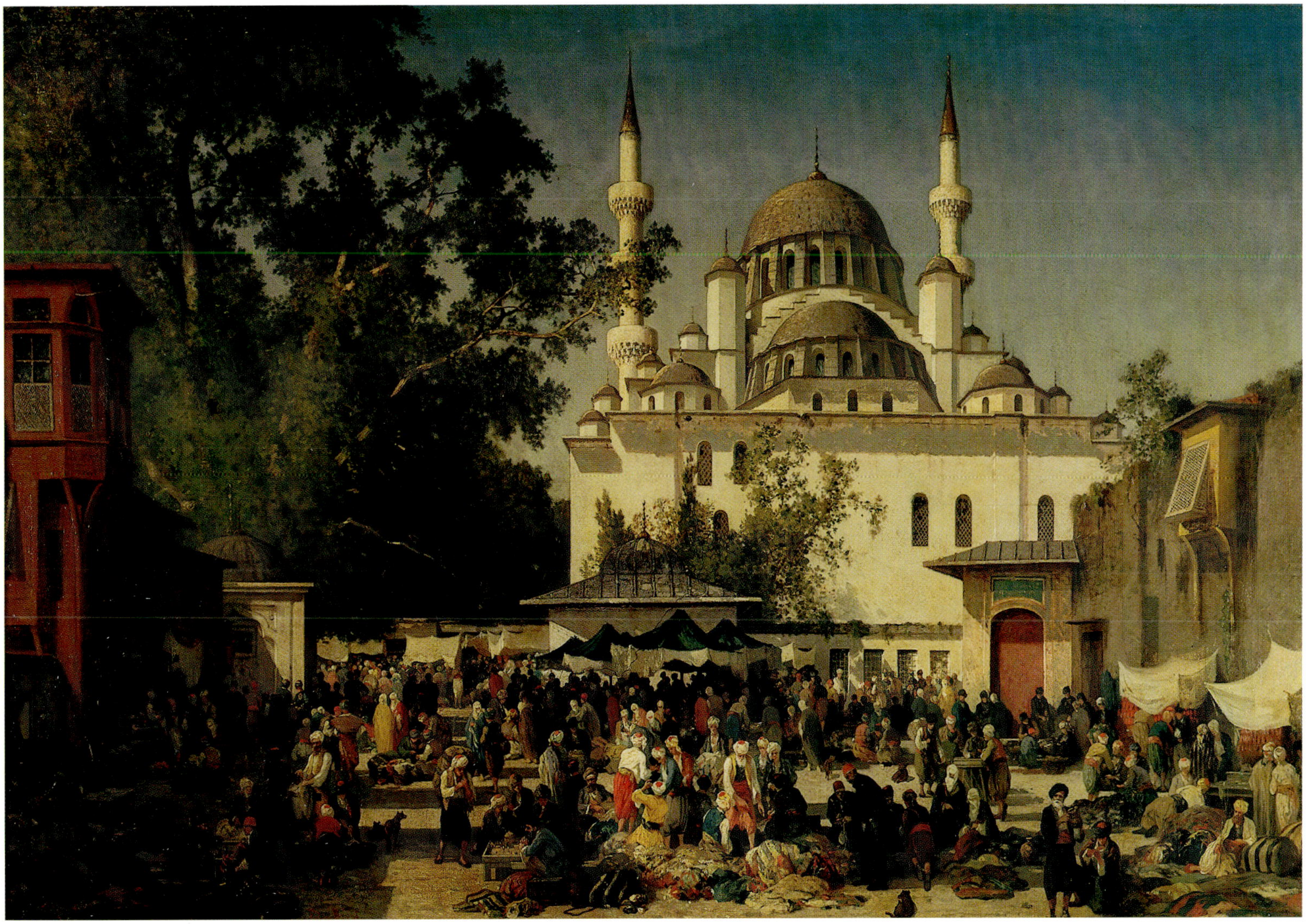

*Fabius BREST.*
Marché animé sur la place de la mosquée Yeni Djami
à Constantinople.
*Huile sur toile, 113 x 167 cm.*
*Le Caire, musée du palais Manial.*
*Fabius Brest aime peindre les multiples petits métiers et l'atmosphère animée des marchés turcs de Constantinople.*

## Les peintres marseillais

Dès l'entrée de la Canebière, près du Vieux Port, l'étranger est accueilli par le « Café Turc », inauguré le 22 juin 1851. Tout voyageur qui s'embarque pour l'Orient se doit de passer par cet établissement immortalisé par Théophile Gautier dans *Constantinople* : « J'entre au Café Turc : je me dois cela à moi-même, puisque je pars pour Constantinople ; c'est un très beau café, ma foi. Cependant je ne vous en parlerais pas, malgré son luxe de miroirs, de dorures, de colonnettes et d'arcades, sans une charmante salle à l'entresol, décorée de peintures d'artistes exclusivement marseillais : c'est un musée local très curieux et très intéressant. Les boiseries sont divisées en panneaux représentant divers sujets abandonnés à la fantaisie du peintre (...) Pour rappeler la dénomination du café, M. Lagier a représenté un Turc faisant le kief après avoir fumé l'opium ou le haschisch...[94] »

Ce petit musée local confère bientôt au lieu une réputation internationale, consacrée par l'adage « voir Marseille et le Café Turc », célèbre parmi les touristes des années 1850 qui s'apprêtent à partir pour l'Orient.

Sous la Restauration déjà, plusieurs Marseillais se sont rendus en Orient. En 1839, au moment où le comte de Forbin s'embarque pour la Turquie, l'architecte Pascal Coste (1787-1879) se rend en Égypte pour une mission qui va durer dix ans (1817-1827), puis en Turquie et en Perse de 1839 à 1842. Les trente et un albums de dessins et aquarelles réalisés au cours de ses voyages donnent lieu à d'importants ouvrages d'érudition sur les monuments du Caire et de la Perse. C'est aussi dans cet esprit de curiosité scientifique que Dominique Papety (1815-1849), passionné d'archéologie, effectue en 1846 un voyage en Grèce pour étudier l'art byzantin. A la même époque, Émile Loubon (1809-1863), le futur directeur de l'École des Beaux-Arts de Marseille, fait un périple en Orient, en Palestine et en Asie Mineure. Son déguisement en Oriental montre son intérêt porté à l'Orientalisme[95]. Si l'on ajoute à cela son amitié avec plusieurs des principaux maîtres orientalistes parisiens comme Chassériau, Dauzats, Decamps, Fromentin, H. Vernet, Ziem, on comprend que Loubon exerça à Marseille une influence qui ne fut sûrement pas négligeable.

*François BARRY.*
Le Débarquement du sultan Abdül-Aziz à Ras-el-Tyn,
palais du Khédive (Alexandrie), le 7 avril 1863.
*Huile sur toile, 94 x 140 cm.*
*Collection particulière.*
*Pour la première fois depuis le règne de Soliman le Magnifique (1522-1566), un sultan ottoman voyage dans les provinces orientales de l'Empire ottoman.*

## François Barry (1813-1905)

Avant la nomination de Loubon à la tête de l'École des Beaux-Arts de Marseille en 1845, l'école avait accueilli l'artiste marseillais François Barry (1813-1905). Élève d'Aubert à l'école de dessin de Marseille, puis de Gudin à Paris à partir de 1840, ce peintre de marine connut la notoriété sous le Second Empire. En 1862, Barry accompagne le prince Jérôme-Napoléon en Égypte pour visiter les travaux du percement de Suez sous la conduite de Ferdinand de Lesseps et Jules-Charles Roux. L'année suivante, après avoir remonté le Nil, il poursuit son voyage jusqu'à la mer Rouge, puis revient par le Bosphore. Il connaît déjà Constantinople car dans sa correspondance il note avoir déjà trouvé « deux points de vue du Bosphore qui peuvent faire deux pages importantes pour une exposition[96] ». Sept ans plus tard, il concrétise sa vision poétique dans *Vue de Constantinople, prise de l'entrée du Bosphore* (1869). La composition générale et l'organisation des barques s'inspirent des beaux Ziem, mais le brouillard doré peint d'une touche inconsistante est loin d'en connaître les vibrations.

Parmi les autres tableaux de Barry relatifs à la Turquie, deux toiles sont présentées au Salon de 1875 : *Entrée du Bosphore* et *Intérieur du port de Constantinople ; la Corne d'or*. Barry se fait aussi le témoin consciencieux du voyage impérial qu'il accompagne en Égypte et des grands moments qui le ponctue. En 1877, il expose *Débarquement du sultan Abdül-Aziz à Ras-el-Tyn, palais du Khédive (Alexandrie), le 7 avril 1863*.

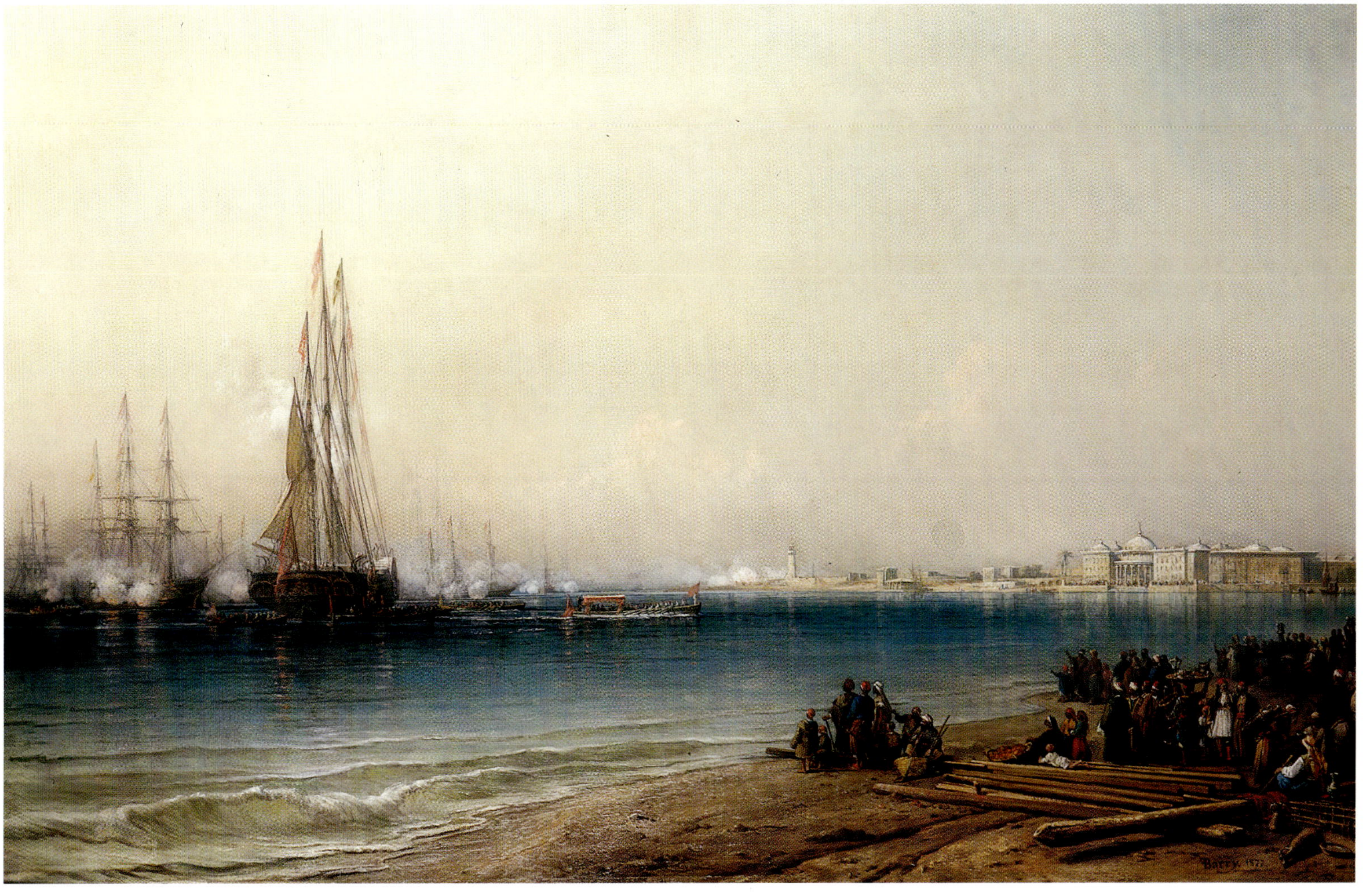

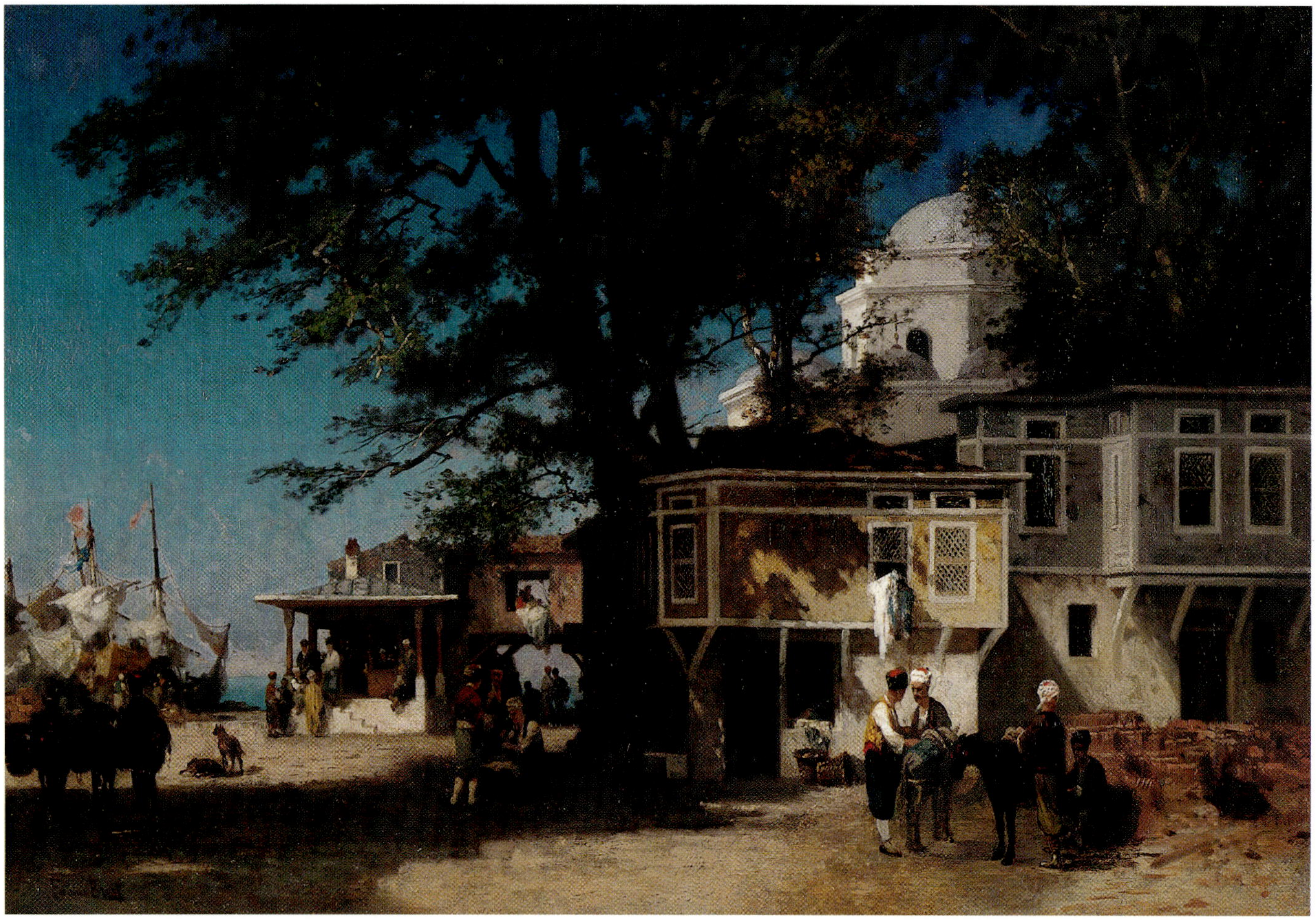

## Fabius Brest (1823-1900)

Élève de Émile Loubon, comme de nombreux orientalistes provençaux tels Victor Huguet (1835-1902), Louis-Amable Crapelet (1822-1867), Adolphe Monticelli (1824-1886), ou Alfred Chataud (1833-1908), Fabius Brest est l'un de ces peintres qui exposent régulièrement des scènes d'Orient à partir de 1857. Mais à la différence de ses compatriotes attirés par l'Égypte ou l'Algérie, il fait de Constantinople sa terre d'élection.

Avant de prendre sa place parmi les peintres renommés de l'Orientalisme, Fabius Brest connut pendant dix ans – de 1847 à 1857 – un épisode provençal. Loubon lui donne le goût du paysage et le fait exposer à Marseille au Salon de 1847, puis régulièrement à Paris. C'est seulement en 1855 que Fabius Brest décide de se rendre en Turquie comme l'atteste son passeport délivré par le ministère des Affaires étrangères, le 17 octobre. Une semaine plus tard, le consulat général ottoman de Marseille lui accorde un visa l'autorisant à se rendre à Constantinople. L'artiste, qui a trente-deux ans, se rend d'abord en Italie, comme en témoignent des croquis de San Remo, Nervi et Gênes, puis de là s'embarque pour la capitale ottomane. Nous ignorons combien de temps Fabius Brest séjourna en Turquie. Probablement trois ans, entre la fin de l'année 1855 et la fin de l'année 1858, juste après un court séjour effectué dans la ville de Trébizonde (Trabzon), port de la mer Noire, en juillet-août 1858.

*Fabius BREST.*
Un Coin de Constantinople et de la Corne d'Or.
*Huile sur toile, 51,4 x 75 cm.*
*Nantes, musée des Beaux-Arts.*

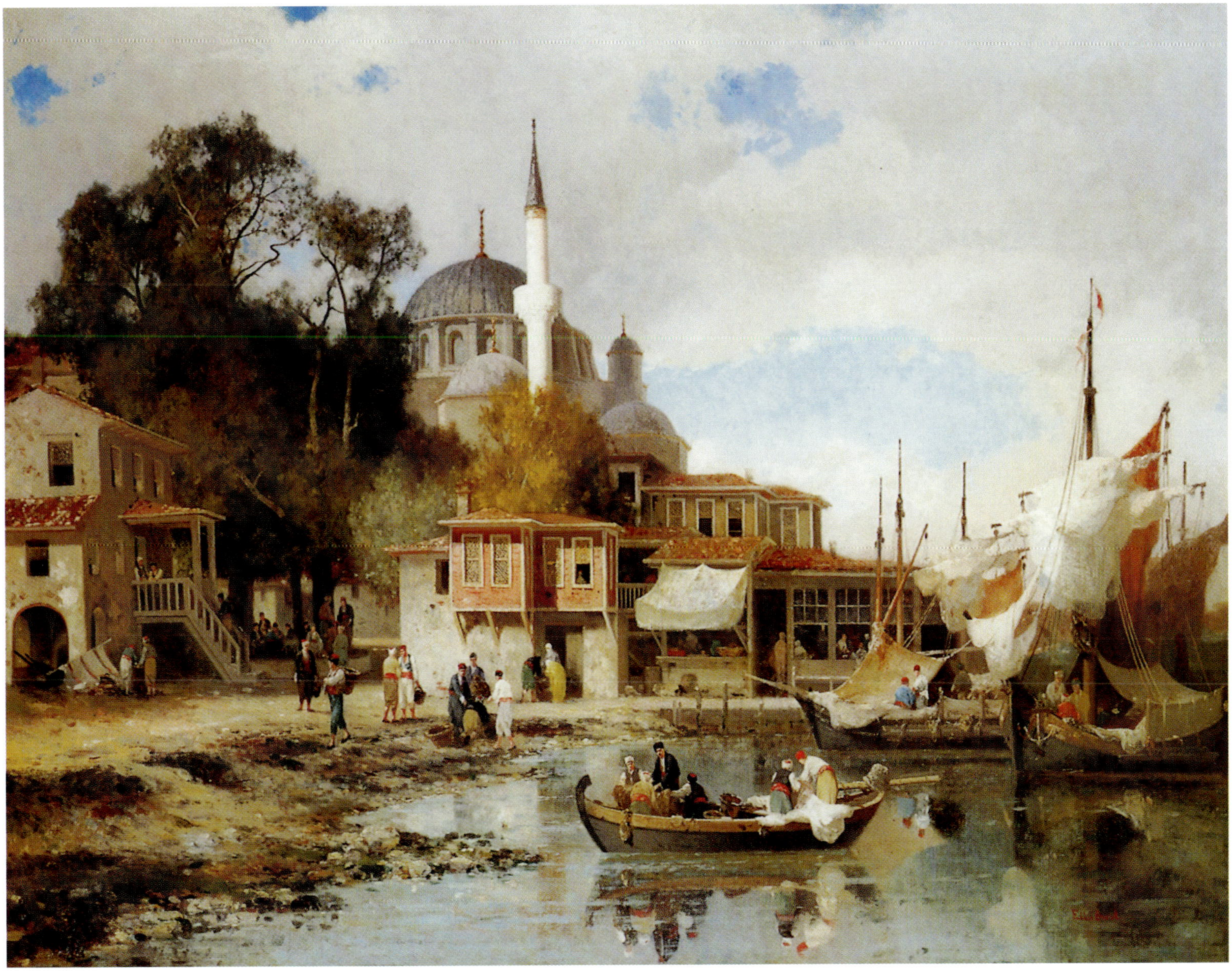

*Fabius BREST.*
Sur les bords du Bosphore.
*Huile sur toile, 89 x 116 cm.*
*Collection particulière.*
*Tout au long de sa vie, Brest va proposer au Salon parisien des scènes du Bosphore. On retrouve le plus souvent des maisons avec encorbellement et moucharabieh s'étalant le long de rivages où accostent des voiliers et caïques.*

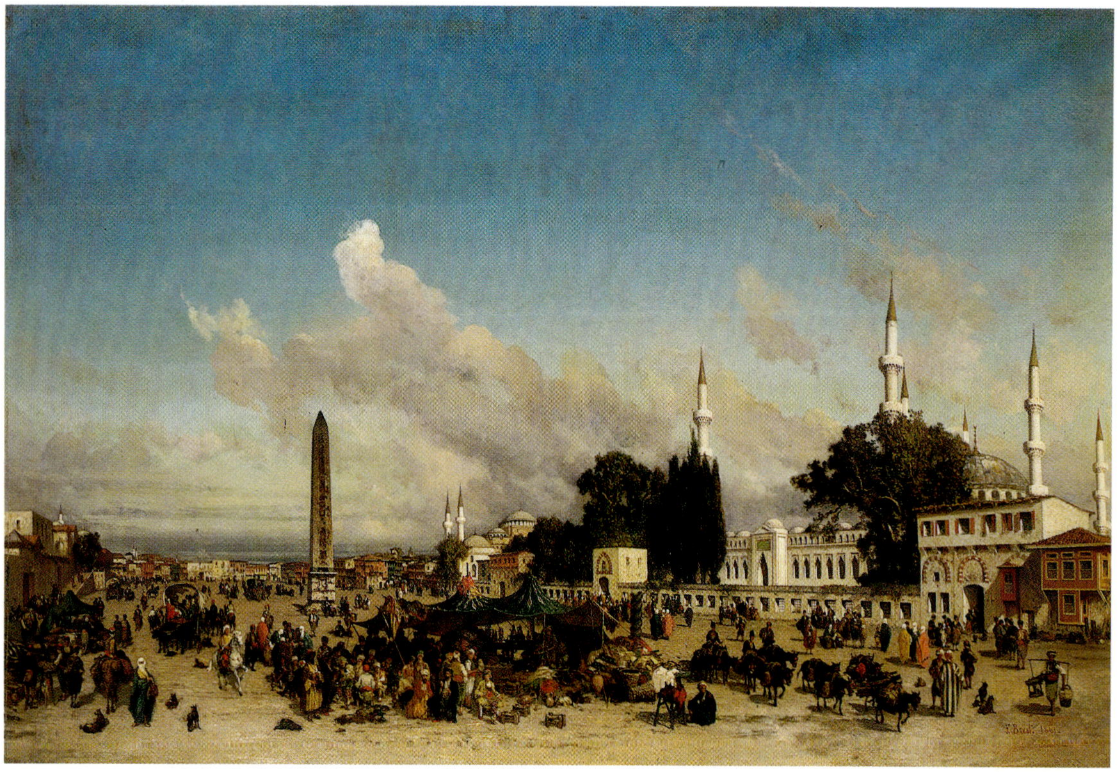

*Fabius* BREST.
Place de l'At-Meïdan à Constantinople, 1861.
*Huile sur toile, 130,5 x 195,5 cm.*
*Salon de 1861.*
*Béziers, musée des Beaux-Arts.*

Ses vues de Constantinople, qu'il expose à Paris à partir de 1857, forment désormais sa principale inspiration. Ce changement lui vaut les hommages de la presse parisienne. Les plus grands critiques vont parler de lui[97]. Le succès vient surtout au Salon de 1861 avec *Place de l'At-Meïdan à Constantinople*, qui pour Castagnary « représente un marché de légumes très animé, très vivant, et fort bariolé de couleurs[98] ». Théophile Gautier s'enthousiasme devant cette peinture qui est achetée par l'État : « M. Brest reproduit, avec la plus pittoresque exactitude, l'aspect et le fourmillement de ce vaste espace qui formait l'hippodrome de Byzance. A la droite du spectateur, en regardant l'obélisque, la Solimanyeh [Gautier confond ; il s'agit de la mosquée Bleue ou mosquée Sultan Ahmed] arrondit son dôme, dresse ses minarets et prolonge ses murs d'enceinte que dépassent des feuillages ; à gauche s'entassent des maisons en bois diaprées de couleurs tendres, avec leurs étages en surplomb et leurs moucharabiehs grillés, et sur la place circulent les *arabas* attelés de bœufs gris, les *talikas* rapides, les *mouchirs* à cheval, les piétons de toute race et de tout costume, Turcs, Syriens, Arnautes, Bulgares, femmes en *férédgé* rose, pistache ou bleu tandis que les marchands vendent du *baklava*, des concombres, des épis de maïs rôtis et autres denrées exotiques. L'un d'eux a même adossé sa boutique à ce pilier tronqué formé de deux serpents de bronze s'enroulant en spirale et qui provient, dit-on, de l'ancien temple de Delphes. Nous pouvons, comme témoin oculaire, attester la vérité sobre et forte du tableau de M. Brest[99]. » Au même salon, Brest propose deux autres toiles : *La Pointe du Sérail* et *Missir Charsi, bazar des drogues à Constantinople* .

Pour sa part, Noguier résume l'impression générale : « M. Brest, jeune peintre marseillais, est l'un des derniers venus parmi les orientalistes. Tout fraîchement débarqué de la Corne d'Or, où il a fait ses études sur la rive d'Europe et la rive d'Asie, il a marqué sa place, du

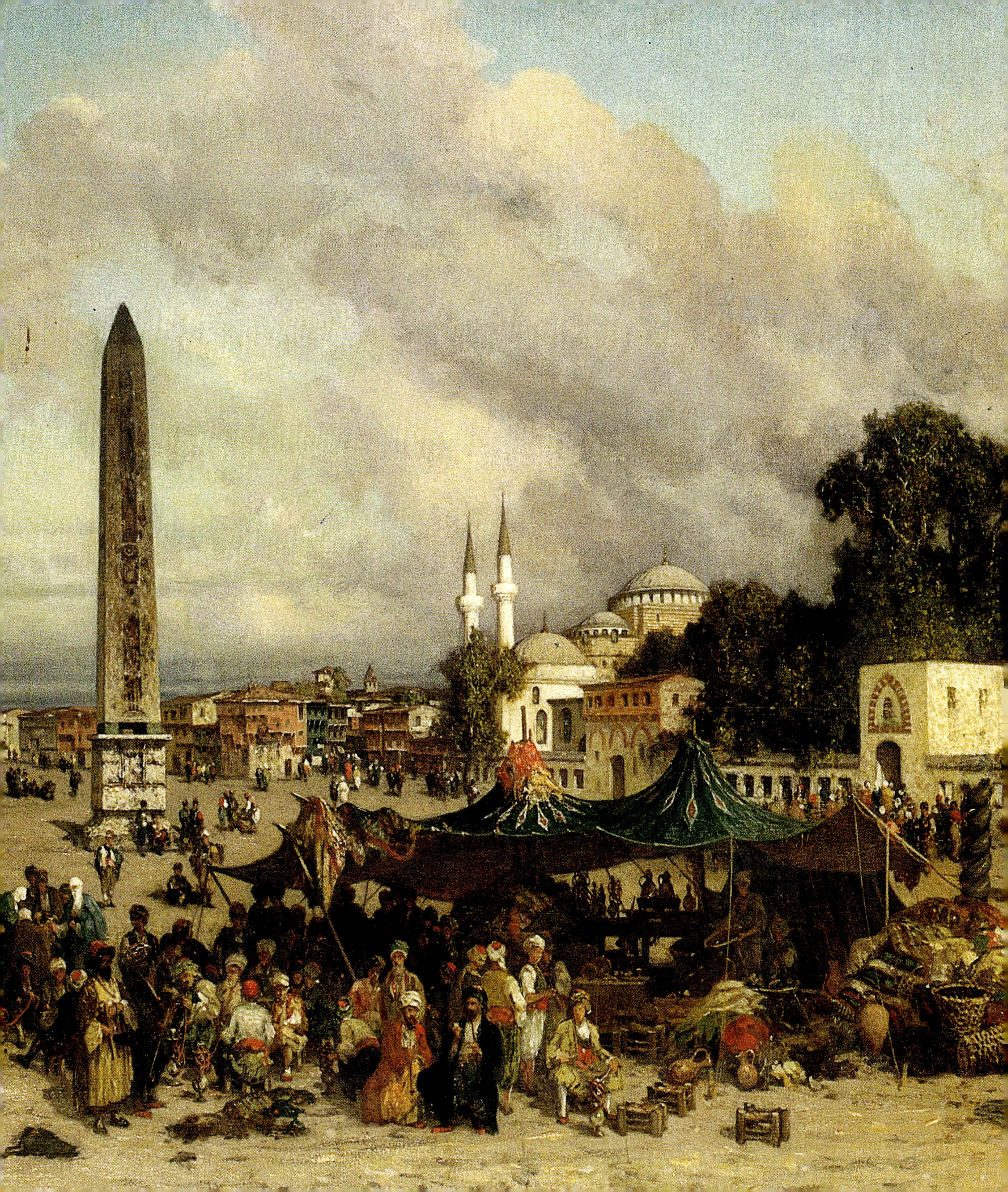

*Fabius BREST.*
Caravansérail à Trébizonde, 1864
*Huile sur toile, 113 x 167 cm.*
*Marseille, Musée des Beaux-Arts.*
*En juillet-août 1858, Brest se rend à Trébizonde, ville portuaire au bord de la mer Noire. Faute d'infrastructure touristique, il est probablement amené à se loger dans le grand caravansérail de la ville où se cotoient les caravanes de passage.*

premier coup, dans le camp musulman. Ses tableaux, le *Bosphore*, un *Bazar de drogues*, l'*At-Meïdan*, ont été fort remarqués au Salon de 1861, et lui ont valu une mention honorable (...) En somme, ce n'est pas seulement une excellente peinture pour les amateurs, c'est encore pour tous une curieuse révélation de Constantinople[100]. »

Deux ans plus tard, le triple envoi au Salon (*Cour des ablutions de la grande mosquée de Trébizonde* ; *Kief sur la route de Kerrassunde à Amassia* ; *Bords du Bosphore à Bébec, Turquie d'Europe*) ne recueille pas les mêmes faveurs. On reproche à ses vues de Turquie et d'Asie Mineure de n'être « que d'agréables indications »[101].

En revanche, *Les Bords du Bosphore à Beicos* et *Un Caravansérail à Trébizonde* sont remarqués en 1864 par la critique et déclarés « excellents » par Edmond About qui conclut : « La peinture de M. Brest n'est pas finie et "voulue" comme celle de Gérôme, mais elle a infiniment de grâce, d'abandon et de sincérité[102]. » Théophile Gautier est encore plus enthousiaste : « M. Brest reproduit à merveille ce mélange de maisons peintes, de minarets, de cyprès, de platanes, d'escales, de caïques et d'argousils qui donnent tant de physionomie aux rives du Bosphore. On aimerait à s'arrêter dans ce caravansérail de Trébizonde, d'une architecture si évoluée, d'une couleur si gaie, parmi tous ces voyageurs aux costumes caractéristiques[103]. » Ces deux toiles, achetées par l'État, seront présentées à l'Exposition Universelle de 1867.

Cependant, contrairement à d'autres artistes de la même époque, comme Ziem ou Tournemine, la volonté de Brest de tout nommer, l'absence de sélection, tendirent à uniformiser sa production parfois dépourvue d'accent. « M. Brest connaît son Bosphore par cœur et l'anime de figures qui constituent d'agréables taches, mais c'est toujours un peu trop la même chose », remarquera Paul Leroi en 1875[104]. De fait, cette recherche permanente du pittoresque l'éloignera progressivement de la véritable plasticité, faisant de lui un orientaliste aimable, qui aura tendance à se répéter. De fait, entre 1857 et 1896, il expose au Salon près de cinquante toiles consacrées à la Turquie, principalement des vues du Bosphore.

Fabius Brest est, et restera longtemps, le « spécialiste » de la Turquie : « Si vous voulez connaître Constantinople, écrit Léon Lagrange, adressez-vous à M. Brest. Il y a séjourné plusieurs années. Il a traversé le Bosphore, comme nous traversons la Seine, et chevauché en Asie Mineure, comme nous à Montmorency[105]. »

Le sens de la couleur plus que celui de la lumière, la verve plus que l'accent local, l'arrangement de la mise en pages, l'effet, le sujet agréable, ont assuré à Fabius Brest une certaine notoriété et le confort d'une vie bourgeoise. Les nombreux achats de l'État lui assurent aussi une consécration méritée. Il trouve ainsi sa place parmi les grands peintres de Constantinople.

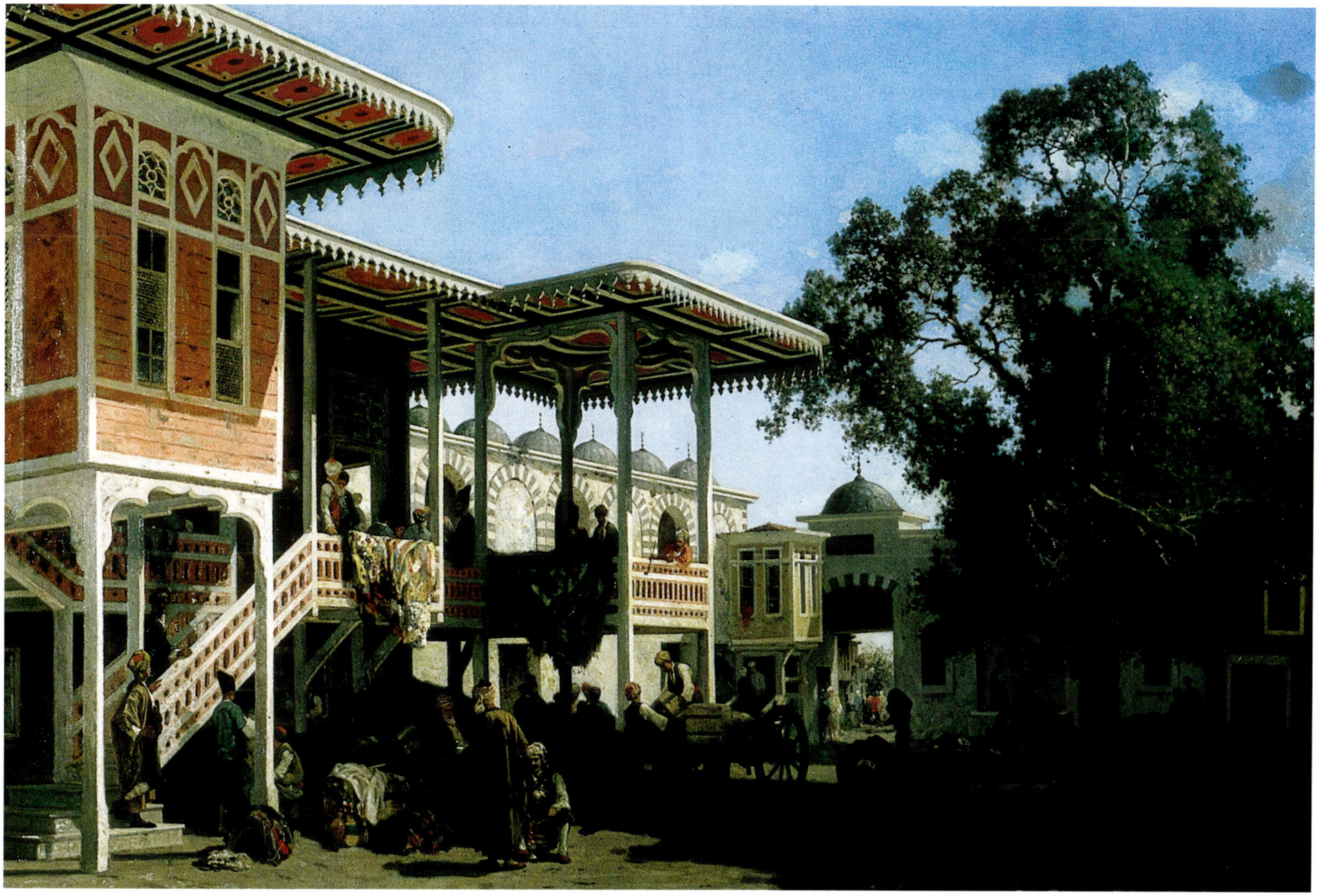

## Louis-Amable Crapelet (1822-1867)

Bien qu'il ne fût pas l'élève de Loubon, Crapelet est cependant bien intégré au foyer marseillais dès 1857. En marge de l'Orientalisme, sa production locale le fait participer activement à la renaissance provençale du Second Empire. Il doit ses qualités de scénographe à Charles Séchan (1803-1874), le décorateur du palais de Dolmabahçe et de l'Opéra de Paris. Le goût de l'aventure lui vient de Durand-Brager.

C'est en 1852, après un bref arrêt en Algérie, que Crapelet effectue un long séjour en Égypte où il demeure en 1853 et 1854. Au printemps 1859, on le retrouve à Tunis où il est chargé par le Bey du relevé des sources du Zaghouan et du Djougar qui alimentent Carthage. Il poursuit son périple en Italie, en Grèce et en Turquie. Des cartons et des albums pleins de dessins, une moisson d'aquarelles souvent exécutées dans des conditions périlleuses serviront à nourrir pendant des années une inspiration pittoresque dont témoignent ses envois au Salon de Paris entre 1857 et 1866. Participant au renouveau de l'aquarelle au XIX^e^ siècle, il recherche la poésie de l'exotisme, la couleur locale.

# Les peintres toulonnais

Deuxième ville de Provence et surtout deuxième port militaire du pays, Toulon connaît une activité croissante sous Louis-Philippe qui tente d'imposer la présence de la flotte française en Méditerranée, au risque de déplaire aux Anglais. A la suite de l'expédition d'Alger, Toulon devient la plaque tournante pour les relations avec l'Afrique du Nord. Base navale de première importance, son arsenal possède une école de dessin réputée. C'est là que, parmi beaucoup d'autres élèves, sont formés les peintres Vincent Courdouan et Charles de Tournemine.

## Vincent Courdouan (1810-1893)

Élève de Pierre Letuaire à Toulon, puis de Paulin Guérin à Paris, Courdouan est un excellent dessinateur de paysages, utilisant tour à tour la mine de plomb et le pastel[106]. En 1831, de retour à Toulon, il enseigne le dessin puis devient professeur à l'École des Beaux-Arts de la Marine, poste qu'il occupera de 1849 à 1860. La peinture orientaliste ne le laisse pas indifférent. Deux voyages – l'un en Algérie en 1847, l'autre en Égypte en 1866 – suffisent pour mémoriser des sujets orientaux qu'il utilise jusque dans les années 1890. C'est au cours de son premier voyage que Courdouan semble avoir fait escale à Constantinople et à Gallipoli, comme en témoignent deux de ses toiles. De retour au pays, il consulte ses carnets de croquis et réinvente « son Orient » à travers ses récits de voyages. Pour Courdouan, représenter l'Orient ne signifie pas le peindre avec exactitude, mais plutôt en recréer l'ambiance. Aussi ne succombe-t-il pas au pittoresque mais reste un paysagiste orientaliste occasionnel, d'abord soucieux de vraisemblance dans le rendu de la lumière et des couleurs.

## Charles de Tournemine (1812-1872)

Né à Toulon, Charles de Tournemine semble avoir été très tôt doué pour le dessin. Sa mère lui fait prendre les cours de Sénéquier (1784-1868), professeur de dessin à l'école de navigation, dont les contemporains signalent la science du clair-obscur et la connaissance approfondie de la perspective. Faute d'argent, dès l'âge de treize ans le jeune Charles est engagé comme mousse sur une goélette, l'*Amaranthe*. C'est l'occasion pour lui de voyager, surtout en Méditerranée orientale, et de découvrir une première fois la côte Égéenne et Smyrne en novembre 1825. Deux ans plus tard, il participe à la bataille de Navarin, au cours de laquelle il est blessé à l'œil gauche. Il quitte ensuite la Marine pour une carrière d'artilleur ; participe aux campagnes d'Algérie. Ce n'est qu'à vingt-huit ans qu'il abandonne définitivement la carrière militaire, s'installe à Paris et entre à l'atelier d'Eugène Isabey. A partir de 1852, ses tableaux présentés au Salon sont presque exclusivement des sujets orientaux. Le plus connu d'entre eux est maintenant au musée d'Orsay, *Café à Adalia (Turquie d'Asie)* ou

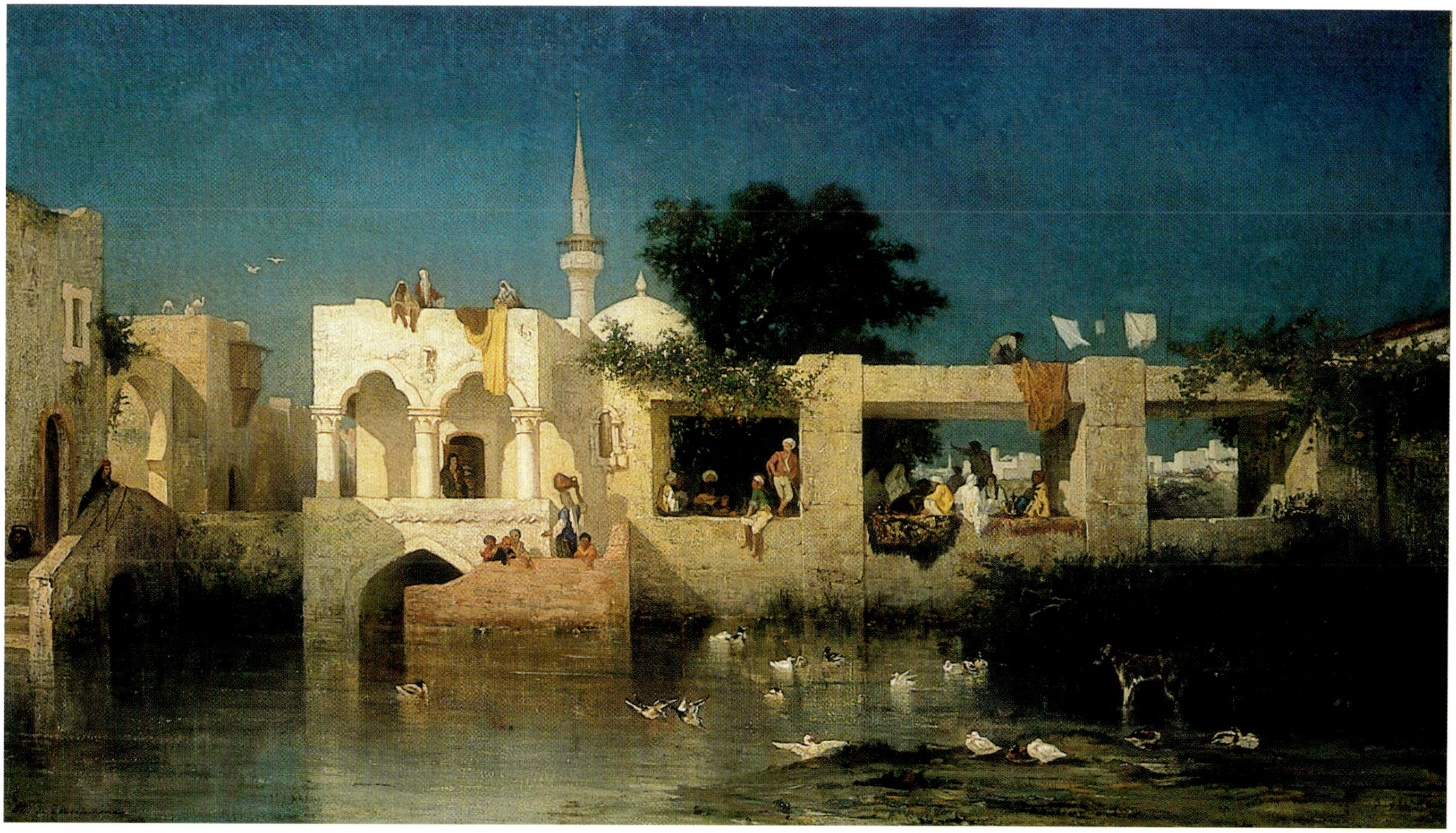

*Habitations turques près d'Adalia, Asie Mineure.* Des voyages suivirent : Algérie, Danube et Balkans jusqu'aux rivages de la mer Noire (1860).

C'est seulement en juillet-août-septembre 1863, que Tournemine entreprend à ses frais un voyage en Asie Mineure. Concrétisant ainsi un projet mûri depuis longtemps, ce voyage va lui donner l'occasion de réaliser ce qui constitue le meilleur de son œuvre. Grâce aux nombreuses lettres qu'il envoie à son épouse restée en France avec ses enfants, on découvre ses états d'âme face aux spectacles qu'il rencontre.

Dès son arrivée à Constantinople, Tournemine vit un rêve éveillé : « A travers un épais brouillard, j'entrevoyais la silhouette de Constantinople. Tout à coup, le ciel s'inonda de lumière et le soleil resplendit, détachant en

*Charles de TOURNEMINE.*
Café à Adalia (Turquie d'Asie)
*ou* Habitations turques près d'Adalia.
*Huile sur toile, 69 x 124 cm, Salon de 1861.*
*Paris, musée d'Orsay.*
*Ce tableau est le plus connu de l'artiste et celui qui a été le plus souvent exposé. Contrairement à Decamps qui ferme souvent sa composition, Tournemine aère l'ensemble et allège le poids des maçonneries, l'épaisseur des murs. Tout est fait pour séduire, depuis une végétation délicate de rosiers jusqu'à la quiétude des personnages.*

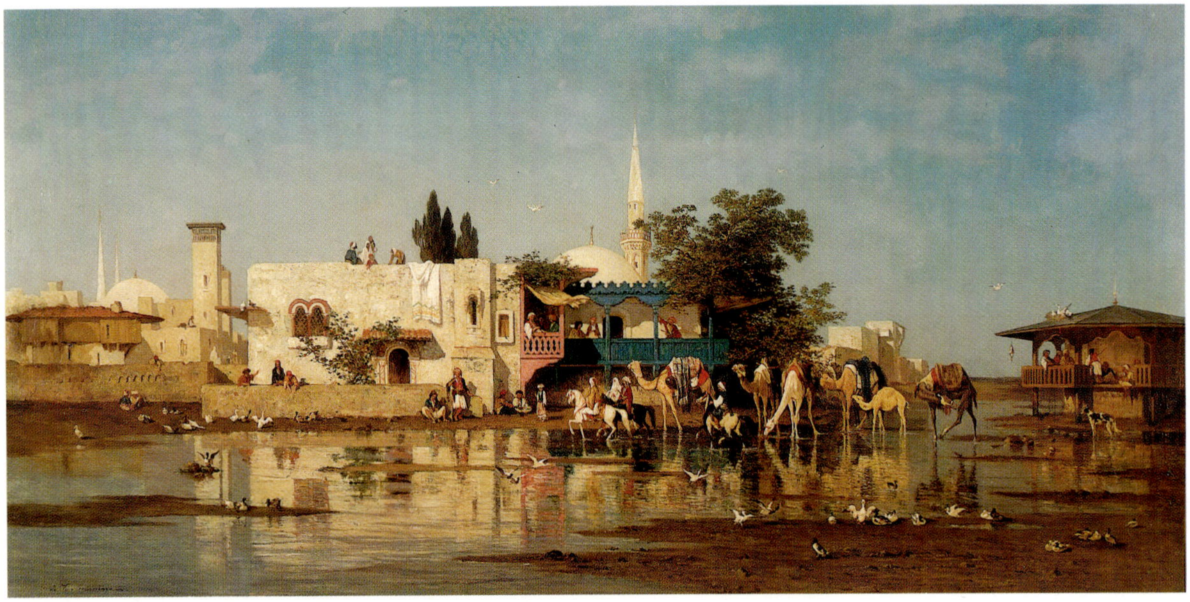

*Charles de* TOURNEMINE.
Rue conduisant au bazar à Chabran el Kébir, Asie Mineure.
*Huile sur toile, 90 x 180 cm.*
*Toulon, musée des Beaux-Arts.*

vigueur la côte d'Asie pour éclairer la splendide cité de Constantin d'une pluie d'or. Ce fut comme un immense bouquet de feu d'artifice. Les mosquées avec leurs hauts minarets, les palais et les maisons se transformèrent. On aurait dit des myriades de pierres précieuses se jetant leur éclat pour se saluer entre elles. » L'artiste, à la sensibilité très vive, est comme pris de vertige : « Non, il n'est pas donné à l'homme de pouvoir rendre par le pinceau ou par la plume l'émotion immense, l'ivresse enthousiaste que l'on éprouve devant cet adorable spectacle. Rien au monde ne peut entrer en comparaison avec cette splendeur de la nature. Tout y est beau, tout y est merveilleux (...)[107]. »

L'artiste ne sait où regarder ; il voudrait tout embrasser, tout noter à la fois : « les costumes d'hommes et de femmes à rendre fou un coloriste... les foules d'endroits d'un amusant incroyable et enfantés pour les peintres... » Rien ne peut le retenir : « Je puis me permettre désormais toutes les fantaisies de couleur les plus hardies et suis bien sûr d'être encore en dessous de la vérité. » Peu à peu, cependant, les images s'assagissent ; et l'artiste va démêler de ces sensations trop vives, de ces spectacles trop variés, trop riches, les éléments pour ses tableaux.

Aux effets sophistiqués de Decamps, Tournemine apporte un Orient tout différent, « un Orient de lumière, aux ombres blondes, tout pétillant de couleurs tendres ». Il va opposer la traduction plus simple des « rose, bleu clair, cendre verte, lilas tendre » qui l'enchantent à Adrimiti [Edremit] près de Troie, de ces « couleurs gaies qui font : pif ! paf ! dans les yeux[108] ». D'ailleurs, lorsque les frères Goncourt viennent visiter son atelier du Luxembourg, le 12 décembre 1864, il se rappelle que « la couleur de l'Orient, de l'Asie Mineure surtout, n'est pas en pétard comme l'a fait Decamps, qu'il a été emporté par son tempérament, sa nature rageuse (...) que dans l'Asie Mineure, pays de hautes montagnes et de plaines inondées une partie de l'année, il y a un brouillard opalisé, dans lequel les couleurs baignent et scintillent comme dans une évaporation d'eau de perle, qui leur donne l'harmonie la plus chatoyante et en fait comme une poétique palette des *Mille et Un Jours* ».

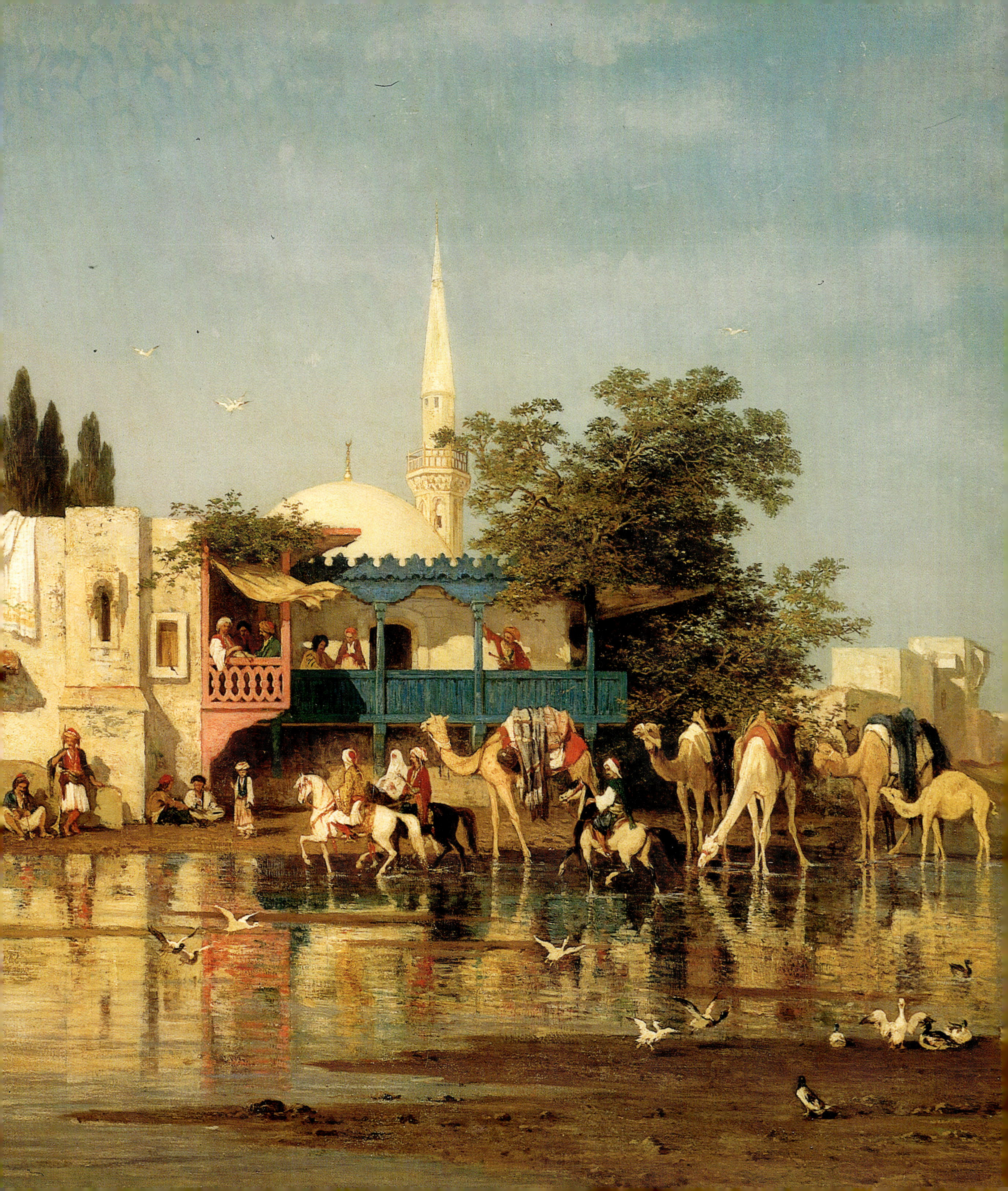

# Félix Ziem (1821-1911)

*Félix ZIEM.*
Constantinople, études du port, de personnages et de bateaux.
*Crayon graphique sur papier bleu-vert, 22,7 x 18,5 cm.*
*Martigues, musée Ziem.*

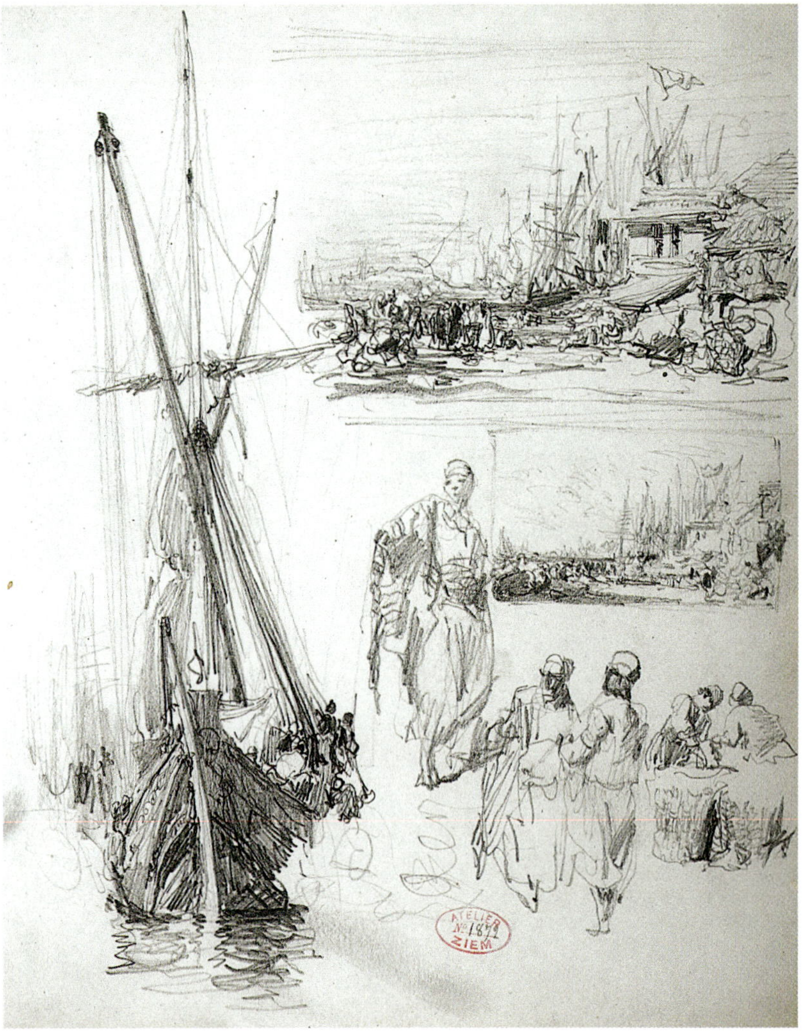

Bien qu'il soit originaire de Dijon, le peintre Félix Ziem, ce « Beaunois de sang cosaque », comme l'appelle Focillon, quitta rapidement sa ville natale pour Marseille, où il est engagé en tant que conducteur de travaux au chantier du canal de Provence. Le succès d'une présentation d'aquarelles au duc d'Orléans, en novembre 1839, décide de sa vocation de peintre. Dès lors, il mène une vie brillante dans l'entourage de la haute aristocratie européenne.

Très tôt, Ziem est hanté par l'idée de se rendre en Orient, ces contrées tant désirées, longtemps rêvées. Dès 1841, il vend à Charles de Tournemine (1812-1872) une aquarelle intitulée *Navires au mouillage devant Constantinople*[109]. Mais son premier voyage à Constantinople n'aura lieu que six ans plus tard, en juin 1847. Il est alors âgé de vingt-six ans. Ce court séjour – confirmé par 25 croquis conservés dans un carnet au musée Ziem de Martigues – lui permet de prendre quelques scènes typiques sur le Bosphore et la mer de Marmara. Dix ans plus tard, l'artiste allait entreprendre un second voyage[110].

Page 247, de gauche à droite et de haut en bas :

*Félix ZIEM. Martigues, musée Ziem.*

• Kiosque des janissaires, « Constantinople, 28 juillet 1856 ».
*Plume et encre brune sur traits au crayon graphite.*

• Constantinople, bateaux sur le Bosphore,
« Co, 18 août 56 ».
*Crayon graphique sur papier bleu-vert, 22,7 x 18,5 cm.*

• Constantinople, personnages et barques dans le port,
et études de barque et d'attelage, « Stamboul, 13 août 56 ».
*Crayon graphique avec rehauts de lavis brun, 22,7 x 18,5 cm.*

• Constantinople, bateau sur le Bosphore,
« Stamboul, 24 août 1856 ».
*Mine de plomb sur papier, 23 x 18,5 cm.*

• Constantinople, maison, attelage et bateaux sur les
rives du Bosphore, « Stamboul, 14 août 56 ».
*Crayon graphique et rehauts d'aquarelle, 22,7 x 18,5 cm.*

• Constantinople, bateaux et pêcheurs sur le Bosphore.
*Crayon graphique sur papier bleu-vert, 22,7 x 18,5 cm.*
*Inscription en haut : « Les plis sont dessinés par/les creux plus blancs/ colorant la surface/les deux ou trois [...] n'enveloppent/quelques fois que la moitié/de la longueur du gouvernail/en naviguant les/ pendeloques flottent/comme la queue d'un cheval./27 août 56. »*

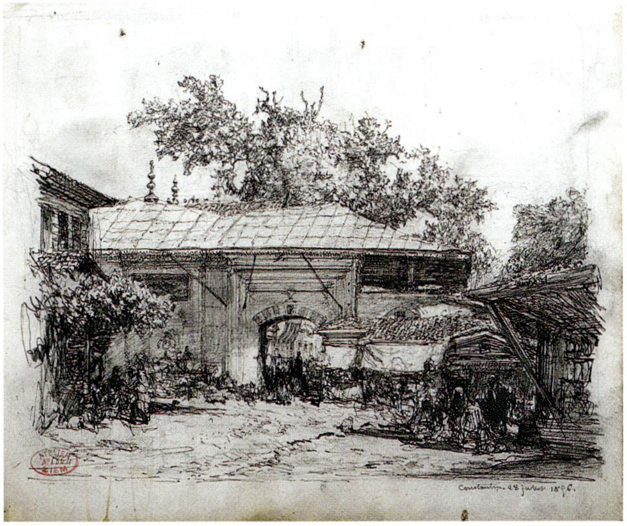

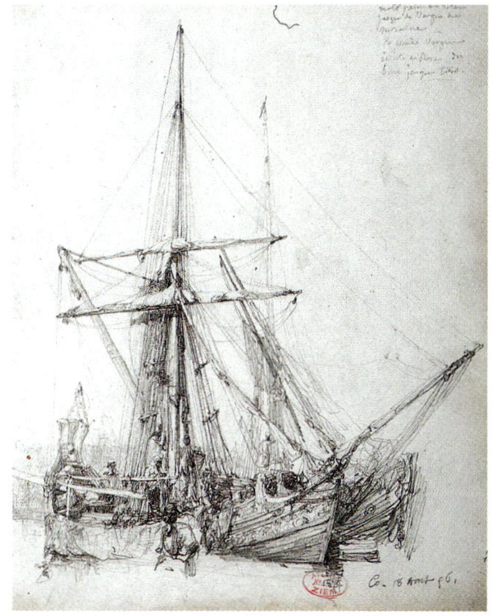

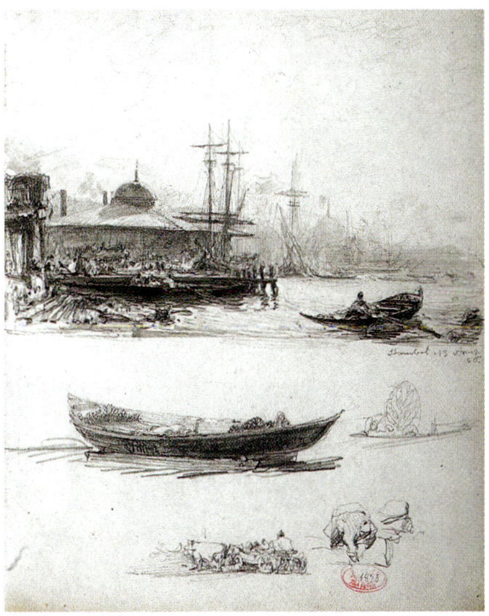

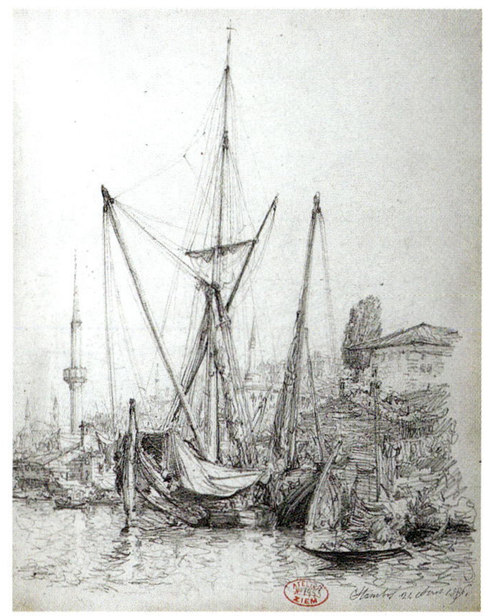

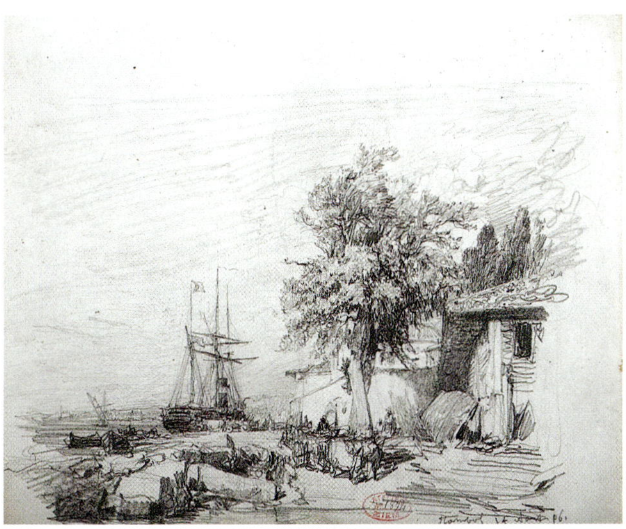

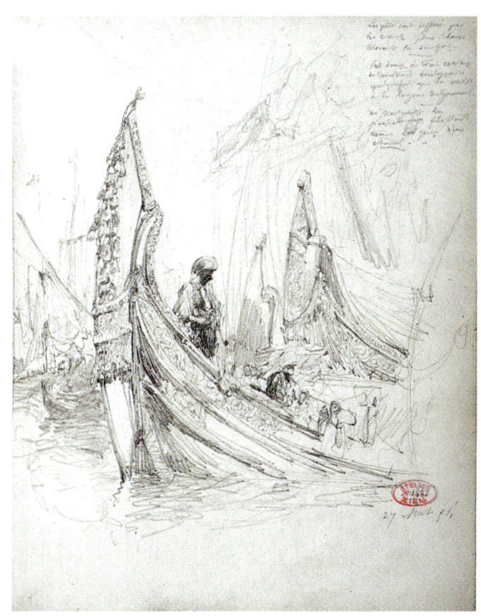

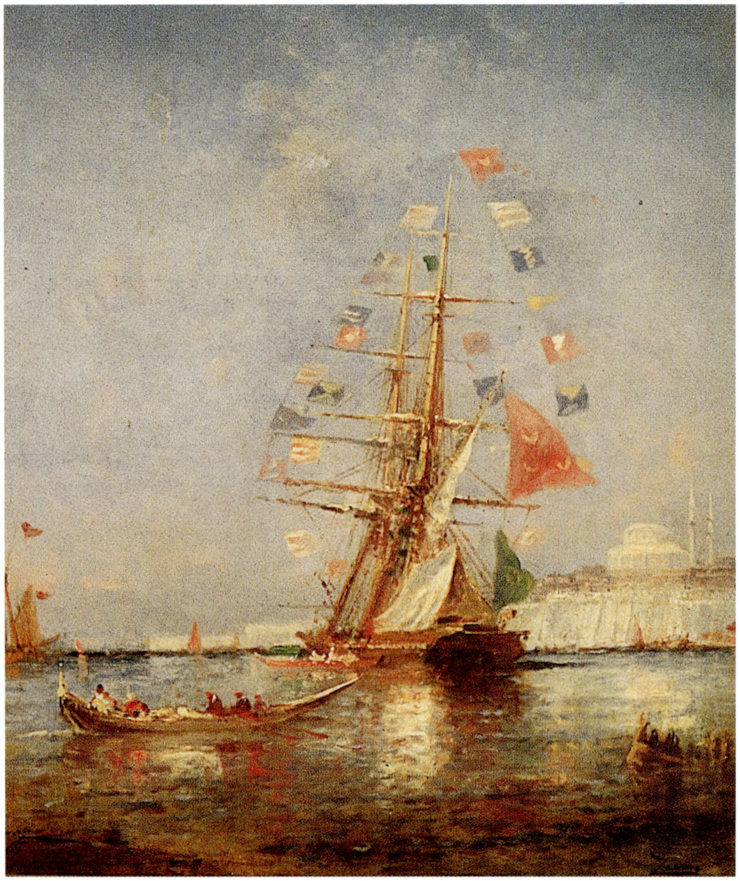

*Félix ZIEM.*
Voilier amarré dans le Bosphore.
*Huile sur toile, 56 x 45 cm.*
*Mâcon, musée des Ursulines.*
*Ziem aime jouer sur les couleurs et les reflets tremblants qui se dissolvent peu à peu sous la lumière, rejoignant ceux de l'eau et du ciel.*

Pour comprendre les véritables raisons de ce second séjour à Constantinople, envisagé dès 1855, il faut reprendre son *Journal* :

« Voici un projet de voyage à Constantinople, pourquoi ? Car je reconnais que le talent peut s'agrandir et se compléter sans avoir recours à ces orgies d'inspirations que les voyages vous font connaître à chaque nouveau point de vue. Mais il est une force irrésistible qui me convie toujours aux déplacements et je crois toujours que de nouveaux horizons vont m'ouvrir plus rapidement les portes de ce mystère tant désiré : un rayon de cette lumière orientale sur la vie d'un peintre, à un moment donné, me semble devoir se refléter sur ses œuvres futures.

« Le travail dans l'atelier m'a un peu énervé ; je travaille avec moins d'amour. Le corps et l'esprit fatigués ont besoin d'aspirer un peu d'air de mer et, après avoir pensé faire un voyage d'agrément à Bayonne, par pure hygiène, je crois que le voyage à Constantinople ne sera pas plus long et me sera mille fois plus fructueux. J'espère aussi qu'il me confirmera dans mes aspirations à faire des tableaux lumineux, avec tout le plein d'un modelé gras et puissant[111]. »

Retardé par les événements de Crimée, l'artiste ne prend la route qu'à l'été 1856. Le 10 juillet, il s'embarque à Marseille sur *Le Danube*, bateau des Messageries impériales qui assure la liaison Marseille-Constantinople. Une semaine plus tard, il arrive à Constantinople pour un séjour d'un mois et demi. Vers le 20 septembre, il repart et longe les côtes au large de Smyrne, de Rhodes, puis continue en caravane par Beyrouth et Damas. Il parcourt enfin l'Égypte du 8 octobre au 20 novembre.

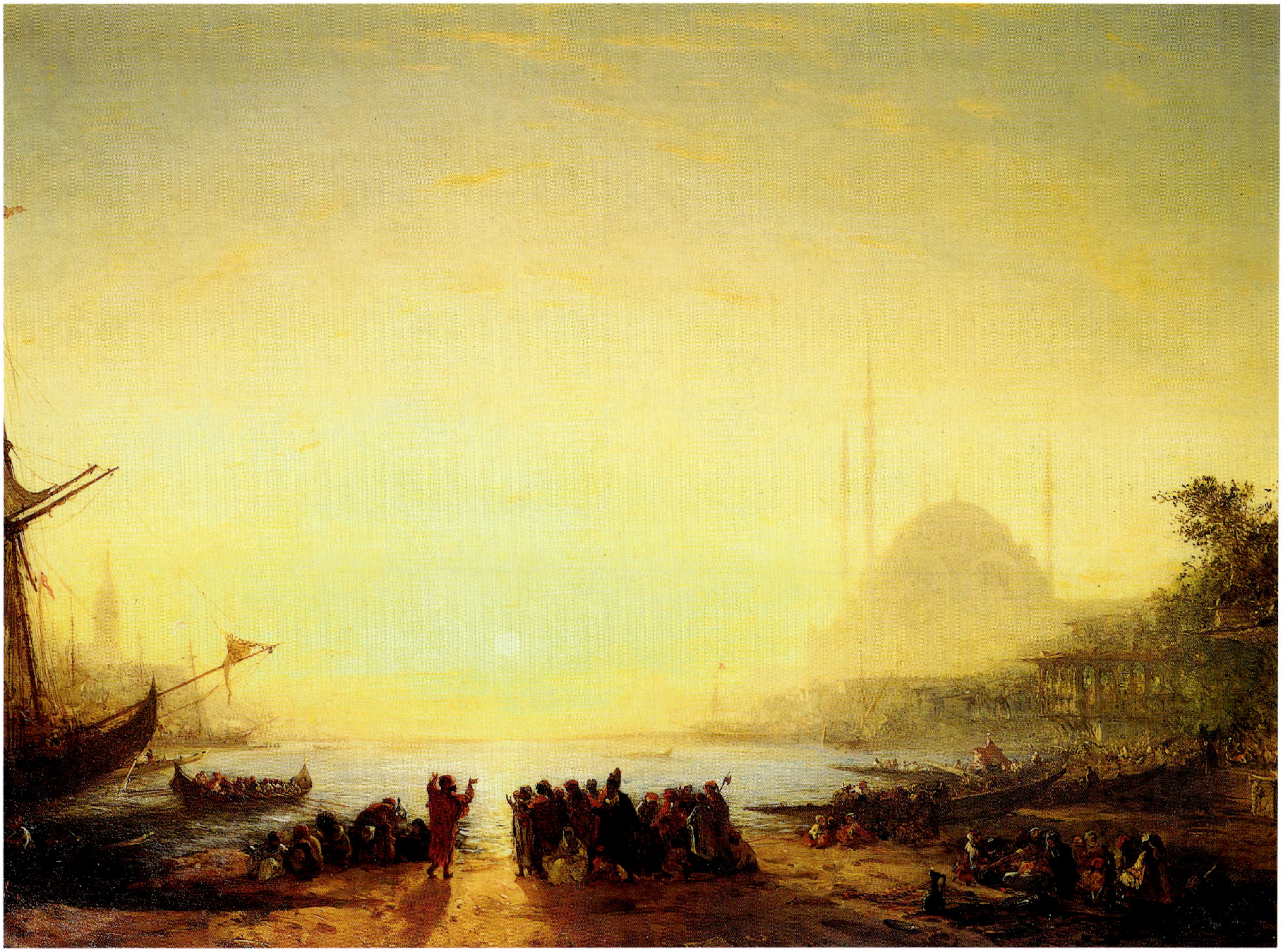

*Félix ZIEM.*
Le Conteur public au bord de la Corne d'Or.
*Huile sur toile, 85,1 x 116,8 cm.*
*Collection particulière.*
*Ziem est incontestablement le maître de la lumière et des couleurs vibrantes comme en témoigne cette scène du conteur public.*

Sur le chemin du retour, il fait escale en Sicile à Messine et en Grèce. A l'exception d'un séjour de trois mois à Alger en 1858, ce sera le seul voyage de l'artiste en Orient.

De son séjour à Constantinople, entre le 18 juillet et le 21 septembre 1856, Ziem ramène des dizaines de croquis : scènes de rues et de la vie quotidienne, monuments et mosquées, costumes, personnages, paysages, nombreux voiliers et caïques sur le Bosphore. Une fois estompée la première impression, il écrit le 20 août 1856 :

« M'y voici donc et mes aspirations ne me trompaient point, car c'est ici la chaleur, l'harmonie colorée et enveloppée sur les formes les plus variées, les plus pittoresques, celles qui réjouissent l'œil, l'amusent (...). Tout y est ennobli par la couleur et la forme. Mendiant ou monarque y sont également beaux en peinture[112]. »

En vrai romantique, Ziem s'intéresse beaucoup à la couleur locale, mais ce terme ne couvre pas les mêmes notions que chez un Decamps par exemple. Là où Decamps ne voyait que pittoresque, effet de lumière, chatoiement des couleurs, Ziem découvre le grouillement d'une foule dans ses activités quotidiennes. L'artiste ne pense qu'à reproduire ce qu'il a devant les yeux et à engranger pour la vie une provision de dessins et de sujets, pour élaborer à son retour un grand nombre de compositions. Il dispose pour cela de peu de temps, ce qui l'oblige à exécuter des croquis avec beaucoup de mouvements.

L'intention de Ziem, comme le prouvent ses motifs orientaux, n'est cependant pas de donner une description minutieuse des sites ou des personnes. Il recherche avant tout des impressions et des couleurs. En admirant sa vue de *Constantinople, la Corne d'Or* (n° 2712) au Salon de 1857, Théophile Gautier remarque très justement que « les formes précises des choses disparaissent un peu derrière le flamboiement lumineux de la couleur et le libertinage pétulant du pinceau[113] ». Pour d'autres, sa peinture demeure « un rêve de haschich fixé sur une toile et dont les figures indécises semblent osciller entre le réel et l'impossible[114] ».

A l'instar de son ami Tournemine, Ziem recherche dans ses toiles les coloris frais qui ont fini par agacer. Maxime Du Camp dénonce « des rouges surtout rappelant la confiture de groseilles, des blancs en sucrerie et des jaunes en beurre-frais[115] ». Au contraire, plus tard, ces bleus et ces jaunes seront admirés par Vincent Van Gogh (1853-1890), dont Ziem fait la connaissance en 1886. Ces feux d'artifice, qui parfois confondent dans un même mirage le Bosphore et le Grand Canal de Venise, sont contemporains des minuties réalistes. Toute son œuvre voudra transmettre l'enchantement visuel de

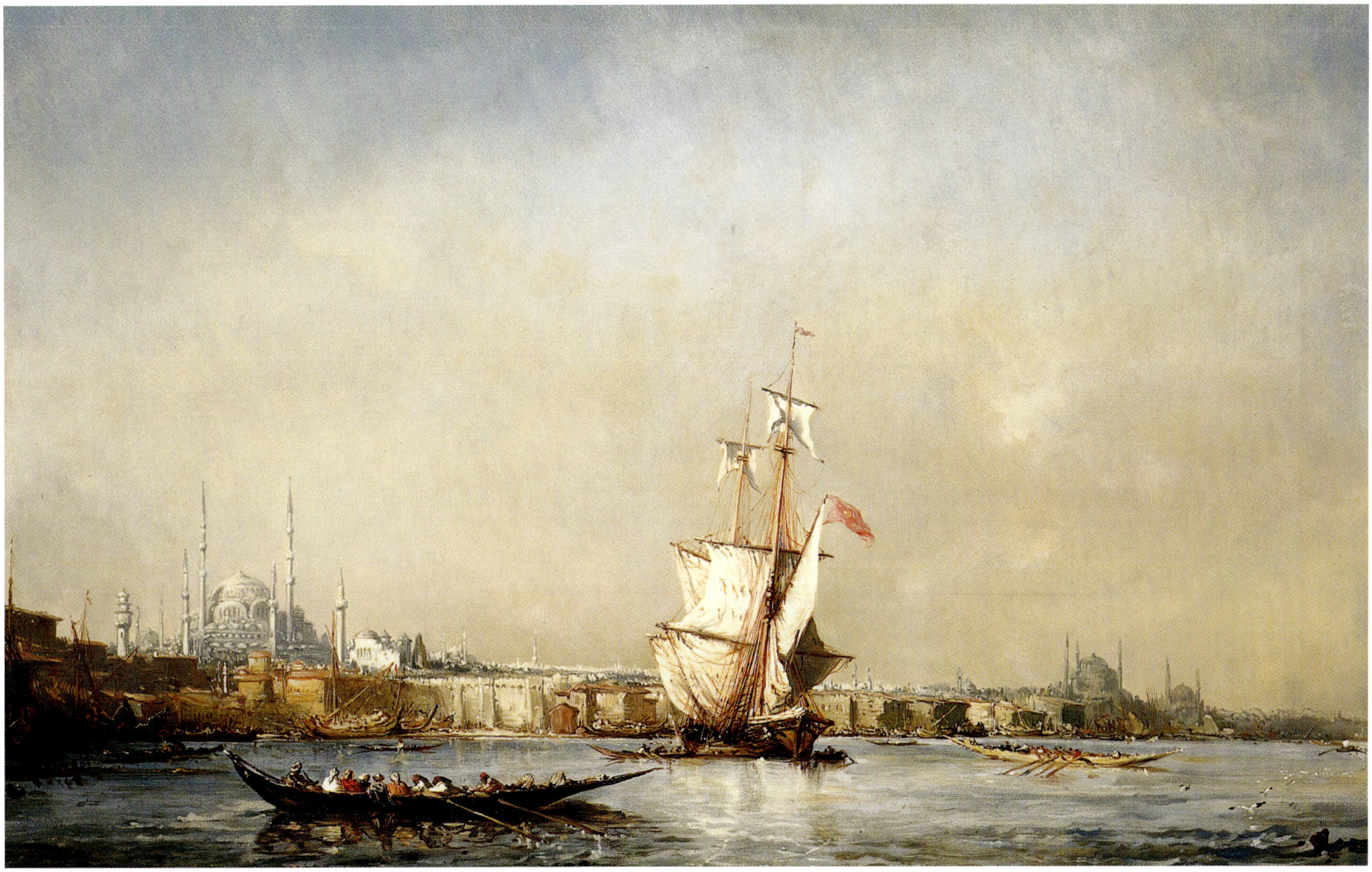

*Félix ZIEM.*
Vue de Constantinople, 1866.
*Huile sur toile, 65 x 104 cm.*
*Ajaccio, musée Fesch.*
*A ses débuts, Ziem retrace comme ici un Orient lumineux et sincère. Avec le temps, il prendra de plus en plus de liberté avec les thèmes et les couleurs.*

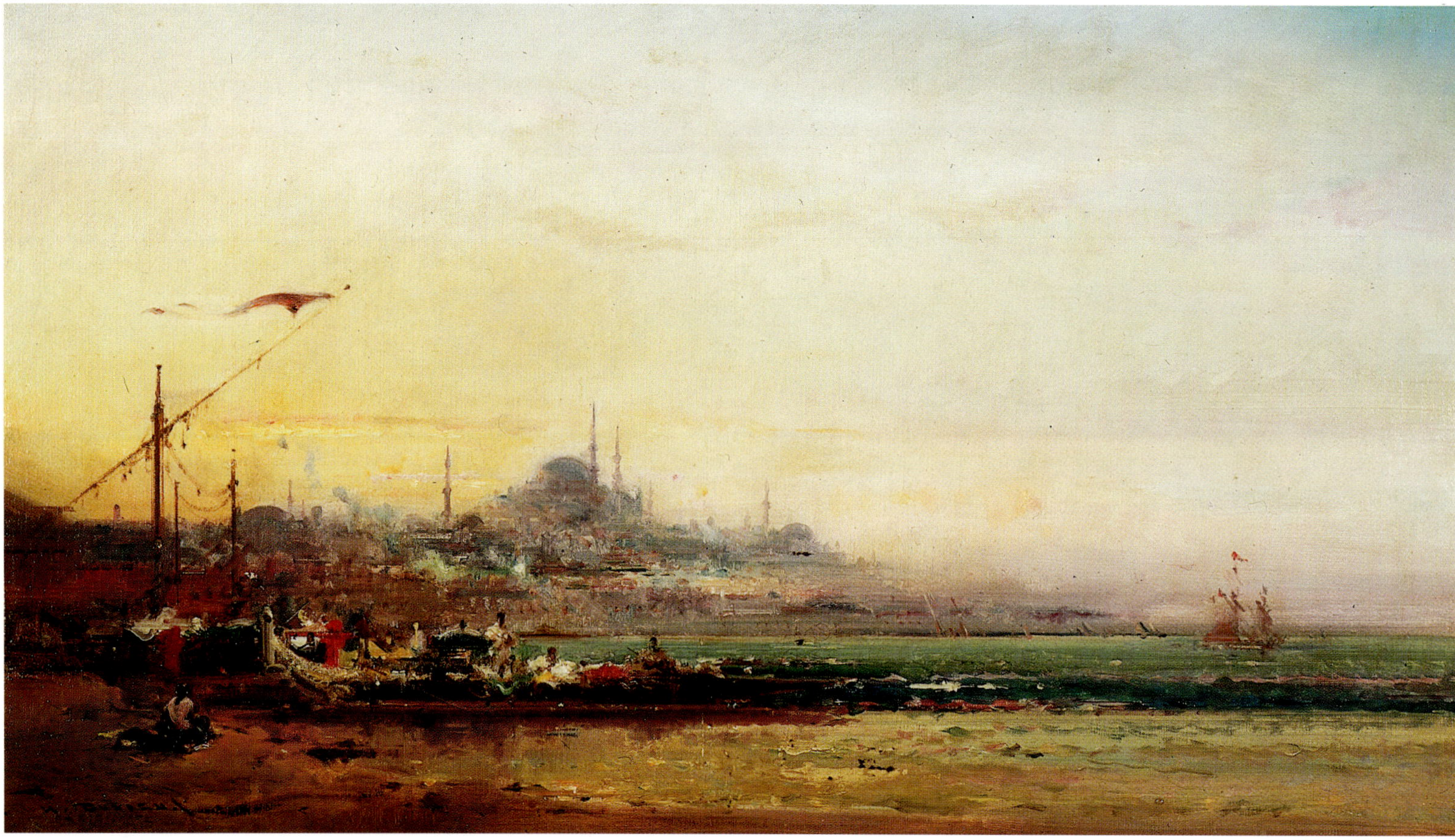

ces rives et de leurs constructions féeriques : sérail, palais de la sultane, Corne d'Or, Eaux-Douces d'Asie chantées par Anna de Noailles. Son succès l'entraîne parfois à trop de facilité dans des soleils couchants sur la lagune vénitienne ou sur Constantinople ; mais sa maîtrise des couleurs reste étourdissante. Ses brumes vaporeuses, les tons diaphanes et l'ardeur de ses compositions en assurent le succès. Ziem ne fait cependant pas l'unanimité. Au Salon de 1857, Maxime Du Camp remarque que « les tableaux de Ziem ressemblent de près à une palette mal nettoyée. De loin, à quelque vingt pas, ça fait encore un certain effet éblouissant ; mais à mesure que l'on approche, tout disparaît dans un chaos de touches hasardeuses, dans un tohu-bohu de vessies crevées à l'aventure qui sont de la dernière pertinence[116] ». Il ne reste plus que le procédé, et ses qualités originelles de peintre se perdirent dans l'abus du décor et de la lumière incandescente.

Félix Ziem connut de nombreux imitateurs. On peut citer Édouard-Jacques Dufeu (1836-1900), Paul Bistagne (1850-1886), Henri Duvieux (1855- ?) parfois considéré comme « le Félix Ziem du pauvre », et dont les toiles, qui représentent souvent Venise et Constantinople, offrent des cieux flamboyants dans les tons rouge-orangé. D'autres artistes, comme Charles Malfroy (1862-?) ou Henry Malfroy (1895-1942) s'inspirent de la lumière et des paysages de Martigues pour évoquer le Bosphore et ses voiliers.

*Henri DUVIEUX.*
Vue de la Corne d'Or.
*Huile sur toile, 16 x 27 cm.*
*Collection particulière.*

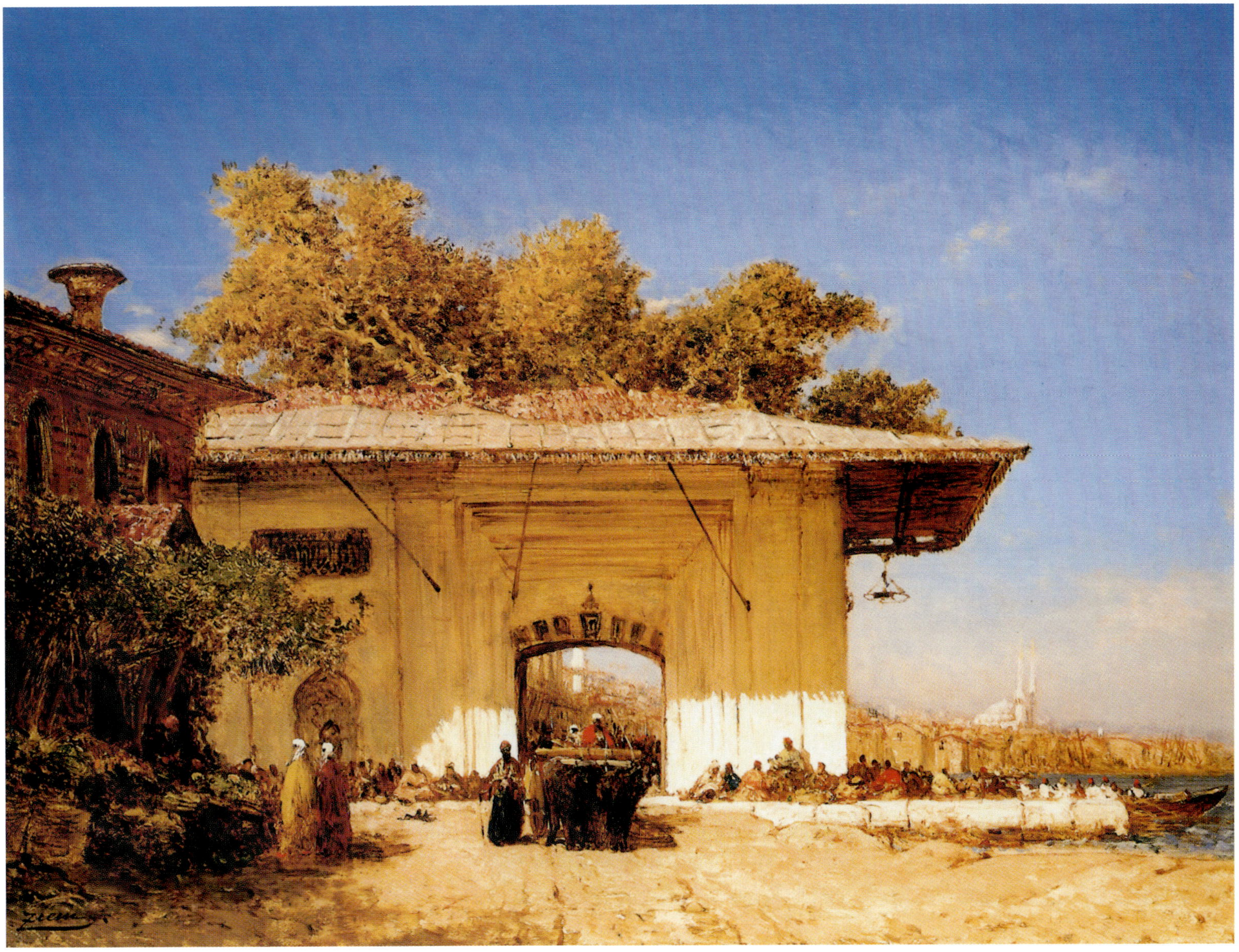

*Félix ZIEM.*
Porte des Janissaires.
*Huile sur panneau, 57,2 x 73,7 cm.*
*Collection particulière.*

# LES ARTISTES DE TURQUIE

L'expansion économique de l'Empire ottoman encourage les Occidentaux, de plus en plus nombreux, à venir s'établir en Orient, principalement dans les grandes villes de Constantinople et de Smyrne. A l'afflux de ces diplomates, commerçants, médecins, techniciens, se joignent les premiers touristes et les artistes. A Constantinople, des ateliers de peinture ouvrent leurs portes à proximité des ambassades, dans le quartier de Péra (actuellement Beyoglu), le long de la Grande Rue de Péra, au cœur du quartier européen. Vitrine de l'Occident, centre d'affaires, de divertissements et de rencontres, mais aussi lieu d'une activité mondaine et cosmopolite chic, Péra constitue alors une plaque tournante. Les ateliers de peinture, comme ceux de photographie, s'y développent en même temps que le théâtre ou les concerts, les magasins de mode et de nouveautés, l'éclairage et le timbre-poste.

Dans le même temps, les sultans veillent et animent le processus de réforme de leur empire. Ils participent à l'œuvre gouvernementale, l'appuient et, le cas échéant, la guident. Ils mènent une existence comparable à celle des souverains européens : ils assistent aux séances du conseil des ministres, ils inaugurent des casernes et des écoles, ils se présentent en public la poitrine bardée de décorations occidentales. Ils aiment aussi organiser de grandes réceptions, se faire construire d'immenses palais, s'entourer d'œuvres d'art venues de Paris et de Vienne et n'hésitent pas à inviter à la cour les meilleurs artistes de leur époque pour se faire peindre dans leur costume européen. Certains artistes séjournent quelques années à Constantinople, contribuant utilement au développement des arts occidentaux dans la capitale ottomane.

*Amadeo PREZIOSI.*
Femmes à la fontaine.
*Aquarelle et crayon, 28,9 x 22,2 cm.*
*Londres, Victoria and Albert Museum, Searight Collection.*
*A travers une grille, de l'eau est offerte aux passants qui, en retour, remercient par une prière le fondateur de la fontaine.*

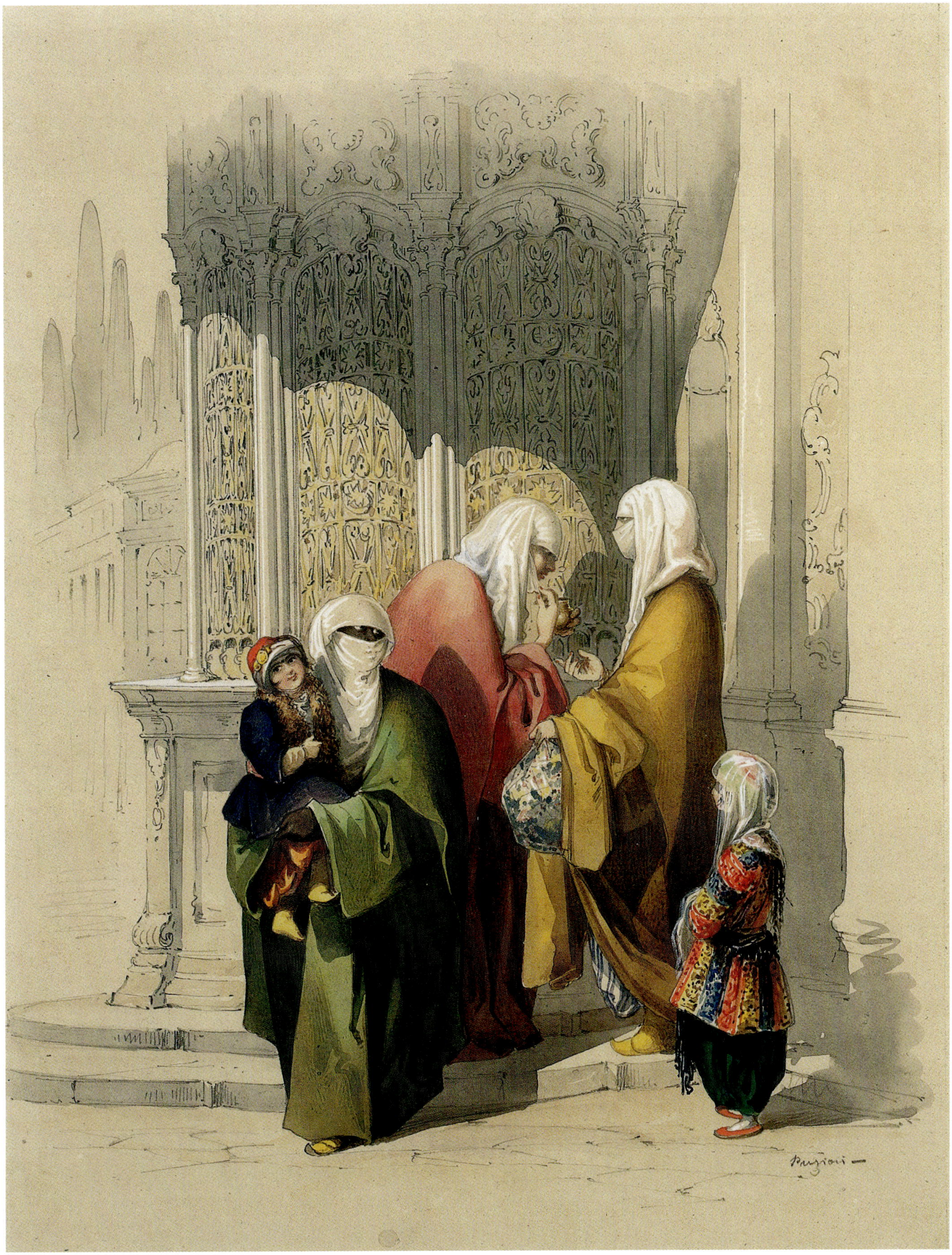
Preziosi

# Les peintres maltais et italiens, premiers artistes locaux

Colonie de l'Angleterre depuis 1800, l'île de Malte constitue une importante base navale et commerciale sur la route des Indes. Sa prospérité encourage de nombreuses familles du continent à venir s'y installer ; de là, certaines vont s'établir en Turquie. Parmi celles-ci figurent des familles d'artistes comme les Schranz, Brockdorff, Preziosi.

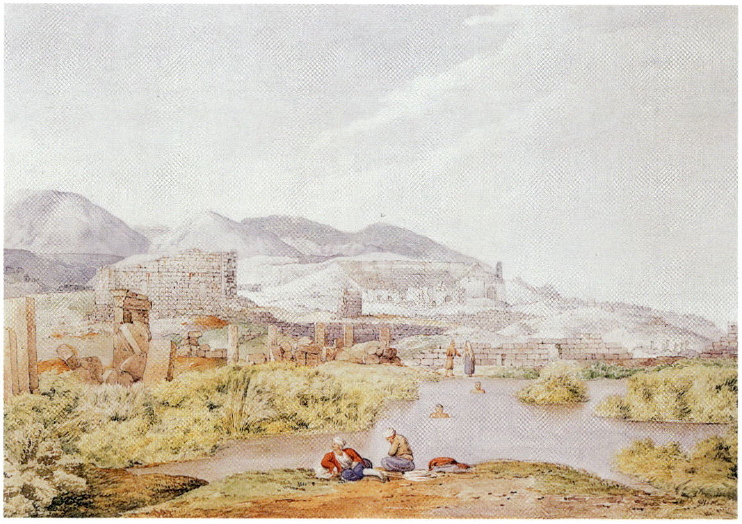

*Giuseppe SCHRANZ.*
Vue de ruines et de sources d'eau en Anatolie, 1837.
*Aquarelle et crayon, 34 x 51 cm.*
*Londres, Victoria and Albert Museum, Searight Collection.*

## Les frères Schranz

Originaire du petit village de Ochsenhausen dans le *Land* de Wurtemberg, Anton Schranz (1769-1839) vint s'installer sur l'île de Malte probablement en 1817. Comme Joseph Vernet (1714-1789), dont il est un fervent admirateur, il peint des paysages maritimes et de magnifiques vues de Malte et du port de La Vallette[117]. Parmi ses douze enfants, les trois aînés, Giovanni (1794-1882), Antonio (1801-?) et Giuseppe (1803-?) apprirent le dessin et la peinture. Ils connurent tous les trois de brillantes carrières artistiques : l'aîné fut réputé pour ses aquarelles et lithographies de Malte ; le second pour avoir accompagné en Crète, en 1834, l'archéologue Robert Pashley et pour avoir illustré le récit de voyage en Syrie-Palestine, *A Journey to Damascus*, du vicomte Castlereagh[118]. Mais des trois frères, ce fut certainement Giuseppe le plus doué, comme en témoignent plusieurs aquarelles conservées dans la Searight Collection du Victoria and Albert Museum. Parti très jeune en Italie pour apprendre la technique du paysage, Giuseppe alla s'installer à Constantinople, probablement en 1834 comme l'attestent ses premières aquarelles d'un voyage en Syrie réalisées à cette date dans la capitale ottomane. On ignore jusqu'à quand il résida à Constantinople, mais il est probable qu'il y resta au moins jusqu'à la guerre de Crimée comme nous le montre une de ses lithographies datée du mois de décembre 1853 représentant les flottes française, anglaise et turque quittant le Bosphore pour entrer en mer Noire. De récents travaux nous apprennent que Giuseppe Schranz enseigna la peinture à l'Académie militaire d'Istanbul à partir de 1838[119]. Connu sous le nom de Mazjo Sirans, il assistait le professeur d'origine française Pierre Guès[120]. Au cours de ses longues années passées à Constantinople, il réalisa de nombreuses aquarelles, notamment de très belles vues du Bosphore et de ses environs. Certaines furent lithographiées à Paris chez l'imprimeur M. Sabatier[121].

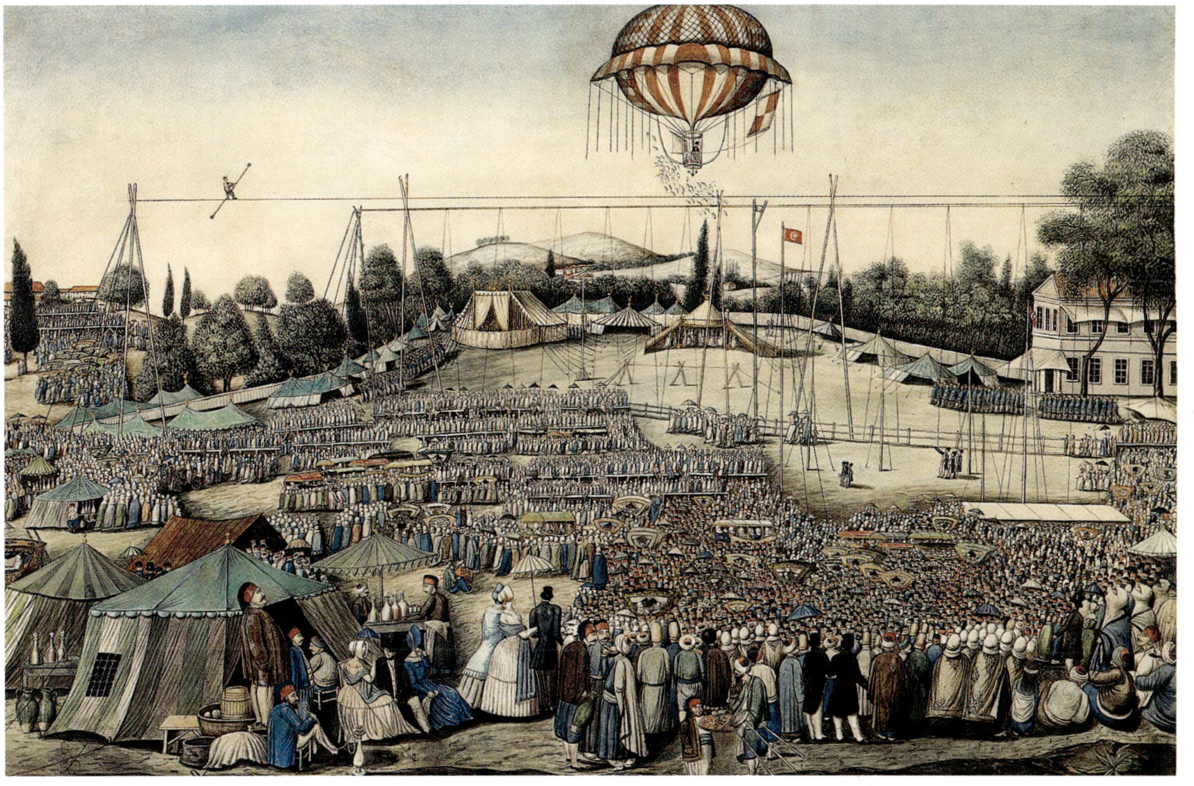

*Frédéric BROCKDORFF, attribué à.*
La Fête à Haydar Pacha, à l'occasion des noces de S. A. I. la Sultane Adile avec S. A. Mehemet Ali Pacha, le 12 juin 1845.
*Aquarelle, 46 x 71 cm.*
*Collection particulière.*

A cette époque, la lithographie connaît un grand succès. Elle est importée en Turquie par un Français originaire d'Aubagne, Henri Cayol (1805-1865), qui après son installation à Constantinople en 1831 fonda le premier atelier lithographique pour les besoins exclusifs du ministère de la Guerre (Seraskerat). En 1836, il quitta les services de l'armée et fonda son propre atelier dans le quartier de Péra, à proximité du couvent des derviches tourneurs. A partir des années 1850, d'autres ateliers voient le jour, dont les plus connus sont ceux de Frédéric (Federico) Brockdorff, Joseph Olivier et Émile Mandouce[122]. Leur développement est intimement lié à la peinture. Elle encourage de nombreux artistes à venir s'installer en Turquie pour reproduire, à bon compte, des images d'Orient.

## Les frères Brockdorff

Ce sont des raisons économiques qui poussèrent les frères Brockdorff, qui possédaient un atelier de lithographie à La Vallette, à quitter l'île de Malte. En mars 1844, Frédéric Brockdorff (?-1879) s'installe avec sa femme et ses deux enfants à Constantinople, suivi cinq mois plus tard par son frère Luigi, accompagné de sa femme et de son fils[123]. Contrairement à d'autres artistes maltais, comme Amadeo Preziosi, on conserve très peu d'aquarelles des frères Brockdorff. On ne sait même pas s'ils vivaient de leur art. Une chose est sûre, Frédéric Brockdorff monta un établissement lithographique mais, fortement concurrencé par le développement de la photographie, il dut rapidement fermer ses portes. Parmi les rares toiles réalisées par F. Brockdorff figure *La Fête à Haydar Pacha, à l'occasion des noces de S. A. I. la Sultane Adile avec S. A. Mehemet Ali Pacha, le 12 juin 1845*. Cette toile représente l'ascension en ballon de l'Italien Antonio Comaschi à l'occasion du mariage de la sultane Adilée, le 12 juin 1845. Douze jours plus tard, le 24 juin, l'aéronaute devait disparaître lors d'une nouvelle ascension au-dessus de la mer Noire.

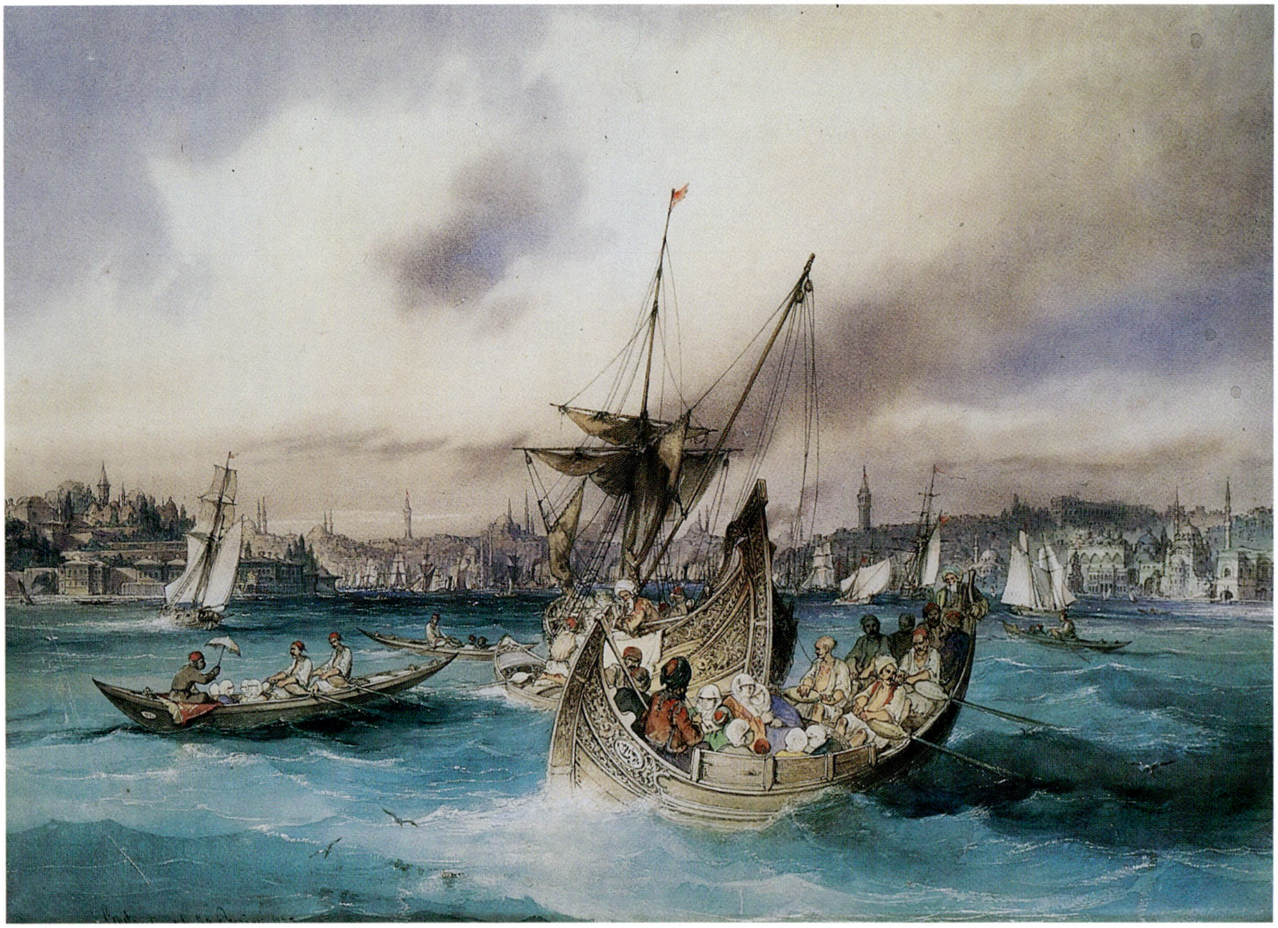

## Amadeo Preziosi

Surnommé « l'aquarelliste levantin », Amadeo Preziosi est certainement l'artiste de Constantinople le plus réputé et le plus connu de nos jours. Il doit son succès à ses très nombreuses aquarelles de la vie quotidienne qu'il réalisa entre 1842 et 1882.

Amadeo Preziosi (1816-1882) était le descendant d'une vieille famille de pirates italiens qui s'était installée à Malte à la fin du XVII$^{e}$ siècle[124]. Son père, éminent représentant de l'aristocratie de l'île, désirait que son jeune fils Amadeo, né quelques mois après le rattachement de l'île de Malte à la Couronne Britannique, étudie le droit. Mais ce dernier préféra abandonner ses études pour la peinture et il devint l'élève du peintre maltais Giuseppe Hyzler (1787-1858) qui possédait un atelier à La Valette. Avec son frère Léandro, il se rendit à Paris où il suivit les cours de l'École des Beaux-Arts. Bien qu'il n'existe pas de souvenirs de ce séjour, l'expérience parisienne fut déterminante dans sa formation. Il conservera d'ailleurs des contacts qui lui seront utiles plus tard, notamment lorsqu'il publiera en 1858 chez l'éditeur parisien Lemercier de la rue de Seine son *Stamboul, souvenir de l'Orient* (29 lithog.), puis *Souvenirs du Caire* en 1862 (20 lithog.) ; sans oublier ses participations au Salon de 1857 et à l'Exposition Universelle de 1867[125].

Confronté à l'opposition de son père, Preziosi préféra quitter Malte pour s'installer à Constantinople où il arriva aux alentours de novembre 1842. Il s'y maria quelque temps plus tard avec une Grecque, Iphigénie, avec qui il eut trois filles et un garçon.

*Amadeo PREZIOSI.*
Caïques entrant dans la Corne d'Or, 1853.
*Aquarelle et crayon, 51,5 x 72,5 cm.*
*Londres, Victoria and Albert Museum, Searight Collection.*

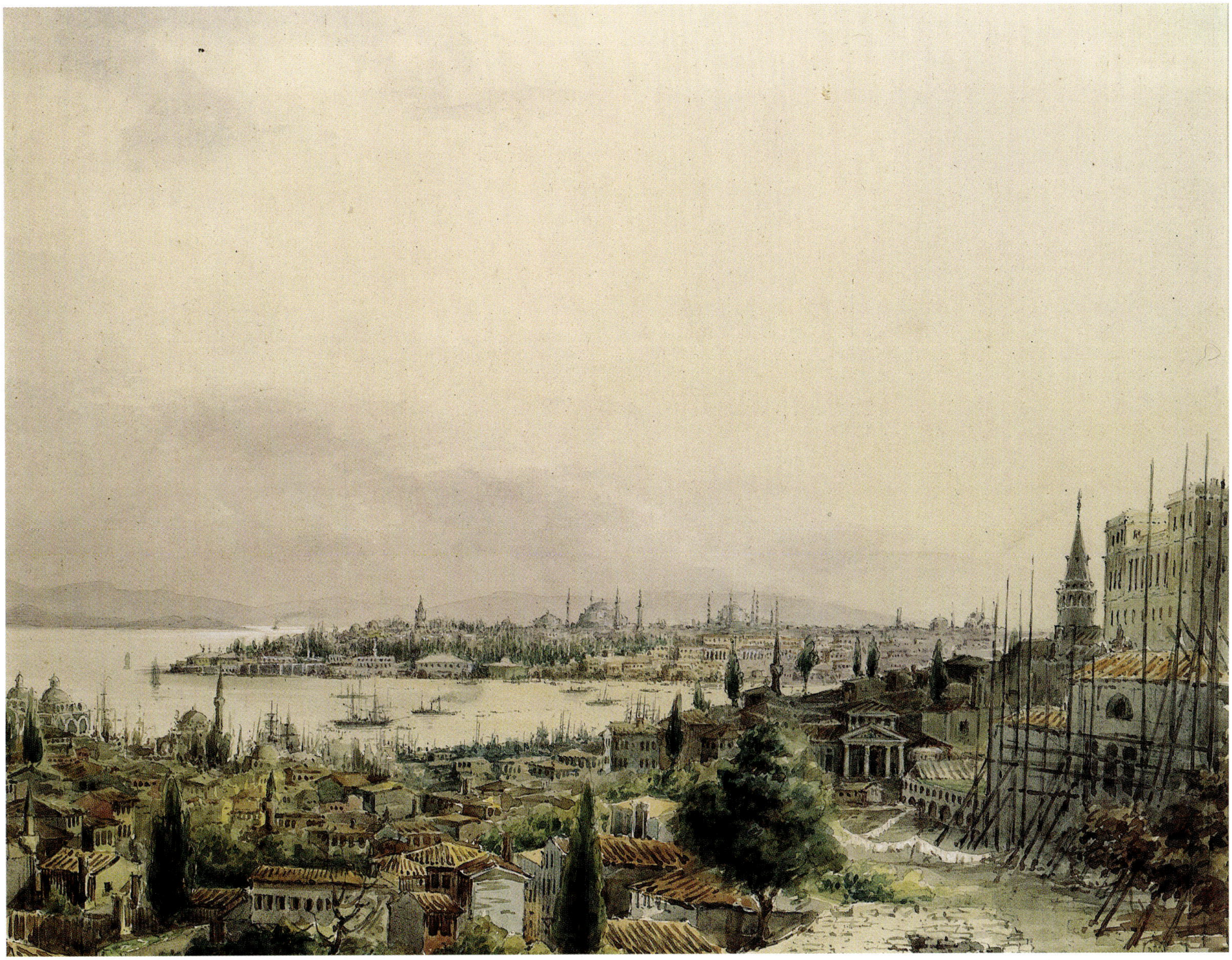

*Amadeo PREZIOSI.*
Vue de Constantinople depuis le quartier de Péra, 1843.
*Aquarelle et crayon, rehauts de blanc, 20,8 x 26,4 cm.*
*Londres, Victoria and Albert Museum, Searight Collection.*
*Depuis le XVI^e^ siècle, les représentations diplomatiques se concentrent dans le quartier de Péra-Galata. On distingue sur la droite, avec des échafaudages, le palais de France reconstruit entre 1839 et 1843 ; un peu plus haut, le palais de Russie et, en contrebas, précédé d'un portique à quatre colonnes, le palais de Venise.*

*Amadeo PREZIOSI.*
Au bazar, 1853.
*Collection particulière.*

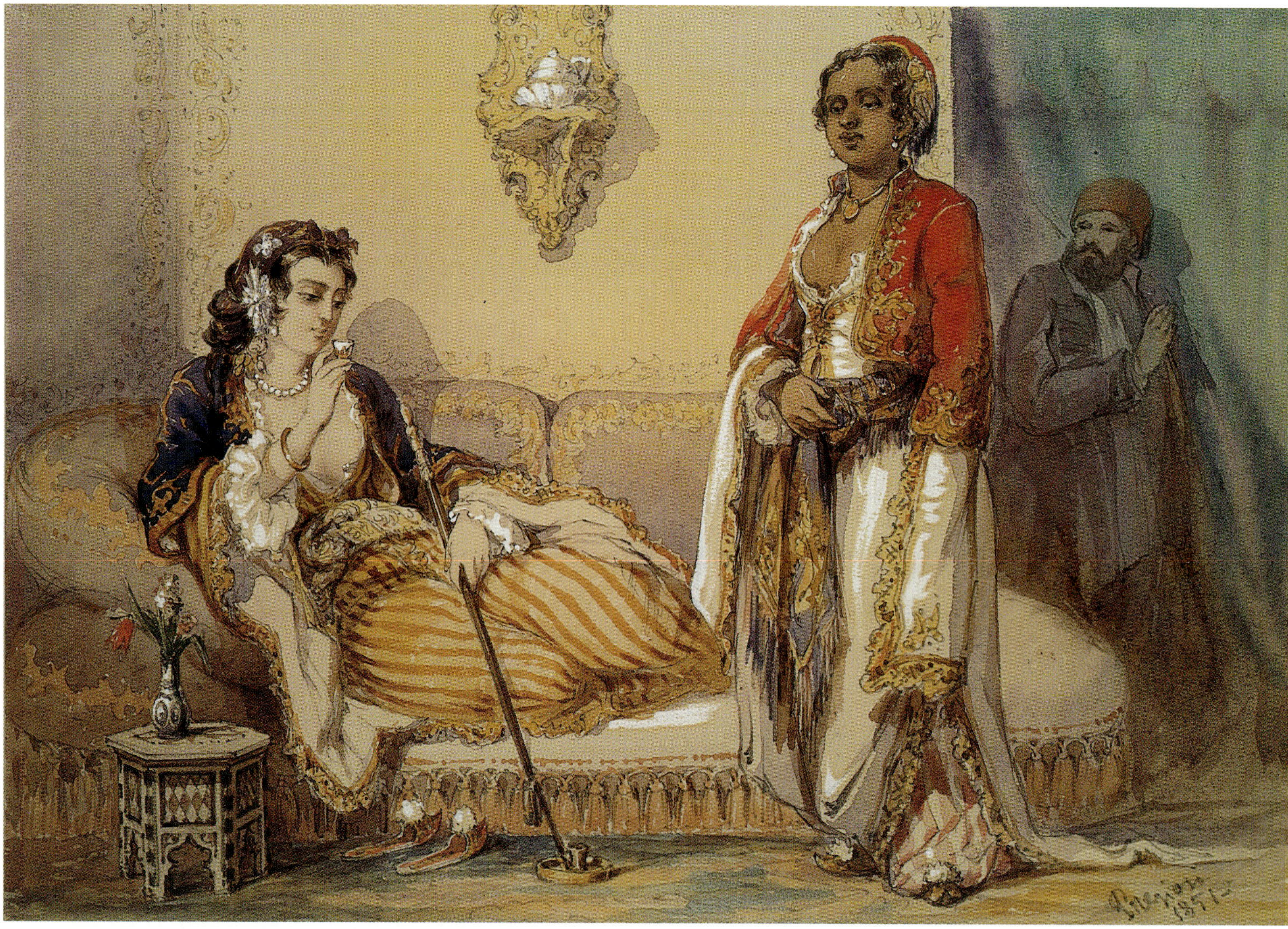

*Amadeo PREZIOSI.*
Intérieur de harem, 1851.
*Crayon et aquarelle, 18,1 x 26,3 cm.*
*Londres, Victoria and Albert Museum, Searight Collection.*

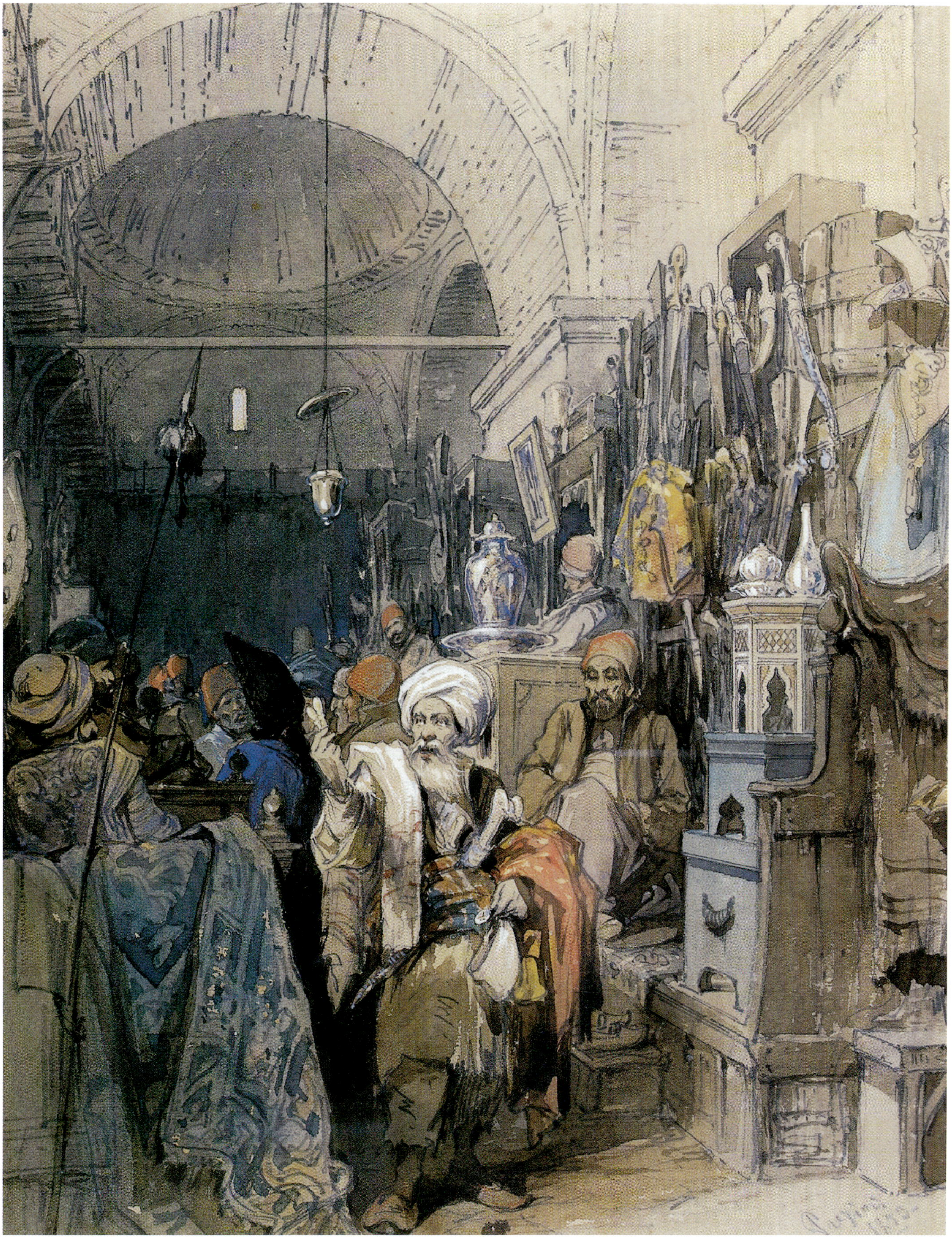

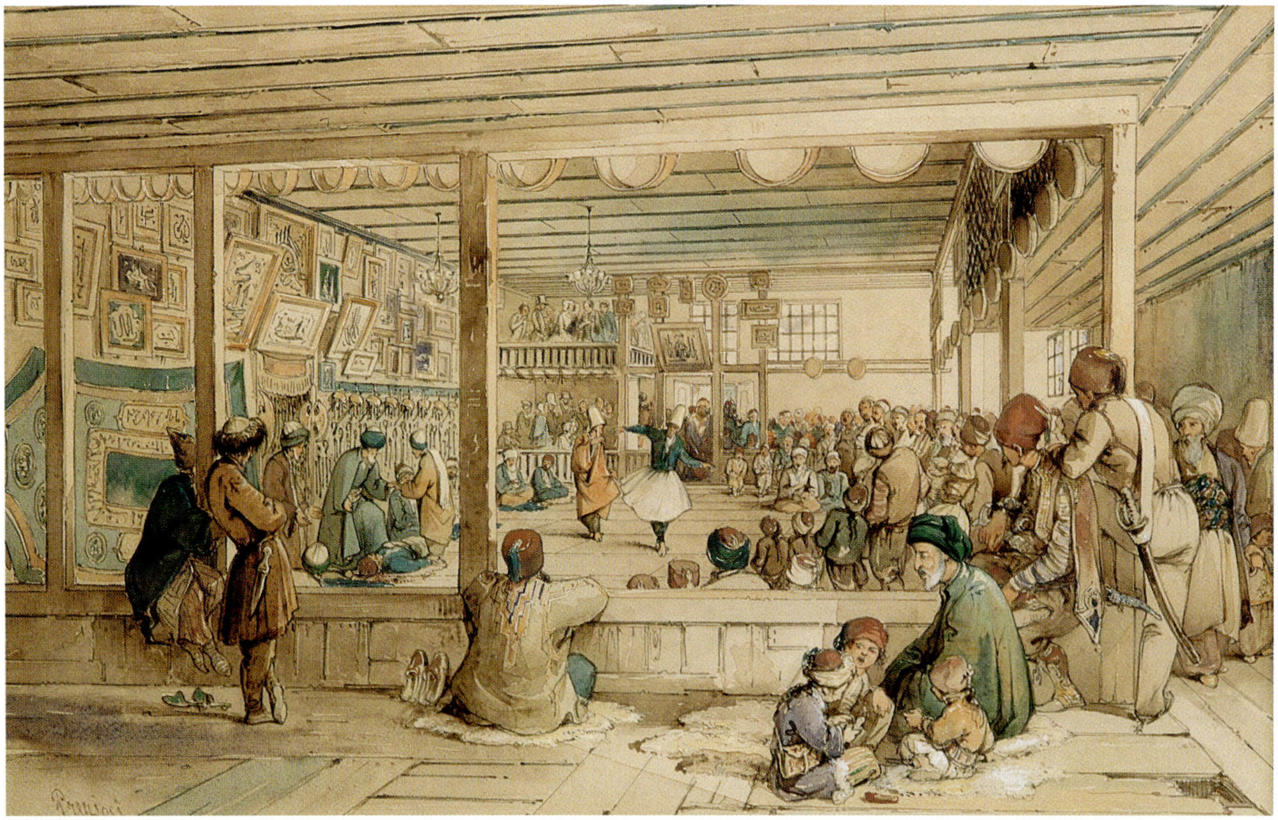

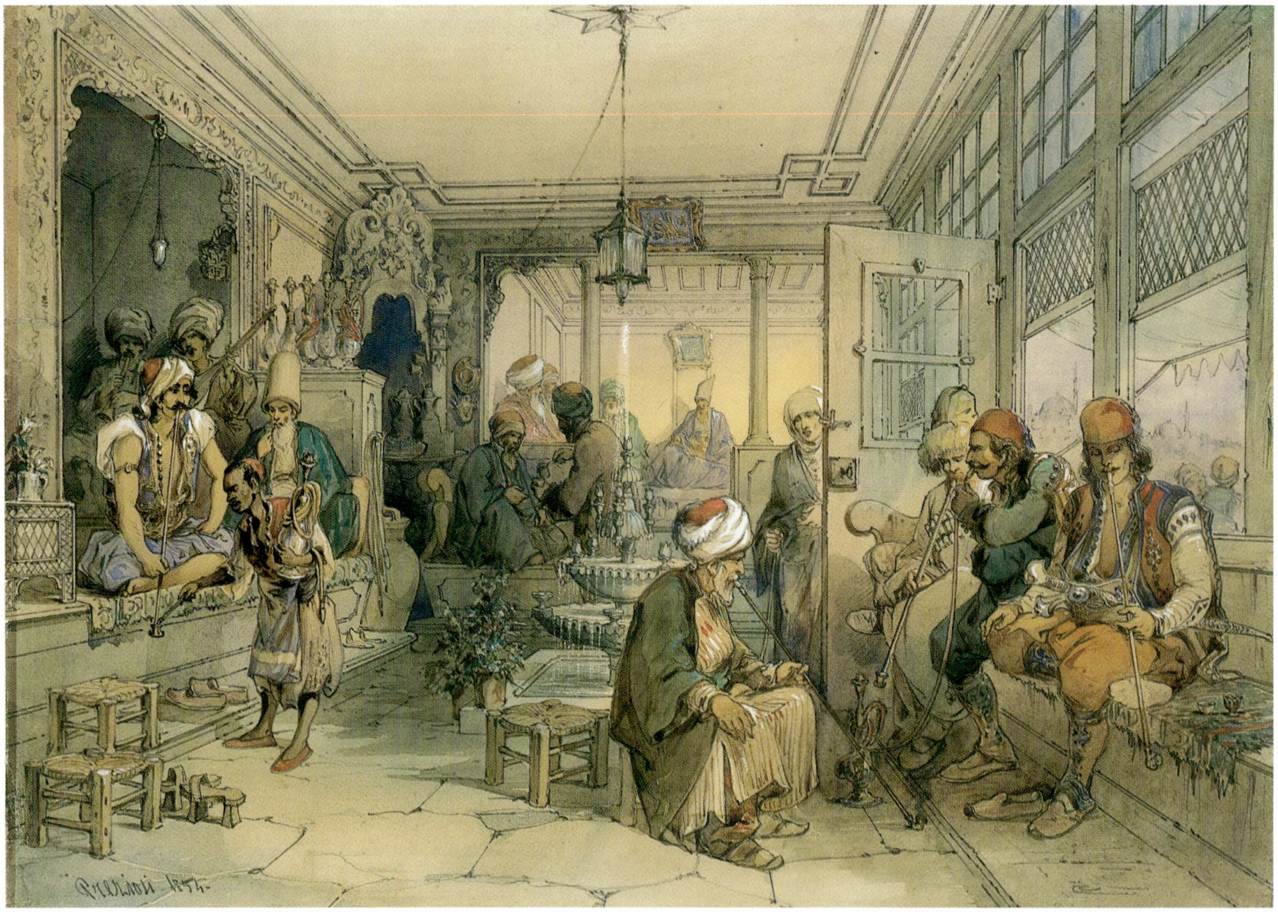

*Amadeo, PREZIOSI.*
La Mevlevihane ou salle des derviches tourneurs à Galata.
*Aquarelle, 27 x 44 cm.*
*Collection particulière.*

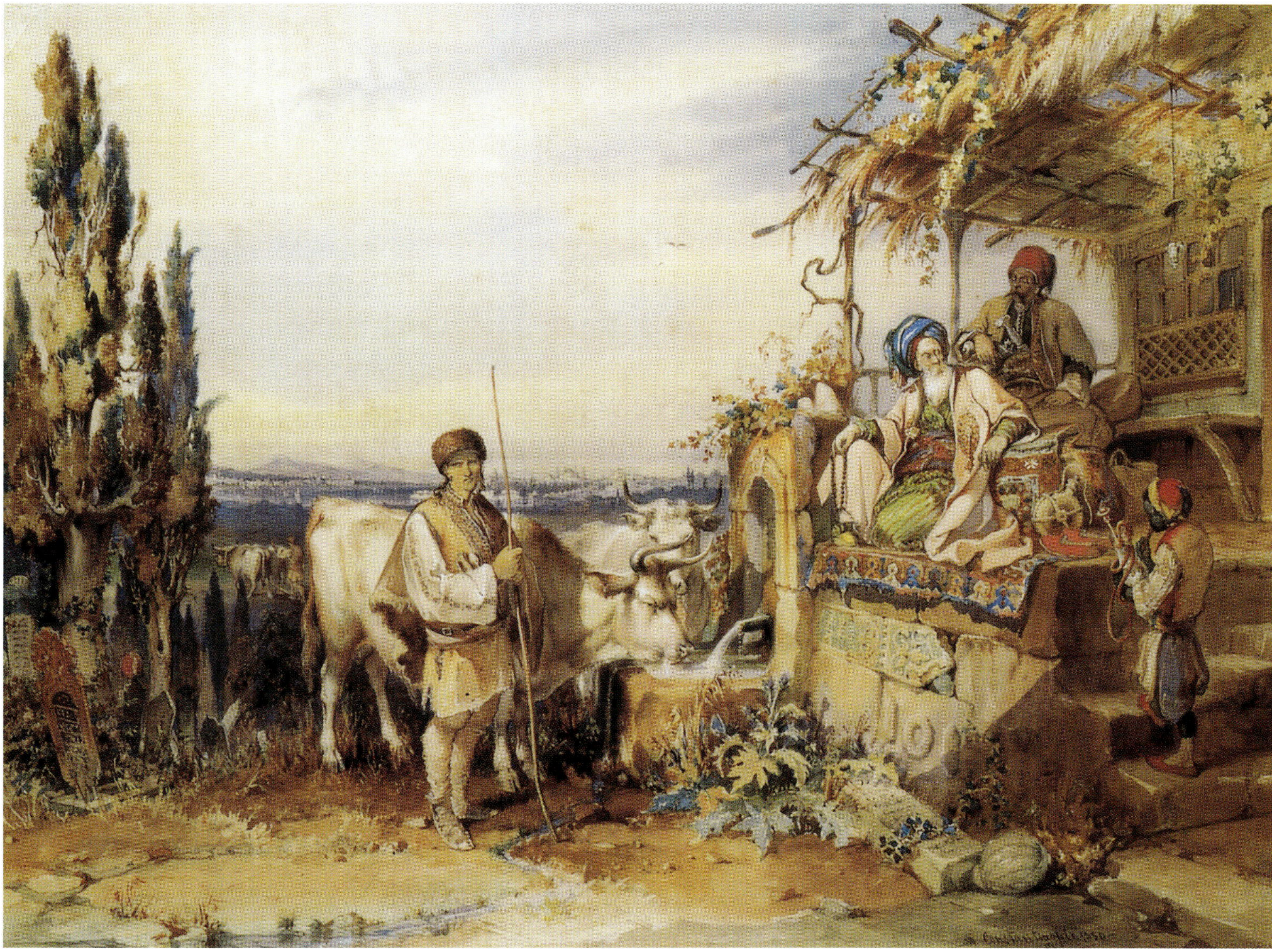

*Amadeo PREZIOSI.*
Un Café turc, Constantinople, 1854.
*Aquarelle et crayon, 40,7 x 58,8 cm.*
*Londres, Victoria and Albert Museum, Searight Collection.*

*Amadeo PREZIOSI.*
Près de Constantinople, l'abreuvoir, 1850.
*Aquarelle, 53 x 74 cm.*
*Collection particulière.*

*Jean BRINDESI.*
Vue de Pınar Bachı à Bursa. Scène de meddah (conteur).
*Lithographie, 26,2 x 47 cm.*
*Paris, Bibliothèque nationale de France.*
*Assis sur une estrade, le conteur public, ou* meddah, *captive son auditoire.*

Preziosi se fit rapidement une réputation auprès de l'élite des résidents et dans les cercles diplomatiques. L'une des premières commandes qu'il reçut fut une série de dessins de divers « types » constantinopolitains pour l'ambassadeur britannique Robert Curzon[126]. Au contraire des artistes anglais comme William Bartlett et William Page qui avaient publié des gravures ou des lithographies de Turcs, de Grecs, d'Arméniens et de Juifs isolés, Preziosi préférait replacer ses personnages dans leur contexte : le barbier dans son échoppe, tenant à la main une serviette et un bassin ; le derviche méditant dans un cimetière ; la femme à la fontaine, etc. Son atelier, installé dans le quartier de Péra, rue Hamalbachı (puis au n° 28 de la rue Yeni Tcharchı à partir de 1868), se fit rapidement connaître et il devint l'une des plus illustres figures de la communauté franque, surtout des cercles diplomatiques anglais. Parmi les illustres voyageurs qui visitèrent son atelier figurent le prince de Galles (le futur Édouard VII) et le roi Charles Ier de Roumanie[127].

Son travail était tellement apprécié qu'on lui demandait fréquemment des copies de ses propres œuvres, dont certaines furent vraisemblablement réalisées par ses assistants. Sa production devint très importante dans les années 1850, surtout à cause de la guerre de Crimée. Le nombre de militaires, ingénieurs, civils, de passage dans la capitale ottomane augmenta considérablement et, par conséquence, la demande en aquarelles. Pour diversifier sa production, Preziosi n'hésita pas à varier ses compositions. Aux personnages et aux scènes de la vie quotidienne vinrent s'ajouter des vues représentant les différentes cérémonies organisées par le sultan dans ses nombreux palais et mosquées, des panoramas de Constantinople et du Bosphore, des scènes commémoratives comme *La Flotte alliée amarrée dans le Bosphore*, *Le Campement allié à Scutari sur le Bosphore* (11 mars 1854), etc.

Tout en conservant son atelier de Péra, Preziosi s'installa avec sa famille dans le village de San Stefano (actuellement Yechilköy), au bord de la mer de Marmara. Gravement blessé par son fusil lors d'une partie de chasse, il succomba à ses blessures le 27 septembre 1882. De nombreux admirateurs assistèrent à ses obsèques au cimetière catholique de San Stefano[128].

Les plus importantes collections d'aquarelles de Preziosi sont actuellement conservées au Victoria and Albert Museum de Londres, au palais de Topkapı à Istanbul, au Muzeal de Arta de Bucarest et dans quelques collections particulières.

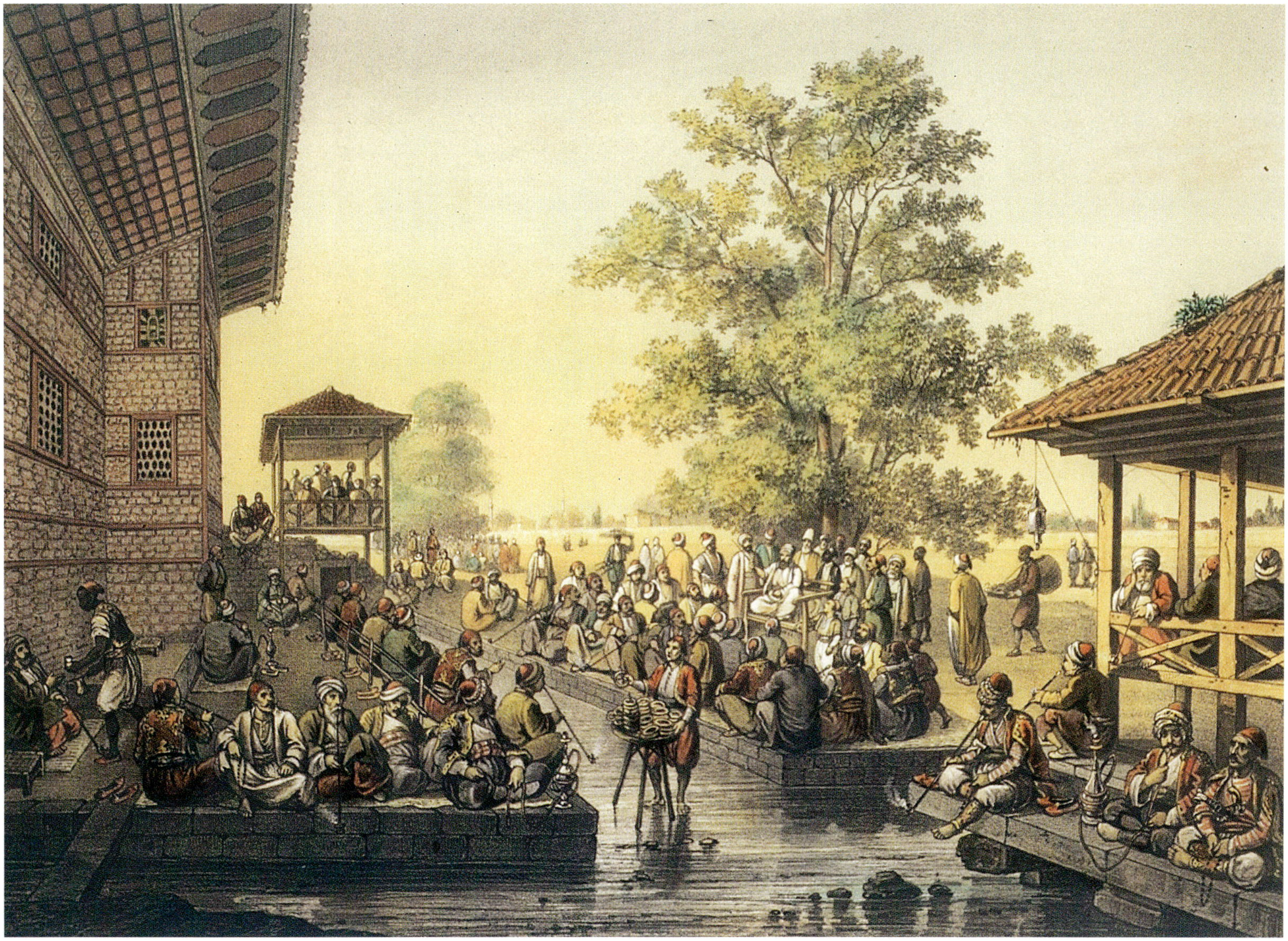

# Giovanni (Jean) Brindesi

L'œuvre de Preziosi fut souvent imitée ou copiée. Parmi les artistes qui s'en sont fortement inspirés figure Giovanni (Jean) Brindesi (1826-1888), un artiste italien né à Constantinople qui possédait lui aussi un atelier à Péra, au numéro 6 de la rue Yeni Tcharchı (l'atelier de Preziosi était dans la même rue, n° 28). En 1855, il fait imprimer à Paris, chez Lemercier, *Souvenirs de Constantinople*, un in-folio contenant 20 lithographies en couleur et *Elbicei Atika. Musée des anciens costumes turcs de Constantinople*, album grand folio contenant 22 lithographies. Si le premier album est très proche des vues de Preziosi, le second est différent. Là où Preziosi privilégie les costumes pittoresques, l'album de Brindesi insiste sur les costumes civils, militaires et religieux de l'empire depuis les réformes vestimentaires introduites par Mahmud II. Son ouvrage est d'ailleurs vraisemblablement imprimé à l'occasion de l'ouverture du premier musée des costumes de l'Empire ottoman sur la place de l'Hippodrome dont la description est rapportée par Théophile Gautier[129].

# Les artistes du palais

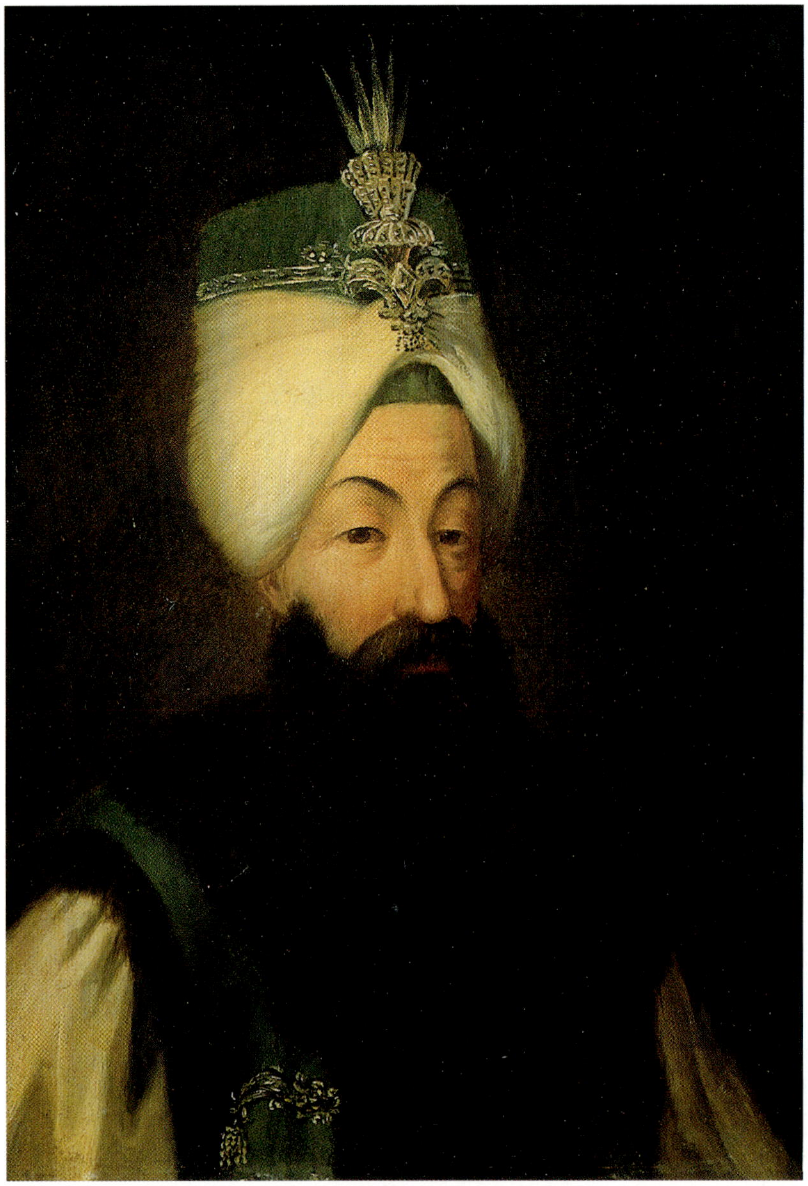

*Ferdinando TONIOLI.*
Sultan Abdül-Hamid I^er^.
*Huile sur toile, 36 x 26 cm.*
*Versailles, musée du Château.*

Si l'on excepte les tableaux des sultans et de dignitaires ottomans qui ont été réalisés par les peintres occidentaux séjournant à Constantinople dans la suite des ambassades occidentales, officiellement il n'existe pas de peintre de cour avant le XIXe siècle. La seule exception notable est le cas du peintre Gentile Bellini (1429-1507) qui, à la fin du XVe siècle, fut invité à Constantinople pour réaliser le portrait du sultan Mehmed II, actuellement conservé à la National Gallery de Londres. En revanche, à partir du XIXe siècle, au moment où l'Empire se tourne vers l'Occident et entreprend des réformes pour moderniser ses institutions, de plus en plus d'artistes occidentaux sont invités à la cour.

Malgré les fastes de la cour qui continuent d'éblouir certains voyageurs, pendant la seconde moitié du XVIIIe siècle l'Europe craint de moins en moins le Grand Turc et ses terribles troupes de janissaires. Les portraits très humains des sultans sont là pour en témoigner. Les tableaux d'Abdül-Hamid Ier (1774-1789) réalisés par Jean-Baptiste Hilaire et l'artiste italien Ferdinando Tonioli nous présentent un sultan au visage émacié, visiblement fatigué par le pouvoir. En revanche, lorsqu'il s'agit de rappeler la coopération franco-turque, le sultan est avantageusement peint, comme en témoigne une toile attribuée au peintre d'histoire Henri Philippoteaux (1815-1884).

Au XIXe siècle, la peinture fait son entrée officielle au Palais. Les sultans réformateurs n'hésitent plus à se faire peindre dans leur costume européen car ils souhaitent diffuser une certaine image de la modernité et de l'ouverture du pays au progrès. Ils incarnent ainsi l'esprit du temps.

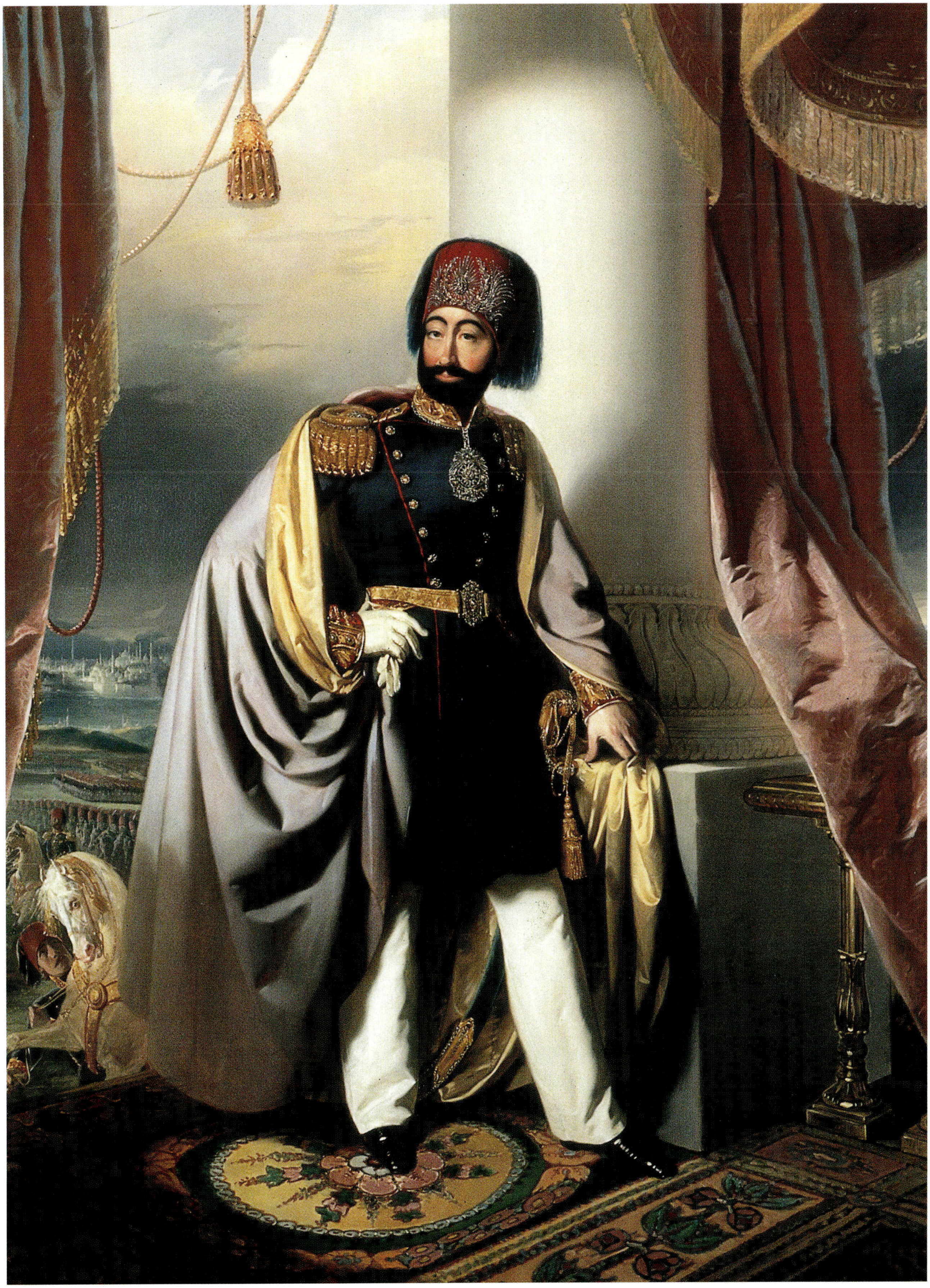

*Henri-Guillaume SCHLESINGER.*
Mahmud II, sultan ottoman, devant Constantinople.
*Huile sur toile, 260 x 193 cm.*
*Versailles, musée du Château.*
*Monté sur le trône en 1808, à l'âge de vingt-trois ans, Mahmud II va s'appliquer à réformer l'Empire. L'une des premières mesures est l'adoption du costume occidental et le port du fez.*

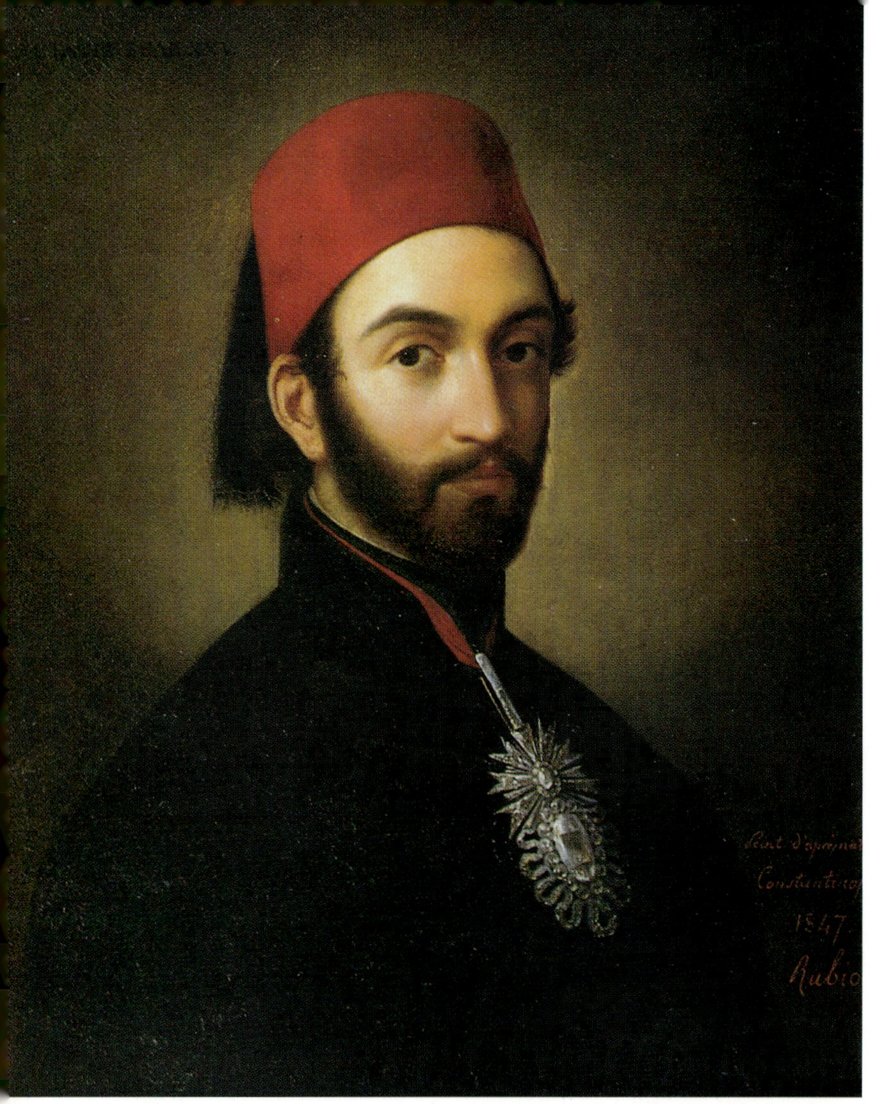

*Luigi RUBIO.*
Sultan Abdül-Medjid, 1847.
*Huile sur toile, 65 x 54 cm.*
*Inscription « Peint d'après nature à Constantinople en 1847 ».*
*Collection particulière.*

En 1837, le peintre d'origine allemande Henri-Guillaume Schlesinger (1814-1893) exécute un grand portrait équestre de Mahmud II en costume occidental. Une copie de ce portrait, dont l'original est conservé au palais de Topkapı, existe au palais de Versailles. Elle fut offerte au roi des Français Louis-Philippe par l'ambassadeur ottoman Rechid Pacha en 1839. L'œuvre de Schlesinger apparaît comme un manifeste de l'effort moderniste du souverain, qui porte la redingote noire et le fez, imposé en remplacement du turban dès 1828. D'autres portraitistes célèbres de cette époque, comme le Français Achille Devéria (1800-1857) ou l'Autrichien Blasius Hoefel (1792-1863), sont autorisés à réaliser des portraits de Mahmud II.

Fidèle à ses grandes vues urbaines et aux cérémonies officielles, l'artiste François Dubois (1790-1871) préfère peindre les nouvelles troupes militaires, *Asakir-i Mansure-i Muhammediye* (les troupes victorieuses de Muhammed), mises en place par Mahmud II après l'abolition du corps des janissaires en 1826.

Monté sur le trône à l'âge de 18 ans, Abdül-Medjid (1839-1861) reçoit une éducation relativement soignée, accordant une place égale aux arts et à la science. Encore plus soucieux de son image que son prédécesseur, dès son intronisation en 1839, il fait venir deux artistes à la cour : le peintre berlinois Johann Hermann Kretzschmer (1811-1890)[130] ; le Britannique David Wilkie (1785-1841). L'un et l'autre réalisent de magnifiques portraits du nouveau souverain. David Wilkie raconte dans son journal comment, le 12 décembre 1840, accompagné de l'interprète anglais M. Pisani, il est invité à se rendre au

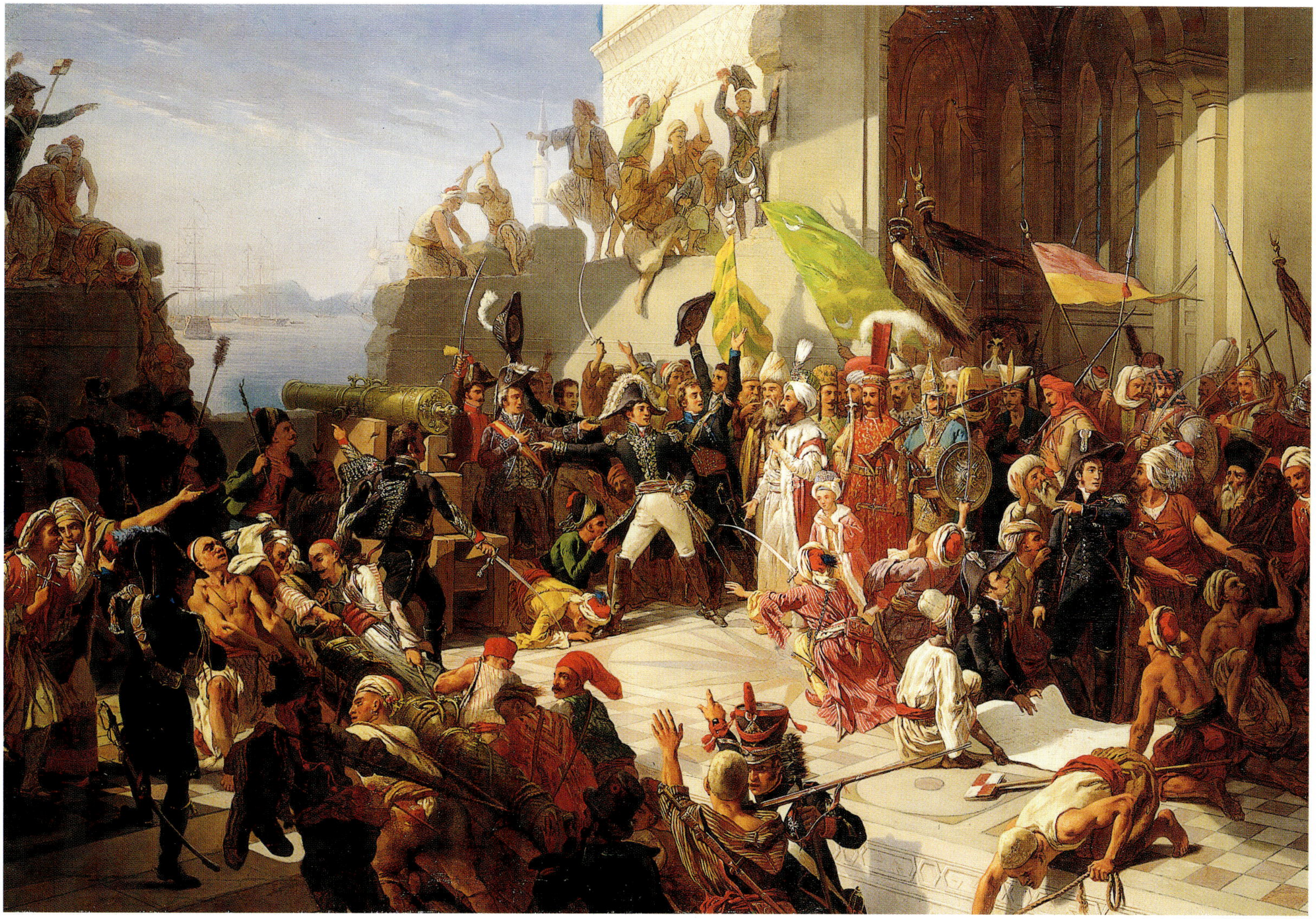

*Henri PHILIPPOTEAUX, attribué à.*
Rencontre du général Sébastiani avec le sultan Sélim III lors du siège de Constantinople par les Anglais en février 1807.
*Huile sur toile, 76,5 x 115,5 cm.*
*Collection particulière.*
*Tableau commémorant l'aide apportée par le général Sébastiani, représentant de Napoléon, et des troupes françaises, lors du siège de Constantinople par la flotte anglaise en février 1807.*

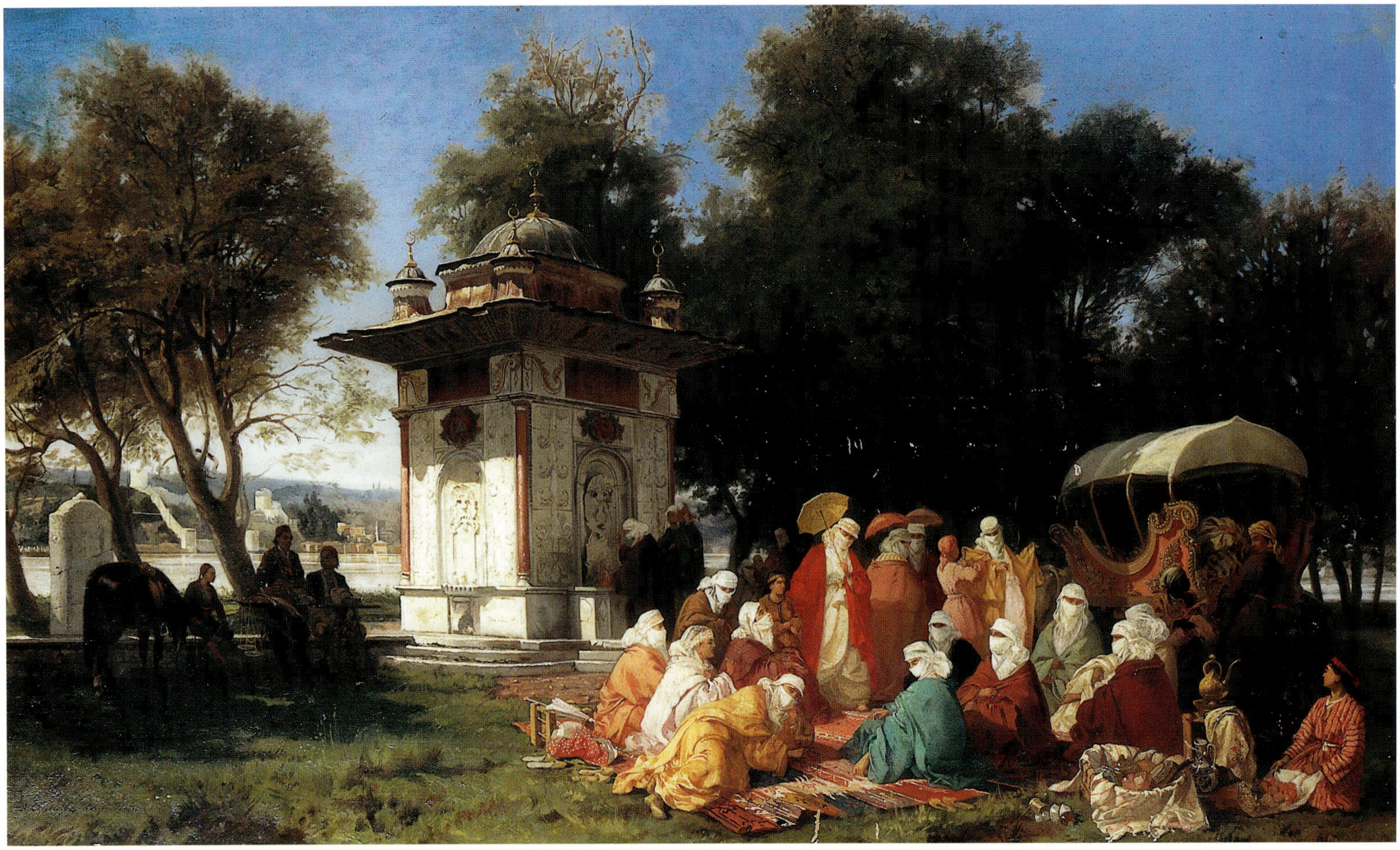

palais d'hiver du sultan pour une première séance de pause. A plusieurs reprises, le souverain montrera des signes d'inquiétude : ne me dessinez pas trop petit ; n'oubliez pas les épaulettes et l'épée, etc. Au total, quatre séances de deux ou trois heures seront nécessaires (12, 19, 27 décembre et 3 janvier 1841) pour achever son portrait[131].

Tout au long du règne d'Abdül-Medjid, d'autres artistes sont sollicités. Le 1er décembre 1845, le *Journal de Constantinople* rapporte que « le sultan fait faire en ce moment son portrait par M. Charles Doussault, peintre français de beaucoup de talent (...) Cet artiste a eu l'honneur de prendre samedi une première pause de Sa Hautesse qui a été pour lui d'une affabilité et d'une bienveillance parfaite ». Pour le remercier de son travail,

*Stanislas* CHLEBOWSKI.
Femmes turques à la promenade, 1895.
*Huile sur toile, 105 x 63 cm.*
*Collection particulière.*

Double page suivante :
*Pierre Désiré* GUILLEMET.
Femmes du sérail, 1874.
*Huiles sur toile, 98 x 79 cm.*
Page 272 :
en haut : *Istanbul, musée du palais de Dolmabahçe ;*
en bas : *Istanbul, collection Suna et Inan Kıraç.*
Page 273 :
en haut : *Collection particulière ;*
en bas : *Istanbul, musée du palais de Dolmabahçe.*

*Pierre-Désiré* GUILLEMET.
Portrait du sultan Abdül-Aziz, 1873.
*Huile sur toile, 140 x 93 cm.*
*Istanbul, musée de Topkapı.*

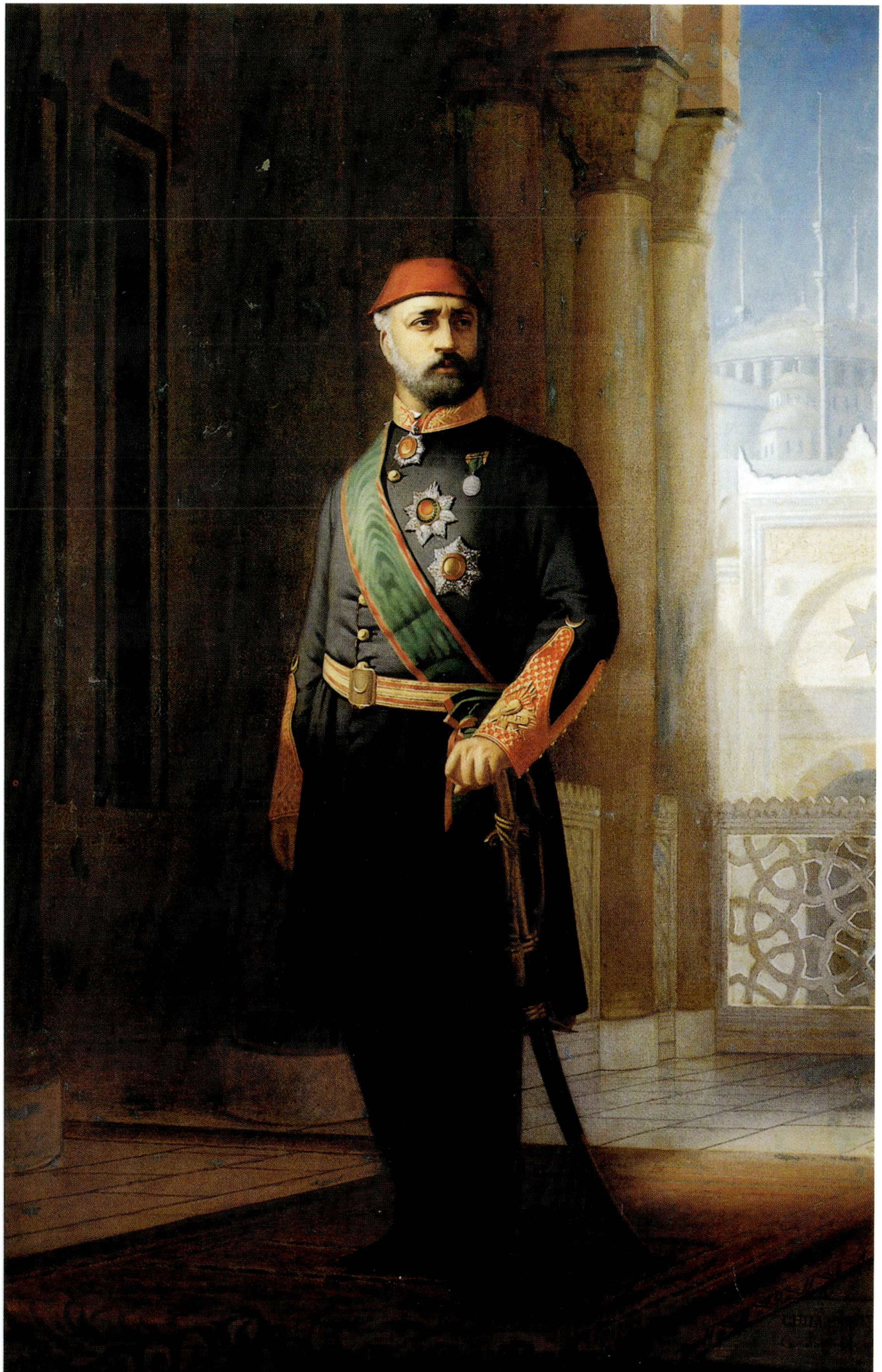

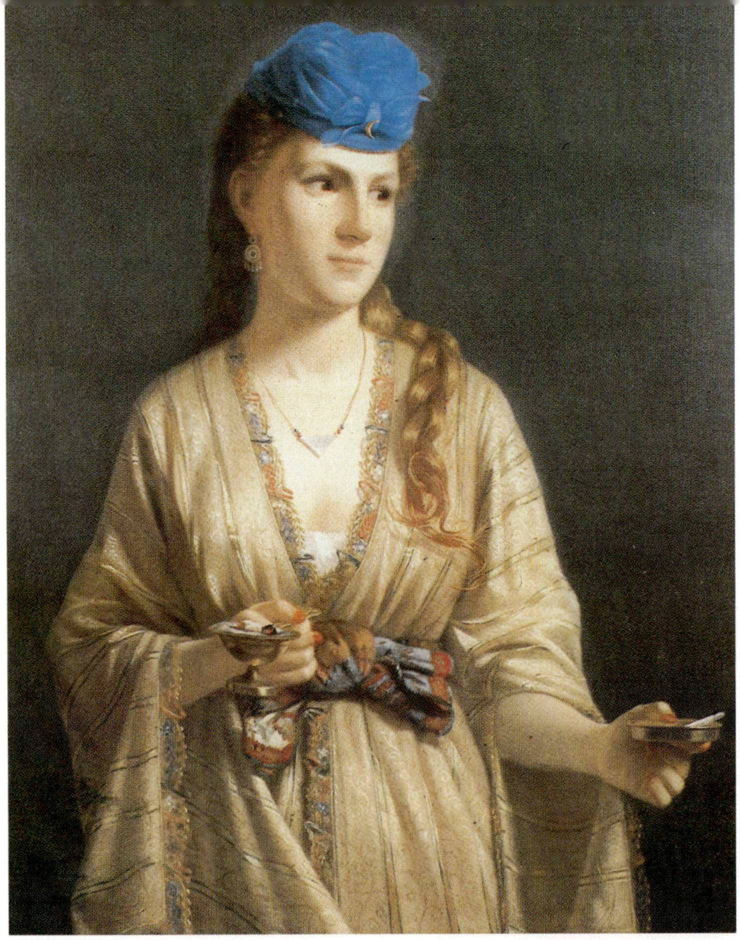

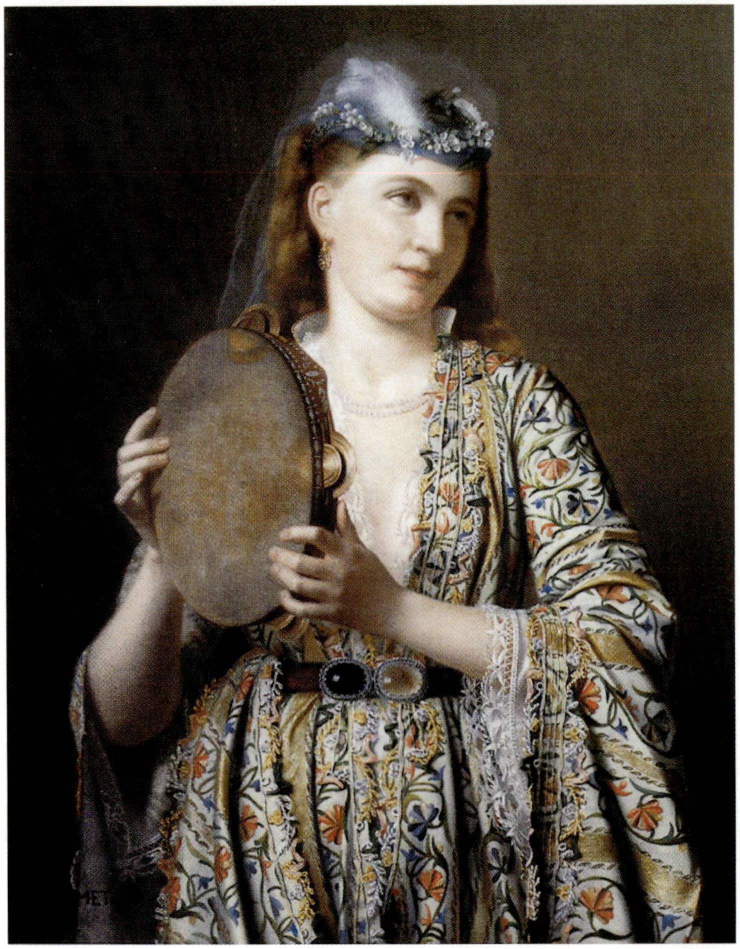

l'artiste est décoré du *Nichan Iftihar* et gratifié d'une bourse de 12 000 piastres en or.

Deux ans plus tard, c'est un peintre italien, Luigi Rubio (1795-1882), qui est invité à réaliser le portrait du sultan. Son tableau est remis au souverain par l'entremise du chargé d'affaires de Sardaigne, tandis qu'une copie est présentée à Paris au Salon de 1848 sous le titre *Portrait du sultan Abdul-Médjid Khan, peint d'après nature à Constantinople* (n° 4030). Le 28 janvier 1848, le *Journal de Constantinople* annonce que le sultan a eu six séances de pause dans son palais de Tchıragan avec l'artiste autrichien Franz Sterrer (1818-1901) ; en 1850, c'est un miniaturiste et portraitiste français originaire de Toulouse, Jean Portet (?-1862), qui réalise son portrait. Selon le récit de la baronne Durand de Fontmagne, l'artiste Charles Émile Labbé (1820-1885) réalise en 1856 un superbe portrait d'Abdül-Medjid[132], tandis qu'un certain M. Todeschini composa un tableau représentant les fêtes données par le sultan Abdül-Medjid à l'occasion du mariage des princesses, ses filles[133]. Quant au peintre britannique Willis Maddox (1813-1853), spécialement appelé à Constantinople, il n'eut pas le temps de peindre Sa Hautesse. Après avoir exécuté plusieurs portraits de personnages officiels de la cour ottomane, il succomba à une mauvaise fièvre[134].

En 1861, Abdül-Aziz (1861-1876) succède à son frère. Il affiche un tempérament plus rustique, il aime le sport, la chasse et s'intéresse à l'élevage. Cela ne l'empêche pas de se piquer, plus encore que son aîné, d'européanisme et d'œuvrer avec énergie à l'accomplissement des réformes. Il se distinguera même en entreprenant, en 1863, un séjour en Égypte, et en 1867, une tournée européenne qui le conduira à Paris et à Londres, fait sans précédent dans l'histoire de l'Empire ottoman.

En 1863, un certain M. E. Masson fait le portrait de S.M.I. Abdül-Aziz. Il est le « Seul portrait autorisé » à être reproduit en lithographie (impr. Lemercier) selon un décret (*ferman*) en date du 16 juin 1863. L'année suivante, le sultan invite un artiste polonais Stanislas von Chlebowski (1835-1884) à venir s'installer à Constantinople.

Élève de l'Académie de Saint-Pétersbourg, ce dernier a beaucoup voyagé, notamment à Munich et à Paris où il fut l'un des nombreux élèves étrangers de Jean-Léon Gérôme, avec qui il voyagera plus tard en Turquie. Devenu peintre de la cour, Chlebowski peint pendant ses douze années passées en Orient des tableaux de genre, des scènes de la vie quotidienne, des portraits et des épisodes de l'histoire turque[135]. A partir de 1873, il prend l'habitude de voyager dans l'empire et de passer ses hivers au Caire, en compagnie de son ami Sefer Pacha-Koscielski, commandant des troupes cosaques-ottomanes et maître de cérémonie à la Sublime Porte. A la mort de Abdül-Aziz, Chlebowski partira s'installer quelque temps à Paris, puis il retournera définitivement à Cracovie.

En mars 1864, le sultan Abdül-Aziz invite à sa cour le peintre français Pierre Désiré Guillemet (1827-1878) pour peindre les fresques du palais de Dolmabahçe. Originaire de Lyon, cet ancien élève d'Hippolyte Flandrin, qui a régulièrement exposé des portraits au Salon depuis 1857, s'installe avec sa femme à Constantinople. Hormis les portraits des sultans Abdül-Aziz et Abdül-Hamid, et de femmes du harem exposés dans les premières expositions turques de Constantinople (1873, 1874 et 1877), on conserve très peu de peintures de cet artiste. La plupart de ses toiles furent détruites dans l'incendie de son atelier.

Guillemet joue un rôle important dans le développement de l'art en Turquie. En 1874, il ouvre dans le quartier de Péra la première académie de peinture et de

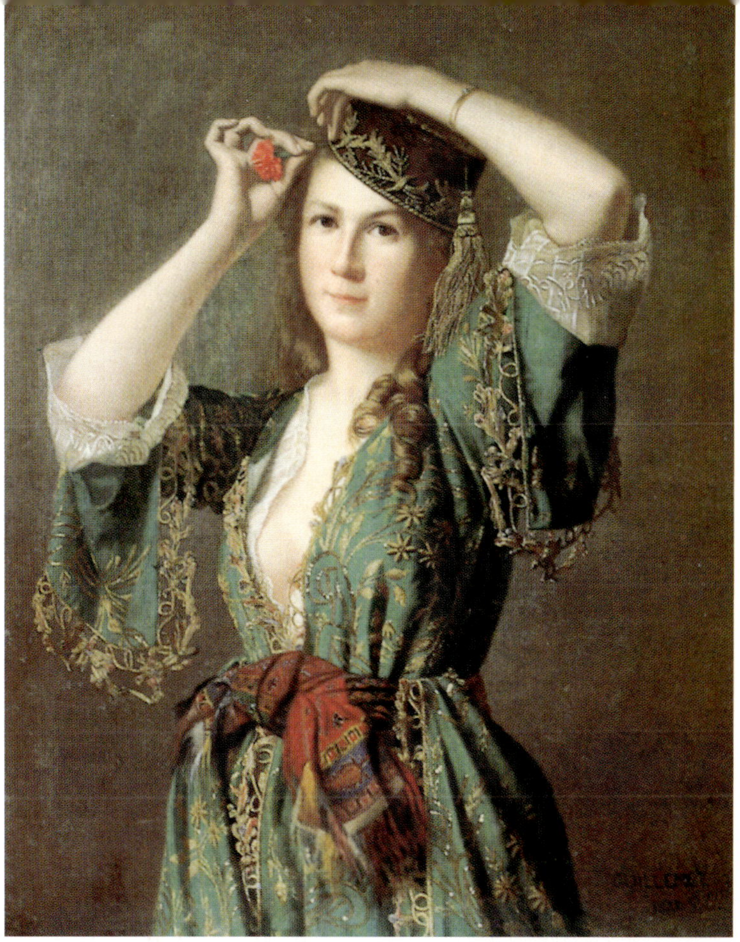

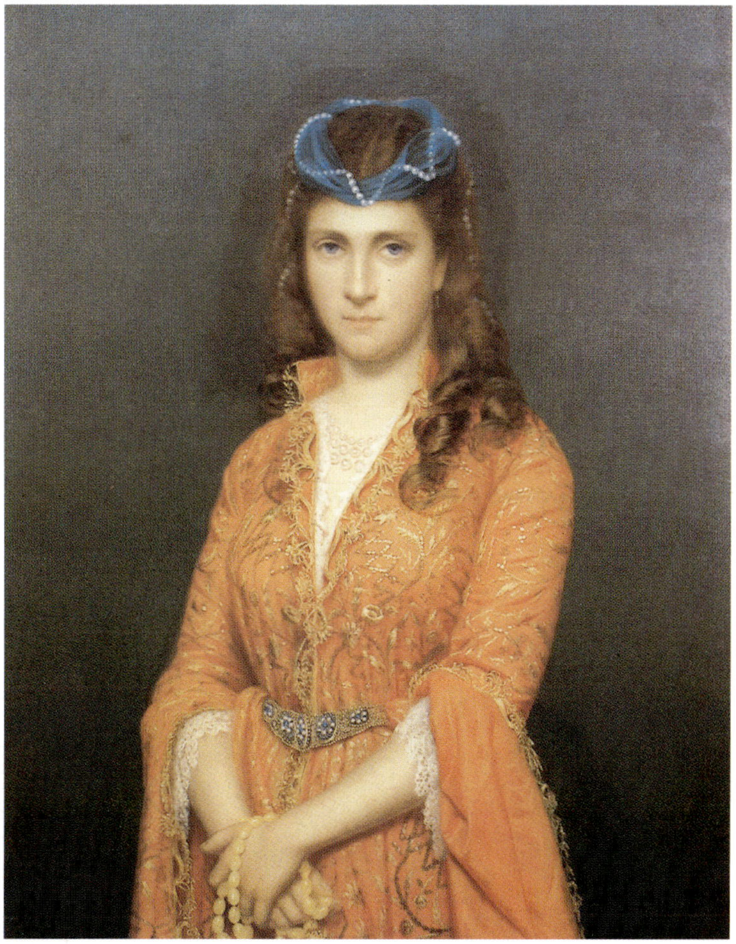

dessin de Turquie, au n° 60 de la rue Hamalbachı. Il s'agit de la première école d'art de ce genre créée dans la capitale ottomane. Avec sa femme, il donne tous les jours, sauf le dimanche, entre huit heures et cinq heures du soir (les mardis et samedis sont réservés aux femmes), des cours de dessin et de peinture, enseignant l'aquarelle, le pastel, l'huile. Son académie est bientôt reconnue comme la meilleure école de dessin. Le 12 novembre 1877, il inaugure l'« École d'art impériale » (*Mekteb-i Sanayi-i Chahane*) dont il devient le directeur. Il donne ainsi l'impulsion à ce qui deviendra sous la conduite d'Osman Hamdi Bey, en 1883, l'« École des Beaux-Arts » (*Sanayi-i Nefise Mektebi*). Lors de la guerre russo-turque de 1877-1878, en aidant les réfugiés et blessés qui arrivaient dans la capitale ottomane, Guillemet contracta la typhoïde et mourut à Constantinople le 30 avril 1878.

Le règne du sultan Abdül-Aziz est aussi marqué par la présence à Constantinople du peintre italien Alberto Pasini (1826-1899) qui réalise pour le palais deux tableaux – *L'Attaque de la cavalerie turque* (1868) et le *Bombardement d'un bâtiment* (1869) – et de l'artiste russe Ivan Ayvazovski (1817-1900) à qui le sultan commande de nombreuses toiles représentant la Corne d'Or et le Bosphore. Peintre originaire de Féodossia, petit ville de Crimée, formé à l'Académie de Saint-Pétersbourg, Ayvazovski est alors très célèbre et réputé pour ses marines traitées de façon néo-classique dans lesquelles se dégage une profonde poésie.

A la fin de l'été 1876, après le règne très court de Mourad V (juin-août 1876), Abdül-Hamid II accède au trône. La postérité a retenu de lui l'image d'un tyran sanguinaire, vivant entouré de policiers et d'espions. Mais c'est aussi un des tenants les plus fervents de la modernisation. Son gouvernement, bien que de plus en plus autocratique, marque l'apogée des réformes ottomanes.

Abdül-Hamid II se montre un souverain sensible aux arts. Ses enfants reçoivent des cours particuliers de dessin avec le peintre italien Salvatore Valeri (1856-1946) et il veille à faire venir de nombreux artistes : la Britannique Margaret Murray Cooksley (1844-1927) est invitée à la cour pour réaliser le portrait d'un de ses fils[136], tandis que Pierre-Désiré Guillemet réalise son portrait ; au début des années 1890, le peintre français Hippolyte Berteau (1843-1928) réalise des portraits des sultans Sélim III et Mahmud II, aujourd'hui conservés au palais de Topkapı[137]. En 1894, le peintre polonais Tadeusz Ajdukiewicz (1852-1916) est chargé de faire quelques toiles de grand format sur le thème militaire[138], tandis que le peintre allemand Wilhelm Reuter (1859-?) est encouragé à copier des portraits des sultans qui serviront de modèles pour la décoration des assiettes de porcelaines produites par la fabrique impériale de porcelaine de Yıldız.

Mais le règne d'Abdül-Hamid II est surtout marqué par la personnalité d'un peintre italien, originaire de Padoue, Fausto Zonaro (1854-1929)[139]. Encouragé

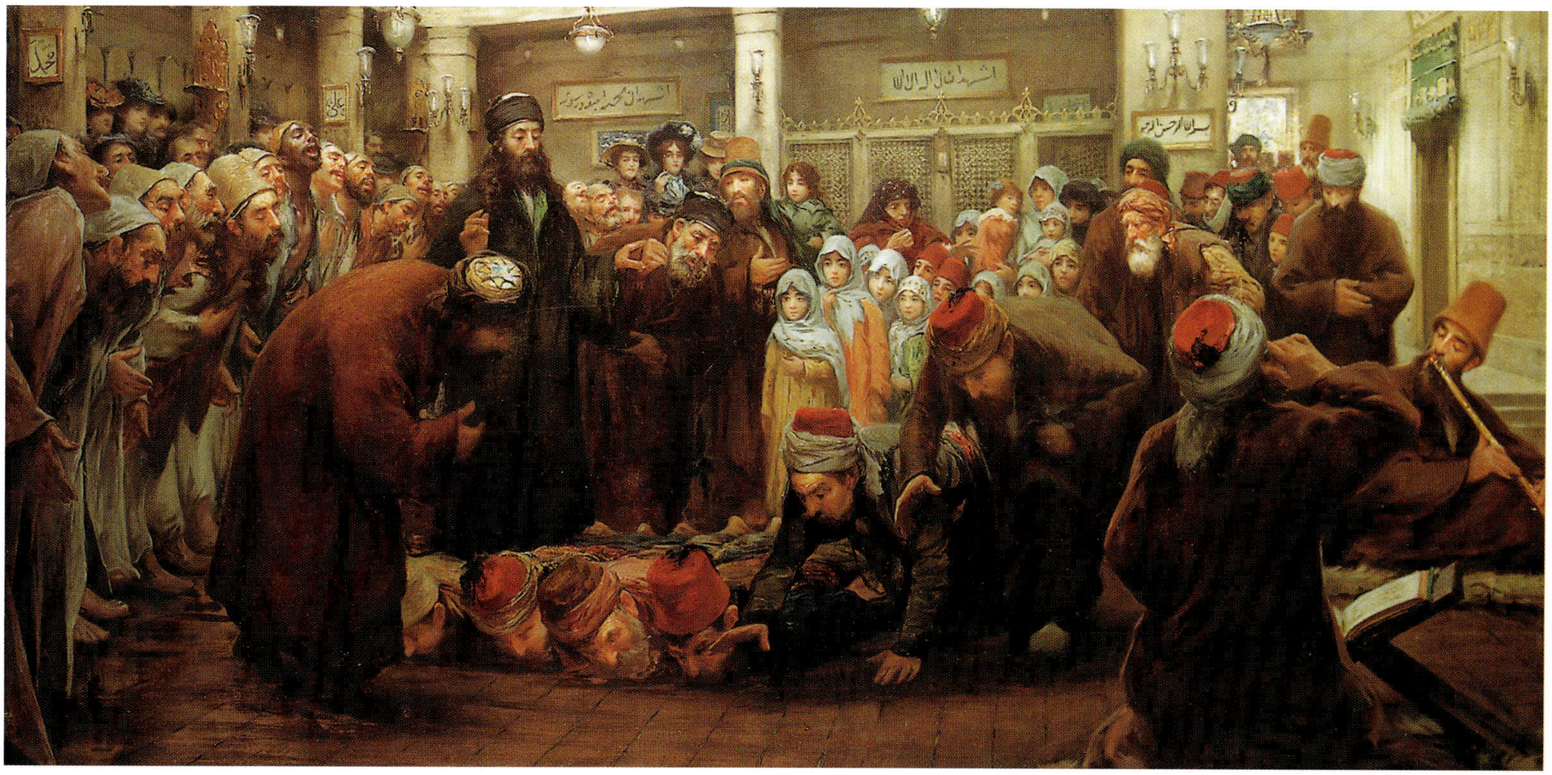

*Fausto ZONARO.*
Cérémonie des derviches tourneurs.
*Huile sur toile, 100 x 201,3 cm.*
*Collection particulière.*
*Les* mevlevis, *ou derviches tourneurs, sont une des confréries mystiques ottomanes. Ils sont surtout connus pour leurs danses, dont l'objectif est de favoriser l'extinction en Dieu à travers la transe.*

*Fausto ZONARO.*
Sur les quais de Dolmabahçe.
*Huile sur toile, 40 x 66 cm.*
*Istanbul, collection Erol Makzume.*

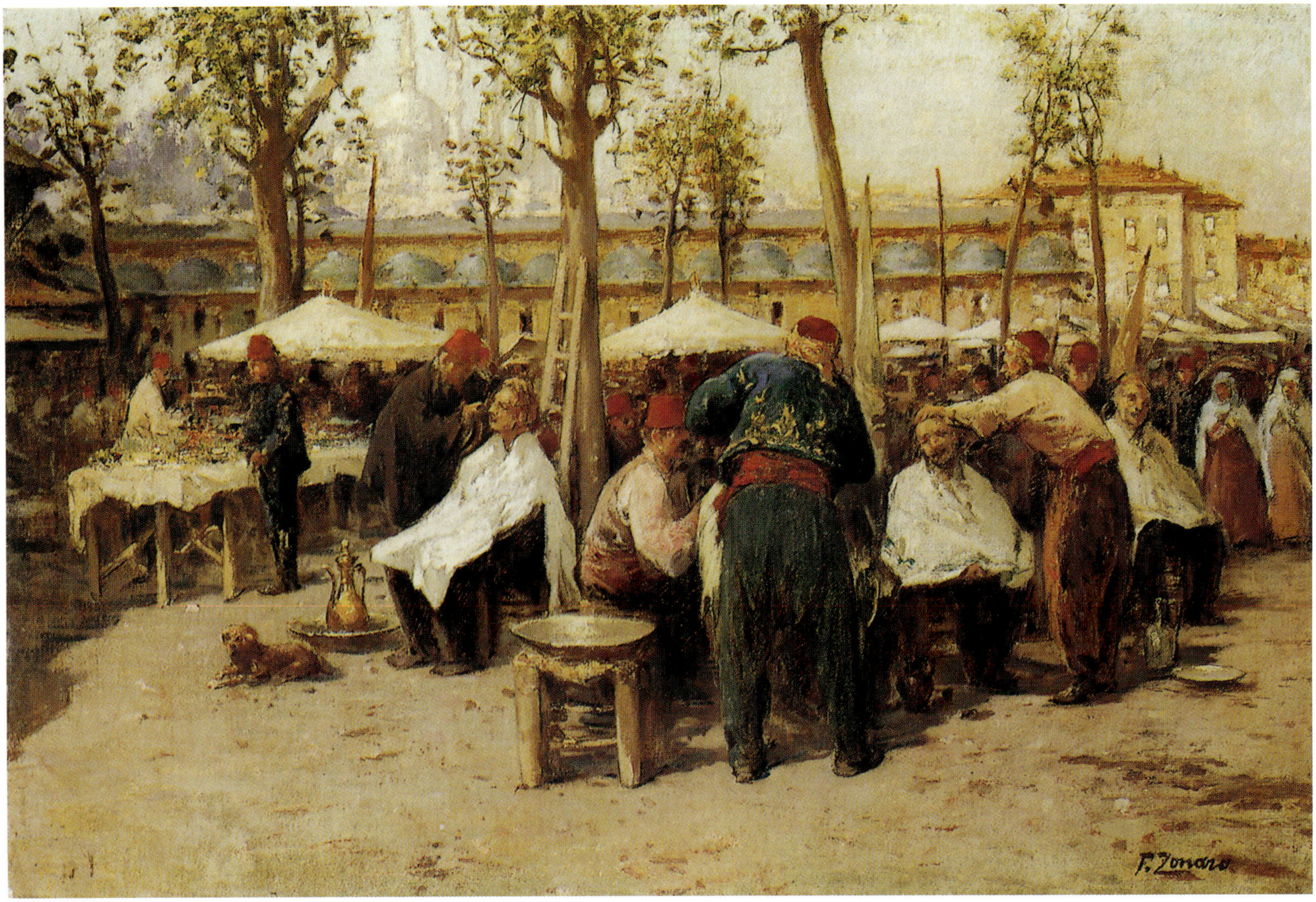


*Fausto ZONARO.*
Les Barbiers ambulants à Constantinople.
*Huile sur toile, 53,5 x 78,5 cm.*
*Collection particulière.*

*Fausto ZONARO.*
Promenade aux Eaux-Douces.
*Huile sur toile, 60,5 x 94,5 cm.*
*Collection particulière.*

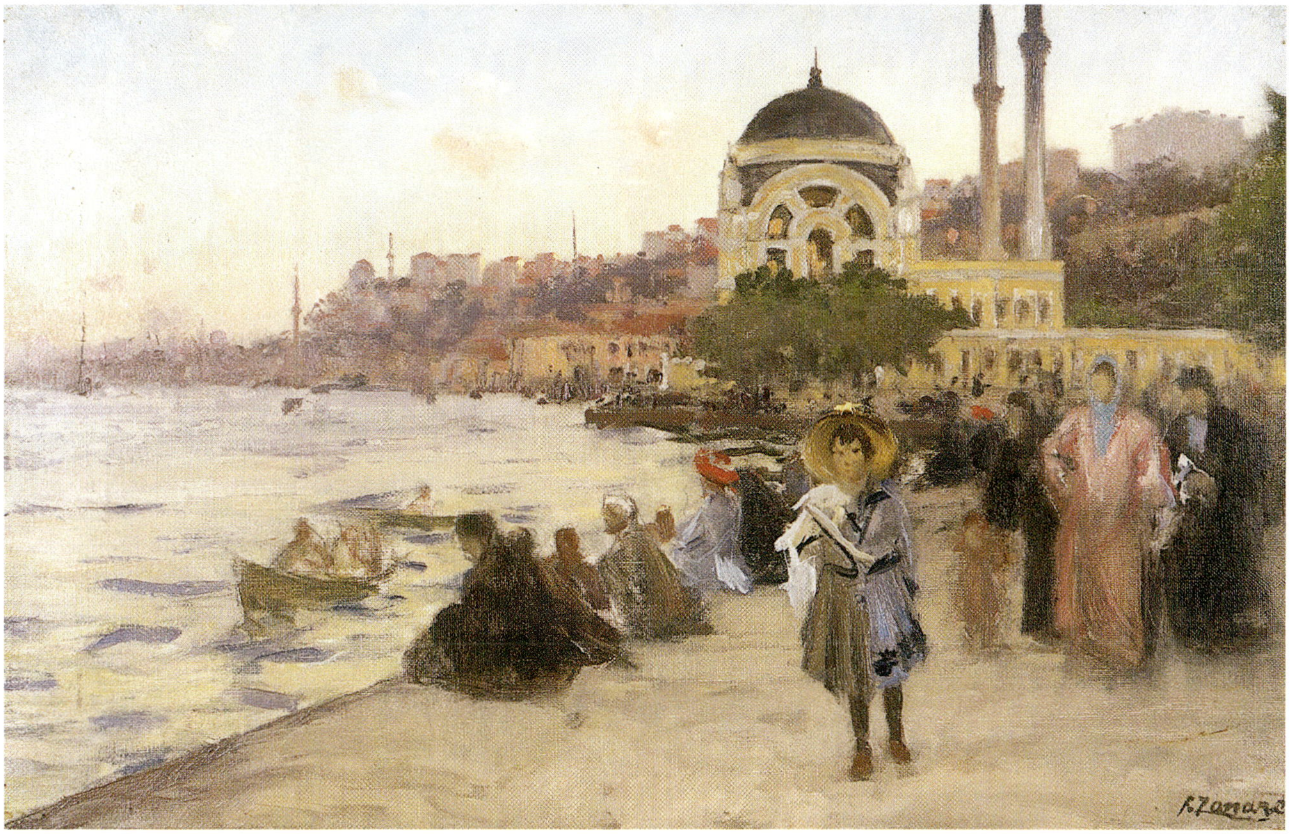
F. Zonaro

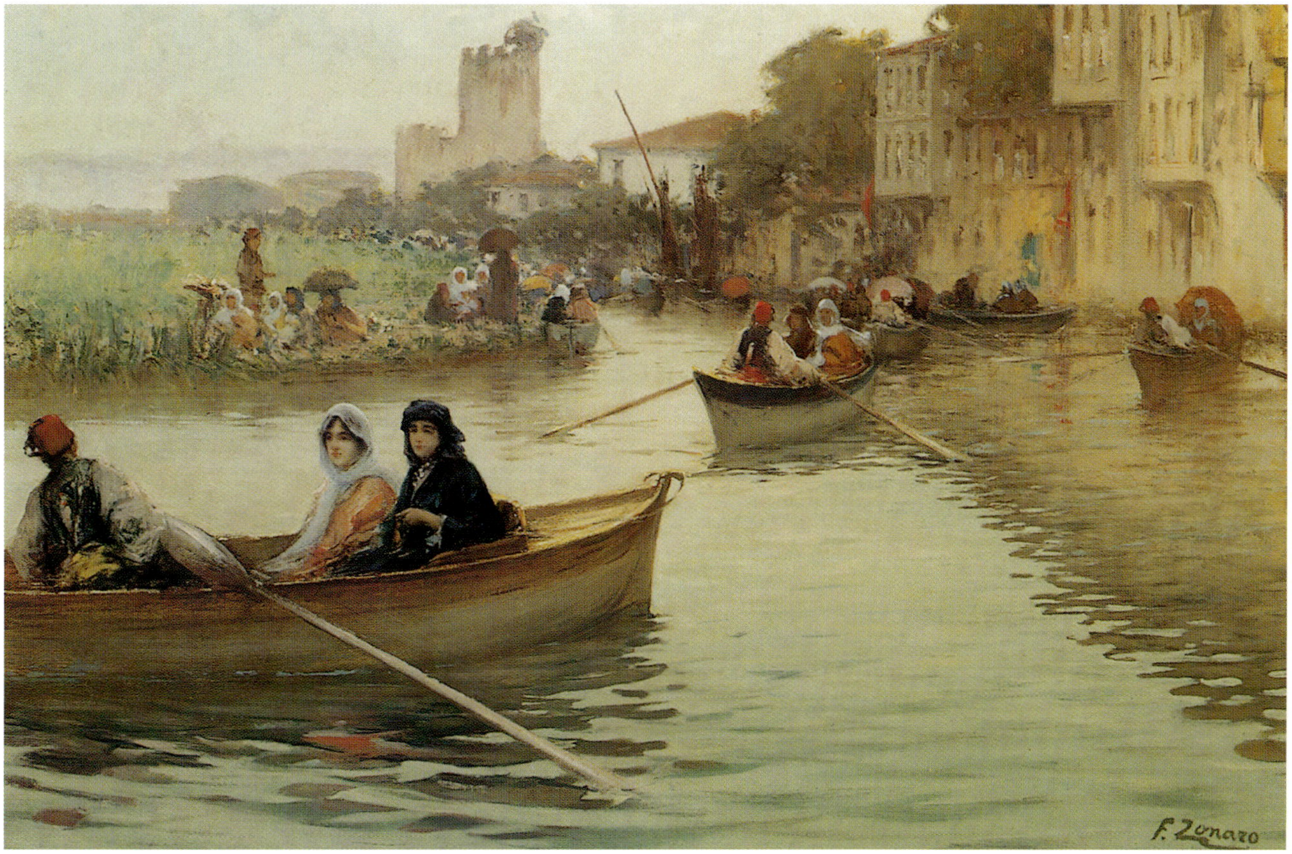
F. Zonaro

par sa femme, cet artiste qui se désespère à Paris de ne pas rencontrer le succès, s'embarque à Venise pour Constantinople en 1891. Dès son arrivée, il se met au travail. Transportant avec lui chevalet et pinceaux, Zonaro aime se promener dans les rues de Constantinople et peindre les scènes de la vie quotidienne : vendeurs ambulants, écrivains publics, barbiers, vendeurs de confiserie. A chaque sortie, il attire autour de lui une foule d'enfants et de badauds.

C'est en 1896 que Zonaro se fait remarquer par le sultan pour sa toile *Le Régiment Ertugrul, garde du sultan entraînée en Allemagne, traversant à cheval le pont de Karaköy*. Selon la tradition, dès que ce tableau fut présenté à Abdül-Hamid II par le grand vizir Avlonyalı Ferit Pacha, le sultan demanda à rencontrer Zonaro et lui offrit le poste de « peintre officiel de la cour » (*Resam-ı hazret-i cheriyari*), poste occupé depuis 1881 par le Génois Luigi (Louis) Acquarone (1800-1896), mais devenu vacant par sa mort en 1896[140]. Dans son atelier installé dans le quartier de Bechiktach, à proximité du palais de Yıldız, Zonaro peint des tableaux historiques et de nombreux portraits officiels, représentant notamment les épouses du sultan. Pour l'aider dans cette étonnante commande, sa femme Elisa partit à Paris où elle resta pendant dix-huit mois pour apprendre la photographie. A son retour, elle fit de nombreux portraits de groupe des femmes du harem, mais aussi de Zonaro au travail au milieu de ses toiles. Certaines de ces photos sont encore conservées dans la famille du peintre. En récompense de ses efforts, le sultan donna à Elisa le titre de portraitiste officiel.

En marge de ses travaux à la cour, Zonaro exposa régulièrement ses toiles à Constantinople : maison Rosenthal de Péra (1892), atelier de Bechiktach (1894, 1899), deuxième Salon de Péra (1902), fabrique impériale de Hereke (1905, 1906). Entre 1891 et 1911, il exposa aussi à Paris, Londres, Barcelone, Athènes, ainsi qu'en Italie : Rome, Florence, Milan, Padoue, Turin.

En 1911, à la suite de l'invasion italienne en Libye, le gouvernement des Jeunes Turcs expulsa les Italiens de Constantinople. Zonaro, privé de son titre de « peintre de la cour ottomane » et de toutes pensions, quitta définitivement la capitale ottomane avec sa famille pour s'installer à San Remo où le peintre finira ses jours[141].

En 1909, Mehmed Rechâd succède à son frère Abdül-Hamid qui est déposé et exilé à Salonique. Son règne est marqué par un renforcement de la coopération avec l'Allemagne, tant sur le plan politique que militaire. Le peintre viennois Wilhelm Victor Krausz (1870-1916) est invité à peindre le nouveau sultan, tandis que son compatriote Ludwig Koch représente le sultan entouré des plus hauts responsables allemands.

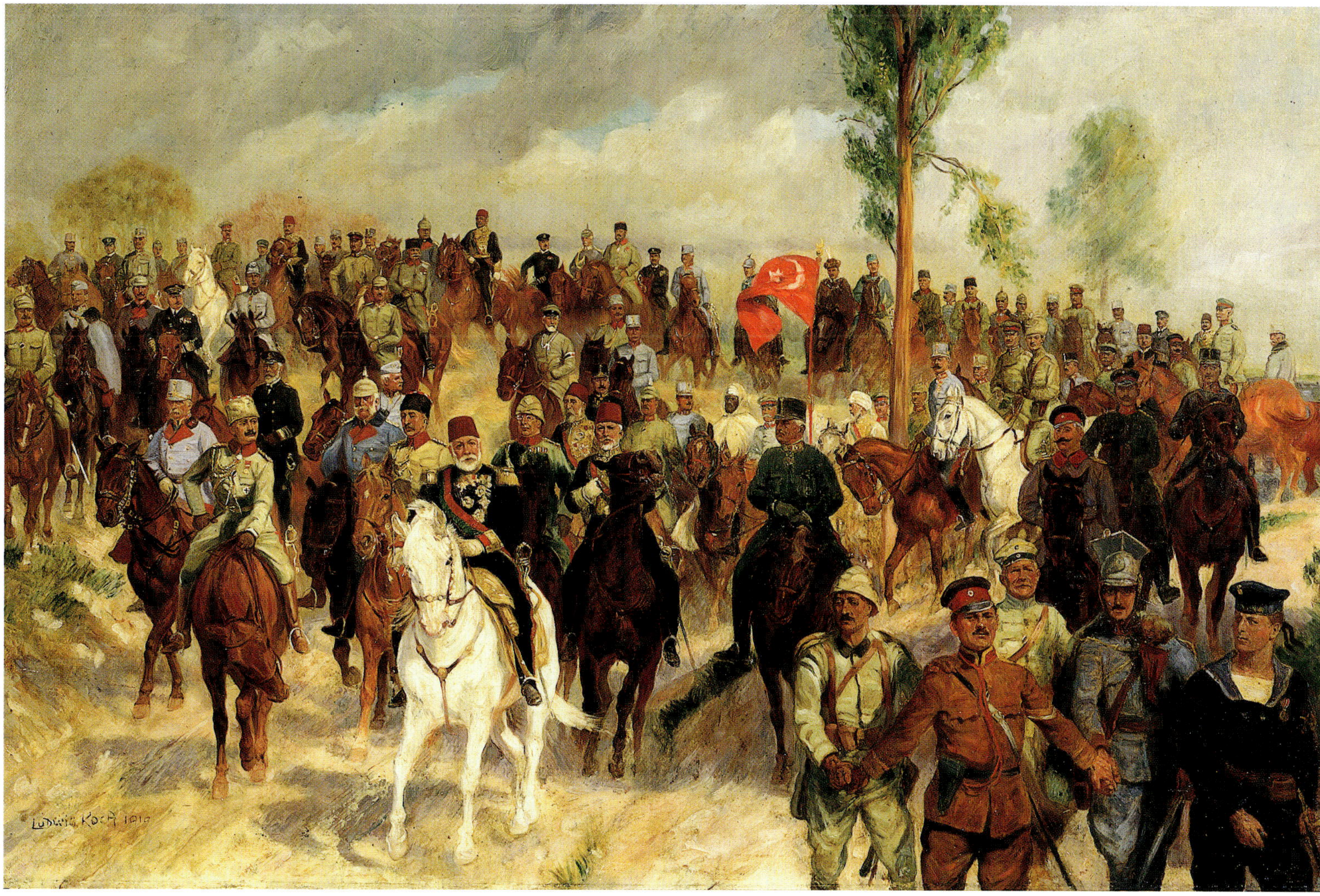

*Ludwig KOCH.*
Le Sultan Mehmed Rechâd entouré de ses alliés
au cours de la Première Guerre mondiale.
*Huile sur toile, 61 x 94 cm.*
*Collection particulière.*

# Les premiers Salons de Constantinople

Comme nous l'avons vu précédemment, c'est en 1874 que l'artiste français Pierre-Désiré Guillemet (1827-1878) fonda la première académie de peinture. Il était encouragé dans cette initiative par le sultan Abdül-Aziz lui-même qui, depuis son retour de France où il avait été visiter l'Exposition Universelle (1867), ne rêvait que de développer les arts en Turquie. Selon le modèle de Guillemet, d'autres ateliers et écoles de dessin firent leur apparition dans le quartier de Péra dans les années 1880. Parmi les plus connus, figurent ceux de M. Moretti et de Luigi Acquarone installés dans la rue Linardi, de Pietro Bello, Giovanni Brindesi ou Pierre Guès[142].

Si la première exposition de peinture semble avoir eu lieu en 1845 dans un palais du Bosphore, plus précisément dans l'ancien palais de Çıragan, il faut attendre l'année 1874 pour que soit inaugurée dans l'École des Arts et Métiers la première exposition ouverte au public. Elle est organisée par le général Cheker Ahmed Pacha (1842-1907), aide de camp du sultan Abdül-Aziz et professeur de dessin à l'École militaire de Médecine. Une seconde exposition a lieu l'année suivante à l'université de Stamboul. Deux ans plus tard, en juin 1877, toujours à l'initiative de Cheker Ahmed Pacha, une importante exposition de tableaux ouvre ses portes dans la salle du théâtre municipal des Petits Champs à Péra. Si la plupart des peintures exposées sont réalisées par les élèves de Guillemet, on remarque aussi les toiles d'artistes locaux, comme Preziosi, Luigi Acquarone. Malheureusement, malgré le nombre important d'œuvres exposées, plus de 250 tableaux, l'entreprise fut désastreuse. L'entrepreneur de cette manifestation artistique n'étant pas rentré dans ses frais, il ne jugea pas opportun de recommencer l'expérience. Le mouvement était cependant lancé et, dans les années suivantes, on assiste à la multiplication d'expositions à Constantinople : on en dénombre près de soixante-dix entre 1873 et 1909, les plus importantes exposant entre vingt et vingt-cinq artistes. Les peintures des artistes étrangers sont bien représentées : en 1881, la boutique Uhlmann-Grombach organise une exposition de peintures de Gérôme et de Ayvazovski. Le peintre français François Prieur-Bardin (?-1905) est celui qui expose le plus : atelier de photographie des Frères Gülmez-Biraderler (1893, Grande Rue de Péra, n° 397), Maison Baker (1897, Grande Rue de Péra, n° 500), Visconti et Stefano (1898, Grande Rue de Péra, n° 276), M. Keller (1900, passage Hazzopoulo, rue Tepebachı, n° 35).

L'ouverture, en mars 1883, d'une École des Beaux-Arts (*Mekteb-i Sanayi-i Nefise*), organisée selon le modèle parisien de la rue Bonaparte, et composée de trois sections (peinture, sculpture et architecture), représente une initiative décisive. Pour le recrutement du corps enseignant, le recours à des éléments étrangers, notamment français et italiens, reste indispensable. Parmi les premiers professeurs recrutés figurent beaucoup d'artistes déjà cités : dans la section architecture, Alexandre Vallaury (1850-1921) avec comme adjoint le Vénitien Pietro Bellò (1831-1909), apprécié également pour son œuvre de scénographe et d'aquarelliste ; dans la section peinture, Salvatore Valeri (1856-1946), qui est également le peintre des princes impériaux, et Joseph Warnia Zarzecki (1850-?), un Polonais né à Nantes, qui avait fréquenté les Académies de Varsovie et Munich, auxquels vinrent s'ajouter les artistes italiens :

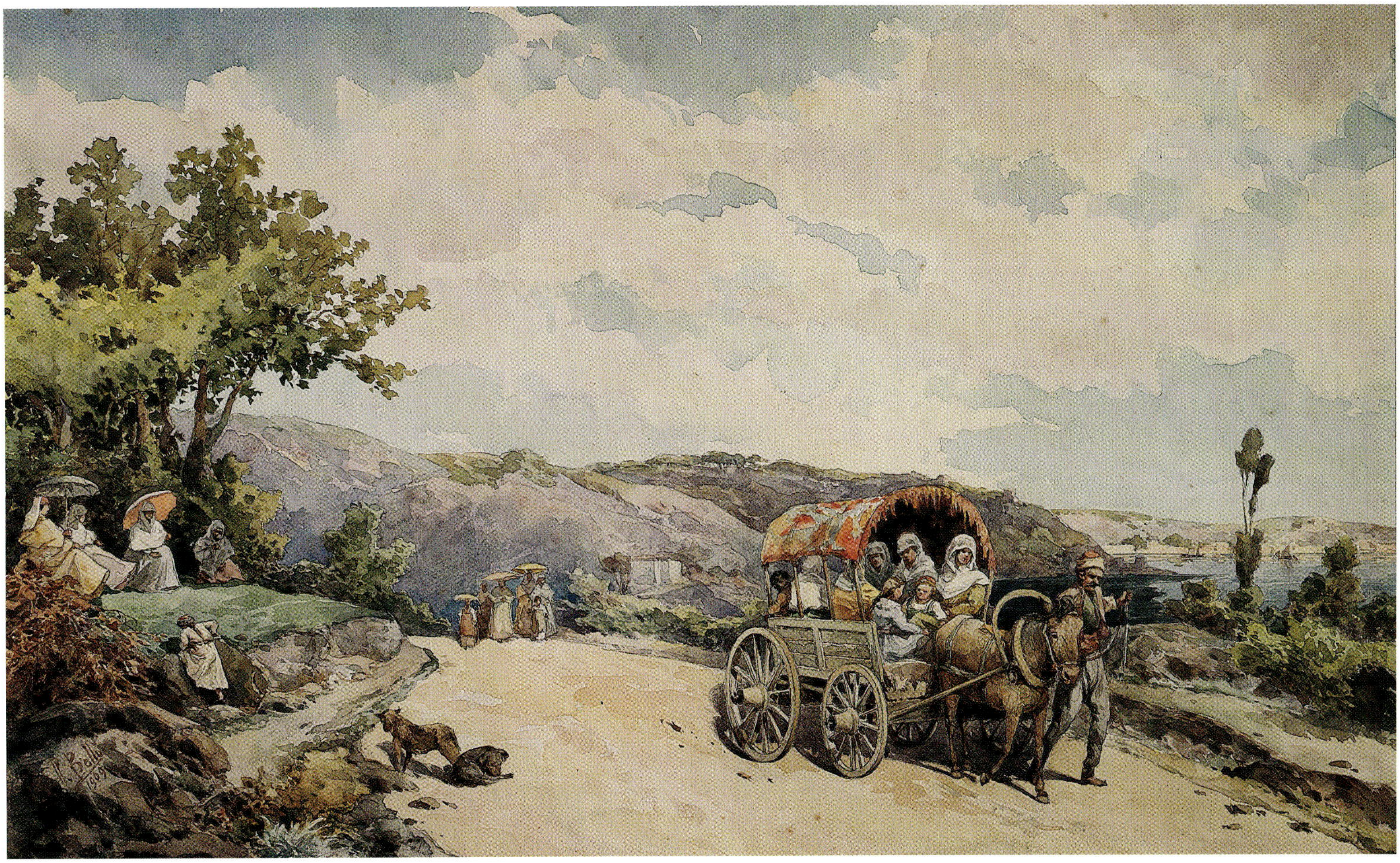

*Pietro BELLO.*
Sur la route d'Istanbul, 1909.
*Aquarelle, 34 x 55 cm.*
*Pinacoteca, Bassano del Grappa.*

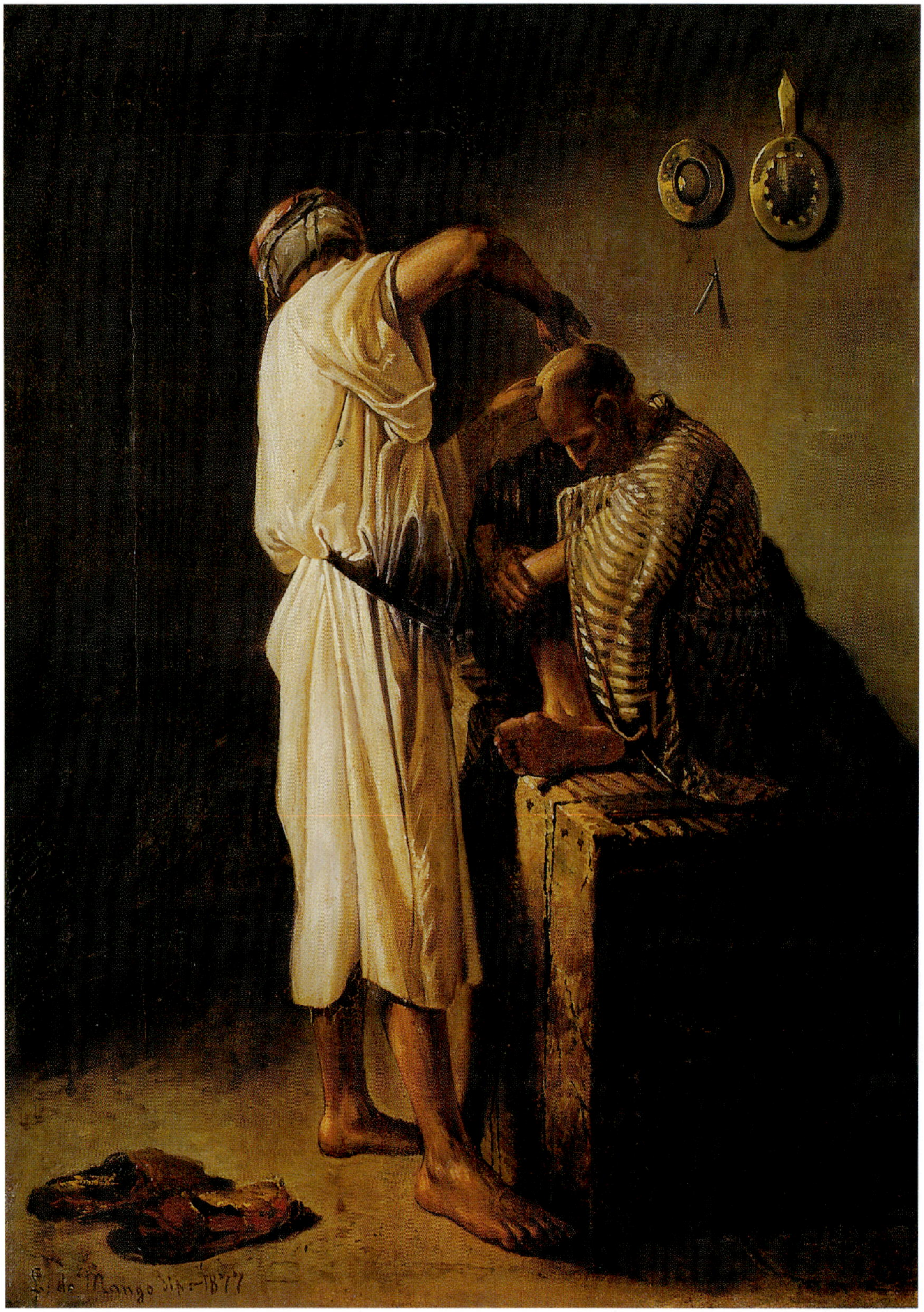

*Leonardo de MANGO.*
Danses populaires, 1911.
*Huile sur toile, 92 x 160 cm.*
*Collection particulière.*

*Leonardo de MANGO.*
Le Barbier, 1877.
*Huile sur toile, 43 x 31 cm.*
*Collection particulière.*

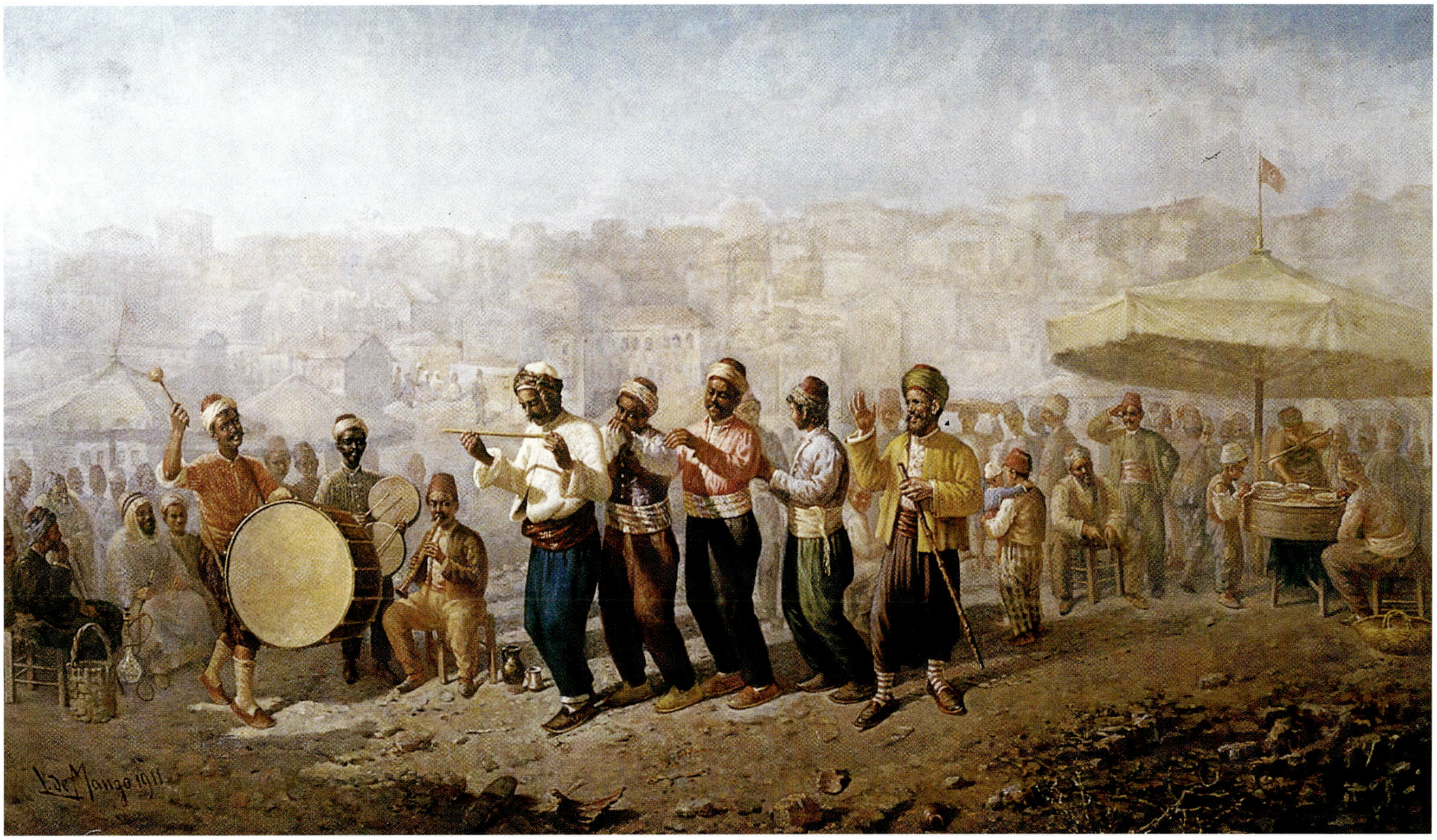

Leonardo de Mango (1843-1930) en 1883 et Fausto Zonaro en 1891 ; dans la section gravure, Napié ; dans la section sculpture, E. Osgan, un Arménien formé à l'Académie des Beaux-Arts de Rome, qui exerçait aussi la fonction de vice-directeur. La direction était, en revanche, réservée au célèbre artiste turc Osman Hamdi Bey (1842-1910), qui était en même temps directeur du Musée impérial ottoman, et jouissait d'une bonne réputation pour son œuvre picturale[143].

Malgré les tentatives avortées, menées à l'initiative de Cheker Ahmed Ali Pacha en 1874, 1875 et en 1877 pour introduire à Constantinople l'habitude des expositions d'art, un « Salon de peinture et de sculpture » est pour la première fois inauguré à Péra en mai 1901, dans les salles d'un hôtel du Passage oriental, mis à disposition par le grand pâtissier français Bourdon. L'architecte Vallaury, à l'origine de cette initiative, en sera le président, activement soutenu par Régis Delbeuf, le directeur du quotidien *Le Stamboul*[144].

Ce Salon de Péra fonctionnera trois années consécutives, mais sera définitivement suspendu après 1904. En 1907, pour marquer le 31e anniversaire de l'accession au trône du sultan Abdül-Hamid II, se tiendra la première Exposition artistique ottomane à la Sublime Porte. Enfin, en 1908, après le rétablissement du régime constitutionnel, sera fondée la première Société des artistes turcs, présidée par Osman Hamdi Bey, qui cherchera à promouvoir et à valoriser les activités artistiques des artistes du pays.

La Turquie possède désormais une pléiade d'artistes locaux capables de rivaliser avec les artistes occidentaux de leur temps.

# LE TRIOMPHE DES COULEURS

*« J'ai vu Constantinople étant petit fille*
*Je m'en souviens un peu*
*Je me souviens d'un vase où la myrrhe grésille*
*Et d'un minaret bleu.*

*Je me souviens d'un soir aux Eaux-Douces d'Asie*
*Soir si traînant, si mou*
*Que déjà, comme un chaud serpent la Poésie*
*S'enroulait à mon cou. »*

Anna de Noailles, « Constantinople », *Les Éblouissements*, 1907.

A la fin du XIXe siècle, la plupart des artistes sont à la recherche d'impressions. Les scènes de genre ont perdu leur éclat bariolé et ne les intéressent plus. On préfère les paysages, les jeux de lumière. Pour ces artistes, le caractère du pays n'est donc plus une fin mais le moyen d'enrichir leur conception picturale à une époque où, il est vrai, Constantinople a perdu son charme d'antan. Pour Pierre Loti, qui vivait avec nostalgie ses rapports avec la ville, le quartier de Péra n'est qu'un « lamentable pastiche de la ville européenne », et la rive européenne du Bosphore, avec ses « villas baroques de Levantins en délire, façades composites ou même Art nouveau, écœurantes à côté des harmonieuses demeures de la vieille Turquie », font l'objet d'une critique radicale. Ses préférences, comme pour les artistes, vont au « dédale des vieilles rues » du vieux Constantinople, où « l'enchevêtrement des maisons de bois, jadis peintes d'ocre sombre, toutes déjetées, toutes de travers avec toujours leurs fenêtres à doubles grillages, impénétrables au regard (...) tout ce délabrement, toute cette vermoulure (...) vue de loin, figurait dans son ensemble une grande ville féerique, mais qui, vue en détail, eût forcément déçu les touristes des agences[145] ».

En plein accord avec Loti, Claude Farrère exprime également, dans *L'Homme qui assassina* (1907), son propre dédain pour la « Grande Rue de Péra, notamment horrifique et prétentieuse caricature des moins parisiens de nos boulevards. Tout y singe l'Occident : les rues à tramways, les maisons à cinq étages, les boutiques à enseignes anglaises, les messieurs à chapeau melon, les dames à robe de province. Cette façade levantine n'est point artistique ». Et il forme le même jugement sur la rive européenne du Bosphore, peuplée « d'épouvantables villas Art nouveau » qui suscitent un « cauchemar chronique[146] ». Les jugements de Loti et Farrère montrent surtout combien était voyante la transformation de la ville. C'est donc autre chose que les peintres viennent chercher ; certains entrevoient dans les séjours orientaux une nouvelle approche esthétique.

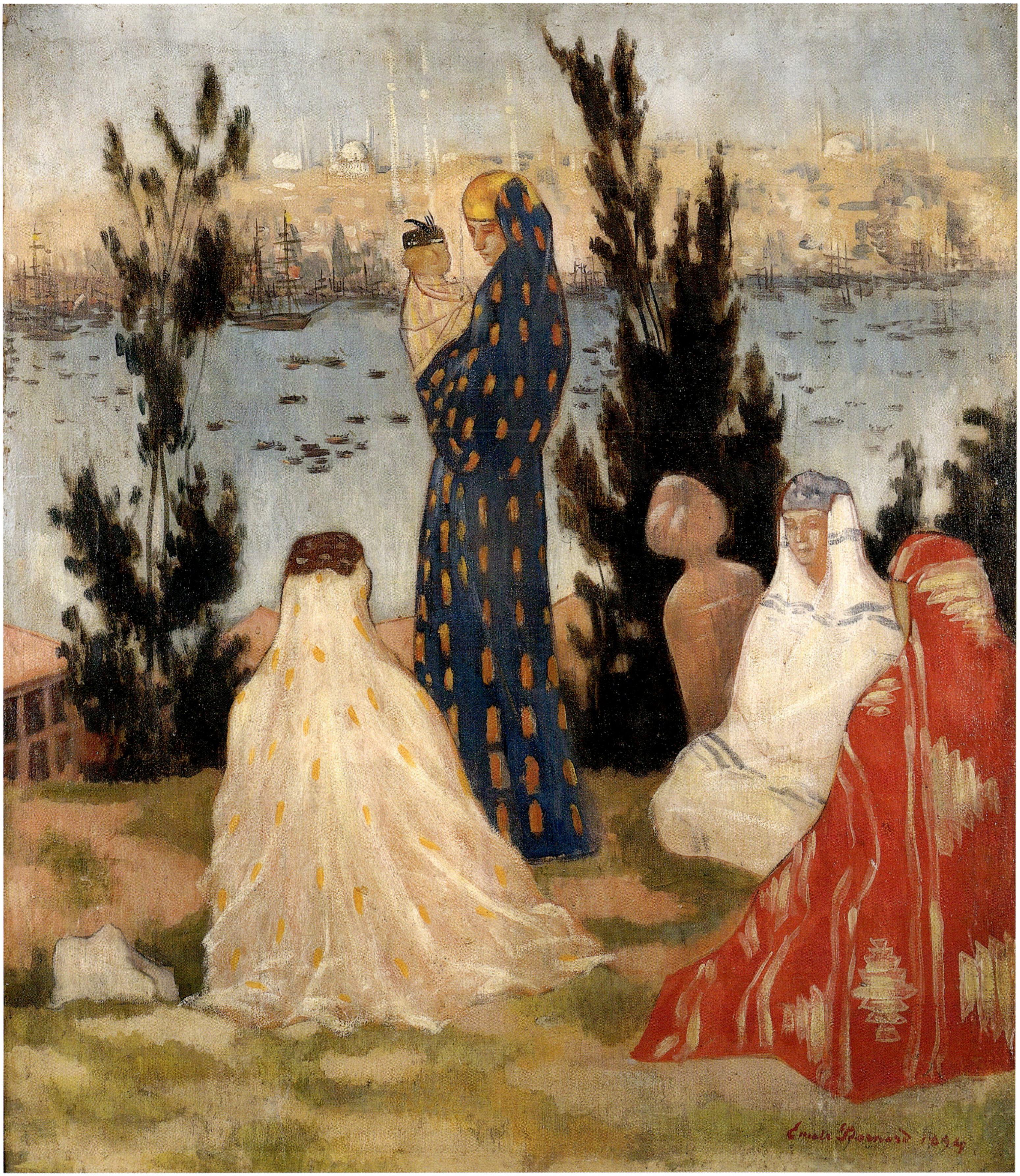
Emile Bernard 1894

Page précédente :
*Émile BERNARD.*
Souvenir de Constantinople, 1894.
*Huile sur toile, 88 x 78 cm.*
*Collection particulière.*

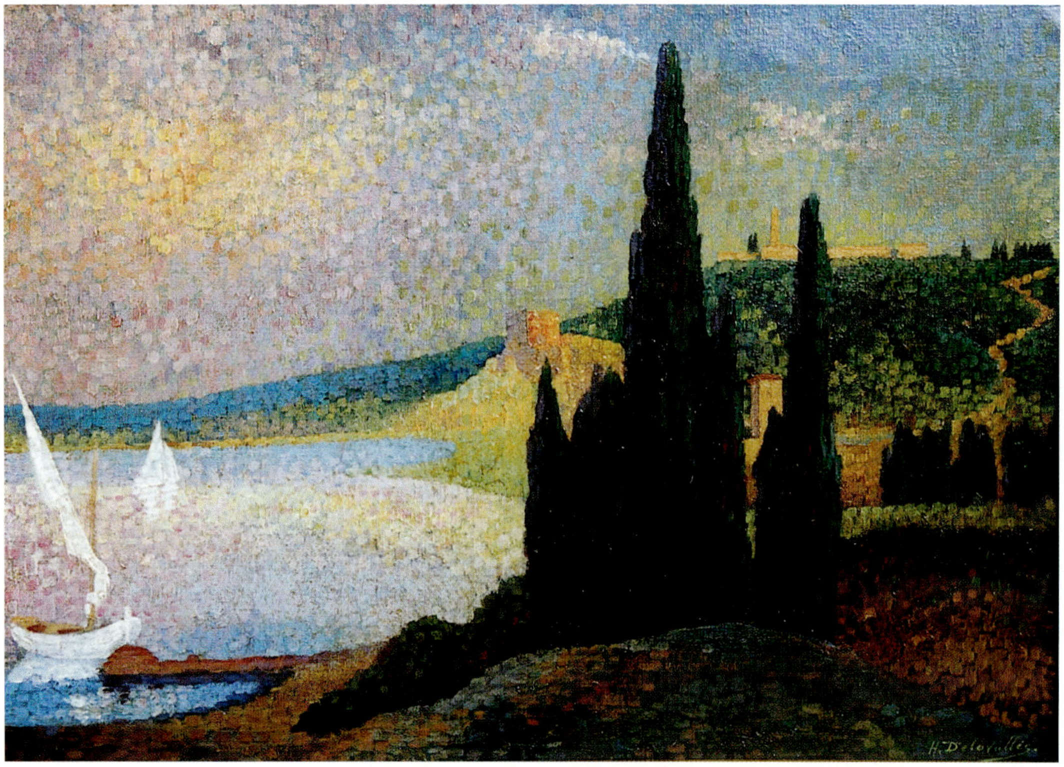


*Henri DELAVALLÉE.*
Paysage à Constantinople : le Bosphore.
*Huile sur toile, 46 x 65 cm.*
*Collection particulière.*

# L'appel des lointains

Bien que les chemins de l'Orient soient largement balisés à la fin du XIXe siècle, nombreux sont les artistes qui, poussés par un impérieux besoin de fuir la civilisation moderne, veulent à tout prix découvrir de nouveaux horizons. Cet appel du lointain relève d'une démarche essentiellement solitaire, comme conséquence d'une révolte intérieure. C'est le cas des amis de Paul Gauguin et du groupe de Pont-Aven. Partir, comme pour Gauguin, c'est changer d'air, éviter d'être « mangé » par Paris où l'on sent qu'on ne peut rien faire de grand. C'est dans cet esprit de quête esthétique qu'en 1894 Henri Delavallée (1862-1943) part s'installer à Constantinople. Il y séjournera sept ans, réalisant des vues du Bosphore et des portraits du sultan Abdül-Hamid II, tout en participant à l'introduction du cinéma grâce aux films que lui expédient ses amis, les frères Lumière.

Émile Bernard (1868-1941) n'a que vingt-cinq ans lorsque, en 1893, il s'embarque pour l'Orient. L'expérience de Pont-Aven est terminée et il est quelque peu marqué par sa rupture avec Gauguin ; déçu aussi de ne pas se voir reconnu à sa vrai place, c'est-à-dire comme l'initiateur du Synthétisme. Après quelques mois passés en Italie, il poursuit son voyage à Constantinople. Dès son arrivée, il est conquis par l'ambiance orientale et réalise plusieurs aquarelles de la vie quotidienne : femmes se rendant au cimetière, femmes en prière, artisans et vendeurs dans les rues, etc. Il se rend ensuite à Samos, Jérusalem et enfin au Caire où il se fixe durant une dizaine d'années et épouse une fille du pays, Sett

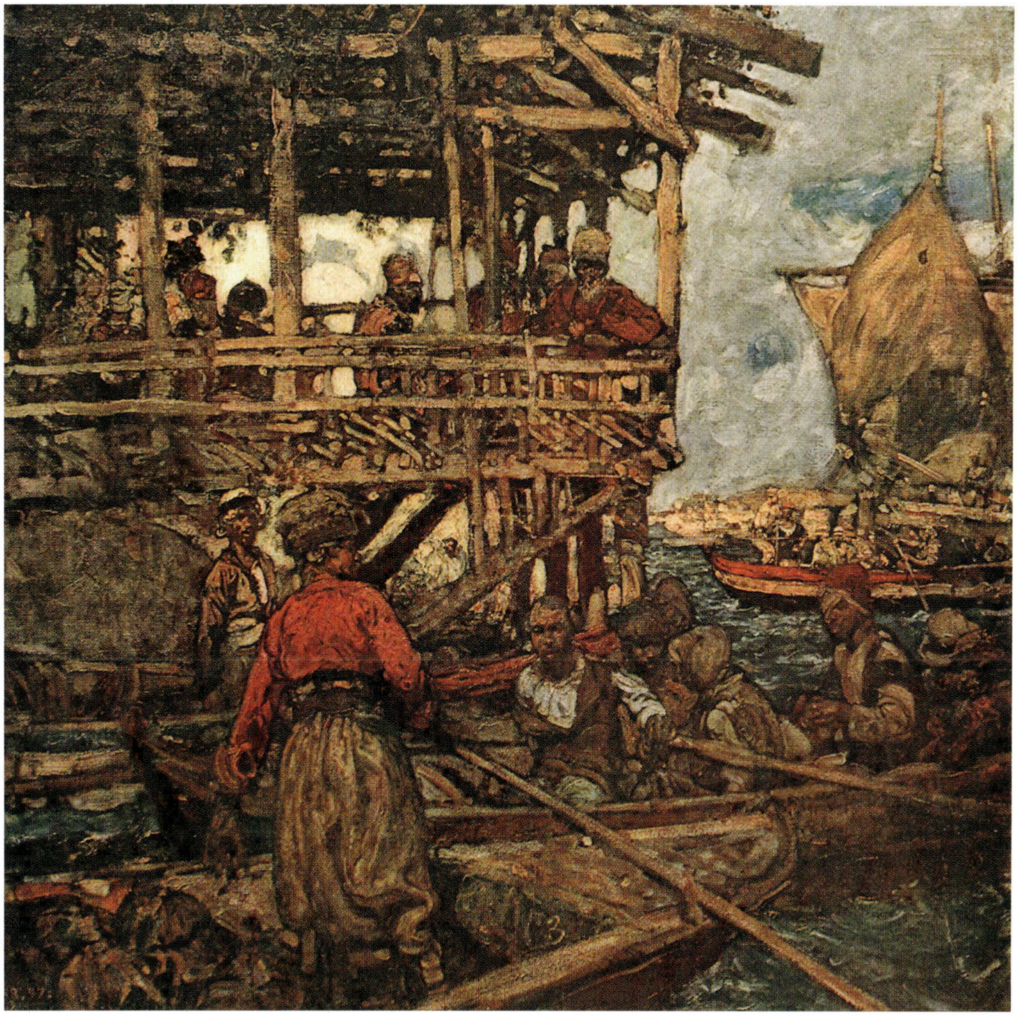

*Frank BRANGWYN.*
Les Pêcheurs turcs, 1897.
*Huile sur toile, 36 x 48 cm.*
*Prague, National Gallery.*

Hanehah Saati. Émile Bernard ne « visite » pas l'Orient, il se fond en lui. Adoptant le costume et le mode de vie égyptiens, il s'imprègne de la culture islamique.

L'influence de Pont-Aven persiste cependant. Elle se retrouve dans l'utilisation des couleurs pures et complémentaires ; le jaune, le vert, le rouge, le mauve..., de même que dans les masses bien définies et dans le télescopage des plans. De son côté, l'influence de l'Orient s'exerce dans le traitement de la lumière, ainsi que dans son atmosphère très particulière. Désormais, le goût du pittoresque ne s'exprime plus mais bien l'âme du pays.

Pour d'autres artistes, comme Paul Leroy, l'Orient devient un véritable mode de vie. Prédisposé par une enfance passée à Odessa, Paul Leroy (1860-1942) parcourt le Proche-Orient grâce à une bourse de voyage. En septembre 1884, pour éviter Marseille frappé par le choléra, il prend le train en compagnie de son ami Pesnel. Arrivés à Varna, ils s'embarquent sur le navire *Le Cérès* qui les conduit jusqu'à Constantinople. Mais là, ils doivent faire preuve de patience car le pavillon jaune de la quarantaine est hissé en haut du mât. Les semaines s'écoulent, monotones et vides. Du bateau, la ville apparaît toute grise, enveloppée de pluie et de brume. Enfin, le signal du débarquement est donné. Leroy et son compagnon s'installent à l'Hôtel de Byzance situé dans une ruelle qui débouche sur la Grande Rue de Péra, juste en face du palais de la légation de Hollande. Du balcon de sa chambre, Leroy réalise aussitôt trois études, puis c'est la découverte de la ville. Ils sont

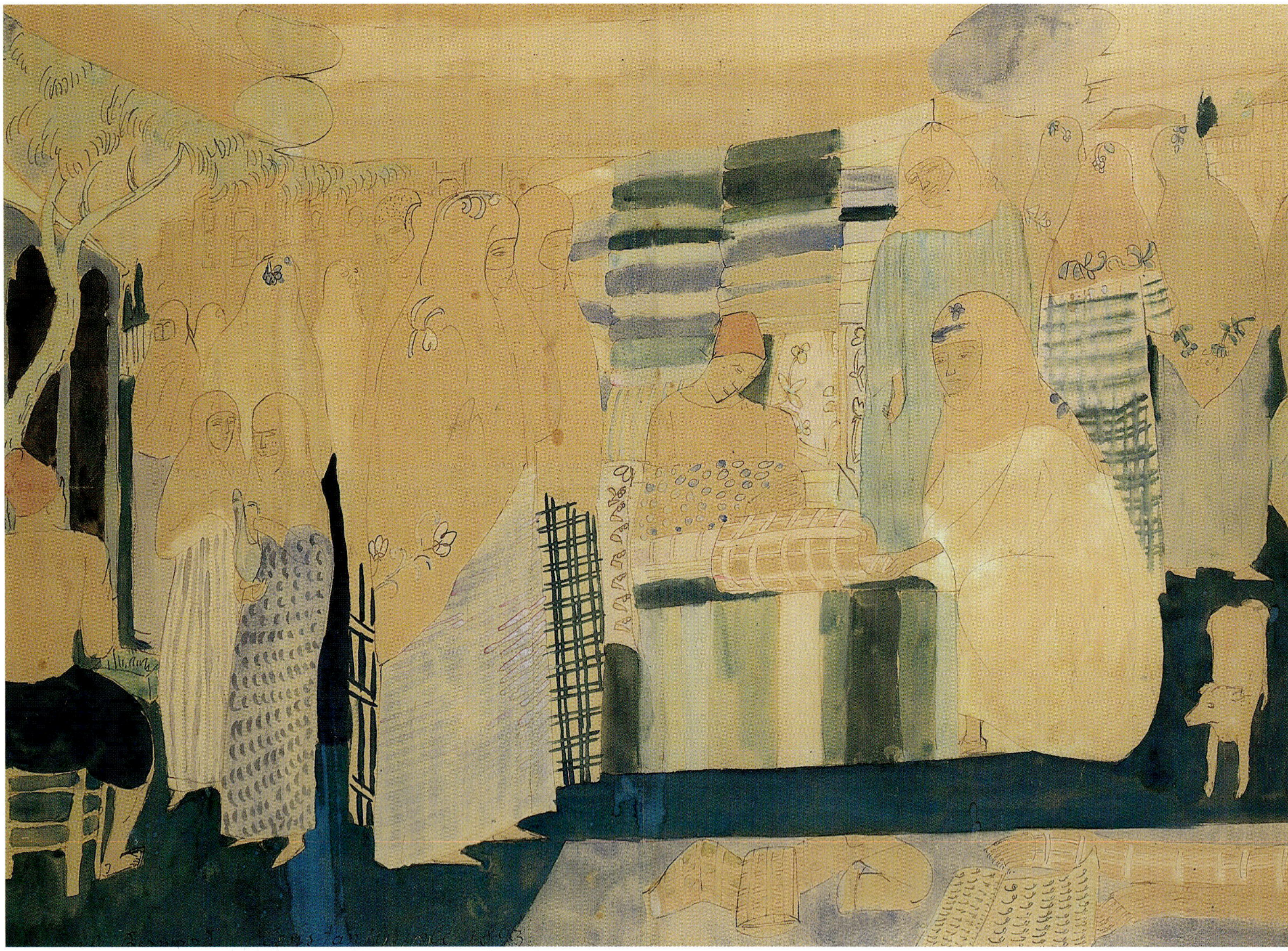

émerveillés par tout ce qu'ils voient. Leroy est surtout sensible à l'art islamique, plus particulièrement aux carreaux de faïence des mosquées comme ceux de la Yeni Djami dont il exécute trois études. Cet art lui procure tant de jouissance qu'il s'empresse d'acheter plusieurs carreaux de revêtement. Toute sa vie, il les peindra dans des scènes orientales diverses, admirant et traduisant à la perfection des orchestrations de couleurs merveilleuses et des arabesques linéaires aussi délicates que dépouillées. Il recourt ainsi aux tons éclatants et au compartimentage des couleurs dans *Intérieur de la mosquée Yeni Djami*, toile qu'il réalise juste avant sa mort.

Un déjeuner à Kurutchechme, dans la propriété du peintre turc Osman Hamdi Bey, marié à une Française, clôtura ce séjour en Turquie[147]. Les deux compagnons s'embarquent ensuite sur un bateau russe, *Le Korniloff*, qui les conduit à Alexandrie.

Cette manière de compartimenter les couleurs se retrouve dans la peinture de l'Anglais Sir Frank Brangwyn (1867-1956) qui voyage en Orient en 1888, en compagnie de l'aquarelliste écossais Arthur Melville (1858-1904). Ils découvrent les Dardanelles, Constantinople et la mer Noire ; l'année suivante Tunis, Smyrne et Trébizonde. De l'enseignement reçu de son

A gauche :
*Émile BERNARD.*
Le Marché aux étoffes.
*Aquarelle, 56 x 81 cm.*
*Collection particulière.*
*Cette toile est composée comme une scène de théâtre dont l'action principale, la vente des étoffes, se déroule au centre de la composition. Les acteurs principaux sont cependant moins les personnages que les rayures qui s'entrecroisent.*

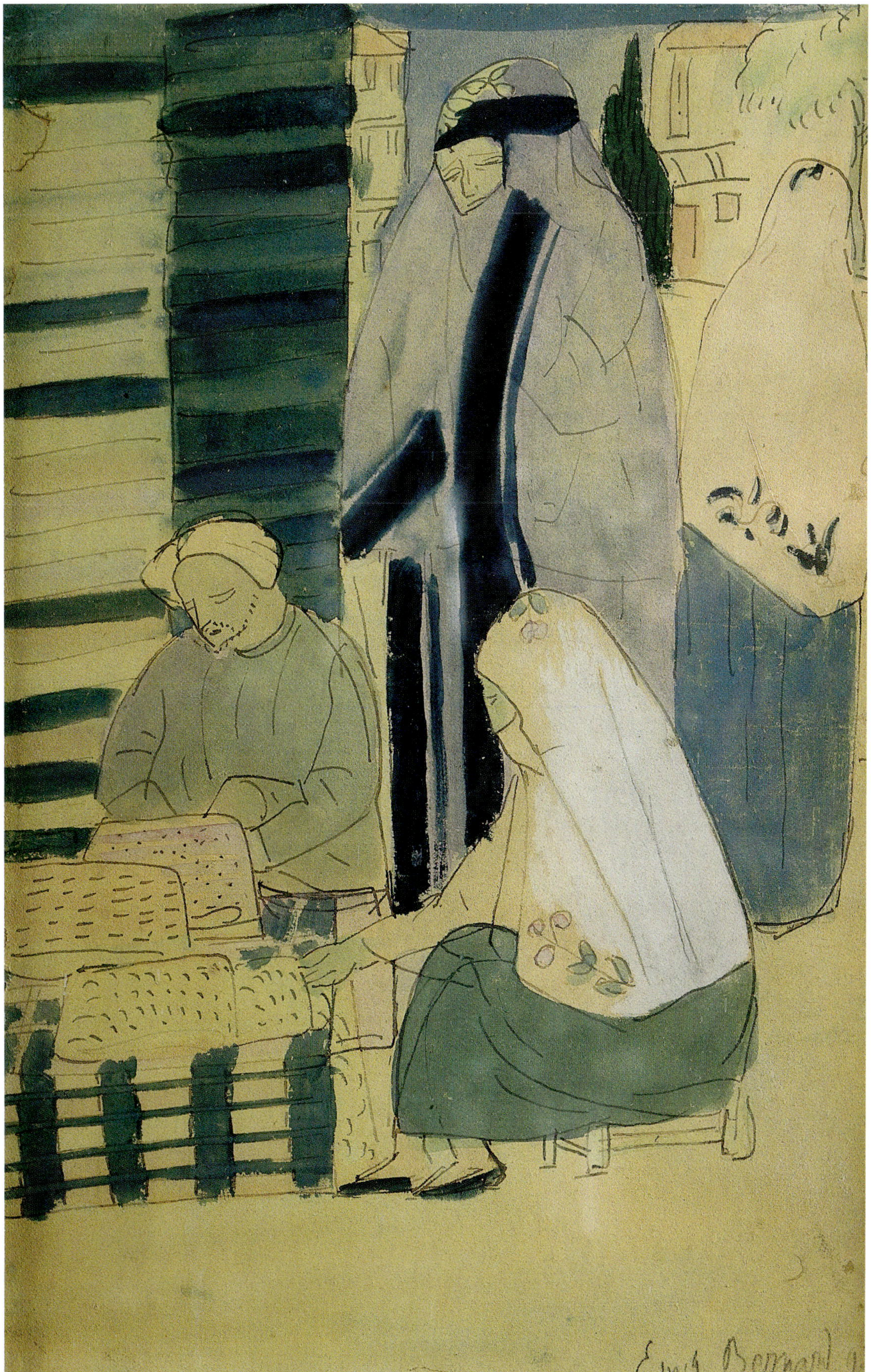


*Émile BERNARD.*
Le Vendeur d'étoffes à Constantinople.
*Aquarelle, 40,4 x 27 cm.*
*Collection particulière.*
*Il faut apprécier dans la peinture d'Émile Bernard la simplification étonnante. Une femme turque, vêtue de mauve, personnage central autour duquel s'ordonne la composition, est réduite à sa simple expression par une large bande bleue courant sur sa manche. Autour d'elle s'organisent les bandes horizontales et verticales des lés de tissus.*

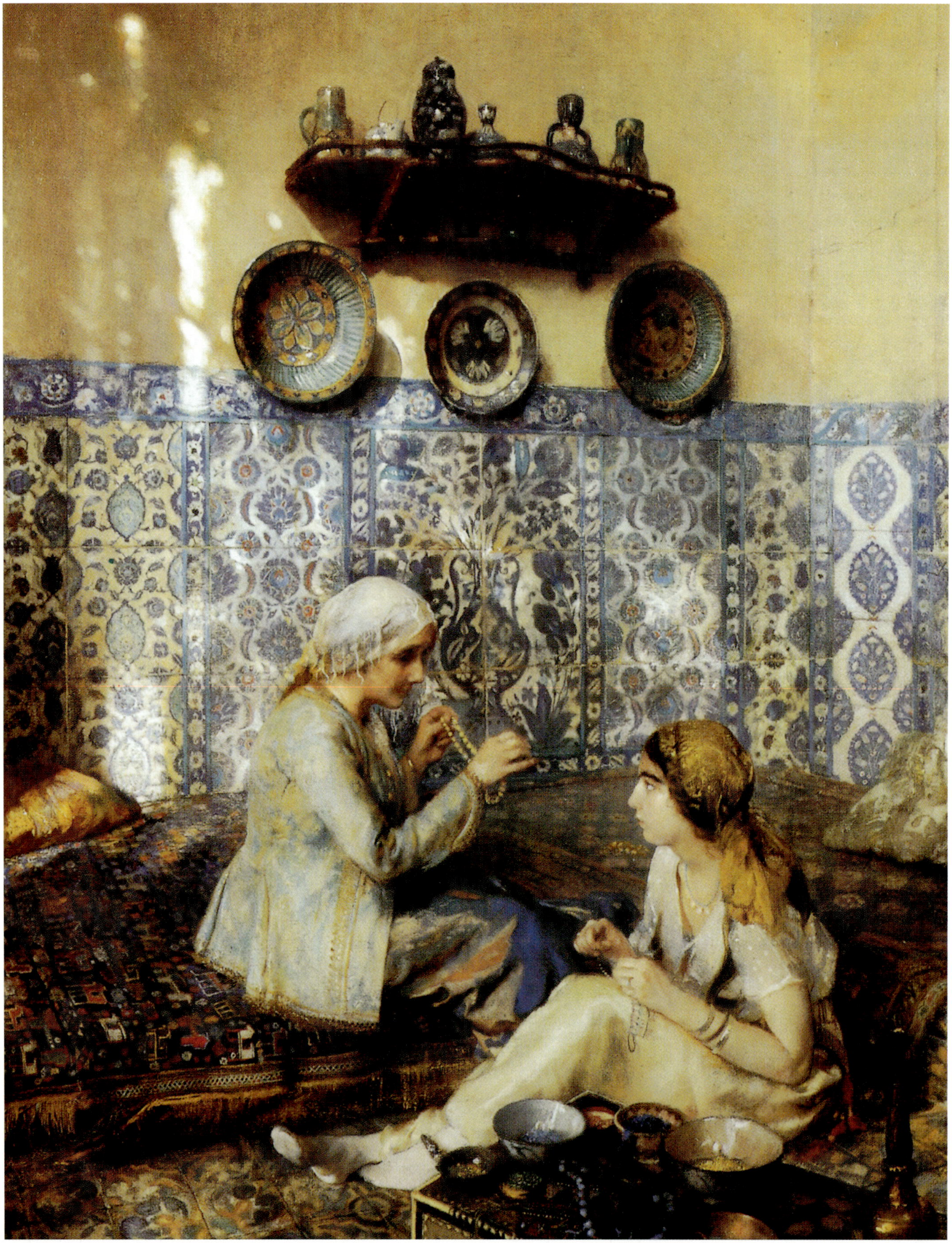

A gauche :
*Paul LEROY.*
Le Collier de perles au salon des Iznik.
*Huile sur toile, 92 x 73cm.*
*Collection particulière.*

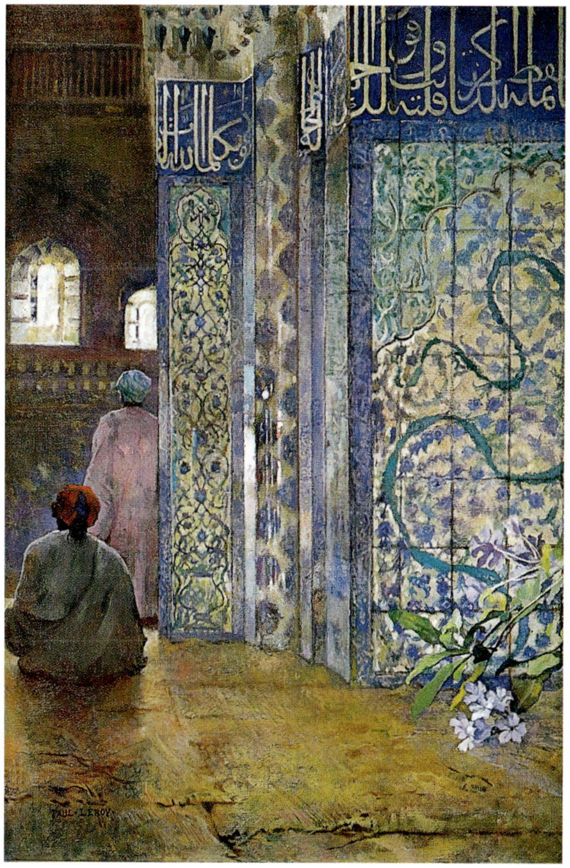

*Paul LEROY.*
Intérieur de mosquée à Constantinople, 1941.
*Huile sur toile, 55 x 38 cm.*
*Autun, musée Rolin.*

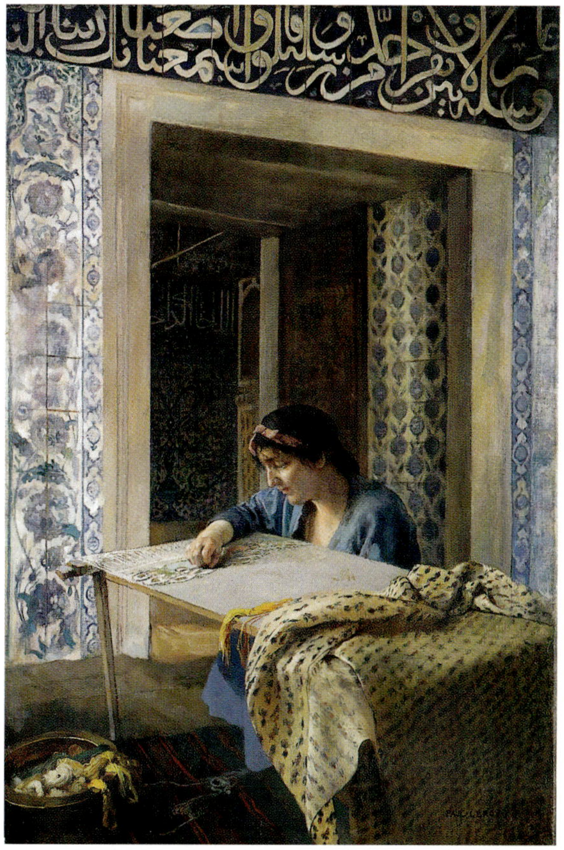

*Paul LEROY.*
Brodeuse dans le palais du sultan.
*Huile sur toile, 55,3 x 38,4 cm. Salon de 1938.*
*Bordeaux, musée des Beaux-Arts.*

père, un architecte, de son apprentissage auprès de William Morris, l'animateur du mouvement Arts and Crafts, Brangwyn garda une admirable rigueur dans la construction de ses toiles, forçant l'œuvre à épouser des lignes directrices et donnant ainsi à la plus anodine des esquisses une charpente de fresque. Il cultiva dans son œuvre la simplification des formes, leur utile regroupement, la césure des plans par un cerne, comme il le vit faire autrefois par les maîtres verriers. La compagnie de Melville lui révéla toutes les subtilités de l'aquarelle. Celles qui consistaient à appliquer des aplats souples, une retenue extrême de la couleur pour atteindre des valeurs sourdes, à la limite de la monochromie toute opposée au clinquant en vogue chez les peintres de l'Orient de cette époque. Dès son retour, il expose des toiles somptueuses à Londres et Paris, magistrales dans leurs compositions, où jaillissent des couleurs, et souvent inspirées par le fantastique.

C'est également un Orient légendaire et somptueux que l'artiste hollandais Marius Bauer (1867-1932) recrée dans son atelier au retour d'un séjour en Turquie en 1888. Ce voyage, ainsi que d'autres effectués en Inde et en Égypte, lui inspirent de nombreux dessins orientaux, dont quatre mille dessins à la plume et à l'aquarelle pour *Les Mille et Une Nuits*.

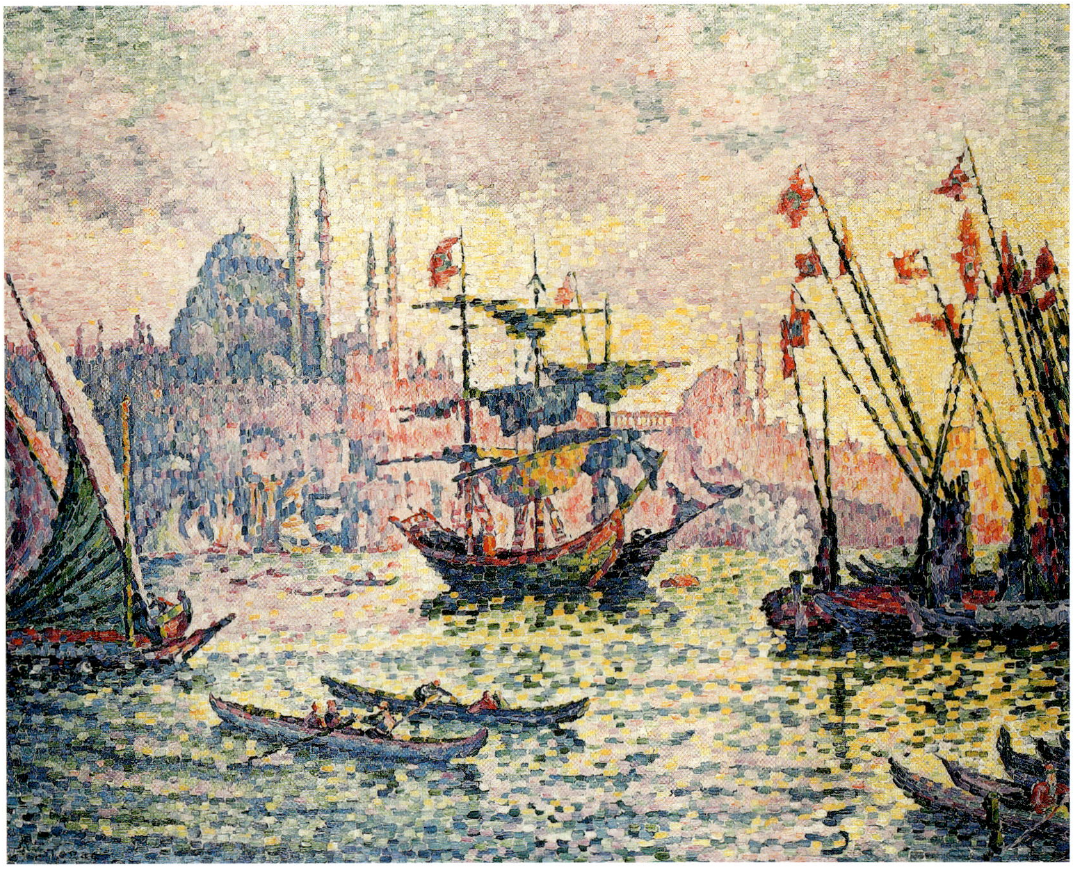

A droite :
*Henri PERSON.*
Bateaux devant la tour de Galata.
*Huile sur toile, 82 x 120 cm.*
*Collection particulière.*
*Cette toile de Person montre l'influence exercée par son ami Signac.*

*Paul SIGNAC.*
La Corne d'Or, le soir.
*Huile sur toile, 73 x 92 cm.*
*Collection particulière.*
*Signac poursuivra toute sa vie le divisionnisme et restera fidèle à deux principes : l'observation de la nature et la division de la couleur. Le point s'élargit jusqu'au carré ou au rectangle ; la composition, à la fois décorative et abstraite, se pare de couleurs brillantes.*

## Le Pointillisme

A partir de 1903 et jusqu'à la Grande Guerre, Paul Signac (1863-1935) aime voyager et ses expéditions le mènent vers les grands ports européens : on le retrouve à Venise en 1904 et 1908, à Rotterdam en 1906. Il peint les ports où les bateaux, entrant, sortant, ou au repos, organisent par leurs mâts et leurs gréements une écriture sévère et géométrique entre la lumière du ciel et celle de l'eau. C'est en avril 1907, sur un long courrier qui lui fit entrevoir au passage Naples et la Grèce, que Signac découvre avec son ami Henri Person (1876-1926) le grand port de Constantinople dont il rêvait depuis longtemps. Il fut ébloui, ainsi qu'il le nota dans son carnet, par la « lumière enveloppée du Nord sur une couleur d'Orient. On pense à Londres, à Rotterdam, à Venise un peu. C'est turnerien surtout[148] ». A partir de ses notes et des aquarelles amassées dans la capitale ottomane, il fait une série de compositions – mosaïques aux couleurs violentes ou paysages féeriques et nacrés, d'une grande douceur, au moins autant néo-romantiques que néo-impressionnistes – qui lui serviront à élaborer les toiles peintes à son retour.

Ami de Signac, avec qui il voyagea en Méditerranée, Henri Person se fixa à Saint-Tropez où il fut l'un des fondateurs du musée de l'Annonciade. Ses peintures à l'huile et ses aquarelles montrent un artiste amoureux de la lumière et des couleurs éclatantes.

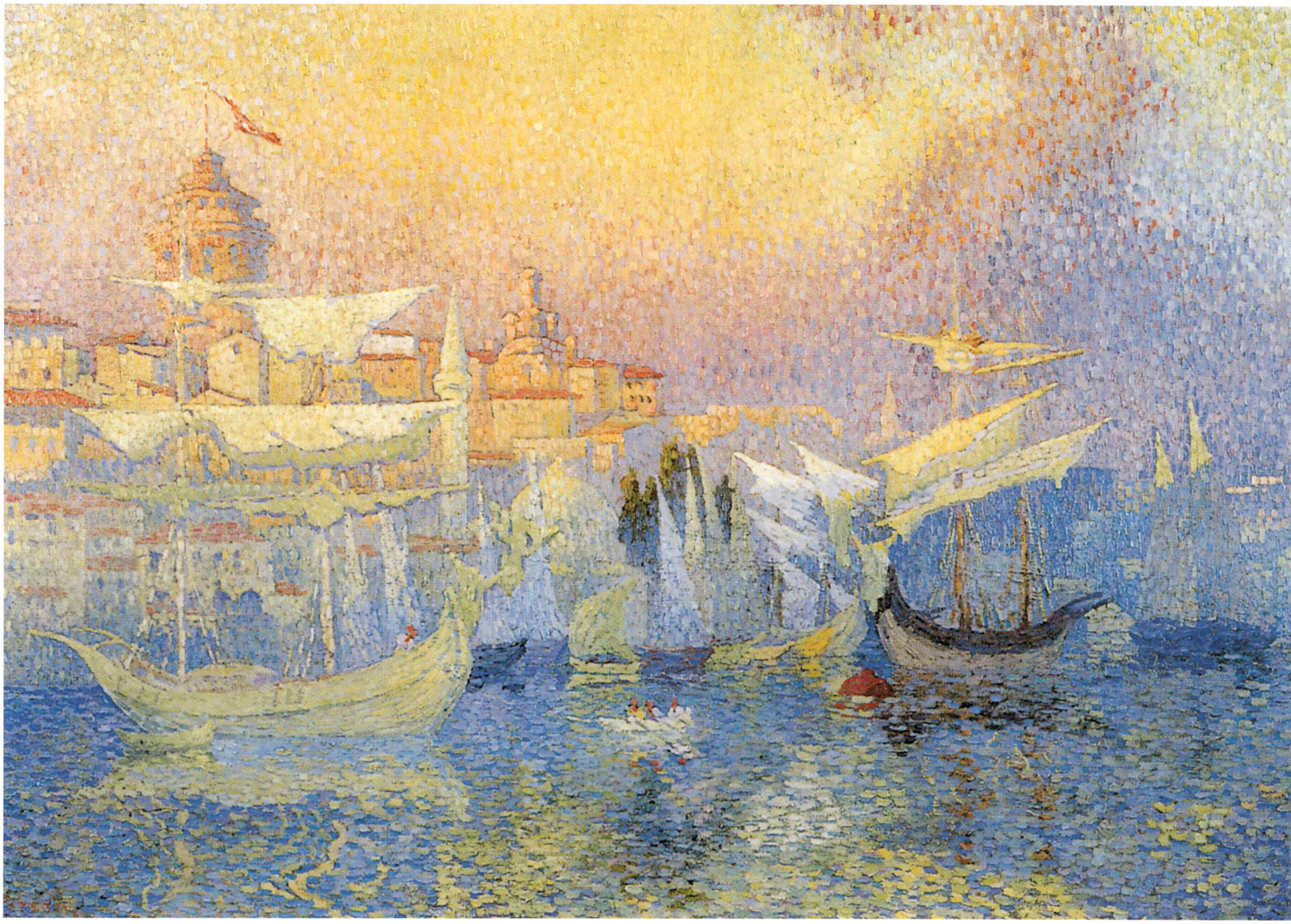

On retrouve une peinture proche de celle de Seurat et Signac chez l'artiste allemand Paul Baum (1859-1932). Ses toiles de Constantinople, composées dans les années 1901-1906, s'inspirent du Pointillisme.

Théodore dit Theo Van Rysselberghe (1862-1926) marque, avec Frantz Charlet (1862-1928), le début de l'Impressionnisme belge. Ensemble, ils visitent une première fois le Maroc durant l'hiver 1882-1883, lequel leur inspira de nombreuses toiles. C'est vraisemblablement lors d'un voyage à Constantinople en 1895 que Van Rysselberghe compose un très beau paysage de la capitale ottomane (actuellement conservé au palais de Dolmabahçe). Il représente une vue générale de la Corne d'Or avec, au fond, la silhouette panoramique de la ville et, au loin, les rives d'Üsküdar. Le vieux pont de bois enjambe les eaux de la Corne d'Or, sur lesquelles grouillent les bateaux à vapeur, les barques et les voiliers. Cette peinture fut offerte au sultan Abdül-Hamid par un entrepreneur belge du nom de Nacklemaker[149]. Quant à Louis-Gustave Cambier (1874-1949), qui séjourna plusieurs fois en Turquie, il produisit une série de représentations ternes et souvent ténébreuses de Constantinople, qui ont pour ainsi dire perdu tout caractère exotique.

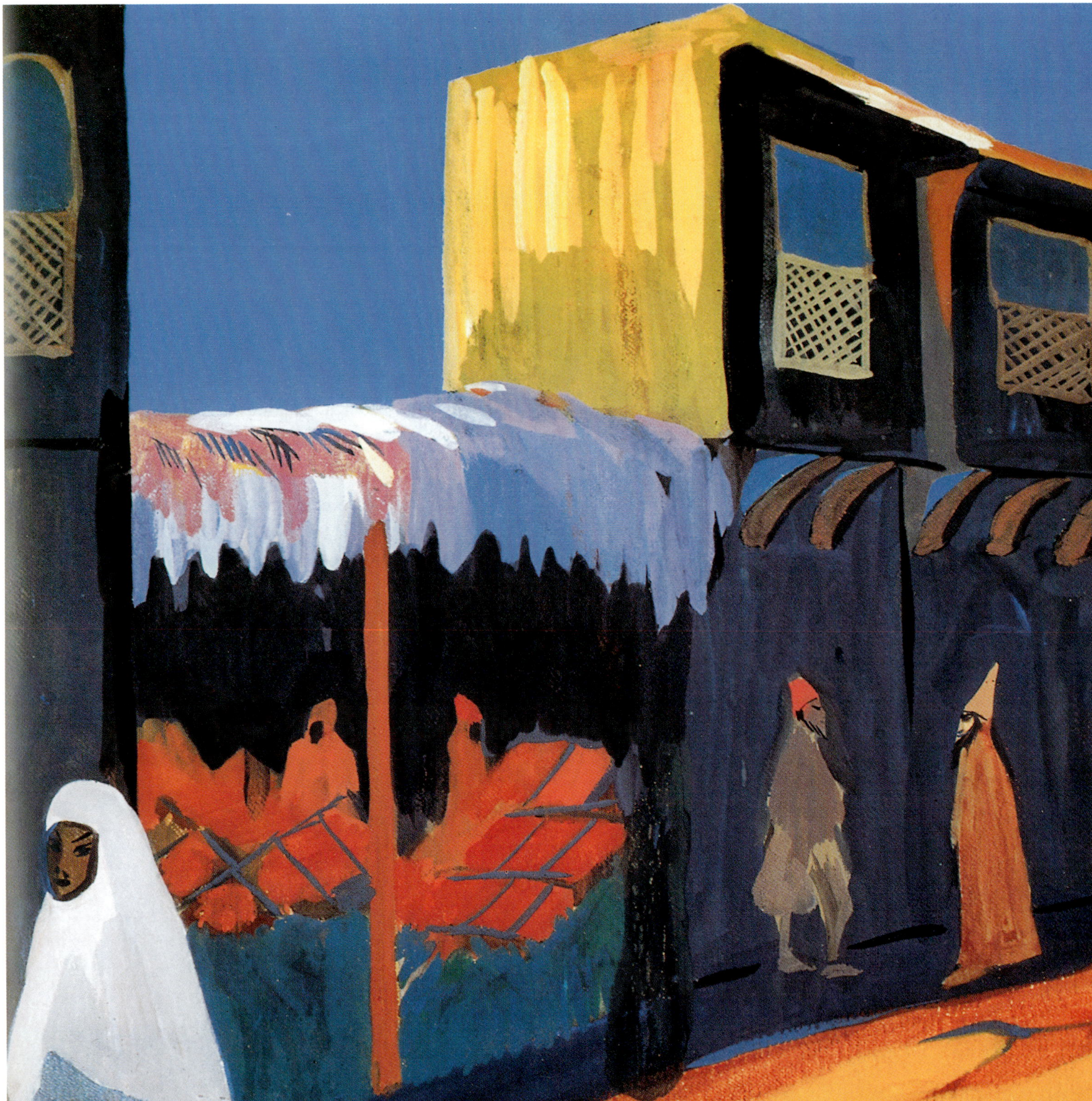

# Le Fauvisme

Certains élèves de l'École de peinture, sculpture et architecture de Moscou furent très inspirés par Constantinople. C'est le cas du peintre, dessinateur, décorateur de théâtre Martiros Sergueïevitch Sarian (1880-1972), qui séjourna dans la capitale ottomane au mois de mars-avril 1910. Fasciné par « les rues étroites et populeuses » et le nombre incalculable de chiens errants, il aime comme les impressionnistes jouer avec la lumière et les couleurs vives et intenses[150]. Il fut certainement influencé par la peinture de Henri Matisse, dont il découvrit les premières toiles acquises à partir de 1906 par le collectionneur Sergueï Chtchoukine. Ce qui retient son attention, c'est le trait spécifique, unique, de ce qu'il a vu et il le rend dans le mouvement, dans les rapports des couleurs.

*Martiros SARIAN.*
Une Rue de Constantinople, 1910.
*Détrempe sur carton, 59,5 x 63,5 cm.*
*Moscou, Galerie Tretyakov.*
*On retrouve dans la peinture de Sarian les couleurs chères à Matisse, le chef de file des Fauves.*

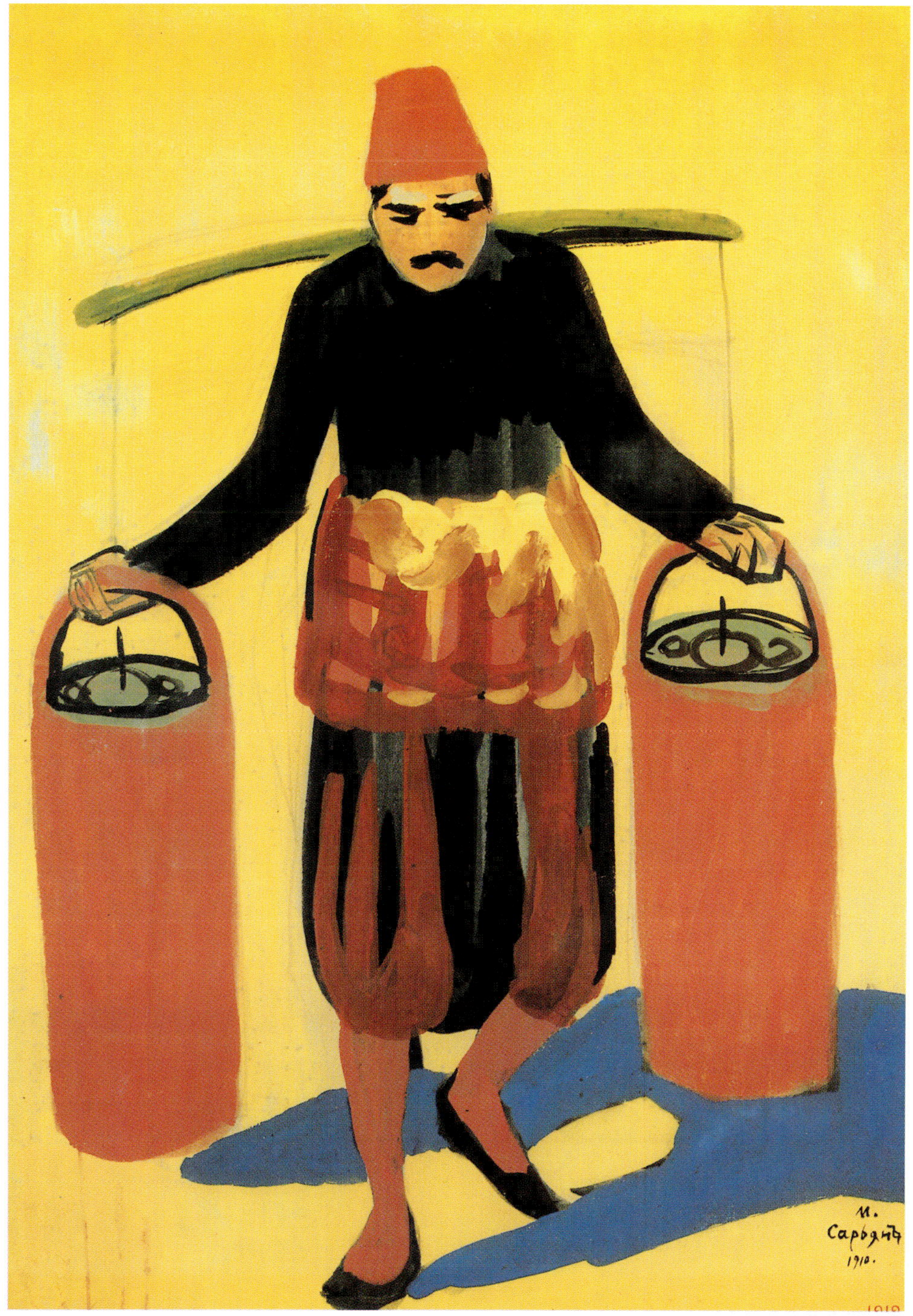

*Martiros SARIAN.*
Vendeur de limonade, 1910.
*Détrempe sur carton, 47,5 x 35,7 cm.*
*Saint-Pétersbourg, Musée national russe.*

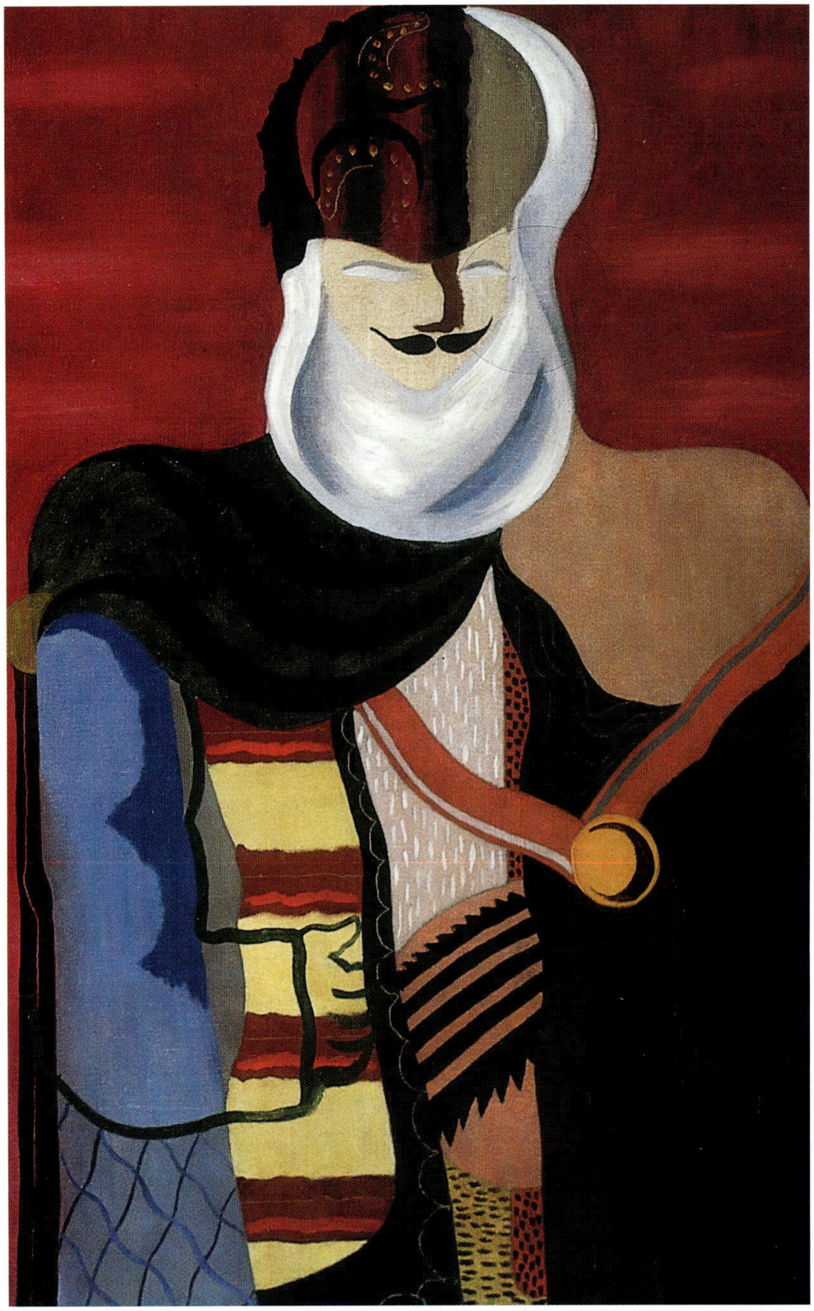

*Jean LURÇAT.*
Le Moustachu, 1925.
*Huile sur toile, 92 x 60 cm.*
*Paris, Galerie Jacques de Vos.*
*Lurçat fait un voyage en Anatolie en 1924. Il réalise à son retour plusieurs portraits en pied représentant le Turc, le Grec, l'Arménien.*

Fortement influencé par le Cubisme, Alexis Gritchenko (1883-1977) quitta Moscou en 1919 après avoir abandonné son atelier et la plupart de son œuvre qui devait être ensuite détruite et dispersée. Il s'installa à Constantinople où il séjourna deux ans. Au cours de ce séjour, il réalisa de nombreux croquis, aquarelles et huiles d'après les monuments de la ville et la vie quotidienne. Dès qu'il commence à dessiner, « la marmaille se rassemble : des fillettes aux pantalons bleus bouffants, des gamins au fez d'un rouge coquelicot, fendu en demi-sphère sur la tête[151] ».

Le séjour à Constantinople de Gritchenko a été décrit dans son livre *Deux ans à Constantinople* (Paris, 1930), qui reprend son journal de 1919 à 1921. Il raconte comment, « de ses mains, gonflées de froid », il travaillait à ses aquarelles dans la ville dont il était amoureux, cette ville qu'il découvrait enfin, après l'avoir connue à travers ses lectures et ses études[152].

Tout au long du XX^e^ siècle, Constantinople, la Corne d'Or, et les rives du Bosphore continueront de fasciner et d'attirer les peintres comme Sidney Adamson, Maurice Denis (1870-1943), Jean Lurçat (1892-1966), Constantin Terechkovitch (1902-1978), Yves Brayer (1907-1990) et bien d'autres encore. Pour ces artistes, le caractère du pays n'est pas forcément une fin mais le moyen d'enrichir leur conception picturale. Ils recherchent moins l'exotisme que l'équilibre abstrait des blancs, des jaunes et des bleus ou des formes. Ils retiennent l'« esprit » de l'Orient plus que la « lettre ».

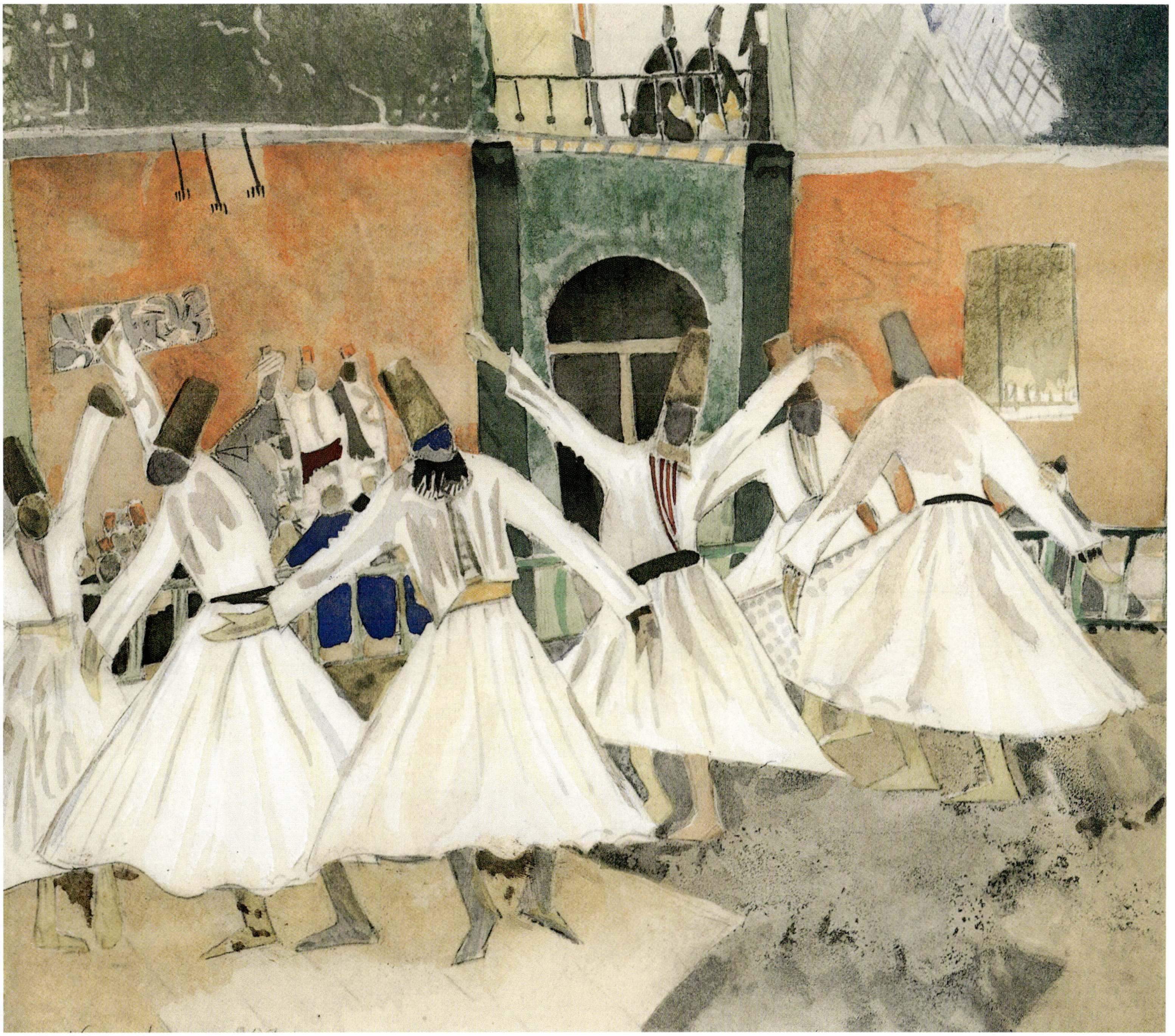

*Alexis GRITCHENKO.*
Les Derviches tourneurs.
*Aquarelle.*
*Collection particulière.*
*Comme maints voyageurs avant lui, Gritchenko est fasciné par l'élégance des danses des derviches tourneurs dont il propose ici une peinture très personnelle, influencée par le mouvement cubiste.*

# Monographies des artistes

## ACQUARONE, Luigi

(1800-1896). Italien.

Peintre d'origine génoise. Il ouvre un atelier de peinture à Constantinople dans la seconde moitié du XIX$^{e}$ siècle, devient « peintre officiel de la Cour » sous le règne du sultan Abdül-Hamid II.

## ADAMSON, Sydney

(actif de 1892 à 1916). Écossais.

Il travaille comme illustrateur pour les principaux périodiques de Londres et de New York et expose régulièrement à la Royal Academy de Londres, à partir de 1908, des toiles inspirées par ses voyages.

## AJDUKIEWIECZ, Tadeusz

(1852-1916). Polonais.

Formé à l'École des Beaux-Arts de Cracovie, puis de Munich, il se fait remarquer pour ses peintures équestres et ses portraits. En 1877, il fait un voyage d'étude à Paris, puis voyage en Asie Mineure et en Égypte. En 1894, il se rend à Constantinople sur l'invitation du sultan Abdül-Hamid II pour réaliser quelques grandes toiles. Il n'occupe pas une place prépondérante dans l'histoire de la peinture orientaliste, mais il a peint tout au long de sa vie des sujets orientaux inspirés par ses voyages en Turquie.

## ALLAN, William R.A.

(1782-1850). Anglais.

Élève de l'Académie d'Édimbourg, il a comme camarades David Wilkie et le graveur John Burnet. Il ne tarde pas à aller chercher fortune à Londres, mais n'obtenant aucun succès, il part pour Saint-Pétersbourg. Après avoir visité l'intérieur de la Russie, il se rend en Tartarie et en Turquie, réunissant un grand nombre d'études sur les mœurs et coutumes de l'Orient. De retour à Londres en 1814, ses tableaux *Captives circassiennes* et *Chef circassien vendant à un pacha turc les captives d'une tribu voisine enlevées pendant la guerre* n'intéressent pas la Royal Academy. Il se dispose à se retirer au fond de la Circassie, lorsque Walter Scott, en organisant une loterie, permet à l'artiste de se trouver à la tête d'une fortune considérable. En 1841, il succède à son ami et compatriote Wilkie, comme peintre de la reine pour l'Écosse.

## ALLOM, Thomas

(1804-1872). Anglais.

Architecte et dessinateur qui acquit sa célébrité comme artiste topographique de livres illustrés de gravures sur acier, un genre très en vogue dans les années 1830-1840. Un voyage en Turquie, d'où il ramène une profusion d'esquisses, lui permet d'illustrer les ouvrages de Fisher, *Constantinople and the Scenery of the Seven Churches of Asia Minor* (Londres, 1840) ; *Character and Costume in Turkey and Italy* (Londres-Paris, 1845, 21 pl. couleurs) ; Robert Walsh, *Constantinople* (s.d., v. 1850, 2 vol.) ; Pellé et Galibert, *Voyages en Syrie et dans l'Asie Mineure* (3 vol., 120 pl.).

## ANDERSEN, Hans-Christian

(1825-1875). Danois.

Écrivain et conteur qui passe l'essentiel de sa vie hors de son pays natal. Il séjourne rapidement à Constantinople, du 25 avril au 4 mai 1841, assez pour rendre visite aux derviches tourneurs de Péra (ce qui donne un chapitre de son *Bazar du poète*, 1842). Il réalise trois dessins sur place : l'un, dans une lettre adressée à son amie Miss Henriette Hanck, représente des derviches tourneurs ; deux autres, conservés au musée de la maison natale de l'écrivain H. C. Andersen, à Odense, reproduisent une vue de Péra à partir de la porte de l'ambassade autrichienne et des tombes turques, datée 25 avril 1841.

**Bibliographie :** Elias Bredsdorff, *Hans Christian Andersen*, Londres, 1975 (trad. en français : Paris, Presses de la Renaissance, 1989) ; Alain Quella-Villéger, « Une étape d'Hans-Christian Andersen (1841) », *Les Carnets de l'exotisme*, n° 11, janv.-juil. 1993, pp. 17-18. *Le Bazar d'un poète* et le *Journal d'Istanbul* sont traduits dans *Istanbul. Rêves de Bosphore*, textes réunis et présentés par Timour Muhidine et Alain Quella-Villéger, Paris, Omnibus, 2001, pp. 9-44.

**Exposition :** Brigitte von Folsach, *By the Light of the Crescent Moon. Images of the Near East in Danish art and literature, 1800-1875*, Copenhague, The David Collection, 1996.

## AUBLET, Albert

(1851-1938). Français.
Élève de Jacquand (1865-1870) et de Gérôme (1870-1874), Aublet expose à la Nationale de 1890 à 1914, puis aux Artistes français de 1920 à 1937. Il fait le premier de ses voyages en Orient en 1881, visitant Constantinople et Brousse, peut-être en compagnie de Gérôme, qui est en Turquie cette année-là. L'année suivante, il traverse l'Espagne en compagnie de Gérôme et de l'orientaliste italien Alberto Pasini. En 1889, il reçoit la médaille d'or à l'Exposition Universelle et, l'année suivante, la Légion d'honneur.

## AUGUSTE Monsieur, Jules-Robert Auguste, dit

(1789-1850). Français.
Issu d'une riche famille d'orfèvres, il entre à l'École des Beaux-Arts de Paris dans l'atelier de Cartelier en 1806. Il se consacre d'abord à la sculpture et reçoit, en 1810, le grand prix de Rome pour une toile intitulée *Le Dernier des Spartiates*. C'est son ami Géricault, passionné comme lui de chevaux, qui le fait abandonner le plâtre pour la palette et les pinceaux. Grand voyageur, il parcourt la Grèce, l'Égypte, l'Asie Mineure, le Maroc. Il est l'un des promoteurs de l'Orientalisme ; il rapporte de ses voyages, outre des études brillamment « enlevées », des armes, des étoffes, des tapis, des bibelots, qui fascinent les jeunes peintres romantiques, notamment Delacroix.

## AYVAZOVSKI (AIVAZOFFSKI), Ivan Constantinovitsch

(1817-1900). Russe.
Arménien natif de Féodossia, petite ville provinciale de la Crimée orientale, élève de l'Académie des Beaux-Arts de Saint-Pétersbourg. En 1842, il se rend à Paris où ses travaux obtiennent un immense succès. En 1847, il est nommé professeur de peinture à l'Académie de Saint-Pétersbourg. C'est au cours du printemps 1845 qu'Ayvazovski découvre la Turquie. Il part en croisière le long des côtes de l'Asie Mineure et de l'archipel grec sous la conduite de l'amiral Lütke, explorateur et fondateur de la Société géographique russe. Ayvazovski réalise à cette époque ses premières vues de Constantinople et d'Odessa. Après la guerre de Crimée (1853-1856), il retourne à Constantinople en compagnie de son frère et remet une de ses toiles à son ami Sarkis Balyan, architecte arménien du palais. Séduit par sa peinture, le sultan Abdül-Aziz lui commande plusieurs toiles, actuellement conservées au palais de Dolmabahçe et dans plusieurs palais d'Istanbul.
**Bibliographie :** Pars Tuglacı, *Ayvazovski Türkiye'de*, Istanbul, Inkilâp ve Aka, 1983 ; Kevork Pamukciyan, « Ayvazovski'nin Osmanlı Tarihi », *Tarih ve Toplum*, 35, Kasım 1986, pp. 60-63 ; V. Pilipenko, *Ayvazovski*, Leningrad, 1991 ; Nicolaï Novoouspenski, *Ivan Aïvazovzki, peintre de l'Océan*, Bournemouth-Saint-Pétersbourg, 1996 ; Gianni Caffiero et Ivan Samarine, *Denizler, Sehirler ve Düsler. Ivan Aivazovsky'nin Resimleri*, Londres-Istanbul, Alexandria Press ve Kültür Yay. Is Türk Ltd, 2001.
**Expositions :** *Le Chant de la mer*, Marseille, musée Cantini (7 mai-2 juin 1996); *Ivan Konstantinoviç Ayvazovski*, Istanbul, Is Sanat Kibele Galerisi (19 janv.-28 fév. 2001).

## BACHMANN, Alfred August Felix

(1863-1956). Allemand.
Élève à l'Académie de Königsberg, il se fixe à Munich en 1891. Il se consacre aux paysages d'Islande, de Normandie, des côtes du Portugal, des vues de Venise et de Constantinople.

## BARKER, Henry Aston

(1774-1856). Écossais.
Élève de la Royal Academy, ami de Robert Ker Porter et de Turner, il se spécialise dans les panoramas des grandes villes. Il est le premier à présenter un panorama depuis la tour de Galata en 1801.
**Bibliographie :** *A Series of Eight Views, forming a Panorama of the celebrated City of Constantinople and its environs, taken from the town of Galata*, Londres, Thomas Palser et Henry Aston Barker, 1813 ; avec Robert Burford, *Description of a View of the City of Constantinople, with its European and Asiatic Suburbs*, Londres, J. et C. Adlard, 1829.

## BARRETT, Jerry

(1814-1906). Anglais.
Souvent cité comme orientaliste, il est surtout connu pour une peinture exécutée pendant la guerre de Crimée, *Miss Florence Nightingale Receiving the Wounded at the Hospital in Scutari* (*Mlle Florence Nightingale recevant les blessés dans le grand hôpital de Scutari*) peinte dans l'hôpital lui-même. Une copie de cette toile est conservée à la National Portrait Gallery de Londres (Chelsea). Il a peut-être réalisé d'autres scènes inspirées par la vie en Turquie.

## BARRY, François-Pierre-Bernard

(1813-1905). Français.
Élève de l'École des Beaux-Arts de Marseille, il se rend à Paris en 1840 dans l'atelier de Gudin. En 1862, à l'âge de 49 ans, le prince Jérôme Napoléon l'emmène en Égypte visiter les travaux du percement du canal de Suez sous la conduite de Ferdinand de Lesseps. Barry rapporte de son séjour en Orient plusieurs paysages et scènes de la vie quotidienne, dont certains sont exposés au Salon : *Vue de Constantinople, prise de l'entrée du Bosphore* (1869, n° 126), *Entrée du Bosphore* (1875, n° 94), *Intérieur du port de Constantinople ; la Corne d'or* (1875, n° 95).
**Bibliographie :** Ferdinand Servian, *François Barry peintre orientaliste*, Marseille, Typographie et lithographie, Barlatier, 1914.

## BARTLETT, William-Henry

(1809-1854). Anglais.
Excellent dessinateur, il illustre pour divers éditeurs anglais un certain nombre d'ouvrages de voyage sur l'Orient qu'il visite en 1837 : J. Carne, *Syria, the Holy Land and Asia Minor* (Londres, Fisher, 1836-1838, 3 vol. 120 pl.) ; Miss Pardoe, *Beauties of the Bosphorus* (Londres, George Virtue, 1839, 80 pl.). Il relate ses voyages dans *Footsteps of our Lord and his Apostles in Syria, Greece and Italy* (Londres, 1850). En 1854, il visite Smyrne, avec l'intention de travailler à un ouvrage sur l'archéologie paléochrétienne : *Les Sept Églises d'Asie Mineure*. Ses projets sont contrecarrés par les pirates sur mer, le choléra sur terre. Il décide de regagner l'Angleterre sans avoir pu

achever sa tâche ; à quelques jours de Malte, il meurt sur le bateau. Son éditeur, Virtue and Company, vendit ses dessins originaux aux enchères en 1855 (517 dessins au sépia et 370 aquarelles). Bartlett est également l'auteur de deux ouvrages sur la Terre Sainte : *Walks about the City of Jerusalem* (1844), *Jerusalem revisited* (1855).
**Bibliographie :** W. Beattie, *Brief Memoir of the Late Henry Bartlett*, Londres, 1855 ; Alexander M. Ross, *William-Henry Bartlett. Artist, Author and Traveller*, Toronto, 1973.

## BAUER, Marius-Alexander-Jacques

(1867-1932). Hollandais.
Fils d'un décorateur très apprécié, il a pour professeur, à l'Académie de La Haye, le peintre Salomon van Witsew. A 28 ans, il découvre la Turquie puis visite le Maroc, l'Algérie, la Palestine, l'Égypte et surtout les Indes. Le dessin et l'eau-forte conviennent à son style naturellement monumental et puissant. Il illustre Flaubert, Villiers de l'Isle-Adam et réalise sa grande ambition : quatre mille dessins à la plume et à l'aquarelle pour *Les Mille et une Nuits*. Ses peintures orientalisantes au clinquant un peu superficiel sont parfois éclairées de vibrations impressionnistes.

## BAUM, Paul

(1859-1932). Allemand.
Élève de l'Académie de Dresde, il travaille dans l'atelier de Fr. Preller puis se rend à Weimar où il se perfectionne sous la conduite de Th. Hagen. Ses tableaux, notamment ceux réalisés sur Constantinople, reflètent une influence pointilliste.

## BELLÒ, Philippe (Filippo) ou Pierre (Pietro)

(1831-1909). Italien.
Né à Venise, il apprend tout seul l'architecture et la peinture. Il voyage beaucoup, en Suisse, en Russie, où il conçoit des décors de théâtre à Odessa, en Égypte, où il séjourne quatre ans à Alexandrie, à Malte, en France, en Allemagne, en Autriche. Pendant la guerre de Crimée, il s'installe à Constantinople. Il y prend ses premières leçons de peinture avec l'artiste Merlo, décorateur du théâtre italien Nahum à Constantinople, que le propriétaire de ce théâtre avait fait venir de Milan pour la décoration de la salle. En 1866, il retourne à Venise et participe à la décoration de théâtres et d'opéras, dont la Scala. Après douze années en Italie, il préfère revenir à Constantinople. En 1883, il est nommé professeur-adjoint d'architecture à l'École impériale des Beaux-Arts de Constantinople. Il est l'assistant d'Alexandre Vallaury.
**Bibliographie :** A. Frangini, *Italiani in Costantinopoli. Strenna. Cenni biografici*, Bologne, Tipografia Aurora, 1902, pp. 32-34 ; Angiolo Mori, *Gli italiani a Costantinopoli*, Modène, 1906 ; A. Thalasso, « Les premiers Salons de Constantinople - Le premier Salon de Stamboul », *L'Art et les artistes*, t. II, n° 16, juillet 1906, pp. 72-81 ; A. Thalasso, *L'Art ottoman : les peintres de Turquie*, Paris, 1910, pp. 16, 71-76 ; A. Thalasso, « Orient. Constantinople. Mort de l'aquarelliste Philippe Bello », *L'Art et les artistes*, t. XI, n° 66, septembre 1910, pp. 283-284.

## BERNARD, Émile

(1868-1941). Français.
Élève de Cormon, ami de Van Gogh et de Paul Gauguin en Bretagne, il est considéré comme le créateur du Symbolisme en peinture. Tenté par l'aventure, il embarque à Gênes pour l'Orient à la fin du mois de mai 1893, avec sa compagne Maria et son ami Mario del Medico. Ils visitent Samos, Smyrne et arrivent à Constantinople à la mi-juillet. Bernard réalise une quarantaine d'aquarelles au cours de son court séjour qui dure un mois. Il poursuit son voyage en Palestine puis en Égypte où il séjourne de 1893 à 1904.
**Bibliographie :** Nicole Lamothe, « Émile Bernard fasciné par l'Orient et son mystère », *Le Journal de l'amateur d'art*, déc. 1983, pp. 6-8 ; J. J. Luthi, *Émile Bernard. En Orient et chez Paul Cézanne (1883-1904)*, Paris, Les Nouvelles Éditions Latines, s. d.
**Expositions :** *Aquarelles orientales d'Émile Bernard (1893-1904)*, Saint-Germain-en-Laye, musée du Prieuré (novembre 1983-mars 1984) ; *Émile Bernard (1868-1941)*, musée Balore de Nîmes, 1993.

## BERNINGER-MÜNCHEN, Edmund

(1843-ap. 1910). Allemand.
Il exerce la profession de pharmacien avant de se consacrer à la peinture. Il étudie de 1870 à 1874 à Weimar dans la classe de Theodor Hagen, puis s'installe à Munich. Il fait de longs voyages en Europe, puis en Orient à partir de 1877 : Algérie, Tunis, Égypte, Palestine, Grèce et Turquie. On ignore tout sur la fin de sa vie.

## BERTEAU, Hippolyte, Dominique

(1843-1928). Français.
Ce portraitiste et peintre d'histoire est l'élève de H. Flandrin, Galland, P. Baudry, Leguien et L. Cogniet. Il effectue plusieurs longs séjours à Constantinople où il décore des palais. Il expose au Salon de 1876 : *Une Fontaine à Constantinople* (n° 152).

## BERTIN, Édouard-François

(1797-1871). Français.
Élève de Girodet-Trioson, Bidault, Watelet, J.-V. Bertin, il se rend dès 1821 en Italie où il séjourne très souvent. En 1825, il y retrouve Corot et Caruelle d'Aligny avec lesquels il peint sur le motif dans la campagne romaine. En 1827, il reçoit les leçons d'Ingres dont il est l'intime. Voyageur infatigable, l'artiste rapporte de ses différents séjours plusieurs milliers de dessins, dont certains de ses grands paysages très élaborés ont été lithographiés pour l'album de *Souvenirs de voyage* qu'il publie en 1852-53. Il fait une excursion à Bursa en 1845.
**Bibliographie :** Charles Clément, *Catalogue des tableaux et dessins de E. Bertin exposés à l'École des Beaux-Arts*, Paris, Imp. J. Claye, 1872 ; *Collection du voyage de Monsieur Bertin*, Paris, Imp. Lemercier, s. d., 17 planches lithographiées par Jules Laurens.

## BIDA, Alexandre

(1813-1895). Français.
Doué pour le dessin, il quitte sa ville natale de Toulouse pour travailler deux ans à

Paris dans l'atelier d'Eugène Delacroix ; mais il semble avoir plutôt subi l'influence de Decamps et celle de Raffet. En 1843, il se laisse entraîner par des amis jusqu'en Turquie et en Syrie. Il fait un court séjour en Égypte en 1850, puis repart en 1855 pour un troisième voyage à destination d'Athènes, de Constantinople et de la Crimée – où il assiste aux dernières scènes de l'occupation française –, puis il parcourt à cheval la Syrie, la Palestine et le Liban. Il revient en Terre Sainte et en Égypte en 1861. Ses œuvres, empreintes de romantisme, obtiennent un grand succès. Entre 1847 et 1850, Bida expose au Salon six dessins sur la Turquie : *Café à Constantinople* (1847, n° 1678), *Café sur le Bosphore* (1847, n° 1679), *Femmes turques dans un cimetière* (1848, n° 360), *Boutique à Constantinople* (1848, n° 361), *Un Marché d'esclaves circassiennes à Constantinople* (1849, n° 176), *Barbier arménien à Constantinople* (1850, n° 240).
**Bibliographie** : Gaston Paris, « Souvenirs sur Alexandre Bida », *Gazette des Beaux-Arts*, 1/4/1895, t. XIII, pp. 332-345 (repr. dans G. Paris, *Penseurs et poètes*) ; Jean de L'Hers, « Alexandre Bida », *L'Art Méridional*, 15 janvier 1895 [Desazars de Mongailhard] ; Madeleine Janian, « A propos d'Alexandre Bida », *Annuaire de la Société d'histoire des régions de Thann-Guebwiller*, XV, 1983-84, pp. 89-95.
**Expositions** : Francis Schell, *Alexandre Bida (1813-1895)*, rétrospective au musée du Florival de Guebwiller, 1985 ; *The East : imagined, experienced, remembered. Orientalist Nineteenth Century Painting*, Dublin, The National Gallery of Ireland, 1988 ; *Eugène Delacroix, ses collaborateurs et ses élèves toulousains*, Toulouse, musée P. Dupuy (31 oct. 1991-30 janv. 1992) ; *Dessins français du XIX^e^ siècle*, musées de Picardie (juin-août 1994), Abbeville (sept.-nov. 1994), Senlis (oct.-déc. 1994), Saint-Quentin.

## BISEO, Cesare

(1843/44-1909). Italien.
Il fait ses premières études avec son père et s'adonne à la peinture décorative. Invité à se rendre à Alexandrie par le vice-roi d'Égypte, il décore superbement les salles du palais. Dès lors, épris de l'Orient, il fait de nombreux voyages. Biseo illustre l'ouvrage d'Edmondo De Amicis, *Costantinopoli* (Treves, Milano, 1877).
**Bibliographie** : A. Fabris Grube, « La Costantinopoli di Edmondo De Amicis », *La conoscenza dell'Asia e dell'Africa in Italia nei secoli XVIII e XIX*, a cura di A. Gallotta e U. Marazzi, Istituto Universitario Orientale, Naples, 1989, III, pp. 795-901 ; Maria Antonella Fusco, « L'Oriente profanato dalla matita cristiana : Cesare Biseo a Costantinopoli », *Studi in onore di Michele D'Elia*, a cura di C. Gelao, R et R Editrice, Matera-Spoleto, 1996, pp. 451-462.
**Exposition** : Daniela Fonti, *Costantinopoli. Incisioni di Cesare Biseo*, a cura di D. Fonti, Istituto Italiano di Cultura, Istanbul, 1985.

## BISTAGNE, Paul

(1850-1886). Français.
Élève à l'École des Beaux-Arts de Marseille où, hormis un court séjour à Paris, il passe sa vie, il montre une vision éblouie et une palette dorée, nées visiblement de son admiration pour l'œuvre de Ziem, dans ses scènes de pêche au large de Marseille et de Toulon, ses vues de Venise et du Bosphore. Une sorte de laboratoire lumineux baigne toutes ses compositions animées de personnages campés d'une manière sûre et directe.

## BLANCHARD, Pharamond

(1805-1873). Français.
Élève de Gros à l'École des Beaux-Arts de Paris, il fait en 1833 un grand voyage à travers l'Espagne, l'Afrique du Nord, le Mexique et la Russie, fixant ses impressions dans des croquis nerveux et dans des aquarelles. Collaborateur à *L'Illustration*, il publie en 1855 *Itinéraire historique et descriptif de Paris à Constantinople* (Paris, L. Hachette & Cie, 1855), ouvrage dans lequel il commente ses textes de nombreuses illustrations.

## BOGOLJUBOFF (BOGOLUBOV), Alexei-Petrowitsch

(1824-1896). Russe.
Peintre de marine et graveur à l'eau-forte. Élève de l'Académie impériale des Beaux-Arts de Saint-Pétersbourg, il travaille à Genève puis à Paris sous la direction d'Isabey. Très apprécié par le tsar Nicolas I^er^, il reçoit de nombreuses commandes telle que *La Bataille de Sinope*. A la suite d'un voyage effectué en Turquie en 1847, il peint quelques scènes orientales. Au Salon de 1857, il expose une *Vue de Constantinople et du Bosphore, effet de clair de lune, prise du cimetière turc de Galata Saraï* (n° 261).

## BOSSOLI, Carlo

(1815-1884). Italien.
C'est vers 1820 que la famille de Bossoli quitte Lugano pour Odessa, capitale de la Nouvelle-Russie, fondée par Catherine II. La mort prématurée du père, en 1836, oblige le jeune Carlo à travailler pour faire vivre sa famille. Introduit par la princesse Voroncova dans la haute société d'Odessa, il reçoit des commandes importantes. Ses premières peintures de Turquie datent de 1839. En 1843, il quitte définitivement la Crimée avec sa famille et s'installe à Lugano après quelques semaines passées à Constantinople. Il se fixe ensuite à Turin.
**Bibliographie** : Carlo Bossoli, *The Beautiful Scenery and Chief Places of Interest throughout the Crimea from paintings by Carlo Bossoli*, Londres, Day & Sons, 1856 ; L. Torelli, *Il pittore Carlo Bossoli*, Turin, 1885 ; P. Condulmer, *Carlo Bossoli - arte e battaglie*, Alessandria, 1973 ; Ada Peyrot, *Carlo Bossoli*, Turin, Tipografia Torinese Editrice, 1974, 2 vol. ; L. Timofeev, *Krymskie risunki K. Bossoli* (Les dessins de la Crimée de C. Bossoli), Leningrad, 1979 ; S. Bordini, *Storia del panorama. La visione totale nella pittura del XIX secolo*, Rome, 1984, pp. 283-287 ; C. Juler, *Les Orientalistes de l'École italienne*, Courbevoie/Paris, A.C.R. Édition, 1987, pp. 56-61.
**Expositions** : M. Agliani, M. Bernardi et A. Peyrot, *Carlo Bossoli*, Villa Ciani, Lugano (juillet-août 1974), et Palazzo Madana, Turin (sept.-oct. 1974) ; E. Castelnuovo et M. Rosci, *Cultura figurativa e architettonica negli Stati del Re di Sardegna, 1773-1861*, Turin, 1980 ; S. Ruffino et M. Pinottini, *Morte e trasfigurazione del Neoclassicismo : Migliara e Bossoli*, Galleria La Maggiolina, Alessandria,

Turin, 1980 ; A. Peyrot, *Carlo Bossoli nel centenario della morte*, Galleria d'Arte Narciso, Turin (16 oct.-28 nov. 1984) ; *Catalogo Bolaffi della pittura italiana dell'ottocento*, n° 14, Turin, 1985 ; *Uno Sguardo ad Oriente. Il mondo islamico nella grafica italiana dall'età neoclassica al primo novecento*, Istanbul, Istituto Italiano di Cultura, 1996.

## BOUQUET, Michel

(1807-1890). Français.
Élève de Gudin, il expose au Salon des pastels sur la Turquie.
**Salons** : *Petite Mosquée à Ourlac, près de Smyrne* (1841, n° 212), *Restes d'un aqueduc romain, aux environs de Smyrne* (1841, n° 214), *Vue de la rade de Smyrne* (1844, n° 1843), *Souvenirs du cap Sunium* (1844, n° 1844), *Soleil couchant sur les hauteurs du Bosphore* (1844, n° 1845), *La Fontaine des Eaux-Douces d'Asie à Constantinople* (1861, n° 369).

## BRANGWYN Sir, Frank

(1867-1956). Anglais.
Son père, architecte anglo-gallois spécialisé dans l'art sacré, qui est allé en Belgique pour des raisons d'ordre économique, lui enseigne tôt le dessin. A l'âge de huit ans, il revient avec sa famille à Londres. Dans l'atelier de création artisanale de son père, il subit l'influence d'Arts and Crafts par le biais de l'architecte A. H. Mackmurdo, et William Morris, chef du mouvement Arts and Crafts. Frank est d'abord élève à la South Kensington School à Londres, puis apprenti chez Morris de 1882 à 1884. Il fait ses premiers voyages à bord de cargos. En 1888, âgé de 21 ans, il visite les Dardanelles, Constantinople et la mer Noire, l'année suivante Tunis, Smyrne et Trébizonde. Il se rend ensuite en Espagne en compagnie d'Arthur Melville, puis effectue un long séjour au Maroc en 1892.
**Bibliographie** : W. Shaw-Sparrow, *Frank Brangwyn and his Work*, Londres, 1910 ; W. de Belleroche, *Brangwyn Talks*, Londres, 1944 ; William de Belleroche, *Brangwyn's Pilgrimage*, Londres, 1948 ; Vincent Galloway, *The oils and murals of Sir Frank Brangwyn R. A. (1867-1956)*, Leigh-on-Sea, 1962 ; Rodney Brangwyn, *Brangwyn*, Londres, 1978 ; D. Marechal, *Catalogus collectie Frank Brangwyn, Brugge Stedelijke Musea*, Bruges, 1987.
**Expositions** : *Retrospective Frank Brangwyn*, Royal Academy, Londres, 1952 ; *Frank Brangwyn Centenary*, Welsh Arts Council, 1967 ; *The Art of Frank Brangwyn*, exposition organisée par le Brighton Festival et The Fine Art Society, 1980.

## BREST, Germain-Fabius

(1823-1900). Français.
Élève d'Émile Loubon à l'École des Beaux-Arts de Marseille, il vint à Paris suivre les cours de Troyon qui lui apprit à traduire l'atmosphère par la richesse de la matière et du coloris. Poussé par Loubon, il part en Turquie à l'automne 1855 et séjourne quatre ans à Constantinople. Ses vues de la capitale ottomane et d'Asie Mineure firent sa renommée. Il peint surtout des scènes de la vie quotidienne se déroulant autour de cafés, marchés, mosquées.
**Bibliographie** : H. Simonnot, « Fabius Brest », *Revue du Vieux Marseille*, sept.-oct. 1934, pp. 123-125 ; Jean-Roger Soubiran, *Le Paysage provençal et l'école de Marseille avant l'impressionnisme, 1845-1874*, Paris, RMN, Toulon, musée de Toulon, 1992, pp. 356-362.
**Salons** : 1857 : *Un Café turc au petit champ des morts à Constantinople* (n° 379) ; *Les Murailles de Constantinople* (n° 380). 1861 : *Place de l'At-Meidan à Constantinople* (n° 419) ; *La Pointe du Sérail à Constantinople* (n° 420) ; *Missir-Charsi : bazar des drogues à Constantinople* (n° 421). 1863 : *Cour des ablutions de la grande mosquée de Trébizonde (Asie Mineure)* (n° 271) ; *Kief sur la route de Kerrassunde à Amassia (Asie Mineure)* (n° 272) ; *Bords du Bosphore à Bebec (Turquie d'Europe)* (n° 273). 1864 : *Les Bords du Bosphore à Beïcos (Asie Mineure)* (n° 252 ; exposé à l'Exposition Universelle de 1867, Paris, n° 81) ; *Un Caravansérail à Trébizonde (Asie Mineure)* (n° 253 ; exposé à l'Exposition Universelle de 1867, Paris, n° 82). 1865 : *Le Beiram ; cérémonie de baise-main à Constantinople, sous le sultan Mahmoud* (n° 290) ; *Débarcadère d'Eyoub, dans la Corne d'Or, à Constantinople* (n° 291). 1866 : *Kief de Roumélie Issar, sur le Bosphore* (n° 259). 1867 : *Kief de l'Ok Meïdan, à Constantinople* (n° 208). 1868 : *Pêcherie du Bosphore* (n° 342). 1869 : *Fontaine des Eaux-Douces d'Asie* (n° 321) ; *Sur le Bosphore* (n° 322). 1870 : *Village d'Arnaout Keuil, sur le Bosphore* (n° 371) ; *Mosquée à Trébizonde* (n° 372). 1873 : *Khan de la sultane Valide à Constantinople* (n° 178). 1874 : *Barques turques sur le Bosphore* (n° 252). 1875 : *Kief de Hamour, aux environs de Constantinople* (n° 291) ; *Village de Beicos, sur le Bosphore* (n° 292) ; *Village de Beicos* (n° 293). 1876 : *Une Rue à Constantinople* (n° 267). 1877 : *Le Bosphore* (n° 299). 1878 : *Entrée du Bosphore - Asie* (n° 330) ; *Le Platane de Godefroy de Bouillon dans la prairie de Buyuk Déré* (n° 331). 1879 : *Village d'Eyoub, à Constantinople* (n° 409) ; *La Tour de Galata, à Constantinople* (n° 410). 1880 : *Barques sur le Bosphore* (n° 483). 1881 : *Bab-Humayoun - une des portes du vieux sérail à Constantinople* (n° 291). 1882 : *Barques turques sur le Bosphore* (n° 380) ; *Barques turques sur le Bosphore* (n° 381). 1883 : *Kief dans la vallée des Roses, près Constantinople* (n° 360). 1884 : *Place Top-Hané à Constantinople* (n° 351). 1885 : *Village d'Eyoub, près Constantinople* (n° 365). 1886 : *Une Rue à Constantinople* (n° 337) ; *Carrefour de Sainte-Sophie à Constantinople* (n° 338). 1887 : *Eyoub, près Constantinople* (n° 343). 1888 : *Débarcadère à Scutari, sur le Bosphore* (n° 369). 1889 : *Pêcheries du Bosphore* (n° 367). 1890 : *Village de Bebeck sur le Bosphore* (n° 337). 1893 : *Bords du Bosphore* (n° 250) ; *Barques sur le Bosphore* (n° 251). 1894 : *Carrefour d'Eyoub à Constantinople* (n° 286). 1896 : *Débarcadère à Scutari d'Asie* (n° 305) ; *Barques turques sur le Bosphore* (n° 306).

## BRINDESI, Giovanni (Jean)

(1826-1888). Italien.
Né à Constantinople, élève de M. Porfirio Giuliani, il compose de nombreuses aquarelles et deux albums de lithographies en couleur représentant les nombreux styles de costumes turcs et des scènes de la capitale ottomane : *Elbicei Atika. Musée des anciens costumes turcs de Constantinople* (Paris, Lemercier, 1855, 22 litho.), *Souvenirs de*

*Constantinople* (Paris, Lemercier, 1856, 20 chromolitho.). En 1874, il expose au Salon une aquarelle *Grand Bazar des drogues, à Constantinople* (n° 1948).

## BROCKDORFF.

Famille de lithographes d'origine allemande installée sur l'île de Malte dans les années 1830. A partir des années 1840, les frères Luigi et Federico partent à Constantinople où ils ouvrent les premiers ateliers de lithographie.

**Bibliographie :** Dominic Cutajar, « The Lure of the Orient : The Schranzes, the Brockdorffs, Preziosi and other artists », *Hyphen*, vol. V, n° 3, March 1987, pp. 101-135 ; G. Zellich, *Notice historique sur la lithographie et sur les origines de son introduction en Turquie*, Constantinople, 1895.

## BROWNE, Henriette (Mme Jules de Saux, née Sophie de Boutaillier, dite)

(1829-1901). Française.

Connue aussi bien pour sa gravure que pour ses scènes de genre et ses portraits, elle expose régulièrement au Salon à Paris entre 1853 et 1878 sous le pseudonyme de Henriette Browne, nom emprunté à sa grand-mère maternelle. Elle effectue de fréquents voyages à Constantinople (1860), au Maroc (1865) et en Égypte et Syrie entre 1868 et 1869. Elle expose des scènes orientales, notamment de harems, à partir de 1861.

## BRÜLOFF ou BRÜLOW, Charles BRULAU, dit Karl-Pawlowitsch

(1799-1853). Russe.

Élève de l'Académie de Saint-Pétersbourg, il devient peintre de la Cour. En 1835, il visite la Grèce et la Turquie. Plusieurs de ses toiles sur l'Orient sont conservées au musée de Saint-Pétersbourg.

## CAFFI, Ippolito

(1809-1866). Italien.

Élève de l'Accademia di Belle Arti de Venise, de 1827 à 1831, il est invité l'année suivante à Rome par Pietro Paoletti où il travaille comme décorateur de théâtre. C'est en 1843, après avoir visité Malte et Athènes, que Caffi découvre Constantinople.

**Bibliographie :** G. Avon Caffi, *Ippolito Caffi*, Padoue, 1967 ; Mary Pittaluga, *Il pittore Ippolito Caffi*, Vicence, 1971 ; Dr. Roberta J. M. Olson, *An Album: Italian 19th Century Drawings and Watercolours*, Shepherd Gallery, New York, avril 1976 ; F. Scotton, *Ippolito Caffi. Viaggio in Oriente 1843-1844*, Venise, 1988.

**Expositions :** Guido Perocco, *Ippolito Caffi, 1809-1866*, Museo d'Arte Moderna di Ca'Pesaro, Venise, 1979 ; Guido Perocco, *Ippolito Caffi pittore e viaggiatore in Egitto e nel Levante nel secolo XIX*, Istituto Italiano di Cultura per la R. A. E., Le Caire, 1980 ; Galleria Carlo Virgilio, Rome, été 1981 ; Galleria Boni, Florence (19 sept.-11 oct. 1981) ; *Ippolito Caffi. Viaggio in Oriente 1843-44*, a cura di G. Romanelli e F. Scotton, Arsenal, Venise, 1988.

## CALLANDE DE CHAMP-MARTIN, Charles-Émile

(1797-1883). Français.

Entré à l'École des Beaux-Arts de Paris en 1815, il travaille sous la direction de Guérin et obtient une médaille de première classe en 1831. Peintre d'histoire et de portraits, il expose au Salon de 1827 *L'Affaire des casernes* ou *Massacre des Janissaires*.

## CAMBIER, Louis-Gustave

(1874-1949). Belge.

Élève de J.-F. Portaels, J. J. Jaquet et E. Simonis à l'Académie de Bruxelles. La lecture de Pierre Loti lui fait découvrir l'Orient : Constantinople, Jérusalem. Pendant la Première Guerre mondiale, il est professeur de sculpture à l'académie de Nice (Matisse y est son élève). Il habite alors à Cagnes où il a l'habitude de fréquenter A. Renoir, P. Signac, P. Sérusier, M. Denis.

**Bibliographie :** F. Hellens, « L.-G. Cambier », *Artistes de Belgique*, Bruxelles, 1929 ; S. Goyens de Heusch, *L'Impressionnisme et le Fauvisme en Belgique*, Anvers-Paris, 1988, pp. 280-281 ; P. P. Dupont, « Cambier Louis Gustave », *Arts plastiques dans la Province de Namur, 1800-1945*, Maison de la culture, Namur, 1993.

## CARAFFE, Armand-Charles

(1762-1822). Français.

Ce portraitiste et graveur, élève de Lagrenée et de David, est pensionnaire de l'Académie de France à Rome en 1788. Il voyage ensuite à Naples, en Calabre, en Sicile, en Grèce et à Constantinople. Revenu en France en 1790, il expose régulièrement des dessins sur l'Orient aux Salons de 1796, 1799, 1800, 1802. Trois de ses dessins figurent dans l'atlas de Brugnière et Olivier, *Atlas pour servir au Voyage dans l'Empire othoman, l'Égypte et la Perse*, Paris, an IX [1801].

## CARELLI, Raffaele

(1795-1864). Italien.

En 1839, cet artiste entreprend son voyage initiatique en Orient en compagnie de William Spencer, sixième duc de Devonshire, et de Joseph Paxton. Le trio embarque à Naples en février, fait escale à Athènes et à Constantinople en mars. Sur les cinquante-sept aquarelles réalisées par Carelli, dix-huit concernent Constantinople et Smyrne. Le duc de Devonshire exige trois toiles par jour de Carelli. Les albums de ce voyage sont actuellement conservés à Chatsworth.

**Bibliographie :** William Spencer, *Handbook of Chatsworth*, Devonshire, 1844 ; D. Ventimiglia, « Lo studio dei pittori Carelli », Poliarama Pittoresco, 1945-47.

**Expositions :** F. de Filippis, B. Molajoli, S. Ortolani, « Le Terre italiane d'Oltremare et l'arte italiana nei secoli XV-XIX », *Prima Mostra Triennale delle Terre italiane d'Oltremare*, Palazzo dell'Arte, Naples (9 mai-15 octobre 1940) ; Egidio Maria Eleuteri, *I Carelli, una generazione di pittori*, Galleria Il Ducato, Rome, 1979-80 ; *Catalogo Bolaffi della pittura italiana dell'ottocento*, n° 14, Turin, 1985 ; *Uno Sguardo ad Oriente*, Istanbul, Istituto Italiano di Cultura, 1996.

## CASANOVA, Francesco Giuseppe

(1727-1802). Italien.

Issu d'une famille d'acteurs italiens itinérants, fixée à Londres pour un temps, frère de Giacomo, le célèbre aventurier. A l'âge de cinq ans, Francesco se rend avec ses parents à Venise où son talent pour le dessin et la peinture est encouragé. Son premier tuteur est Francesco Guardi, puis il entre, quelques années plus tard, dans l'atelier de Francesco Simonini. En 1751, il quitte l'Italie pour Paris et le studio de Charles Parrocel. Il s'installe ensuite à Dresde, capitale des Électeurs de Saxe. De retour à Paris en 1757, il connaît le succès à partir de 1761.

**Bibliographie** : C. Ver Heyden de Lancey, *François-J. Casanova, peintre du roi*, Paris, 1934 ; Robert Abirached, « Le frère de Casanova », *L'Œil*, janvier 1963, n° 97, pp. 51-57, 86.

## CASSAS, Louis-François

(1756-1827). Français.

Brillant dessinateur, Cassas part à Constantinople en compagnie du comte de Choiseul-Gouffier, nommé ambassadeur de France près la Sublime Porte. Il séjourne deux fois à Constantinople : deux mois en 1784 (28 août-24 octobre), puis dix mois en 1786 (9 janvier-15 octobre), juste après avoir effectué un long voyage en Syrie et en Égypte. Au cours de son second séjour, il fait deux excursions, l'une à Bursa en mai-juin et l'autre en Troade en septembre 1786. Installé à Rome, puis à Paris, il travaille pendant des années sur les illustrations du *Voyage pittoresque de la Syrie, de la Phénicie, de la Palestine et de la Basse-Égypte*, Paris, an VI [1798]. Desservi par la période mouvementée de la Révolution, la recherche incessante de nouveaux mécènes, il laisse ce projet monumental inachevé à sa mort. Son œuvre est immense, malheureusement ses dessins furent dispersés par sa famille en 1878.

**Bibliographie** : Henri Boucher, « L. F. Cassas », *Gazette des Beaux-Arts*, II, 1926, pp. 27-53, 209-230 ; Boris Lossky, « L'artiste archéologue Louis-François Cassas (1756-1827) », *Bulletin de la société d'histoire de l'art français*, 1954, pp. 114-123 ; Annie Gilet, « Les lutteurs. An important watercolour by Louis-François Cassas », *At the Sublime Porte. Ambassadors to the Ottoman Empire (1550-1880)*, Londres, 1988, pp. 55-56 ; Annie Gilet, « L. F. Cassas und der Orient », *Europa und der Orient 800-1900*, Berlin, 1989, pp. 279-287 ; Annie Gilet et Ulwe Westfehling, *Louis-François Cassas, 1756-1827, dessinateur-voyageur im Banne der Sphinx*, Mainz am Rhein, Verlag Philipp von Zabern, 1994.

**Expositions** : *L'Orientalisme dans les collections des Musées de Tours*, M.-N. Pinot de Villechenon, C. Legrand, V. Miltgen, P. Dietz, Tours, musée des Beaux-Arts (3 avril-8 juin 1980) ; *Louis-François Cassas, 1756-1827, dessinateur-voyageur im Banne der Sphinx*, musée des Beaux-arts de Tours (19 nov. 1994-30 janv. 1995), Wallraf-Richartz Museum, Graphische Sammlung, Cologne (22 avril-19 juin 1994).

## CASTELLAN, Antoine-Laurent

(1772-1838). Français.

Originaire de Montpellier, il fréquente à Paris l'atelier de P. H. de Valenciennes (1788). En qualité d'architecte, il est attaché à la mission de l'ingénieur Ferrégeau qui se rend à Constantinople en 1797 pour réformer les armées ottomanes. Castellan signe « Castellan del. et sculp. » les planches qui illustrent la relation de ses voyages en Orient et dont la dernière édition a paru en 1820 : *Lettres sur la Morée, l'Hellespont et Constantinople*. Il a également publié en 1812, sous le titre *Mœurs, usages, costumes des Othomans et abrégé de leur histoire*, 6 volumes qui contiennent 73 pl. de costumes ; beaucoup de ces planches sont des répliques des dessins de l'album de F. Rosset, *Mœurs et costumes turcs* (Paris, BnF, Dép. des estampes, Od19).

**Bibliographie** : Anne Puech-Segaut, *Antoine-Laurent Castellan, 1722-1838*, Thèse de 3e cycle, Université Paul Valéry de Montpellier III, 1985.

## CHACATON, Jean-Nicolas-Henri de

(1813-1886). Français.

Ses maîtres furent Marilhat, Hersent, Ingres. En 1838-1839, il voyage en Grèce, longe les côtes de l'Asie Mineure et séjourne un mois à Constantinople, du 28 octobre au 19 novembre 1839. Il en rapporte un album de dessins et quelques aquarelles.

**Bibliographie** : Renée de Chacaton, *Henri de Chacaton, peintre voyageur ou la vie d'artiste au XIXe siècle*, Paris, éd. des Écrivains, 2000.

## CHLEBOWSKI von, Stanislas

(1835-1884). Polonais.

Élève de l'Académie de Saint-Pétersbourg, il remporte de nombreuses médailles et est récompensé par le tsar Alexandre II d'une bourse impériale de six ans pour l'étranger. Il se rend à Munich puis à Paris où il est l'un des nombreux élèves étrangers de J.-L. Gérôme, avec qui il voyage plus tard à Constantinople. En 1864, il part pour Constantinople sur invitation du sultan Abdül-Aziz (1861-1876) qui le nomme peintre de la Cour. Il peint des tableaux de genre, des scènes de la vie quotidienne, des portraits et des épisodes de l'histoire turque, dont la plupart sont de nos jours conservés à Istanbul au palais de Dolmabahçe. Après douze ans passés en Turquie, il revient à Paris en 1876 et présente quelques toiles au Salon : *La Mosquée verte de Brousse, Turquie d'Asie* (1877, n° 478), *Étranglement d'une sultane* (1877, n° 479), *Tamerlan et Bajazet* (1878, n° 492), *Un Brocanteur circassien à Constantinople* (1879, n° 630). En 1880, il regagne la Pologne et se fixe définitivement à Cracovie.

**Exposition** : *The Orient in Polish Art*, National Museum in Cracow, 1992.

## CLUSERET, Gustave-Paul

(1823-1900). Français.

Officier de cavalerie, il devient paysagiste vers la fin de sa vie à l'instigation du peintre Courbet. Il expose au Salon des scènes de Turquie : *La Mosquée à Andrinople* (1883, n° 2664), *Yildiz, palais du sultan* (1890, n° 560), *Les Moadejirs, réfugiés musulmans dans la grande mosquée d'Andrinople, 1878* (1890, n° 2691).

## COECK, Pierre

(1502-1550). Flamand.
Né dans la ville d'Alost (Aalst) en Flandre, il aurait effectué le voyage en Turquie à la demande de la maison van der Moyen, tapissiers de Bruxelles, dans l'espoir de vendre des tapisseries au Grand Turc. Il voyage sans doute dans la suite de Cornelis van Schepper, ambassadeur de l'archiduc Ferdinand d'Autriche auprès de Soliman le Magnifique. Il quitte Vienne le 12 avril 1533 et arrive à Constantinople le 20 mai. Il séjourne dans la capitale jusqu'au 16 juillet, prenant le temps de faire sept dessins qui seront publiés après sa mort par sa veuve sous le titre *Ces mœurs et fachons de faire des Turcz avecq les Regions y appartenantes, ont esté au vif contrefaictez par Pierre Coeck d'Alost, luy estant en Turquie, l'AN de Iesuchrist M.D. 33*.
**Expositions :** *Europa und der Orient, 800-1900*, Berlin, 1989 ; *Soliman le Magnifique*, Paris, Galeries Nationales du Grand Palais (15 fév.-14 mai 1990).

## COOKESLEY Margaret Murray

(v. 1820-1927). Anglaise.
Née dans le Dorsetshire, elle suit tout d'abord les cours de la South Kensington School of Art, avant d'aller étudier à Bruxelles auprès de Louis Gallait. Une commande pour réaliser le portrait d'un des fils du sultan Abdül-Hamid II la conduit à Constantinople.

## CORRODI, Hermann-David-Salomon

(1844-1905). Italien.
Formé par son père, Salomon Corrodi, professeur à l'Académie des Beaux-Arts de Rome, il effectue de nombreux voyages en Orient : Égypte, Syrie, Palestine, Turquie. Ses toiles, riches de coloris, sont très appréciées par le kaiser Guillaume II et les cercles de la noblesse prussienne.
**Bibliographie :** Bramante Editore, *Storia della pittura italiana dell'ottocento*, Varese et Milan, 1975 ; *Catalogo Bolaffi della pittura italiana dell'ottocento*, n° 14, Turin, 1985 ; Angiola Canevari et Giulia Fusconi, « Pittori Minori del Secondo ottocento : Il paesaggista Italo-Svizzero Hermann Corrodi (1844-1905) », *Bolletino d'Arte*, 1992, n° 73, pp. 51-68.
**Expositions :** Pinacoteca di via Giulia, Rome (5 mai-30 juin 1983) ; Galleria Elle, Milan (7 oct.-18 nov. 1983) ; L'Ottocento italiano, Rome (21 déc. 1983-30 janv. 1984) ; Galleria Nuovo Caretto (11 nov.-4 déc. 1984) ; *Il gran Tour nelle vedute italiene di Salomon Corrodi*, Galleria Romana dell'Ottocento, Rome, 1985.

## COSTE, Pascal

(1787-1879). Français.
Élève en architecture à l'École des Beaux-Arts de Paris, il réalise d'importants travaux en Égypte. De 1839 à 1842, il fait partie d'une mission diplomatique en Perse. Il est accompagné du peintre Eugène Flandin avec qui il parcourt la Perse, la Turquie, la Syrie et la Mésopotamie. Les dessins de ce voyage sont publiés dans *Monuments anciens de la Perse* (Paris, 1867).

## COTTET, Charles

(1863-1924). Français.
Surtout connu pour ses paysages de Bretagne sombres, puissants, il appartient à un groupe dit « la bande noire ». Il voyage en Algérie, Tunisie, Égypte et Turquie. Il participe aux Expositions coloniales de 1906 et 1922. Des peintures sur Constantinople figurent au Salon de la Société des Peintres Orientalistes français de 1905.

## COURDOUAN, Vincent

(1810-1893). Français.
Élève de Letuaire à Toulon, puis de Paulin Guérin à Paris, il excelle surtout au crayon et à l'aquarelle. Nommé professeur à l'École des Beaux-Arts de la Marine en 1849, puis directeur du musée de Toulon en 1852, il voyage en Égypte et en Turquie en 1866.
**Exposition :** *Vincent Courdouan (1810-1893)*, musée des Beaux-Arts de Toulon (déc. 2000-févr. 2001).

## COUVELET ou COUVELEY, Adolphe

(1805-1867). Français.
Cet artiste, qui devient directeur du musée du Havre, se plaît à voyager. Il expose au Salon de nombreuses toiles sur la Grèce et la Turquie : *Halte près de Smyrne* (1841, n° 433), *Vue prise de Constantinople* (1848, n° 1032), *Pointe du Sérail* (1848, n° 1033), *Tour de Léandre à Constantinople* (1848, n° 1034), *Caravane en marche avec dans le fond Constantinople* (1848, n° 1035), *Caïque près de la pointe du Sérail* (1848, n° 1036), *Le Petit Port d'Ourlac près de Smyrne* (1848, n° 1037), *Vue du débarcadère de Taupana, à Péra, Constantinople* (1849, n° 463), *Cavaliers turcs en Asie* (1861, n° 752), *Une Barque dans le détroit des Dardanelles* (1866, n° 467).

## CRAPELET, Louis-Amable

(1822-1867). Français.
Formé dans les ateliers de Corot, Durand-Brager et Séchan, il part en 1852 pour l'Égypte, séjournant deux ans au Caire. Il regagne la France en passant par l'Asie Mineure, Constantinople, la Grèce et l'Italie. De retour à Marseille, il est nommé décorateur des théâtres et réalise les décors du *Prophète* de Meyerbeer et des *Gardes forestiers* d'Alexandre Dumas, qu'il accompagne en Italie en 1857. Deux ans plus tard, Crapelet embarque sur le *Marabout* pour Tunis. Il est chargé par le Bey d'établir le relevé des sources principales alimentant Carthage, dans les montagnes du Djougar. Grâce à cette mission, il est décoré par le Bey de la croix de l'ordre du Nichan.

## DADD, Richard

(1819-1886). Anglais.
En 1842, il est employé comme dessinateur par Sir Thomas Phillips, avec qui il découvre la Grèce, la Turquie (Constantinople, Lycie), le Liban, la Syrie (Beyrouth, Tripoli, Damas), la Terre Sainte et l'Égypte. De santé mentale fragile, il tue son père de

retour en Angleterre et est interné à Bethlem, asile psychiatrique de triste notoriété, puis au Broadmoor Hospital à partir de 1864. Ses œuvres, impressionnantes et obsédantes, restent des curiosités dans la peinture victorienne. Ses sujets orientalistes sont un mélange d'exotisme fantastique et d'observations faites pendant son voyage en Orient.

**Bibliographie :** David Greysmith, *Richard Dadd. The Rock and Castle of Seclusion*, Londres, 1973 ; Patricia Allderidge, *The late Richard Dadd, Arts Council Exhibition*, Londres, 1974.

**Exposition :** *The late Richard Dadd, 1817-1888*, Londres, Tate Gallery and English Tour, 1974-1975.

## DARDEL, Fritz Ludwig von

(1817-1901). Suédois.

Attaché militaire à Paris de 1858 à 1862, Dardel est un artiste amateur qui a étudié la peinture avec Léon Cognet à l'École des Beaux-Arts de Paris. Il voyage en Turquie en 1884. Son journal, dans lequel il raconte son séjour à Constantinople, est illustré avec ses propres aquarelles. Il visite également la Tunisie.

## DECAMPS, Alexandre-Gabriel

(1803-1860). Français.

C'est au cours d'un séjour à Smyrne, en 1828, où il reste près d'un an, qu'il rassemble une masse considérable de documents qu'il utilise plus tard pour illustrer ses nombreux tableaux aux scènes orientales, qui font sa réputation à partir de 1831. Considéré comme l'un des chefs de la nouvelle école orientaliste, après Delacroix, il lui est préféré par la bourgeoisie, qui se méfie un peu des Romantiques. Ses plus fervents adeptes sont le baron d'Ivry, le duc d'Orléans et son jeune frère le duc d'Aumale (dont la collection constitue le musée Condé à Chantilly) ainsi que le marquis de Hertford. Ce très riche Anglais, qui vécut en reclus dans ses hôtels de Bagatelle et Paris, dépensa sa fortune à constituer une collection qu'il légua à Sir Richard Wallace (l'actuelle Wallace Collection, à Londres).

**Bibliographie :** Marius Chaumelin, *Decamps, sa vie, son œuvre et ses imitateurs*, Marseille, 1861 : Paul Mantz, « Decamps », *Gazette des Beaux-Arts*, Paris, 1862, vol. 12, pp. 97-128 ; Ernest Chesneau, *Le Mouvement moderne en peinture : Decamps*, Paris, 1861 ; Adolphe Moreau, *Decamps et son œuvre*, Paris, 1869 ; Charles Clément, *Les Artistes célèbres : Decamps*, Paris, 1866 ; Pierre du Colombier, *Maîtres de l'art moderne : Decamps*, Paris, 1928 ; Pierre Miquel, « Alexandre-Gabriel Decamps », *Le Paysage français au XIX^e^ siècle : 1824-1874, l'École de la nature,* Maurs-la-Jolie, La Martinelle, 1975, t. II, pp. 158-193 ; Dewey Mosby, *Alexandre-Gabriel Decamps, 1803-1860*, New York-Londres, 1977, 2 vol. ; *Catalogue de Chantilly, musée Condé, peintures des XIX^e^ et XX^e^ siècles*, Paris, Seuil, 1997.

**Expositions :** *Alexandre-Gabriel Decamps, 1803-1860*, Williamstown (Massachusetts), Sterling and Francis Clark Art Institute, 1984 ; *Alexandre-Gabriel Decamps, 1803-1860 : peintures et dessins. Collections du musée des Beaux-Arts de Rouen et œuvres provenant des musées de Normandie*, Cahiers du Cabinet, n° 4, Rouen, musée des Beaux-Arts, 2000.

**Salons :** 1831 : *Vue prise dans le Levant* (n° 2948) ; *Cadgi Bey, chef de la police de Smyrne faisant sa ronde* (n° 3020). 1833 : *Sujet turc, paysage turc* (n° 608) ; *Paysage turc* (n° 611). 1834 : *Un Village turc* (n° 470) ; *Un Corps de garde sur la route de Smyrne à Magnésie* (n° 471) ; *Lecture d'un firman chez l'aga d'une bourgade* (n° 472). 1839 : *Supplice des crochets (Turquie d'Asie)* (n° 501) ; *Un Café (Asie Mineure)* (n° 503) ; *Enfants jouant près d'une fontaine (Turquie d'Asie)* (n° 507) ; *Cavaliers turcs* (n° 509). 1842 : *Sortie de l'école (Turquie d'Asie)*, aquarelle (n° 508). 1846 : *École de jeunes enfants ou salle d'asile (Asie Mineure)* (n° 478) ; *Souvenir de la Turquie d'Asie* (n° 480) ; *Souvenir de la Turquie d'Asie, paysage* (n° 481). 1850 : *Cavalerie turque asiatique traversant un gué ; des Arnautes guident et maintiennent le cheval du seraskier sur le gué*, dessin (n° 751). 1855 : Exposition Universelle : *Café turc* (n° 2865) ; *Enfants turcs avec des tortues* (n° 2871) ; *Boucher turc* (n° 2878) ; *Souvenir de la Turquie d'Asie* (Salon de 1846) (n° 2884) ; *Un Café (Asie Mineure)* (Salon de 1839) (n° 2887) ; *Grand Bazar turc* (n° 2893) ; *La Ronde de Smyrne* (n° 5035).

## DELAVALLÉE, Henri

(1862-1943). Français.

Ami de Paul Gauguin et d'Émile Bernard qu'il fréquente à Pont-Aven, il part s'installer à Constantinople avec sa femme en 1894. Il multiplie, dans une facture conventionnelle, fort éloignée de ses expériences ultérieures, des vues du Bosphore et des scènes de la vie quotidienne : scènes de marché, femmes voilées, hammals au travail, etc. De retour en France en 1901, il réalise quelques eaux-fortes sur la Turquie.

**Bibliographie :** Daniel Morane, *Henri Delavallée, 1862-1943. L'œuvre gravé*, Pont-Aven, 1996.

**Exposition :** *Henri Delavallée, 1862-1943*, musée de Pont-Aven (16 mars-24 juin 1996).

## DE MANGO, Leonardo

(1843-1930). Italien.

Élève de l'Académie des Beaux-Arts de Naples, il part pour la Syrie en 1874 et établit son atelier à Beyrouth où il reste pendant neuf ans. En 1883, il s'installe à Constantinople où il reste jusqu'à sa mort. Enseignant à l'Académie impériale des Beaux-Arts fondée l'année précédente par le peintre turc Osman Hamdi Bey, il peint de nombreuses toiles sur la vie quotidienne en Turquie qu'il présente dans les premiers Salons de Péra.

**Bibliographie :** Angiolo Mori, *Gli italiani a Costantinopoli*, Modène, 1906 ; A. Thalasso, *L'Art ottoman : les peintres de Turquie*, Paris, 1910. Nécrologie dans *Il messagero degli italiani*, 30 janvier et 7 février 1930.

## DENIS, Maurice

(1870-1943). Français.

Cet ancien élève de l'Académie Julian occupe une place considérable comme peintre, graveur et théoricien. Lors de son séjour à Pont-Aven il fréquente Paul Gauguin et ses amis. Il effectue un rapide voyage en Orient en 1929 : l'Égypte, les Lieux Saints, la Turquie et la Grèce.

## DOUSSAULT, Charles

(1814-1880). Français.

Élève d'Achille et Eugène Devéria. En 1845, il se rend à Constantinople, peut-être à l'invitation du sultan Abdül-Medjid dont il réalise un portrait. Avant de regagner la France, il fait une rapide excursion à Trébizonde.

## DUBOIS, François

(1790-1871). Français.

En 1813, il entre à l'Académie des Beaux-Arts et devient l'élève de Regnault. Cinq ans plus tard, il obtient le deuxième prix de Rome et en 1819 le premier prix. Spécialiste des grandes scènes historiques, on connaît de lui deux grandes toiles (*Cérémonie du Selamlık Alayı* et *Cérémonie en l'honneur des Asakir-i Mansure-i Muhammediye, les « Troupes victorieuses de Muhammed »*) actuellement conservées à Istanbul.

## DUPRÉ, Louis

(1789-1837). Français.

Élève dans l'atelier de David. Recommandé par le cardinal Fesch en 1811 au roi de Westphalie, Jérôme, Dupré devient à Kassel son peintre officiel. Il obtient alors une pension pour séjourner en Italie où il partage son temps entre Naples et Rome à partir de 1814. En 1819, il effectue un voyage de six mois en Grèce et à Constantinople où il séjourne du 9 juin au 9 septembre. Il est dirigé dans ses promenades par M. Jouannin, le premier drogman de l'ambassade de France, qui l'introduit auprès des princes grecs et dans les riches familles arméniennes, notamment la famille Düzoglou, premiers joailliers ou orfèvres de la Cour.

**Bibliographie :** *Voyages à Athènes et à Constantinople ou collection de portraits, de vues et de costumes grecs et ottomans peints sur les lieux, d'après nature*, lithog. de L. Dupré, Paris, H. Gache, Imprimerie de Dondey-Dupré, 1825 (ouvrage rééd. à Athènes, éd. Porto Leone, 1993, introd. par E. J. Finopoulos et C. Peltre) ; Christine Peltre, « Un inspirateur oublié du Romantisme : Louis Dupré (1789-1837) », *Péristyles, Cahiers de l'Association Emmanuel Here*, Musée des Beaux-Arts de Nancy, n° 4, 1994, pp. 13-18.

## DURAND-BRAGER, Jean-Baptiste-Henri

(1814-1879). Français.

Élève de Théodore Gudin et d'Eugène Isabey, cet artiste fit une belle carrière de peintre de marine sous la Monarchie de Juillet et le Second Empire. Un goût très vif pour les voyages le conduit à visiter une bonne partie de l'Afrique occidentale et de l'Amérique. En 1840, il est attaché à l'expédition chargée de rapporter en France les cendres de Napoléon Ier. Il suit la guerre de Crimée, attaché comme dessinateur à l'escadre de l'amiral Hamelin. Il est le chroniqueur inlassable du conflit pour les journaux *L'Illustration* et *Le Monde illustré* sous son nom, *La Patrie* sous le pseudonyme de Rambal, les alimentant de nombreux dessins, correspondances et récits, tels que *Types et physionomie des armées d'Orient* et *Voyage dans la mer Noire, le Bosphore et les Dardanelles.* Il expose au Salon de 1861 : *Pêcheries dans le Bosphore* (n° 980), *Vue de Constantinople ; la Corne d'Or* (n° 981).

## DUVIEUX, Henry

(1855- ?). Français.

Il peint de nombreuses vues de Constantinople et de Venise. Extrêmement commerciale, cette production stéréotypée, privée de toute démarche narrative, a fait de Duvieux le « Félix Ziem du pauvre ».

## ECKENBRECHER, Karl-P. Thermistocles von

(1842-1921). Allemand.

Né à Athènes de parents allemands, il peint surtout des paysages. Il expose au Salon de 1866 : *Coucher de soleil aux environs de Constantinople* (n° 1953).

## ENDER, Thomas

(1793-1875). Autrichien.

Élève de l'Académie de Vienne, où il remporte le grand prix de peinture en 1816, il est nommé membre et plus tard professeur de paysage dans cette académie. Grâce à l'appui de l'archiduc Jean et du prince de Metternich, il accompagne en 1817-1818 une expédition scientifique envoyée au Brésil à l'occasion du mariage de l'archiduchesse Léopoldine, fille de François Ier empereur d'Autriche et du futur empereur Dom Pédro. En 1829, il accompagne l'archiduc Johann, frère de l'empereur François Ier, dans ses voyages diplomatiques en Crimée, à Constantinople, à Smyrne et à Athènes, réalisant à cette occasion de nombreuses aquarelles.

**Bibliographie :** Walter Koschatzky, *Thomas Ender (1793-1875)*, Kammermaler Erzeherzog Johanns, Graz, 1982 ; Robert Wagner, *Thomas Ender in Brasilien, 1817-1818*, Vienne, 1994.

**Exposition :** Walter Koschatzky, *Thomas Ender. Zeichnungen und Aquarelle*, Vienne, Albertina, 1964.

## ERNST, Rudolph

(1854-1932). Autrichien.

Élève de l'Académie de Vienne, il voyage beaucoup à travers l'Espagne, le Maroc, la Turquie avant de se fixer à Paris en 1876. Il expose au Salon : *Le Tombeau du sultan Sélim à Constantinople* (1891, n° 587), *La Fontaine du sultan Ahmed à Constantinople* (1892, n° 646), *La Charité chez les derviches à Scutari* (1893, n° 670), *Rêverie du soir à la Corne d'Or* (1912), *Après l'incendie, Constantinople* (1913).

## FAVRAY, Antoine de

(1706-1798). Français.

Chevalier de Malte, résidant sur l'île de Malte depuis 1744, il vient s'installer à Constantinople en 1762 sur les encouragements de l'ambassadeur de France, le comte de Vergennes. Au cours des huit années passées dans la capitale ottomane, l'artiste peint de magnifiques panoramas de la ville et de nombreux portraits de la société européenne. Ses scènes, d'une grande précision, sont d'irremplaçables documents pour l'étude de l'Empire ottoman.

**Bibliographie :** Bonneville de Marsangy, *Le Chevalier de Vergennes. Son ambassade à Constantinople*, Paris, 1894, 2 vol. ; Dominic Cutajar, « The Passagio of Antoine Favray », *The Times*, 26 juin 1984.

## FISCHER, Ludwig Hans

(1848-1915). Autrichien.
Titulaire d'une bourse de l'Académie de Vienne, il parcourt l'Italie, l'Algérie, la Tunisie, la Libye, l'Égypte, la Palestine et l'Asie Mineure. Un séjour de trois ans à Rome est suivi par d'autres voyages : Tunis en 1878 et la Palestine et l'Égypte en 1879. Dans les décennies suivantes, il retourne souvent en Orient. En 1889-1890, il voyage en Asie du Sud-Est. Auteur de décorations murales et de tableaux orientalistes, excellent aquarelliste, Fischer écrit des feuilletons et des livres de voyages. Il revint par la suite se fixer à Vienne. Ses carnets d'esquisses sont conservés au Musée Historique de la ville de Vienne.

## FLANDIN, Eugène-Napoléon

(1803-1876). Français.
En 1837, il accompagne l'armée française en Algérie, puis part en 1839 pour la Perse avec la mission diplomatique dirigée par le comte Édouard de Sercey. Pendant deux ans et demi, Flandin et l'architecte Pascal Coste répertorient les monuments anciens pour le compte de l'Institut de France, dessins publiés dans un grand album en six volumes, *Voyage en Perse de MM. Eugène Flandin et Pascal Coste, architecte, attachés à l'ambassade de France en Perse pendant les années 1840-1841* (Paris, Gide et J. Baudry, 1851-52). En 1844, Flandin séjourne en Mésopotamie avec l'archéologue et diplomate Paul Botta, qui est à la recherche de la cité disparue de Ninive. Ses dessins sont publiés en 1850, *Monuments de Ninive*. Il publie encore deux albums, dont *L'Orient* (Paris, Gide et Baudry, 1853-1867, 4 vol., 150 pl.) qui comprend de nombreuses lithographies sur son séjour en Turquie. Il expose au Salon : *Vue du quartier turc, prise en face des mosquées Soliman et de la sultane Valide* (1853, n° 461), *Constantinople. Vue du quartier turc, prise en face des mosquées de Soliman et de la Sultane Valide* (1855, n° 3071), *Constantinople. Vue générale le matin* (1855, n° 3072), *Entrée du Bosphore, côte d'Asie* (1855, n° 3073), *Vue des murailles de Constantinople, prise à l'endroit où se voit encore la brèche par laquelle les janissaires de Mahomet II pénétrèrent dans la ville* (1857, n° 975).
**Bibliographie :** Édouard de Sercey, *Une Ambassade extraordinaire : la Perse en 1839-1840*, Paris, L'artisan du Livre, 1928.
**Expositions :** *La Perse et la France. Relations diplomatiques et culturelles du XVII^e au XIX^e siècle*, Paris, musée Cernuschi (janvier-mars 1972) ; *Eugène Flandin, Voyage en Perse, 1840-1841*, Château Naillac - Le Blanc - Écomusée de la Brenne et du Pays blancois (17 juin-17 sept. 1995).

## FORBIN, Louis-Nicolas-Philippe-Auguste, comte de

(1777-1841). Français.
Peintre, archéologue et écrivain, à l'origine de la réorganisation du Louvre, il est chargé par Louis XVIII, en 1817, de mener une mission archéologique au Levant. Il s'embarque sur la frégate *La Cléopâtre*, à Marseille, en compagnie de Pierre Prévost, Jean-Nicolas Huyot et Léon-Mathieu Cochereau, artistes peintres. Au cours de ce voyage qui le conduit en Grèce, en Turquie et en Égypte, le comte de Forbin fait l'acquisition d'un grand nombre d'antiquités, qui constituent à son retour en France les départements des Antiquités étrusques et égyptiennes du musée du Louvre. Il publie *Voyage dans le Levant en 1817 et 1818*, Paris, Imprimerie Royale, 1819, 68 pl.
**Bibliographie :** *Le Portefeuille du Comte de Forbin [...] avec un texte rédigé par M. le comte de Marcellus*, publié par M. Challamel, Paris, 1843 ; L.-M. de Marcellus, *Souvenirs de l'Orient*, Paris, 1839 ; Patrick Jager, « Écrire et peindre. *Le voyage dans le Levant en 1817 et 1818* du comte de Forbin », *L'Œil aux aguets ou l'artiste en voyage*, éd. par F. Moureau, Paris, Klincksieck, 1995, pp. 41-59.

## FORMIS BEFANI, Achille

(1832-1906). Italien.
Chanteur professionnel aussi bien que peintre, il voyage dans divers pays du Proche-Orient entre 1867-1870. Il revient en Italie avec des croquis et dessins de Constantinople dont il se sert pour réaliser des tableaux à l'huile souvent de très grandes dimensions. En 1870, il expose à Parme, à la Mostra italiana d'Arti Belle : *Istanbul, vue de Péra* (*Vista da Pera*). Son *Angle de la fontaine du sultan Ahmed à Constantinople* (*Angolo della fontana del Sultano Ahmed*) est présenté en 1877 à Naples à l'Esposizione Nazionale di Belle Arti.
**Expositions :** Galleria Forni, Bologne (octobre 1981) ; Galleria Gavazzi, Pavie (10 oct.-8 nov. 1981) ; Galleria Palazzoli, Milan (13 fév.-5 mars 1982).

## FOSSATI, Gaspare

(1809-1883). Italien.
Architecte de formation, il est chargé, en 1837, par le tsar Nicolas I^er de se rendre à Constantinople pour réaliser les plans de la nouvelle ambassade de Russie. En 1839, il est rejoint par son frère cadet Giuseppe (1822-1891). Ensemble, ils réalisent pour le sultan Abdül-Medjid ou pour des particuliers des travaux importants comme l'hôpital militaire du ministère de la Défense (1841), l'université (1845-47), la nouvelle École impériale place de l'Hippodrome (1846), le nouveau Théâtre italien (1846), le palais Rechid Pacha sur le Bosphore (1847-49). De 1847 à 1849, ils veillent à la restauration de Sainte-Sophie. L'année suivante, Fossati visite Londres pour organiser la publication de ses dessins qui paraissent sous le titre *Aya Sofia Constantinople, as recently restored by order of H. M. The Sultan Abdul Medjid*, Londres, Colnaghi & Co., 1852, 25 lithog. par Louis Haghe.
**Bibliographie :** T. Lacchia, *I Fossati architetti del sultano di Turchia*, Roma, 1943 ; Carlo Palumbo-Fossati, *I Fossati di Morcote*, Bellinzona, 1970 ; G. Heinrich, *Die Fossati-Entwürfe zu Theaterbauten : Materialen zur Architekturgeschichte Istanbul im 19. Jahrhundert*, Monaco di Baviera, 1989 ; A. Batur, « Italian Architects and Istanbul, Environmental Design », *Journal of the Islamic Environmental Design Research Center*, VIII, n° 9-10, 1992, pp. 134-141 ; I. Palumbo-

Fossati Casa, « Gaspare Fossati, precursore e punto di riferimento degli architetti italiani ad Istanbul », *Architettura e architetti italiani ad Istanbul tra il XIX e il XX secolo*, Istanbul 27-28 novembre 1995, Istituto Italiano di Cultura di Istanbul, 1995, pp. 61-70 ; Sabine Schlüter, *Gaspare Fossati Restaurierung der Hagia Sophia in Istanbul, 1847-1849*, Bern/Berlin/Francfort-sur-le-Main, 1999.

**Expositions :** C. Bertelli, *Un archietto sul Bosforo. Venezia, Roma, Milano. Passando per Istanbul*, Milano, Corriere della Sera (settembre 1992) ; *1809-1883, Gaspare Fossati*, Pinacoteca Züst (12 juin-30 nov. 1992).

## FOURAU, Hugues

(1803-1873). Français.

Inscrit à l'École des Beaux-Arts de Paris chez Gros en 1828, il pratique parallèlement le portrait, la scène de genre et la peinture d'histoire. A la suite d'un voyage en Orient, il présente au Salon quelques scènes de Turquie : *Les Eaux-Douces du prophète Elie à Arnoult Keuili, près de Constantinople* (1842, n° 699), *Massacre des janissaires dans la cour de la mosquée, vue prise à Constantinople* (1842, n° 700), *Vue de la terrasse du jardin de l'ambassade de France à Thérapia, près de Constantinople* (1842, n° 701), *Vue de Constantinople ; effet du matin* (1845, n° 638), *Vue de la mosquée d'Ieni-Djami, à Constantinople* (1846, n° 694), *Entrée du Bosphore par la mer Noire, à Constantinople* (1849, n° 762).

## FRÈRE, Théodore

(1814-1888). Français.

Deux voyages en Algérie changent le cours de sa vie. Dès lors, il ne peint plus que des scènes du monde musulman. En 1851, il séjourne dix-huit mois à Constantinople, continue sa route jusqu'en Syrie, au Liban et en Palestine, puis revient en France par l'Égypte et la Nubie. Son dernier voyage en Égypte, probablement, s'effectue en compagnie de l'impératrice Eugénie, invitée de marque aux manifestations pour l'inauguration du canal de Suez, en 1869. Fidèle participant au Salon de Paris, il est très apprécié par des collectionneurs de marque tels la princesse Mathilde, le roi Louis-Philippe et le roi de Wurtemberg. Parmi ses toiles présentées au Salon figurent *Une Rue à Constantinople* (1855, n° 3137), *Vue du château des Sept-Tours à Constantinople ; soleil levant* (1857, n° 1063), *Un Café à Büyükdere, Constantinople* (1859, n° 1151), *Une Fête chez un uléma à Constantinople* (1861, n° 1180), *Café à Galata, à Constantinople* (1865, n° 855, également à l'Exposition Universelle de Paris, 1867, n° 267).

## GARNERAY, Ambroise Louis

(1783-1857). Français.

Peintre de marines sous la Restauration, il est attaché depuis 1817 au duc d'Angoulême. Le titre de peintre du grand amiral de France lui vaut d'être envoyé à Navarin avec Alexandre Decamps pour relever la position des navires, quelques mois après la défaite de la flotte ottomane.

**Bibliographie :** Martine Acerra, *Voiles et voiliers au début du XIXe siècle. Peintures, aquatintes et gravures de Louis Garneray*, Paris, Du May, 1992.

## GELL, Sir William

(1774-1836). Anglais.

Architecte de formation, il est surtout connu par les livres illustrés qu'il publie sur les sites antiques, tels que *Topography of Troy, and its Vicinity* (Londres, 1804, 30 grav.), *The Geography and Antiquities of Ithaca* (Londres, 1807, 13 grav.), *Itinerary of the Morea* (Londres, 1817).

## GÉRÔME, Jean-Léon

(1824-1904). Français.

De très nombreux voyages, entrepris dès 1853, inspirent l'œuvre de Gérôme qui domine l'Orientalisme de la deuxième moitié du XIXe siècle. Sa peinture, fort critiquée, a été depuis quelques années réhabilitée. Peintre « ethnographique », il revendique une approche authentique de l'Orient, différente de celle du début du siècle. Aidé par la photographie, l'artiste livre une vision exacte des costumes ou des sites, sans pourtant renoncer aux arrangements d'atelier ni aux effets complaisants que ménagent ses femmes au bain ou ses marchés d'esclaves. Mais son attention au décor reflète aussi l'intérêt naissant de l'époque pour l'art islamique et il est vrai qu'il a su formuler savamment « les luisances claires des faïences, les brutalités sonores des cuivres, les soyeuses délicatesses des tapis, ce tumulte des étoffes vibrantes ».

**Bibliographie :** C. Moreau-Vauthier, *Gérôme, peintre et sculpteur, l'homme et l'artiste*, Paris, 1906 ; Gerald M. Ackerman, *Jean-Léon Gérôme, sa vie, son œuvre*, Paris, A.C.R. Édition, 1997 (rééd. 2000) ; Hélène Lafont-Couturier, *Gérôme*, Paris, Herscher, 1998.

**Expositions :** *Jean-Léon Gérôme, sculpteur et peintre de « L'Art officiel »*, galerie Tanagra, Paris, 1974 ; *J.-L. Gérôme 1824-1904*, musée Garret, Vesoul, 1981 ; *Exigence de réalisme dans la peinture française entre 1830 et 1870*, musée des Beaux-Arts de Chartres ; *Dessins de Jean-Léon Gérôme, acquisitions du musée de Vesoul*, musée Garret, Vesoul ; *Albums de voyage des artistes en expédition aux pays du Levant*, Paris, AFAA-RMN, 1993 ; *Gérôme et Goupil. Art et entreprise*, Bordeaux, musée Goupil (12 oct. 2000-14 janv. 2001).

## GILLOTIN, Auguste, René

(1814-1861). Français.

Cet officier de marine effectue un vaste périple du Levant à l'Océanie en passant par l'Afrique et l'Amérique latine. Il réalise deux carnets de croquis du Levant, sans date ni légende, ainsi que quelques aquarelles et sépias. En 1839, il mène une campagne au Levant (Constantinople, Smyrne, Athènes, Beyrouth et les îles) à bord de *La Flèche*, puis sur l'*Archéron* et *Le Santi Pétri*, d'octobre 1840 à mai 1843.

**Bibliographie :** François Jacquin, « Carnets de voyages de René Gillotin (1814-1861), marin et aquarelliste », *Neptunia*, n° 182, juin 1991, pp. 2-8 ; François Jacquin, *De Constantinople à Tahiti. Seize ans d'aquarelles autour du monde, 1840-1856*, Paris, éd. Karthala, 1997.

## GIRAUD, Pierre, François, Eugène

(1806-1881). Français.

Élève de l'École des Beaux-Arts de Paris en 1821, il obtient le prix de Rome pour la gravure en 1826. Toujours avide de nouveauté, il aime beaucoup les voyages. En 1846-1847, il se rend en Espagne avec Alexandre Dumas père et fils avant de visiter l'Algérie, l'Égypte et Constantinople. Il en rapporte des costumes orientaux et de nombreuses esquisses qu'il utilise dans ses œuvres. Au Salon de 1853, il expose *Un Incendie à Constantinople* (n° 543). Cette toile évoque, d'après la notice qui l'accompagne, « l'incendie qui éclata dans le faubourg de Péra en juillet 1832. M. Le marquis de la Valette, ambassadeur de France à Constantinople s'empressa de se rendre sur le lieu du sinistre, pendant que M. Rigaud de Genouilly, capitaine commandant le vaisseau mixte *Le Charlemagne*, accourait à la tête de son équipage et se rendait maître du feu ».

## GLEYRE, Marc-Gabriel, Charles

(1806-1874). Suisse.

Recommandé à Rome par Horace Vernet, Gleyre accompagne en Orient un Américain de Boston, John Lowell Jr. Quittant l'Italie au printemps de 1834, ils visitent la Grèce et la Turquie, puis l'Égypte où ils restent jusqu'en 1835. Tandis que Lowell poursuit son voyage vers Bombay où il meurt peu de temps après, Gleyre séjourne au Proche-Orient jusqu'en 1838, avant de revenir à Paris malade et presque aveugle. Nombre de ses esquisses et aquarelles sont maintenant conservées au musée cantonal des Beaux-Arts de Lausanne ; d'autres, appartenant au Lowell Institute de Boston, sont conservées au Museum of Fine Arts de cette ville.

**Bibliographie :** Charles Clément, *Gleyre, étude biographique et critique avec le catalogue raisonné de l'œuvre du maître*, Genève, Neuchâtel et Paris, 1878 ; R. Lugeon, *Charles Gleyre*, Lausanne, 1939 ; Gerald M. Ackermann, « Drawings of a famous Teacher : Charles Gleyre », *Master Drawings*, 1975/2, pp. 161-169 ; William Hauptman, « The artist and the master », *FMR*, n° 15, 1985, pp. 45-65 ; William Hauptman, *Charles Gleyre : 1806-1874*, vol I. Life and Works, Zurich, Swiss Institute for Art Research, 1996 ; vol. II. Catalogue raisonné, Princeton, The Princeton Univ. Press, 1996. *Von ferne lässt grüssen Schweizer Orientmalerei des 19. Jahrhunderts*, Kehrer Verlag Heidelberg, 2002.

**Expositions :** C. Clément, *Gleyre*, Genève-Neuchâtel et Paris, 1878 ; *Charles Gleyre ou les illusions perdues*, exposition itinérante, Winterthur, Kunstmuseum et autres villes, Zurich, 1974 ; *Charles Gleyre, 1806-1874*, Grey Art Gallery and Study Center, New York University and The University of Maryland Art Gallery, 1980 ; *The Orientalists : Delacroix to Matisse*, Londres, Royal Academy of Arts, 1984. Monika Bilfinger, *Un autre regard. Mit anderen Augen gesehen. Der Orientalismus in der Schweizer Malerei des 19. Jahrhunderts*, Musée Neuhaus, Bienne, 1997.

## GOULD, Walter

(1829-1893). Américain.

Originaire de Philadelphie, il expose ses premiers tableaux dans sa ville natale. Il se rend en Europe à la fin des années 1840 ; on pense qu'il étudie quelque temps à Paris avant d'arriver à Florence en 1849, où il s'intègre à la colonie anglo-américaine. En 1851, il part pour Kütahya, une ville de l'Anatolie occidentale, où le chef révolutionnaire hongrois, Lajos Kossuth, qui défraie la chronique de l'époque, est en exil. A Constantinople, Gould peint les portraits du grand vizir et de l'ambassadeur britannique, Lord Canning, et note des scènes de la vie quotidienne. Jusqu'à la fin des années 1880, il peint des œuvres néo-classiques très originales inspirées par ce voyage. En 1854, il visite les ports de la mer Égée, dont Smyrne, à bord d'une frégate américaine, le *U. S. Cumberland*.

**Bibliographie :** Moncure Conway, « Americans in Italie », *Boston Daily Evening Transcript*, 3 mai 1890 ; Ambrose Brera, « American Artists in Florence », *Boston Daily Evening Transcript*, 12 juillet 1890 ; Richard P. Wunder, *Hiram Powers*, Cranbury, New Jersey, 1991, 2 vol. ; Gerald M. Ackerman, *Les Orientalistes de l'École américaine*, Paris, A.C.R. Édition, 1994, pp. 94-101.

## GRITCHENKO, Alexis

(1883-1977). Russe.

Peintre d'origine ukrainienne qui se mêle au mouvement du Cubisme lors d'un premier séjour en France en 1911 ; de retour à Moscou, il défend l'esthétique du Cubisme. En 1919, il quitte Moscou après avoir abandonné son atelier et la plupart de son œuvre qui est détruite et dispersée. Il s'installe pendant deux ans à Constantinople. Au cours de ce séjour, il réalise de nombreux croquis, aquarelles et huiles d'après les monuments de la ville et la vie quotidienne turque. Gritchenko se rend ensuite en Grèce avant de venir s'installer en France. Plusieurs de ses aquarelles sur la Turquie sont conservées à la Alexis Gritchenko Foundation de New York.

**Bibliographie :** A. Gritchenko, *Deux ans à Constantinople (1919-1921). Journal d'un peintre*, 40 aquarelles en couleur reproduites par D. Jacomet, Paris, éditions des Quatre vents, 1930 ; *My Encounters with French Artists. Memoirs of an Artist*, New York, Alexis Gritchenko Foundation, 1968 ; René-Jean, *Alexis Gritchenko, sa vie, son œuvre*, trad. de l'anglais, suivi d'une note de Paul Fierens, Paris, édition des Quatre vents, 1948, 42 pl. ; *Alexis Gritchenko, sa vie, son œuvre*, textes de Raymond Charmet, Paul Fierens, John Devoluy, Svjatoslav Hordynsky, Matthew Phillips, nouv. éd., Quatre vents, Paris, 1964, 8 rep. coul., 60 rep. noir et blanc ; Nadia Podzemskaia, « A propos des copies d'art byzantin à Istanbul : les artistes russes émigrés et l'Institut byzantin d'Amérique », *Histoire de l'art*, n° 44, juin 1999, pp. 123-140.

**Expositions :** *Constantinople bleu et rose, peintures et aquarelles d'Alexis Gritchenko*, galerie Pevelezky (11-20 févr. 1922), catalogue par André Levinson, préface de Claude Farrère, Paris, Imp. Union, 1922 ; *Constantinople. Peintures et aquarelles par Gritchenko*, galerie Druet (1928) ; *Alexis Gritchenko. Rétrospective 1920-1960*, Château-Musée de Cagnes (1960) ; *Constantinople and Greece : 1919-1923*, New York, Peter

Deitsch Gallery (1966) ; *Rétrospective d'Alexis Gritchenko*, Salon d'Automne, Paris (1973) ; *Alexis Gritchenko. Works from the 1920's*, Edmondo Art Gallery (1976) ; *Gritchenko. Commemorative Exhibition*, Ukrainian Institute of America, New York (1983).

## GROTEMEYER, Fritz

(1864-1947). Allemand.

En 1916, il est envoyé en Anatolie comme dessinateur correspondant de guerre. Il est chargé de documenter la progression des troupes germano-turques en Anatolie, en Syrie, et dans le désert du Sinaï jusqu'au Canal de Suez. Il arrive à Constantinople par le train des Balkans le 27 février 1916. Il s'y rend à l'invitation d'Enver Pacha, ministre turc de la Guerre, dont il réalise un portrait. Il rend visite aux troupes allemandes stationnées aux Dardanelles, puis se joint à un bataillon d'artillerie qui le conduit à Konya. Début juin, il est à Damas puis gagne Jérusalem. Après l'occupation de Suez par les Anglais, il regagne Constantinople. Tout au long de son périple, Grotemeyer réalise des petites esquisses qui lui serviront, plus tard, à réaliser des toiles de grands formats.

## GUDIN, Théodore

(1802-1880). Français.

Élève de l'École des Beaux-Arts de Paris, sa popularité n'eut de rivale dans les arts que celle de Horace Vernet. Il exécute un grand nombre de tableaux pour la maison du roi et pour plusieurs autres personnages importants tant en France qu'à l'étranger. Nommé peintre de la marine royale, il prend part à ce titre à l'expédition d'Alger. A la suite d'un voyage effectué à Constantinople en 1839, il présente au Salon : *Une Vue de Constantinople* (1840, n° 768), *Incendie du quartier de Péra à Constantinople, le 9 août 1839* (1844, n° 868), *Constantinople, vue prise des Sept-Tours* (1855, n° 3225), *Vue de Constantinople prise en face de Péra* (1855, n° 3233).

**Bibliographie** : Edmond Béraud, *Souvenirs du baron Gudin, peintre de la marine (1820-1870)*, Paris, 1921.

## GUILLEMET, Pierre Désiré

(1827-1878). Français.

Peintre originaire de Lyon, il se spécialise dans les portraits et les peintures historiques. En mars 1865 (ou 1869), le sultan Abdül-Aziz le fait appeler à Constantinople pour qu'il réalise son portrait. Guillemet devint dès lors le peintre du palais pendant treize ans, jusqu'à sa mort. En 1873, avec sa femme, il organise à Constantinople, dans le quartier de Péra, la première exposition consacrée à un peintre turc, Cheker Ahmed Pacha. L'année suivante, il ouvre une académie de peinture et de dessins. Il s'agit de la première école d'art de ce genre créée dans l'Empire ottoman. Le 12 novembre 1877 il inaugure la première École des Beaux-Arts de Turquie, *Mekteb-i Sanayi-i Chahane*, dont il devient le directeur.

## GUYS, Constantin

(1802-1892). Français.

Né à Flessingue, en Hollande, où son père, originaire du Dauphiné, est commissaire de la marine, il mène une vie des plus vagabondes sur laquelle très peu de documents subsistent. D'après le photographe Nadar – qui est l'un de ses amis – il part comme soldat aux côtés de lord Byron pour défendre la Grèce au moment de la guerre d'Indépendance (1828). Il s'engage ensuite en France dans un régiment de dragons, dont il sort sous-officier vers 1830. C'est en qualité de correspondant de l'*Illustrated London News* que le dessinateur est amené à suivre en France les événements de 1848 puis à rendre compte sur place de l'évolution de la guerre de Crimée (1853-1855). Il profite de son séjour à Constantinople pour peindre des scènes de la vie quotidienne.

**Bibliographie** : Gustave Geoffroy, *Constantin Guys, l'historien du Second Empire*, Paris, Paul Gallimard, 1904 (gravures sur bois de Tony et Jacques Beltrand) ; *idem*, Paris, Crès et Cie, 1920, 34 rep. ; Georges Grappe, *Constantin Guys*, Paris, Librairie Artistique Internationale, 1910, 43 rep. ; Jean-Paul Dubray, *Constantin Guys*, Paris, Rieder, 1930, 60 rep. ; Charles Baudelaire, *Constantin Guys, le peintre de la vie moderne*, Paris, René Kieffer, 1923, 15 rep. ; Clifford Hall, *Constantin Guys*, Londres, Lilian Browse, 1946, 50 rep. ; Claude Roger-Marx, *Constantin Guys, 1802-1892*, Paris, Braun & Cie, 1949, 60 rep. ; Luce Jamar-Rolin, « La vie de Guys et la chronologie de son œuvre », *Gazette des Beaux-Arts*, juillet-août 1956, II, pp. 69-112, 17 rep. ; Bruno Streiff, *Catalogue des dessins de Constantin Guys*, Lausanne, Mermod, 1957, 53 rep. ; Jonathan Mayne, *The Painter of Modern Life and other essays by Charles Baudelaire*, Londres, Phaïdon Press, 1964 ; Pierre Duflo, *Constantin Guys fou de dessin, grand reporter, 1802-1892*, Paris, Arnaud Seydoux, 1988.

**Expositions** : *Constantin Guys (1802-1892). Un peintre de la vie au XIX^e siècle*, musée des Arts décoratifs, Pavillon de Marsan, musée du Louvre (janv.-févr. 1937) ; *Constantin Guys*, Paris, Galerie Bernheim jeune (janv.-mars 1952) ; *Constantin Guys, 1802-1892*, Stedeyk Museum, Flessingue (Pays-Bas) (juillet-août 1954) ; *Constantin Guys*, Londres, Marlborough Fine Art Ltd. (26 juin-31 juillet 1956) ; *La Vie parisienne au temps de Guys, Nadar et Worth*, Paris, musée Jacquemart-André (16 nov.-31 déc. 1959) ; *Constantin Guys et la guerre de Crimée*, Londres, Institut Français du Royaume-Uni (1^er-18 novembre 1977) ; *Constantin Guys Crimean war drawings, 1854-1856*, Cleveland, Cleveland Museum of Art (juillet-août 1978) ; *Constantin Guys. Il pittore della viva moderna*, Rome, Palazzo Braschi (sept.-oct. 1980).

## HAYETTE, François-Claude

(1838-ap. 1881). Français.

Élève de l'École des Beaux-Arts de Lyon de 1852 à 1858, il poursuit ses études à l'École des Beaux-Arts de Paris à partir de 1863. Dans les années 1860, il s'installe à Constantinople où il enseigne le dessin à l'École Impériale (*Mekteb-i Sultanî*) de 1868 à 1890. Spécialisé dans les portraits et les scènes de la vie quotidienne des Turcs, il expose régulièrement ses œuvres dans les ateliers de Constantinople.

## HILAIR, Jean-Baptiste

(1753- ap.1822). Français.

Il accompagne le comte de Choiseul-Gouffier comme dessinateur dans l'expédition qu'il mène en mer Égée en 1776-1777, puis à Constantinople lorsque ce dernier est nommé ambassadeur près la Sublime Porte en 1784. Excellent dessinateur, Hilair contribue aux illustrations de l'ouvrage de Choiseul-Gouffier, *Voyage pittoresque de la Grèce* (Paris, 1782-1822, 4 vol.) et au *Tableau général de l'Empire othoman* (Paris, 1788-1820, 3 vol.) de Mouradgea d'Ohsson, drogman de l'ambassade de Suède.

**Bibliographie :** H. Marcel, « Petits maîtres du XVIIIe siècle ; J.-B. Hilair », *Revue de l'art ancien et moderne*, sept. 1903 ; Gaston Migeon, « Peintres voyageurs en Turquie au XVIIIe siècle », *Syria*, 1924, pp. 254-256 ; C. Michel, « Le Tableau général de l'Empire othoman », *Nouvelles de l'Estampe*, n° 84, déc. 1985, pp. 6-25.

## HORNIG, Charles-Guillaume

(1824-ap. 1872). Français.

Élève de Cambon et de Thierry. Il figure au Salon de Paris, de 1865 à 1873, exposant de nombreuses vues de Turquie : *Constantinople* (1865, n° 1061), *Une place de Stamboul* (1865, n° 1062), *Les Murailles de Constantinople* (1866, n° 961), *La Mosquée de Sainte-Sophie, à Constantinople* (1870, n° 1382) et des dessins : *Fontaine des Eaux-Douces d'Asie, Constantinople* (1872, n° 812), *Panorama du fond de la Corne d'Or, Constantinople* (1872, n° 813), *Mosquée de Mahmoud à Tophane, Constantinople* (1873, n° 742).

**Bibliographie :** C.-G. Hornig, *Séjour et promenades à Constantinople, 1860-1861, extraits de lettres*, Paris, Blot, 1867.

## HUGUET, Victor-Pierre

(1835-1902). Français.

Il commence par travailler à Marseille avec Émile Loubon puis à Paris avec Eugène Fromentin. En 1852, à l'âge de 17 ans, il voyage en Égypte, l'année suivante en Crimée aux côtés du peintre de marine Jean-Baptiste Durand-Brager. En 1893 il présente trois tableaux à l'exposition des peintres orientalistes français qui ouvre ses portes en même temps que l'exposition d'art islamique organisée dans le palais de l'Industrie de Paris. Ses peintures reflètent des scènes d'Égypte, de Libye, d'Algérie et de Turquie.

## HUNGLINGER VON YNGUE, Andreas Magnus

(1756-v. 1830). Autrichien.

Il a rapporté du séjour qu'il a fait en Turquie en 1798 et 1799 des dessins qu'il a publiés à Vienne en 1800 sous le titre *Abbildungen herumgehender Krämer von Constantinopel nebst anderen Stadteinwohnern und Fremden aus Aegypten, der Barbarey und dem Archipelagus nach der Natur zu Pera bey Constantinopel gezeichnet im Jahre 1799...* L'ouvrage dédié à l'Académie des langues orientales et au comte Constantin de Ludolf, ambassadeur du roi de Sicile à la Sublime Porte, comprend 24 planches en couleur, gravées par F. Assner et K. Ponheimer.

## HUNT, William Holman

(1827-1910). Anglais.

Membre fondateur de la Fraternité préraphaélite, groupe de peintres qui tentent de faire revivre la peinture historique d'inspiration religieuse. En 1854, Hunt part en Orient afin de se documenter. Après avoir visité Le Caire, il parcourt la Palestine, la Syrie et le Liban avant de rentrer par Constantinople en 1856.

**Exposition :** *William Holman Hunt*, Liverpool, Walker Art Gallery, Londres, Victoria and Albert Museum, 1969 ; *The Orientalists : Delacroix to Matisse*, Londres, Royal Academy of Arts, 1984 ; *The Preraphaelites*, Londres, The Tate Gallery, 1984.

## HUYOT, Jean-Nicolas

(1780-1840). Français.

Élève du peintre David, puis de l'architecte A.-F. Peyre, il s'embarque en août 1817 sur la frégate *La Cléopâtre* à Marseille à destination de l'Orient. Avec P. Prévost et L.-M. Cochereau, artistes peintres, il fait partie d'une mission montée par le comte de Forbin pour préparer un ouvrage sur les monuments antiques de la Grèce et de l'Asie Mineure. En visitant le théâtre de Milo, Huyot se casse une jambe. Incapable de poursuivre le voyage, il reste à Smyrne puis, une fois soigné, il se rend à Constantinople. Il profite de son séjour, du 13 juin au 28 septembre 1818, pour dessiner les maisons, les cafés, les *yalı*, les habitations particulières qu'il découvre dans la capitale ottomane.

**Bibliographie :** P. Dufournet, « Jean-Nicolas Huyot, 1780-1840, ou la carrière exemplaire d'un architecte et archéologue », *Les Archéologues et l'archéologie, Cæsaroduaram*, XXVII, Tours, 1993, pp. 49-69 ; Pierre Pinon, « Le voyage d'Orient de l'architecte Jean-Nicolas Huyot (1817-1820) et la découverte de la maison ottomane », *Turcica*, XXVI, 1994, pp. 211-240 et « L'Orient de Jean-Nicolas Huyot. Le voyage en Asie Mineure, en Égypte et en Grèce (1817-1821) », *Revue du monde musulman et de la Méditerranée*, 73-74, 1994/3-4, pp. 35-55.

## HUYSMANS, Jan-Baptist

(1826-1906). Belge.

Élève à l'Académie d'Anvers, il voyage en Grèce, Turquie, Syrie, Palestine, Égypte et Algérie. Il écrit le récit de ses aventures, dont *Voyage en Italie et en Orient 1856-1857. Notes et impressions* (Anvers, Kennes et Gerrits, 1857). Dans ses tableaux orientalistes, on voit de simples scènes de la vie quotidienne, réalisées avec des coloris puissants et des détails de costumes et d'architecture bien observés. Dès le début des années 1860 et pendant près de trente ans, Huysmans vit à Paris. Il écrit *Voyage illustré en Espagne et en Algérie* (1862).

**Bibliographie :** J. M. Duvosquel et L. A. Misser, « Épisodes de la vie d'Ogier de Busbecq. Deux œuvres du peintre orientaliste J. B. Huysmans (1826-1906) à Comines et à Bousbecque », *Mémoires de la Société d'histoire de Comines-Warneton et de la région*, n° 10, 1980.

## JACOBS, Jakob Albrecht Michael, dit Jacob

(1812-1879). Belge.
Peintre de marine et de paysage, aquarelliste, il quitte Anvers le 29 mai 1838 pour un long voyage qui, après Gibraltar, le conduit sur les côtes africaines, puis à Constantinople, où il séjourne quatre mois à partir du mois d'octobre 1838. Il poursuit son voyage à Rhodes, en Grèce et en Égypte. A son retour, il puise avidement dans ses souvenirs de voyage et au Salon de 1842, il se signale par une *Vue de Constantinople* qui lui vaut une médaille d'argent. Au Salon de Bruxelles, en 1845, il remporte une médaille d'or avec une *Vue de Grèce*. Il est nommé professeur à l'Académie d'Anvers, sa ville natale. Jacobs est considéré comme l'un des premiers peintres à introduire l'exotisme dans la peinture belge. Ses tableaux, ports, ruines antiques et scènes du désert, furent achetés par des collectionneurs de marque, tels que le roi Léopold Ier, le duc de Brabant et la reine Victoria.

## JANESCH, Albert

(1889-1973). Autrichien.
Agé de 25 ans à la veille de la Première Guerre mondiale, il fait partie de la dernière génération des peintres orientalistes autrichiens et uniquement dans la mesure où il est envoyé en Orient en tant que peintre correspondant de guerre. Ses œuvres ont surtout une valeur documentaire, comme Fritz Grotemeyer. Janesch réalise les portraits du sultan Mehmed Rechat et du prince Osman Fouad (Heeresgeschichtes Museum, Vienne).

## JERICHAU ou JERIKAU, Harald-Adolf-Nikolaj

(1851-1878). Danois.
Il est le fils du sculpteur danois Jens-Adolf Jerichau et du peintre Elisabeth Jerichau-Baumann. En 1874-1875, il accompagne sa mère dans son dernier et aventureux voyage à Constantinople. Il y réalise de nombreux dessins et peintures. Des chagrins domestiques abrègent une carrière qui s'annonce brillante. Il meurt à Rome trois ans plus tard des suites d'une fièvre typhoïde.
**Bibliographie :** Brigitte von Folsach, *By the Light of the Crescent Moon. Images of the Near East in Danish art and literature, 1800-1875*, Copenhague, 1996.

## JERICHAU-BAUMANN, Anne-Maria-Elisabeth

(1819-1881). Danoise.
Née à Varsovie, cette fille d'un fabricant de cartes s'installe à Düsseldorf où elle suit des cours privés de peinture. Après avoir complété sa formation en Pologne, elle gagne Rome où elle rencontre le sculpteur danois Jens-Adolf Jerichau avec qui elle se marie en 1846. Elle séjourne à deux reprises en Turquie, une première fois en 1869-1870 et la seconde fois en 1874-1875 en compagnie de son fils et quatrième enfant Harald Jerichau. En tant que femme, elle a le privilège d'être admise au harem et, grâce à une lettre de recommandation de la Princesse de Galles (la princesse Alexandra du Danemark, fille du roi Christian IX et femme d'Édouard, prince de Galles, futur roi Édouard VII de Grande-Bretagne), elle est autorisée a rencontrer la princesse Nazili Hanum, fille de Mustafa Fazil Pacha, à l'intérieur du harem impérial de Constantinople.
**Bibliographie :** Brigitte von Folsach, *By the Light of the Crescent Moon. Images of the Near East in Danish art and literature, 1800-1875*, Copenhague, 1996.

## JOHNSON, Harry-John

(1826-1884). Anglais.
Il a dix-sept ans lorsqu'il accompagne William J. Mueller en Lycie, sur la côte sud de la Turquie, pour suivre la troisième expédition archéologique de Charles Fellows dans cette région. Il écrit par la suite un récit du voyage en Lycie pour N. N. Solly, *Memoir of the Life of William James Mueller* (Londres, 1875). Son œuvre consiste avant tout en paysages « exotiques » de Turquie et de Grèce.

## JOINVILLE, François d'Orléans, prince de

(1818-1900). Français.
Très tôt, ce troisième fils de Louis-Philippe, futur roi de France, se découvre une vocation pour la marine où il fait une brillante carrière. Il voyage en Europe, au Mexique, au Brésil et aux États-Unis, mais aussi au Maroc, en Algérie, en Turquie et au Liban. Doué pour les arts – il fut l'élève de Théodore Gudin et d'Ary Scheffer – il emporte partout avec lui ses carnets et ne cesse de dessiner les paysages qu'il traverse et les scènes auxquelles il assiste. Ses mémoires, *Vieux Souvenirs 1818-1848*, illustrés par lui-même, furent publiés par les éditions Calmann-Lévy en 1894 (rééd. Mercure de France, 1986).
**Bibliographie :** Grandin, commandant, *Le Prince de Joinville, sa vie, ses œuvres*, Abbeville, C. Paillart, 1901.

## KAMSETZER, Jan Chrystian

(1753-1795). Polonais.
Élève à l'Académie des Beaux-Arts de Dresde, il se spécialise en architecture. Installé à Varsovie à partir de 1773, il réalise pour le roi Stanislas Auguste de nombreuses constructions, dont le palais Lazienki. En mai-juin 1777, il accompagne le général Karol Ernest Fryderyk Coccei dans une expédition diplomatique à Constantinople et le long des côtes égéennes. Il réalise à cette occasion de nombreuses aquarelles, représentant surtout des femmes de Turquie dans les rues et dans leurs intérieurs. Quatorze de ces aquarelles sont actuellement conservées à la bibliothèque universitaire de Varsovie.
**Bibliographie :** Z. Batowski, *Podróże artystyczne Jana Chrystina Kamsetzera w latach 1776-1777 i 1780-1782*, Cracovie, 1935 ; Z. N. Batowscy et M. Kwiatkowski, *Jan Chrystian Kamsetzer architekt Stanislawa Augusta*, Varsovie, 1978.
**Expositions :** *The Orient in Polish Art*, National Museum in Cracow, Cracow, 1992 ; *War and Peace. The relation between the Ottoman and the Polish*, Istanbul, 1999 (Istanbul, 29 juin-20 sept. 1999).

## KAUFMANN, Adolf

(1848-1916). Autrichien.

Il voyage beaucoup à travers l'Europe, Berlin, Düsseldorf, Münich et Vienne où il ouvre une école de dessin pour filles. En 1890 et 1913, il expose à Vienne puis à Munich et à Paris en 1900. Il réalise pour le sultan Abdül-Hamid II une grande toile intitulée *Entrée du port d'Istanbul* (Istanbul, palais de Dolmabahçe).

## KAUFMANN, Karl, pseudo. Carnier Henri (HENRIK F.), dit C. Carlo (?) et Marchand Charles

(1843-1901). Autrichien.

Il utilise plusieurs pseudonymes, d'où la difficulté d'identifier ses œuvres. On lui doit de nombreuses vues de Constantinople. Dans certains cas, les villes orientales qu'il peint sont totalement imaginaires, mélangeant gondoles vénitiennes et caïques du sultan.

## KELLOGG, Miner Kilbourne

(1814-1889). Américain.

En 1843, il voyage en Égypte, puis en Terre Sainte et en Syrie. Il se rend ensuite à Constantinople (déc. 1844), à l'invitation de Dabney Smith Carr, ambassadeur américain près la Sublime Porte. De là, il part avec l'archéologue Austin Henry Layard dans une expédition en Anatolie centrale, à la recherche des ruines de l'antique cité d'Aesani, non loin de l'actuelle Çavadarhisar. En 1855, Kellogg s'installe à Paris. Il retourne en Amérique en 1865. La plupart de ses esquisses sont aujourd'hui conservées à Washington.

**Bibliographie :** E. P. Richardson, *Art Quaterly*, 23, 1960 ; Llerna Friend, *M. K. Kellogg's Texas Journal, 1892*, Austin, Texas, 1967 ; Richard P. Wunder, *Hiram Powers*, Cranbury, New Jersey, 1992 ; G. Ackerman, *Les Orientalistes de l'École américaine*, Paris, A.C.R. Édition, 1994, pp. 112-119.

## KOERNER (KÖNER), Ernest Karl Eugen

(1846-1927). Allemand.

Paysagiste et peintre de marines qui, en 1873-1874, parcourt l'Égypte, la Syrie, la Palestine et la Turquie.

## KRAUSZ, Wilhelm Victor

(1878-1959). Autrichien/Hongrois.

Installé à Constantinople en 1915, il travaille à réaliser divers portraits de dignitaires ottomans tels Sait Halim Pacha, Enver Pacha, Talat Pacha et Mustafa Kemal, aujourd'hui conservés au musée du palais de Topkapı et au musée de l'armée à Istanbul.

## LABBÉ, Charles-Émile

(1820-1885). Français.

Disciple de Decamps, il débute au Salon en 1836 comme peintre de fleurs. Bientôt, il y envoie des paysages forestiers de Compiègne et de Fontainebleau, de la Normandie où il travaille avec son ami Eugène Fromentin à Gournay-en-Bray. En 1846 ou 1848, Labbé se rend avec Fromentin et d'Armand du Mesnil à Blida, en Algérie, où sa famille habite, pour assister au mariage de sa sœur. Il va dès lors partager sa vie entre la France, la Grèce et Constantinople où il est chargé de décorer un palais pour le sultan. A 61 ans, il se fixe à Alger où il est nommé directeur de l'École des Beaux-Arts de 1881 jusqu'à sa mort. Au Salon de 1863, Labbé présente *Le Kief du vendredi sur la rive asiatique du Bosphore, Constantinople* (n° 1049, actuellement conservé à Périgueux).

## LANÇON, André

(1836-1887). Français.

Communard, il connaît la prison lors des événements de la Commune. Libéré, il change de prénom, devient peintre militaire et c'est à ce titre que *L'Illustration* l'envoie suivre l'armée russe dans la guerre des Balkans en 1877-1878. Excellent graveur, il a laissé plusieurs eaux-fortes de scènes de batailles et d'études d'animaux.

## LAURENS, Jules

(1825-1901). Français.

Élève à l'École des Beaux-Arts de Montpellier, il fréquente à Paris l'atelier de Paul Delaroche. Il tente, sans succès, le Prix de Rome, mais a la chance d'être engagé comme dessinateur par le géographe Xavier Hommaire de Hell dans une mission scientifique en Turquie et en Perse. De ce voyage – décisif pour sa carrière – qui le conduit jusqu'à Ispahan entre 1846 et 1849, l'artiste rapporte de nombreux dessins dont plus de trois cents sont conservés à l'École des Beaux-Arts de Paris. S'en inspirent les nombreux tableaux qu'il expose ensuite au Salon et les planches du *Voyage en Turquie et en Perse exécuté par ordre du gouvernement français pendant les années 1846, 1847 et 1848* (Paris, 1854, 3 vol. et atlas).

**Bibliographie :** Jules Laurens, *La Légende des ateliers, fragments et notes d'un artiste-peintre, 1842-1900*, Carpentras, éd. J. Brun & Cie, 1901 ; L.-H. Labande, « Voyage d'un artiste en Turquie et en Perse. Correspondance adressée par Jules Laurens à sa famille », *L'Art*, 1906, t. VI, t. 65, pp. 21-32 ; « Impressions d'un artiste en Orient, à Constantinople et à Brousse sur la route de Trébizonde », *L'Art*, 1907, t. VIII, t. 67, pp. 133-143, 183-189 ; « De Trébizonde à Tauris. Lettres du peintre lithographe Jules Laurens », *L'Art*, 1907, t. IX, t. 68, pp. 217-229 ; L.-H. Labande, *Jules Laurens*, Paris, Honoré Champion, 1910 ; L. Thornton, *Images de Perse, le voyage du colonel F. Colombari à la cour du Chah de Perse de 1833 à 1848*, Paris, 1981.

**Exposition :** *Les Orientalistes provençaux*, Marseille, musée des Beaux-Arts (nov. 1982-fév. 1983) ; *Le Voyage de Jules Laurens en Turquie (Jules Laurens'in Türkiye Yolculugu)*, Istanbul, Yapı Kredi Kültür Sanat Yayıncılık, mai 1998.

**Salons :** 1859 : *Paysage, souvenir d'Asie Mineure* (n° 1814). 1861 : *La mer Noire à Sinope*. 1866 : *Cimetière turc, hors la porte d'Andrinople, à Stamboul* (n° 1129). 1873 : *Au faubourg d'Eyoub, à Constantinople* (n° 881). 1874 : *Vue du Bosphore* (n° 1097). 1875 : *Lac et forteresse de Van en Arménie* (n° 1254). 1877 : *Une des portes d'Uscoup (Prusias ad Hypium)- Asie*

*Mineure* (n° 1228). 1880 : *Le Rocher de Van, Kurdistan* (n° 2152). 1882 : *Souvenir du Bosphore* (n° 1558). 1883 : *Campagne de Constantinople* (n° 1411). 1885 : *Souvenir d'Anatolie, Asie Mineure* (n° 1474). 1888 : *A Sinope, Turquie d'Asie* (n° 1515). 1891 : *A Keban-Madenn, Turquie d'Asie* (n° 959). 1894 : *Dans la campagne de Trébizonde, Turquie d'Asie* (n° 1074). 1896 : *Tête de voie romaine en Bithynie, à Amasserah (Turquie d'Asie)* (n° 1163). 1897 : *Les Hissars ou châteaux d'Asie sur le Bosphore (Turquie)* (n° 970).

## LEAR, Edward

(1812-1888). Anglais.

Ce délicat et remarquable artiste était le dernier né d'une famille de vingt et un enfants d'un agent de change mis en faillite. Épileptique, asthmatique, la vue abîmée par un travail sur des planches ornithologiques et zoologiques, Lear fuit les hivers humides londoniens. Toujours en quête de nouveaux paysages à peindre, il voyage sans cesse : Grèce, Albanie, Turquie, Malte, Égypte, Palestine et, de 1872 à 1874, Inde et Ceylan. Une fois, alors qu'il est atteint de malaria en Grèce, c'est Lady Canning, épouse de Sir Stratford Canning, l'ambassadeur anglais près la Sublime Porte, qui le ramène à la santé en le faisant transporter à Constantinople où il arrive le 1er août 1848. Il passe sa convalescence dans le palais d'Angleterre à Thérapia, puis à l'ambassade d'Angleterre de Péra à partir du 1er septembre. Il peut dès lors explorer chaque jour avec frénésie la ville jusqu'à son départ pour Salonique le 9 septembre. Nous savons tout sur ses voyages grâce aux merveilleuses lettres qu'il adresse à sa sœur Ann, correspondance qu'il poursuit sous forme de journal, après la mort de celle-ci, dans les années 1860 (Lady Strachey, éd., *Letters of Edward Lears*, Londres, 1907 et *Later Letters of Edward Lear*, Londres, 1911).

**Bibliographie** : A. Davison, *Edward Lear : Landscape Painter and Nonsense Poet (1812-1888)*, Londres, John Murray, 1938 ; Philip Hofer, *Edward Lear as a Landscape Draughtsman*, Londres et Cambridge (Mass.), 1968 ; Vivien Noakes, *Edward Lear, the Life of a Wanderer*, Londres, Collins, 1968 (rééd. en 1979, 1985) ; Vivien Noakes, *Edward Lear, Selected Letters*, Londres, 1988 ; Ruth Pitman, *Edward Lear's Tennyson*, Manchester et New York, 1988 ; Susan Chitty, *That Singular Person Called Lear*, New York, 1989 ; Susan Hyman, *Edward Lear in the Levant : Travels in Albania, Greece and Turkey, 1848-1849*, Londres, 1988.

**Expositions** : *Edward Lear in Greece. A Loan Exhibition from the Gennadius Library*, Athènes, 1971 ; *The Travels of Edward Lear*, Londres, The Fine Art Society, 1983 ; Vivien Noakes, *Edward Lear, 1812-1888*, Londres, Royal Academy of Art, 1985.

## LEBLANC, Théodore

(1800-1837). Français.

Officier du génie, élève de Charlet, il publie *Costumes de l'Empire turc avec des notes explicatives, des vues de Constantinople, Smyrne et des Dardanelles, prises de 1817 à 1820* (1821) et, en dix livraisons chez Gihaut, ses *Croquis d'après nature, exécutés pendant trois ans de séjour en Grèce et dans le Levant* (1833), composés essentiellement de figures et de vues topographiques. Il présente aux Salons de 1834 et de 1835, respectivement, *Scène du ramadan à Constantinople en 1831* (n° 1162) et *Un Cimetière de Constantinople* (n° 1280).

## LECOMTE DU NOÜY, Jean-Jules-Antoine

(1842-1923). Français.

Élève de Charles Gleyre dans l'atelier duquel il entre en 1861, puis de Gérôme, il est épris d'antiquité. A la fin de ses études, il entreprend un long voyage en Grèce, Égypte, Turquie. En 1895, il se rend une nouvelle fois en Turquie. Son *Esclave blanche* de 1888 (musée des Beaux-Arts de Nantes) rappelle une des odalisques du *Bain turc* d'Ingres.

**Bibliographie** : G. de Montgailhard, *Lecomte du Noüy*, Paris, 1906 ; V. Sisman, *Lecomte du Noüy* (thèse), Université de Nanterre, 1981.

**Exposition** : *Souvenirs de voyages entre 1864 et 1905*, Paris, Galerie Han, 1995.

## LEIGHTON, Frederick, Lord

(1830-1896). Anglais.

Homme du monde, polyglotte, il séjourne dans diverses villes européennes avant de s'installer à Londres. Peintre renommé de scènes de mythologie grecque et d'histoire, il est élu président de la Royal Academy. Pendant une trentaine d'années, il entreprend des voyages annuels, le plus souvent en Italie, mais aussi à Alger, au Caire, à Constantinople (1864) et à Athènes. En 1873, il arrive à Beyrouth par mer, puis prend une diligence pour Damas. Sa maison londonienne, où il se fait aménager un salon de style arabe, est aujourd'hui transformée en musée.

**Bibliographie** : A. Corkran, *Frederick Leighton*, Londres, Methuen, 1904 ; Mrs. Russell Barrington, *The Life, Letters and Works of Frederick Leighton*, Londres, George Allen, 1906, 2 vol. ; William Gaunt, *Victorian Olympus*, Londres, 1952 ; Christopher Newhall, *The Art of Lord Leighton*, Londres, Phaidon, 1990 ; Leonée et Richard Ormond, *Lord Leighton*, Londres-New Haven, Yale University Press, 1976.

**Expositions** : Richard Ormond *et al.*, *Frederick Lord Leighton, eminent Victorian Artist*, Royal Academy of Arts, Londres, 1996 ; Roger Benjamin, *Orientalism - Delacroix to Klee*, Sydney, The Art Gallery of New South Wales, 1997.

## LEMMENS, Émile-Théophile-Victor

(1821-1867). Français.

Élève de Louis Lassalle. Il se rattache au courant naturaliste de l'École de Barbizon.

## LEPÈRE, Jean-Baptiste

(1761-1844). Français.

En 1796, il accompagne à Constantinople une équipe d'instructeurs dirigée par Guyon Pampelonne. Il séjourne deux ans dans la capitale ottomane, veillant à la construction d'une nouvelle fonderie. Il en profite pour faire des croquis et dessins des monuments : mosquées, débarcadères, fontaines. Une soixantaine de ses dessins est actuellement conservée au Wallraf-Richartz-Museum de Cologne.

**Bibliographie :** Wolfgang Müller-Wiener, « Jean-Baptiste Lepère (1761-1844) in Istanbul. Zum Frühwerk eines Baumeisters des Klassizismus », *Festschrift Gerhard Bott*, Nuremberg, 1987, pp. 103-113 et « Jean-Baptiste Lepère (1781-1844) in Istanbul », *Semavi Eyice Armagani, Istanbul Yazıları*, Istanbul, 1992, pp. 307-315.

## LEROY, Paul-Alexandre-Alfred

(1860-1942). Français.

Emmené tout jeune par sa famille à Odessa, il vit en Russie jusqu'à l'âge de dix-sept ans. Élève de Cabanel à l'École des Beaux-Arts de Paris, il connaît le succès au Salon avec ses scènes historiques et religieuses et ses portraits. En 1884, grâce à une bourse de voyage, il visite Constantinople et l'Égypte ; l'année suivante, il découvre l'Algérie et la Tunisie. Il apprend l'arabe, aménage son atelier à l'orientale et retourne de nombreuses fois dans le Sud algérien pendant les années 1880 et 1890. Participant aux Expositions Universelles de 1889 et 1900 (médaille d'argent) à Paris et aux Expositions Coloniales de 1906, 1922 et 1931, il est l'un des membres fondateur de la Société des Peintres Orientalistes Français.

**Bibliographie :** Sacha Leroy, *Un Maître de la peinture française: Paul Leroy*, Paris, 1973 ; Florence Tunc, *Paul Leroy (1860-1943)*, DEA avec Bruno Foucart, Université de Paris IV, 1993.

## LÉVY-DHURMER, Lucien Lévy, dit Lucien

(1865-1953). Français.

Sa première exposition en 1896 à Paris, à la Galerie Georges Petit, révèle ses tableaux symbolistes, d'où émanent un sens de mystère et une atmosphère de rêverie. Il connaît aussitôt le succès et est très apprécié par les critiques d'art. Avec le temps, les cercles avant-gardistes le délaissent, mais ses portraits sont prisés par ses clients nouveaux riches. Il voyage souvent en Europe, visite le Maroc pour la première fois en 1901 et, autour de 1906, Constantinople. Il en rapporte de nombreux pastels, mais fut moins heureux dans les scènes de genre.

**Expositions :** *Autour de Lévy-Dhurmer, visionnaires et intimistes*, Paris, Grand Palais, 1973 ; Roger Benjamin, *Orientalism - Delacroix to Klee*, Sydney, The Art Gallery of New South Wales, 1997.

## LEWIS, John Frederick

(1805-1876). Anglais.

Clubman et dandy dans sa jeunesse, bel homme, plutôt distant, Lewis est peu communicatif et totalement préoccupé par sa peinture. Il est d'abord peintre animalier chez Thomas Landseer, publiant en 1824 *Studies of Wild Animals* et en 1825 *Etchings of Domestic Subjects*. Un voyage en Espagne et à Tanger, de 1832 à 1834, constitue une étape importante dans sa carrière, l'initiant à l'architecture musulmane et établissant sa réputation. En 1835, Lewis passe plusieurs mois à Constantinople, composant à son retour *Illustrations of Constantinople made during a residence of that City in the years 1835-36* (Londres, T. McLean & others, 1838, 27 pl.). En 1840, il repart en Grèce, puis en Turquie, séjournant une année à Constantinople. Il visite Brousse pendant l'été 1841, et de là part pour l'Égypte. Au Caire, où il réside pendant dix ans, il adopte le costume oriental et vit en seigneur ottoman. Théophile Gautier accorde à l'artiste la « patience d'un Chinois et la délicatesse d'un Persan ».

**Bibliographie :** « British artists: their style and character, n° XXXII-John Frederick Lewis », *Art Journal*, vol. 220, 1858, pp. 41-43 ; Hugh Stokes, « J. F. Lewis », *Walker's Quaterly*, 1923 ; Major General Michael Lewis, C. B. E., *John Frederick Lewis R. A. 1805-1876*, F. Lewis Publishers, Leigh-on-Sea, 1978 ; Kenneth Paul Bendiner, *The Portrayal of the Middle East in British Painting*, Columbia University, 1979 (thèse) ; B. Llewellyn, « John Frederick Lewis on the London Art Market », *Connaisseur*, March 1980, pp. 223-227 ; Major General J. F. Lewis, « The Egypt of John Frederick Lewis », *Art and Artists*, May 1983, pp. 20-21 ; P. Skipworth, « Pasha Lewis », *The Magazine for the Friends of the Royal Academy*, 2 mars 1984, pp. 6-8 ; Gerald M. Ackerman, *Les Orientalistes de l'École britannique*, Courbevoie/Paris, A.C.R. Édition, 1991, pp. 182-203.

**Expositions :** *John Frederick Lewis R. A.*, Laing Art Gallery, Newcastle-upon-Tyne, 1971 ; *J. F. Lewis, R. A., Painter of the Desert and Harem*, Surrey, Guildford House Gallery, 8-29 October 1977 ; *Travellers, Beyond the Grand Tour*, Londres, The Fine Art Society (23 juin-25 juillet 1980) ; *John Frederick Lewis, R. A. (1805-1876), Orientalist and Animal lover*, Londres, The Tate Gallery, 1985 ; Roger Benjamin, *Orientalism - Delacroix to Klee*, Sydney, The Art Gallery of New South Wales, 1997.

## LIBAY, Karl Ludwig

(1814-1888). Autrichien.

Peintre originaire de la Slovaquie hongroise mais formé à Vienne (1834-1840), il est le premier en Autriche à avoir publié sous forme d'un album de lithographies les aquarelles qu'il réalise au cours de son voyage – financé par le comte August Ferdinand Breuer, grand mécène et constructeur du château de Grafenegg en Basse-Autriche – en Égypte et à Constantinople. Ce voyage, le seul qu'il fait en Orient, est effectué avec l'un des fils du mécène ; il dure six mois (9 décembre 1855-20 mai 1856). A son retour, il publie un album de 60 planches sous le titre *Vues d'un voyage en Orient* (*Reisebilder aus dem Orient*, Vienne, 1857) accompagnées de notices explicatives par l'orientaliste Alfred von Kremer. Il applique la peinture de *vedute* aux sujets orientaux.

## LIOTARD, Jean-Étienne

(1702-1789). Suisse.

Fils d'un orfèvre calviniste qui a fui la France à la révocation de l'Édit de Nantes, Liotard est élevé parmi des artisans genevois. En 1738, il part pour Constantinople en compagnie de William Ponsonby, futur comte de Bessborough. A son retour en Europe, il peint des portraits de femmes européennes vêtues à la turque. Vagabond de nature, il passe de Vienne, Paris et

Londres aux Pays-Bas, son costume turc et sa grande barbe luxuriante faisant sensation.

**Bibliographie :** Humbert, Tilanus et Revillod, *La Vie et les œuvres de J.-E. Liotard*, Amsterdam et Paris, 1897 ; Auguste Boppe, « Un amateur marseillais au XVIIIe siècle. Inventaire du cabinet de Pierre-Augustin Guys », *Revue historique de Provence*, janv.-juin 1902, pp. 291-297 ; Armand Dayot, « Liotard », *L'Art et les Artistes*, t. IX (avril-septembre 1909), pp. 250-260 ; Numa S. Trivas, *Jean-Étienne Liotard, peintures, pastels et dessins* (catal. manuscrit, Genève, musée d'Art et d'Histoire), 1936 ; François Fosca, *Liotard (1702-1789)*, Paris, 1928 ; F. Fosca, *Jean-Étienne Liotard*, Genève, 1950 ; F. Fosca, *La Vie, les voyages et les œuvres de Jean-Étienne Liotard, Citoyen de Genève, dit Le Peintre turc*, Lausanne-Paris, 1956 ; F. Fosca, « Le peintre turc », *L'Œil*, n° 16, avril 1956.

**Expositions :** Anne de Herdt, *Dessins de Liotard*, Genève, Musée d'Art et d'Histoire, Paris, musée du Louvre, 1992 ; Claire Stoullig, *Jean-Étienne Liotard dans les collections du Musée d'Art et d'Histoire de Genève*, Musée d'Art et d'Histoire de Genève (22 mai-22 septembre 2002), éd. Somogy, 2002.

## LORICH, LORICHS ou LORCH, Melchior

(1527-ap. 1594). Danois.

Né à Flensburg dans le Holstein, il est attaché, sans doute en qualité de peintre, à l'ambassade d'Augier Ghislain de Busbec qui se rend dans la capitale ottomane en 1555. Il exécute plusieurs portraits de Soliman le Magnifique et de nombreux dessins de personnages de la Cour qui sont gravés à son retour en Allemagne. Nous possédons cent vingt-huit gravures de Lorich exécutées en sept groupes en 1570, 1575, 1576, 1579, 1581, 1582 et 1583. Ces gravures sont destinées à une publication qui ne verra pas le jour du vivant de l'auteur. Lorich est également l'auteur d'un magnifique panorama de Constantinople, probablement le plus ancien que nous possédions, conservé à la bibliothèque universitaire de Leiden.

**Bibliographie :** Erik Fischer, *Melchior Lorck in Turkey*, Copenhague, The David Collection, 1990 ; *Melchior Lorichs' Panorama of Istanbul : 1559* (facsimile), Istanbul, Ertug et Kocabiyik, 1995.

**Exposition :** *Soliman le Magnifique*, Galeries Nationales du Grand Palais (15 fév.-14 mai 1990).

## LOTTIER, Louis

(1815-1892). Français.

S'il peint des paysages maritimes représentant des ports français, comme Toulon, Caen et Cherbourg, Lottier préfère chercher ses sujets dans les pays lointains. A partir de 1841, et pendant près de quarante ans, il envoie au Salon des vues d'Alger, de Constantinople, de Smyrne, du Caire et des villes libanaises.

**Exposition :** *Les Peintres de la mer. Première moitié du XIXe siècle*, Le Havre, musée des Beaux-Arts, 1973.

**Salons :** 1841 : *Vue de Constantinople, prise de la fontaine du Sérail* (n° 1333) ; *Vue de Constantinople, prise de la fontaine du Sérail ; coucher de soleil* (n° 1334). 1842 : *Caïque de Constantinople* (n° 1290). 1844 : *Environs de Constantinople* (n° 1220). 1850 : *Vue de Constantinople ; crépuscule* (n° 2046) ; *Vue d'une maison turque* (n° 2048). 1852 : *Vue de Constantinople* (n° 848). 1865 : *Port de Smyrne ; soleil couchant* (n° 1395) ; *Port de Smyrne* (n° 1396). 1867 : *Coucher de soleil dans la rade de Smyrne* (n° 989). 1868 : *Coucher de soleil à Constantinople* (n° 1625) ; *Environs de Constantinople* (n° 1626). 1869 : *Environs de Constantinople* (n° 1572). 1874 : *Départ d'un bateau à vapeur, le matin, à Constantinople* (n° 1234). 1875 : *Souvenir de Turquie* (n° 1388). 1880 : *Coucher de soleil à Constantinople* (n° 2368) ; *Vaisseau turc dans l'Archipel* (n° 2369). 1886 : *Barque turque à Constantinople* (n° 1512). 1888 : *Vaisseau de guerre - côtes de la Troade* (n° 1673).

## LÖWENHIELM, Carl Gustaf

(1790-1858). Suédois.

Ministre résident de Suède en poste à Constantinople de 1824 à 1827, il est non seulement un grand homme et un officier, mais également un artiste talentueux passionné de paysages et d'architecture. La bibliothèque universitaire d'Uppsala possède une collection de dessins et d'aquarelles de Löwenhielm conservés dans 5 albums, dont 150 concernent la Turquie.

**Exposition :** *C. G. Löwenhielm, Artist und Diplomat in Istanbul, 1824-1827*, Uppsala University Library, Exhibition Catalogue n°33, 1993.

## LUCHINI, Pietro

(1800-1883). Italien.

Après avoir étudié la peinture à Bergame, il passe trois ans à Rome, puis visite Paris où il travaille dans l'atelier du baron François Gérard, le célèbre portraitiste. Au début des années 1840, Luchini ouvre des ateliers à Brescia et Bergame, puis part pour l'Égypte, Constantinople et la Perse. Il passe le reste de sa vie en Italie.

## LUNOIS, Alexandre

(1863-1916). Français.

Ce grand voyageur, qui explore aussi bien l'Italie, la Suède et la Norvège, que les pays d'Afrique du Nord, se rend à Constantinople dans les années 1910. Son séjour dans la capitale ottomane et à Bursa lui inspire des pastels, des aquarelles et des eaux-fortes de scènes turques, qu'il expose à Paris en 1912.

**Bibliographie :** Édouard André, *Alexandre Lunois, peintre, graveur et lithographe*, Paris, H. Floury, 1914.

## LURÇAT, Jean

(1892-1966). Français.

Élève de Victor Prouvé et de Bernard Naudin, il expose aux Salons des Indépendants, depuis 1920, et aux Tuileries. Il fréquente intimement les cercles surréalistes, d'où il conservera toujours une de ses sources d'inspiration. Lurçat fait un voyage en Méditerranée et en Anatolie en 1924.

**Bibliographie :** Gérard Denizeau et Simone Lurçat, *Jean Lurçat, catalogue raisonné*, Lausanne, 1998.

## MALDEGHEM, Romain Eugène van

(1813 ou 1815-1867). Belge.
Élève de son frère Jean-Baptiste et de Wappers à Anvers, il fréquente les Académies de Bruges et d'Anvers. Il fait un long voyage en Italie et à Constantinople au cours de l'été 1843. A son retour, il se consacre aux sujets religieux et est nommé, en 1852, directeur de l'Académie de Bruges.

## MALFROY, Henry

(1895-1942 ou 1944). Français.
Souvent confondu avec l'artiste Charles Malfroy (1862- ?), il expose régulièrement au Salon des Artistes Français et des Indépendants des vues de Provence, de Venise et de Constantinople.

## MANZONI

(? - ?). Italien.
Natif d'Ancône, il part de Toulon le 10 octobre 1795 à bord du vaisseau *Le Républicain*, en qualité d'aspirant de marine. Arrivé à Constantinople le 23 février 1796, il y séjourne jusqu'à la déclaration de guerre entre la France et l'Empire ottoman (28 août 1798) ; il est alors arrêté et emprisonné dans la forteresse de Sinope, sur les bords de la mer Noire. Libéré en 1801, il publie un recueil de dessins à son retour en France sous le titre *Costumes orientaux inédits dessinés d'après nature en 1796, 1797, 1798, gravés à l'eau-forte, terminés à la pointe sèche et coloriés avec des explications*, Paris, tiré à 250 exemplaires.

## MASCART, Gustave

(1834-1914). Français.
Peintre de paysage. Élève de Potier et de Durand-Brager, il réalise des vues de Constantinople à la suite d'un voyage effectué en 1901-1902.

## MAYER, Auguste Étienne François

(1805-1890). Français.
Originaire de Brest, il est spécialiste de marines, notamment des scènes historiques de combats navals. Il débute au Salon en 1824 et y participe pendant plus de quarante ans. Il voyage beaucoup en Hollande, Suède, Norvège ; et en Turquie et Égypte en compagnie du baron Taylor et du peintre Adrien Dauzats. Au Salon de 1844, il expose une *Vue de Chesmé, sur la côte d'Asie Mineure*.

## MAYER, Clara, née Barthold

(? - ?). Anglaise.
Fille de M. Barthold, interprète de l'ambassadeur anglais à Constantinople, Sir Robert Ainslie (v. 1730-1804), elle se marie avec le peintre Luigi Mayer. Elle aide son mari dans son travail, et il est parfois bien difficile, quand le travail n'est pas signé, de déterminer lequel des deux artistes est l'auteur. Elle regagne Londres avec son mari en 1794 et, après la mort de ce dernier en 1803, elle continue à superviser la publication de ses œuvres.

## MAYER, Luigi

(1755-1803). Italien.
Il se peut que la famille de Mayer ait été d'origine germanique, mais on ne sait rien d'elle. En 1776, Mayer accompagne le diplomate britannique Sir Robert Ainslie à Constantinople, où ce dernier occupe le poste d'ambassadeur jusqu'en 1794. Ainslie emploie Mayer comme illustrateur et copiste, tout en l'encourageant à effectuer une série de voyages à travers l'Empire ottoman. L'artiste en rapporte une remarquable série d'aquarelles. Il visite la Grèce, les Balkans, l'Asie Mineure, la Syrie, la Palestine, l'Égypte et l'Afrique du Nord, peignant non seulement des monuments anciens, mais également des paysages et des marines, des études de marins. Il tire par la suite des gravures de ses peintures. Elles sont éditées à Londres entre 1801 et 1810. Sa femme Clara continue à en superviser la publication après sa mort et Ainslie met en vente, en 1809, sa propre collection d'aquarelles originales. Un grand nombre de celles-ci sont conservées dans la collection Searight du Victoria and Albert Museum de Londres.
**Bibliographie** : *Views in Egypt, from the original drawings in the possession of Sir Thomas Ainslie*, Londres, Thomas Hensley, 1801, 48 pl. coul. ; *Views in Turkey, Europe and Asia*, Londres, Thomas Bensky of Fleet Street for the Bowyer Historic Gallery, Pall Mall, 1801, 27 pl. ; *Views of the Ottoman Empire, Chiefly Caramania, etc.*, Londres, 1803 ; *Views in Egypt and Palestine*, Londres, 1804, 48 pl. ; *Views in the Ottoman Dominions in Europe, in Asia and some of the Mediterranean Islands*, Londres, Bowyer, 1810, 2 vol. ; Caroline Juler, *Les Orientalistes de l'École italienne*, Courbevoie/Paris, A.C.R. Édition, 1987, pp. 172-175 ; Auguste Boppe, *Les Peintres du Bosphore au XVIII^e^ siècle*, Courbevoie/Paris, A.C.R. Édition, 1989, pp. 234-240.
**Expositions** : Briony Llewellyn, *A grand Tour in the Ottoman Empire : watercolours by Luigi Mayer (circa 1755-1803)*, New York, Morton Morris and Co. and Eyre and Hobhouse (9-16 déc. 1983) ; Patrick Conner, « Travellers and collectors. To Britain from Rome : Egypt reinterpreted », *The inspiration of Egypt*, Brighton, Brighton Museum (7 mai-17 juillet 1983).

## MELBYE, Anton Daniel Hermann

(1818-1875). Danois.
D'abord constructeur de navires, puis musicien, ce peintre danois obtient successivement la faveur de Christian VIII, roi du Danemark, de Louis-Philippe et de Napoléon III. Grâce au roi du Danemark, il effectue un voyage au Maroc en 1843 (ou 1848), puis à Constantinople, en qualité d'attaché d'ambassade (1853). Ses marines, denses et lumineuses, souffrent de son activité diplomatique officielle. A la fin de sa vie, Melbye exécute de très beaux fusains d'une grande liberté d'inspiration.

## MELLING, Antoine-Ignace

(1763-1831). Français.
Élève de son oncle Joseph Melling à Strasbourg, il entreprend un long voyage en Méditerranée en 1782 et se fixe à Constantinople deux ans plus tard où il travaille pendant de longues années comme peintre et architecte de la sultane Hatidje, sœur de Sélim III, sultan régnant de 1789 à 1807. Tombé en disgrâce à la fin de l'année 1800, il regagne la France où, grâce à la

protection de Talleyrand et du Premier Consul, il obtient des subventions pour la publication du *Voyage pittoresque de Constantinople et des rives du Bosphore* (Paris, Treuttel et Würtz, 1819, 2 vol., 48 grav.).
**Bibliographie** : Jacques Perot, « Un artiste lorrain à la cour de Sélim III : Antoine-Ignace Melling (1763-1831) », *Bulletin de la Société de l'Histoire de l'Art français*, 1987 [1989], pp. 125-150 ; Jacques Perot, Frédéric Hitzel et Robert Anhegger, *Hatice Sultan ile Melling Kalfa Mektuplar (Correspondance entre la sultane Hatidje et Melling Kalfa)*, Istanbul, Tarih Vakfı Yurt Yayınları, 2001.
**Exposition** : Cornelis Boschma et Jacques Perot, *Antoine-Ignace Melling (1763-1831), artiste-voyageur*, Paris, éd. Paris-Musées, 1991, musée Carnavalet (19 mai-19 juillet 1991).

## MERCATI, Gaetani.

Italien.
Il accompagne Sir Robert Liston dans son ambassade à Constantinople de 1793 à 1796. Il réalise plusieurs vues de la capitale ottomane qui sont reproduites dans *Constantinople ancien et moderne* (1797), ouvrage composé par James Dallaway, aumônier et médecin de l'ambassade d'Angleterre.

## MILLE, Albert

(1872-1946). Français.
Né à Constantinople, il étudie à l'École des Beaux-Arts de Paris sous la direction de Gérôme. Après quelques années à Paris, il regagne la capitale ottomane en 1909 où il produit de nombreuses toiles. Il dirige également la fabrication de meubles. Très apprécié par le sultan, il est chargé de restaurer les mausolées (*türbe*) des sultans Orkhan et Osman à Bursa. Après sa mort, une partie de ses meubles et peintures ont été ramenés à Marseille par sa fille Louise.

## MILLET, Francis Davis

(1846-1912). Américain.
Correspondant de guerre pour le *New York Herald* et le *Daily News* de Londres, il assiste en Bulgarie à l'anéantissement des dernières possessions européennes de l'Empire ottoman. Les dépêches transmises au *New York Herald* furent compilées dans un ouvrage, *War Correspondance of the Daily News, 1877-1878* (Londres, 1878). En 1891, il voyage à nouveau en compagnie de deux amis, le peintre Arthur Parsons et le journaliste Poultney Bigelow. Ils descendent le Danube à bord de trois canoës en bois. Partis de Donaueschingen, ils atteignent onze semaines plus tard la mer Noire. Leurs récits et dessins sont publiés par *Harper's Magazine* en six épisodes. Vingt ans plus tard, Millet disparaît dans le naufrage du *Titanic*.
**Bibliographie** : F. K. Millet, *From the Black Forest to the Black Sea*, New York, 1893, publié en feuilleton par *Harper's Magazine*, vol. 34-35, 1892 ; H. Barbara Weinberg, « The Career of Francis Davis Millet », *Archives of American Art Journal*, vol. 17, 1977, pp. 2-18 ; Joyce A. Sharpey-Schafer, *Soldier of Fortune*, Utica, New York, 1984 ; Gerald M. Ackerman, *Les Orientalistes de l'École américaine*, Paris, A.C.R. Édition, 1994, pp. 130-134.

## MONTFORT, Antoine-Alphonse

(1802-1884). Français.
Entré à l'âge de quatorze ans dans l'atelier d'Horace Vernet, disciple de Géricault, il embarque comme professeur de dessin sur la frégate *La Victorieuse* et visite, en 1827-1828, Malte, les îles grecques, Constantinople, Smyrne, les côtes de Syrie et d'Égypte. Dix ans plus tard, un nouveau voyage le conduit en Palestine, en Syrie et au Liban en compagnie de son camarade d'atelier Lehoux ; il séjourne à Beyrouth, visite Alep, Damas, Jérusalem, et parcourt la Transjordanie, l'Arabie Pétrée jusqu'à Akaba, sur la mer Rouge. Plus de neuf cents aquarelles et dessins de ce peintre-ethnographe sont conservés au Département des Arts graphiques du musée du Louvre, tandis que le manuscrit de sa relation de voyage est conservé à la Bibliothèque nationale de France.
**Bibliographie** : René Dussaud, « Le peintre Montfort en Syrie, 1837-1838 », *Syria*, 1920-21, Paris, Geuthner, 1921.
**Expositions** : *L'Aquarelle en France au XIXe siècle*, Paris, musée du Louvre (16 juin-19 sept. 1983) ; *Liban, l'autre rive*, Paris, Institut du Monde Arabe (27 oct. 1998-2 mai 1999).

## MUELLER ou MÜLLER William-James

(1812-1845). Anglais.
Il visite la Grèce et l'Égypte en 1838, puis participe en 1843, avec Harry John Johnson, à une expédition de l'archéologue Sir Charles Fellows (1826-1884), qui vient de découvrir en Asie Mineure, en Lycie, les ruines de plusieurs cités antiques, dont Xanthos, Pinara et Tlos. Le British Museum conserve les archives personnelles de Fellows et les aquarelles faites en Lycie par Mueller.
**Bibliographie** : N. Neal Solly, *Memoir of the life of William James Müller*, Londres, 1875 ; Frederick Wedmore, « William Müller and his Sketches », *Portfolio*, vol. 13, 1882 ; Cyril G. E. Bunt, *The Art and Life of W. J. Müller of Bristol*, Leigh-on-Sea, 1948 ; Geoffrey Cartwright, « William James Müller, 1812-1845 », *Antique Collector*, vol. 43, 1972 ; S. Haynes, *Land of the Chimaera: an archaelogical excursion in the south-west of Turkey*, Londres, 1974.
**Exposition** : *W. J. Mueller*, Bristol Museum and Art Gallery, 1991.

## MURRAY Elizabeth, née HEAPHY

(1815-1882). Anglaise.
Son père, Thomas Heaphy, est le Painter Extraordinary du roi George IV et président de la Society of British Artists. Après sa mort, elle effectue un long voyage en Méditerranée, visitant Malte, Gibraltar, Tanger, Constantinople où elle est l'invitée de l'ambassadeur britannique près la Sublime Porte, Sir Stratford Canning. Elle y exécute des scènes classiques : beautés de harem, marchés d'esclaves et portraits divers.
**Bibliographie** : Mrs. Elizabeth Murray, *Sixteen Years of an Artist's Life in Morocco, Spain and the Canary Islands*, Londres, 1859, 2 vol.

## NETTER, Benjamin

(1811-ap. 1881). Français.
Élève de Léon Cogniet, il expose au Salon de 1870, *Vue de Constantinople ; les Hadjis de La Mecque débarquant à Yécoub* (n° 2084).

## NIKODEM, Arthur

(1876-1940). Autrichien.
Peintre tyrolien, il visite les côtes orientales de la Méditerranée en 1889 et est envoyé en Turquie comme officier télégraphiste d'où il rapporte quelques scènes orientales.

## NOËL, Jules-Achille

(1815-1881). Français.
Peintre originaire de Quimper, il réalise plusieurs toiles sur Constantinople, dont l'une est exposée au Salon de 1861, *Souvenir de Constantinople* (n° 2387).

## OPIZ, Georg Emanuel

(1775-1841). Allemand.
Né à Prague, il suit des cours de peinture à Dresde, à la Kurfürstlichen Akademie dont Giovanni Battista Casanova est le directeur depuis 1776. A la recherche de mécènes, il voyage beaucoup (Karlsbad, Hambourg, Brême). C'est à Karlsbad qu'il rencontre la duchesse de Kurland qu'il accompagne à Paris en 1814 où il réalise de magnifiques aquarelles de la vie parisienne. Opiz semble avoir effectué un voyage en Turquie dans les années 1820. Il compose un grand nombre d'aquarelles dont certaines sont gravées au trait d'eau-forte et aquarellées à la main dans les ateliers de Dresde. Nommé professeur à l'Académie d'art de Leipzig en 1820, il meurt dans cette ville le 12 juillet 1841.
**Bibliographie :** Hansjörg Krug, « Georg Emanuel Opiz (1775-1841). Mit einem Verzeichnis einzelner Werke von G. E. Opiz », *Philobiblon*, Jahrgang XVI, Heft 4, 1972, pp. 227-259.

## OTTO von OTTENFELD, Rudolf

(1856-1913). Autrichien.
Élève de l'Académie de Vienne, il est chargé, en 1885, de décorer la Maison de la Victoire à Tiflis – un cycle de 17 peintures de batailles retraçant les combats menés par les Russes dans le Caucase. L'année suivante, il présente à l'exposition annuelle de Vienne une *Rue à Constantinople* (*Strasse in Konstantinopel*).

## PAGE, William

(1794-1872). Anglais.
Élève de la Royal Academy à Londres dès 1812, cet artiste topographe professionnel voyage en Grèce et en Turquie de 1816 à 1824. La Searight Collection du Victoria and Albert Museum possède vingt-six de ses études, exécutées à l'aquarelle et au crayon, représentant divers personnages de l'Empire ottoman. Cette collection renferme également plusieurs études sur l'architecture turque, certaines d'une exécution très élaborée. En 1824, il expose à la Royal Academy *Fountain, Constantinople* et plusieurs vues de monuments antiques d'Athènes les années suivantes. Il contribue par ses esquisses à l'ouvrage *Finden's landscape and portrait illustrations to the life and works of Lord Byron* (1833-1834) et à celui de T. H. Horne, *Landscape illustrations of the Bible* (1836). Il ne fait plus de dessins professionnels à partir du milieu des années 1840.
**Bibliographie :** *Finden's Illustrations to Murray's First Complete and Uniform Edition of the Life and Works of Lord Byron*, Londres, 1832-34, 17 vol. ; J. H. Money, « The Life and Work of William Page », *Old Water Colour Society Club*, 1972 ; C. W. J. Eliot, « Lord Byron, Father Paul and the Artist William Page », *Hesperia, Journal of the American School of Classical Studies at Athens*, XLIV, n° 4, oct.-déc. 1975, pp. 409-425.
**Exposition :** Briony Llewellyn, *The Orient Observed. Images of the Middle East from the Searight Collection*, Londres, 1989.

## PALIZZI, Filippo

(1818-1899). Italien.
Entre 1842 et 1844, il accompagne le prince Maronsi en Moldavie, Valachie, en Grèce et en Turquie, rapportant de son voyage un grand nombre d'esquisses à l'huile représentant des personnages seuls.

## PARDOE, Julia

(1806-1862). Italienne.
Fille du major Thomas Pardoe, qui sert avec distinction pendant la campagne péninsulaire en 1808 et Waterloo. En 1836, elle visite Constantinople avec son père. Son ouvrage à succès, *The City of the Sultan and the Domestic Manners of the Turks*, publié en 1837, est traduit en français et en allemand, tout comme *The Beauties of the Bosphorus*, dont les 78 planches sont réalisées par W. Bartlett. Elle écrit également *The Romance of the Harem*, *The Thousand and One Days*, des romans et des livres d'histoire.

## PASINI, Alberto

(1826-1899). Italien.
Élève à l'Académie des Beaux-Arts de Parme, il rencontre des difficultés à gagner sa vie et part s'installer à Paris en 1852. Par l'intermédiaire de Théodore Chassériau, il rencontre le diplomate français Prosper Bourée, qui l'invite en tant que peintre à faire partie de sa mission auprès du chah de Perse Nâsser-al-Din. Accompagné du comte Arthur de Gobineau, il traverse en 1855 l'Égypte, la péninsule Arabique, le Yémen du Sud, le golfe Persique et arrive à Téhéran où il séjourne un an et demi. Il regagne la France par la mer Noire et Constantinople en compagnie du linguiste Adrien Barbier de Meynard. Pasini ne cesse de voyager tout au long de sa vie : Égypte en 1860, Constantinople en 1867-69, Syrie et Liban en 1873. Ses tableaux, d'un grand charme, connaissent un énorme succès.
**Bibliographie :** J. Copeau, *L'Orient par Albert Pasini*, Grands magasins du Bon Marché, Paris, s. d. [1911] ; Marco Calderini, *Alberto Pasini*, Turin, 1916 (préface de J.-L. Gérôme) ; A. Giacconi, *Le Mostre che si annunciano, L'Orientalista Alberto Pasini, Bianco e Nero*, Milan, 1917 ; Marziano Bernardi, *Alberto Pasini*, Turin, 1949 ; William R. Johnston, *Catalogue of the 19th century paintings in the Walters Art Gallery*, Baltimore, 1982 ; Vittoria Botteri Cardoso, *Pasini*, Gênes, éd. Sagep, 1991 (catalogue raisonné) ; R. Bossaglia, « Alberto Pasini : L'Oriente come

esperienza e come memoria », *Vittoria Botteri Cardoso*, Gênes, éd. Sagep, 1991 ; G. Godi et C. Mingardi, *Alberto Pasini da Parma a Costantinopoli via Parigi*, Fondazione Cassa di Risparmio di Parma, Parme, 1996.

**Expositions :** *Catalogo Bolaffi della pittura italiana dell'ottocento*, n° 14, Turin, 1985 ; *42 documenti pittorici del secondo ottocento e del primo novecento*, Galleria Il Prisma, Cuneo, 1985 ; *Alberto Pasini da Parma a Costantinopoli via Parigi*, Fondazione Cassa di Risparmio di Parma, Parme, 1996 ; *Gli Orientalisti Italiani. Cento Anno di Esotismo, 1830-1940*, Turin, Palazzina di Caccia di Stupinigi (sept. 1998-janv. 1999).

**Salons :** 1868 : *Un Marché dans un des faubourgs de Constantinople* (n° 1926). 1870 : *Les Femmes turques, aux Eaux-Douces d'Asie, sur le Bosphore* (n° 2181) ; *Porte de la mosquée de Yeni-Djami, à Constantinople* (n° 2182). 1873 : *Marché du lundi sur la place de la mosquée de Yeni Djami à Constantinople* (n° 1162). 1874 : *Un Marché à Constantinople* (n° 1441) ; *Derviche mendiant à la porte d'un turbé - Souvenir de l'Asie Mineure* (n° 1442). 1875 : *Promenades dans le jardin du harem, Asie Mineure* (n° 1596). 1876 : *Un Ordre d'écrou - Souvenir d'Orient* (n° 1594) ; *Le Harem à la campagne sur le Bosphore* (n° 1595). 1877 : *Un Faubourg de Constantinople* (n° 1651) ; *La Cour d'un vieux Conak - Souvenir de l'Asie Mineure* (n° 1652). 1878 : *Yechil Turbé à Brousse, Turquie d'Asie* (n° 1735) ; *Porte d'un kan à Brousse* (n° 1736). 1880 : *Cavaliers circassiens attendant leur chef à la porte d'un monument byzantin - Souvenir d'Orient* (n° 2887). 1881 : *Halte à la mosquée - Orient* (n° 1786). 1883 : *La Porte d'un vieil arsenal - Souvenir de Turquie* (n° 1839). 1885 : *Sultan visitant une mosquée, XVe siècle* (n° 1915). 1887 : *Artilleurs turcs - Souvenir d'Orient* (n° 1838). 1891 : *Cour d'un kan, un jour de marché - Turquie* (n° 1276). 1892 : *Derviche en prière à la porte de la mosquée du sultan Ahmed à Constantinople* (n° 1320) ; *L'Estafette - Souvenir d'Orient* (n° 1543).

## PERSON, Henri

(1876-1926). Français.

Il acquiert une formation artistique à l'École des Beaux-Arts de Paris où il est successivement l'élève de Cormon, Vallet, Humbert et Thirion, mais il abandonne cette quadruple influence académique lorsqu'il rencontre Signac en 1890. Ils ont en commun le goût de la mer (Saint-Tropez, Toulon, Antibes, Montauban) et des bateaux, et vont ensemble à Constantinople en 1907. En 1922, la ville de Toulon le nomme conservateur du musée Tropézien qui deviendra le musée de l'Annonciade après la prestigieuse donation Grammont et son transfert dans la chapelle du port.

## PINEL DE GRANDCHAMP, Louis-Émile

(1822-1894). Français.

Élève à l'École des Beaux-Arts de Paris de François Dubois et de Picot, il part pour l'Orient en 1849 et y reste quinze ans. De Constantinople à Tunis, en passant par l'Égypte, beys, vices-rois et hauts fonctionnaires, tous veulent voir leurs traits fixés par ce peintre qui sait à la fois, dans le genre redoutable du portrait officiel, ennoblir, personnaliser et sensibiliser ses modèles. Revenu à Paris en 1865, il reste quelques années fidèle aux féeries orientales. A partir de 1868, il expose au Salon : *La Leçon de lecture, à Constantinople* (1868, n° 1137), *Femme et petite fille de Constantinople* (1868, n° 1138), *Au harem (Constantinople)* (1869, n° 1088), *Constantinople ; vue prise du quartier de Péra* (1869, n° 1089), *Un Savant à Constantinople* (1870, n° 1247).

## PORTAELS, Jean-François ou Jan Frans

(1818-1895). Belge.

Peintre d'histoire, de scènes religieuses, de compositions orientalisantes et de portraits. Une des personnalités marquantes du monde artistique et académique du XIXe siècle belge. Élève de Jean-François Navez, dont il devint le gendre, et de Paul Delaroche à Paris, il est lauréat du Prix de Rome en 1842. Grâce au soutien paternel, il part pour un long voyage en Espagne, en Hongrie, en Grèce, au Proche-Orient et en Afrique du Nord qui le séduit tout particulièrement (1844-1847). De retour en Belgique, il est nommé directeur de l'Académie de Gand. En 1876, il est appelé à occuper le même poste à Bruxelles. Portaels a en Belgique une influence considérable et compte parmi ses élèves les artistes les plus éminents.

## PRÉAU(L)X, Michel-François

(actif à Constantinople entre 1796 et 1827). Français.

Cet artiste, si peu connu de nos jours, est cependant très apprécié de ses contemporains. Venu à Constantinople en 1796, comme architecte dans la compagnie d'artistes et d'ouvriers engagés pour organiser les ateliers de l'armée et de la marine ottomanes, il continue à résider en Turquie jusqu'en 1827. Il est apprécié aussi bien des Anglais que des Français, qui font appel à ses talents pour illustrer leurs ouvrages, tels que le général Andréossy, *Constantinople et le Bosphore de Thrace pendant les années 1812, 1813, 1814 et pendant l'année 1826* (Paris, 1828, 10 pl.), Charles Pertusier, *Atlas des promenades pittoresques dans Constantinople et sur les rives du Bosphore* (Paris, 1815-1817, 25 pl.) ; Pierre Amédée Jaubert, *Voyage en Arménie et en Perse* (Paris, 1821, 2 pl.).

## PREZIOSI, Amadeo

(1816-1882). Maltais.

Descendant d'une vieille famille de pirates italiens qui est installée à Malte depuis la fin du XVIIe siècle. Son père, éminent représentant de l'aristocratie de l'île, l'encourage à étudier le droit. Mais ce dernier préfère étudier la peinture. Avec son frère Léandro, il se rend à Paris où il suit les cours de l'École des Beaux-Arts. Peu après son retour à Malte, confronté à l'opposition de son père, il part s'installer à Constantinople où il arrive en novembre 1842. Ses aquarelles, très prisées par les gens de passage et par les diplomates locaux, assurent rapidement sa réputation. En 1858, l'éditeur parisien Lemercier publie un recueil de planches lithographiées, *Stamboul, souvenir de l'Orient* (Paris, 1861, 29 pl.), puis, à la suite du voyage de l'artiste au Liban et en Égypte, *Souvenirs du Caire* (Paris, 1862, 20 pl.). Vers la fin de sa vie, Preziosi habite le calme village de San

Stefano (actuellement Yechilköy), tout en gardant son atelier de Péra. Lors d'une partie de chasse, il est mortellement blessé en maniant son propre fusil.
**Bibliographie :** Osman Öndes, *Istanbul Asıgı Resam Preziosi*, Istanbul, Milliyet Yayınları, 1972 (rééd. en 1999) ; Osman Öndes, « Un peintre amoureux d'Istanbul : Amadeo Preziosi », *Türkiye Turing ve Otomobil Kurumu Bülteni*, janvier-mars 1974 ; Caroline Juler, *Les Orientalistes de l'École italienne*, Paris, A.C.R. Édition, 1987, pp. 204-213 ; Zeynep Inankur, « Istanbul'lu bir oryantalist Amadeo Preziosi », *Antik & Dekor Dergisi*, n° 16, 1992, pp. 84-86 ; Dominic Cutajar, « Amadeo Preziosi : Exceptional artist of the Orient », *Treasures of Malta*, II, n° 2 (Easter 1996), pp. 9-14.
**Expositions :** Briony Llewellyn et Charles Newton, *The people and places of Constantinople: watercolours by Amadeo Count Preziosi*, Victoria and Albert Museum, Londres, 1985 ; Briony Llewellyn, *The Orient Observed : Images of the Middle East from the Searight Collection*, Londres, 1989 ; *Voyages and Visions : Nineteenth-Century European Images of the Middle East from the Victoria and Albert Museum*, Washington, D. C., Smithsonian Institution, 1995.

## PRIEUR-BARDIN, François-Léon

(? -1905). Français.
Cet artiste, qui devait à l'origine effectuer un bref séjour en Turquie, s'installe à Constantinople au début des années 1890 jusqu'en 1901. Il expose régulièrement ses tableaux dans les premières galeries du quartier de Péra-Galata : les Frères Gülmez Biraderler (1893), la Maison Baker (1897), Visconti et Stefano's (1898), Nouveau Bazar (1899).

## PURSER, William

(ca. 1790-ca. 1852). Anglais.
Après une formation d'architecte, il suit des études artistiques aux Royal Academy Schools de Londres. Il travaille comme dessinateur topographique et d'architecture et comme illustrateur. De 1817 à 1820, il voyage en Italie et en Grèce où il reste plusieurs années en compagnie de George Sanders dont il est le dessinateur particulier. Il séjourne à Constantinople entre 1820 et 1830. Il fournit des illustrations pour le premier volume de l'ouvrage de John Carne, *Syria, the Holy Land, Asia Minor*, Londres, 1836-1838, 3 vol., 117 pl.

## RAFFET Denis-Auguste-Marie

(1804-1860). Français.
Il débute comme décorateur sur porcelaine, puis travaille dans l'atelier de Charlet où il apprend la lithographie qu'il pratique en même temps que la peinture. Élève de Gros à partir de 1827, il trouve, après son échec au Prix de Rome, sa voie dans la célébration de l'épopée napoléonienne à laquelle il donne l'impressionnante vérité des « choses vues ». En 1837, il voyage en Russie méridionale, dans l'expédition savante conduite par et pour le prince Anatole Demidoff. Ses dessins lithographiés illustrent le *Voyage dans la Russie méridionale et la Crimée, par la Hongrie, la Valachie et la Moldavie exécuté en 1837 sous la direction de M. Anatole Demidoff* (Paris, 1839), ouvrage dédié à Sa Majesté Nicolas I^er^ Empereur de toutes les Russies.
**Bibliographie :** Auguste Bry, *Raffet, sa vie et ses œuvres*, Paris, E. Dentu, 1861 ; Giacomelli, *Raffet, son œuvre lithographique et ses eaux-fortes*, Paris, 1862 ; Auguste Raffet, *Notes et croquis de Raffet, mis en ordre et publié par Auguste Raffet*, Paris, 1878 ; F. Lhomme, *Raffet*, Paris, 1892 (coll. Les Artistes célèbres) ; M. Buresi, *Dessins de Raffet conservés au cabinet des Dessins du musée du Louvre*, Paris, Université de Paris IV-Sorbonne (maîtrise), 1986 ; Armand Dayot, *Raffet et son œuvre... 100 compositions lithographiques : peintures à l'huile, aquarelles, sépias et dessins inédits*, Paris, Quantin, Librairies-Imprimeries réunies, 1892 ; Christine Peltre, « L'Orpailleur de la nouvelle Russie », *Raffet, 1804-1860*, Paris, éd. Herscher, 1999, pp. 86-101.
**Exposition :** *Raffet, 1804-1860*, Bibliothèque Marmottan (24 mars-10 juillet 1999), Paris, éd. Herscher, 1999.

## RAFFORT, Étienne

(1802-1880). Français.
On ignore sa formation. Il parcourt la Sicile en 1829, l'Algérie en 1832, l'Italie en 1835, et fait un long voyage en Orient dans les années 1840, notamment à Constantinople et en Asie Mineure d'où il rapporte de nombreuses toiles qu'il expose au Salon. Védutiste de qualité, il sait synthétiser le paysage dans une facture large et puissante ; comme orientaliste, il préfigure d'une certaine façon les éblouissements dans une lumière diffuse de Ziem qui, Bourguignon comme lui, a sans doute connu sa peinture. De 1846 à 1857, Raffort présente au Salon : *Place de la fontaine de Top-Hana à Constantinople* (1846, n° 1501), *Vue du port de Constantinople prise de la Corne d'Or* (1849, n° 1719), *Mosquée et fontaine de Buyuck-Djammi à Scutari, Asie Mineure* (1850, n° 2562), *Vue de la fontaine du sérail à Constantinople* (1850, n° 2563), *Murailles de Constantinople et mosquée du sultan Achmet ; vue prise de la mer de Marmara* (1850, n° 2564), *Fontaine d'Eyoub, à Constantinople (Eaux-Douces d'Europe)* (1857, n° 2238), *Mosquée de Mahmoud II à Tophana, Constantinople* (1857, n° 2239).
**Exposition :** *Raffort (1802-1880) cent ans après*, Chalon-sur-Saône, musée Denon, 1980.

## RALLI, Théodore [RALLIS Theodoros]

(1852-1909). Grec.
Bien que spécialisé dans les scènes religieuses, cet élève de Gérôme et de Lecomte du Noüy aime peindre des scènes de la vie quotidienne en Grèce, en Palestine et en Turquie, comme son *Bachi bouzouks dans un café à Smyrne* (n° 1854) exposé au Salon de 1879.
**Bibliographie :** Maria Katsanaki, « Images of the Orient in Greek Painting », Marina Lambraki-Plaka (éd.), *Four Centuries of Greek Painting*, Athènes, 1999.

## ROGIER, Camille

(1805-1870). Français.
Illustrateur et vignettiste, Rogier anime un groupe littéraire et artistique avec le critique et écrivain Théophile Gautier, le journaliste Arsène Houssaye, le peintre Célestin

Nanteuil et le poète Gérard de Nerval. En 1840, il s'installe à Constantinople où il devient vite à la mode dans la colonie européenne. En juillet 1843, il est rejoint par Gérard de Nerval, qui raconte dans ses *Scènes de la vie orientale* (1848) des aventures probablement en partie inspirées par des illustrations de Rogier parues dans *La Turquie* (1846), album contenant une introduction et un texte de Théophile Gautier, basé en grande partie sur des notes de Nerval. Revenu en France vers 1844, Rogier repart pour le Liban en 1848, comme directeur général des postes à Beyrouth, emploi qu'il occupe jusqu'en 1864, où il continue à peindre et à recevoir la visite d'amis comme Théophile Gautier et Maxime Du Camp. Pendant son long séjour, Rogier fait de nombreux croquis aussi bien du Liban que de Syrie et de Palestine. Il rentre en France en 1864. Nommé commissaire général des Postes pour les Mers du Levant, il vit à Marseille jusqu'à sa mise en retraite.

**Bibliographie :** Camille Rogier, *La Turquie. Mœurs et usages des Orientaux au XIX<sup>e</sup> siècle. Scènes de leur vie intérieure et publique : harems, bazars, cafés, bains, danses et musique, coutumes levantines, etc. Dessinés d'après nature par Camille Rogier avec une introduction par Théophile Gautier et un texte descriptif dédié à S. A. R. Monseigneur le Duc de Montpensier*, Paris, Lemercier, 1846, 30 lithog. (rééd. en 1847 et 1848) ; Eugène Forgues, « Camille Rogier », *Le Livre*, Paris, 1883 ; Philippe Burty, « Camille Rogier, vignettiste », *L'Age du romantisme*, Paris, Monnier, 1887 ; René Jasinsky, « Un collaborateur de Th. Gautier et de Gérard de Nerval », *Mercure de France*, 15 fév. 1925 ; Tanya Szrajber, « La Turquie by Camille Rogier », *Print Quarterly*, Londres, juin 1987, IV/2, pp. 166-171 ; François Pouillon, « Un ami de Théophile Gautier en Orient, Camille Rogier, réflexion sur la condition de drogman », *Bulletin de la Société Théophile Gautier*, n° 12, Montpellier, 1990, t. I, pp. 55-87.

**Expositions :** Fouad Debbas, « L'œil de deux Français dans l'Orient des premières liturgies », *Mémoires de nos quais*, musée du Vieux-Marseille, Marseille (nov. 1982-fév. 1983) ; *Gérard de Nerval*, Maison de Balzac, Paris, 1981-82 ; Éric Buffetaud, *Gérard de Nerval*, Paris, Bibliothèque Historique de la Ville de Paris, 1996.

## RONMY, Guillaume

(1786-1854). Français.

Élève de Vien et de Taunay, il pratique d'abord le paysage historique. Au Salon de 1836, il expose une *Vue de Contantinople* (n° 1610). Il collabore avec les frères Prévost à la composition de vastes panoramas, comme ceux de Constantinople, de Rio de Janeiro et de Buenos Aires.

## RØRBYE ou ROERBYE, Christian Martinus Wesiellorf

(1803-1848). Danois.

Élève de William Eckersberg à l'Académie royale de Copenhague, il peint quelques tableaux religieux dont une scène de la fuite en Égypte. En 1834, il passe deux mois à Paris où il découvre les peintres romantiques tels que Théodore Géricault, Eugène Delacroix et Horace Vernet, puis poursuit son voyage à travers la Suisse et l'Italie. En compagnie de l'architecte suédois Gottlieb Bindesbøll, futur architecte du Thorvaldsens Museum, il visite Athènes, Smyrne, Constantinople où il séjourne deux mois (décembre 1836-février 1837) ; il est ainsi l'un des premiers artistes danois à visiter Athènes et Constantinople. Après neuf mois de voyage, il repasse à Rome puis regagne Copenhague où une exposition de ses œuvres est très applaudie. En 1844, il devient professeur de dessin à l'Académie royale de Copenhague. Rørbye est épris du pittoresque et de l'exotisme de la vie en Italie et au Proche-Orient, pays dont les images nourrissent son œuvre.

**Expositions :** M. Krohns, *Martinus Rørbye 1803-1848*, Thorvaldsens Museum, Copenhague, 1981 ; Kristian Jakobsen et Per Kirkeby, *Rørbye ved Seraillets Mur. Omkring et maleri i Aarhus Kunstmuseum*, Aarhus Kunstmuseum, Aarhus, 1982 ; *L'Age d'Or de la peinture danoise, 1800-1850*, Paris, Galeries nationales du Grand Palais (5 déc. 1984-25 fév. 1985) ; B. Von Folsach, *By the Light of the Crescent Moon*, Copenhague, 1996 ; Suzanne Ludvigsen, *Danish paintings of the Golden Age*, New York, Artemis Fine Arts Inc. (21 avril-28 mai 1999) ; *Das Neue Hellas : Griechen und Bayern zur Zeit Ludwigs I/* textes de Reinhold Baumstark, Munich, Bayerisches Nationalmuseum (9 nov. 1999-13 fév. 2000), Hirmer Verlag, 1999.

## ROSIER, Amédée

(1831-1898). Français.

Élève de Léon Cogniet et Durand-Brager. Il voyage à Venise, en Égypte et en Turquie au début des années 1860, comme en témoignent ses toiles présentées au Salon : *Constantinople ; soleil couchant* (1863, n° 1624), *Constantinople ; crépuscule* (1867, n° 1315), *Le Bosphore à Constantinople ; crépuscule* (1869, n° 2065).

## RUBIO, Luigi ou Louis

(fin XVIII<sup>e</sup> siècle-1882). Italien.

Il commence ses études à Rome, puis vient à Paris travailler dans l'atelier de Léon Cogniet. Il se rend à Constantinople en 1847 pour réaliser un portrait du sultan Abdül-Medjid. Une copie de ce portrait est présentée au Salon de 1848, *Portrait du sultan Abdul Medjid Khan, peint d'après nature à Constantinople* (n° 4013). En 1870, il est nommé professeur à l'Académie des Beaux-Arts de Florence.

## RYSSELBERGHE, Théodore van dit Théo

(1862-1926). Belge.

Élève de Portaels et du portraitiste Léon Herbo à Bruxelles, il voyage grâce à l'obtention d'une bourse en Espagne et au Maroc en 1881-1882. Rallié aux néo-impressionnistes, il devint l'un des familiers de Seurat. Vers 1907, il se rend à Constantinople où il réalise une *Vue de la Corne d'Or* qui est offerte au sultan Abdül-Hamid II par un entrepreneur belge du nom de Nacklemaker.

**Bibliographie :** P. Fierens, *Théo van Rysselberghe*, Bruxelles, 1937 ; F. Maret, *Théo van Rysselberghe*, Anvers, 1948 ; P. Eeckhout, *Catalogue raisonné Théo van Rysselberghe*, Museum voor schone kunsten, Gand, 1962.

## SARGENT, John Singer

(1856-1925). Américain.
Sargent naît à Florence dans une famille d'Américains expatriés et itinérants. A l'École des Beaux-Arts de Paris, il suit les cours de dessin d'Yvon et de Bonnat. En 1879, il se rend en Espagne pour y étudier Velázquez, puis séjourne à Tanger. Ayant reçu la commande de décorations murales pour la bibliothèque publique de Boston, il se rend en Égypte en 1890, pour se pénétrer du pays et de ses anciennes cultures. Puis il visite la Grèce et la Turquie. En 1905, toujours pour ces panneaux muraux, il se rend en Terre Sainte.
**Bibliographie** : Evan Charteris, *John Sargent*, Londres, 1927 ; Charles Merrill Mount, *John Singer Sargent*, Londres, 1957 ; Richard Ormond, *Sargent, Paintings, Drawings, Watercolors*, Londres-New York, 1976 ; Stanley Olson, *John Singer Sargent*, Londres-New York, 1986 ; G. Ackerman, *Les Orientalistes de l'École américaine*, Paris, A.C.R. Édition, 1994, pp. 175-183.
**Expositions** : *The Private World of John Singer Sargent*, Corcoran Gallery of Art, Washington et autres villes, 1964-65 ; *Exhibition of works by John Singer Sargent*, City Museum, Birmingham, 1964 ; *John Singer Sargent and the Edwardian Age*, Leeds et autres villes, 1979 ; Whitney Museum, *John Singer Sargent*, New York, 1987.

## SARIAN Martiros Sergueïevitch

(1880-1972). Russe.
D'origine arménienne, cet élève de l'École des Beaux-Arts de Moscou effectue un voyage à travers l'Égypte, l'Iran et la Turquie. Il séjourne dans la capitale ottomane en mars-avril 1910. Fasciné par « les rues étroites et populeuses » et le nombre incalculable de chiens errants, il aime comme les impressionnistes jouer avec la lumière et les couleurs vives et intenses. Sa peinture est très influencée par Matisse, dont il découvre les premières toiles acquises à partir de 1906 par le collectionneur Sergueï Chtchoukine. La galerie Trétiakov à Moscou conserve la plupart de ses toiles réalisées en Turquie. Il existe un musée à son nom à Erevan.
**Bibliographie** : Martiros Sarian, *Fragments de ma vie*, Moscou, éd. du Progrès, 1976 ; Vera Razdolskaïa, *Martiros Sarian (1880-1972)*, Parkstone, Bournemouth, 1998.
**Exposition** : *Martiros Sarian (1880-1972)*, Paris, musée national d'Art moderne (25 juin-15 sept. 1972), Centre Georges Pompidou.

## SATTLER, Hubert

(1817-1904). Autrichien.
Fils de peintre, il fréquente brièvement l'Académie des Beaux-Arts de Vienne. En 1829, avec toute sa famille, il entame une tournée de dix ans à travers l'Europe, au cours de laquelle il rassemble une grande quantité d'esquisses et de croquis qui lui servent à réaliser une série de 36 cosmoramas. En 1842, il fait un long voyage en Orient : Constantinople, Rhodes, Chypre, Beyrouth, Damas, Baalbeck, la Palestine. Ce périple, qui dure une année, lui fournit la matière d'un grand nombre de peintures à l'huile qu'il réalise par la suite. En 1843, il effectue un second voyage en Égypte, Nubie et dans le Sinaï. Sattler est l'un des plus importants peintres-voyageurs autrichiens du XIX^e^ siècle. Il réalise surtout des panoramas.
**Bibliographie** : Beate Stopfer, « Hubert Sattler. Materialien zur Monographie eines Reisemalers », *Salzburger Museum Carolino Augusteum*, Jahresschrift 22/1976, Salzbourg, 1977.

## SCHLESINGER, Henri-Guillaume ou Heinrich-Wilhelm

(1814-1893). Allemand.
Originaire de Francfort et élève de l'Académie de Vienne, il s'installe en France et se fait naturaliser. De 1840 à 1890, il expose des scènes de genre au Salon, dont certaines sont lithographiées. En 1837, Schlesinger exécute un grand portrait équestre du sultan Mahmud II en costume occidental, conservé aujourd'hui au musée du palais de Topkapı à Istanbul. Deux ans plus tard, il fait un second portrait du souverain turc (musée de Versailles). Il aime également peindre des scènes de harem.

## SCHMIDT, Max

(1818-1901). Allemand.
Élève de l'Académie de Berlin, sa ville natale. En 1843, il accompagne le comte Portalès dans un voyage en Orient qui dure deux ans. Il découvre l'Asie Mineure, la Syrie, la Palestine et l'Égypte. Travaillant au crayon et à l'aquarelle, il s'intéresse surtout aux paysages et aux vues de villes. Par la suite, il voyage en Grèce, en Italie et en Angleterre. Après avoir enseigné à Berlin, puis à Weimar (1868), il devient directeur de l'Académie de Königsberg en 1890.
**Exposition** : *Topographical views of Arabia: An exhibition of original watercolours by Max Schmidt*, Mathaf Gallery, Londres, 1983.

## SCHÖNN, Alois

(1826-1897). Autrichien.
Élève de l'Académie de Vienne, il séjourne à Paris vers 1850-1851, admirant comme nombre de ses contemporains les œuvres d'Horace Vernet. En 1852-1853 il fait un voyage en Égypte. Suivent des voyages en Hongrie, en Transylvanie (1857), en Dalmatie, en Bosnie, en Herzégovine et en Turquie dans les années 1860. Il présente au Salon de 1869 *Les Vendanges, près Constantinople* (n° 2163). Fixé à Vienne, il connaît le succès avec ses portraits et ses scènes de genre. Il travaille aux lithographies de l'ouvrage de Karl Ludwig Libay (*Reisebilder aus dem Orient*, Vienne 1857).

## SCHRANZ, Anton

(1769-1839). Autrichien.
Né en Allemagne dans la Souabe supérieure, Anton est le fils d'un cordonnier. Il se fait une réputation de peintre de marines, peintures qu'il réalise pour la British Royal Navy sur l'île de Minorque où il réside depuis 1790. En 1817, il s'installe sur l'île de Malte où il peint de magnifiques vues du port de La Valette. Il est aidé par ses fils Giuseppe (1803-ap. 1857), Giovanni (1794-1882) et Antonio (1801-1864).
**Bibliographie** : Dominic Cutajar, « The Lure of the Orient : The Schranzes, the Brockdorffs, Preziosi and other artists », *Hyphen*, vol. V, n° 3, March 1987, pp. 101-135 ; D. Cutajar, « The gifted Schranz

Family », *Treasures of Malta*, vol. IV, n° 3 (summer 1998), pp. 7-12 et vol. V, n° 1 (christmas 1999), pp. 47-54.

## SCHRANZ, Antonio

(1801-1864). Maltais.

Fils de Anton, il accompagne en 1843 Lord Castlereagh dans ses voyages en Orient et illustre son récit de voyage intitulé *A Journey to Damascus* (Londres, 1847). Dans les années 1850, il réside au Caire où, parallèlement à son activité de peintre, il expérimente diverses techniques photographiques.

## SCHRANZ, Giovanni

(1794-1882). Maltais.

Depuis 1845, il dirige un atelier de peinture avec son frère Antonio au n° 6 Saint-Ursula Street à La Valette. Il y réalise des aquarelles, des huiles et des lithographies représentants des vues de Malte, de Grèce, de Corfou et du Levant.

## SCHRANZ, Giuseppe ou Joseph

(1803-après 1857). Maltais.

Le plus jeune des frères Schranz s'installe à Constantinople en 1832 où il devient spécialiste de vues topographiques et de marines. Il visite la Crète en 1834 avec Robert Pashley dont il illustre *Travels in Crete* (Londres, 1837, 2 vol.) et celui du capitaine T. A. B. Spratt, *Travels and Researches in Crete* (Londres, 1865, 2 vol.). A partir de 1838, il semble avoir enseigné la peinture à l'Académie militaire de Constantinople. En 1855, il est l'auteur, avec Percheron, de nombreuses vues lithographiées du Bosphore imprimées à Paris et à Constantinople par Frick Frères et L. Sabatier.

## SCHREYER, Adolf

(1828-1899). Allemand.

Élève à l'Institut Staede Francfort, puis aux Beaux-Arts de Munich et de Düsseldorf. En 1853-1856, il suit la campagne de Crimée en qualité de correspondant de guerre et accompagne le 7e régiment de uhlans de l'armée autrichienne. Ses premiers tableaux présentés à Vienne connaissent rapidement le succès, d'autant qu'il a trouvé en la personne du prince Emmerich de Thurn et Taxis, lieutenant-colonel du régiment des uhlans, un protecteur influent. En 1861, Schreyer fait un voyage en Algérie, puis il s'installe à Paris où il demeure jusqu'en 1870, connaissant alors un franc succès. En 1870, il part pour Kronberg, au pied des monts du Taunus, où il possède une maison de campagne et un atelier. Schreyer se plaît particulièrement à peindre le cheval sous tous ses aspects, ainsi que des cavaliers valaques et arabes, attelages et équipages divers. Par certains côtés, sa peinture rappelle souvent Eugène Fromentin.

**Expositions :** Wurzbach, Boetticher, Thieme-Becker (cat. du musée), *Die Gemälde des 19. Jahrhunderts*, Städelsches Kunstinstitut, Francfort-sur-le-Main, 1972 ; *Adolf Schreyer, 1828-1899*, Kronberg (7 mai-29 août 1999), Francfort-sur-le-Main, 1999.

## SEBRON, Hippolyte, Victor, Valentin

(1801-1879). Français.

Élève de Daguerre et de M. L. Cogniet, il produit de nombreux tableaux de chevalet, particulièrement des intérieurs d'églises, des ruines, puis utilise l'aquarelle pour ses voyages. Au Salon de 1875, il expose *Constantinople. Vue de la tour de Léandre* (n° 1833), *Fontaine de Sélim III près de Sainte Sophie à Constantinople* (n° 2743) et, en 1877, *Vue générale de Smyrne* (n° 3423).

## SERGEV, Gavriyl Sergeevich

(1770-1816). Russe.

Il aurait illustré le voyage du prince Valerian Aleksandrovich Zubov (1771-1804) en expédition dans le Caucase en 1796, en lutte contre les Perses. Cependant, après avoir traversé le Proche-Orient depuis Constantinople, la mission fut rappelée suite à la mort de l'impératrice Catherine II. Certaines toiles, actuellement conservées à l'Hermitage, semblent avoir été offertes à l'empereur Alexandre Ier en 1811.

## SERGUIEW (SERGEIEFF), Andrei Alexeievitch

(1771-1837). Russe.

Il accompagne en 1793 le feld-maréchal Koutouzov dans son ambassade extraordinaire à Constantinople. Certains de ses dessins ont servi à illustrer la relation de cette ambassade publiée par Heinrich von Reimers : *Reise der Russisch Kaiserlichen ausserordentlichen Gesandschaft an die Othomanische Pforte im Jahr 1793*, Saint-Pétersbourg, 1804, 6 pl.

## SIGNAC, Paul

(1863-1935). Français.

En 1883, il étudie dans l'atelier du prix de Rome, Émile Bin, mais il admire surtout l'œuvre de Monet et de ses amis. Appréciant peu les salons officiels, il participe en 1884 à l'exposition des Artistes Indépendants, devient l'ami de Seurat qui l'aide à élaborer les bases théoriques du Néo-Impressionnisme dont il devient l'ardent défenseur. A partir de 1895, Signac voyage beaucoup, ramenant une multitude d'aquarelles qui représentent surtout des vues de ports. Il séjourne à Constantinople en compagnie de son ami Henri Person du 28 mars au 15 mai 1907. Il réalise, à partir de ses notes et de ses aquarelles, une série de compositions pleines de couleurs féeriques.

**Bibliographie :** Lucie Cousturier, *Paul Signac*, Paris, Crès, 1922 ; Françoise Cachin, *Paul Signac*, 1971 ; *Paul Signac, dessins et aquarelles*, essais de Marina Ferretti Bocquillon et Charles Cachin, Paris, éd. de La Martinière, 2000 ; Françoise Cachin, *Signac. Catalogue raisonné de l'œuvre peint*, Paris, Gallimard, 2000.

**Expositions :** *Paul Signac*, Paris, musée du Louvre, 1963-1964 ; *Paul Signac (1863-1935). Watercolours and Drawings*, Marlborough Fine Art, Londres, 1986 ; *Paul Signac : a collection of Watercolours and Drawings*, Little Rock, Arkansas Arts Center (13 février-9 avril 2000) ; *Signac, 1863-1935*, Paris, Galerie nationale du Grand Palais (27 février-28 mai 2001) ; *Paul Signac. Dessins et aquarelles, collection inédite*, Paris, musée Marmottan, 2001.

## SIMPSON, William

(1823-1899). Écossais.
Né dans une famille très pauvre, élevé dans un bas quartier de Glasgow, Simpson est l'un des plus remarquables artistes reporters de son époque. Employé chez Day and Son, renommés pour leurs albums illustrés de lithographies, il est envoyé en Crimée en 1854 où il dessine pour la maison Colmagny et publie un album.
**Bibliographie :** W. Simpson, *Autobiography*, Londres, 1903 ; D. et F. Irwin, « Crimean Simpson », *Scottish Painters at Home and Abroad*, Londres, 1975.

## SMITH, Francis Hopkinson

(1838-1915). Américain.
Employé dans une fonderie pendant la guerre de Sécession, cet ingénieur du génie est un excellent aquarelliste amateur. Il séjourne à Constantinople en 1889, dont il relate les souvenirs dans une nouvelle intitulée « Under the Minarets » incluse dans le recueil *A Day at Laguerre's* (1892). De retour à New York, il expose à l'Avery Gallery ses aquarelles de la capitale ottomane. Il travaille presque exclusivement sur papier grisé, esquissant d'abord au crayon son sujet, puis le couvrant d'un lavis opaque et de gouaches. Il n'utilise l'huile que très rarement.
**Bibliographie :** Thomas Nelson Page, « Francis Hopkinson Smith », *Scribner's Magazine*, vol. 58, 1915, pp. 305-313 ; G. Ackerman, *Les Orientalistes de l'École américaine*, Paris, A.C.R. Édition, 1994, pp. 279-280.

## STARCK, Julius-Joseph-Gaspard

(1814-1884). Belge.
Cet élève de Navez et de Horace Vernet présente au Salon de 1857 *Intérieur d'un café turc* (n° 2487) et *Un Conteur turc* (n° 2488). Dix ans plus tard, l'Exposition Universelle de Paris lui donne l'occasion d'exposer *Joueurs d'échecs en Turquie* (n° 119) et *La Proclamation à Smyrne* (n° 120).

## STÖCKLER, Emanuel

(1821-1893). Autrichien.
Élève de l'Académie de Vienne de 1834 à 1838, il fait un voyage en Orient en 1839-1840. Peintre de la Cour en 1863, il travaille souvent à Saint-Pétersbourg et à Venise à partir de 1875.

## SWOBODA, Sandor Alexandre

(1826-1896). Autrichien.
Cet Austro-hongrois est né à Bagdad, d'une famille qui compte plusieurs peintres de renom à Vienne. Paysagiste et portraitiste, il voyage toute sa vie en Europe et en Orient. En 1860, il s'installe à Smyrne et ouvre l'un des premiers studios photographiques de cette ville. Sa production embrasse un large éventail de sites orientaux (Turquie, Syrie, Égypte, Palestine, Inde, Irak, etc.), de nombreux portraits ainsi que des scènes de genre. En 1869, il publie à Londres un album de 20 planches, *The Seven Churches of Asia*. Deux de ses œuvres, portraits de femmes orientales, sont conservées au palais de Dolmabahçe à Istanbul. Sa fille, Effie Swoboda-Boucherot, non seulement lui sert souvent de modèle, mais peint à ses côtés.

## TABAR ou TABART, François, Germain, Léopold

(1818-1869). Français.
Élève de Paul Delaroche, il commence par des peintures d'histoire puis des paysages, notamment des vues de Venise et de Constantinople qu'il présente au Salon de 1868, *Incendie à Scutari (Constantinople), le matin* (n° 2346), *Sortie de la mosquée Suleymanie (Constantinople)* (n° 2347).

## TETAR VAN ELVEN, Pierre

(1828 ou 1831-1908). Néerlandais.
Après avoir étudié à Amsterdam et à La Haye, il séjourne à Paris, puis s'installe en Italie, où il connaît un certain succès comme peintre à la Cour de Victor Emmanuel II. Il voyage beaucoup : Espagne, Afrique du Nord, Turquie, Liban, Syrie, Palestine, Égypte, Inde. En 1870, il accompagne le baron Lycklama au Liban.

## TOURNEMINE de, Charles-Émile Vacher

(1812-1872). Français.
A l'âge de treize ans, il entre à l'école des mousses de Toulon et sert sur la goélette *L'Amaranthe*, ce qui lui permet de découvrir les villes portuaires de la Méditerranée orientale. Le 27 octobre 1827, il participe à la bataille de Navarin ; il est blessé à l'œil gauche. Trois ans plus tard, il quitte la Marine, s'engage au 11e régiment d'artillerie où son père est colonel. En 1840, Tournemine quitte l'armée et se rend à Paris où il commence une carrière de peintre dans l'atelier d'Eugène Isabey. Il trouve surtout son inspiration dans les nombreux voyages qu'il fait en Algérie (1853), le long du Danube, depuis les Balkans jusqu'aux rivages de la mer Noire (1860) et en Asie Mineure (1863). Son dernier voyage le mène en Égypte en octobre 1869 où il assiste à l'inauguration du canal de Suez.
**Bibliographie :** Jean-Claude Lesage, *Charles de Tournemine, peintre orientaliste*, Aix-en-Provence, Édisud, 1986.
**Expositions :** *L'Orient en question*, Marseille, musée Cantini, 1983 ; *Les Orientalistes provençaux*, Marseille, musée des Beaux-Arts, 1983.
**Salons :** 1852 : *Pâtre des environs de Smyrne* (n° 1202). 1856 : *Berger turc* (n° 4083). 1857 : *Un Café (Asie Mineure)* (n° 2556 ; exposé à l'Exposition Universelle de 1867, n° 593) ; *Sur la route de Smyrne à Éphèse (Asie Mineure)* (n° 2557) ; *Café sur les rives du bas Danube (rive turque)* (n° 2558) ; *Cavaliers turcs* (n° 2559) ; *Souvenir de la Turquie d'Asie* (n° 2560). 1859 : *Départ d'une caravane en Asie Mineure* (n° 2884) ; *Un Café en Asie Mineure* (n° 2885) ; *Habitations près d'Adalia (Turquie d'Asie)* (n° 2886 ; exposé à l'Exposition Universelle de 1867). 1861 : *Café à Adalia (Turquie d'Asie)* encore connu sous l'appellation *Habitations turques près d'Adalia* (n° 2983) ; *Souvenir du Bas Danube* (exposé à l'Exposition Universelle de Paris de 1867). 1863 : *Habitation à Adana ; Asie Mineure* (n° 1810) ; *Promenade de femmes turques en Asie ; soleil couchant* (n° 1811). 1865 : *Rue conduisant au bazar à Chabran-el-*

*Kébir (Turquie d'Asie)* (n° 2083) ; *Sur la route de Marnésia à Smyrne (Turquie d'Asie)* (n° 2084). 1866 : *Kemmer (Turquie d'Asie)* (n° 1852).

## VALENSI, Henry

(1883-1960). Français.

Élève de Jules Lefebvre et Tony Robert-Fleury, il expose pour la première fois à Constantinople en 1910, puis aux Indépendants à Paris. Il participe en 1912 à l'exposition de la Section d'Or dont il est l'un des organisateurs et où il présente onze toiles : *Rythme de la Sainte-Moscou*, *Rythme d'Athènes*, *Rythme de Constantinople*, *Sur la marche funèbre de Chopin*, etc. Grand voyageur, il expose dans de nombreuses villes européennes des compositions aux larges rythmes décoratifs auxquelles il donne à partir de 1932 la qualification de « musicalistes ». Dans le Musicalisme, la musique doit, selon lui, conditionner ou inspirer tous les autres arts.

**Bibliographie :** H. Valensi, *Le Musicalisme*, Paris, 1936 ; Taner Timur, « 1910'da Istanbul'da Ekol Kurucu Bir Ressam : Henry Valensi (Henry Valensi : un peintre créateur d'une école à Istanbul) », *Tarih ve Toplum*, 69, septembre 1989, pp. 36-37.

**Exposition :** Waldemar-George, *Henry Valensi. Peintures et gouaches de 1912 à 1957*, Paris, 1957.

## VALERI, Salvatore

(1856-1946). Italien.

Né à Nettuno, une petite ville située au sud de Rome sur la côte tyrrhénienne, Valeri étudie la peinture à l'Accademia di San Luca. Au début des années 1880, il quitte l'Italie et s'installe à Constantinople. En 1883, il est nommé directeur du département des peintures de l'École des Beaux-Arts (*Sanayi-i Nefise Mektebi*), poste qu'il occupe jusqu'en 1915. Il donne parfois des cours de dessin aux fils du sultan Abdül-Hamid II. Valeri participe aux premiers Salons de peinture de Péra qui ouvrent leurs portes en 1901, 1902 et 1903. Il quitte la Turquie pendant la Première Guerre mondiale et retourne à Nettuno où il ouvre une école de peinture.

**Bibliographie :** Angiolo Mori, *Gli italiani a Costantinopoli*, Modène, 1906 ; Adolphe Thalasso, *L'Art ottoman. Les Peintres de Turquie*, Paris, s. d., pp. 46-55.

## VAN MOUR, Jean-Baptiste

(1671-1737). Français.

Originaire de Valenciennes où son père exerce la profession d'escrinier, c'est-à-dire de menuisier d'art, il part s'installer à Constantinople en 1699, sans doute à la demande du comte de Ferriol, ambassadeur du roi de France près la Sublime Porte. Van Mour peint pour le comte de Ferriol plus de cent petits tableaux représentant les costumes de l'Empire ottoman. Ces tableaux sont publiés par Le Hay, *Recueil de cent estampes représentant différentes nations du Levant* (Paris, 1712). Van Mour est non seulement introduit dans les milieux diplomatiques européens, mais est aussi reçu par la haute société turque. Il peint de très nombreuses fêtes et réceptions données par le Grand Seigneur, ainsi que les audiences officielles des ambassadeurs. Il est nommé « Peintre ordinaire du Roi en Levant » en 1725.

**Bibliographie :** R. Van Luttervelt, *De 'Turkse' Schilderijen van J.B. Vanmour en zijn school, De verzameling van Cornelis Calkoen, ambassadeur bij de Hoge Porte, 1725-1743*, Istanbul, 1958 ; Mary Beal, « An Ambassador's Reception at the Sublime Porte », *Apollo*, CXXVII, March 1988, pp. 173-179.

**Expositions :** G. R. Erdbrink, *Les Peintures turques de J.-B. Van Mour*, Ankara, 1978 ; F. Hitzel et C. Boppe-Vigne, *Enfants de langue et Drogmans / Dil oglanları ve Tercümanlar*, Istanbul, Palais de France (25 mai-18 juin 1995).

## VERVLOET, ou VERLOET, Frans (François)

(1795-1872). Belge.

Peintre de vues et d'intérieurs, il part pour l'Italie en 1822 grâce à une bourse de la Société pour l'Encouragement des Beaux-Arts de Bruxelles. Il va y passer le restant de sa vie, dessinant et peignant les monuments de Rome et de ses environs. Il se rend à plusieurs reprises à Malte et à Constantinople.

**Bibliographie :** S. Sulzberger, « François Vervloet (1795-1872) », *Oud Holland*, LVIII, 1953, pp. 242-245 ; D. Coekelberghs, *Les Peintres belges à Rome de 1779 à 1830*, Bruxelles-Rome, 1976, pp. 328-349 ; M. Pittaluga, « Note su Francis Vervloet e la sua «vie» », *Antichità viva*, IX, 1970, pp. 26-39.

**Exposition :** D. Coekelberghs, D. Vautier, *1770-1830. Autour du néo-classicisme en Belgique*, musée Ixelles, Bruxelles, 1985-1986.

## WARNIA-ZARZECKI, Joseph

(1850-?). Polonais.

Né à Nantes, d'un révolté polonais qui a émigré en France et d'une mère bretonne, il suit l'École des Beaux-Arts de Varsovie, puis l'Académie d'Art de Munich. En 1883, il s'installe à Constantinople et devient professeur de peinture à l'École des Beaux-Arts (*Sanayi-i Nefise Mektebi*).

## WEEKS, Edwin Lord

(1849-1903). Américain.

Ce Bostonien étudie la peinture à Paris dans l'atelier libre de Léon Bonnat et à l'École des Beaux-Arts avec J.-L. Gérôme. En 1872, il part en Égypte, en Syrie et en Palestine, puis au Maroc. Accompagné de sa femme, il parcourt l'Inde du Nord en 1882-1883 ; puis une seconde fois en 1886-1887. Commandité par la revue *Harper's Magazine*, Weeks entreprend un troisième voyage en Inde par voie de terre en 1892. Son compagnon de route, l'écrivain Théodore Child, meurt d'une fièvre typhoïde en Perse. Cela n'empêche pas Weeks de poursuivre sa route jusqu'à Chiraz puis Bouchir où il s'embarque sur le golfe Persique pour gagner l'Inde. Il séjourne deux ans en Inde puis revient s'installer à Paris.

**Bibliographie :** F. Marion Crawford, *Constantinople*, New York, Charles Scribner's Sons, 1895, 28 aquarelles de Weeks ; E. L. Weeks, *From the Black Sea through Persia and India*, New York, 1896 (également dans

*Harper's Monthly*, à partir de 1903, vol. 87-105 ; « From the Black Sea to the Gulf », *Harper's New Monthly Magazine*, octobre 1893 ; « From Tabreez to Ispahan », *Idem*, novembre 1893 ; « Edwind Lord Weeks », *Album Mariani, figures contemporaines*, vol. VIII, Paris, 1903 ; G. Ackerman, *Les Orientalistes de l'École américaine*, Courbevoie/Paris, A.C.R. Édition, 1994, pp. 234-257.

## WERNER, Carl ou Carl Friedrich Heinrich

(1808-1894). Allemand.
Élève à l'Académie de Leipzig, puis à Munich, où il étudie l'architecture. Installé en Italie pendant vingt ans, il est connu comme l'un des meilleurs techniciens européens de l'aquarelle. Outre de fréquents voyages en Angleterre, il visite l'Espagne en 1856-1857, puis fait une longue tournée en Égypte, au Liban, en Syrie, en Palestine et peut-être en Turquie de 1862 à 1864. Membre des Académies de Venise et de Leipzig, il expose ses œuvres en Italie, Allemagne et à Londres, notamment à la New Watercolour Society et à la Royal Academy.

## WILKIE, Sir David

(1785-1841). Écossais.
A l'âge de quatorze ans il s'inscrit à la Trustee's Academy d'Édimbourg. En 1820, il a l'honneur d'être appointé par George IV, « Peintre du Roi pour l'Écosse ». Cinq ans plus tard, il entreprend le « grand tour » du continent : Italie, Espagne, Paris où il rencontre Delacroix. En 1840, il s'embarque pour le Proche-Orient et séjourne à Constantinople du 4 octobre 1840 au 13 janvier 1841. Il exécute de nombreux portraits, dessine les gens ordinaires dans les rues, et fait un portrait du jeune sultan Abdül-Medjid. Il visite ensuite la Syrie et la Terre Sainte. Terminant son voyage par mer, il tombe brusquement malade et meurt. Son corps est immergé en haute mer.
**Bibliographie :** David Wilkie, *Sketches in Turkey, Syria and Egypt, 1840 and 1841*, dessins sur pierre par Joseph Nash, Londres, Mssrs Graves and Warmsley, 1843, 26 pl. ; J. Nash, *Sketches in Turkey, Syria and Egypt (Wilkie's Oriental Sketches)*, Londres, 1843 ; *The Wilkie Gallery : a selection of the best pictures of the late Sir David Wilkie, R. A., including his Spanish and Oriental Sketches, with notices biographical and critical*, New York-Londres, G. Virtue, 1848-1850 ; Allan Cunningham, *The Life of Sir David Wilkie*, Londres, 1843, 3 vol. (Sur la Turquie, III, pp. 341-366) ; Kenneth Paul Bendiner, « Wilkie in Turkey : The Tartar Messenger Narrating the News of the Victory of St. Jean d'Acre », *The Art Bulletin*, LXIII, juin 1981, pp. 259-268.
**Expositions :** John Woodward, *Sketches and Drawings by Sir David Wilkie R. A.*, National Gallery of Scotland and Royal Academy of Arts, 1958 ; Lindsay Errington, *Sir David Wilkie : Drawings into Paintings*, National Gallery of Scotland, Édimbourg, 1975 ; David Blayney Brown, *Sir David Wilkie. Drawings and Sketches in the Ashmolean Museum*, Londres, Morton Morris in Association with the Ashmolean Museum of Oxford, 1985 ; H. A. D. Miles et D. B. Brown, *Sir David Wilkie of Scotland (1785-1841)*, Raleigh, North Carolina Museum of Art, 1987 ; Julie Lawson, *Visions of the Ottoman Empire*, Édimbourg, Scottish National Portrait Gallery (16 août-6 nov. 1994).

## WITTMER, Johann Michael

(1802-1880). Allemand.
Peintre d'histoire et graveur. En 1828, il obtient une bourse de voyage pour Rome. Cinq ans plus tard, en avril 1833, il accompagne le prince héritier de Bavière en Grèce, en Asie Mineure et en Sicile. A Constantinople, ils sont reçus par le sultan Mahmud II. Au retour, ils visitent Smyrne et quelques îles de la mer Égée. Fin septembre, Wittmer est de retour à Rome et il se consacre entièrement à l'exploitation de ses impressions de voyage fixées dans de nombreuses esquisses, et réalise un album de voyage. Le baron Orkey lui commande six paysages orientalistes, auxquels le peintre Joseph Anton Koch travaille également. Le tableau le plus important est sans doute la commande passée par le prince-héritier, intitulé *An den Süssen Wassern Asiens* (*Les Eaux-Douces d'Asie*) et que Wittmer termine à Rome en 1837. En 1840, il en fait une copie pour le roi du Wurtemberg.

## YVON, Adolphe

(1817-1893). Français.
Yvon est le peintre officiel des batailles du Second Empire et est de ce fait très apprécié par Napoléon III. Il se rend en Crimée en 1856 pour répondre aux commandes de l'empereur. Il en résulte trois toiles monumentales, dont *La Prise de la gorge de Malakoff* (musée de Versailles). C'est probablement pendant son voyage en Crimée qu'il visite Constantinople. Il en tire un certain nombre de tableaux orientalistes, dont *Une Rue à Constantinople* (n° 1486) qu'il expose au Salon de 1873.
**Bibliographie :** Eugène Heiser, *Peintre de batailles et portraitiste : Adolphe Yvon et les siens*, Sarreguemines, 1974 ; J. Doucet, « Adolphe Yvon », *Les Peintres français*, Paris, s. d.

## ZIEM, Félix François Georges Philibert

(1821-1911). Français.
Élève à l'École d'architecture de Dijon, il est contremaître sur un chantier à Marseille lorsque le succès d'une présentation d'aquarelles au duc d'Orléans qui revient d'Algérie décide de sa vocation de peintre. Les commandes affluent bientôt. En 1841 il accompagne le comte Grigori Gagarin dans un voyage de Nice à Saint-Pétersbourg, via Odessa, Kiev et Moscou. Il effectue par la suite plusieurs voyages, non seulement en Europe, mais en Algérie, Tunisie, Maroc, Égypte et en Turquie où il séjourne à deux reprises, en juin 1847 et du 20 juillet au 21 septembre 1856. Peu d'artistes ont connu pareils succès. Il fut couvert d'honneurs, bien que ses toiles, ayant souvent pour thèmes la Corne d'Or, les caïques sur le Bosphore, les sultanes et les harems, soient assez répétitives.
**Bibliographie :** Pierre Miquel, *Félix Ziem, 1821-1911*, Maurs-la-Jolie, éd. de la Martinelle, 1978, 2 vol. (Un supplément au catalogue raisonné en 1997) ; Sophie Biass-Fabiani et Gérard Fabre, *Félix Ziem*

*peintre voyageur, 1821-1911*, Arles, Actes Sud, 1994 et Félix Ziem, *Journal (1854-1898)*, Arles, Actes Sud, 1994 ; Anne Burdin-Hellebranth, *Félix Ziem 1821-1911*, Bruxelles, 1998, 2 vol. ; F. Verlinden, G. Fabre et L. Marchetti, *La Traversée d'un siècle. Félix Ziem, 1821-1911*, Paris, RMN, 2001.
**Expositions :** *Ziem en marge*, Saint-Tropez, musée de l'Annonciade, 1980 ; *Félix Ziem, peintre-voyageur*, Martigues, musée Ziem, 1994 ; *Félix Ziem*, musée des Beaux-Arts de Beaune (25 juin-4 sept. 1994) ; *Félix Ziem, peintre beaunois*, musée des Beaux-Arts de Beaune (oct.-nov. 1998) ; Sophie Biass-Fabiani, *Les Photographies de la collection Félix Ziem : Venise, Alger, Le Caire, Constantinople*, Martigues, musée Ziem (25 juin-6 sept. 1998) ; *Ziem beaucoup, la traversée*, Martigues, musée Ziem (déc. 2001).

## ZONARO, Fausto

(1854-1929). Italien.
Élève à l'Accademia di Belle Arti de Rome, il s'installe à Paris dans les années 1880. Ne rencontrant pas le succès, il regagne Venise avec l'intention de se consacrer à l'enseignement. L'une de ses élèves, Elisa Pante, qui devint plus tard sa femme, est à l'origine de son départ pour Constantinople. Elle part seule pour la capitale ottomane, laissant Zonaro avec la promesse de le faire venir et de l'épouser si elle pense que la ville lui offre la possibilité d'une carrière nouvelle. La situation paraissant prometteuse, Zonaro la rejoint quelques mois plus tard. En 1896, le sultan Abdül-Hamid II lui offre le poste de « peintre officiel de la Cour » (*Ressam-ı Hazret-ı Cheriyarî*), poste qu'il occupe jusqu'en 1909. En marge de ses travaux à la Cour, il expose régulièrement dans les galeries de Péra-Galata : 1892 (maison Rosenthal), 1894, 1899 (Bechiktach), 1902 (deuxième Salon de Péra), 1905 et 1906 (fabrique impériale de Hereke). De 1891 à 1911, il expose aussi à l'étranger : Paris, Londres, Barcelone, Athènes, Rome, Florence, Milan, Turin. Expulsé de Turquie par le gouvernement des Jeunes Turcs en 1911, Zonaro et sa famille s'installent à San Remo.
**Bibliographie :** Adolphe Thalasso, « L'Orient artistique. Fausto Zonaro, peintre de S.M.I. le sultan », *Figaro illustré*, Paris, févr. 1907, n° 203, p. 203 ; Adolphe Thalasso, « Fausto Zonaro », *L'Art ottoman : les peintres de Turquie*, Paris, s. d. [1910], pp. 28-36 ; Adolphe Thalasso, *Der-i Sé'adet ou Stamboul, porte de bonheur, scènes de la vie turque*, 50 ill. de F. Zonaro, Paris, Henri Piazza & Cie, 1908 ; A. Thalasso, « Orient. Constantinople », *L'Art et les artistes*, t. X (oct. 1909-mars 1910), pp. 182-183 ; *Id.*, t. XI (avril-sept. 1910), p. 188 ; Philip Mansel, « Memoires of the Sultan's court painter », *International Herald Tribune*, Paris, 12 déc. 1986 ; Kevork Pamukciyan, « Fausto Zonaro'nun Bilinmeyen Bazı Tabloları », *Tarih ve Toplum*, vol. 8, n° 44, août 1987, pp. 24-30 ; Philip Mansel, « Fausto Zonaro. Court Painter of Sultan Abdulhamid II », *Apollo*, n° 126, 1987, pp. 334-336 ; Caroline Juler, *Les Orientalistes de l'École italienne*, Courbevoie/Paris, A.C.R. Édition, 1987, pp. 278-281 ; Maria Vittoria Fontana, « Note sul pittore 'orientalista' Fausto Zonaro (1854-1929) », *La conoscenza dell' Asia e dell' Africa in Italia nei secoli XVIII e XIX*, a cura di A. Gallota e U. Marazzi, Istituto Universitario Orientale, Naples, 1989, III, pp. 781-794 ; Philip Mansel, « Zonaro », *Turquoise*, n° 3, juil.-août 1989, pp. 52-58 ; Rodolfo Falchi et Ubaldo Spigno, *Zonaro*, Turin, Umberto Allemandi, 1993 ; Rodolfo Falchi, *Le tre stagioni pittoriche di Fausto Zonaro. Venezia-Costantinopoli-Sanremo*, San Remo, Lalli Editore, 1994 ; P. Vincenzo, M. A. Fusco et R. Bossaglia, *Lo Sguardo della Mezzaluna. Pittori Italiani a Costantinopoli nell'Ottocento*, Rome, Semar, 1998.
**Expositions :** Rodolfo Falchi, *Fausto Zonaro*, San Remo, Villa Ormond (déc. 1994-janv. 1995) ; *Uno Sguardo ad Oriente. Il mondo islamico nella grafica italiana dall'età neoclassica al primo novecento*, Istanbul, Istituto italiano di cultura (déc. 1996).

## ZORN, Anders

(1860-1920). Suédois.
Après de courts séjours en Espagne et au Maroc, il s'installe à Londres. En 1885, il se marie et part en voyage de noces en Hongrie puis en Turquie. A Constantinople, il a une attaque de typhoïde qui faillit lui être fatale. En 1887, le jeune couple visite l'Algérie. A partir des années 1890, Zorn, qui expose à Paris, va souvent aux États-Unis où il est très apprécié comme portraitiste. Malgré son succès international comme graveur, sculpteur et peintre, il reste attaché à ses racines. Après avoir vécu à Paris, de 1888 à 1896, il revient définitivement s'installer à Mora, sa ville natale, où il passe l'automne et l'hiver.
**Bibliographie :** Karl Asplund, *Zorns Graverade Werk*, Stockholm, A. B. Bukowski, 1920-1921 ; Gerda Boethius, *Anders Zorn, His life and work*, Nordisk Rotogravyr, St., 1954 ; Karl Asplund, *Zorn's Engraved Werk*, San Francisco, Alan Wofsy Fine Arts, 1990.

# Notes

1) *Historische Nachricht von der röm.-kayserl. Gross-Botschaft nach Constantinopel welche Graf von Virmondt rühmlichst verichtet,* Nuremberg, 1723, p. 219.
2) Sur les dessins de Liotard, voir E. Humbert, A Tilanus et J. W. R. Revillod, *La Vie et les œuvres de J.-E. Liotard,* Amsterdam, 1897 ; François Fosca, *La Vie, les voyages et les œuvres de Jean-Étienne Liotard, Citoyen de Genève, dit Le Peintre turc,* Lausanne-Paris, 1956 ; Anne de Herdt, *Dessins de Liotard,* Genève, Musée d'Art et d'histoire, Paris, musée du Louvre, 1992 ; Claire Stoullig, *Jean-Étienne Liotard dans les collections du musée d'art et d'histoire de Genève,* Paris, éd. Somogy, 2002.
3) Acquis par le musée du Louvre le 4 juin 1993, RF 1995-14. Voir Marie-Christine Sahut, « Jean-Étienne Liotard », *Louvre, nouvelles acquisitions du département des peintures, 1991-1995,* Paris, RMN, 1996, pp. 240-245.
4) Pierre-Augustin Guys publia en 1771 le *Voyage littéraire de la Grèce,* réédité deux fois en 1776 (avec des illustrations d'Antoine de Favray) et 1783. Sur sa collection de peinture, voir Auguste Boppe, « Un amateur marseillais au XVIIIe siècle, inventaire de Pierre-Augustin Guys », *Revue historique de Provence,* janv.-juin 1902, pp. 291-297.
5) Ch. Michel, « Le Tableau général de l'Empire othoman », *Nouvelles de l'Estampe,* n° 84, décembre 1985, pp. 6-25.
6) *Voyage de Milady Craven à Constantinople par la Crimée en 1786,* Paris, 1789, p. 189, lettre XLVI, datée du 25 avril 1786.
7) *Louis-François Cassas, 1756-1827,* cat. d'exposition, Cologne, Wallraf-Richartz Museum, 1994 ; Tours, musée des Beaux-Arts, 1995 ; Annie Gilet, « Louis-François Cassas und der Orient », *Europa und der Orient,* 800-1900, Berlin, 1989, pp. 279-287.
8) *Voyage pittoresque de la Syrie, de la Phénicie, de la Palestine et de la Basse-Égypte,* Paris, 1799.
9) A. Boppe, *Les Peintres du Bosphore au XVIIIe siècle,* Courbevoie/Paris, A.C.R. Édition, 1989, p. 278.
10) *Idem,* pp. 260-263.
11) Sur Melling, voir Cornelis Boschma et Jacques Perot, *Antoine-Ignace Melling (1763-1831), artiste-voyageur,* Paris, Paris Musée, 1991. Sur la correspondance de l'artiste avec la sultane, Jacques Perot, « Un artiste lorrain à la cour de Sélim III : Antoine-Ignace Melling (1763-1831) », *Bulletin de la Société de l'Histoire de l'Art Français,* 1987 [1989], pp. 125-150 et J. Perot, F. Hitzel et R. Anhegger, *Hatice Sultan ile Melling Kalfa Mektuplar* (Lettres de la sultane Hatidje et du kalfa Melling), Istanbul, 2001.
12) Pierre Pinon, « Un épisode de la réception des progrès techniques à Constantinople : l'échec de la mission Ferregeau, ingénieur des Ponts-et-Chaussées (1796-1799) », *Varia Turcica,* XVI, 1990, pp. 71-83.
13) Patrick Jager, « Écrire et peindre. *Le Voyage dans le Levant en 1817 et 1818* du comte de Forbin », *L'Œil aux aguets ou l'artiste en voyage,* textes réunis par François Moureau, Paris, Klincksieck, 1995, pp. 41-59.
14) *Voyage dans le Levant en 1817 et 1818,* Paris, de l'Imprimerie Royale, 1819, p. 15.
15) Pierre Pinon, « Le voyage d'Orient de l'architecte Jean-Nicolas Huyot (1817-1820) et la découverte de la maison ottomane », *Turcica,* XXVI, 1994, 211-240, ici p. 220. Voir du même, « L'Orient de Jean-Nicolas Huyot. Le voyage en Asie Mineure, en Égypte et en Grèce (1817-1821) », *Revue du monde musulman et de la Méditerranée,* 73-74, 1994/3-4, pp. 35-55.
16) Sur cet artiste, voir Christine Peltre, « Un inspirateur oublié du romantisme : Louis Dupré (1789-1837) », *Peristyles, musée des Beaux-Arts de Nancy,* 1994, n° 4, pp. 13-18 et l'introduction de la réédition du *Voyage à Athènes et à Constantinople,* Athènes, éd. Porto Leone, Vagelis Dimakarakos, 1993, par E. J. Finopoulos et C. Peltre.
17) Cf. Lee Johnson, « Towards Delacroix's Oriental Sources », *The Burlington Magazine,* vol. CXX, n° 900, mars 1978, pp. 144-151, p. 147 ; du même, « Delacroix's Oriental Sources », *The Burlington Magazine,* vol. CXX, n° 902, Sept. 1978, p. 603.
18) Cf. Nina Athanassoglou, « More on Delacroix's Oriental Sources », *The Burlington Magazine,* vol. CXXI, n° 918, Sept. 1979, pp. 587-588 ; et « Of Suliots, Arnauts, Albanians and Eugène Delacroix », *The Burlington Magazine,* vol. CXXV, n° 965, Août 1983, pp. 487-491.
19) Georges Vigne, *Ingres,* Paris, 1995, p. 219.
20) Catherine Peltre, *Les Orientalistes,* Paris, Hazan, p. 80.
21) *Journal,* éd. André Joubin, Paris, 1932, vol. I, pp. 118-119. Voir Donald A. Rosenthal, « Ingres, Géricault and "Monsieur Auguste", *The Burlington Magazine,* 1982, vol. CXXIV, n° 946, p. 13.
22) Sur Decamps, voir Dewey F. Mosby, *Alexandre-Gabriel Decamps, 1803-1860,* New York, Garland Publishing Inc., 1977, 2 vol. ; *Alexandre-Gabriel Decamps, 1803-1860. Peintures et dessins. Collections du musée des Beaux-Arts de Rouen et œuvres provenant des musées de Normandie,* Rouen, musée des Beaux-Arts, 2000.
23) Christine Peltre, *Les Orientalistes,* Paris, Hazan, 1997, p. 90.
24) *Idem,* p. 92.
25) Eugène Fromentin, *Une année dans le Sahel (1859),* Paris, Gallimard, Bibliothèque de la Pléiade, 1984, pp. 324-325.
26) Edmond et Jules de Goncourt, *Études d'Art : Le Salon de 1852 - La peinture à l'exposition de 1855,* Paris, Jouaust, 1893, p. 130.
27) Théophile Gautier, « Salon de 1839 », *La Presse,* 27 mars 1839.
28) Edmond et Jules de Goncourt, *op. cit.,* pp. 205-206.
29) Sur les conditions du voyage en Orient, voir l'introduction de Jean-Claude Berchet, *Le Voyage en Orient. Anthologie des voyageurs français dans le Levant au XIXe siècle,* Paris, Robert Laffont, 1985, et le catalogue de l'exposition *Le Voyage à Constantinople, l'Orient-Express,* Bruxelles, 1997. Sur le voyage des artistes, voir Lynne Thornton, *Du Maroc aux Indes, voyage en Orient,* Courbevoie/Paris, A.C.R., 1998, et Christine Peltre, *L'Atelier du voyage. Les peintres en Orient au XIXe siècle,* Paris, Gallimard, 1995.
30) A Alexandrie, Prosper Marilhat précise dans une lettre à sa mère, le 2 décembre 1832, qu'il fait payer 300 francs un portrait (BnF, cabinet des estampes, *Correspondance de Marilhat,* Ua 25, in 4°). En 1852, Théodore Frère propose à Charles Schefer, drogman de l'ambassade de France à Constantinople, 300 francs pour la réalisation d'une *Vue de Büyükdere sur le Bosphore* (Bibliothèque de l'Institut de France, *Papiers Charles Schefer,* Ms 2963, f. 22, lettre du 23 juin 1852).
31) *L'Artiste,* 1836, t. II, p. 256.
32) P. X. Coste, *Mémoires d'un artiste. Notes et souvenirs de voyages (1817-1877),* Marseille, 1878, I, p. 123.
33) *Vieux souvenirs de Mgr le Prince de Joinville, 1818-1848,* Paris, Mercure de France, 1986, p. 131.
34) *Œuvre complète de Gérard de Nerval,* éd. Jean Richer, Paris, Gallimard, Pleiade, 1974, I, pp. 936-937. Théophile Gautier écrit à son ami Louis de Cormenin, le 5 juillet 1852 : « Constantinople ressemble beaucoup à Londres et n'a rien d'oriental. », *Correspondance générale de T. Gautier,* Genève, Droz, 1990, t. V, lettre n° 1758.
35) Hommaire de Hell, *Voyage en Turquie et en Perse,* Paris, 1854, I, p. 385.
36) J. Lesage, *Charles de Tournemine, peintre orientaliste,* Aix-en-Provence, Édisud, 1986, p. 156.
37) Dans une lettre adressée au ministre de la Marine, le 23 juillet 1839, Théodore Gudin remercie le ministre des facilités accordées à son élève Lottier « pour faire la campagne dans le Levant sur la frégate *La Belle Poule* (...) un local plus commode

pour se livrer à ses études d'artiste (...) », Paris, Hôtel Drouot, vente autographes G. Morssen, printemps 1977, lot 53.

38) François Jacquin, « Carnets de voyages de René Gillotin (1814-1861), marin et aquarelliste », *Neptunia*, 1991, n° 182, pp. 2-11 ; *De Constantinople à Tahiti. Seize ans d'aquarelles autour du monde, 1840-1856. En suivant René Gillotin*, Paris, Karthala, 1997, pp. 20-45.

39) Renée de Chacaton, *Henri de Chacaton, peintre-voyageur ou la vie d'artiste au XIXe siècle*, Paris, 2000, p. 109.

40) Chaumelin, en 1858, cité par Jean-Roger Soubiran, *Le Paysage provençal et l'école de Marseille avant l'impressionnisme, 1845-1874*, RMN-Musée de Toulon, 1992, p. 95.

41) Théophile Gautier, *Constantinople*.

42) Constantinople, 5 janvier 1847, L.-H. Labande, « Impressions d'un artiste en Orient », *L'Art*, 1907, p. 134.

43) L.-H. Labande, « Voyage d'un artiste en Turquie et en Perse », *L'Art*, janvier 1906, p. 29.

44) Pour rédiger son journal, Gleyre a utilisé un agenda français de l'année 1828. L'original appartient aux collections du musée cantonal des Beaux-Arts de Lausanne (manuscrit Gleyre). Certains passages ont été repris par Charles Clément, *Gleyre. Étude biographique et critique avec le catalogue raisonné de l'œuvre du maître*, Genève, Neuchâtel et Paris, 1878.

45) Charles Clément, *op. cit.*, pp. 71-72. Voir également Jacques-Édouard Berger, « Gleyre et l'Orient », *Charles Gleyre ou les illusions perdues*, Zurich, 1974, pp. 50-69, et William Hauptman, *Charles Gleyre (1806-1874), I. Life and Works*, Zurich, 1976, pp. 77-106, chap. 3 : The Voyage of the Middle East.

46) Charles Clément, *op. cit.*, p. 80.

47) Gérard de Senneville, *Maxime Du Camp, un spectateur engagé du XIXe siècle*, Paris, Stock, 1996, p. 145.

48) Allan Cunningham, *The Life of Sir David Wilkie*, Londres, 1843, III, p. 320, 6 octobre 1840.

49) Kenneth Bendiner, « Wilkie in Turkey : *The Tartar Messenger Narrating the News of the Victory of St. Jean d'Acre* », *The Art Bulletin*, LXIII, juin 1981, pp. 259-268.

50) J.-B. Huysmans, *Voyage en Italie et en Orient, 1856-1857. Notes et impressions*, Anvers, Imp. Kennes et Gerrits, 1857, 2 vol. Voir également le catalogue d'exposition *L'Orientalisme et l'Africanisme dans l'art belge. 19e et 20e siècles*, Bruxelles, Galerie CGER, 14 septembre-11 novembre 1984.

51) T. Lacchia, *I Fossati, Architetti del Sultano di Turchia*, Rome, 1943 ; *Gaspare Fossati Architetto Pittore, Pittore Architetto*, Pinacoteca Züst, Rancate, 1992.

52) Antonella Fusco, « Nineteenth century Italian Artists on the Roads to the Orient », *Ottocento. Romanticism and Revolution in 19th. Century Italian painting*, éd. par Roberta Olson, New York-Florence, 1992, pp. 75-80.

53) Cf. Erika Mayr-Oehring, *Orient. Österreichische Malerei zwischen 1848 und 1914*, Salzbourg, 1997 ; Martina Haja et Günther Wimmer, *Les Orientalistes des Écoles allemande et autrichienne*, Courbevoie/Paris, A.C.R., 2000.

54) C. G. Löwenhielm, *Artist and Diplomat in Istanbul 1824-1827 /Istanbul'da Sanatçı Bir Diplomat*, Uppsala University Library, Exhibition Catalogue n°33, 1993 ; Sture Theolin, *The Swedish Palace in Istanbul*, Istanbul, 2001, pp. 91-93.

55) Brigitte von Folsach, *By the Light of the Crescent Moon. Images of the Near East in Danish art and literature, 1800-1875*, Copenhague, The David Collection, 1996.

56) *Idem*, pp. 78-83, 126-128, ill. 68-70 ; Alain Quella-Villéger, « Une étape de Hans-Christian Andersen (1841) », *Les carnets de l'exotisme*, n° 11, janv.-juil. 1993, pp. 17-18. *Le Bazar d'un poète* et le *Journal d'Istanbul* viennent de faire l'objet d'une traduction dans *Istanbul. Rêves de Bosphore*, textes réunis et présentés par Timour Muhidine et Alain Quella-Villéger, Paris, Omnibus, 2001, pp. 9-44.

57) Voir Théophile Gautier, *Portraits contemporains*, Paris, 1874, pp. 236-237.

58) Gérard de Nerval, *Œuvres complètes*, Paris, Gallimard (« Bibliothèque de la Pléiade »), II, p. 784.

59) L'introduction est reproduite dans Théophile Gautier, *Constantinople et autres textes sur la Turquie*, présenté et annoté par Sarga Moussa, Paris, La Boîte à Documents, 1996, pp. 328-332. Pour des indications biographiques sur C. Rogier, on peut se reporter à l'article de François Pouillon, « Un ami de Théophile Gautier en Orient, Camille Rogier, réflexion sur la condition de drogman », *Bulletin de la Société Théophile Gautier*, I, 1990, pp. 55-87 et Tanya Szrajber, « *La Turquie* by Camille Rogier », *Print Quaterly*, IV, n° 2, 1987, pp. 166-171.

60) Voir *Notes et croquis de Raffet, mis en ordre et publiés par Auguste Raffet*, Paris, Armand-Durand/Goupil et Cie, 1878 ; Christine Peltre, « L'orpailleur de la «nouvelle Russie» », dans *Raffet, 1804-1860*, Paris, Herscher, 1999, pp. 86-101.

61) *Voyage dans la Russie méridionale et la Crimée, par la Hongrie, la Valachie et la Moldavie exécuté en 1837 sous la direction de M. Anatole Demidoff*, Paris, 1839, p. 63.

62) Chantal Georgel, *1848 : La République et l'art vivant*, Paris, Fayard, 1998, p. 177, 189.

63) Bibliothèque de l'Institut de France, Papiers Charles Schefer, Mss. 2964, f. 221, lettre à sa femme, le 8 janvier 1856.

64) D'après la correspondance de Charles Schefer, Bida aurait fait les portraits du vieil Ovanès Zinghir, de Mr et Mme Whitael, le fournisseur de l'armée anglaise.

65) Juan Plazaola, *Le baron Taylor. Portrait d'un homme d'avenir*, Paris, Fondation Taylor, 1989, pp. 105-108.

66) Charles Texier a publié en 1839-1849 une monumentale *Description de l'Asie Mineure*, en trois volumes et en 1862, pour « L'Univers Pittoresque », une *Asie Mineure. Description géographique, historique et archéologique des provinces et des villes de la Chéronèse d'Asie*.

67) Philippe Le Bas, *Voyage archéologique en Grèce et en Asie Mineure, fait par ordre du gouvernement français*, Paris, 1847.

68) Antoine-Marie Chenavard, *Voyage en Grèce et dans le Levant fait en 1843-1844*, Lyon, 1849-1850, pp. 113-114.

69) B. Merlin, *Architectes lyonnais autour de la Méditerranée (XIXe-XXe siècles)*, Lyon, 1995, pp. 20-54 ; Jean-Michel Dalgabio, *Lyon, Athènes, Constantinople. Les dessins du voyage de 1843*, Publications de l'université de Saint-Étienne, 2002.

70) Jules Laurens, *La Légende des ateliers, fragments et notes d'un artiste-peintre, 1842-1900*, Carpentras, éd. J. Brun & Cie, 1901, p. 357.

71) Sur le voyage de Jules Laurens en Turquie, voir Xavier Hommaire de Hell, *Voyage en Turquie et en Perse exécuté par ordre du gouvernement français pendant les années 1846, 1847 et 1848, plans et illustrations par Jules Laurens*, Paris, 1854, 3 vol. et 1 atlas, et le catalogue de l'exposition *Le voyage de Jules Laurens en Turquie*, Istanbul, Yapı Kredi Yay., 1998.

72) L.-H. Labande, *Jules Laurens*, Paris, Honoré Champion, 1910, pp. 42-43.

73) Constantinople, 5 janvier 1847, cité par L.-H. Labande, « Impressions d'un artiste en Orient », *L'Art*, 1907, t. VIII, t. 67, p. 134.

74) Constantinople, 27 mai 1847, L.-H. Labande, *idem*, p. 142.

75) Christine Peltre, *Théodore Chassériau*, Paris, Gallimard, 2001, p. 132.

76) Gobineau publiera *Trois ans en Asie (de 1855 à 1858)*, Paris, 1859.

77) *Alberto Pasini. Itinerario in Oriente, 1855-1856. Egitto, Arabia, Yemen, Persia e Turchia*, Edizioni d'Arte Silbernagl, 1996.

78) Vittoria Botteri Cardoso, *Pasini*, Gênes (Genova), Sagep, 1991 (catalogue raisonné) ; R. Bossaglia, « Alberto Pasini : L'oriente come esperienza e come memoria », *Vittoria Botteri Cardoso*, Gênes, éd. Sagep, 1991 ; G. Godi et C. Mingardi, *Alberto Pasini da Parma a Costantinopoli via Parigi*, Parme, Fondazione Cassa di Risparmio di Parma, 1996.

79) J. Castagnary, « Salon de 1870 », *Salons*, Paris, 1892, t. I, p. 410.

80) C. Baudelaire, *Œuvres complètes. II*, texte établi, présenté et annoté par Claude Pichois, Paris, 1976, pp. 704-705.

81) *Illustrated London News*, 15 juillet 1854.
82) Charles Baudelaire, *L'Art romantique*, chap. intitulé « Le peintre de la vie moderne », Paris, éd. Crépet, pp. 49-110.
83) Émilien Frossard, *Lettres écrites d'Orient*, Toulouse, 1855.
84) Sur les activités de Durand-Brager pendant le conflit, voir *Crimée, 1854-1856, premiers reportages de guerre*, exposition du musée de l'Armée, 24 oct. 1994-8 janv. 1995, Paris, 1994.
85) Émile Galichon, « M. Gérôme, peintre ethnographe », *Gazette des Beaux-Arts*, 1868, pp. 147-151.
86) *Idem*, pp. 150-151.
87) Sur cet artiste, voir Gerald M. Ackerman, *La Vie et l'œuvre de Jean-Léon Gérôme*, Courbevoie/Paris, A.C.R., 1986, rééd. 1992 ; Hélène Lafont-Couturier, *Gérôme*, Paris, éd. Herscher, 1998.
88) Jean-Léon Gérôme, « Notes autobiographiques rédigées en 1874. Présentées et annotées par Gerald Ackerman », *Bulletin de la Société d'agriculture, littérature, sciences et arts de la Haute-Saône*, 1980, p. 11.
89) Lettre d'Abdullah Siriez à Gérôme, Istanbul, 14 novembre 1877 (correspondance Gérôme), cité par G. Ackerman, *Jean-Léon Gérôme*, p. 108.
90) Cité par Masson, « Jean-Léon Gérôme. Notes et fragments des souvenirs inédits du Maître », *Les Arts*, n° 26, février 1904, p. 30.
91) Hélène Lafont-Couturier, *op. cit.*, p. 29.
92) Cf. Erika Mayr-Oehring, *Orient. Österreichische Malerei zwischen 1848 und 1914*, Salzbourg, 1997 ; Martina Haja et Günther Wimmer, *Les Orientalistes des Écoles allemande et autrichienne*, Courbevoie/Paris, A.C.R., 2000.
93) Gerald M. Ackerman, *Les Orientalistes de l'École américaine*, Courbevoie/Paris, A.C.R., 1994.
94) Théophile Gautier, *Constantinople et autres textes sur la Turquie*, Paris, 1990, p. 35. Voir également Jean-Roger Soubiran, *Le Paysage provençal et l'école de Marseille*, 1845-1874, Toulon-Paris, RMN, 1992, pp. 121-122.
95) Honoré Boze, *Portrait du peintre Loubon en Oriental*, huile sur bois, 37,5 x 25,7 cm, Aix-en-Provence, musée Granet, legs Mme Loubon, 1893.
96) Ferdinand Servian, *François Barry peintre orientaliste*, Marseille, Typographie et Lithographie Barlatier, 1914, p. 6.
97) Au Salon de Paris en 1857, La Bédollière note : « il a de la verve, de l'originalité, quelque chose d'étrange, et, en définitive, de l'avenir » (« Exposition de 1857, 9e article », *Le Siècle*, n° 8219, 23 sept. 1857, pp. 1-2). En 1861, Hector de Callias remarque ses « vues de Constantinople lumineuses et d'une large facture » (« Salon de 1861 - Les lettres B, C, D, E, 5e article », *L'Artiste*, nouvelle série, t. XI, 11e livraison, n° 31-33, 1er juin 1861, p. 244).
98) J. Castagnary, « Salon de 1861 (3e article) », *Le Monde illustré*, t. VIII, n° 218, 15 juin 1861, p. 375.
99) Théophile Gautier, *Abécédaire du Salon de 1861*, Paris, E. Dentu, 1861, pp. 83-84.
100) Louis Noguier, « Le musée de Béziers », *L'Artiste*, nouvelle période, t. I, 8e livraison, n° 21-23, 15 avril 1862, p. 172.
101) Maxime Du Camp, « Le Salon de 1863 », *La Revue des Deux Mondes*, 2e période, t. XLV, 15 juin 1863, pp. 886-918, ici pp. 916-917.
102) Voir Edmond About, *Salon de 1864*, Paris, Librairie Hachette & Cie, 1864, p. 243.
103) Théophile Gautier, « Salon de 1864 », *Moniteur Universel*, n° 216, 3 août 1864, pp. 1004-1005.
104) Paul Leroi, « Salon de 1875 », *L'Art*, t. II, n° 53, pp. 395-401, ici p. 397.
105) Léon Lagrange, « Le Salon de 1864 », *Gazette des Beaux-Arts*, 1er juillet 1864, p. 19.
106) Brigitte Gaillard (sous la direction), *Vincent Courdouan (1810-1893)*, musée des Beaux-Arts de Toulon, déc.2000-février 2001.
107) Jean-Claude Lesage, *Charles de Tournemine, peintre orientaliste*, Aix-en-Provence, Édisud, 1986, p. 149.
108) *Idem*, p. 42.
109) L'aquarelle vendue à Tournemine est mentionnée sous le numéro 22 dans la liste des tableaux exécutés de 1841 à 1845. L'inventaire après décès de cet artiste, dressé en 1874, signale cette aquarelle de Ziem (n° 108), voir Jean-Claude Lesage, *Charles de Tournemine*, p. 171.
110) Sur ce voyage, voir l'album conservé au musée du Louvre, département des Arts graphiques, inv. RF 36087, comprenant 56 feuillets illustrés de croquis à la mine de plomb et à l'aquarelle. Sur les 43 carnets conservés au musée Ziem de Martigues, trois concernent ses séjours en Turquie : albums n° 5 (1856), 32 (juin 1847), 34 (août 1856).
111) Lettre du 7 mars 1855. Pierre Miquel, *Félix Ziem, 1821-1911*, Maurs-La-Jolie, éd. De la Martinelle, 1978, I, pp. 81-82 ; Félix Ziem, *Journal (1854-1898)*, Arles, Actes Sud, 1994, p. 82.
112) Carnet n° 5, Martigues, musée Ziem, cité par Gérard Fabre, *La Traversée d'un siècle. Félix Ziem, 1821-1911*, Paris, RMN, 2001, p. 116.
113) Théophile Gautier, « Salon de 1857 », *L'Artiste*, 1er novembre 1857, pp. 131-132.
114) Nicolas Fétu, cité par Sophie Biass-Fabiani, *Félix Ziem, peintre voyageur...*, cat. d'expo., p. 43.
115) Maxime Du Camp, *Le Salon de 1859*, Paris, L. Nouvel, 1859, p. 167.
116) *Idem*, p. 140.
117) Dominic Cutajar, « The Gifted Schranz Family : Anton and Giovanni », *Treasures of Malta*, vol. IV, n° 3 (summer 1998), pp. 7-12 et du même, « The Lure of the Orient. The Schranzs, the Brockdorffs, Preziosi and other artists », *Hyphen*, vol. V, n° 3 (mars 1987), pp. 101-135.
118) Viscount Castlereagh, *A Journey to Damascus*, Londres, 1847, 2 vol. Dans la préface, l'auteur déclare : « The plates are selected from a large collection of drawings taken on the spot by one of my companions, Mr A. Schranz of Malta. »
119) Dominic Cutajar, « Antonio and Giuseppe Schranz », *Treasures of Malta*, vol. V, n° 1 (Christmas 1999), pp. 47-54. Sur l'activité d'enseignant de Schranz, voir Banu Mahir, « Topkapı Sarayı Müzesi. Resim Galerisindeki Eserleriyle Joseph Schranz », *Topkapı Sarayı Müzesi Yıllık*, III, 1988, pp. 105-125.
120) Pierre Guès, écrit parfois Guez, est probablement le fils d'Alexis Guez, un maître calfat, qui fut envoyé à Constantinople en mai 1793 par le gouvernement révolutionnaire français pour aider la marine ottomane à se réformer. A la même époque, on signale la présence d'un aquarelliste, François Gues, peut-être issu de la même famille.
121) Le *Journal de Constantinople* du 24 juin 1852 annonce la vente par la maison Christie's, à l'hôtel d'Angleterre, d'un panorama de Constantinople réalisé par Schranz. Présenté au sultan, l'artiste fut récompensé d'une tabatière en or, voir Banu Mahir, « Harbiye Mektebi'nin ilk resim Hocası Joseph Schranz Hakkında yeni bilgiler », *Sanat Tarihi Arastırmaları Dergisi*, déc. 1991, n° 10, pp. 25-26. Un album comprenant sept lithographies de vues et quatre lithographies de costumes imprimées en couleur et finies à la main par Schranz, lithographiées par L. Sabatier et Schranz, fut imprimé par Frick frères (1ère éd. ; 2e éd. sera réalisée par Jacomme) à Paris et publié à Constantinople par Schranz et Percheron, vers 1855.
122) Grégoire Zellich, *Notice historique sur la lithographie et sur les origines de son introduction en Turquie*, Constantinople, 1895.
123) Dominic Cutajar, « The Lure of the Orient. The Schranzes, the Brockdorffs, Preziosi and other artists », *Hyphen*, vol. V, n° 3 (mars 1987), pp. 124-126.
124) Osman Öndes, *Istanbul Asıgı Resam Preziosi*, Istanbul, Milliyet Yayınları, 1972, rééd. Istanbul, 1999 ; Osman Öndes, « Un peintre amoureux d'Istanbul : Amadeo Preziosi », *Türkiye Turing ve Otomobil Kurumu Bülteni (Istanbul)*, janvier-mars 1974 ; Briony Llewellyn et Charles Newton, *The People and places of Constantinople: watercolours by Amadeo Count Preziosi*, Victoria and Albert Museum, Londres, 1985 ; Briony Llewelyn, *The Orient Observed : Images of the Middle East from the Searight Collection*, Londres, 1989 ; C. Juler, *Les Orientalistes de l'École italienne*, Courbevoie/Paris, A.C.R. Édition, 1987, pp. 204-213 ; Zeynep Inankur, « Istanbul'lu bir oryantalist Amadeo Preziosi », *Antik & Dekor*

*Dergisi*, n° 16, 1992, pp. 84-86 ; Dominic Cutajar, « Amadeo Preziosi : Exceptional Artist of the Orient », *Treasures of Malta*, vol. II, n° 2 (Pâques 1996), pp. 9-14.
125) Au Salon de 1857 il présente deux aquarelles : *Vue du port de Constantinople* (n° 2208) et *Mendiants de l'Asie à Constantinople* (n° 2209), et à l'Exposition Universelle de 1867, il exposa une série de *Costumes de la garde impériale*.
126) Voir *The People and Places of Constantinople*, n° 1-14. Dix planches furent gravées dans l'ouvrage de Curzon, *Visits to Monasteries in the Levant*, Londres, 1849.
127) Le prince de Galles visita deux fois l'atelier en 1862 et en 1869. Voir William Howard Russell, *A Diary in the East during the tour of the Prince and Princess of Wales*, Londres, 1969, II, p. 507. Au cours des étés 1868 et 1869, Preziosi se rendit à la cour du roi Charles Ier de Roumanie et réalisa plusieurs aquarelles actuellement conservées au Muzeal de Arta de Bucarest, voir Al. Busuioceanu, *Preziosi, Collection Apollo. Artistes étrangers en Roumanie*, Bucarest, ed. Marvan, 1935.
128) Un journaliste rapportait dans le journal *Eastern Express* du 29 septembre : « Il avait tant de naturel dans ses croquis, le dessin et le coloris en étaient si parfaits, la vérité du sujet que l'artiste voulait représenter était si saisissante, que tous les voyageurs venant à Constantinople ne manquaient pas de visiter son atelier et d'acheter ses croquis qui ont ainsi acquis une renommée universelle. »
129) T. Gautier, *Constantinople et autres textes sur la Turquie*, Paris, 1996, pp. 272-281.
130) Il rendit l'artiste célèbre à son retour. Le roi de Prusse en commandera une copie pour le château de Berlin. Friedrich Jentzen, l'un des lithographes berlinois les plus renommés, le reproduira sur la pierre (Martina Haja-Günther Wimmer, *Les Orientalistes des Écoles allemande et autrichienne*, Courbevoie/Paris, A.C.R., 2000, p. 16).
131) Allan Cunningham, *The life of Sir David Wilkie ; with his journal, tours, and critical remarks on works of Art*, Londres, John Murray, 1843, III, pp. 351-360.
132) Durand de Fontmagne, *Kırım Harbi Sonrasında*, Istanbul, Tercüman, 1977, p. 77.
133) *Journal de Constantinople*, 26 mars 1859. Voir également Semra Germaner, « Le mécénat dans l'art turc : du sérail à la République », *Art Turc / Turkish Art, 10ᵉ congrès international d'art turc*, Genève, Fondation Max Van Berchem, 1999, pp. 345-352.
134) Gerald M. Ackerman, *Les Orientalistes de l'École britannique*, Courbevoie/Paris, A.C.R., 1991, p. 326.
135) En 1869, Lady Brassey visita l'atelier de Chlebowski : « After lunch we went by appointment to the studio of Mr. Chlebowski, who is painting for the Sultan an enormous picture of Mahmut the Second entering Constantinople in triumph. This gentleman possesses an interesting portfolio of sketches in red ink, done by the Sultan himself, just to indicate roughly what he wishes the picture to be, though in many cases consisting of only a few strokes, they were wonderfully spirited and showed great talent, particularly the battle pieces », *Sunshine and Storm in the East*, Londres, 1881, p. 96.
136) Gerald M. Ackerman, *Les Orientalistes de l'École britannique*, p. 317.
137) Portraits conservés au palais de Topkapı, références TSM, 17/59 et 17/61.
138) Martina Haja-Günther Wimmer, *Les Orientalistes des Écoles allemande et autrichienne*, p. 188.
139) Rodolfo Falchi et Ubaldo Spigno, *Zonaro*, Turin, Umberto Allemandi, 1993 ; Rodolfo Falchi, *Le tre stagioni pittoriche di Fausto Zonaro. Venezia-Costantinopoli-Sanremo*, San Remo, Lalli Editore, 1994 ; Philipp Mansel, « Fausto Zonaro. Court Painter of Sultan Abdulhamid II », *Apollo*, n° 126, 1987, pp. 334-336 ; « Zonaro », *Turquoise*, n° 3, juil.-août 1989, pp. 52-58.
140) Zeynep Inankur, « Official Painters of the Ottoman Palace », *Art Turc / Turkish Art, 10ᵉ congrès international d'art turc*, Genève, Fondation Max Van Berchem, 1999, pp. 381-388.
141) L'expulsion de Zonaro suscita des réactions en Italie, comme le rapporte l'écrivain et poète français Adolphe Thalasso, « Orient. Constantinople », *L'Art et les artistes*, t. X, oct. 1909-mars 1910, pp. 182-183 ; t. XI, avril-sept. 1910, p. 188. Après la Première Guerre mondiale, Zonaro collabora avec A. Thalasso à la publication d'un livre illustré sur Constantinople intitulé *Dér-i Sé'adet ou Stamboul porte du bonheur, scènes de la vie turque*, Paris, L'Édition d'Art, H. Piazza & Cie, 1908, in 4°, 50 ill. couleurs.
142) A. Thalasso, « Constantinople. Mort de l'aquarelliste Philippe Bello », *L'Art et les artistes*, t. XI, avr.-sept. 1910, pp. 283-284 ; Semra Germaner et Zeynep Inankur, *Oryantalistlerin Istanbulu*, Istanbul, Türkiye Is Bankası, 2002, pp. 69-70.
143) Adolphe Thalasso, *L'Art ottoman. Les peintres de Turquie*, Paris, s. d. ; « Orient. Les origines de la peinture turque », *L'Art et les artistes*, t. VI, oct. 1907-mars 1908, pp. 366-367.
144) Adolphe Thalasso, « Les premiers Salons de Constantinople », *L'Art et les artistes*, t. III, avril-sept. 1906, pp. 172-181.
145) Pierre Loti, *Les Désenchantés, roman des harems turcs contemporains*, Paris, Calmann-Lévy, 1920, p. 94, 215, 287.
146) Claude Farrère, *L'Homme qui assassina*, Paris, Flammarion, 1943, p. 22.
147) Sacha Leroy, *Un maître de la peinture française : Paul Leroy (1860-1942)*, Paris, 1974, pp. 36-38.
148) Note de carnet de voyage à Constantinople (Archives Signac), cité par Françoise Cachin, *Signac. Catalogue raisonné de l'œuvre peint*, Paris, Gallimard, 2000, p. 69.
149) Nurullah Berk, *Türk ve Yabancı Resminde Istanbul/Istanbul chez les peintres turcs et étrangers*, Istanbul, 1977, p. 52.
150) Martiros Sarian, *Fragments de ma vie*, Moscou, éd. Du Progrès, 1976, pp. 118-127 ; *Martiros Sarian, 1880-1972*, musée national d'Art moderne, 25 juin-15 septembre 1980, Paris, Centre Georges Pompidou, 1980.
151) *Deux ans à Constantinople*, Paris, 1930, p. 37.
152) Actuellement, la plus grande partie de l'œuvre de Gritchenko de la période 1919-1921 est conservée dans la Alexis Gritchenko Foundation de New York. De nombreuses œuvres de Constantinople et de Grèce ont été acquises par le Dr Barnes et font partie de la Barnes Foundation à Philadelphie. On en trouve également dans un grand nombre de collections publiques, parmi lesquelles le musée national d'Art moderne, le Centre Georges Pompidou, la Bibliothèque Ukrainienne S. Pétlioura (Paris) et dans de nombreuses collections particulières, en France, aux États-Unis, au Canada.

# Bibliographie


Ackerman Gerald M., *Jean-Léon Gérôme*, Courbevoie/Paris, A.C.R. Édition, 2000.

Ackerman Gerald M., *Les Orientalistes de l'École britannique*, Courbevoie/Paris, A.C.R. Édition, 1991.

Ackerman Gerald M., *Les Orientalistes de l'École américaine*, Courbevoie/Paris, A.C.R. Édition, 1994.

Alazard Jean, *L'Orient et la peinture française au XIX<sup>e</sup> siècle, de Delacroix à Renoir*, Paris, 1930.

Andral Jean-Louis, Fischer Yona, Lacambre Jean, *Album de Voyage. Des artistes en expédition aux pays du Levant*, Paris, AFAA, Réunion des Musées Nationaux, 1993.

Atil Esin, Newton Charles, Searight Sarah, *Voyages and Visions. Nineteenth-Century European Images of the Middle East from the Victoria and Albert Museum*, Washington, D. C., Smithsonian Institution, 1995.

Berchet Jean-Claude, *Le Voyage en Orient, anthologie des voyageurs français dans le Levant au XIXe siècle*, Paris, Robert Laffont, 1985.

Berko Patrick et Viviane, *Peinture orientaliste*, Bruxelles, 1982.

Bezombes Roger, *L'Exotisme dans l'art et la pensée*, Bruxelles, Elsevier, 1953.

Boppe Auguste, *Les Peintres du Bosphore au XVIIIe siècle*, Courbevoie/Paris, A.C.R. Édition, 1989 (mise à jour du texte et commentaires de Catherine Boppe-Vigne).

Comte Philippe *et al.*, *Les Peintres orientalistes (1850-1914)*, catalogue d'exposition, Musée des Beaux-Arts, Pau ; Musée des Beaux-Arts, Dunkerque ; Musée de la Chartreuse, Douai, 1983.

Cruysmans Philippe, *Peinture orientaliste, Orientalisme réaliste du XIXe siècle*, Bruxelles, Laconti et Berko, 1982.

Folsach Brigitte von, *By the Light of the Crescent Moon. Images of the Near East in Danish art and literature, 1800-1875*, Copenhague, 1996.

Fusco, Maria Antonella, « Nineteenth-Century Italian Artists on the Roads to the Orient », in Roberta Olson, *Ottocento. Romanticism and Revolution in 19th-Century Italian Painting*, New York-Florence, 1992, pp. 75-80, 240-241.

Germaner Semra et Inankur Zeynep, *Oryantalizm ve Türkiye*, Istanbul, Türk Kültürüne Hizmet Vakfı, 1989.

Germaner Semra et Inankur Zeynep, *Oryantalistlerin Istanbulu*, Istanbul, Is Bankası, 2002.

Germaner Semra et Inankur Zeynep, *Constantinople and the Orientalists*, Istanbul, Is Bankasi, 2002.

Grünberg E. et Torn E. M., *Four centuries of Ottoman Taste*, Istanbul, 1988.

Guérin Jacques, Alfassa Paul et Dubrujeaud André, *La Turquerie au XVIIIe siècle*, Paris, 1911.

Haja Martina et Wimmer Günther, *Les Orientalistes des Écoles allemande et autrichienne*, Courbevoie/Paris, A.C.R. Édition, 2000.

Juler Caroline, *Les Orientalistes de l'École italienne*, Courbevoie/Paris, A.C.R. Édition, 1987.

Jullian Philippe, *Les Orientalistes : la vision de l'Orient par les peintres européens du XIXe siècle*, Fribourg, Office du Livre, 1977.

Lemaire Gérard-Georges, *L'Univers des Orientalistes*, Paris, Éditions Place des Victoires, 2001.

Llewellyn Briony et Newton Charles, *The People and Places of Constantinople : Watercolours by Amadeo Count Preziosi, 1816-1882*, Londres, Victoria and Albert Museum, 1985.

Llewellyn Briony, *The Orient Observed. Images of the Middle East from the Searight Collection*, Londres, The Victoria and Albert Museum, 1989.

Mansel Philip, « Art and Diplomacy in Ottoman Constantinople », *History Today*, vol. 46 (8), août 1996, pp. 43-49.

Monneret Sophie, *L'Orient des peintres*, Paris, Nathan, 1989.

Mori Angiolo, *Gli Italiani a Costantinopoli*, Modène, 1906.

Moureau François (éd.), *L'Œil aux aguets ou l'artiste en voyage*, Paris, Klincksieck, 1995.

Muhidine Timour et Quella-Villéger Alain, *Istanbul, Rêves de Bosphore*, Paris, Omnibus, 2001.

*L'Orient des Provençaux*, textes de André Miquel, Jean-Claude Garcin, Robert Mantran, Camille Aboussouan et Jacques Thuillier, Marseille, 1982.

Peltre Christine, *L'Atelier du voyage, les peintres en Orient au XIXe siècle*, Paris, Gallimard, 1995.

Peltre Christine, *Les Orientalistes*, Paris, Hazan, 1997.

Pietrini Vincenzo, Bossaglia Rossana, Fusco Maria Antonella, *Lo Sguardo della Mezzaluna. Pittori Italiani a Costantinopoli nell'Ottocento*, Rome, Semar, 1998.

Pouillon François, « Fantaisie et investigations dans la peinture orientaliste du XIXe siècle », *D'un Orient l'autre*, Paris, CNRS éd., 1991, pp. 265-280.

Raby Julian, *Venice, Dürer and the Oriental Mode*, Londres, Islamic Art Publications, 1982.

Renan Ary, « La peinture orientaliste », *Gazette des Beaux-Arts*, XI, 1894, pp. 43-53.

Renda Günsel, Erol Turan, Turani Adnan, Özsezgin Kaya, Aslier Mustafa, *Histoire de la peinture turque*, Istanbul, Palasar S. A., 1988.

Rosenthal Donald A., *Orientalism. The Near East in French Painting, 1800-1880*, Memorial Art Gallery of the University of Rochester, 1982.

Rivet Daniel, « L'Age d'or de l'Orientalisme », *L'Histoire*, n° 108, février 1988, pp. 8-16.

Saïd Edward, *L'Orientalisme. L'Orient créé par l'Occident*, Paris, Le Seuil, 1980.

Searight Sarah, *The British in the Middle East*, Londres, 1969 ; rééd. Londres, East-West Publications, 1979.

St. Clair Alexandrine, *The image of the Turk in Europe*, New York, The Metropolitan Museum, 1973.

Stevens Mary Anne, *The Orientalists : Delacroix to Matisse. European Painters in North Africa and the Near East*, Londres, Royal Academy of Arts, 1984.

Thalasso Adolphe, *L'Art ottoman, les peintres de Turquie*, Paris, Librairie artistique internationale, 1910.

Thalasso Adolphe, *Les Premiers Salons de peinture de Constantinople*, Paris, 1906.

Thornton Lynne, *Les Orientalistes peintres voyageurs, 1828-1908*, Courbevoie/Paris, A.C.R. Édition, 1983, 2e éd., 2001 (réédition A.C.R. PocheCouleur, 1993).

Thornton Lynne, *La Femme dans la peinture orientaliste*, Courbevoie/Paris, A.C.R. Édition, 1985 (réédition A.C.R. PocheCouleur, 1993).

Thornton Lynne, *Du Maroc aux Indes. Voyages en Orient*, Courbevoie/Paris, A.C.R. Édition, 1998.

Verrier Michelle, *Les Peintres orientalistes*, Paris, 1979.

# Expositions

| | |
|---|---|
| 1911 | Paris, Palais du Louvre-Musée des Arts Décoratifs, *La Turquerie au XVIII$^{e}$ siècle.* |
| 1975 | Marseille, musée Cantini, *L'Orient en question, 1825-1975. De Missolonghi à Suez, ou l'Orientalisme de Delacroix à Flaubert.* |
| 1975-1976 | Paris, Galerie Soustiel, *Mahmal et Attatichs. Peintres et voyageurs en Turquie, en Égypte et en Afrique du Nord.* |
| 1978 | Londres, The Fine Art Society, *Eastern Encounters. Orientalist Painters of the Nineteenth Century.* |
| 1980 | Londres, The Fine Art Society, *Travellers Beyond the Grand Tour.* |
| 1980 | Tours, musée des Beaux-Arts, *L'Orientalisme dans les collections du musée de Tours.* |
| 1982-1983 | Marseille, musée des Beaux-Arts, *Les Orientalistes provençaux.* |
| 1982 | Nantes, musée des Beaux-Arts, *Orients. Collections du XIX$^{e}$ siècle.* |
| 1983 | Pau, musée des Beaux-Arts ; Dunkerque, musée des Beaux-Arts ; Douai, musée de la Chartreuse, *Les Peintres orientalistes, 1850-1914.* |
| 1984 | Londres, Royal Academy of Arts, *The Orientalists : Delacroix to Matisse. European Painters in North Africa and the Near East.* |
| 1985 | Londres, Victoria and Albert Museum, *The People and Places of Contantinople : Watercolours by Amadeo Preziosi, 1816-1882.* |
| 1988 | Londres, Hazlitt, Gooden & Fox, *At the Sublime Porte. Ambassadors to the Ottoman Empire (1550-1800).* |
| 1988 | Londres, The Kyburg Gallery, *Four centuries of Ottoman Taste.* |
| 1989 | Londres, Victoria and Albert Museum, *The Orient Observed. Images of the Middle East from the Searight Collection.* |
| 1989 | Berlin, Martin-Gropius-Bau, *Europa und der Orient (800-1900).* |
| 1992 | Ingelheim, Museum Altes Rathaus, *Türkei. Abendland begegnet Morgenland, 16.-18. Jahrhundert.* |
| 1993 | Tel-Aviv, musée d'art ; Bayonne, musée Léon-Bonnat ; Paris, musée Hébert. *Album de voyage. Des artistes en expédition aux pays du Levant.* |
| 1994 | Édimbourg, Scottish National Portrait Gallery, *Visions of the Ottoman Empire.* |
| 1994-1995 | Paris, musée d'Orsay, *Les Oubliés du Caire. Chefs-d'œuvre des musées du Caire.* |
| 1995 | Londres, Victoria and Albert Museum, *Voyages and Visions. Nineteenth-Century European Images of the Middle East from the Victoria and Albert Museum.* |
| 1995 | Istanbul, Palais de France, *Enfants de langue et Drogmans / Dil Oglanları ve Tercümanlar.* |
| 1996 | Istanbul, Institut culturel Italien, *Uno Sguardo ad Oriente. Il Mondo islamico nella grafica italiana dall'età neoclassica al primo novecento.* |
| 1996-1997 | Bordeaux, musée des Beaux-Arts ; Paris, musée national Eugène-Delacroix ; Athènes, Pinacothèque nationale. *La Grèce en révolte. Delacroix et les peintres français, 1815-1848.* |
| 1997 | Salzburg, Residenzgalerie. *Orient : Österreichische Malerei zwischen 1848 und 1914.* |
| 1997-1998 | The Art Gallery of New South Wales, Auckland Art Gallery, *Orientalism. Delacroix to Klee.* |
| 1998 | Turin, *Gli orientalisti italiani. Cento anni di esotismo, 1830-1940.* |
| 1999 | Versailles, musée du Château, *Topkapi à Versailles. Trésors de la Cour ottomane.* |
| 2000-2001 | Sterling and Francine Clark Art Institute Williamstown, Massachusetts, The Walters Art Gallery Baltimore, Maryland, Mint Museum of Art Charlotte, North Carolina, *Noble Dreams, Wicked Pleasures : Orientalism in America, 1870-1930.* |
| 2001 | Ornans, musée Gustave Courbet, *Courbet et l'Orientalisme, à la recherche d'une identité.* |

## REMERCIEMENTS

De nombreux conservateurs de musées, chercheurs, historiens d'art, commissaires-priseurs, experts, marchands, collectionneurs et élèves d'universités nous ont apporté une aide précieuse en nous fournissant informations et photographies. Nous exprimons notre gratitude à Ahmet Abut, Lucien Arcache (Étude Tajan, Paris), Turgay Artam (Istanbul), Nebahat Avcıoglu (Londres), Abderrahim Ben Hadda (Rabat), Olga et Ahmet Benli (Paris), Berko Fine Paintings (Knokke-le-Zoute), Elizabetta Borromeo, Isabella Casa-Palumbo-Fossati, Samir Chalabi (Istanbul), Olivier Caro (Bordeaux), Marie-Christine David (Paris), Pierre de Bizemont, Pierre de Gigord, Annie Gilet (Musée des Beaux-Arts, Tours), Galerie Jacques de Vos (Paris), Alisan Dobra, Nilüfer Dobra, Xavier du Crest, Edhem Eldem (Istanbul), Marina Ferretti-Bocquillon, Antoine et Marie Gautier, M[es] H. Gros et G. Delettrez (Paris), Éric Grünberg (Paris), Jean-François Heim (Paris), Mireille Jacotin, François Jacquin, Ahmet Keskiner (Istanbul), Annie Kévorkian, Suna et Inan Kıraç (Istanbul), Ömer Koç (Istanbul), Ayse Yetiskin Kubilay (Istanbul), Geneviève Lacambre, Stavros Leni, Briony Llewllyn (Londres), Musée national des Arts d'Afrique et d'Océanie (Paris), Musée d'Orsay (Paris), Galerie Daniel Malingue (Paris), Philip Mansel (Londres), Claire et Sadi Mizrahi (Istanbul), Galerie Emmanuel Moatti (Paris), Erol Makzume (Istanbul), Charles Newton (Prints, Drawings and Paintings Collection, Victoria and Albert Museum, Londres), Christine Peltre (Professeur d'Histoire de l'Art à l'université de Strasbourg), Jacques Perot (Musée de Compiègne), Nadia Podzemskaia (CNRS, Paris), Raffi Portakal (Istanbul), François Pouillon (Directeur d'Études, École des Hautes Études en Sciences Sociales, Paris), Bülent et Mary Pulak (Istanbul), Alessandro Recchi, Claude Ritschard (Musée d'Art et d'Histoire de Genève), Laure Soustiel (Paris), Duran Tantekin (Istanbul), Jale Tantekin (Istanbul), Corinne Thépaut, Lynne Thornton, Ahmet Utku (Istanbul), Marianna Yerasimos (Istanbul), Catherine Vigne-Boppe, ainsi que les collectionneurs privés qui ont souhaité conserver l'anonymat.
Je dis enfin mon affectueuse gratitude à ma famille, à mes amis, sans qui ce livre n'existerait pas.

## CRÉDIT PHOTOGRAPHIQUE

Archives A.C.R., de l'auteur, des collectionneurs, D.R. et : Aberdeen Art Gallery, Aberdeen, p.117 ; Ashmolean Museum, Oxford, pp. 118 (en haut), 119 ; Berko Fine Paintings, Knokke-Het Zoute, p. 127 ; Bernard, Jean, p. 241 ; Bibliothèque Inguimbertine, Carpentras, p. 186 ; Bibliothèque nationale de France, Paris, pp. 14, 15, 56, 75, 150, 164, 175, 265 ; Cabinet Philippe Jamault, Brest, p. 286 ; Christie's Images, Londres, p. 205 ; École nationale supérieure des Beaux-Arts, Paris, pp. 190, 191 ; Étude Beaussant-Lefèvre, Paris, p. 51 ; Étude Bisman, Rouen, pp. 180, 181 ; Étude Couturier, Paris, p. 200 ; Étude Gros & Delettrez, Paris, pp. 124, 140, 237, 290, 292 ; Étude Marc Ferri, Paris, p. 235 ; Étude Tajan, Paris, p. 268 ; Galerie Daniel Malingue, Paris, p. 293 ; Galerie Emmanuel Moatti, Paris, p. 44 ; Grünberg, Éric Paris, pp. 20, 33, 41, 62 (en bas), 64, 66, 68, 69, 70, 71, 91, 125, 134, 149, 170, 172, 173, 207, 222, 223, 228, 257, 269 ; Galerie Jacques de Vos, Paris, p. 296 ; Galerie Soustiel, Paris, pp. 133, 171, 172, 197 ; Hirschl & Adler Galleries, New York, p. 230 ; Holliger Photo, Davos Platz, p. 53 ; Jacquin, François, pp. 93, 95, 97, 100, 101 ; Koç, Ömer, Istanbul, pp. 62 (en haut), 120 (en bas), 123 (en bas) ; M. Bozzetto Fotografo, p. 281 ; Martin, François, Genève ; p. 65 ; Makzume, Erol, Istanbul, p. 277 (en haut) ; Mathaf Gallery, Londres, p. 126 ; Maçka Mezat, Istanbul, pp. 108, 283 ; Musée cantonal des Beaux-Arts, Lausanne, pp. 111, 112, 113, 114, 115 ; Musée d'Art et d'Histoire, Genève/Bettina Jacot-Descombes, pp. 32, 35, 38, 39 ; Musée d'Art et d'Histoire, Genève/Sotheby's, Londres, p. 37 ; Musée de Mâcon/P. Tournier, p. 248 ; Musée de Tessé, Le Mans, p. 96 ; Musée Denon, Chalon-sur-Saône/Josyane Piffaut, pp. 106 (en haut), 107 ; Musée départemental de l'Oise, Beauvais, p. 102 ; Musée des Beaux-Arts, Angoulême, p. 187 ; Musée des Beaux-Arts, Béziers, pp. 176, 238, 239 ; Musée des Beaux-Arts, Bordeaux/Lysiane Gauthier, pp. 22, 291 (en bas) ; Musée des Beaux-Arts, Brest, p. 162 ; Musée des Beaux-Arts, Nantes/cliché Ville de Nantes, p. 236 ; Musée des Beaux-Arts, Orléans, p. 74 ; Musée des Beaux-Arts, Rennes, p. 106 (en bas) ; Musée d'Art et d'Histoire, Rochefort, p. 79 ; Musée des Beaux-Arts, Toulon, pp. 244, 245 ; Musée des Beaux-Arts, Tours, pp. 54, 55 ; Musée Rolin, Autun/Stéphane Prost, p. 291 (en haut) ; Musée Ziem, Martigues, pp. 246, 247 ; Napoleon Museum, Arenenberg, p. 67 ; Photo Arsicaud, Tours, p. 59 ; Photo Manzotti, p. 142 ; PMVP/Briant, p. 198 ; Portakal, Raffi, Istanbul, p. 262 (en haut) ; Pulak, Bülent, Istanbul, p. 130 ; RMN, Paris, p. 174 ; RMN, Paris/C. Jean, p. 84 ; RMN, Paris/D. Arnaudet, pp. 109, 177, 193 ; RMN, Paris/D. Arnaudet-G.B., p. 81 ; RMN, Paris/Gérard Blot, pp. 49, 195, 251 ; RMN, Paris/Harry Bréja, p. 85 ; RMN, Paris/Hervé Lewandowski, p. 82 ; RMN, Paris/J. G. Berizzi, p. 83 ; RMN, Paris/Michèle Bellot, pp. 10, 11, 13 ; RMN, Paris/P. Bernard, p. 48 ; RMN, Paris/R. G. Ojeda-P. Neri, p. 34 ; Shepherd Gallery, New York, p. 229 ; Speltdoorn & Fils, Bruxelles, pp. 104, 105 ; Statens Museum for Kunst, Copenhague, p. 156 ; Studio Lourmel, Paris, p. 288 ; The Fine Art Society, Londres, pp. 121, 146 (en haut), 147 ; The Walters Art Gallery, Baltimore, p. 77 ; Tantekin, Jale, Istanbul, pp. 28, 29 ; Turquin, Éric, p. 43 ; V&A Picture Library, Londres, pp. 57, 123 (en haut), 165, 166, 167, 169, 255, 256, 258, 259, 260, 262 (en bas) ; Wallace Collection, Londres, p. 89.